最後的雄鷹

一位
台籍日軍飛行員
的戰時日記

鄭連德——著
黃彥傑 編校／釋文

自畫像

小學之時

小學校時期的鄭連德與兩位哥哥
（皆為台中二中之學生）

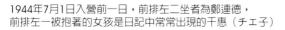

1944年7月1日入營前一日，前排左二坐者為鄭連德，
前排左一被抱著的女孩是日記中常常出現的千惠（チエ子）

陸軍特別幹部候補生時期

鄭連德穿著飛行服之照

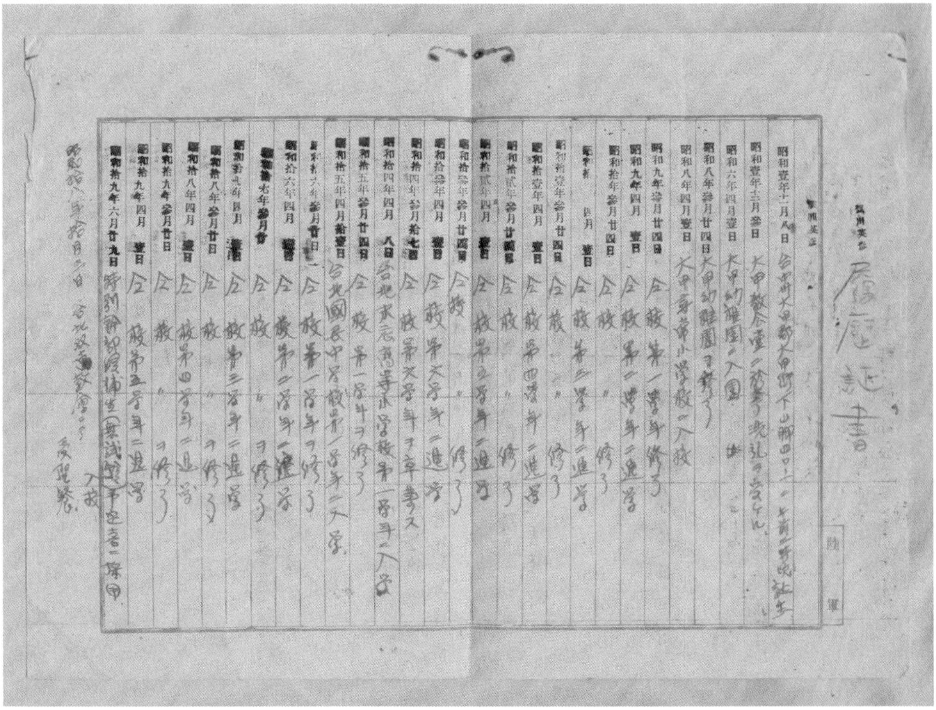

履歴證書

陸軍

昭和壹年十二月八日 台中州大甲郡大甲街下山脚四〇一ノ一 [illegible]
昭和壹年十二月參日 大甲教會堂ニ於テ洗礼ヲ受ケル
昭和六年四月壹日 大甲幼稚園ニ入園
昭和八年參月廿四日 大甲幼稚園ヲ修了
昭和八年四月壹日 大甲[illegible]小學校ニ入校
昭和九年參月廿四日 全校第一學年修了
昭和九年四月壹日 全校第二學年ニ進學
昭和拾年參月廿四日 全校 〃 修了
昭和拾年四月壹日 全校第三學年ニ進學
昭和拾壹年參月廿四日 全校 〃 修了
昭和拾壹年四月壹日 全校第四學年ニ進學
昭和拾貳年參月廿四日 全校 〃 修了
昭和拾貳年四月壹日 全校第五學年ニ進學
昭和拾參年參月廿四日 全校 〃 修了
昭和拾參年四月壹日 全校第六學年ニ進學
昭和拾四年參月拾七日 全校第六學年ヲ卒業ス
昭和拾四年四月八日 台北[illegible]學校第一學年ニ入學
昭和拾五年參月廿四日 全校第一學年ヲ修了
昭和拾五年四月拾壹日 台北國民中學校第一學年ニ入學
昭和拾六年參月廿一日 全校第一學年ヲ修了
昭和拾六年四月壹日 全校第二學年ニ進學
昭和拾七年參月廿日 全校 〃 ヲ修了
昭和拾七年四月壹日 全校第三學年ニ進學
昭和拾八年參月廿日 全校 〃 ヲ修了
昭和拾八年四月壹日 全校第四學年ニ進學
昭和拾九年參月廿日 全校 〃 ヲ修了
昭和拾九年四月壹日 全校第五學年ニ進學
昭和拾九年六月廿九日 特別幹部候補生（[illegible]）ニ採用
昭和拾九年拾月[illegible]日 [illegible]入校

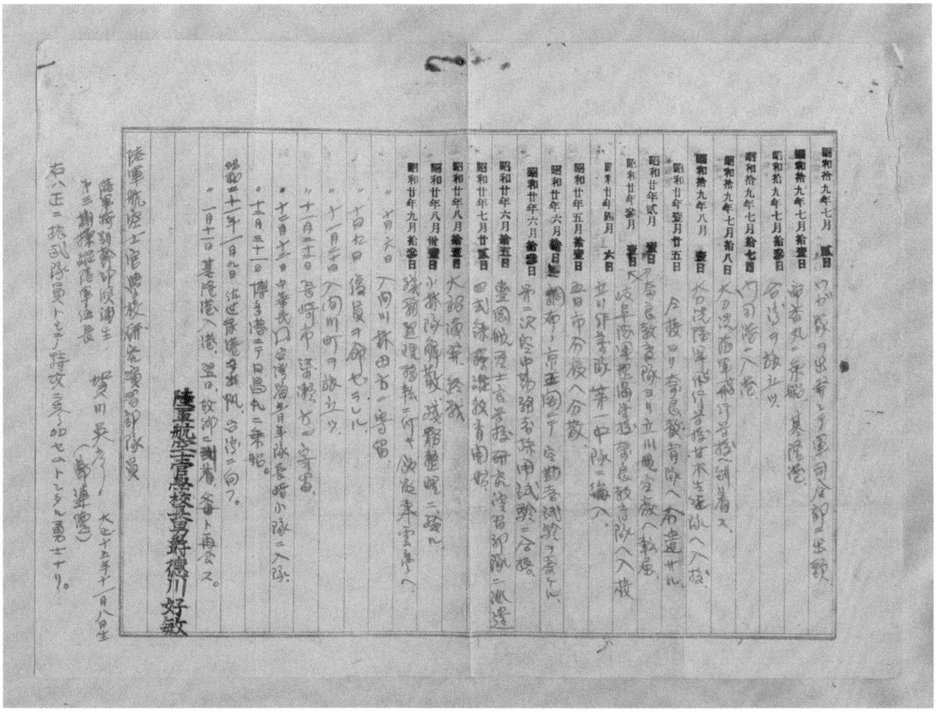

昭和拾九年七月貳日 [illegible]軍司令部ニ出頭
昭和拾九年七月拾壹日 帝香丸ニ乗船 基隆港
昭和拾九年七月拾參日 台湾ヲ旅立ツ
昭和拾九年七月拾七日 門司港ニ入港
昭和拾九年七月拾八日 大刀洗陸軍飛行學校ヘ到着ス
昭和拾九年八月壹日 大刀洗陸軍飛行學校甘木生徒隊ヘ入校
昭和廿年壹月廿五日 全校ヨリ奈良教育隊ヘ[illegible]サル
昭和廿年貳月壹日 奈良教育隊ヨリ立川航空廠ヘ転属
昭和廿年參月壹日 岐阜陸軍[illegible]奈良教育隊ヘ入校
昭和廿年四月六日 立川航空隊第一中隊ニ編入
昭和廿年五月拾壹日 五日市分廠ヘ分散
昭和廿年六月拾日 調布ノ京王閣ニテ空勤者試験ヲ受ケル
昭和廿年六月拾參日 第二次空中勤務者採用試験ニ合格
昭和廿年六月拾五日 臺灣航空士官學校研究演習部隊ニ派遣
昭和廿年七月廿五日 四式練習機教育開始
昭和廿年八月拾五日 大詔渙發 終戰
昭和廿年八月卅壹日 小林部隊解散 殘務整理ニ殘ル
昭和廿年九月拾參日 殘務整理[illegible]
〃 十月六日 入間川豊岡町ニ寄留
〃 十月廿日 復員ヲ命セラル
〃 十一月二十日 入間川町ヲ旅立ツ
〃 十一月二十二日 宮崎市[illegible]ニ寄留
〃 十二月十二日 中華民國台湾省青年隊宮崎小隊ニ入隊
〃 十二月三十一日 博多港ニテ日昌丸ニ乗船
昭和二十一年一月九日 佐世保港出帆 台湾ニ向フ
〃 一月十日 基隆港入港 翌日 故郷ニ到着 父母ト再会ス

陸軍航空士官學校研究演習部隊員
陸軍特別幹部候補生
十三期操縦陸軍伍長 [illegible] 大正十五年十二月八日生
右ハ正ニ我部隊員トシテ特攻ニ参加セムトセシ者ナリ。
陸軍航空士官學校長 男爵 徳川好敏

履歴證書

1953年1月2日與陳淑雯女士結婚之照（墩仔腳教會）

特別幹部候補生時期

三位曾經的戰友一起合照，左至右分別為鄭連德、黃華昌、賴泰安

1989年8月11日訪問陸軍航空士官學校副校長吉永朴少將（中），同年12月24日，他以93歲高齡離世

受主之恩，金婚紀念照

鄭連德牧師講道

本書作者與編者合影
（2019.9.13，於鄭連德牧師家）

金婚全家福

代自序　「特幹」自述

鄭連德　口述
黃彥傑　記錄

一、小學：日本語的基礎

先從我的出生說起，那時我在母親肚子裡九個月了，星期日母親突然肚子痛，禮拜結束後要吃飯，有個牧師的小孩撞了母親的肚子，所以她馬上回家，我隔天就出生了，所以我不到十個月就出生了。

小學的時候我是讀大甲小學校，因為當時父親在大甲的鎮公所工作，已經是助役了，這是當時台灣人可以擔任的最高職位，所以說仕紳的小孩自然讀小學校。當時我那班有兩位台灣人，另一位是醫師的小孩，後來做到了駐瑞典大使。讀小學校有一些是有錢人、牧師的小孩，在我前面也有對兄弟的父親是牧師，他們家的小孩也是讀小學校，因為牧師當時是中學校畢業後來讀神學院的，在當時學歷是相當高的。

現在回想起來，在小學校裡面最重要的事情是六年中從頭到尾都是說日語，我曾經在大甲教會讀過幼稚園，幼稚園時沒有好好學日語的基礎，老師只有教簡單的日語，那時大家都在玩耍，日語程度自然不會說很好。當時的日文是一個在家不會說的語文，只有大家在學校時才會說，所以跟日本人讀小學校時，跟日本小孩們的關係沒有非常好，有時也會多少被欺負，但也是在這樣全日文的環境下，奠定了我扎實的日文基礎。幼稚園的同學很多後來都是讀公學校，我們都斷絕聯絡了。小學校跟公學校很大的不同是人少了很多，公學校有上千人、而小學校只有六、七十人，這也是小學校的特殊之處。另外，小學校時一年級的老師讓我很懷念，當時我總是用左手寫字，但她卻說沒關係，等到二年級時老師卻說左手不行，日本的教育是小孩要用右手。

在小學校裡最有印象的是四、五、六年級時有劍道活動，老師的劍道很有名，所以四、五、六年級都要學劍道，我從此時開始學習劍道。到了中學校二年級，因為我們國民中學校劍道是台灣第一名，大家實力自然不在話下。我在此時受到小時嚴格訓練下，一對一的對打贏了二十多人，從頭贏到尾，老師當時和我說：「你不用打了，因為都贏大家了！」後來一位年紀較大的學長與我對打，我們打得不分勝負，我還因為這事情在學校出名了一陣子。

二、台北：都會的新生活

會從鄉下的大甲搬到都市的台北，這也是有故事的。小學校要畢業時，台北的一位基督徒表示要捐十分之一給上帝，我父親當時是比較出名的台灣人助役，而且大家覺得我父親是一個很不錯的基督徒，希望父親去新的公司做總經理。但是幾年後公司的狀況走下坡，後來父親就去馬偕醫院了。此時因為日本政府與歐美關係緊張，許多洋人的傳教士都被迫回去了，原本的院長被調去南洋從軍，為了不讓馬偕醫院被日本政府接收，所以父親當了理事長兼院長。當時這是很重要的行為，因為如果沒有台灣人出面的話，會被日本人拿走了這間屬於長老教會的病院。這邊說個小故事，許多人都傳說美軍在空襲的時候，有基督教的地方不會被轟炸，但這應該不是真的，因為美軍也在馬偕醫院丟下了炸彈。

大甲算是鄉下，但是也算生活不錯，可是來到台北後覺得生活差了很多，台北當時有三、四十萬人口，是一個新的都市。我當時讀了私立的國民中學，這邊的劍道是全台第一。當時人認為北二中是最好的，再來就是我們國民中，第三則是淡水中，最後則是台北中。當時淡水中雖然是基督教的學校，但是位置較遠，而且名聲也沒國民中好，所以我選了國民中就讀。

新生活有個好處是教會雖然沒有很出名，但是在那時的基督徒每個星期都去做禮拜，所以很多朋友，神學校也在旁邊。宮前町當時要拓寬，我們的雙連教會陳溪圳第一個自告奮勇拆除拓寬，所以我們是那邊第一個拆的，還跟神學院共用一段時間。中學四年級的時候我們搬到馬偕醫院的院長宿舍，當時父親在當理事長所以住那邊，我出征時就是從這出發。我父親是副區長，黃逢時則是正區長，宮前町只有我一個做特幹，他也來跟著一起歡送。

中學的生活對我影響很大，我們在宮前町一三七號，當時七間連在一起，我們住在二樓，算是住在第三間，陳溪圳牧師住在第四間，隔壁還有一個日本人教會。當時我二年級和陳溪圳牧師的三兒子陳哲宗一起騎腳踏車，他是我的學長。陳溪圳牧師對我很好，後來我也在他的雙連教會實習。

三、入營：沒有考試的空軍

在當時，我們受到的教育是灌輸仇視美國、英國的思想，同時為了國家，我們被訓練成日本人、日本兵來對抗英國、美國，事實上這與基督徒的理念是很矛盾的。在戰爭前一年日本將外國傳教士趕走，因此許多牧師也都回去了，為了避免「真空」，許多台灣人組織起來將原先外國人辦理的組織團體接收，馬偕醫院也是如此。像我爸爸不是醫生，但是後來外國人傳教士離開後，他們趕快組織一個會來接收馬偕醫院，避免被當成外國人的資產接收。傳教師回去時，大家都不知道（以後）要怎麼樣。

日本也越來越嚴，台灣的教會也通通都統一，成立日本基督教團，總共有十多組，依照不同的派系來分，聖教會、きよめ教會兩個教會原來在第幾組的時候是在一起的，但是在上面的人鬧分裂後分成兩個教派，戰爭結束後，きよめ回去日本，原先的地方就變成今天的東門教會。

在這中間我也寫了日記，同時還有作詩等等，日記是軍隊中要求的，班長也都會看，但是很多阿兵哥並不是很認真寫，像我一樣乖乖認真寫的其實是少數。但，日記中當時常常寫「鬼畜米英」其實不是真心的，特別是沖繩戰役後，我知道沖繩島上的人一半多都死了之後、還有當時的東京大空襲，大家都知道國家已經快完蛋了，但我們是軍人，軍人要做的就是服從五條誓文。同時剛剛說的基督徒與西方國家矛盾的心情，在這邊要說，戰爭前台灣教會分為兩派，北部與加拿大較為親近，南部則跟蘇格蘭比較親，而當時戰爭時期最重要的敵人是美國，英國在我們心中比較不被注意，所以美國才是最大的敵人吧。

入伍前有身體檢查，我在全部的科目中都是拿甲，後來學科考試，我們可以被中學推薦免試，總共有四個人，其中三位是日本人，只有我一位台灣人，三位日本人一位班長、兩位副班長。身體檢查只有兩位全甲，回來時我爸很不高興，他說為什麼不說眼睛看不到等等的問題呢？我的回答是，還有接下來的考試，到時候我再來隨便寫就好了，結果我們四個是免試的，可以直接入學了。父親後來也送詩給我鼓勵。

接到我考取消息後，別人的家庭沒反應，我的父親則是馬上發電報，上面寫道：「連德你趕緊回來，要做空軍。」裡面的同學也有幾位也考上了，但是他們的父母就沒有發電報，當時我們在宜蘭勞動奉仕，所以當時的老師報告說連德考上了，底下無數人為我歡呼，其實其他人也有考上，但是因為我爸爸特別幫我發電報，所以只有我接受歡呼。不過在此之後兩個月我才去日本。五、六月沒去讀書，七月初一去軍司令部，到了七月十幾號才坐船去日本。

四、訓練：台灣出身的小孩

出發時我們最歡喜的是旁邊都是十六台船當護衛，有驅逐艦、也有潛水艦。高千穗丸則是在我們前面出發，但回來時則被擊沉。去的時候大家都煩惱是否會平安，好險平安抵達。後來去了才知道我們是第三期的特幹生，原本我們都以為是第一期的，四月就錄取我們了，四月錄取第一期、六月第二期、八月的則是第三期。在台灣的第一期卻變日本的第一期，第一期的人都是最優秀的，第二期之後就差一點了，第三期的時候就與第一期差很多了，當時台灣出生的人很多都很優秀，在裡面給人感覺很好，裡面的班長都覺得台灣出生的人很厲害。

後來我們台灣出生的十一人在電影裡面表演，甚至還拿滑翔機操縱，我媽媽還特別去電影院看了十次，只為了看那五分鐘的影片。當時手握著線，心裡算：「一、二、三、四、五」然後手就放開，我眼睛有眨眼，所以母親才知道是真的不是假的。當時台北各戲院放了兩周，母親還特別跑去很多電影院。台灣出生的小孩都很拚命，事實上我們都是很拚命的，到了戰爭後期許多學生被派去一般部隊搬運物品，但只有四個人不用，一位是我、另一位是台灣出生的玉岡（姓王）、兩位日本人留下，僅有我們而已。

五、遺書：「人生二十」感恩

當兵的時候才十九歲，在當兵時看到硫磺島以及許多地方都玉碎了，那個時代每個人都要當兵，自然也要寫遺書，我也有寫遺書，到了後來去陸軍航空士官學校時，更覺得可能活不過戰爭。但八月十五日知道戰爭結束時，是有點驚訝的，大家都把遺書還有許多東西燒掉了。戰爭結束後有點混亂，有人選擇回去台灣、但也有人選擇留在日本變成華僑。回台灣時，我跟彭明敏搭同艘船一起回去，那時才知道他一隻手不見了，戰爭對我們的影響都非常的大。後來，我決定以「人生二十」當作書名[1]，真的是很感恩，很多東西都在裡面。在美國的陳哲宗牧師收到書後很感動，因為裡面有我寫很多有名神學家的別世記錄。《人生二十》代表我的人生，日語跟台語的文章出現，這就是我的人生，在語言的中間生活著，其實想起來是很好的。當初中文剛學的時候其實很困擾，我跟日本人用日文其實都是通的。

六、獻身：每日反射真光

耶穌說：「我是在世間真正的光。」（世の光、我々は此の光を反射する。）我們人並沒有光，只是反射耶穌在世間的光，獻身給耶穌。我在想我的國家就是台灣，不過這跟當初戰爭結束後想的不一樣。戰爭結束後看到中國來的兵，兩年後就發生二二八，兩萬多人就這樣被殺死，特別是基督徒，經歷這樣的磨練後，我知道我們是台灣人，要為這塊土地打拼。那時我是牧師，但

1　編案：《人生二十：台灣生命線之父鄭連德牧師蒙恩的一生》，二〇一二年十二月，前衛出版。

我與別的牧師不同之處在於我不是在台上講道而已，我還做了許多事情，最有影響的就是「生命線」。後來隨著生命線的問世，許多媒體、報紙希望我去幫他們寫專欄、演講，例如鞏曾幫《民族晚報》每週寫兩次專欄，持續了四年；以及之後在白秀雄先生的邀請下，我去了實踐家專；又中廣拜託我去講「家庭漫談」，這就持續了十二年；後來還有「家事法庭」也邀請我去幫他們調解，此處第一任庭長說，如果不是鄭連德牧師，我們可能很多沒辦法圓滿解決。

這個日記是日文寫的，在這一年多中紀錄了我的生命經歷與戰爭時期的一些想法，還有對家人的思念。年紀比較大、經歷過這段時間的人，可能想到以前的事情會覺得有趣吧！但是現在很多人都不是靠書來得到知識了，而是用手機來吸收知識，因此可能讀起來比較困難了吧。現在讀日文的人，可能會更少了吧？現在八十五到九十歲的人在讀的人比較多吧？經歷過這兩個世代的人越來越少了，想起來覺得有些殘念。我出生的時候是說台語，教育是說日語，在國民黨時代是受北京話，最後又去美國讀書用英文。在這個四個語言中，現在會說日語的人越來越少了，想起來也覺得可惜。

因此，我在此由衷發自真心的感謝大家買日語的這本書來閱讀，並且謝謝彥傑幫我編這本書的打字、註解，以及把這篇口述的書序打出來，另外我也要感謝家人以及主。

編者序

黃彥傑

首先，很高興能將這份文書正式出版，要感謝的人太多了，除了日記的主人鄭連德牧師外，也感謝與我一起校對日記的日本佛教大學李昇燁老師、協助我確認不理解的文字的金丸裕一老師、教授古文書讀解的鍾淑敏老師、帝京大學的蔡易達老師、陽明大學王敬翔老師、將我引入口述歷史這個領域的陳柏棕先生、介紹秀威出版給我的陳建守學長、協助我判讀文書的小池拓人學長，以及常常在我面對Word不知所措時，給予我幫助的周若珍老師、一直幫我於政治大學圖書館借書的慧宗學長、一起與我討論的聖凱學長與惠可……等，您們的幫助都是讓這本書能夠順利完成的重要推手，在此對大家獻上十二萬分的謝意。

我高二時認識了鄭連德牧師。在二〇一四年十月中旬，一個秋高氣爽的早上，我與幾位朋友一起拜訪連德牧師，同時看到了這份珍貴的文書。當時僅是高職二年級學生的我，對於這份珍貴的文書並沒有太多的理解，只記得特別看了歷史上「降伏」的那日——八月十五日，並未關注其他部分。爾後就是將資料進行掃描，僅此而已。當時高中生的我還不懂日文，也缺乏掌握這本珍貴史料的能力，因此未進行解讀。

直到去年十一月，在師大台史所的課程中，我認識了中研院的訪問學者李昇燁老師，偶然得知李老師在學習中文，便自告奮勇的與老師開始了「語言交換」。那時每週三的語言交換都會從中午開始，直到下午才結束。李老師在日文的崩し字、古文書上都有很深的造詣，在解讀這份文書時，每當遇到無法判讀的字、無法解答的問題時，請教李老師，他總能一眼看出文意與用字，並詳細的解釋給我聽，這對我來說幫助極大。若沒有李老師的幫忙，這份日記的解讀是絕對不可能順利完成的。而在那段過程中學習到的知識、對古文書的了解，都在後來的研究判讀上起了莫大的作用。語言交換結束後，與老師一起品嚐台灣的美食，更讓我難以忘懷這段美好的日子。雖然只有短短的半年多，然而能在碩士班一年級，非常忙碌的狀況下，抽空與老師一同快樂的學習，這對我來說真的是人生中相當難能可貴的經驗與美好的回憶。

將話題轉回這份文書，到底這份文書為何重要？我想先從戰爭時期日記的研究史與戰後有關「戰爭」的回憶這兩方面進行探討。筆者認為，這是一位台灣人對於戰爭「親身經歷」的日記，日記的主人詳實記錄著親身經歷的、每一天在戰爭中所見所聞的變化。雖然某些時刻彷彿以旁觀者的角度來記錄，實際上卻又是身處於戰爭的漩渦之中。以台灣人的回憶錄來說，像這樣的戰時日記是相當少見的。若討論與鄭連德牧師同樣有著陸軍航空士官學校研究演習部隊經驗的人，戰後首位台籍國軍飛行員賴泰安先生、以及曾經因白色恐怖坐牢的黃華昌先生，兩位的著作也同樣提及戰爭，但都是戰後的回憶錄，而非戰時所留下的日記。從這個角度切入，我們更能看見這本日記的珍貴性。筆者也曾訪問少年飛行兵十六期生的蔡萬湖先生，他也回憶道：「在軍隊中也有寫日記，但是沒有像這本一樣的詳細，而且戰後也因為怕中國政府清算而燒掉了。」[1]至於台灣

[1] 黃彥傑訪問，〈蔡萬湖先生訪問紀錄〉，二〇二〇年八月二十三日，未刊稿。

的日記歷史研究，不能不提許雪姬老師的大作〈台灣史上一九四五年八月十五日前後——日記如是說「終戰」〉，文中分別以八本不同的日記描繪出終戰時台灣人的動向與心情。[2]

日本也有不少與戰爭有關的日記研究成果，在此必須提及的是，二〇一二年日本吉川弘文館所出版的《日記に　む近代日本》（共五冊），當中論及自幕末時期至日本敗戰中的日記，以及探討名人、庶民等不同類型的日記。而論及特攻隊員的遺書、日記等，最有名的莫過於上原良司了，他在日記中談到了對愛情的憧憬，也提到進入軍隊後對軍隊產生了厭惡與反感，他的遺書中最有名的一句話是：「權力主義、集體主義的國家是一時的興盛吧，最後必然是失敗，這是明白的事實。」[3]「日本將會戰敗」的想法在當時雖無法說出口，但事實上有許多人是這麼想的。如戰後成為作家的山田風太郎，其於戰爭時期進入東京醫學專門學校（今日東京醫科大學）就讀，在敗戰前的八月十日寫道：「日本人大多數是理性的認為這場戰爭不可能勝利的，然而感性上卻是認為不會輸！」[4]

而本日記的作者鄭連德對於戰爭也懷有困惑，同時由於接受了特攻隊的訓練，更直接的導致他產生了「死亡」意識。例如他在一九四五年六月十日的日記中寫道：

〔原　文〕同ジク隣席ニ勉強シタ広田英世君モ亡クナッタトノ話。床ニ入ッテキテ聞イ

2 許雪姬著，〈臺灣史上一九四五年八月十五日前後——日記如是說「終戰」〉，收錄於《臺灣文學學報》，（台北，二〇〇八），頁一五一—一七八。

3 土田宏成編，《日記に読む近代日本4昭和前期》（東京：吉川宏文館，二〇一一）頁二一二—二二三。

4 土田宏成編，《日記に読む近代日本4昭和前期》，頁二一二—二二三。

夕時ハ暫シ沉默シテキタモノダ。……戰局ハ不利ナリ。……本土決戰／＼ト呼バレテ來タガ．是レモ敵ノ侵寇ヲ予期セザルヲ得ナイ情勢デアル。勝利カ死カ。

〔筆者譯〕就寢時聽到（甘木時代）同在鄰席學習的廣田英世君死亡的消息，一時沉默。……戰局惡化。……喊著「本土決戰！」，決戰就來了，這是未預期到敵方入侵的情勢。是勝？是死？

次日的日記中更是直接記錄著：「生死的問題慢慢地在腦裡突然來到。」

除了死亡意識，在訓練時，特攻隊員對於故鄉的想念與希望故鄉平安無事的心情也十分強烈。筆者在大學時曾訪問前花蓮縣縣長吳水雲先生，吳縣長曾說道：「我的哥哥曾在特攻隊員歡送會時問他們這時你們最想的人是誰，他們的回答不是日本天皇、也不是父親；而是母親啊！」[5]這樣的心情在日記中，也有類似的記錄。隨著戰爭的情形每況愈下，七月二日鄭連德寫下：「想來去年的今天正是我從家中啟程，最後的別離之日。（當時）心中滿溢激動之情，跨越了遙遠的太平洋離開台灣，在軍司令部集合時開開心心的感覺。我再也不會回到台灣了，但是：台灣啊！要平安啊！就算面對美英的慘烈攻擊也不要感到挫敗，奮鬥吧！我在遠方祈禱著。」

除了回顧日記研究外，筆者另外想談談回憶錄與相關軍事部隊的回憶。日本出版界在一九七〇至一九八〇年代曾有一段「戰爭經驗出版熱」，那時出版了許多著名的戰爭回憶錄，例如在一

[5] 吳水雲先生口述，黃彥傑紀錄，〈吳水雲先生訪談錄〉。收錄於臺灣口述歷史學會編《紀錄聲音的歷史：臺灣口述歷史學會會刊第九期》（台北：二〇一八），頁一一三—一四六。

九八〇年代出版的「よもやま物語」，這是一系列包含日本陸軍、海軍、抑留者[6]等回憶的相關出版品，涉及日本人的戰時經驗、戰後創傷與困苦的經歷等面向；又有在戰爭結束後組成的同窗會編纂回憶錄的熱潮，當時透過聚會、同窗會的雜誌刊物與部隊戰史、兵種歷史等，留下相當多紀錄，如鄭連德牧師曾經在日記《日出火子叢書第六號》昭和二十年（一九四五）六月十四日中提到的特幹[7]二十四名、少飛二十六名，總計五十名合格，其中的少年飛行兵就於一九八〇年代中出版了《少年飛行兵史》，[8]當中對少年飛行兵的歷史、學校、各期概史、學生回憶等都有許多介紹，另外還有無數的回憶錄。但在台灣，相關的「戰時經驗」卻未如在日本一般掀起熱潮，而是以私人名義自費出版，數量也遠遠未及日本，實在相當可惜。除了回憶錄和日記，另有基於實際經驗加以改編撰寫的文學作品，其中最著名的是陳千武的《活著回來》。小說中仔細地描繪了在摩羅泰島的生活、感受，以及戰爭結束後島上風起雲湧的獨立運動等。而這位主人翁林逸平，正是以陳千武本人為原型。[9]

整理這本日記檔案時，我曾無數次詢問連德牧師，為什麼他作為基督徒，卻仍然選擇了「從軍」？他的回答是：「當初，在台北私立台北國民中學校時，學校將全校學生加入特別幹部候補生的篩選中，而我所有的條件都達到合格標準，因此中選了幹部候補生。」合格當天，還是父親拍電報給正在宜蘭機場做跑道建設的中學生鄭連德，通知他考上了陸軍特別幹部候補生，請他快

6 編案：「抑留者」，戰時被敵對國家扣留、拘留的日本人。
7 編案：「特幹」，當時日軍編制中的特別幹部。
8 少飛會歷史編纂委員會編，《少年飛行兵史》（東京：少飛會，一九八三）。
9 陳千武著，《活著回來》（台中：晨星，一九九九）。

速回台北準備。而鄭連德選擇了一條「送死的道路」自然也免不了一頓責罵，父親對他說：「為何不選擇說謊、故意假裝視力檢查上看不清楚呢？」他答道：「因為我們信了主，因此不能騙神。」如此誠心信仰又保持天真純樸的回答不免讓人聽了莞爾一笑。儘管當時的日本政府稱「神道は宗教ではない」，但是在基督徒的心中明確知道「神道就是其他的宗教」。三〇年代開始，對於基督徒的處境日趨艱困，如一九三四年發生的長老教中學校的「神社參拜」問題引發爭議，到最後校長萬榮華妥協並表明「打算參拜神社的意見」，同年年底甚至對於「不參加神社參拜、招魂祭祭典者」進行「調查申誡」。[10]可見當時基督徒的生存空間漸次被壓縮、基督教系統學校遭受來自政府與軍方的打壓的情況。

而且自一九三九年法律第七十七號〈宗教團體法〉通過，並於翌年四月一日實施後、文部省宗教局長松尾長造也說：「宗教團體及其教師若於教義上散佈拒絕神社祭拜或指使他人拒拜之行為，則明白違反安寧秩序、損害公益，將依本法處以嚴刑。」[11]隨著戰爭的推移，到了一九四一年六月更是有「日本基督教團」的成立，而台灣到了一九四四年也有「日本基督教臺灣教團」，更是有了規定「遵從皇國之道，貫徹信仰，各盡其分，扶翼奉贊皇運。」[12]情勢險峻，又加上帝國的壓迫，上帝似乎「消失」了，但是他還是選擇相信自己的信念做出行動，相當的令人感佩。

談及當時的兵役制度，考上少年飛行兵或是陸軍特別幹部候補生都是令人嚮往的，相對的，

10 駒込 武著，《「臺灣人的學校」之夢：從世界史的視角看日本的臺灣殖民統治（下）》（台北：臺大出版中心，二〇一九），頁五四七—五七四。

11 盧啟明著，《傳道報國：日治末期臺灣基督徒的身分認同（1937-1945）》（台北：秀威，二〇一七），頁一六六。

12 盧啟明著，《傳道報國：日治末期臺灣基督徒的身分認同（1937-1945）》，頁一七五。

考試也十分的困難。如黃華昌先生的回憶錄中提及：

既然我的「文官服、金配劍」美夢已碎，高等科畢業後，我也要步學長後塵；去當半強制半志願的海軍少年工？或是加入農業團，為南洋戰場的軍人種米種菜？我如一隻迷途羔羊，為前途徬徨不已。……就在我徬徨懊惱時，學校走廊貼上徵募「陸軍少年飛行兵」的海報，上有戴著飛行帽童顏未泯的飛行兵臉孔，神氣活現的樣子強烈吸引我……這時腦海浮現曾經在新竹街上，遇見身穿七顆金鈕扣制服的「海軍預科練」，或是腰配短劍的海軍飛行軍官的模樣，於是下定決心：「既然文官帽不成，那就改戴飛行帽！」一路興奮地趕回家。[13]

而在考試的部分，其回憶提及：「應考的絕大多數是日本人中學生，對我這種只唸到國小高等科一年的鄉巴佬台灣人來說，個個都是很可怕的競爭對手。」[14]據曾令毅〈日治時期臺灣航空發展之研究〉中所提及，少年飛行兵的台灣人自十五期後才逐漸增多，但最高考取的機率亦才百分之〇．五九。[15]根據內閣官報記載，特別幹部候補生的要求是十五歲以上至二十歲以下之青少年，同時須是中學校三年生第二學期修了才能參加。[16]因此，可知連德牧師考上特別幹部候

13 黃華昌著，《叛逆的天空：黃華昌回憶錄》（台北：前衛出版，二〇一五）頁六十六。
14 黃華昌著，《叛逆的天空：黃華昌回憶錄》，頁六十八。
15 曾令毅著，〈日治時期臺灣航空發展之研究〉，（台北：淡江大學，二〇〇八），頁一六三。
16 御署名原本．昭和十八年．勅令第九二二号．陸軍現役下士官補充及服役臨時特例，案號：A03022881500，一九四三。

補生，且以「無試驗」方式，僅體檢就通過，是相當的厲害。在《人生二十》中回憶到：「四月二十六日學校重新推薦五十名成績優良的學生，不必參加第二次學科考試，但是日本軍司令部開會決定只錄取四名學生不必考學科考試、其中包括日本籍的班長、副班長等三名以及台灣籍的我……」[17]「履歷證書」之部分中可以看到：「昭和十九年六月廿九日：陸軍特別幹部候補生（無試験）予定者ニ採用。」[18]當我們回想起那個時代，會知道連德牧師是個智慧與體格雙全的人。

另外，想提及的一點是，為何此份文書以「日出火子」來命名呢？這是因為鄭連德牧師在戰爭時期改名為「賀川英彥」，而「英彥」的日文念法是「ひでひこ」而「日出火子」正好也同樣發音（ひでひこ），時連德牧師於中學時代參加了學校的劍道部與文藝部，因此雅好日本的詩歌、川柳等，利用「諧音」來命名這份文書我想也是正常不過的事情。

鄭連德先生戰時文書中，可以分為數個部分，首先內容最多的是〈日出火子叢書第六號〉，這份日記的原稿長寬高分別為：21.5x15.5x2.5 cm，自一九四五年二月一日於奈良陸軍航空整備學校時書寫，至一九四五年十月為止。不過此文書中仍包含了一頁昭和十九年（一九四四）十月九日於大刀洗寫下的日記，以及未見日期之詩創作等，唯所佔頁數並不多。內容中除一日生活記事（三月一日至三月八日間的日記因故未寫），另涉及當時的國際局勢、氣象、部隊記事、日常紀錄等。另外也可從中觀察到，自昭和二十年（一九四五）四月開始，日本軍開始更大規模的特別攻擊，發動了數次菊水作戰，為人所知的大和號此時也參加了特別攻擊隊的作戰。在後來的日記中，鄭連德牧師記述每日最新戰況、國際局勢、特攻隊的作戰紀錄之餘，亦屢屢表示要有特攻隊

17 鄭連德著，《人生二十：台灣生命線之父鄭連德牧師蒙恩的一生》（台北：前衛，二〇一二），頁二十五。
18 參見履歷證書第一頁。

的心志，同時也不斷提及戰爭的殘酷。每當我對照日本戰時的紀錄，都不禁感嘆為數甚多的年輕人在戰爭中殞命，不管師事哪一方，都在這場戰爭中犧牲太多了。

另外還有如第四號、第八號、第十號等。筆者將四、八、十等三號文書分類如下：第四號〈雜記〉時間最早自一九四五年的六月三十日開始，當中另有「一年的足跡」之文字記載，因此推測約為進入豐岡陸軍航空士官學校前後開始書寫的，內容也與第六號日記有著極大的差異，流露出更多關於自身內心的狀態，包含對家人的愛意等等。這是相當個人、私密的，因此我們更能看出當時鄭連德牧師在「人生二十」面對即將到來的特攻時，心裡並不只有國家，更還有著對家人的愛。

至於第八號文書，主要是家人與親友為了鄭連德牧師出征所撰寫的贈別文，以及後來鄭連德牧師所寫的詩與「川柳」[19]兩個部分。有少部分是在台灣所著，如寫著「眞心ある所に天佑あり」昭和十九年七月十一日（台北の地を立つに寄せて）、詩〈故鄉離れて〉的兩部分。離台後（一九四四年七月十一日以後）則有俳句、短歌、川柳、散文詩等作品，且多有生活面的書寫，如「隊生活」、「奈良を踏んで」、「春を迎へて」等日常生活的紀錄。在詩歌中也可以看到一九四四年七月十七日門司港入港當日（參見履歷證書對照）所作的：「航母艦（台湾）旅立つ鷲は雛翼　再び歸らず熱に燃えつつ」（將遠航的台灣雄鷹之雛翼，不再歸來，熱血燃燒著），這應該說明了此時鄭連德牧師是抱著熱情從軍的。但在軍隊中枯燥的生活，使他後來在想法也產生改變：

[19] 編案：「川柳」，日文詩歌的一種體裁，以口語為主，沒有季語和助動詞的限制，形式自由，與俳句同樣具十七個音節，音律節奏為五、七、五，常用於表達心情。

〔原　文〕月に一度の外出日　馳けて飛び出す営門に
帰りの時刻が一秒も　遅れれば冷い重営倉
〔筆者譯〕一個月一次的外出日　飛快的跑離營門
回來的時候也是一秒不遲　遲的話就要進寒冷的禁閉室
〔原　文〕起床のラッパで飛び起きて　つらさ悲しさ思ひつゝ、
のそく舎前につら出せば　班長の眼玉が光ってる
〔筆者譯〕在起床的號角聲中一躍而起　痛苦悲傷啊
不趕快到兵營前的話　班長的眼神會火光四射

不難看出這些記述與今日的軍隊生活都有著相似之處，可說巧妙地跨越了時代，與今時今日有著共通性，想必當兵的人們都會有所感吧。

伴隨著戰爭日益的逼近，當中讓筆者最有感觸的是「五月」一詩：

〔原　文〕英雄亡き窓辺に寂しき春日ざ一
雨と降る彈にニッコリ英雄逝き
巨頭相次ぐ春の霧の夜
捆包や軽く響けり樋の音

〔筆者譯〕英雄身故，窗邊春日寂寂
槍林彈雨中，英雄笑著辭世
巨頭們於春霧之夜絡繹而至
捆包，簷上輕輕響著的雨漏聲

筆者認為本詩不只訴說戰爭下許多人死去的事實，更顯露作者對於此時幾近窮途末路的戰爭表達感嘆。

第十號文書則是以一九四四年七月鄭連德赴日起至八月底戰爭結束為止，共計約一年的時間，在這份文書中也包含了部隊的資料、人員長官與同僚間的姓名紀錄、金錢獲取與花費紀錄等等，並有鄭連德牧師對於自己性格優缺點和未來的展望，最後也記錄了信件的往來。其中很有意思的是，鄭連德在日不僅與台灣親友同學的社群互動，也與日本的牧師有所交往，像是他與東京的松沢教會便曾有過聯繫。松沢教會的特殊性在於它由賀川豐彥進行創設，此時鄭連德牧師與其聯絡，我想一方面是基於對賀川的崇拜吧。此外，在信件中也可以看到他與三浦清一、藤田治芽的通信，三浦清一於一九三八年被捕釋放後寄身於賀川豐彥門下，並曾於一九四三年七月應北部基督長老教會之邀來台[20]，第十號文書於一九四四年七月十一日載有：「三浦先生モ同船ダ。」後來詢問了連德牧師，他說三浦兩次來台，他都前去聽講，但第二次隨著戰爭的白熱化，三浦牧師的言論自由也受到了相當的侷限。而三浦返日途中剛好與連德牧師同船，他們因此相識，開始

[20] 參照：http://www.laijohn.com/archives/pj/Miura,S/Taiwan/Chhi,Ksin.htm

通信。藤田牧師是日本著名神學者高倉德太郎的後繼者，同時期還有如淺野順一等人，我想當時正值青少年的基督徒寫信給壯年的牧師，想必也是討論信仰有關的議題吧。[21]

除此之外，在這批文書最後還有「其他」部分的史料。戰前有份一九四四年四月四日的《台灣新報》，內容為〈〈大空へ鬪魂燃ゆ〉陸軍飛行兵特別幹部候補生採用豫定者氏名発〉，內有受驗者的姓名及受驗相關資料；此外則多為戰後初期的史料，例如約於一九四六年所畫的「自畫像」、履歷書、證件等部分。其中證件最珍貴的是留下了「中華民國台灣省青年隊」、陸軍航空士官學校修業證明書、陸軍航空士官學校身分證明書、陸軍航空士官學校在學證明書、戰爭結束時期的兵食給與停止證明書、乘車券、外食券等文件。在鄭連德牧師的回憶錄中，對於戰後這段時期僅簡要寫到：「重建工作一直到了十二月十二日，才參加了台灣青年隊長崎小隊等候遣返，並在十二月三十一日抵達博多港搭乘『日昌丸』這艘船僅僅是整個返台作業開始的第二艘……」[22]關於戰後在日台灣人的組織，可能比我們想像的更多，例如戰後仍持續待在日本的吳修竹，在其回憶錄《戰後台湾人の戦後史——吳修築回想録》提及戰後的台灣人也有「歸國委員會」的存在，並且委員當中甚至包含了高玉樹，不久後被統一的東京華僑連合會成立後，這也繼續存在著。[23]由此可見，此時並不是只有單一的團體，事實上台灣人在各地都有不同的組織。而與鄭連德牧師一同在陸軍航空士官學校的賴泰安先生（他是唯一一位同時為日本軍、國軍的飛行員）在回憶錄中更鮮活的提到當時他與鄭連德、黃華昌為糧食奔走，後來從長崎搭便車到小瀨，

21 鈴木範久著，《日本キリスト教歴史人名事典》（東京：教文館，二〇二〇）頁六六一。
22 鄭連德著，《人生二十：台灣生命線之父鄭連德牧師蒙恩的一生》，頁三十二。
23 吳修竹著，《戰後台湾人の戦後史——吳修竹回想録》（日本：彩流社，二〇一八），頁五十六。

在貨車上遇見一位台灣的復員者，他吸著美國製造的香菸，手邊也有糖果等，賴泰安當時問對方如何取得食物，對方說道：「我是台灣人，總而言之是第三國人民，有著進駐軍的特別物資。」「台灣由日本的統治中被解放，被中國光復，總而言之，台灣人當然是成為戰勝國國民。」當對方知道賴泰安等三人皆為台灣人後，也親切了起來。並且告訴他們可以加入「台灣青年隊」。[24]鄭連德牧師所留的證件，可說便為當時的歷史留下了見證。

本文主要簡介了有關這部日記的歷史背景、鄭連德先生於軍隊中與同窗的相關回憶、這批文書史料的基礎狀況等，希望能協助讀者瞭解本書的價值。同時，筆者也建議閱讀此書時，搭配黃華昌先生的《叛逆的天空》、賴泰安《出發吧！少年飛行兵》、鄭連德牧師《人生二十》等書一同閱讀，相信會有更多的收穫。筆者相信，本文仍有許多不足，煩請各位讀者先進們不吝指正。最後，再次感謝許多朋友的幫助，這本書方能完成，筆者不勝感激。

24 賴泰安著，《少年飛行兵よもやま物語》（日本：光人社，一九八三），頁二三二－二三四。

目次

《日出火子》叢書

日出火子叢書

第 4 號

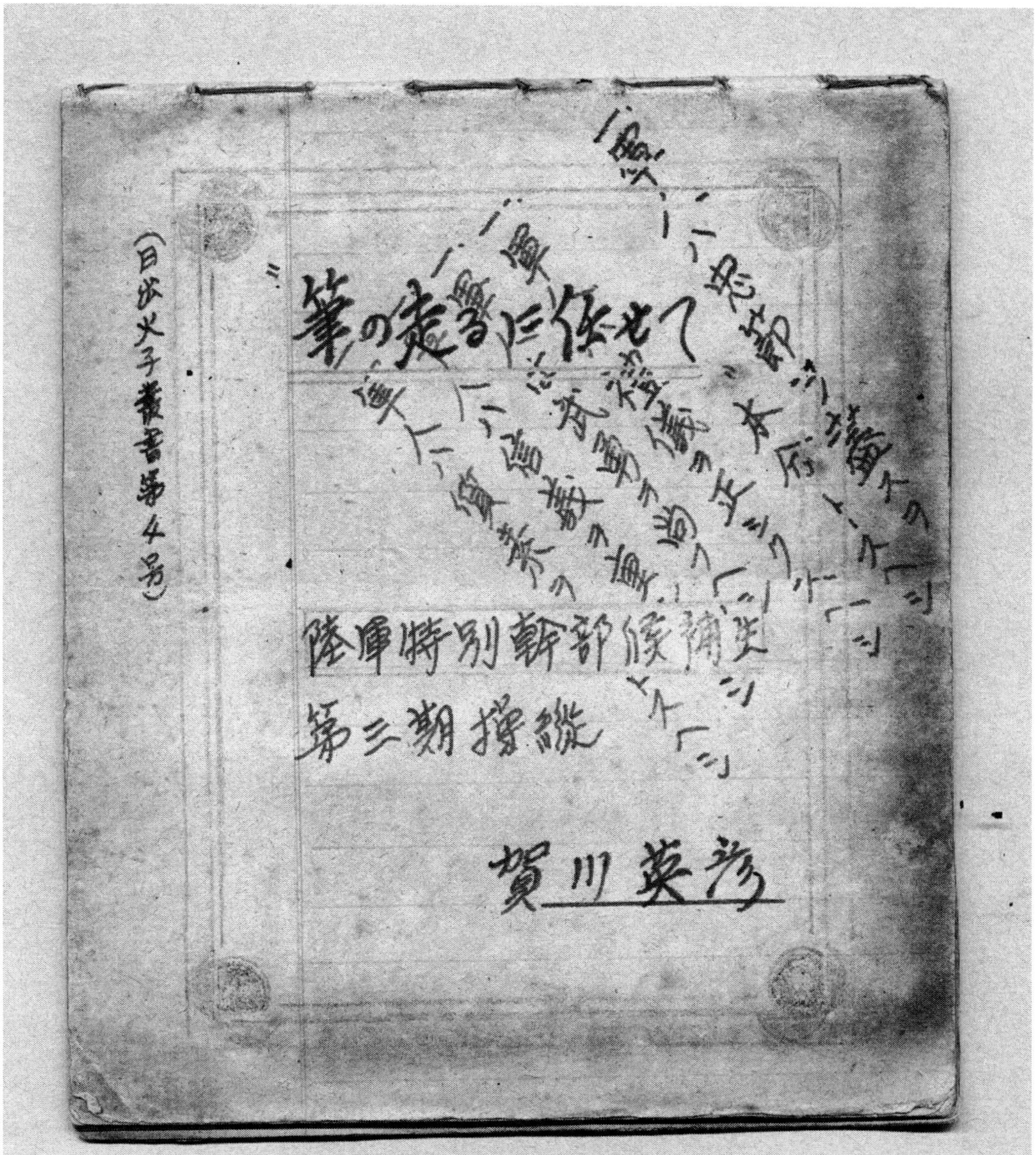

筆の走るに任せて
陸軍特別幹部候補生
第三期操縦
賀川英彦

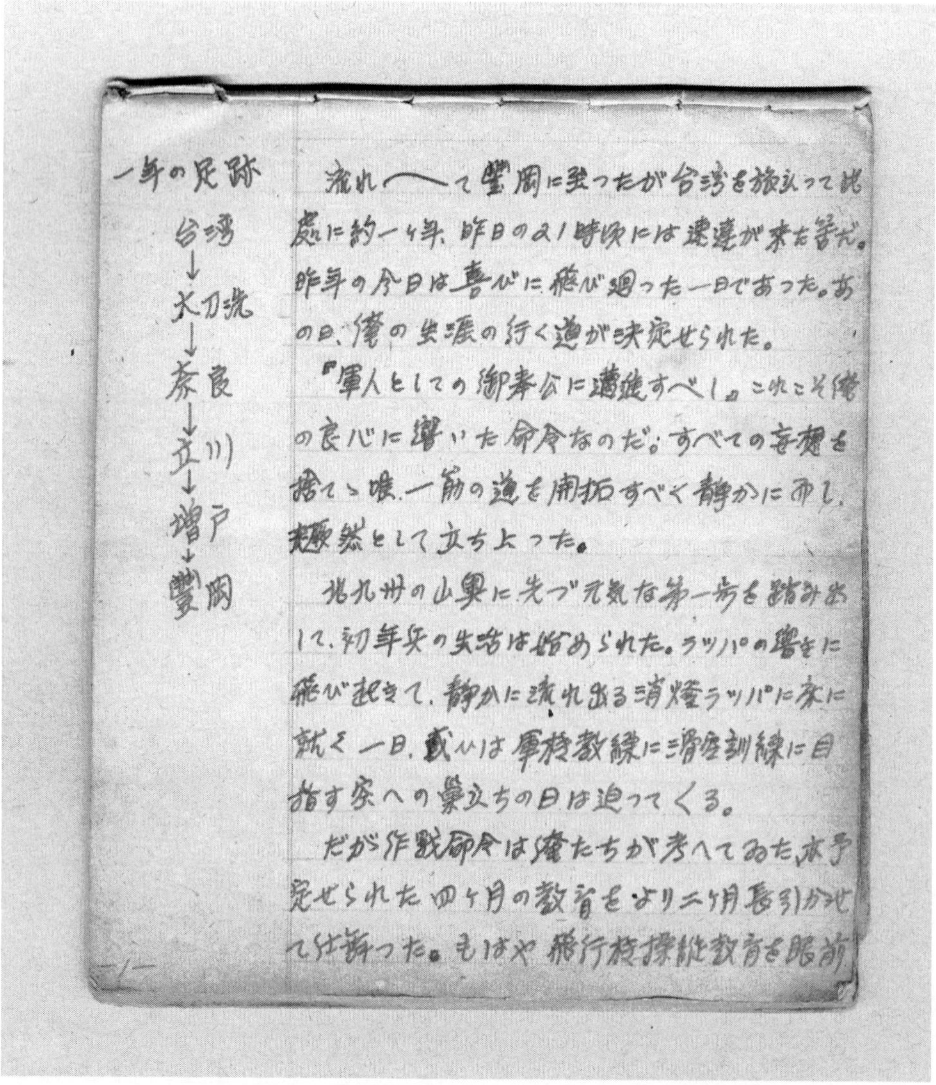
一年の足跡
台湾
↓
大刀洗
↓
奈良
↓
立川
↓
増戸
↓
豊岡

流れ――て豊岡に至ったが台湾を旅立って此
処に約一ヶ年、昨日の21時頃には速達が来た筈だ。
昨年の今日は喜びに飛び廻った一日であった。あ
の日、俺の生涯の行く道が決定せられた。
『軍人としての御奉公に邁進すべし』これこそ俺
の良心に響いた命令なのだ。すべての妄想を
捨てゝ唯一筋の道を開拓すべく静かに而し、
毅然として立ち上った。
北九州の山奥に先づ元気な第一歩を踏み出
して、初年兵の生活は始められた。ラッパの響きに
飛び起きて、静かに流れ出る消燈ラッパに床に
就く一日、或ひは軍隊教練に滑空訓練に目
指す空への巣立ちの日は迫ってくる。
だが作戦命令は俺たちが考へてゐた予
定せられた四ヶ月の教育をより二ヶ月長引かせ
て仕舞った。もはや飛行機操縦教育を眼前
—1—

一年の足跡

台湾
↓
大刀洗
↓
奈良
↓
立川
↓
増戸
↓
豊岡

流れ〜て豊岡に至ったが台湾を旅立って此處に約一ヶ年．昨日の21時頃には速達が來た筈だ。昨年の今日は喜びに飛び廻った一日であった。あの日．俺の生涯の行く道が決定せられた。

『軍人としての御奉公に邁進すべし』これこそ俺の良心に響いた命令なのだ。すべての妄想を捨てゝ唯．一筋の道を開拓すべく静かに而し．趣然として立ち上った。

北九州の山奥に先づ元気な第一歩を踏み出して．初年兵の生活は始められた。ラッパの響きに飛び起きて．静かに流れ出る消燈ラッパに床に就く一日．或ひは軍機教練に滑空訓練に目指す空への巣立ちの日は迫ってくる。

だが作戰命令は俺たちが考へてゐた．亦予定せられた四ヶ月の教育をより二ヶ月長引かせて仕舞った。もはや飛行機操縱教育を眼前

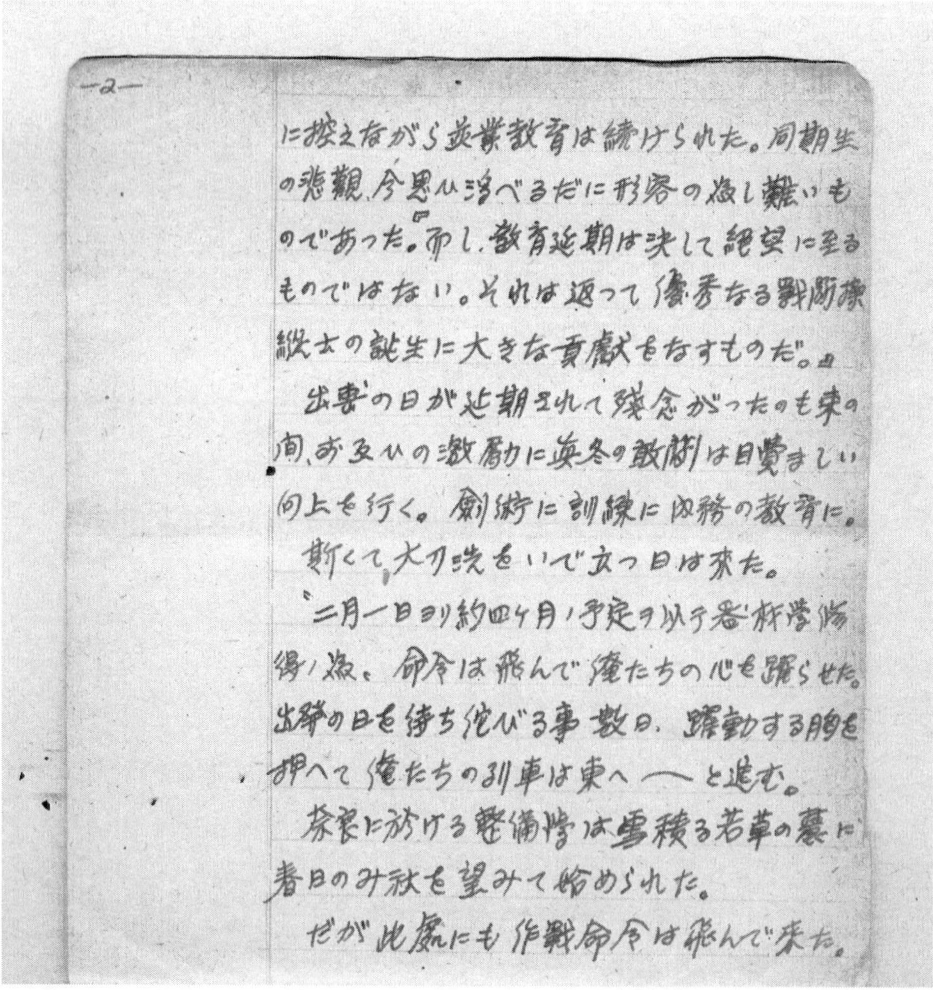

—2—

に控えながら卒業教育は続けられた。同期生の悲観、今思ひ浮べるだに形容の為し難いものであった。』而し、教育延期は決して絶望に至るものではない。それは返って優秀なる戦闘操縦士の誕生に大きな貢献をなすものだ。』

出撃の日が延期されて残念がったのも束の間、お互ひの激励に厳冬の敢闘は目覚ましい向上を行く。剣術に訓練に内務の教育に。

斯くて大刀洗をいで立つ日は来た。

『二月一日ヨリ約四ケ月ノ予定ヲ以テ整備術修得ノ為』命令は飛んで俺たちの心を躍らせた。出発の日を待ち侘びる事数日、躍動する胸を押へて俺たちの列車は東へ——と進む。

奈良に於ける整備学は雪積る若草の麓に春日のみ社を望みて始められた。

だが此処にも作戦命令は飛んで来た。

に控えながら並業教育は続けられた。同期生
の悲觀．今思ひ浮べるだに形容の為し難いも
のであった。『而し．教育延期は決して絶望に至る
ものではない。それは返って優秀なる戰闘操
縦士の誕生に大きな貢獻をなすものだ。』
出擊の日が延期されて残念がったのも束の
間．お互ひの激勵に眞冬の敢闘は目覚ましい
向上を行く。劍術に訓練に内務の教育に。

斯くて大刀洗をいで立つ日は來た。

“二月一日ヨリ約四ヶ月ノ予定ヲ以テ器材學修
得ノ為”命令は飛んで俺たちの心を躍らせた。
出発の日を待ち佗びる事數日．躍動する胸を
押へて俺たちの列車は東へ〜〜と進む。

奈良に於ける整備學は雪積る若草の麓に
春日のみ社を望みて始められた。

だが此處にも作戰命令は飛んで來た。

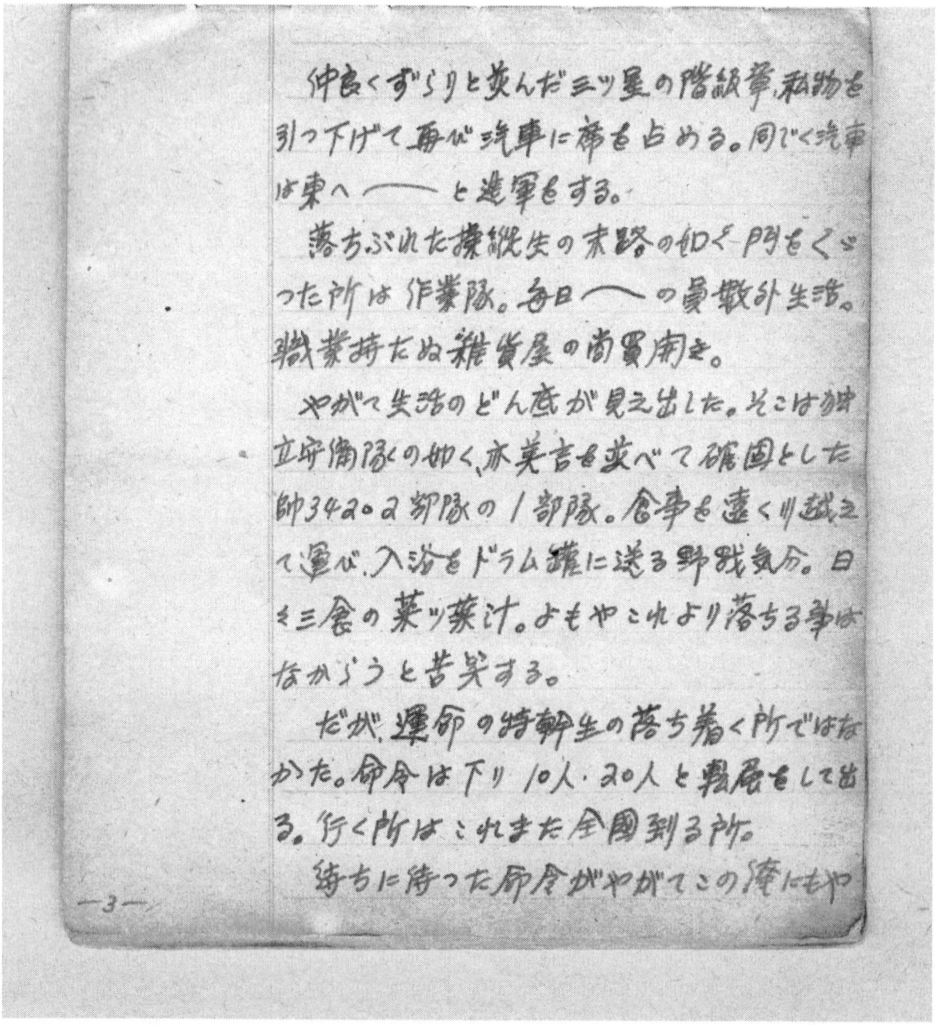

仲良くずらりと並んだ三ッ星の階級章，私物を引っ下げて再び汽車に席を占める。同じく汽車は東へ——と進軍をする。

落ちぶれた操縦生の末路の如く門をくゞった所は作業隊。毎日——の員数外生活。職業持たぬ雑貨屋の商賣開き。

やがて生活のどん底が見え出した。そこは独立守備隊の如く，赤美言を並べて確固とした師34202部隊の1部隊。食事も遠くり越えて運び，入浴をドラム罐に送る野戦気分。日々三食の菜ッ葉汁。よもやこれより落ちる事はなかろうと苦笑する。

だが，運命の特幹生の落ち着く所ではなかった。命令は下り10人・20人と転属をして出る。行く所はこれまた全国到る所。

待ちに待った命令がやがてこの俺にもや

—3—

仲良くずらりと並んだ三ツ星の階級章．私物を引つ下げて再び汽車に席を占める。同じく汽車は東へ〜〜と進軍をする。

落ちぶれた操縦士の末路の如く門をくゞった所は作業隊。毎日〜〜の員數外生活。

職業持たぬ雑貨屋の商買開き。

やがて生活のどん底が見え出した。そこは独立守備隊の如く．亦美言を並べて確固とした帥34202部隊の1部隊。食事を遠く川越えて運び．入浴をドラム罐に送る野戦気分。日々三食の菜ッ葉汁。よもやこれより落ちる事はなからうと苦笑する。

だが．運命の特幹生の落ち着く所ではなかた。命令は下り10人．20人と転属として出る。行く所はこれまた全國到る所。

待ちに待った命令がやがてこの俺にもや

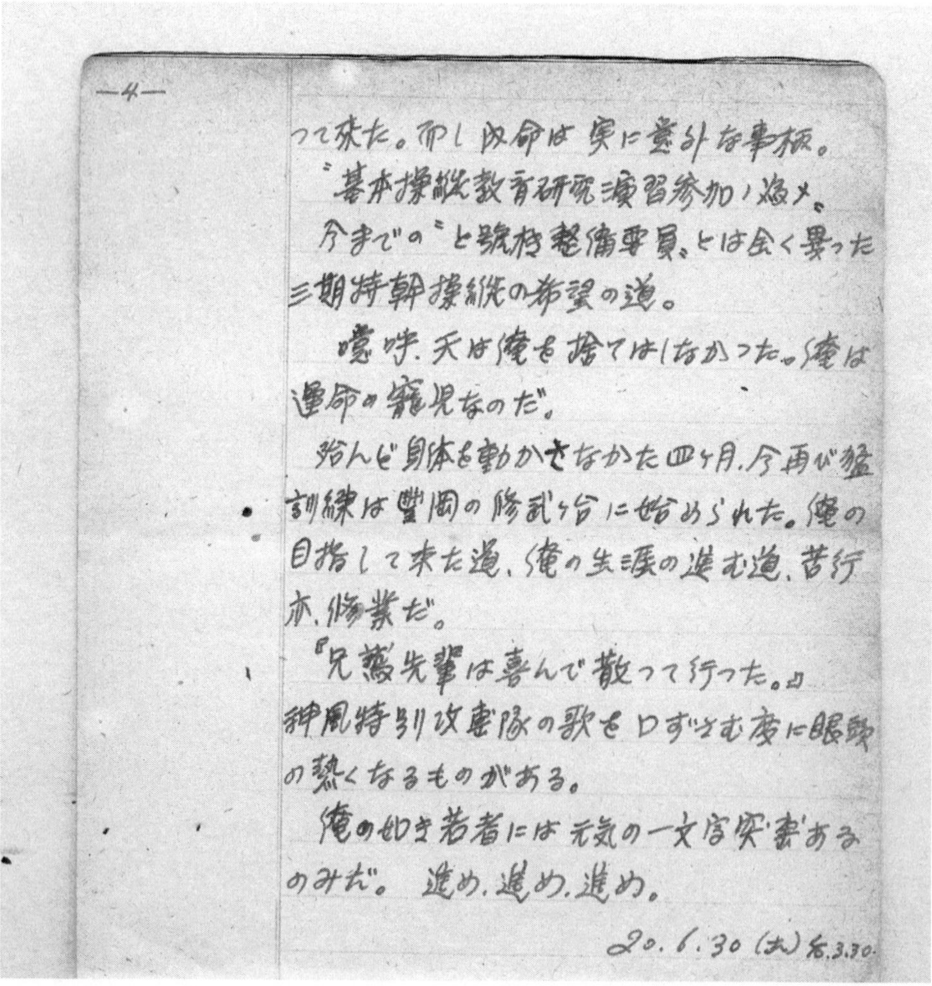
—4—
って来た。而し改命は実に意外な事柄。
"基本操縦教育研究演習参加ノ為メ"
今までの"と號特整備要員"とは全く異った
三期特幹操縦の希望の道。
嗚呼.天は俺を捨てはしなかった。俺は
運命の寵児なのだ。
殆んど身体を動かさなかた四ヶ月.今再び猛
訓練は豊岡の修武ヶ台に始められた。俺の
目指して来た道、俺の生涯の進む道、苦行
亦.修業だ。
『兄鷲先輩は喜んで散って行った。』
神風特別攻撃隊の歌を口ずさむ度に眼頭
の熱くなるものがある。
俺の如き若者には元気の一文字突貫ある
のみだ。進め.進め.進め。
20.6.30(土)后3.30.

って來た。而し内命は実に意外な事柄。

“基本操縦教育研究演習参加ノ為メ”

今までの“と號機整備要員”とは全く異った三期特幹生操縦の希望の道。

噫呼．天は俺を捨てはしなかった。俺は運命の寵児なのだ。

殆んど身体を動かさなかた四ヶ月．今再び猛訓練は豐岡の修武ヶ台に始められた。俺の目指して來た道．俺の生涯の進む道．苦行亦．修業だ。

『兄鷲先輩は喜んで散って行った。』神風特別攻撃隊の歌を口ずさむ度に眼頭の熱くなるものがある。

俺の如く若者には元気の一文字突撃あるのみだ。　進め．進め．進め。

20.6.30（土）后.3.30

〔註〕修武台：此處所指的是陸軍航空士官學校。

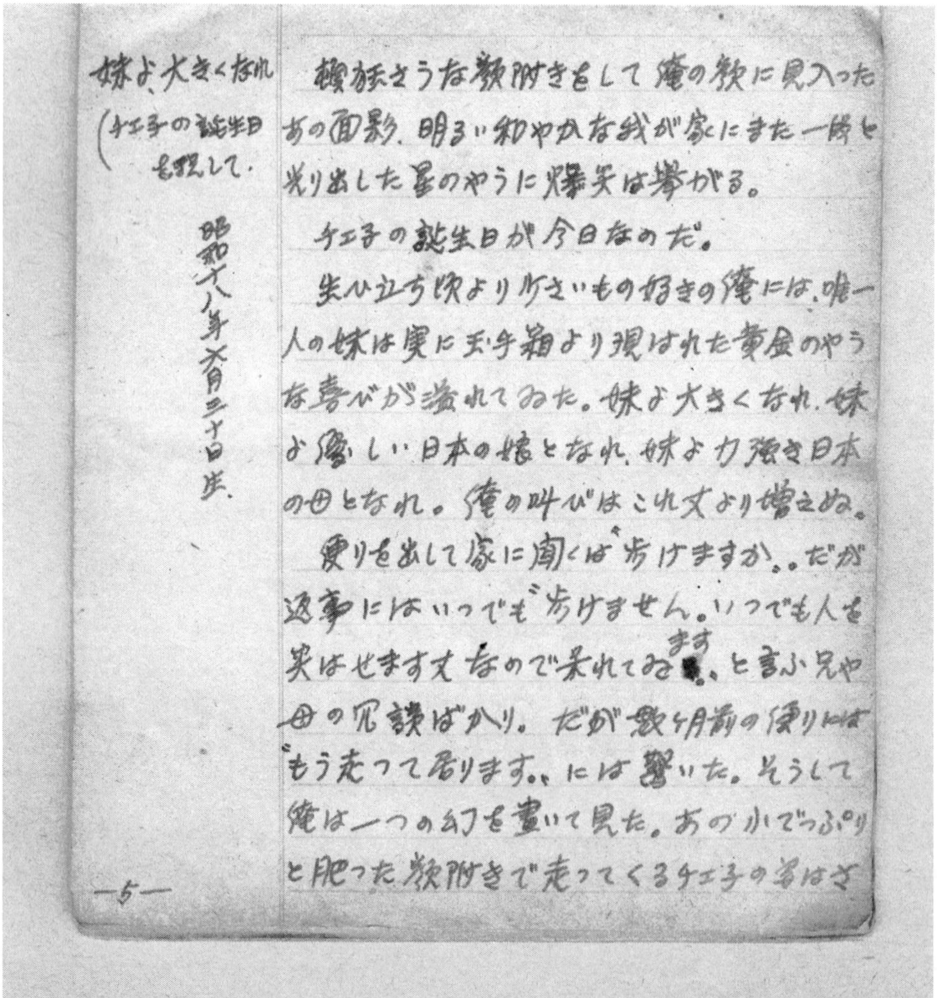

妹よ、大きくなれ
（チエ子の誕生日を祝して。

昭和十八年六月三十日夜。

[illegible]さうな顔附きをして俺の顔に見入ったあの面影。明るい和やかな我が家にまた一際と光り出した星のやうに爆笑は挙がる。

チエ子の誕生日が今日なのだ。

生ひ立ち頃より小さいもの好きの俺には、唯一人の妹は実に玉手箱より現はれた黄金のやうな喜びが溢れてゐた。妹よ大きくなれ、妹よ優しい日本の娘となれ、妹よ力強き日本の母となれ。俺の叫びはこれ丈より増えぬ。

便りを出して家に聞くば〝歩けますか〟。だが返事にはいつでも〝歩けません。いつでも人を笑はせます丈なので呆れてゐます〟と言ふ兄や母の冗談ばかり。だが数ヶ月前の便りには〝もう走って居ります〟には驚いた。そうして俺は一つの幻を画いて見た。あの小でっぷりと肥った顔附きで走ってくるチエ子の姿はさ

—5—

妹よ大きくなれ
（チエ子の誕生日を祝して

昭和十八年六月三十日生

頓狂さうな顔附きをして俺の顔に見入った
あの面影．明るい和やかな我が家にまた一段と
光り出した星のやうに爆笑は擧がる。

チエ子の誕生日が今日なのだ。

生ひ立ち頃より少さいもの好きの俺には．唯一
人の妹は実に玉手箱より現はれた黄金のやう
な喜びが溢れるゐた。妹よ大好きくなれ．妹
よ優しい日本の娘となれ．妹よ力強き日本
の母となれ。俺の叫びはこれ丈より増えぬ。

便りを出して家に聞くは“歩けますか。だが
返事にはいつでも”歩けません。いつでも人を
笑はせます丈なので呆れてゐます。と言ふ兄や
母の冗談ばかり。だが數ヶ月前の便りには
“もう走って居ります。”には驚いた。そうして
俺は一つの幻を畫いて見た。あの小でっぷり
と肥った顔附きで走ってくるチエ子の姿はさ

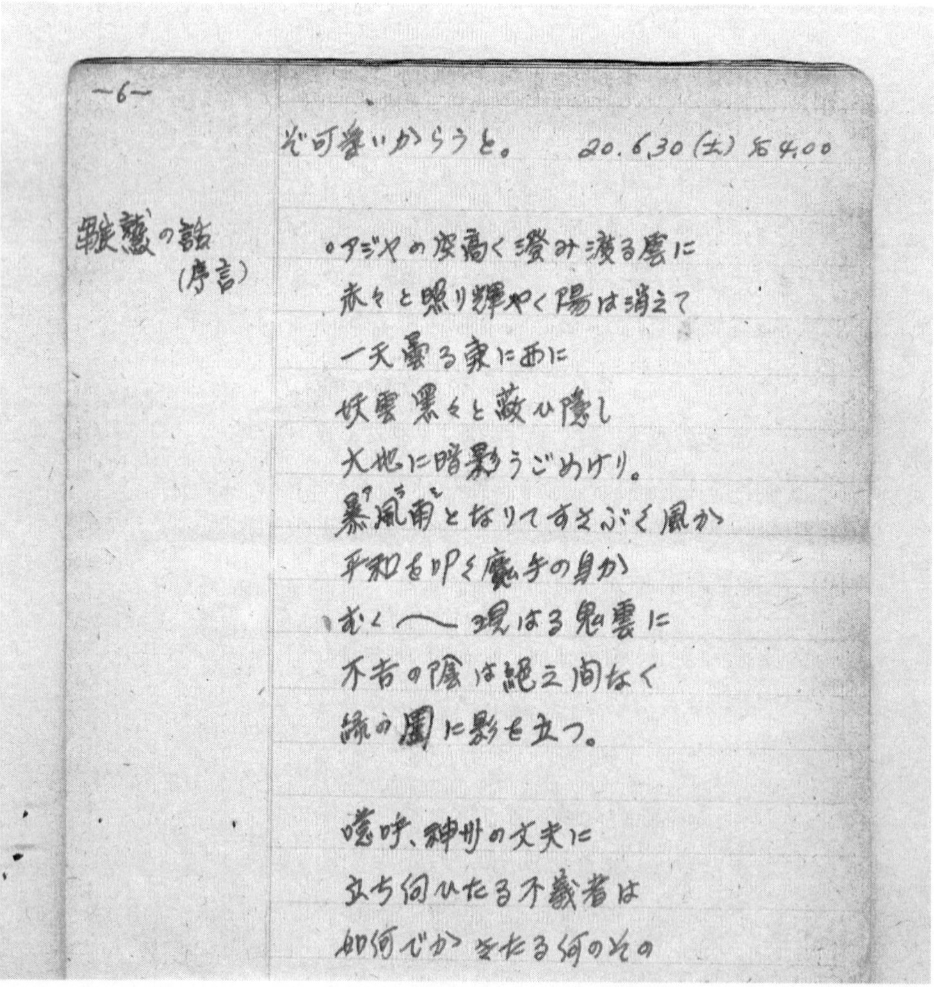

~6~

ぞ可笑いからうと。　20.6.30(土) 后4.00

雛鷹の詩
（序言）

○アジヤの空高く澄み渡る處に
赤々と照り輝やく陽は消えて
一天曇る東に西に
妖雲黒々と蔽ひ隠し
大地に暗影うごめけり。
暴風雨となりてすさぶく風か
平和を叩く魔手の身か
むく〜現はる鬼雲に
不吉の陰は絶え間なく
緑の園に影を立つ。

嗚呼、神州の丈夫に
立ち向ひたる不義者は
如何でか在たる何のその

ぞ可愛いからうと。　　　20.6.30（土）后4.00

雛鷲の話（序言）
。アジヤの空高く澄み渡る雲に
赤々と照り輝やく陽は消えて
一天曇る東に西に
妖雲黒々と蔽ひ隠し
大地に暗影うごめけり。
暴風雨（アラシ）となりてすさぶく風か
平和を叩く魔手の身か
むく～～現はる鬼雲に
不吉の陰は絶え間なく
緑の園に影を立つ。

噫呼．神州の丈夫に
立ち向ひたる不義者は
如何でかきたる何のその

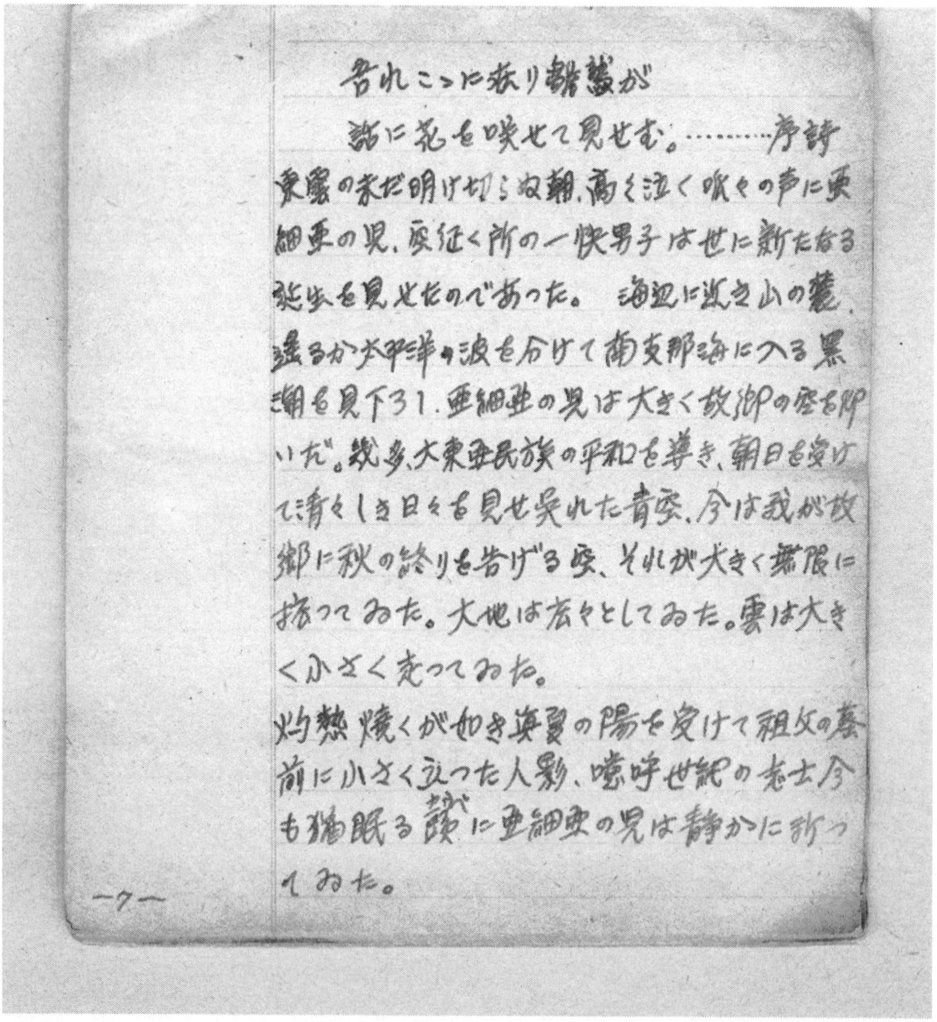

吾れこゝに来り雛鷲が
誰に花を咲せて見せむ。………序詩
東雲の未だ明け切らぬ朝、高く泣く呱々の声に亜
細亜の児、我征く所の一快男子は世に新たなる
誕生を見せたのであった。 海辺に近き山の麓、
遥るか太平洋の波を分けて南支那海に入る黒
潮を見下ろし、亜細亜の児は大きく故郷の空を仰
いだ。幾多大東亜民族の平和を導き、朝日を受け
て清々しき日々を見せ呉れた青空、今は我が故
郷に秋の誇りを告げる空、それが大きく無限に
拡ってゐた。大地は広々としてゐた。雲は大き
く小さく走ってゐた。
灼熱焼くが如き真夏の陽を受けて祖父の墓
前に小さく立った人影、嗚呼世紀の志士今
も猶眠る麓に亜細亜の児は静かに祈つ
てゐた。

—7—

吾れこゝに在り雛鷺が

話に花を咲せて見せむ。………序詩

東雲の未だ明け切らぬ朝．高く泣く呱々の声に亜細亜の児．空征く所の一快男子は世に新たなる誕生を見せたのであった。　海辺に近き山の麓．遥るか太平洋の波を分けて南支那海に入る黒潮を見下ろし．亜細亜の児は大きく故郷の空を仰いだ。幾多、大東亜民族の平和を導き．朝日を受けて清々しき日々を見せ呉れた青空．今は我が故郷に秋の終りを告げる空．それが大きく無限に拡ってゐた。大地は広々としてゐた。雲は大きく小さく走ってゐた。

灼熱焼くが如き眞夏の陽を受けて祖父の墓前に小さく立つた人影．噫呼世紀の志士今も猶眠る頭（かうべ）に亜細亜の児は静かに祈ってゐた。

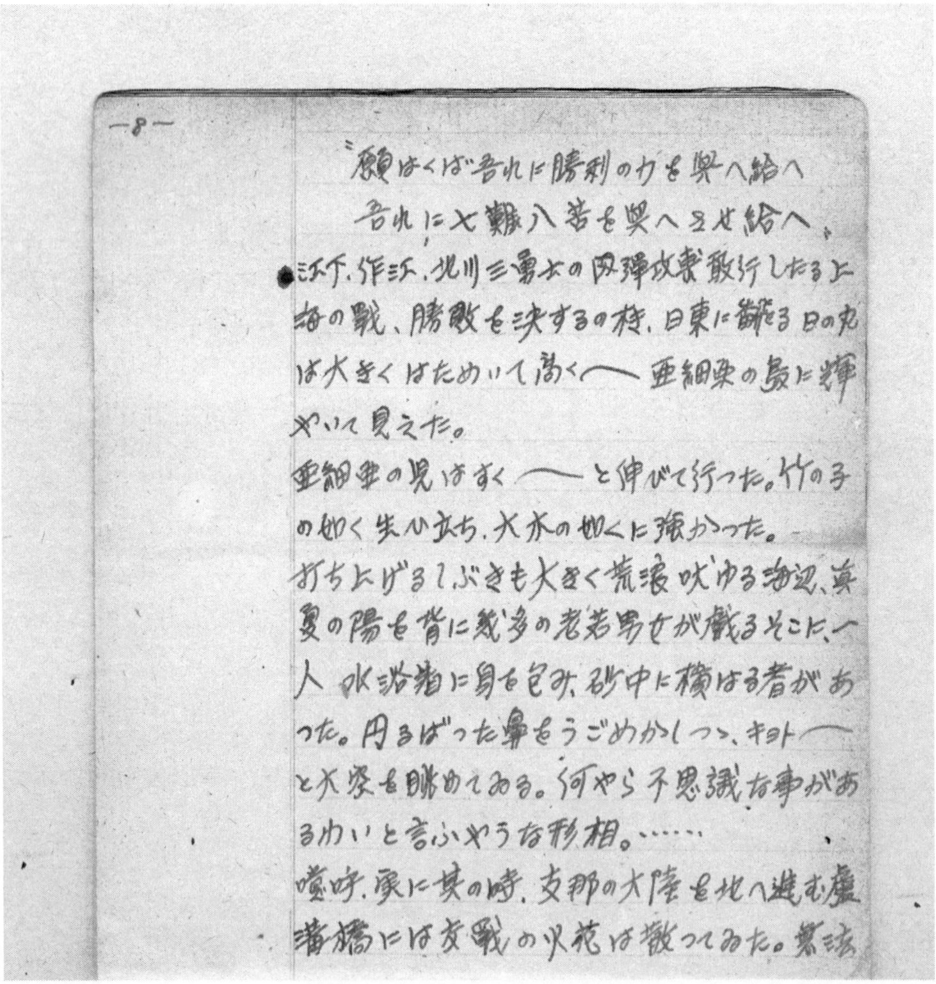
—8—

"願はくば吾れに勝利の力を與へ給へ
吾れに七難八苦を與へさせ給へ。"

●江下、作江、北川三勇士の肉弾攻撃敢行したる上海の戦、勝敗を決するの時、日東に翻る日の丸は大きくはためいて高く——亜細亜の魂に輝やいて見えた。

亜細亜の児はすく——と伸びて行った。竹の子の如く生ひ立ち、大木の如くに強かった。

打ち上げるしぶきも大きく荒浪吠ゆる海辺、真夏の陽を背に幾多の老若男女が戯るそこに、一人水浴着に身を包み、砂中に横はる者があった。円るばった鼻をうごめかしつゝ、キョト——と大空を眺めてゐる。何やら不思議な事があるかいと言ふやうな形相。……

噫呼、実に其の時、支那の大陸を北へ進む盧溝橋には交戦の火花は散ってゐた。實に

“願はくば吾れに勝利の力を與へ給へ
吾れに七難八苦を與へさせ給へ”

江下．作江．北川三勇士の肉彈攻擊敢行したる上海の戰．勝敗を決するの機．日東に飜る日の丸は大きくはためいて高く〜〜亜細亜の島に輝やいて見えた。

亜細亜の児はすく〜〜と伸びて行った。竹の子の如く生ひ立ち．大木の如くに強かった。

打ち上げるしぶきも大きく荒波吠ゆる海辺．眞夏の陽を背に幾多の老若男女が戲るそこに．一人　水浴着に身を包み．砂中に横はる者があった。円るばった鼻をうごめかしつゝ．キョト〜〜と大空を眺めてゐる。何やら不可議な事があるわいと言ふやうな形相。……

噫呼．実に其の時．支那の大陸を北へ進む盧溝橋には交戰の火花は散ってゐた。無法

〔註〕江下・作江・北川三勇士：指1932年於上海戰役中陣亡的三位士兵江下武二、北川丞、作江伊之助，又稱爆彈三勇士。他們在對中國軍隊前線放置炸藥時身亡，成為日軍戰時的「美談」。（参：金蘭社編輯部編，《爆彈三勇士》，東京：金蘭社，1932，頁216~238）

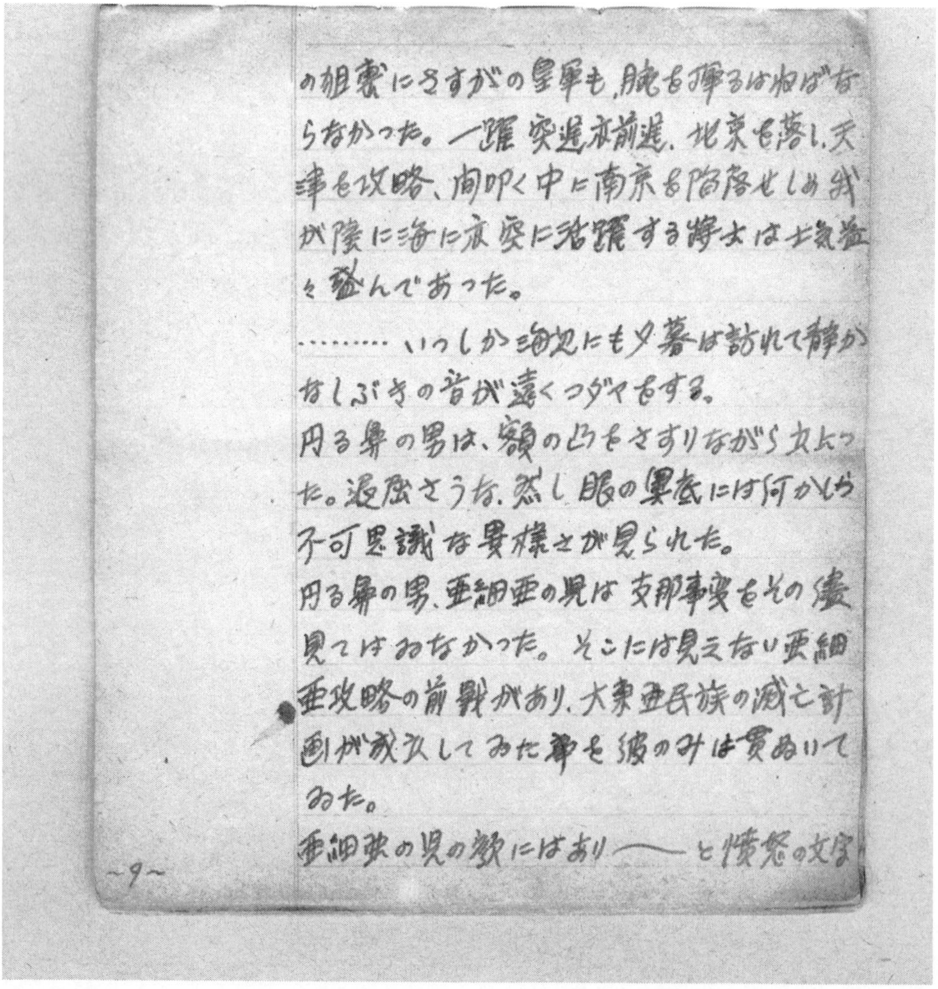
の狙撃にさすがの皇軍も、腕を揮るはねばならなかった。一躍突進又前進、北京を落し天津を攻略、間叩く中に南京を陥落せしめ我が陸に海に又空に活躍する将士は士気益々盛んであった。
………いつしか海辺にも夕暮は訪れて静かなしぶきの音が遠くつダヤきする。
円る鼻の男は、額の凸をさすりながら云ふった。退屈さうな、然し眼の奥底には何かしら不可思議な異様さが見られた。
円る鼻の男、亜細亜の児は支那事変もその儘見てはゐなかった。そこには見えない亜細亜攻略の前戦があり、大東亜民族の滅亡計画が成立してゐた事を彼のみは貫ぬいてゐた。
亜細亜の児の数にはあり――と憤怒の文字
~9~

の狙撃にさすがの皇軍も．腕を揮るはねばならなかった。一躍突進亦前進．北京を落し．天津を攻略．間叩く中に南京を陥落せしめ我が陸に海に亦空に活躍する將士は士氣益々盛んであった。

………いつしか海辺にも夕暮は訪れて静かなしぶきの音が遠くコダマをする。

円る鼻の男は．額の凸をさすりながら立上った。退屈さうな．然し眼の奥底には何かしら不可思議な異様さが見られた。

円る鼻の男．亜細亜の児は支那事変をその儘見てはゐなかった。そこには見えない亜細亜攻略の前戰があり．大東亜民族の滅亡計画が成立してゐた事を彼のみは貫ぬいてゐた。

亜細亜の児の顔にはあり～～と憤怒の文字

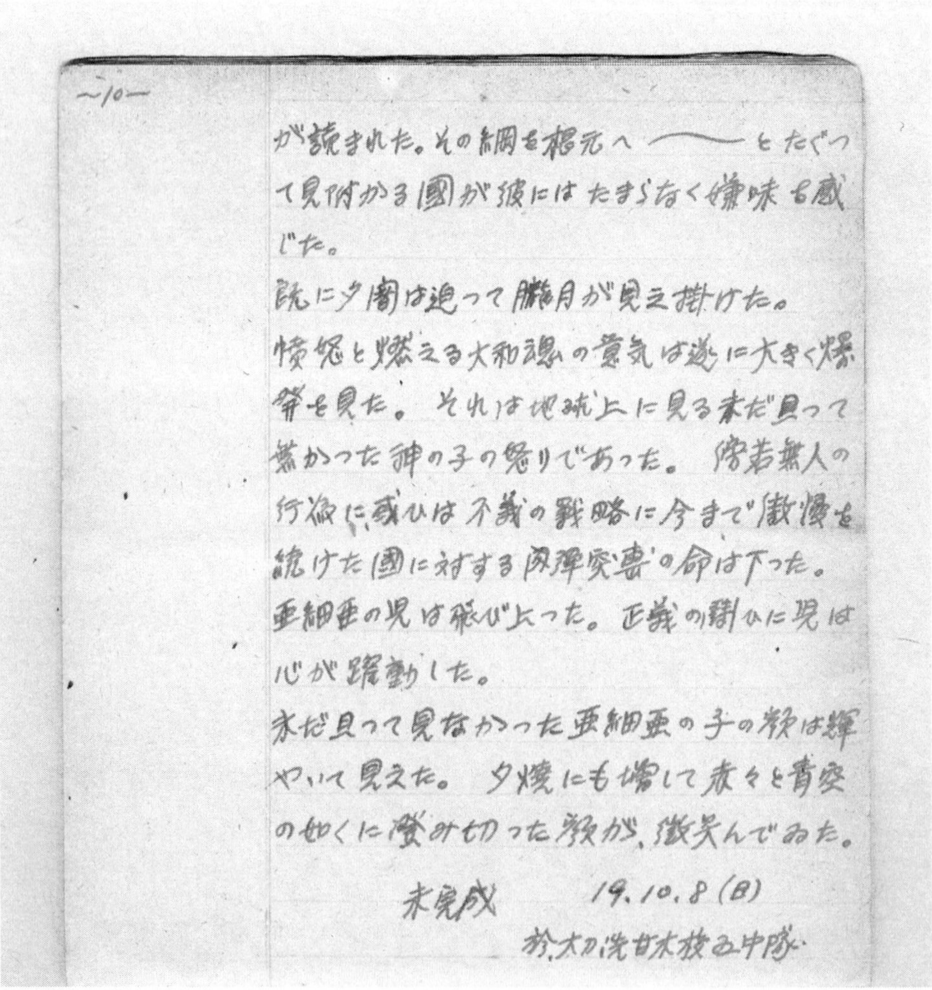
~10~

が読まれた。その綱を根元へ――とたぐって見附かる國が彼にはたまらなく嫌味を感じた。

既に夕闇は迫って朧月が見え掛けた。

憤怒と燃える大和魂の意気は遂に大きく爆発を見た。それは地球上に見る未だ且って無かった神の子の怒りであった。傍若無人の行爲に或ひは不義の戰略に今まで傲慢を続けた國に対する肉弾突撃の命は下った。

亜細亜の児は飛び上った。正義の闘ひに児は心が躍動した。

未だ且って見なかった亜細亜の子の顔は輝やいて見えた。夕燒にも増して赤々と青空の如くに澄み切った顔が、微笑んでゐた。

未完成　19.10.8(日)

於大刀洗甘木校五中隊

が読まれた。その綱を根元へ〜〜とたくって見附かる國が彼にはたまらなく嫌味を感じた。
既に夕闇は迫って朧月が見え掛けた。
憤怒と燃える大和魂の意気は遂に大きく爆発を見た。　それは地球上に見る未だ且つて無かった神の子の怒りであった。傍若無人の行為に或ひは不義の戰略に今まで傲慢を続けた國に対する肉彈突擊の命は下った。
亜細亜の児は飛び上った。正義の闘ひに児は心が躍動した。
未だ且つて見なかった亜細亜の子の顔は輝やいて見えた。　夕焼にも増して赤々と青空の如くに澄み切った顔が．微笑んでゐた。

未完成　　　19.10.8（日）

於大刀洗甘木校五中隊

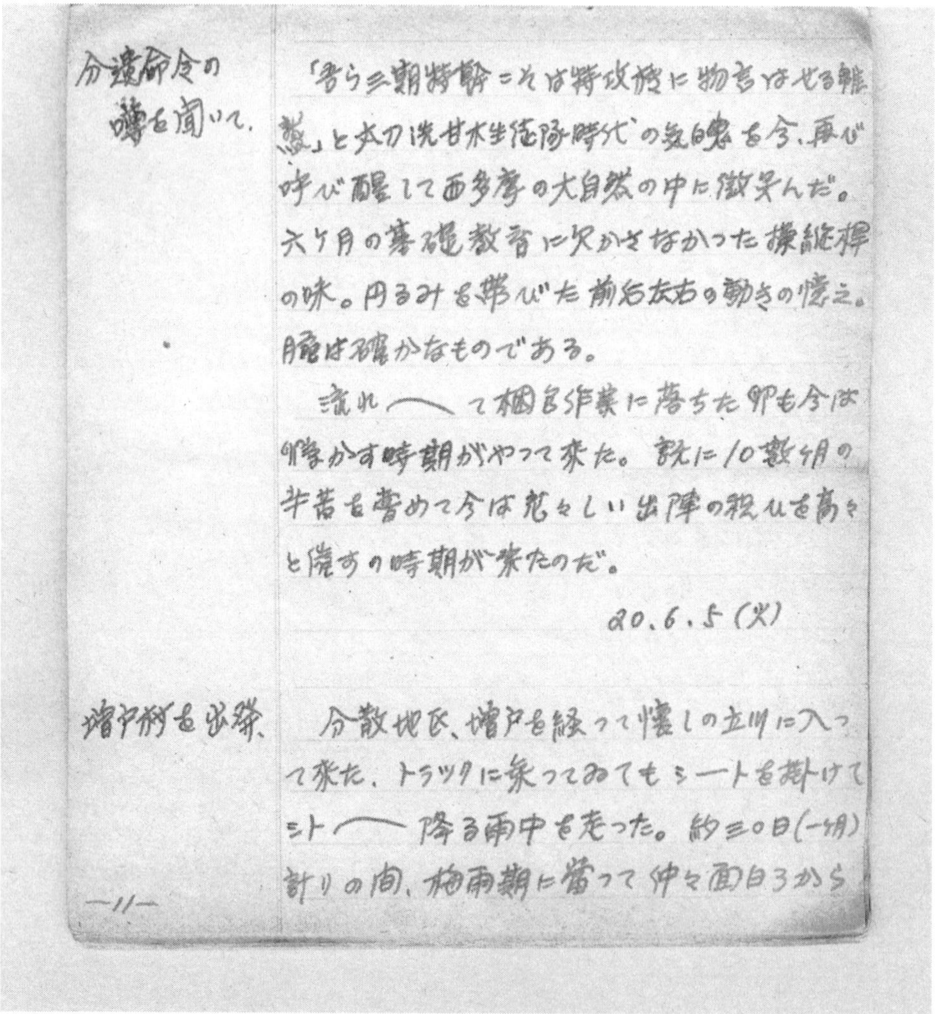
分遣命令の噂を聞いて。

「吾ら三期特幹こそは特攻機に物言はせる雛鷲」と大刀洗甘木生徒隊時代の気魄を今、再び呼び醒して西多摩の大自然の中に徹叫んだ。六ヶ月の基礎教育に欠かさなかった操縦桿の味。円るみを帯びた前後左右の動きの憶え。腕は確かなものである。

流れ〳〵て梱包作業に落ちた卵も今は腕かす時期がやって来た。既に10数ヶ月の辛苦を嘗めて今は花々しい出陣の翼を高々と翔すの時期が来たのだ。

20.6.5（火）

増戸村を出発。

分散地区、増戸を経って懐しの立川に入って来た、トラックに乗って居てもシートを掛けてシト〳〵降る雨中を走った。約三〇日（一ヶ月）許りの間、梅雨期に当って仲々面白さから

—11—

分遣命令の
噂を聞いて
「吾ら三期特幹こそは特攻機に物言はせる雛鷲」と大刀洗甘木生徒隊時代の気魄を今.再び呼び醒して西多摩の大自然の中に微笑んだ。
六ヶ月の基礎教育に欠かさなかった操縦桿の味。円るみを帯びた前后左右の動きの憶え。腕は確かなものである。
　流れ～～て捆包作業に落ちた卵も今は孵かす時期がやって來た。　既に10数ヶ月の辛苦を嘗めて今は花々しい出陣の祝ひを高々と催すの時期が來たのだ。

20.6.5（火）

増戸村を出発
　分散地区．増戸を立川を経って懐しの立川に入って來た．　トラックに乗ってゐてもシートを掛けてシト～～降る雨中を走った。　約三〇日（一ヶ月）計りの間．梅雨期に當って仲々面白ろから

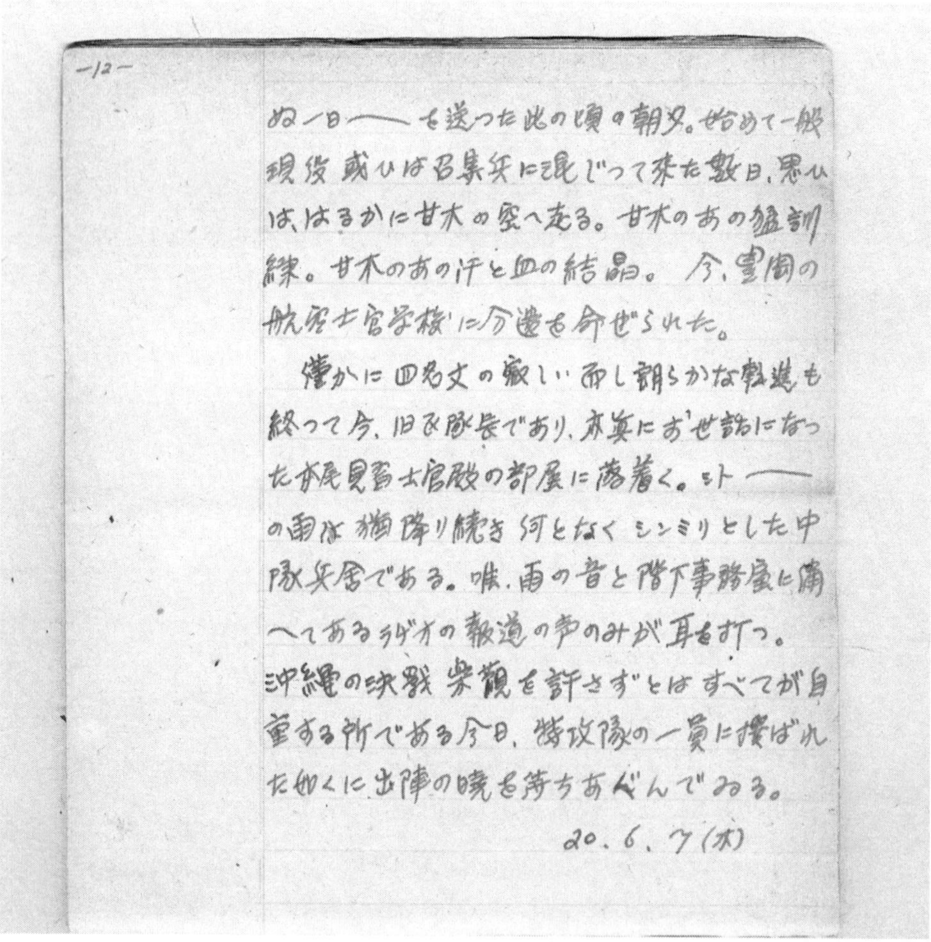
—12—

ぬ一日——を送った此の頃の朝夕。始めて一般現役或ひは召集兵に混じって来た数日、思ひは、はるかに甘木の空へ走る。甘木のあの猛訓練。甘木のあの汗と血の結晶。今、豐岡の航空士官学校に分遣を命ぜられた。

僅かに四名丈の寂しい而し朗らかな戦進も終って今、旧区隊長であり、亦実にお世話になった赤尾見習士官殿の部屋に落着く。ミト——の雨は猶降り続き何となくシンミリとした中隊兵舎である。唯、雨の音と階下事務室に備へてあるラヂオの報道の声のみが耳を打つ。沖縄の決戦楽観を許さずとはすべてが自重する所である今日、特攻隊の一員に撰ばれた如くに出陣の暁を待ちあぐんでゐる。

20.6.7(木)

ぬ一日〜〜を送った此の頃の朝夕。始めて一般現役或ひは召集兵に混じって來た数日．思ひは．はるかに甘木の空へ走る。　甘木のあの猛訓練。甘木のあの汗と血の結晶。　今．豊岡の航空士官学校に分遣を命ぜられた。

僅かに四名丈にの寂しい而し朗らかな転進も終って今．旧区隊長であり．亦眞にお世話になった本尾見習士官殿の部屋に落着く。シト〜〜の雨は猶降り続き何となくシンミリとした中隊兵舎である。唯．雨の音と階下事務室に備へてあるラヂオの報道の声のみが耳を打つ。沖縄の決戰　楽観を許さずとはすべてが自重する所である今日．特攻隊の一員に撰ばれた如くに出陣の曉を待ちあぐんてゐる。

20.6.7（木）

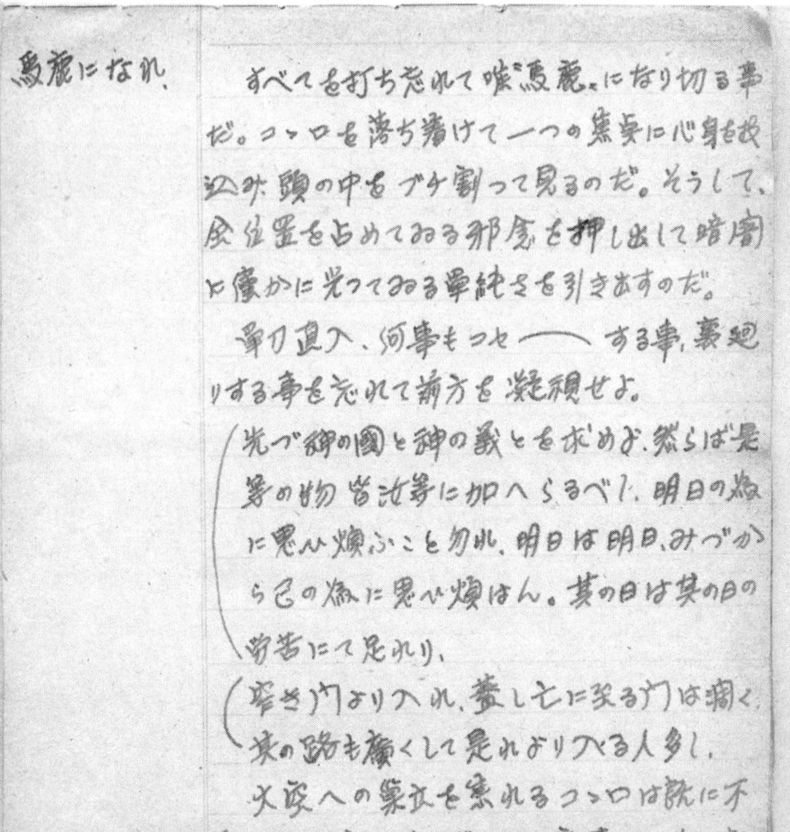
馬鹿になれ、

すべてを打ち忘れて唯"馬鹿"になり切る事だ。コヽロを落ち着けて一つの焦点に心身を投込み頭の中をブチ割って見るのだ。そうして、余位置を占めてゐる邪念を押し出して暗闇に僅かに光ってゐる單純さを引き出すのだ。

單刀直入、何事もコセ——する事、裏廻りする事を忘れて前方を凝視せよ。

先づ神の國と神の義とを求めよ、然らば是等の物皆汝等に加へらるべし。明日の為に思ひ煩ふこと勿れ、明日は明日、みづから己の為に思ひ煩はん。其の日は其の日の労苦にて足れり、

狭き門より入れ、滅に至る門は濶く、其の路も廣くして是れより入る人多し。

大空への憧れを恋れるコヽロは既に不要である。今は唯、雄々しく突進する中に敵

-15-

馬鹿になれ

　すべてを打ち忘れて唯“馬鹿”になり切る事だ。コゝロを落ち着けて一つの焦点に心身を投込み．頭の中をブチ割って見るのだ。そうして．全位置を占めてゐる邪念を押し出して暗闇に僅かに光ってゐる単純さを引き出すのだ。單刀直入．何事もコセ〜〜する事．裏廻りする事を忘れて前方を凝視せよ。

先づ神の國と神の義とを求めよ．然らば是等の物皆汝等に加へらるべし．明日の為に思ひ煩ふこと勿れ．明日は明日．みづから己の為に思ひ煩はん。其の日は其の日の労苦にて足れり．

窄き門より入れ．蓋し亡に至る門は濶く．其の路も廣くして是れより入る人多し．

　大空への巣立を焦れるココロは既に不要である．今は唯．雄々しく突撃する中に敵

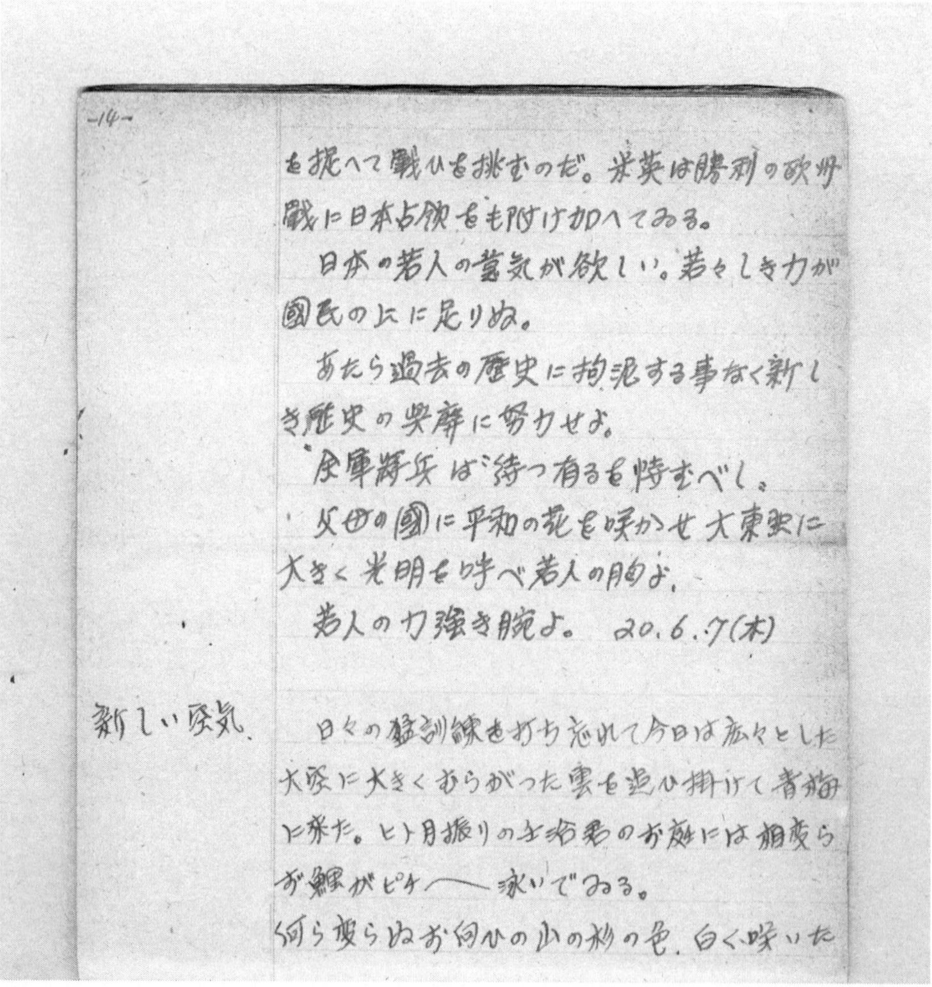
-14-

を捉へて戰ひを挑むのだ。米英は勝利の欧州戰に日本占領をも附け加へてゐる。

日本の若人の意気が欲しい。若々しき力が國民の上に足りぬ。

あたら過去の歷史に拘泥する事なく新しき歷史の樂章に努力せよ。

全軍將兵は待つ有るを恃むべし。

父母の國に平和の花を咲かせ大東亞に大きく光明を呼べ若人の胸よ。

若人の力強き腕よ。 20.6.7(木)

新しい空気

日々の猛訓練を打ち忘れて今日は広々とした大空に大きくむらがった雲を追ひ掛けて青梅に來た。ヒト月振りの王治君のお庭には相変らず鯉がピチ——泳いでゐる。

何ら変らぬお向ひの山の杉の色、白く咲いた

を捉へて戰ひを挑むのだ。米英は勝利の欧州戰に日本占領をも附け加へてゐる。

日本の若人の意気が欲しい。若々しき力が國民の上に足りぬ。

あたら過去の歴史に拘泥する事なく新しき歴史の興廃に努力せよ。

“全軍將兵は待つ有るを恃むべし”

父母の國に平和の花を咲かせ大東亜に大きく光明を呼べ若人の胸よ.

若人の力強き腕よ。　20.6.7（木）

新しい空気

日々の猛訓練を打ち忘れて今日は広々とした大空に大きくむらがった雲を追ひ掛けて青梅に來た。ヒト月降りの壬洽君のお庭には相変らず鯉がピチ〜〜泳いでゐる。

何ら変らぬお向ひの山の杉の色．白く咲いた

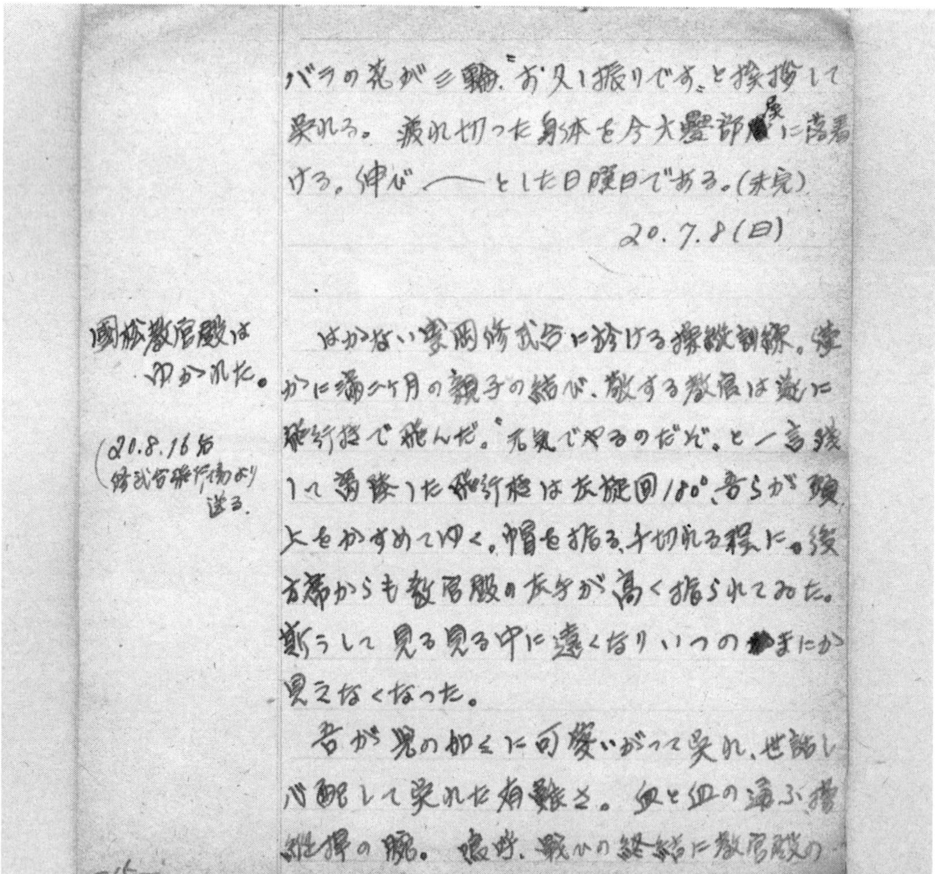
バラの花が三輪、"お久し振りです"と挨拶して
呉れる。疲れ切った身体を今大豊部屋に落着
ける。伸び——とした日曜日である。(未完)
20.7.8(日)

園枝教官殿は
ゆかれた。
(20.8.16 於
修武台飛行場より
送る.

はかない豊岡修武台に於ける操縦訓練。僅
かに満二ヶ月の親子の結び、敬する教官は遂に
飛行機で飛んだ。"元気でやるのだぞ"と一言残
して離陸した飛行機は左旋回180°吾らが頭
上をかすめてゆく。帽を振る、千切れる程に。後
方席からも教官殿の左手が高く振られてゐた。
斯うして見る見る中に遠くなりいつのまにか
見えなくなった。

吾が児の如くに可愛いがって呉れ、世話し
心配して呉れた有難さ。血と血の通ふ操
縦桿の魂。嗚呼、戦ひの緒結に教官殿の—

-15-

バラの花が三輪．“お久し振りですです”と挨拶して
呉れる。疲れ切った身体を今大疊部屋に落着
ける。伸び～～とした日曜日である。（未完）

20.7.8（日）

國松教官はゆかれた。
20.8.16后修武台飛行場より送る．
はかない豊岡修武台に於ける操縦訓練。僅
かに満二ヶ月の親子の結び．敬する教官は遂に
飛行機で飛んだ。“元気でやるのだぞ”と一言残
して離陸した飛行機は左旋回180°．吾らが頭
上をかすめてゆく。帽を振る．千切れる程に。後
方席からも教官殿の左手が高く振られてゐた。
斯うして見る見る中に遠くなりいつのまにか
見えなくなった。
　吾が児の如くに可愛いがって呉れ．世話し
心配して呉れた有難さ。血と血の通ふ操
縦桿の腕。　嗚呼．戰ひの終結に教官殿の

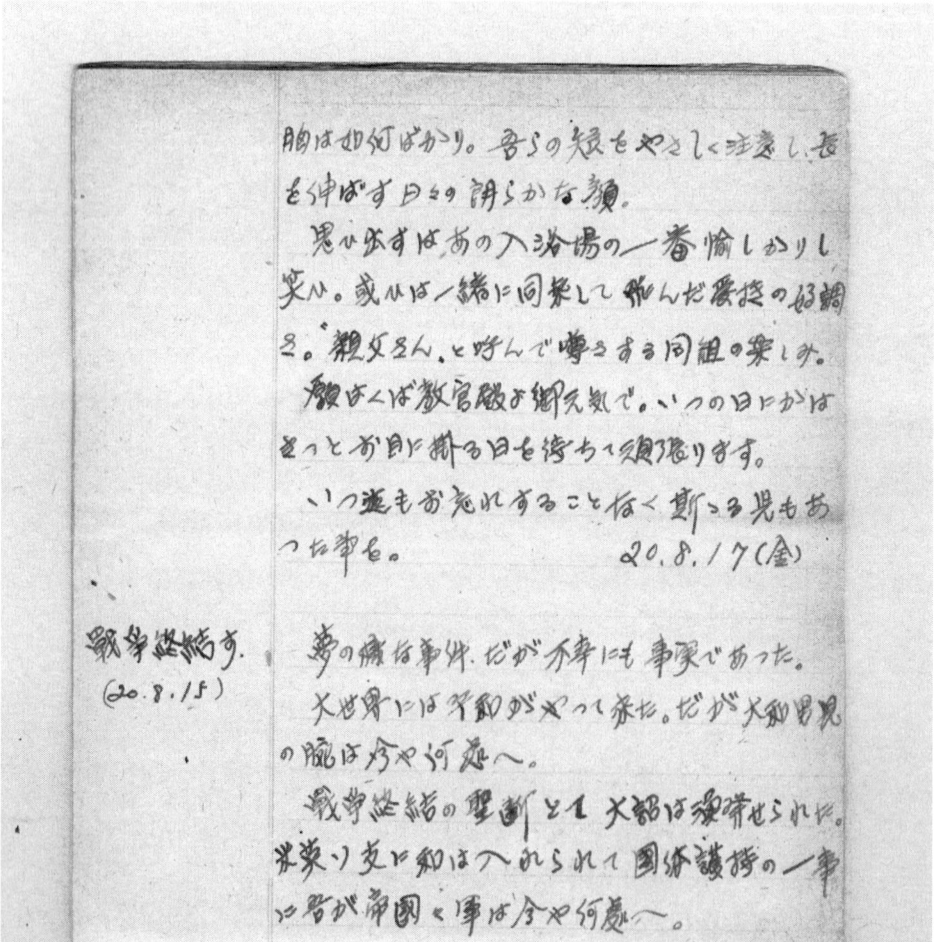

胸は如何ばかり。吾らの失敗をやさしく注意し、長を伸ばす日々の朗らかな顔。

思ひ出すはあの入浴場の一番愉しかりし笑ひ。或ひは一緒に同乗して飛んだ愛機の好調さ。"親父さん"と呼んで噂さする同組の楽しみ。

願はくば教官殿よ御元気で。いつの日にかはきっとお目に掛る日を待ちて頑張ります。

いつ迄もお忘れすることなく斯かる児もあった事を。　20.8.17(金)

戰爭終結す。(20.8.15)

夢の様な事件。だが不幸にも事実であった。

大世界には平和がやって来た。だが大和男児の腕は今や何処へ。

戰爭終結の聖断として大詔は渙発せられた。米英ソ支に和は入れられて國体護持の一事に吾が帝國々事は今や何處へ。

胸は如何ばかり。吾らの短をやさしく注意し．長を伸ばす日々朗らかな顔。

　思ひ出すはあの入浴場の一番愉しかりし笑ひ。或ひは一緒に同乗して飛んだ愛機の好調さ。“親父さん”と呼んで噂さする同組の楽しみ。

　願はくば教官殿よ御元気で。いつの日にかはきっとお目に掛る日と待ちて頑張ります。

いつ迄もお忘れすることなく斯ゝる児もあった事を。

戰爭終結す（20.8.15）

　夢の様な事件．だが不幸にも事実であった。

　大世界には平和がやって來た。だが大和男児の腕は今や何處へ。

戰爭終結の聖断とて大詔は渙発せられた。

米英ソ支に和は入れられて國体護持の一事に吾が帝國々軍は今や何處へ。

ソ聯の宣戰と慘虐なる原子爆彈の出來とに依つて我が戰爭繼續に困難をきたし、我が三千年來の傳統に未曾有の國難を招く。
遂に降る。あゝ大日本帝國の滅亡よ。
20.8.17(金)

ソ聯の宣戰と慘虐なる原子爆彈の到來とに依って我が戰爭継続に困難をきたし．我が三千年來の傳統に未曾有の國難を招く。

遂に殪る。あゝ．一大日本帝国の弥栄よ．

20.8.17（金）

〔註〕ソ聯の宣戰と慘虐なる原子爆彈の到來とに依って我が戰爭継続に困難をきたし：1945年8月8日，蘇聯無視於與日本締結之「日蘇中立條約」，於8月8日蘇聯時間下午5時（日本時間為下午11時）對日本駐克里姆林宮大使佐藤尚武遞交「對日宣戰布告文」。而8月6日與8日，美軍分別對廣島與長崎投下原子彈。（参：日置英剛著，《年表　太平洋戦争全史》，東京：国書刊行会，2005，頁712-715。）

日出火子叢書

第 6 號

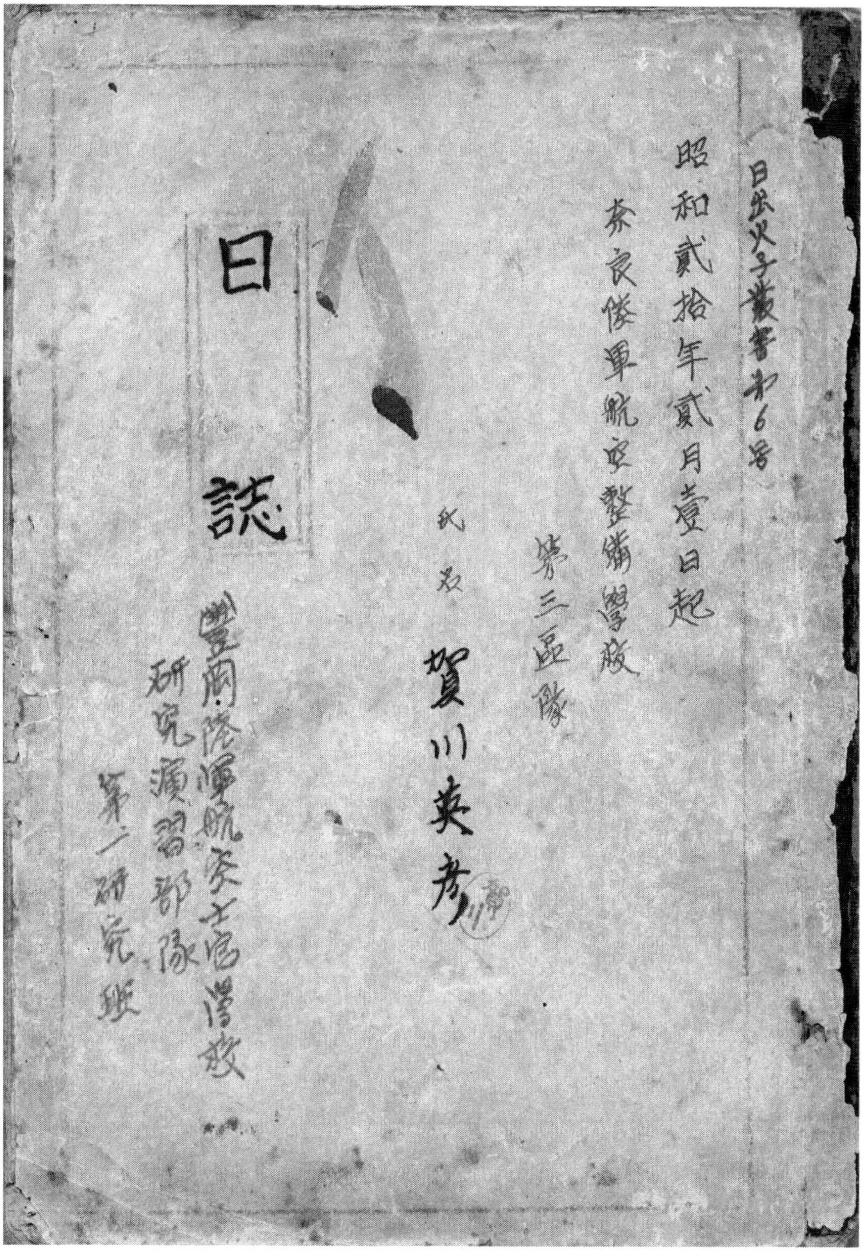
日兵父子叢書第6号
昭和貳拾年貳月壹日起
奈良陸軍航空整備學校
第三區隊
氏名　賀川英彥
日誌
豐岡陸軍航空士官學校
研究演習部隊
第一研究班

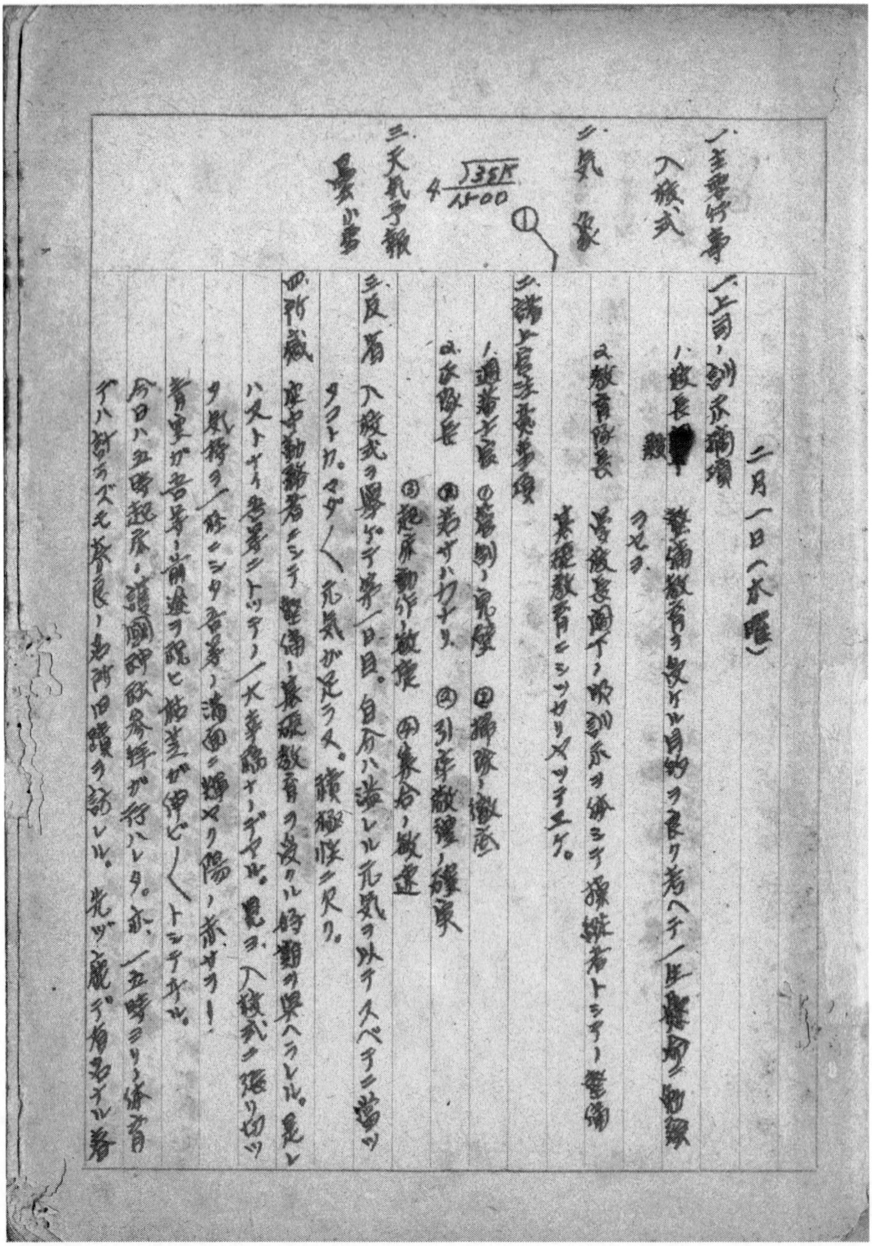

一、主要行事　入校式
二、氣象　4 135K/1500 ①
三、天氣予報　曇小雨

二月一日（水曜）

一、上司ノ訓示摘録
1.班長殿　整備教育ヲ受ケル目的ヲ良ク考ヘテ一生懸命ニ勉強セヨ。
2.教育隊長　当校ハ隊長閣下ノ御訓示ヲ体シテ操縦者トシテノ整備基礎教育ニシッカリヤッテ行ケ。

二、諸上官注意事項
1.週番士官　①躾ノ完璧　②掃除ノ徹底
2.区隊長　①若サハ力ナリ　②引率教練ノ確実　③起床動作ノ敏捷　④集合ノ敏速

三、反省　入校式ヲ挙ゲテ第一日目。自分ハ溢レル元気ヲ以テスベテニ当ッタコトカ。マダマダ元気ガ足ラヌ。積極性ニ欠ク。

四、所感　空中勤務者トシテ整備ノ基礎教育ヲ受クル時期ヲ与ヘラレル。是レハ又トナイ吾等ニトッテノ一大幸福ナコトデアル。是ヲ、入校式ニ張リ切ッタ気持ヲ一路ニシタ吾等ノ満面ニ輝ヤク陽ノ赤サヨ！
青空ガ吾等ノ前途ヲ祝ヒ枯芝ガ伸ビ伸ビトシテヰル。
今日ハ五時起床ノ護國神社参拝ガ行ハレタ。亦、一五時ヨリノ体育デハ図ラズモ参良ノ高河田牆ヲ訪レル。先ヅ麗デ有名ナル者

一．主要行事
入校式

二．気象

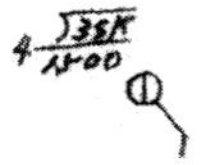

三．天気予報
曇小雪

二月一日（木曜）

一．上司ノ訓示摘項

1.校長[redacted]殿　整備教育ヲ受ケル目的ヲ良ク考ヘテ一所懸命ニ勉強ヲセヨ。

2.教育隊長　學校長閣下ノ御訓示ヲ体シテ操縦者トシテノ整備基礎教育ニシッカリヤッテ置ケ。

二．諸上官注意事項

1.週番士官　①管制ノ完璧　②掃除ノ徹底

2.区隊長　①若サハ力ナリ。②引率敬禮ノ確実
③起床動作ノ敏捷④集合ノ敏速

三．反省　入校式ヲ擧ゲテ第一日目。自分ハ溢レル元気ヲ以テスベテニ當ッタコトカ。マダ〳〵元気ガ足ラヌ。積極性ニ欠ク。

四．所感　空中勤務者ニシテ整備ノ基礎教育ヲ受クル好期ヲ與ヘラレル。是レハ又トナイ吾等ニトッテノ一大幸福ナノデアル。見ヨ。入校式ヲ張リ切ッタ気持ヲ一杯ニシタ吾等ノ満面ニ輝ヤク陽ノ赤サヲ！
青空ガ吾等ノ前途ヲ祝ヒ枯芝ガ伸ビ〳〵トシテヰル。
今日ハ五時起床、護國神社参拝ガ行ハレタ。亦・一五時ヨリノ体育デハ計ラズモ奈良ノ名所旧蹟ヲ訪レル。先ヅ鹿デ有名ナル春

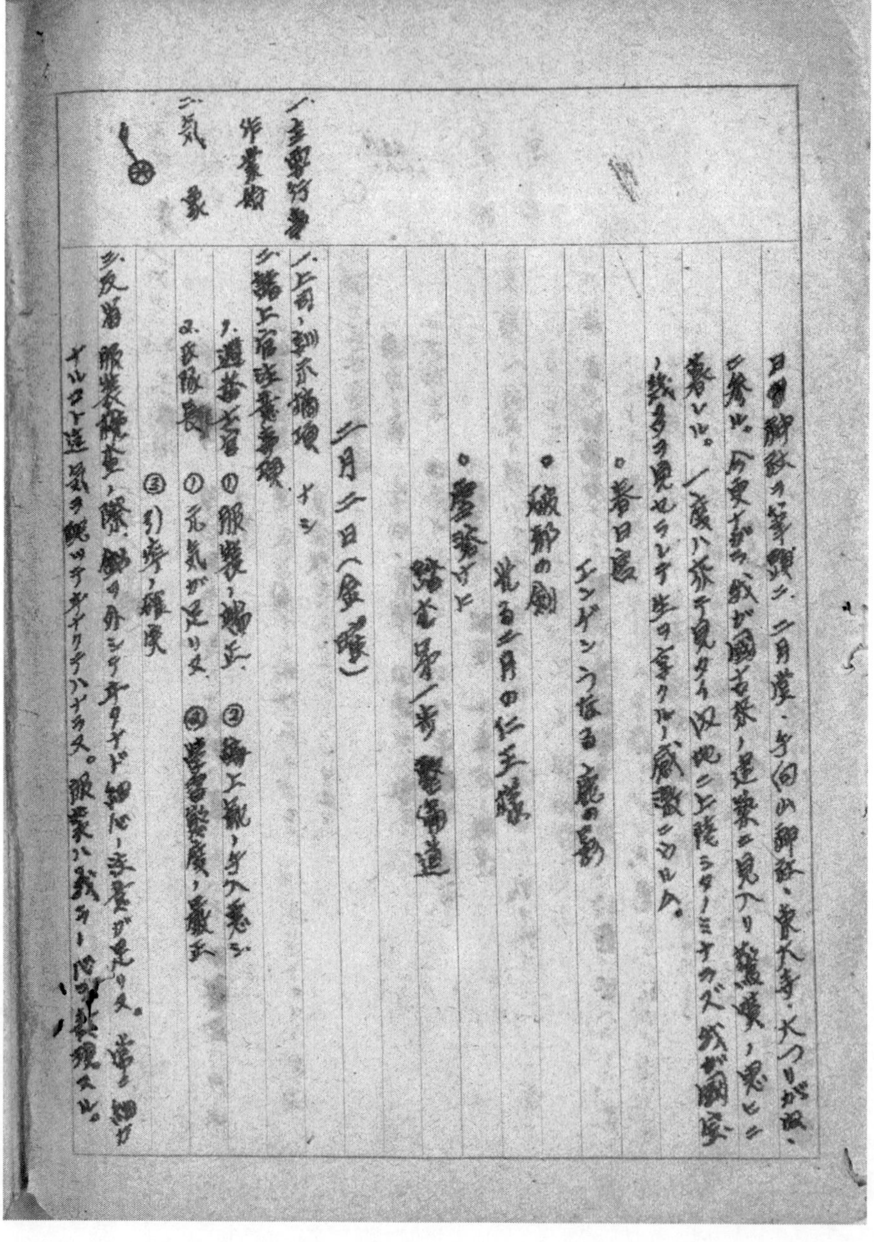

日[illegible]神社ヲ筆頭ニ、二月堂、手向山神社、東大寺、大つりが殿、ニ参ル。今更ナガラ、我ガ國古代ノ建築ニ見入リ驚嘆ノ思ヒニ暮レル。一度ハ来テ見タイ此地ニ上陸シタノミナラズ、我ガ國家ノ戦多ヲ見セラレテ生ヲ享クルノ感激ニ浸ルノミ。

。春日宴
　エンゲンうなる鹿の影
・破邪の剣
　光る二月の仁王様
・奮発げに
　踏出す第一歩 警備道

二月二日（金曜）

一、主要行事
作業編
二、気象

一、上司ノ訓示摘要　ナシ
二、諸上官注意事項
1. 週番士官　①服装ノ端正　②海上勤ノ手入悪シ
2. 区隊長　①元気ガ足リヌ　②整頓整理ノ厳正
③引率ノ確実
三、反省　服装検査ノ際、鉛ヲ外シテ来タナド細心ノ注意ガ足リヌ。常ニ細ガナル所迄気ヲ配リテ少ナクテハナラヌ。服装ハ我ラノ心ガ表現スル。

一．主要行事
作業始
二．気象

日■神社ヲ筆頭ニ。二月堂．手向山神社、東大寺．大つりがね
ニ參ル。今更ナガラ我ガ國古来ノ建築ニ見入リ驚嘆ノ思ヒニ
暮レル。一度ハ來テ見タイ內地ニ上陸シタノミナラズ我ガ國宝
ノ幾多ヲ見セラレテ生ヲ享クルノ感激ニウルム。

。春日宮
エンヂンうなる鹿の影

。破那ノ剣
光る二月の仁王様

。雪溶けに
踏む第一歩　整備道

二月二日（金曜）

一．上司ノ訓示摘項　ナシ

二．諸上官注意事項

1.週番士官　①服装ノ端正．②編上靴ノ手入悪シ．

2.区隊長　①元気ガ足リヌ．②學習態度ノ嚴正
③率引ノ確実

三．反省　服装検査ノ際．鋁（正：釦）ヲ外シテヰタナド細心ノ注意ガ足リヌ。常ニ細ガ
ナルコト迄　気ヲ馳ツテヰナクテハラナヌ。服装ハ我ラノ心ニ表現スル。

案：「春日宮」，即「春日神社」，現稱「春日大社」，建立於神護景雲二年（西元七六八年）。其中最有名的是持續一千兩百年以上、每年三月十三日的「春日祭」。（參：https://www.kasugataisha.or.jp/about/）

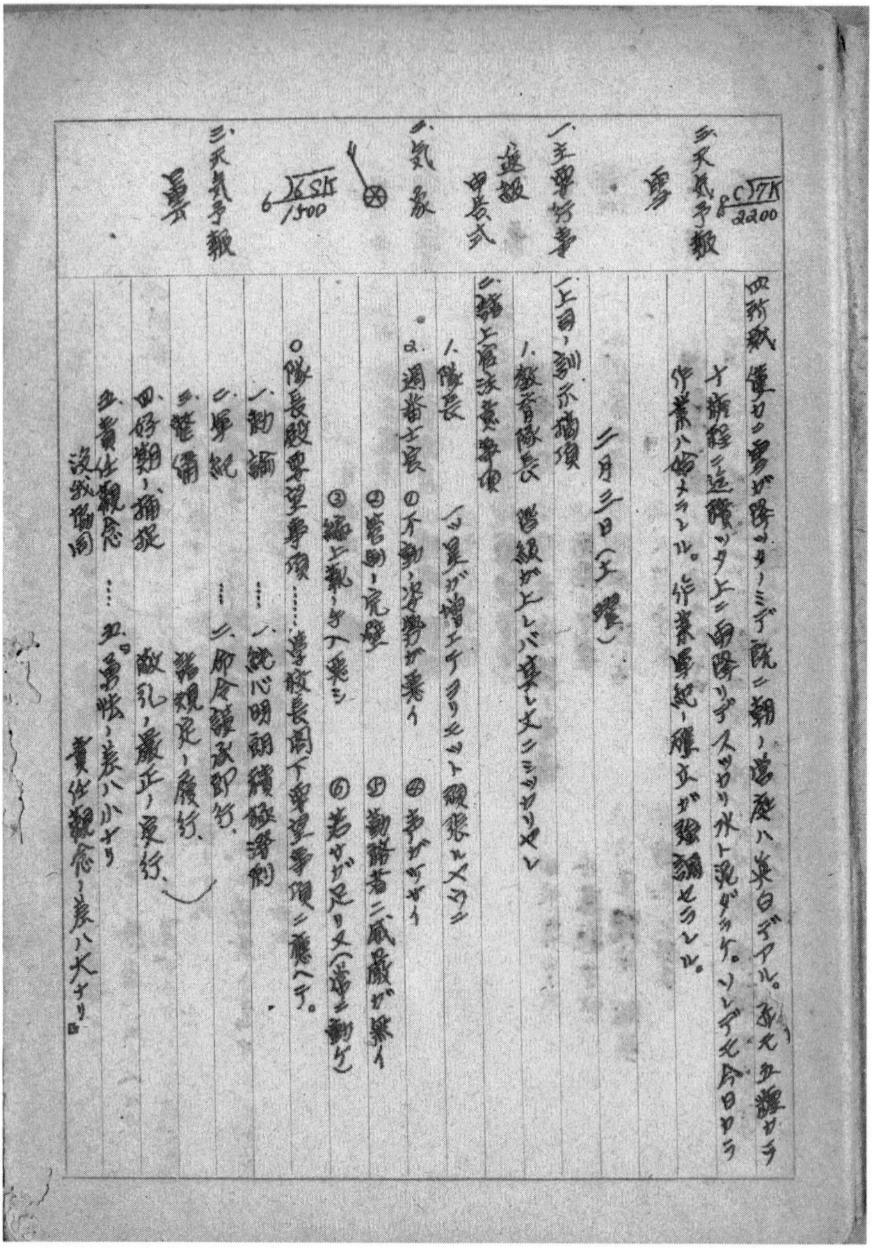

三、天気予報 8 C 7K / 2200
雪
一、主要行事 進級 申告式
二、気象 6 1K 5K / 1500
三、天気予報 曇

四、所感 遂ニ雪ガ降ッタノミデ既ニ朝ノ営庭ハ真白デアル。亦モ融ケナラ
ナ所謂ニ適度ッタ上ニ雨降リデスッカリ氷ト泥ダラケ。ソレデモ今日カラ
作業ハ始メラレル。作業軍紀ノ確立ガ強調セラレル。

二月三日（土曜）

一、上司ノ訓示摘項
1. 教育隊長 階級ガ上レバ上ル程又ニミッカリヤレ
二、諸上官注意事項
1. 隊長 一、星ガ増エテタリセット頑張ルベシ
2. 週番士官 ①不動ノ姿勢ガ悪イ ④声ガ小サイ
②整頓ノ完璧 ⑤勤務者ニ威厳ガ無イ
③編上靴ノ手入悪シ ⑥若サガ足リ又（常ニ動ケ）
○隊長殿要望事項……学校長閣下要望事項ニ應ヘテ。
一、勅諭 ……一、純心明朗積極溌剌
二、軍紀 ……二、命令謹承即行、
三、警備 諸規定ノ履行、
四、好期ノ捕捉 敵乱ノ厳正ノ実行、
五、責任観念 ……五、勇怯ノ差ハ小ナリ
決戦協同 責任観念ノ差ハ大ナリ

三．天気予報　8C√7K/2200
雪

一．主要行事
進級
申告式

二．気象　6√6SK/1500

三．天気予報
曇

四．所感　僅カニ雪ガ降ッタノミデ既ニ朝ノ営庭ハ真白デアル。而モ五糎カラ十糎程ニ迄積ッタ上ニ雨降リデスッカリ水ト泥ダラケ。ソレデモ今日カラ作業ハ始メラレル。作業軍紀ノ確立ガ強調セラレル。

二月三日（土曜）

一．上司ノ訓示摘項
教育隊長　階級ガ上レバ其レ丈ニシッカリヤレ

二．諸上官注意事項
1.隊長　一ツ星ガ増エテヨリモット頑張ルヤウニ
2.週番士官　①不動ノ姿勢ガ悪イ　④声ガ少（正：小）サイ
②管制ノ完璧　⑤勤務者ニ威厳ガ無イ
③編上靴ノ手入悪シ　⑥若サガ足ニヌ（常ニ動ケ）

。隊長殿要望事項……學校長閣下要望事項ニ應ヘテ。
一．勅諭　……一．純心明朗積極溌剌
二．軍紀　……二．命令謹承即行
三．整備　諸規定ノ履行
四．好期ノ捕捉　敬礼嚴正ノ実行
五．責任観念　……五．『勇怯ノ差ハ小ナリ
沒我協同　責任観念ノ差ハ大ナリ』

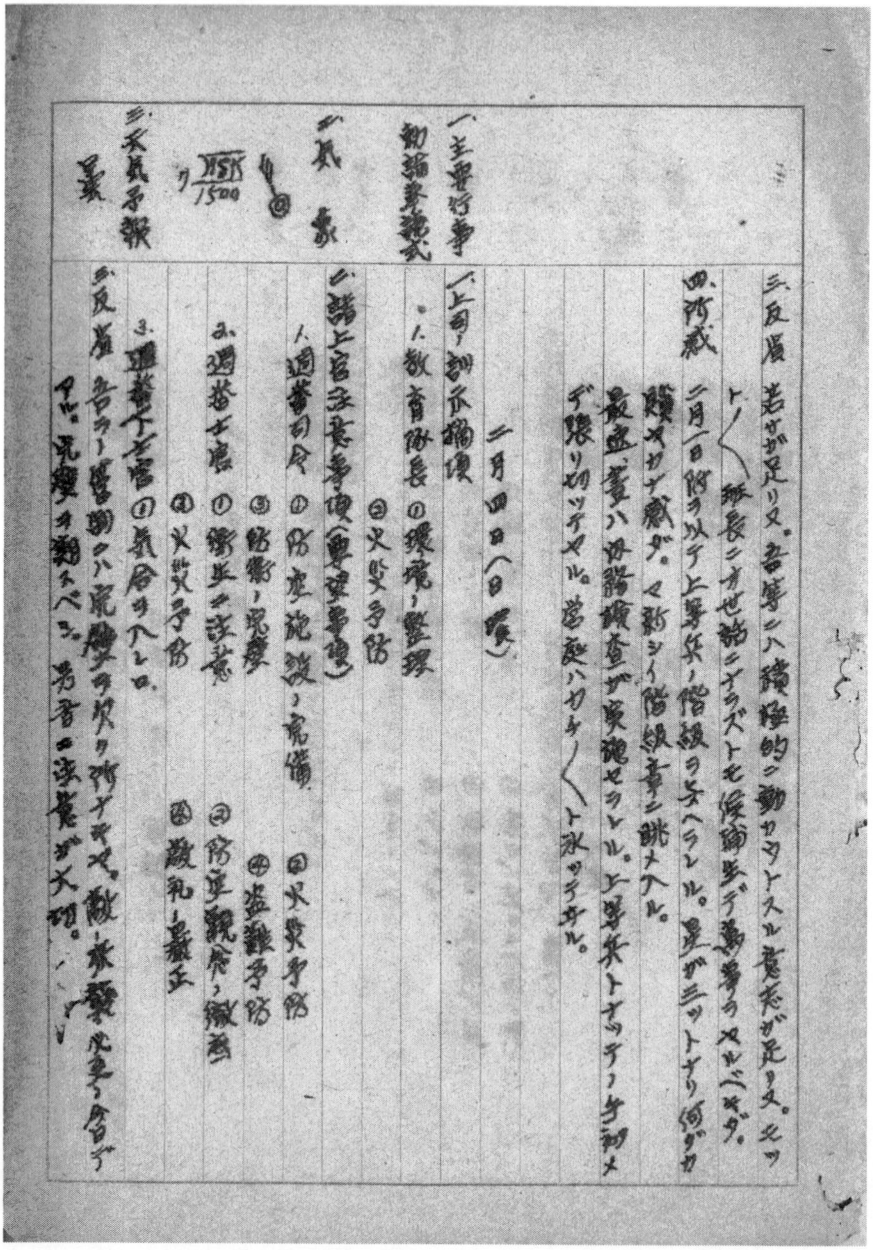

三、反省　若サガ足リヌ。吾等ニハ積極的ニ動カウトスル意志ガ足リヌ。モッ
トく班長ニオ世話ニナラズトモ候補生デ万事ヲヤルベキダ。

四、所感　二月一日附ヲ以テ上等兵ノ階級ヲ与ヘラレル。星ガ三ツトナリ何ダカ
頼メカナ感ダ。マ新シイ階級章ニ眺メ入ル。
最近、営内ハ頻繁ニ検査ガ実施セラレル。上等兵トナッテノ第一歩ヲ初メ
デ張リ切ッテヰル。営庭ハカチくト氷ッテヰル。

一、主要行事
勅諭奉読式
二、天気
晴
ク HSK/1500
三、天気予報
曇

二月四日（日曜）

一、上司ノ訓示摘要
・1、教育隊長　①環境ノ整理　②火災予防
二、諸上官注意事項（要望事項）
1、週番司令　①防空施設ノ完備　②火災予防
③防衛ノ完璧　④盗難予防
2、週番士官　①衛兵ニ注意　②防空観念ノ徹底
③火災予防　④風紀ノ粛正
3、週番下士官　①気合ヲ入レロ。
三、反省　吾ラノ警備ニハ完璧ヲ欠ク所ナキヤ。敵ノ来襲ハ必ズ今日デ
アル。完璧ヲ期スベシ。男香ニ注意ガ大切。

一．主要行事
勅諭奉読式
二．気象

三．天気予報
曇

三．反省　若サガ足ヌリ。吾等ニハ積極的ニ動カウトスル意志ガ足リヌ。モットく班長ニオ世話ニナラズトモ候補生デ萬事ヲヤルベキダ。

四．所感　二月一日附ヲ以テ上等兵ノ階級ヲ与ヘラレル。星ガ三ツトナリ何ダカ贖ヤカナ感ダ。マ新シイ階級章ニ眺メ入ル。

最速．晝ハ内務検査ガ実施セラレル。上等兵トナッテノ手初メデ張リ切ッテヤル。営庭ハカチくト氷ッテヰル。

二月四日（日曜）

一．上司ノ訓示摘項

1.教育隊長　①環境ノ整理
②火災予防

二．諸上官注意事項（要望事項）

1.週番司令　①防空施設ノ完備　②火災予防
③防衛ノ完壁　④盗難予防

2.週番士官　①衛生ニ注意　②防空観念ノ徹底
③火災予防　④敬礼ノ嚴正

3.週番下士官　①気合ヲ入レロ

三．反省　吾ラノ管制ニハ完璧ヲ欠ク所ナキヤ。敵ノ来襲必更ノ今日デアル。完璧ヲ期スベシ。号音ニ注意ガ大切。

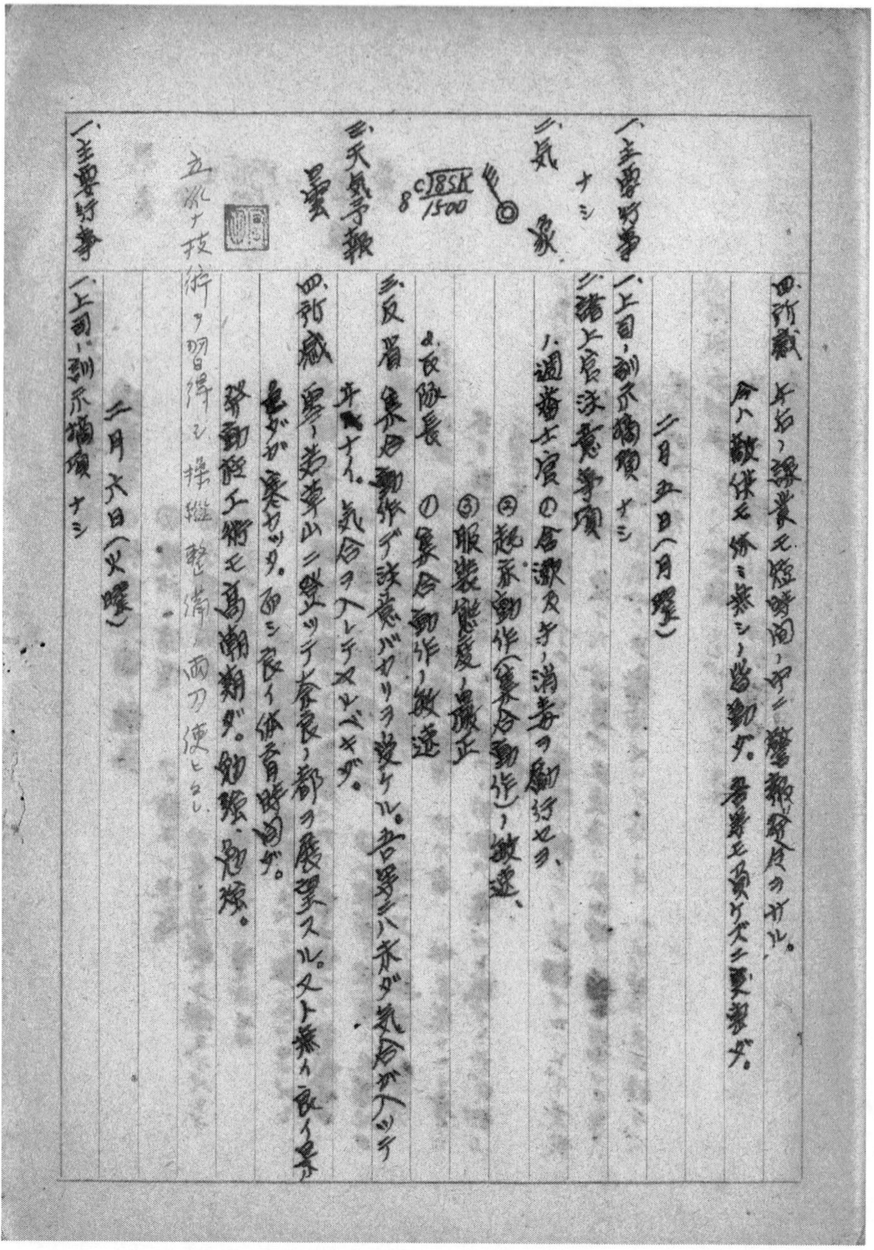
四、所感 午后ノ課業モ短時間ノ中ニ警報発令ガアル。
今ハ敵機モ殆ミ来ルシノ当然ダ。吾等モ負ケズニ奮闘ダ。

一、主要行事 ナシ
二、気象
8°C 18SK/1500
三、天気予報 曇
五、必要ナ技術ヲ習得シ操縦整備ノ両刀使ヒタレ。

二月五日（月曜）
一、上司ノ訓示摘項 ナシ
二、諸上官注意事項
1、週番士官 (1)各激文字ノ消毒ヲ励行セヨ、
(2)起床動作（集合動作）ノ敏速、
(3)服装態度ノ厳正
2、区隊長 (1)集合動作ノ敏速
三、反省 集合動作デ注意バカリヲ受ケル。吾等ニハ未ダ気合ガ入ッテ
ナイ。気合ヲ入レテヤルベキダ。
四、所感 最近ノ若草山ニ登ッテ奈良ノ都ヲ展望スル。又ト無イ良イ景
色ガ寒カッタ。而シ良イ体育時間ダ。
発動機ニ術モ高潮期ダ。勉強勉強。

二月六日（火曜）
一、上司ノ訓示摘項 ナシ
一、主要行事

一．主要行事
ナシ

二．気象

三．天気予報
曇

一．主要行事

四．所感　午后ノ課業モ短時間ノ中ニ警報発令ヲサル。
今ハ敵供モ休ミ無シノ皆勤ダ。吾等モ負ケズニ突撃ダ。

二月五日（月曜）

一．上司ノ訓示摘項　ナシ

二．諸上官注意事項
1.週番士官　①含漱及手ノ消毒ヲ励行セヨ。
②起床動作（集合動作）ノ敏速
③服装態度ノ厳正
2.区隊長　①集合動作ノ敏速

三．反省　集合動作デ注意バカリヲ受ケル。吾等ニハ未ダ気合ガ入ッテキルナイ。気合ヲ入レテヤルベキダ。

四．所感　雪ノ若草山ニ登ッテ奈良ノ都ヲ展望スル。又ト無イ良イ景色ダガ寒カッタ。而シ良イ体育時間ダ。
発動機工術モ高潮期ダ。勉強．勉強。
立派ナ技術ヲ習得シ操縦整備ノ両刀使ヒタレ．

二月六日（火曜）

一．上司ノ訓示摘項　ナシ

案：「若草山」，位於奈良市奈良公園東邊之山，標高三百四十二公尺。（参：http://nara-park.com/spot/mt-wakakusa/）

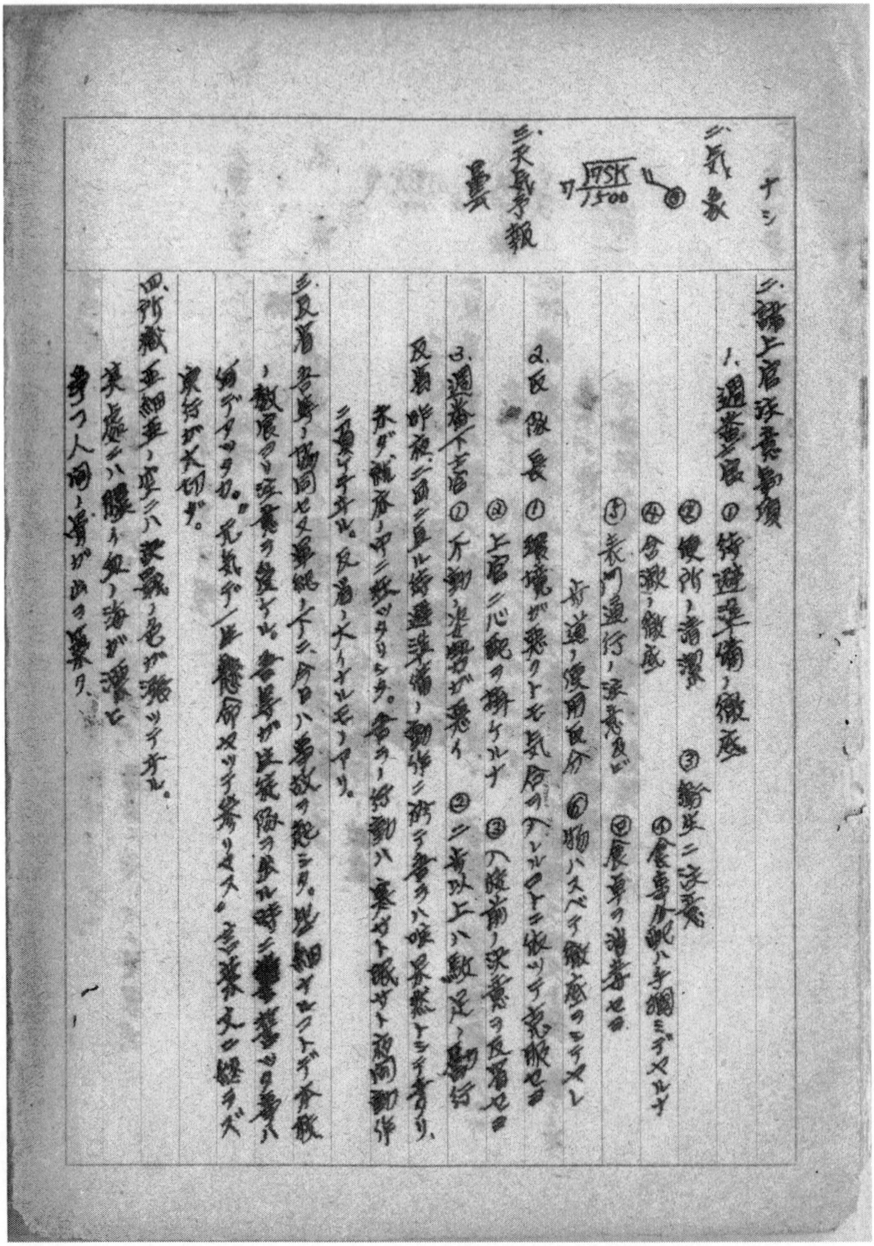
ナシ
二、氣象
175K/1500
三、天気予報
曇
二、諸上官注意事項
1、週番士官 ① 待避準備ノ徹底
② 便所ノ清潔 ③ 衛生ニ注意
④ 命令ノ徹底 ⑦ 食事分配ハ手掴ミデヤルナ
⑤ 表門通行ノ注意及ビ ⑧ 履草ノ消毒セヨ
廊下ノ使用区分 ⑥ 物ハスベテ徹底ヲモテヤレ
2、区隊長 ① 環境ガ悪クトモ気合ヲカケルコトニ依ッテ克服セヨ
② 上官ニ心配ヲ掛ケルナ ③ 入隊前ノ決意ヲ反省セヨ
3、週番下士官 ① 行動ノ姿勢ガ悪イ ② 二名以上ハ駈足ノ励行
反省 昨夜二回ニ亘ル待避準備ノ動作ニ於テ
未ダ就床ノ中ニ残ッタリシテ。
二重ヒテ居ル。反省ノ大イナルモノアリ。
三、反省 吾等ノ協同セズ単独ノ行ニ今日ハ事故ヲ起シタ。
元気デ一生懸命ヤッテ参リマス。
実行ガ大切ダ。
四、所感 亜細亜ノ空ニハ
身ヲ人間ノ骨ガ山ヲ築ク。

ナシ

二. 気象

三. 天気予報

曇

二. 諸上官注意事項

1. 週番士官 ①待避準備ノ徹底

②便所ノ清潔 ③衛生ニ注意

④含漱ノ徹底 1食事分配ハ手摑ミデヤルナ

⑤表門通行ノ注意及ビ 1食卓ヲ消毒セヨ

歩道ノ使用区分 ⑥物ハスベテ徹底ヲシテヤレ

2. 区隊長 ①環境ガ悪クトモ気合ヲ入レルコトニ依ッテ克服セヨ

②上官ニ心配ヲ掛ケルナ ③入校前ノ決意ヲ反省セヨ

3. 週番下士官 ①不動ノ姿勢ガ悪シ ②二歩以上ハ駈足ノ励行

反省 昨夜二回ニ亘ル待避準備ノ動作ニ於テ吾ラハ唯呆然トシテヰタリ。

未ダ就床ノ中ニ狂シタリシタ。吾ラノ行動ハ寒サト眠サト夜間動作

ニ負ケテヰル。反省ノ大イナルモノアリ。

三. 反省 吾等ノ協同セヌ軍紀ノ下ニ. 今日ハ事故ヲ起シタ。些細ナルコトデ本校

ノ教官ヨリ注意ヲ受ケル。吾等ガ生徒隊ヲ出ル時ニ■誓ッタ事ハ

何ッテアッタカ。〝元気デ一生懸命ヤッテ参リマス〟言葉文ニ終ラズ

実行ガ大切ダ。

四. 所感 亜細亜ノ空ニハ決戰ノ色ガ漲ッテヰル。

其處ニハ腥イ血ノ海ガ漂ヒ

爭フ人間ノ骨ガ山ヲ築タ。

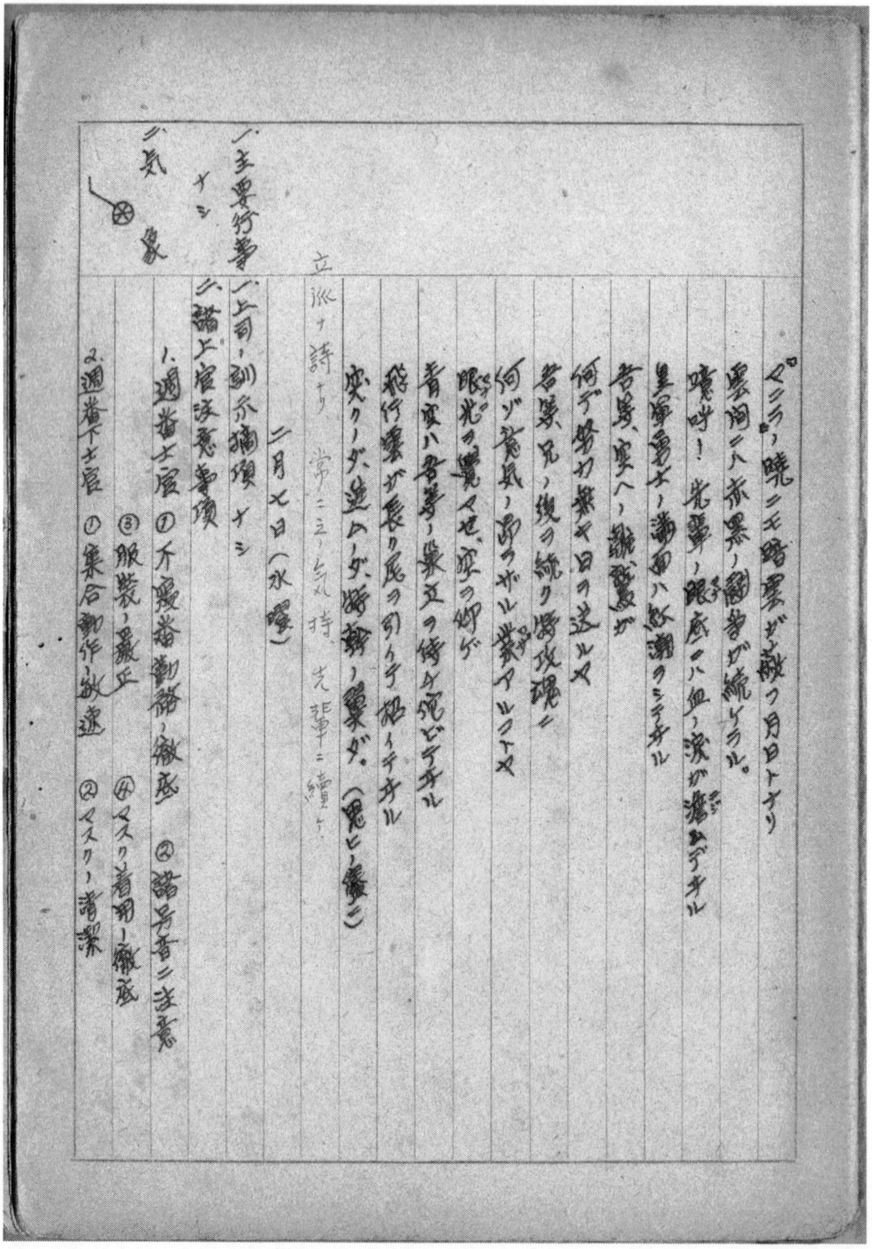

マニラノ暁ニモ暗雲ガ蔽ウ月日トナリ
雲間ニハ赤黒ノ闘争ガ続ケラル。
噫呼！先輩ノ眼底ニハ血ノ涙ガ滲ンデヰル
皇軍勇士ノ満面ハ怒潮ヲシテヰル
吾等、空ヘノ熾烈ガ
何デ努力無キ日ヲ送ルヤ
吾等ハ兄ノ後ヲ続ク特攻魂ニ
何ゾ意気ノ高ラザル業アルコトヤ
眼光ヲ輝カセ、空ヲ仰ゲ
青空ハ吾等ノ巣立ヲ待ッテ居ルデアル
飛行雲ガ長ク尾ヲ引イテ招イテヰル
突クノダ、進ムノダ、特攻ノ翼ダ。（思ヒノ儘ニ）

立派ナ詩ナリ 常ニ立ノ気持、先輩ニ續ケ。

二月七日（水曜）

一、主要行事
ナシ
二、気象

一、上司ノ訓示摘項ナシ
二、諸上官注意事項
1. 週番士官 ① 不寝番勤務ノ徹底 ② 諸号音ニ注意
③ 服装ノ嚴正 ④ マスクノ着用ノ徹底
2. 週番下士官 ① 集合動作ノ敏速 ② マスクノ清潔

一．主要行事
ナシ
二．気　象

『マニラ』ノ曉ニモ暗雲ガ蔽フ月日トナリ
雲間ニハ赤黑ノ闘争ガ続ケラル。
噫呼！先輩ノ眼（マナ）底ニハ血ノ涙ガ澹（ニジ）ムデヰル
皇軍勇士ノ満面ハ紅潮ヲシテヰル
吾等．空ヘノ雛鷲ガ
何デ努力無キ日ヲ送ルヤ
吾等、兄ノ後ヲ続ク特攻魂ニ
何ゾ意気ノ昂ラザル業（ワザ）アルコトヤ
眼光（マナコ）ヲ覺マセ．空ヲ仰ゲ
青空ハ吾等ノ巣立ヲ待チ佗ビテヰル
飛行雲ガ長ク尾ヲ引イテ招イテヰル
突クノダ．進ムノダ．特幹ノ翼ダ。（思ヒノ儘ニ）
立派ナ詩ナリ．常ニ之ノ気持．先輩ニ續ケ

二月七日（水曜）

一．上司ノ訓示摘項　ナシ
二．諸上官注意事項
1.週番士官　①不寢番勤務ノ徹底　②諸号音ニ注意
③服装ノ嚴正　④マスク着用ノ徹底
2.週番下士官　①集合動作ノ敏速　②マスクノ清潔

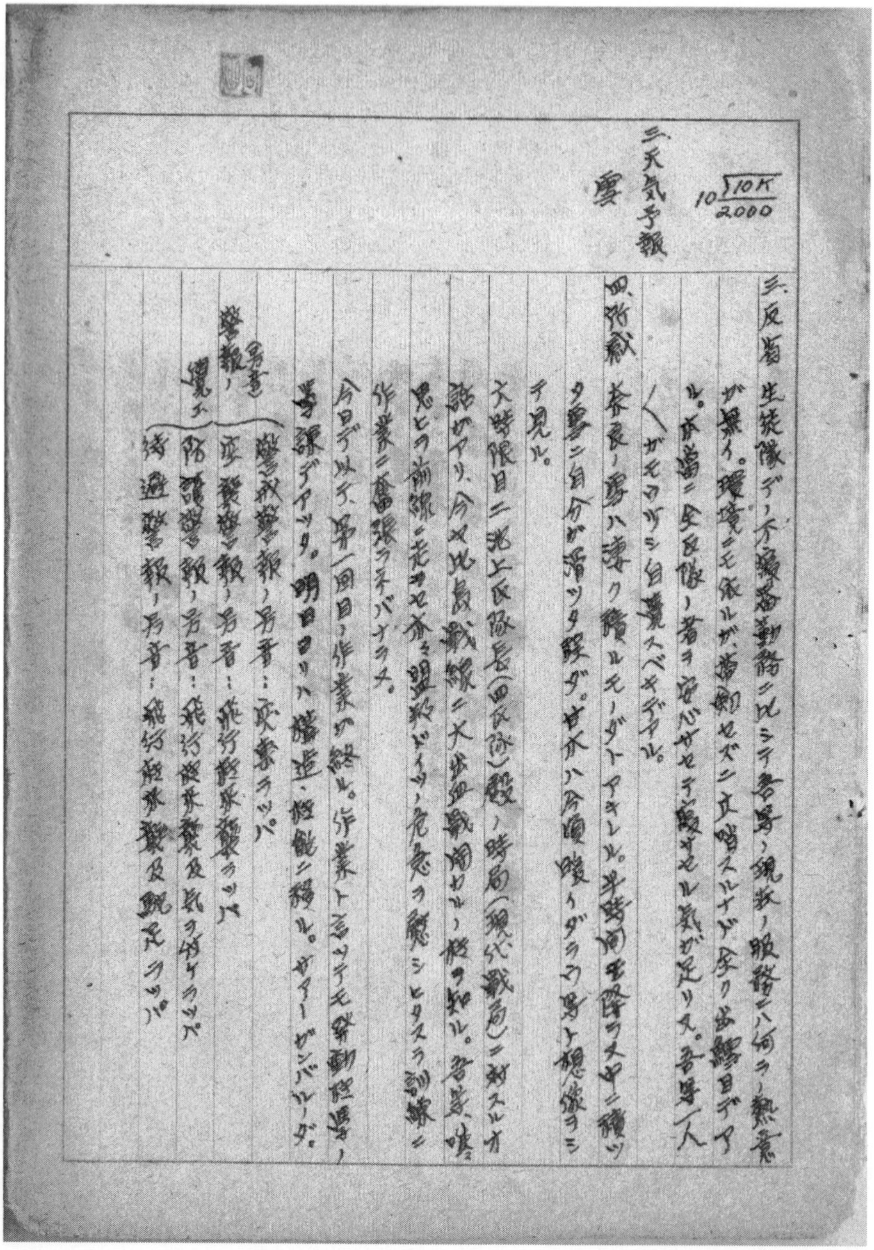
三、天気予報

雲

10 10K/2000

三、反省 生徒隊デノ不寝番勤務ニ比シテ吾等ノ現在ノ服務ニハ何ラノ熱意ガ無イ。環境ニモ依ルガ、当働セズニ立哨スルナド全ク出鱈目デアル。本当ニ全区隊ノ者ヲ安心サセテ睡サセル気ガ足リヌ。吾等ノ人人ガモマサシ自覚スベキデアル。

四、所感 奈良ノ夢ハ薄ク消ルモノダトアキレル。半時間モ降ラヌ中ニ積ッタ雪ニ自分ガ滑ッタ時ダ。甘分ハ今頃嘆イダラウ事ト想像ヲシテ見ル。

大詔奉戴日ニ池上区隊長（四区隊）殿ノ時局（現代戦局）ニ対スルオ話ガアリ、今又比島戦線ニ大出血戦闘ガアルノ状ヲ知ル。吾等ハ唯思ヒヲ前線ニ走ラセ奈ミ盟邦ドイツノ危急ヲ感ジ、ヒタスラ訓練ニ作業ニ奮張ラネバナラヌ。

今日デ以テ第一回目ノ作業ガ終ル。作業ト言ッテモ発動機学ノ学課デアッタ。明日ヨリハ構造、性能ニ移ル。サアーガンバルゾ。

警報ノ（号音）覚エ

警戒警報ノ号音…変事ラッパ

空襲警報ノ号音…飛行機発進ラッパ

防空警報ノ号音…飛行機発進及気ヲ付ケラッパ

待避警報ノ号音…飛行機発進及駆足ラッパ

三．天気予報

雪

10 √10K / 2000

三．反省　生徒隊デノ不寝番勤務ニ比シテ吾等ノ現狀ノ服務ニハ何ラノ熱意ガ無イ。環境ニモ依ルガ．帶剣セズニ立哨スルナド全ク出鱈目デアル。本當ニ全区隊ノ者ヲ安心サセテ寝サセル気ガ足リヌ。吾等一人〳〵ガモウ少シ自覺スベキデアル。

四．所感　奈良ノ雪ハ凄ク積ルモノダトアキレル。半時間モ降ラヌ中ニ積ッダ雪ニ自分ガ滑ッタ程ダ。甘木ハ今頃暖イダラウ等ト想像ヲシテ見ル。

六時限目ニ池上区隊長（四区隊）殿ノ時局（現代戰局）ニ対スルオ話ガアリ。今ヤ比島戰線ニ大出血戰開カルノ機ヲ知ル。吾等唯々思ヒヲ前線ニ走ラセ亦々盟邦ドイツノ危急ヲ慰シ　ヒタスラ訓練ニ作業ニ奮張ラネバナラヌ。

今日デ以テ第一回目ノ作業が終ル。作業ノ言ッテモ発動機學ノ學課デアッタ。明日ヨリハ構造、機能ニ移ル。サアーガンバルノダ。

警報ノ覺エ（号音）

- 警戒警報ノ号音：突撃ラッパ
- 空襲警報ノ号音：飛行機來襲ラッパ
- 防護警報ノ号音：飛行機來襲及気ヲ付ケラッパ
- 待避警報ノ号音：飛行來襲及馳足ラッパ

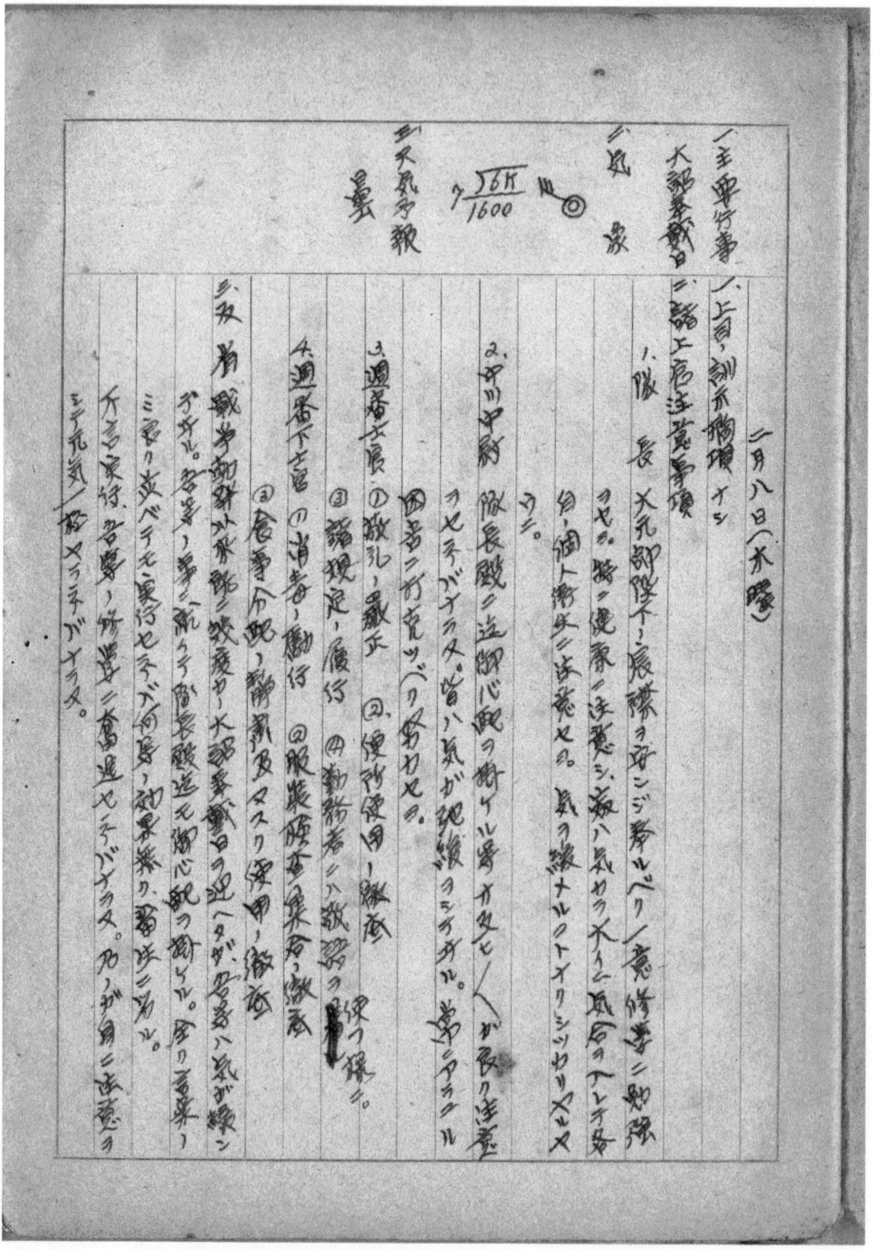
一、主要行事 大詔奉戴日
二、気象 ク 56K/1600
三、天気予報 曇

二月八日（木曜）
一、上官ノ訓示摘項 ナシ
二、諸上官注意事項
1、隊長 大元帥陛下ノ宸襟ヲ安ンジ奉ルベク一意修業ニ勉強ヲセヨ。特ニ健康ニ注意シ、最近ハ気カラ大イニ風邪ヲナレテ居ル各自個人衛生ニ注意セヨ。気ヲ緩ナルノトオクリシッカリヤルヤウニ。
2、市川中尉 隊長殿ニ迄御心配ヲ掛ケル事ガ多セ人ガ良ク注意ヲセネバナラヌ。皆ハ気ガ弛緩ヲシテ居ル。常ニアラタル因苦ニ打克ツベク努力セヨ。
3、週番士官 ①敬礼ノ厳正 ②便所使用ノ徹底 ③諸規定ノ履行 ④勤務者ニハ敬礼ヲ便ヲ様ニ。
4、週番下士官 ①消毒ノ励行 ②服装態度ノ集合ノ徹底 ③食事分配ノ衛生及マスク使用ノ徹底
三、反省 戦争勃発以来既ニ幾度カノ大詔奉戴日ヲ迎ヘタガ、吾等ハ気ガ緩ンデ居ル。吾等ノ事ニ就イテ隊長殿迄モ御心配ヲ掛ケル。全ク言葉ノ云ハ多ク並ベテモ実行セネバ何等ノ効果無ク、害毒ニ劣ル。不言実行、吾等ノ修業ニ奮進セネバナラヌ。己ノガ身ニ注意ヲシテ元気ニ務メラネバナラヌ。

二月八日（木曜）

一．主要行事　大詔奉戴日

二．気　象

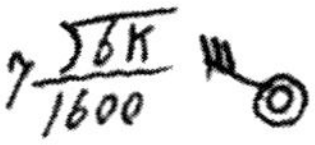

三．天気予報　曇

一．上司ノ訓示摘項　ナシ

二．諸上官注意事項

1.隊長　大元帥陛下ノ宸襟ヲ安ンジ奉ルベク一意修學ニ勉強ヲセヨ。特ニ健康ニ注意シ・病ハ気カラ大イニ気合ヲ入レテ各自ノ個人衛生ニ注意セヨ。気ヲ緩メルコトナクシッカリヤルヤウニ。

2.中川中尉　隊長殿ニ迄御心配ヲ掛ケル等オ互ヒ〳〵ガ良ク注意ヲセネバナラヌ。皆ハ気ガ弛緩ヲシテヰル。常ニアラユル困苦ニ打克ツベク努力セヨ。

3.週番士官　①敬礼ノ嚴正　②便所使用ノ徹底　使フ様ニ。
③諸規定ノ履行　④勤務者ニハ敬語ヲ■■

4.週番下士官　①消毒ノ勵行　②服裝検査集合ノ徹底
③食事分配ノ靜肅及マスク使用ノ徹底

三．反省　戰爭勃発以來既ニ幾度カノ大詔奉戴日ヲ迎ヘタガ・吾等ハ気ガ緩ンデヰル。吾等ノ事ニ就イテ隊長殿迄モ御心配ヲ掛ケル。全ク言葉ノミ良ク並ベデモ実行セネバ何等ノ效果無ク・畜生ニ劣ル。不言実行・吾等ノ修學ニ奮進セネバナラヌ。乃ノガ身ニ注意ヲシテ元気一杯ヤラネバナラヌ。

案：「大詔奉戴日」，戰爭開始後，日本內閣於一九四二年年一月十一日決定將每月八日訂為「大詔奉戴日」，並且同時廢除在此之前制定的「興亞奉公日」。（詳參〈大詔奉戴日設定並実施要項ニ関スル件〉，案號：A04018647300，網址：https://www.digital.archives.go.jp/DAS/meta/listPhoto?KEYWORD=&LANG=default&BID=F0000000000000011413&ID=M0000000000000299836&TYPE=&NO=）

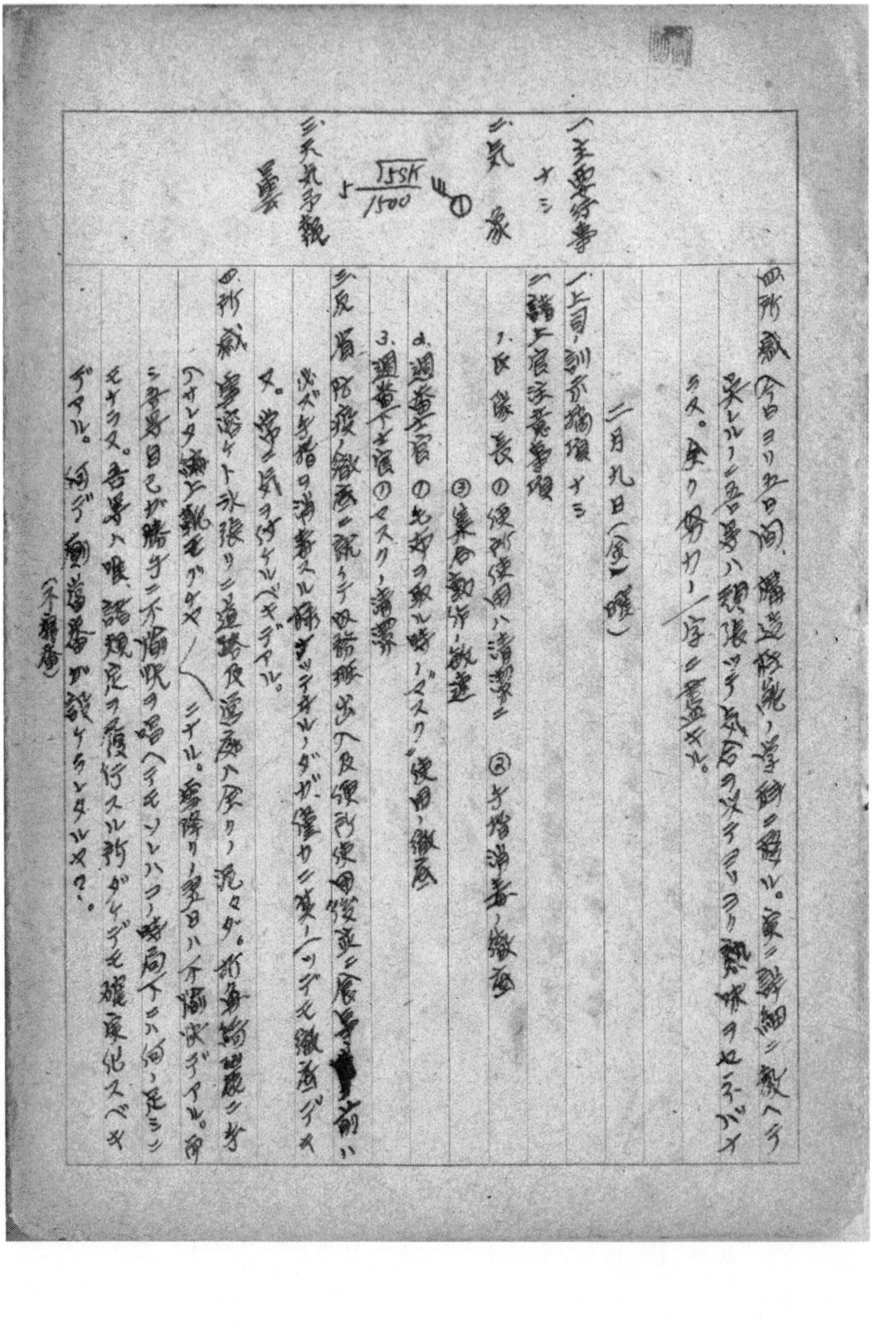

一、主要行事　ナシ
二、気象　① 山 5 155K/1500
三、天気予報　曇

四、所感（今日ヨリ五日間、構造機能ノ学科ニ這入ル。実ニ詳細ニ教ヘテ呉レルノニ吾等ハ頑張ッテ気合ヲ入テヤリヨク熟味ヲセネバナラヌ。全ク努力ノ一字ニ尽キル。

二月九日（金）曜

一、上司ノ訓示摘録　ナシ
二、諸上官注意事項
1. 区隊長　①便所使用ハ清潔ニ　②手指消毒ノ徹底　③集合動作ノ敏速
2. 週番士官　①免帽ヲ取ル時ノマスクノ使用ノ徹底
3. 週番下士官　①マスクノ清潔
三、反省　防疫ノ徹底ニ就イテ内務班出入及便所使用後並ニ食事前ハ必ズ手指ヲ消毒スル様ヤッテ居ルノダガ、僅カニ其ノ一ツデモ徹底デキヌ。常ニ気ヲ付ケルベキデアル。
四、所感　雪溶ケト氷張リニ道路及道座ハ実ニ泥々ダ。折角綺麗ニ手入レタ編上靴モガタダニナル。雪降リノ翌日ハ不愉快デアル。而シ我等自己ガ勝手ニ不愉快ヲ唱ヘテモソレハ時局下ニハ何ノ足シニモナラヌ。吾等ハ唯、諸規定ヲ履行スル所ガ又デモ確実化スベキデアル。何デ当番ガ設ケラレタルノカ。（不寝番）

一．主要行事
ナシ
二．気　象
5 155K/1500 ①
三．天気予報
曇

四．所感　今日ヨリ五日間．構造機能ノ學科ニ移ル。実ニ詳細ニ教ヘテ呉レルノニ吾等ハ頑張ッテ気合ヲ以テヨリヨク熟味ヲセネバナラヌ。全ク努力ノ一字ニ盡キル。

二月九日（金曜）

一．上司ノ訓示摘項　ナシ

二．諸上官注意事項
1.区隊長　①便所使用ハ清潔ニ　②手指消毒ノ徹底
③集合動作ノ敏速
2.週番士官　①毛布ヲ取ル時ノ〝マスク〟使用ノ徹底
3.週番下士官　①マスクノ清潔

三．反省　防疫ノ徹底ニ就イテ内務班出入及便所使用後並ニ食事[redacted]前ハ必ズ手指ヲ消毒スル様ナッテヰルノダガ僅カニ其ノ一ツデモ徹底デキヌ。常ニ気ヲ付ケルベキデアル。

四．所感　雪溶ケト冰張リニ道路及営庭ハ全クノ泥々ダ。折角綺麗ニ手入サレタ編上靴モグチャ〱ニナル。雪降リノ翌日ハ不愉快デアル。而シ吾等自己ガ勝手ニ不愉快ヲ唱ヘテモソレハコノ時局下ニハ何ノ足シニモナラヌ。吾等ハ唯．諸規定ヲ履行スル所ダケデモ確実化スベキデアル。何デ厠當番ガ設ケラレタルヤ？

（不寝番）

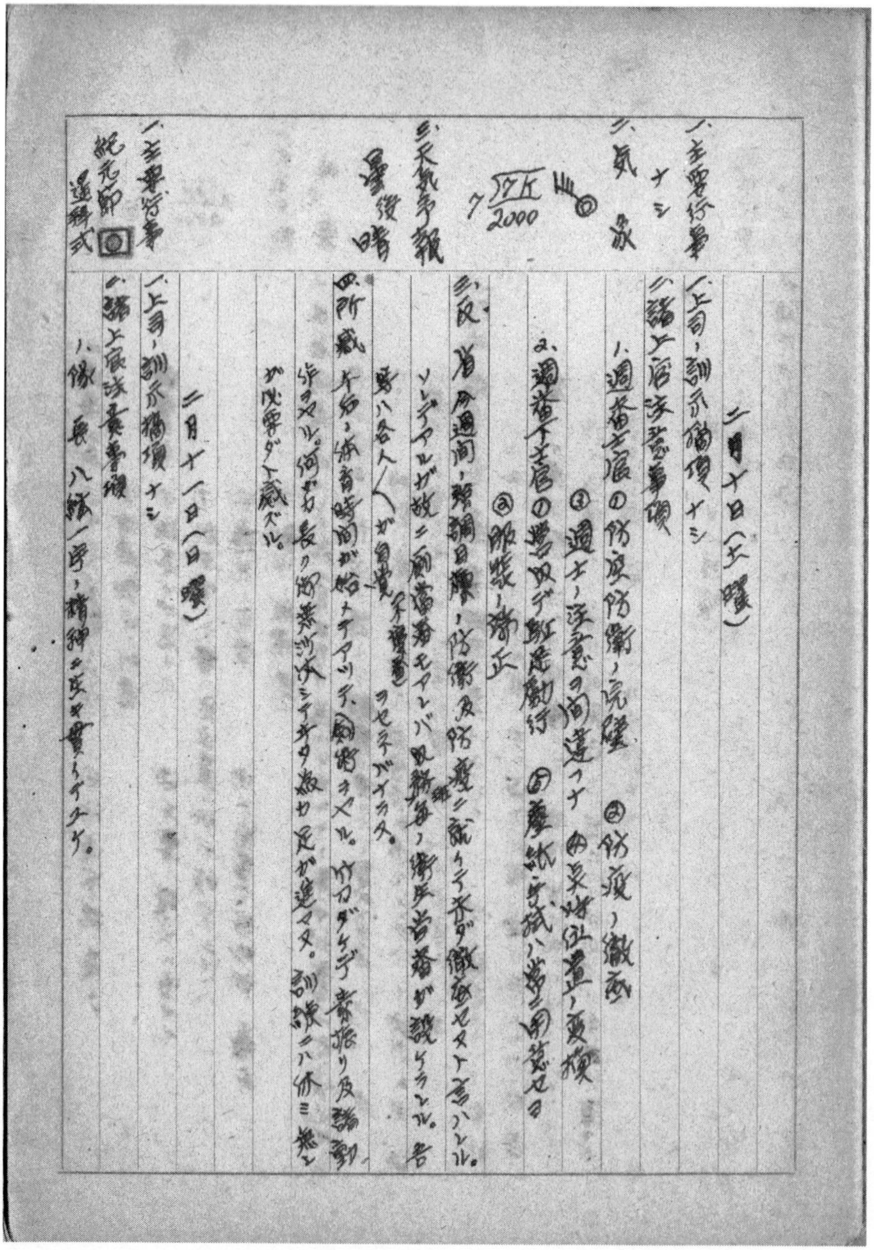
一、主要行事 ナシ
二、気象 山◎ ク 17K/2000
三、天気予報 曇後晴
一、主要行事 紀元節 遥拝式 ◎

二月十日(土曜)
一、上司ノ訓示摘項 ナシ
二、諸上官注意事項
1、週番士官ノ防疫防衛ノ完璧 ②防疫ノ徹底
③週士ノ注意ノ間違ナナ ④兵器位置ノ変換
2、週番下士官 ①服装ヲ厳行 ②塵紙・手拭ハ常ニ用意セヨ
②服装ノ端正
三、反省 今週間ノ要綱目標ノ防衛及防疫ニ就イテ未ダ徹底セヌト言ハレル。ソレデアルガ故ニ当番モアレバ服務毎ノ衛兵当番ガ識ケラレル。吾等ハ各人ガ自覚ヲセネバナラヌ。
四、所感 午前ニ体育時間ガ始メテアッテ、回術ヲヤル。ナカダケデ剣振リ及踏動作ヲヤル。何ガ長ク御無沙汰シテ手ガ激ク足ガ遅イマス。訓練ニハ休ミ無シガ必要ダト感ズル。

二月十一日(日曜)
一、上司ノ訓示摘項 ナシ
二、諸上官注意事項
1、隊長 八紘一宇ノ精神ニ生キ貫ケナケナ。

一．主要行事
ナシ

二．気象
7 17K/2000

三．天気予報
曇後晴

一．主要行事
紀元節
遙拝式

二月十日（土曜）

一．上司ノ訓示摘項　ナシ

二．諸上官注意事項

1.週番士官　①防空防衛ノ完璧　②防疫ノ徹底
③週士ノ注意ヲ間違フナ　④点時位置ノ変換

2.週番下士官　①営内デ駈足歩勵行　②塵紙、手拭ハ常ニ用意セヨ
③服装ノ端正

三．反省　今週間ノ強調目標ノ防衛及防疫ニ就イテ未ダ徹底セヌト言ハレル。ソレデアルガ故ニ厠當番モアレバ内務班毎ノ衛生當番ガ設ケラレル。吾等ハ各人〱ガ自覚(不寝番)ヲセネバナラヌ。

四．所感　午后ノ体育時間ガ始メテアッテ．剣術ヲヤル。竹刀ダケデ素振リ及諸動作ヲヤル。何ダカ長ク御無沙汰シテキタ為カ足ガ進マヌ。訓練ニハ休ミ無シガ必要ダト感ズル。

二月十一日（日曜）

一．上司ノ訓示摘項　ナシ

二．諸上官注意事項

1.隊長　八紘一宇ノ精神ニ生キ貫イテユケ。

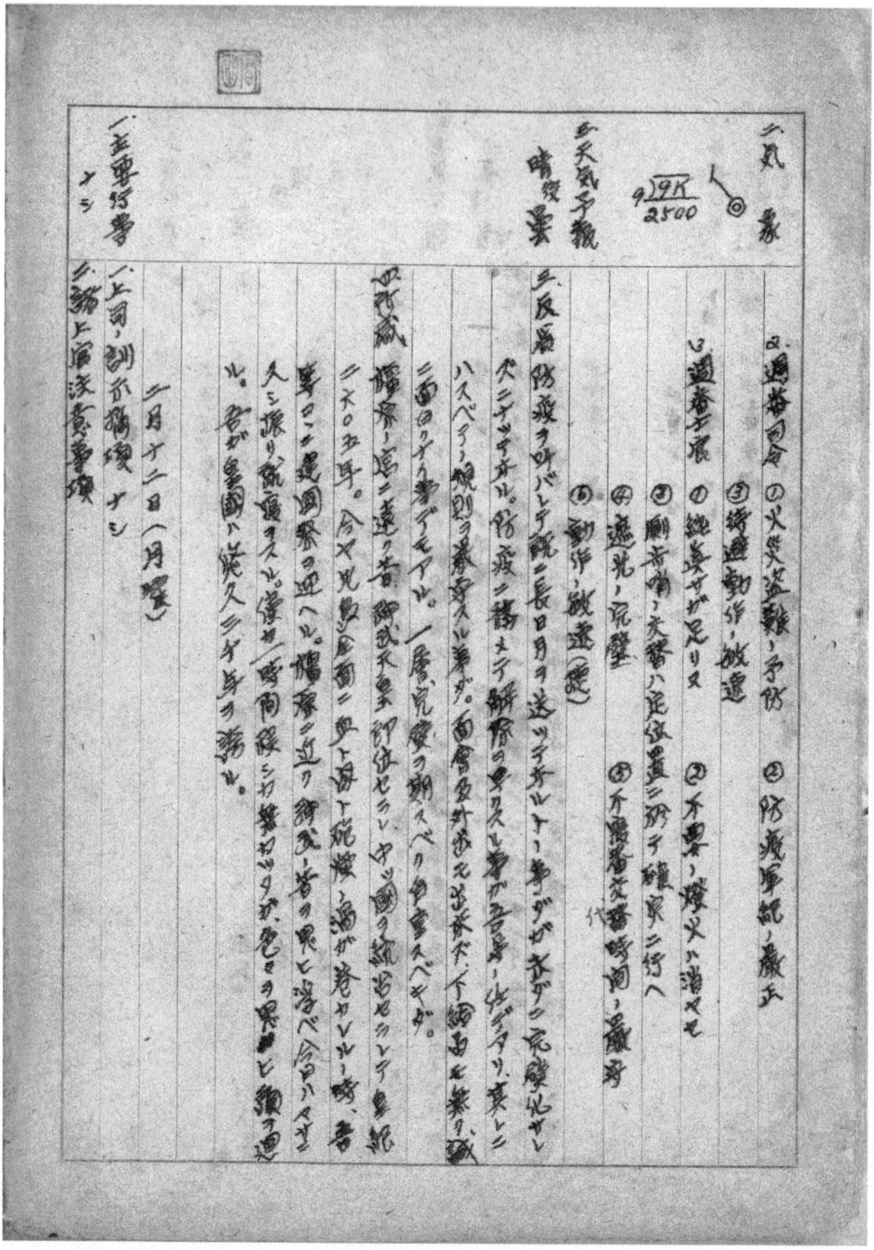
二、気象
9 19K / 2500
三、天気予報
晴後曇
一、主要行事
ナシ
2. 週番司令 ① 火災盗難ノ予防 ② 防疫軍紀ノ厳正
③ 待遇動作ノ敏速
3. 週番下士官 ① 給与ガ足リヌ ② 不要ノ燈火ハ消スモ
③ 喇叭ノ吹奏ハ定位置ニ於テ確実ニ行ヘ
④ 遮光ノ完璧 ⑤ 不寝番交替時間ノ厳守
⑥ 動作ノ敏速(迅速)
三、反省 防疫ヲ叫バレテ既ニ長日月ヲ送ッテヰルト言フ事ダガ未ダニ完璧化サレ
ズニナッテヰル。防疫ニ就テ研究ノ要ヲ感ズル事ガ吾等ノ任デアリ、我レニ
ハスベテノ規則ヲ遵守スル事ダ。面会多数デ[illegible]、下痢患者ヲ発見、誠
ニ面白クナイ事デモアル。一層ノ完璧ヲ期スベク自重スベキダ。
四、所感 橿原ノ宮ニ遠ク昔、神武天皇御即位セラレ中ツ国ヲ統治セラレテ皇紀
二六〇五年。今ヤ皇国ノ存亡ニ[illegible]飛機ノ編ガ叢ガレル時、吾
等ハ[illegible]紀元節ヲ迎ヘル。橿原ニ近ク神武ノ昔ヲ思ヒ浮ベ今日ハ今一
度ミ振リ就寝ヲスル。僕ガ一時間後シカ無カッタガ、色々ヲ思ヒ顧ヲ過
ル。吾ガ皇国ハ悠久ニシテ身ヲ捧グル。
二月十二日(月曜)
一、上司ノ訓示摘要 ナシ
二、諸上官注意事項

二．気　象

9)9K
2500

三．天気予報
晴後曇

一．主要行事
ナシ

2.週番司令 ①火災盗難ノ予防 ②防疫軍紀ノ嚴正
③避難動作ノ敏速

1.週番士官 ①純真サガ足リヌ ②不要ノ燈火ハ消ヤセ
③廁歩哨ノ交替ハ定位置ニ於テ確実ニ行ヘ
④遮光ノ完璧 ⑤不寝番交替時間ノ嚴守
⑥動作ノ敏速（捷）代

三．反省 防疫ヲ呼バレテ既ニ長日月ヲ送ッテヰルトノ事ダガ未ダニ完璧化サレズニナッテヰル。防疫ニ務メテ解除ヲ早クスル事ガ吾等ノ任デアリ，其レニハスベテノ規則ヲ嚴守スル事ダ。面會及外出モ出来ズ，下給品モ無ク，誠ニ面白クナイ事デモアル。一層，完璧ヲ期スベク自重スベキダ。

四．所感 橿原ノ宮ニ遠ク昔，神武天皇即位セラレ，中ッ國ヲ統治セラレテ皇紀二六〇五年。今ヤ比島全面ニ血ト肉ト砲煙ノ渦ガ巻カレルノ時、吾等コヽニ建國祭ヲ迎ヘル。橿原ニ近ク神武ノ昔ヲ思ヒ浮ベ今日ハマサニ久シ振リ就寝ヲスル。僅カ一時間程シカ無カッタガ，色々ヲ思■ヒ頭ヲ廻ル。吾ガ皇國ハ悠久三千年ヲ誇ル。

二月十二日（月曜）

一．上司ノ訓示摘項 ナシ

二．諸上官注意事項

案：「橿原ノ宮」，即今日的橿原神宮。

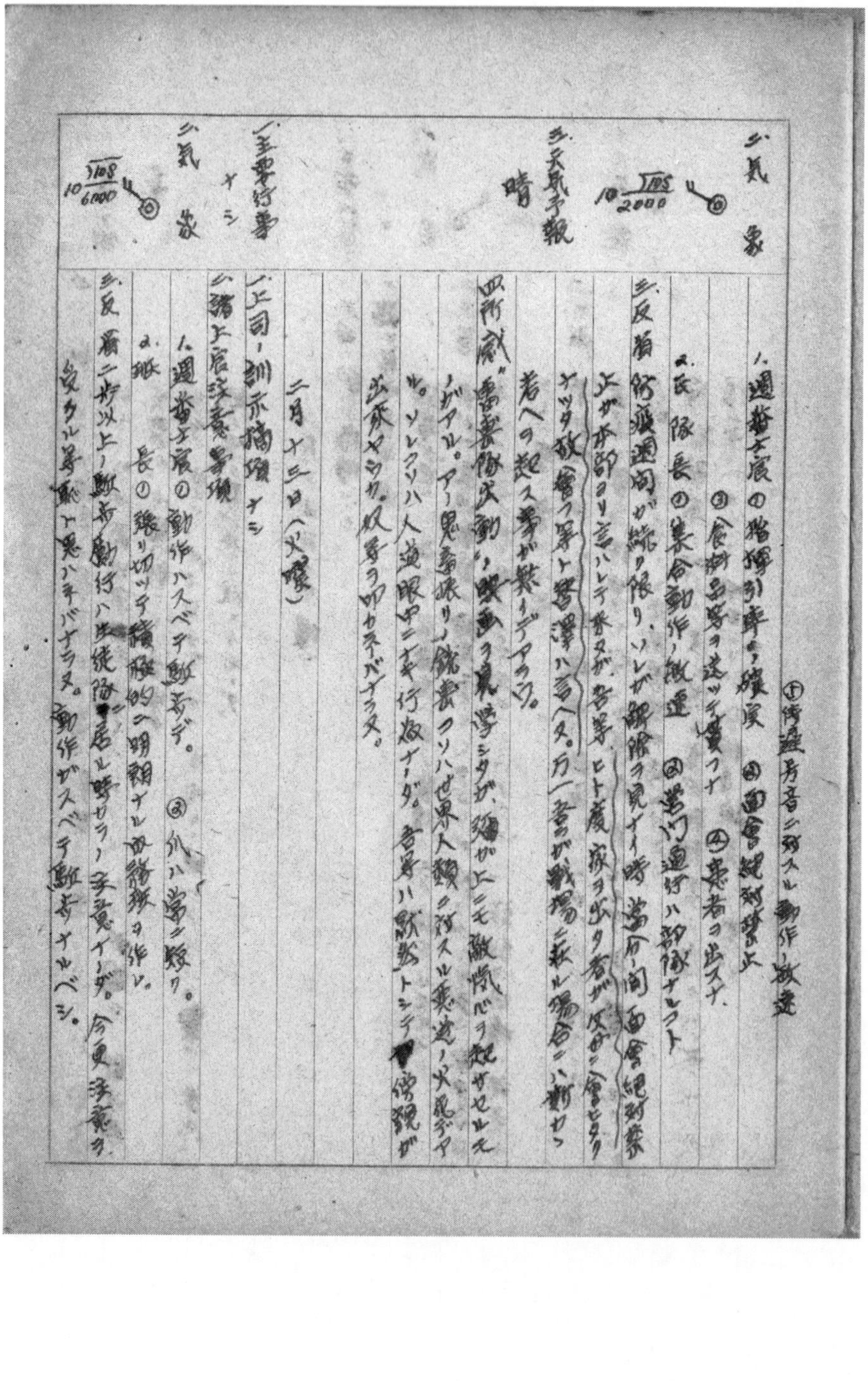
二、氣象
10 1105/2000
三、天氣予報
晴
一、週番士官ノ指揮引率ヲ嫌忌 ㈡面會絶對禁止 ⑤傳達号音ニ對スル動作ノ緩慢
㈢食物品等ヲ送ッテ貰フナ ㈣患者ヲ出スナ。
二、區隊長ノ集合動作ノ緩慢 ㈡営門通行ハ部隊ナルコト
三、反省 防疫週間ガ続ク限リ、ソレガ解除ヲ見ナイ時當分ノ間面會絶對禁
止ガ本部ヨリ言ハレテ来タガ、吾等ヒト度家ヲ出タ者ガ父母ニ會セヨウ
ナッタ故會フ等ト言フ事ハ言ヘヌ。万一吾等ガ戰場ニ在ル場合ニハ断ジテ
考ヘモ起ス事ガ無イデアラウ。
四、所感 "重要保護動"ノ映画ヲ見學シタガ、殊ガ上ニモ敵愾心ヲ起サセルモ
ノガアル。アノ鬼畜張リノ銃書コソハ世界人類ニ對スル悪逆ノ非道デア
ル。ソレコソハ人道限中ニ無キ行為ナノダ。吾等ハ默殺トシテ傍観ガ
出來ヤウカ。奴等ヲ叩カネバナラヌ。
一、主要行事
ナシ
二、氣象
10 1108/6000
二月十三日（火曜）
一、上司ノ訓示摘録 ナシ
二、諸上官注意事項
1、週番士官① 動作ハスベテ駈歩デ。 ② 爪ハ常ニ短ク。
2、班長① 張リ切ッテ積極的ニ明朗ナル內務班ヲ作レ。
三、反省 二者以上ノ駈歩動行ハ生徒隊ニ居ル時セラノ注意ナノダ。今更注意ヲ
受ケル等恥ト思ハネバナラヌ。動作ガスベテ駈歩ナルベシ。

二. 気象

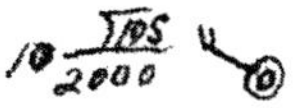

三. 天気予報
晴

一. 主要行事
ナシ

二. 気象

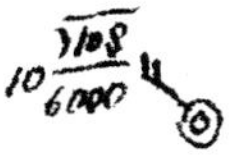

1.週番士官 ①指揮引率ノ確実 ②面會絶対禁止
③食料品等ヲ送ッテ貰フナ ④患者ヲ出スナ.
⑤待避号音ニ対スル動作ノ敏速
2.区隊長 ①集合動作ノ敏速 ②営門通行ハ部隊ナルコト

三. 反省 防疫週間ガ続ク限リ. ソレガ解除ヲ見ナイ時 當分ノ間面會絶対禁止ガ本部ヨリ言ハレテ來ダガ. 吾等. ヒト度家ヲ出タ者ガ父母ニ會ヒタクナッタ故會フ等ト替澤（正譯）ハ言ヘヌ。万一吾ラガ戰場ニ在ル場合ニハ斯カヽ考ヘヲ起ス事ガ無イデアラウ。

四. 所感 〝雷撃隊出動〞ノ映画ヲ見学シタガ. 彌ガ上ニモ敵愾心ヲ起サセルモノガアル。アノ鬼畜振リノ銃撃コソハ世界人類ニ対スル悪逆ノ火花デアル。ソレコソハ人道眼中ニナキ行為ナノダ。吾等ハ默然トシテ■傍觀ガ出來ヤウカ。奴等ヲ叩カネバナラヌ。

二月十三日（火曜）

一. 上司ノ訓示摘項 ナシ

二. 諸上官注意事項
1.週番士官 ①動作ハスベテ駈歩デ。 ②爪ハ常ニ短ク。
2.班長 ①張リ切ッテ積極的ニ明朗ナル內務班ヲ作レ。

三. 反省 二歩以上ノ駈歩勵行ハ生徒隊ニ居ル時カラノ注意ナノダ。今更注意ヲ受クル等恥ト思ハネバナラヌ。動作ガスベテ駈歩ナルベシ。

三、天氣予報 曇

四、所感 比島出血戰ガ奏ヲ功シテ當ニ態勢ヲ一變シテヰル。片ヤ南支ニ
訪ネル我ガ新攻勢モ～凄イモノデアル。今ヤ戰局モ一部改造ニ
突入ダ。必勝ヲ期シテノ進軍ダ。
奈良ノ寒サハ仲々去ラヌ。全ク空吹キノ風ガ夕方ニハ襲ッテ來ル。
願ハ早ク春ガ來テ欲シイモノダ。

二月十四日（水曜）

一、上司ノ訓示指導ナシ
二、諸上官注意事項
一、週番士官 ①各人ノ官給品ハヨク監視ヲシテ節約セネバナラヌ。
三、反省 我ガ二等兵諸氏ハ戰争ヲ節約シタリ又ハコトガ續ケテヰル。全ク各自ガ常ニ掌握ヲシテヰナクテハナラナイ。話部ヲ明瞭ニ確實ニ入レテ置ク事ガ必要。
四、所感 發動機工術ノ第二段ハ構造及機能ニモ今日ヲ以テ終リヲ更ル。吾等ノ整備修業モ幾ビト高潮目指シテ山ヲ登ッテ行ク。目ノ前ニハ優秀ナル技術習得ガ待ッテヰル。
操縦整備ノ二刀ヲ使ヒ得ル空中勤務者タルベク斷然次ノ段階ニ突入ヲスル。明日ヨリハ分解及組立ノ作業ダ。

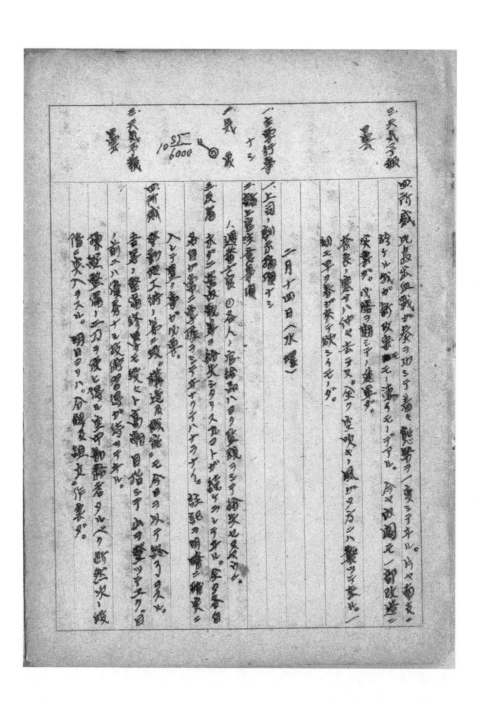

一、主要行事 ナシ
二、氣象 10 5/6000
三、天氣予報 曇

三. 天気予報
曇

一. 主要行事
ナシ

二. 気象
10 85/6000

三. 天気予報
曇

四. 所感　比島出血戰ガ奏ヲ功シテ着々態勢ヲ一変シテヰル。片ヤ南支ニ於ケル我ガ新攻撃モモノ凄イモノデアル。今ヤ内閣モ一部改造ニ突撃ダ。必勝ヲ期シテノ進軍ダ。奈良ノ寒サハ仲々去ラヌ。全ク空吹キノ風ガ夕方ニハ襲ッテ來ル。一刻モ早ク春ガ來ル欲シイモノダ。

二月十四日（水曜）

一. 上司ノ訓示摘項　ナシ

二. 諸上官注意事項

1.週番士官　①各人ノ官給品ハヨク監視ヲシテ紛失セヌヤウニ。

三. 反省　未ダニ営内靴等ヲ紛失シタリスルコトガ続ケラレテヰル。全ク各自各自ガ常ニ掌握ヲシテヰナクテハナラナイ。註記ヲ明瞭ニ確実ニ入レテ置ク事ガ必要。

四. 所感　発動機工術ノ第二段〝構造及機能〟モ今日ヲ以テ終了ヲスル。吾等ノ整備修學モ段々ト高潮目指シテ山ヲ登ッテユク。目ノ前ニハ優秀ナル技術習得ガ待ッテヰル。操縦整備ノ二刀ヲ使ヒ得ル空中勤務者タルベク断然次ノ段階ニ突入ヲスル。明日ヨリハ〝分解及組立〟作業ダ。

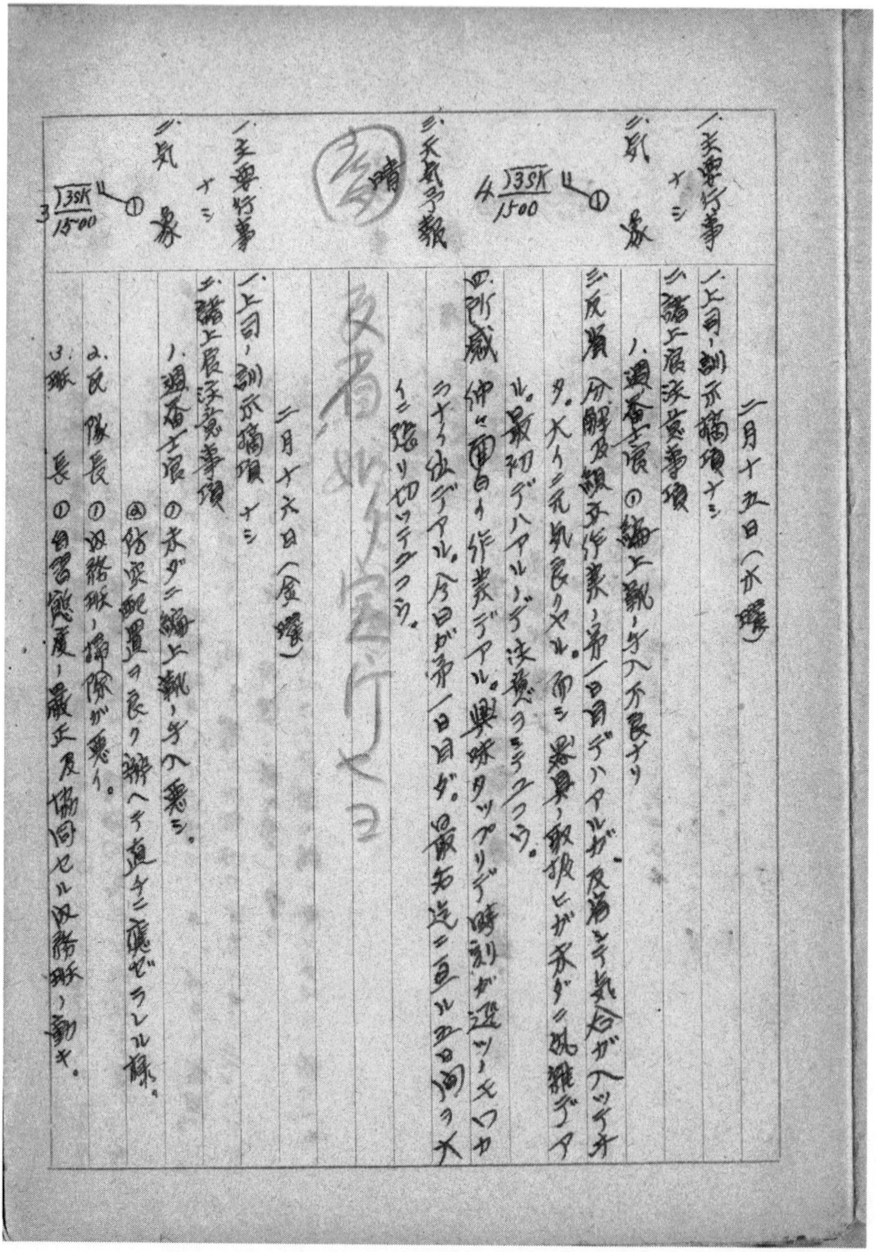

一、主要行事 ナシ
二、氣象 4 135K/1500
三、天氣予報 晴
一、主要行事 ナシ
二、氣象 3 135K/1500

二月十五日（水曜）
一、上司ノ訓示摘項ナシ
二、諸上官注意事項
一、週番士官ノ編上靴ノ手入方良ナリ
三、反省 分解及組立作業ノ第一日目デハアルガ、及第ニテ気合ガ入ッテ居タ。大イニ元気良クヤル。而シ器具ノ取扱ヒガ未ダニ乱雑デアル。最初デハアルノデ決意ヲ以テユコウ。
四、所感 仲々面白イ作業デアル。興味タップリデ時刻ガ速ツノモワカラナイ位デアル。今日ガ第一日目ダ。最后迄ニ亘ル五日間ヲ大イニ張リ切ッテヤロウ。

反省如實行セヨ

二月十六日（金曜）
一、上司ノ訓示摘項ナシ
二、諸上官注意事項
一、週番士官ノ未ダニ編上靴ノ手入ハ悪シ。
㊀防空配置ヲ良ク弁ヘテ直チニ應ゼラレル様。
2、区隊長ノ服務班ノ掃除ガ悪イ。
3、班長ノ自習態度ノ最近及協同セル服務班ノ動キ。

一．主要行事　ナシ

二．気象

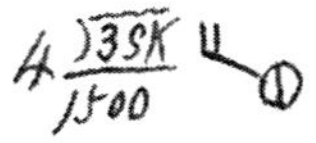

天気予報

一．主要行事　ナシ

二．気象

二月十五日（木曜）

一．上司ノ訓示摘項　ナシ

二．諸上官注意事項

1.週番士官　①編上靴ノ手入不良ナリ

三．反省　分解及組立作業ノ第一日目デハアルガ．反省シテ気合ガ入ッテヰタ。大イニ元気良クヤル。而シ器具ノ取扱ヒガ未ダ乱雑デアル。最初デハアルノデ注意ヲシテユコウ。

四．所感　仲々面白イ作業デアル。興味タップリデ時刻ガ経ツノモワカラナイ位デアル。今日ガ第一日目ダ。最后迄ニ亘ル五日間ヲ大イニ張リ切ッテユコウ。

反省如ク　行セヨ

二月十六日（金曜）

一．上司ノ訓示摘項　ナシ

二．諸上官注意事項

1.週番士官　①未ダニ編上靴ノ手入悪シ。

②防空配置ヲ良ク辨ヘテ直チニ應ゼラレル様。

2.区隊長　①内務班ノ掃除ガ悪イ。

3.班長　①自習態度ノ嚴正及協同セル内務班ノ動キ。

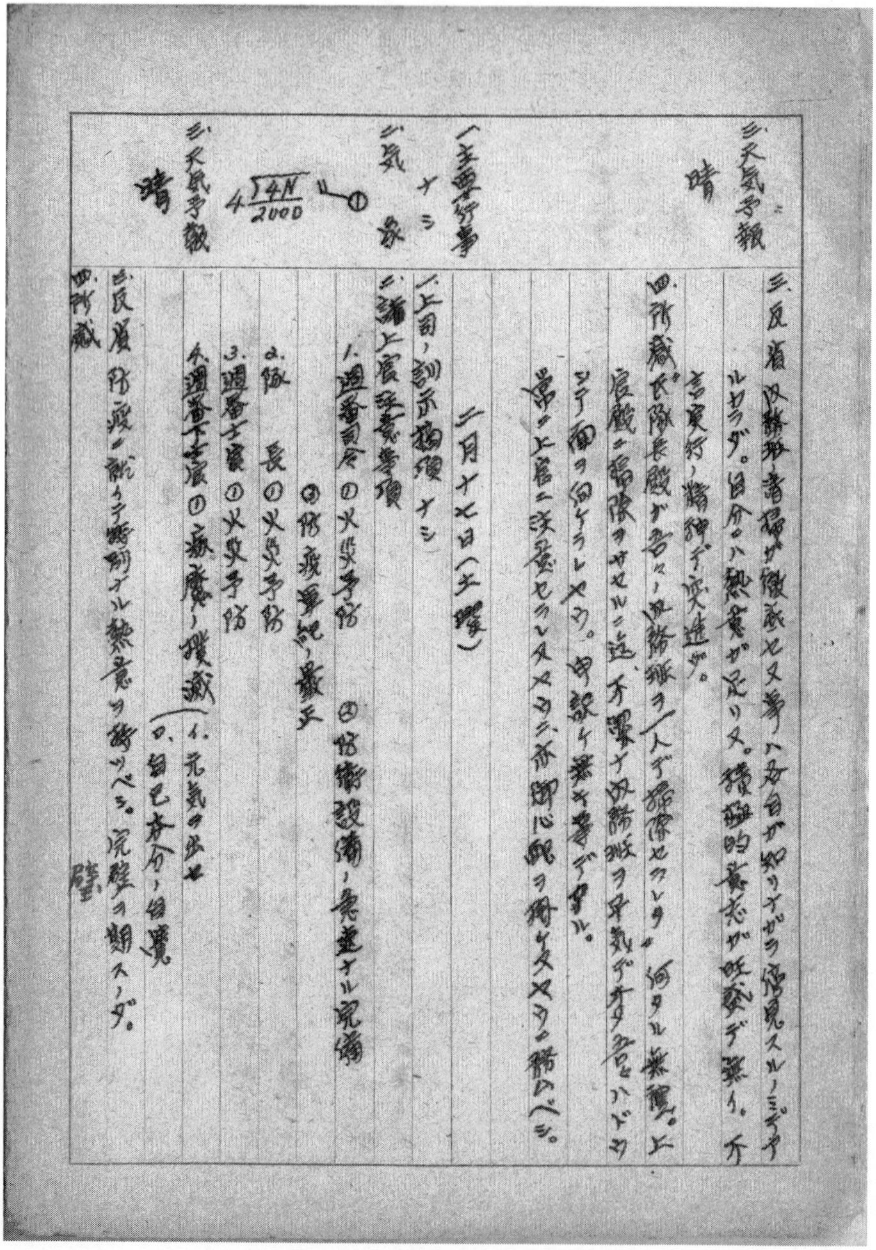

三、天気予報
晴

三、反省 隊務諸操ガ徹底セヌ事ハ各自ガ知リナガラ傍観スルノミデアルカラダ。自分ニハ熱意ガ足リヌ。積極的意志ガ旺盛デ無イ。不言実行ノ精神デ突進ダ。

四、所感 氏隊長殿ガ各々ノ隊務班ヲ一人デ指導セラレタ。何タル無礼。上官殿ニ寄隊ヲサセルニ迄不要ナ隊務班ヲ平気デサセテ居タトハドウシテ面ヲ向ケラレヤウ。申訳ケ無キ事デアル。常ニ上官ニ決意セラレヌ様ニ充分御心配ヲ掛ケヌ様ニ努ムベシ。

二月十七日（土曜）

一、主要行事
ナシ

二、気象
$4\frac{14N}{2000}$

三、天気予報
晴

一、上司ノ訓示摘要 ナシ

二、諸上官注意事項

1. 週番司令 ①火災予防 ②防疫軍紀ノ厳正 ③防衛設備ノ急速ナル完備
2. 隊長 ①火災予防
3. 週番士官 ①火災予防
4. 週番下士官 ①疾病ノ撲滅（イ、元気ヲ出セ ロ、自己本分ノ自覚）

三、反省 防疫ニ就イテ特別ナル熱意ヲ持ツベシ。完璧ヲ期スノダ。

四、所感

璧

三．天気予報
晴

一．主要行事
ナシ

二．気象

三．天気予報
晴

三．反省　内務班ノ清掃ガ徹底セヌ事ハ各自ガ知リナガラ傍見スルノミデアルカラダ。自分ニハ熱意ガ足リヌ。積極的意志ガ旺盛デ無イ。不言実行ノ精神デ突進ダ。

四．所感　〝区隊長殿ガ吾々ノ内務班ヲ一人デ掃除セラレタ〟何タル無禮。上官殿ニ掃除ヲサセルニ迄、不潔ナ内務班ヲ平気デヰタ吾々ハドウシテ面ヲ向ケラレヤウ。申訳ケ無キ等デアル。常ニ上官ニ注意セラレヌヤウニ、亦　御心配ヲ掛ケヌヤウニ務ムベシ。

二月十七日（土曜）

一．上司ノ訓示摘項　ナシ

二．諸上官注意事項
1.週番司令　①火災予防　②防衛設備ノ急速ナル完備
③防疫軍紀ノ嚴正
2.隊長　①火災予防
3.週番士官　①火災予防
4.週番下士官　①病魔ノ撲滅
イ．元気ヲ出セ
ロ．自己本分ノ自覺

三．反省　防疫ニ就イテ特別ナル熱意ヲ持ツベシ。完璧ヲ期スノダ。

四．所感　壁

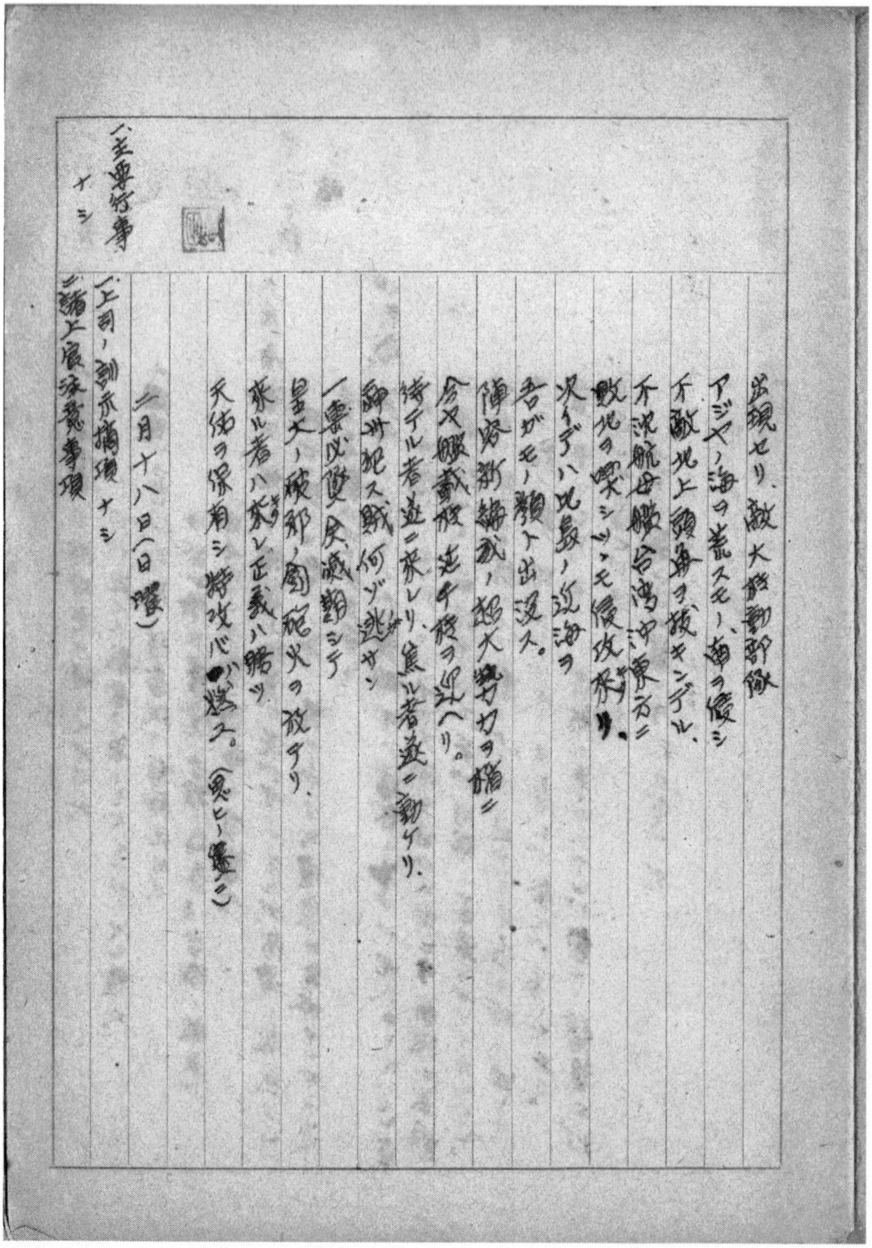

出現セリ。敵大機動部隊
アジヤノ海ヲ荒スモノ、南ヲ侵シ
今ヤ敵北上頭角ヲ抜キンデル、
今ヤ沈航母艦台湾沖東方ニ
敗北ヲ喫シツヽモ侵攻来タリ。
次イデハ比島ノ近海ヲ
吾ガモノ顔ナ出没ス。
陣容新編成ノ超大勢力ヲ頼ニ
今ヤ驕敵破竹ノ勢ヲ迎ヘリ。
待テル者遂ニ来レリ、焦ル者遂ニ動ケリ。
神州犯ス賊何ゾ逃サン
一億必殺撃滅期シテ
皇軍ノ破邪ノ剣砲火ヲ放テリ。
来ル者ハ来タレ正義ハ勝ツ
天佑ヲ保有シ特攻バ●ハ燃ユ。(思ヒノ儘ニ)

二月十八日(日曜)

一、主要行事 ナシ

一、上司ノ訓示摘項 ナシ

二、諸上官注意事項

一．主要行事
ナシ

出現セリ．敵大機動部隊
アジヤノ海ヲ荒スモノ．南ヲ侵シ
不敵地上頭角ヲ抜キンデル．
不沈航母艦台湾沖東方ニ
敗北ヲ喫シツゝモ侵攻來（キタ）リ．
次イデハ比島ノ近海ヲ
吾ガモノ顔ト出沒ス。
新陣容編成ノ超大勢力ヲ楯ニ
今ヤ艦載機　延千機ヲ迎ヘリ。
待テル者遂ニ來レリ．焦ル者遂ニ動ケリ．
神州犯ス賊何ゾ逃（ノガ）サン
一撃必墜全滅期シテ
皇土ノ破邪ノ剣砲火ヲ放テリ．
來ル者ハ來（キタ）レ正義ハ勝ツ
天佑ヲ保有シ特攻心ハ燃ユ。（思ヒノ儘ニ）

二月十八日（日曜）

一．上司ノ訓示摘項　ナシ

二．諸上官注意事項

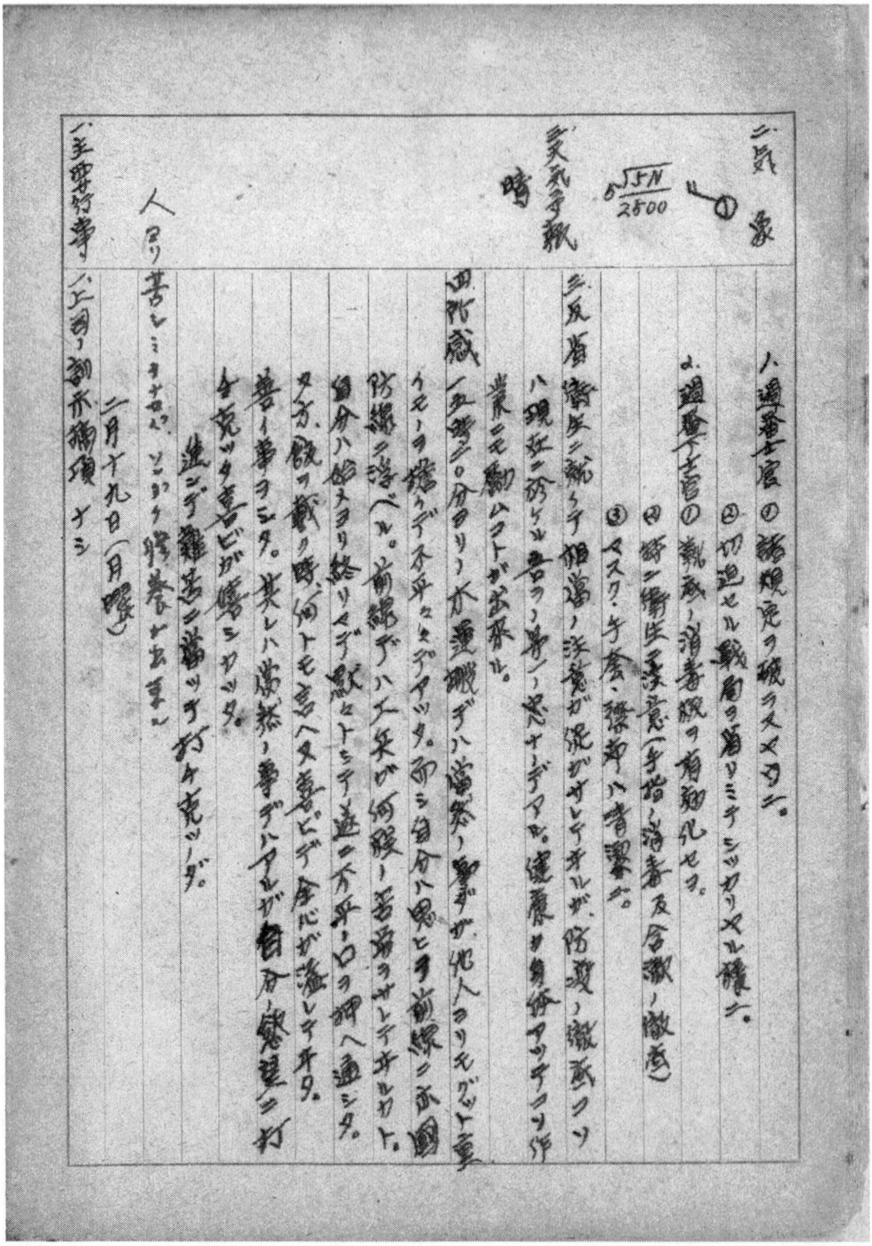
二、気象 5/5N 2500
三、天気予報 晴
八、週番士官ノ諸規定ヲ破ラヌ様ニ。
②切迫セル戦局ヲ省リミテシッカリヤル様ニ。
2、週番下士官①熱ト消毒液ヲ有効ニセヨ。
②特ニ衛生ニ注意(手指ノ消毒及含嗽ノ徹底)
③マスク・手套・襟布ハ清潔ニ。
三、反省 衛生ニ就テ相当ノ注意ガ促ガサレテヰルガ、防疫ノ徹底ヲ
ハ現在ニ於ケル吾ラノ第一ノ要ナデアル。健康ナ身体アッテコソ作
業ニモ勤ムコトガ出来ル。
四、所感 一五時三〇分ヨリノ分隊交換デハ当然ノ事ダガ他人ヨリモグット重
イモノヲ揃ヘテ不平タラタラデアッタ。而シ自分ハ思ヒヲ前線ニ戦闘
防線ニ浮ベル。前線デハ兵ガ何倍ノ苦労ヲサレテヰルカト。
自分ハ始メヨリ終リマデ黙々トシテ遂ニ不平ノ口ヲ押ヘ通シタ。
夕方、飯ヲ戴ク時、何トモ言ヘヌ喜ビデ全心ガ溢レテヰタ。
苦イ事ヲシタ。其レハ当然ノ事デハアルガ自分ノ希望ニ打
チ克ッタ喜ビガ嬉シカッタ。
進ンデ難苦ニ当ッテ打チ克ッノダ。
人 ヨリ苦シミナサイ。ソレヨリ勝券ガ出来ル。
二月十九日(月曜)
八、主要行事 八、上司ノ訓示摘項 ナシ

二．気象

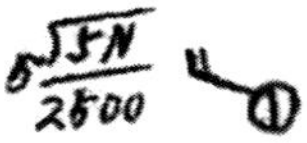

三．天気予報
晴

一．主要行事

1. 週番士官 ①諸規定ヲ破ラヌヤウニ。
②迫切セル戰局ヲ省リミテシッカリヤル様ニ。

2. 週番下士官 ①靴底ノ消毒板ヲ有効化セヨ。
②特ニ衛生ニ注意（手指ノ消毒及含漱ノ徹底）
③マスク．手套．襟布ハ清潔ニ。

三．反省 衛生ニ就イテ相當ノ注意ガ促ガセレテヰルガ．防疫ノ徹底コソハ現在ニ於ケル吾ラノ第一ノ忠ナノデアル。健康カ身体アッテコソ作業ニモ勵ムコトガ出來ル。

四．所感 十五時二〇分ヨリノ木運搬デハ當然ノ事ダガ．他人ヨリモグット重イモノヲ擔イデ不平々々デアッタ。而シ自分ハ思ヒヲ前線ニ亦國防線ニ浮ベル。前線デハ工兵ガ何程ノ苦労ヲラセレテヰルカト。
自分ハ始メヨリ終リマデ默々トシテ遂ニ不平ノ口ヲ押ヘ通シタ。
夕方．飯ヲ戴ク時．何トモ言ヘヌ喜ビデ全心ガ溢レテヰタ。
善ノ事ヲシタ。其レハ當然ノ事デハアルガ自分ノ慾望ニ打チ克ッタ喜ビガ嬉シカッタ。
進ンデ難苦ニ當ツテ打チ克ツノダ。
人ヨリ苦シミヲナセバ ソレダケ修養ガ出來ル

二月十九日（月曜）

一．上司ノ訓示摘項 ナシ

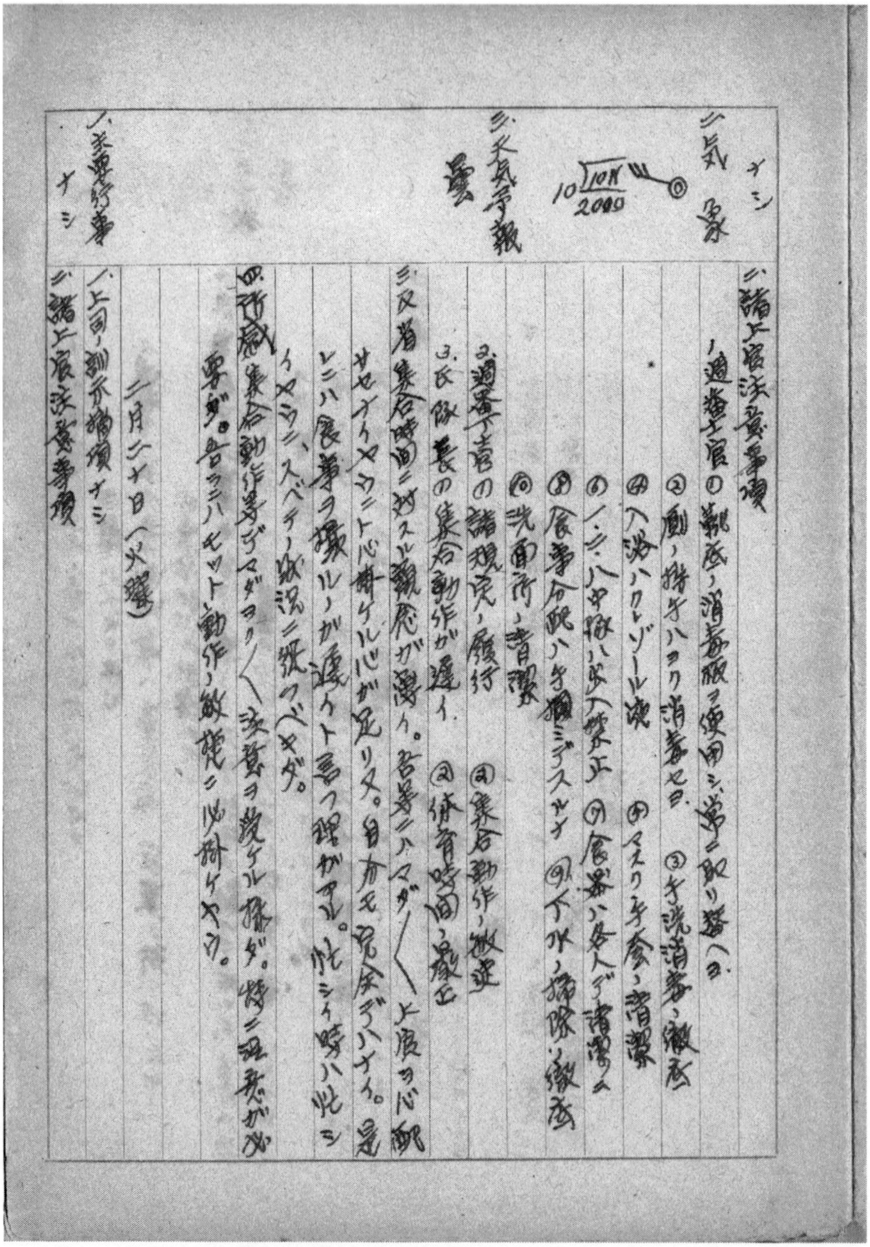

二、気象 ナシ

10 10K/2000

三、天気予報

曇

一、主要行事

ナシ

二、諸上官注意事項

一、週番士官 ①徹底ノ消毒液ヲ使用シ、常ニ取リ替ヘヨ。

②厠ノ把手ハヨク消毒セヨ。 ③手洗消毒ノ徹底

④入浴ハクレゾール液 ⑤マスク手套ノ清潔

⑥一、二、八中隊ハ少ナク整正 ⑦食器ハ各人デ清潔ニ

⑧食事分配ハ手拭ミデスルナ ⑨下水ノ掃除ノ徹底

⑩洗面所ノ清潔

2.週番下士官 ①諸規定ノ履行 ①集合動作ノ敏速

3.区隊長の集合動作が遅イ。 ②体育時間ノ厳正

三、反省 集合時間ニ対スル観念が薄イ。吾等ニハマダ〳〵上官ヨリ心配サセナイヤウニト心掛ケル心が足リヌ。自分モ完全デハナイ。是レニハ食事ヲ摂ルノが遅イト言フ理がアル。忙シイ時ハ忙シイヤウニ、スベテノ状況ニ従フベキダ。

四、所感 集合動作等デマダ〳〵注意ヲ受ケル様ダ。特ニ班長ガ必要ダ。吾ラニハモット動作ノ敏捷ニ心掛ケヤヨ。

二月二十日(火曜)

一、上司ノ訓示摘項ナシ

二、諸上官注意事項

ナシ

二．気　象

三．天気予報

曇

一．主要行事

ナシ

二．諸上官注意事項

1.週番士官

①靴底ノ消毒板ヲ使用シ，常ニ取リ替ヘヨ，

②廁ノ持手ハヨク消毒セヨ。 ③手洗消毒ノ徹底

④入浴ハクレゾール液 ⑤マスク，手套ノ清潔

⑥一，二，八中隊ハ出入禁止 ⑦食器ハ各人デ清潔ニ

⑧食事分配ハ手摑ミデスルナ ⑨下水ノ掃除ノ徹底

⑩洗面所ノ清潔

2.週番下士官 ①諸規定ノ履行 ②集合動作ノ敏速

3.区隊長 ①集合動作ガ遅イ ②体育時間ノ嚴正

三．反省 集合時間ニ対スル観念ガ薄イ。吾等ニハマダ〱上官ヲ心配サセナイヤウニト心掛ケル心が足リヌ。自分モ完全デハナイ。是レニハ食事ヲ撮ル（正：摂）ノガ遅イト言フ理ガアル。忙シイ時ハ忙シイヤウニ，スベテノ状況ニ従フベキダ。

四．所感 集合動作等デマダヨク〱注意ヲ受ケル様ダ。特ニ注意ガ必要ダ。吾ラニハモット動作ノ敏捷ニ必（正：心）掛ケヤウ。

二月二十日（火曜）

一．上司ノ訓示摘項 ナシ

二．諸上官注意事項

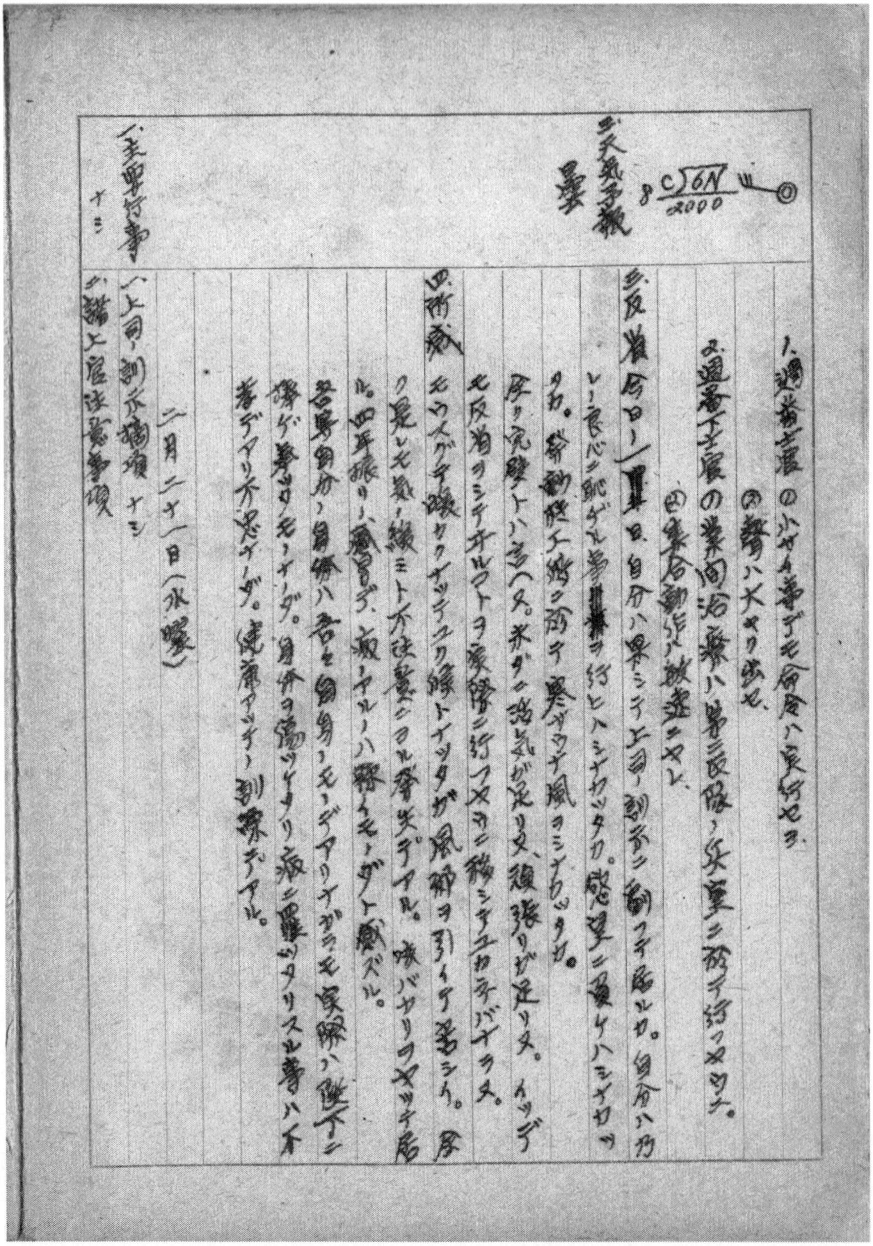
三、天気予報 曇 8 C 6N/2000

一、主要行事 ナシ

一、週番士官の小サイ事デモ命令ハ実行セヨ、
の声ハ大キク出セ、
二、週番下士官の業間治療ハ甚ダ良好ノ兵室ニ於テ行ッタカ。
四、集合動作ハ敏速ニヤレ、
三、反省 今日一日自分ハ果シテ上司ノ訓示ニ副フテ居ルカ。自分ハ乃
レニ良心ニ恥ヂル事ヲ行ヒハシナカッタカ。欲望ニ負ケハシナカッ
タカ。勤務演習ニ於テ寒ガッテ風ヲシナカッタカ。
自分ハ完璧トハ言ヘヌ。未ダニ活気ガ足リヌ、頑張リガ足リヌ。イツデ
モ反省ヲシテ分ルコトヲ実際ニ行フヌヲニ務シテユカネバナラヌ。
四、所感 モウスグデ嬉シクナッテユク線トナッタガ風邪ヲ引イテ苦シイ。自分
ク是レモ気ノ緩ミト不注意ニヨル落失デアル。咪バカリヲヌッテ居
ル。四年振リノ風邪デ、病ンデアルノハ寂シイモノダト感ズル。
吾身自分ノ身体ハ吾モ自身ノモノデアリナガラモ実際ハ陛下ニ
捧ゲ奉ッタモノナノダ。自分ヲ傷ツケタリ病ニ罹ッタリスル事ハ不
孝デアリ不忠ナノダ。健康デアッテノ訓練デアル。

二月二十一日(水曜)

一、上司ノ訓示摘項 ナシ
六、諸上官注意事項

三．天気予報

曇

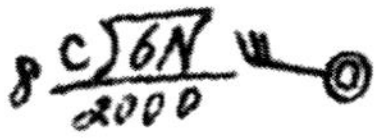

一．主要行事

ナシ

1.週番士官　①小サイ事デモ命令ハ実行セヨ．

②聲ハ大キク出セ．

2.週番下士官　①業間治療ハ第三区隊ノ兵室於テ行フヤウニ。

②集合動作ハ敏速ニヤレ．

三．反省　今日ハ一[redacted]日．自分ハ果シテ上司ノ訓示ニ副フテ居ルカ。自分ハ乃レノ良心ニ恥ヂル事[redacted]ヲ行ヒハナカッタカ。慾望ニ負ケハナカッタカ。発動機工術ニ於テ寒サウナ風ヲシナカッタカ。

全ク完璧トハ言ヘヌ。今ダニ活気ガタリヌ．頑張リガ足リヌ。イツデモ反省ヲシテヰルコトヲ実際ニ行フヤウニ移シテユカネバナラヌ。

四．所感　モウスグテ暖カクナッテユク候トナタッガ風邪ヲ引イテ苦シイ。全ク是レモ気ノ緩ミト不注意ニヨル発生デアル。咳バカリヲヤッテ居ル。四年振リノ感冒デ．病ノアルノハ辣イモノダト感ズル。

吾等自分ノ身体ハ吾々自身ノモノデアリナガラモ実際ハ陛下ニ捧ゲ奉ツタモノナノダ。身体ヲ傷ツケタリ病ニ罹ツタリスル事ハ不孝デアリ不忠ナノダ。健康アッテノ訓練デアル。

二月二十一日（水曜）

一．上司ノ訓示摘項　ナシ

二．諸上官注意事項

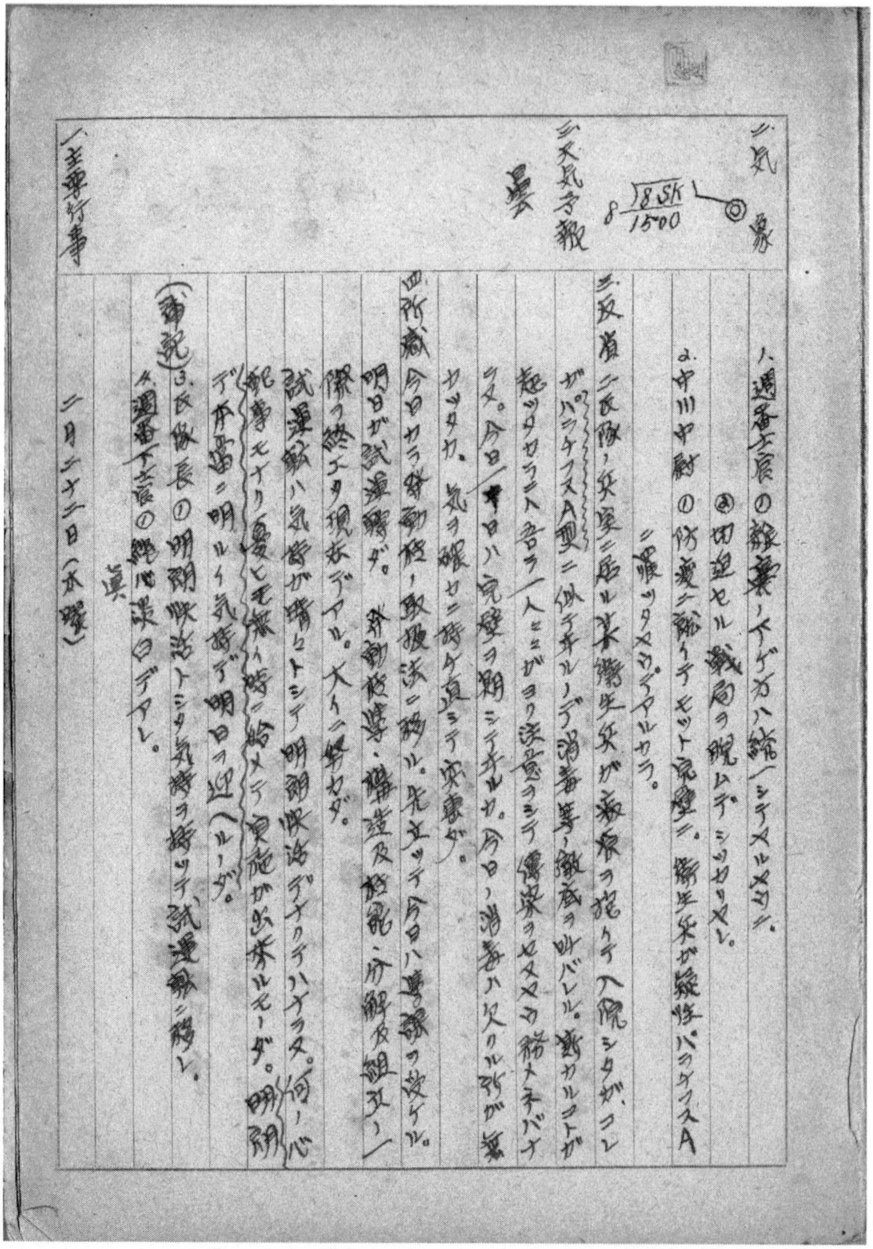
一、気象 8 18.5K/1500
二、天気予報 曇
三、主要行事

一、週番士官ノ注意 下ゲカハ諸シテ居ルヤウニ。
2、中川中尉ノ防空ニ就イテ ③切迫セル戦局ヲ睨ムデシッカリヤレ。衛生兵ガ犠牲ノパラチフスA
ニ罹ッタヤウデアルカラ。
三、反省 二区隊ノ兵室ニ居ル衛生兵ガ病気ヲ起シテ入院シタガ、コレ
ガパラチフスA型ニ伝染ルノデ消毒等ノ徹底ヲ叫バレル。斯カルコトガ
起ッタナラバ一人ヒトリガヨク注意ヲシテ伝染ヲセヌヤウ務メネバナ
ラヌ。今日一日ハ完璧ヲ期シテ居ルガ、今日ノ消毒ハ欠クル所ガ無
カッタカ。気ヲ緩セヌ様ニ直シテ実践セヨ。
四、所感 今日カラ発動機ノ取扱法ニ移ル。先立ッテ今日ハ講義ヲ受ケル。
明日ガ試運転ダ。発動機構造、構造及機能、分解及組立ノ
課ヲ終エタ現在デアル。大イニ努力ダ。
試運転ハ気持ガ晴ヒトシテ明朗快活デナクテハナラヌ。何ノ心
配事モナク憂ヒモ無イ時ニ始メテ実施ガ出来ルモノダ。明朗
デ本当ニ明ルイ気持デ明日ヲ迎ヘルノダ。
（番記）3、区隊長ノ明朗快活トシタ気持ヲ持ッテ試運転ニ臨メ。
4、週番下士官ノ純心潔白デアレ。 真
二月二十二日（木曜）

二. 気象　8 18 5k / 1500

三. 天気予報
曇

一. 主要行事

1. 週番士官　①雑嚢ノ下ゲ方ハ統一シテヤルヤウニ
②切迫セル・戦局ヲ睨ムデシッカリヤレ。

2. 中川中尉　①防疫ニ就イテモット完璧ニ。衛生兵ガ疑性パラチフスAニ罹ッタヤウデアルカラ。

三. 反省　二区隊ノ兵室ニ居ル某衛生兵ガ病原ヲ抱イテ入院シタガ・コレガパラチフスA型ニ似テヰルノデ消毒等ノ徹底ヲ叫バレル。斯カルコトガ起ッタカラニハ吾ラ一人々々ガヨク注意ヲシテ傳染ヲセヌヤウ務メネバナラヌ。今日一■日ハ完璧ヲ期シテヰルカ。今日ノ消毒ハ欠クル所ガ無カッタカ。気ヲ確カニ持チ直シテ突撃ダ。

四. 所感　今日カラ発動機ノ取扱法ニ移ル。先立ッテ今日ハ學課ヲ受ケル。明日ガ試運轉ダ。発動機学、構造及機能、分解及組立ノ一際ヲ終エタ現在デアル。大イニ努力ダ。
試運転ハ気持ガ晴々トシテ明朗快活デナクテハナラヌ。何ノ心配事モナク憂ヒモ無イ時ニ始メテ実行ガ出来ルモノダ。明朗デ本當ニ明ルイ気持デ明日ヲ迎ヘルノダ。

（補記）3. 区隊長　①明朗快活トシタ気持ヲ持ッテ試運転ニ移レ。
4. 週番下士官　①純心淡白デアレ。

眞

二月二十二日（木曜）

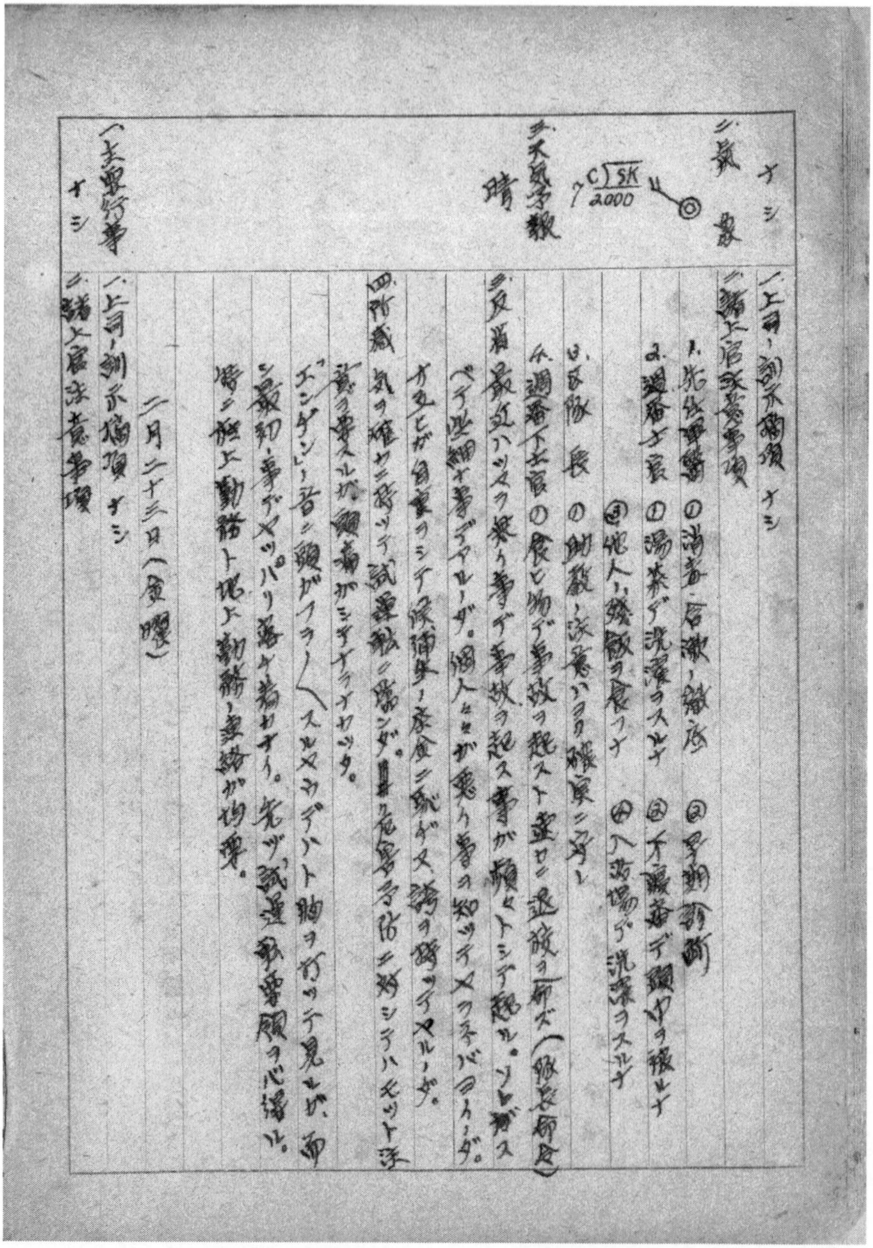

ナシ
二、氣象
7 C/5K/2000
三、天氣予報 晴
一、主要行事 ナシ

一、上司ノ訓示摘項 ナシ
二、諸上官注意事項
1. 先任軍曹 ①消毒ノ合徹ノ徹底 ②早朝消毒
2. 週番士官 ①湯茶デ洗濯ヲスルナ ②不寝番デ饅頭ヲ喰ルナ
③他人ノ残飯ヲ食フナ ④入浴場デ洗濯ヲスルナ
3. 区隊長 ノ訓話ノ注意ハヨク確実ニ守レ
4. 週番下士官 食ヒ物デ事故ヲ起スト班全員ニ迷惑ヲ及ボス（隊長命令）
三、反省 最近ハツマラヌ事デ事故ヲ起ス事ガ頻々トシテ起ル。ソレ等ス
ベテ些細ナ事デアルノダ。個人々々ガ悪イ事ヲ知ッテ又ヤラネバヨイノダ。
オ互ヒガ自重シテ候補生ノ本分ニ恥ヂズ又誇ヲ持ッテヤルノダ。
四、所感 気ヲ確カニ持ッテ試運転ニ臨ンダ。危害予防ニ対シテハモット注
意ヲ要スルガ頭痛ガシテナラナカッタ。
エンジンノ音ニ頭ガフラフラスルノミデハト胸ヲ打ッテ見レバ、而
シ最初ノ事デメッパリ落チ着カナイ。先ヅ試運転要領ヲ心得ル。
特ニ機上動作ト地上勤務ノ連絡ガ肝要。

二月二十三日（金曜）
一、上司ノ訓示摘項 ナシ
二、諸上官注意事項

ナシ

二．気象

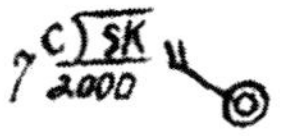

三．天気予報

晴

一．主要行事

ナシ

一．上司ノ訓示摘項　ナシ

二．諸上官注意事項

1.先任軍醫　①消毒、含漱ノ徹底　②早期診断

2.週番士官　①湯茶デ洗濯ヲスルナ　②不寝番デ頭中ヲ被ルナ

③他人ノ殘飯ヲ食フナ　④入浴場デ洗濯ヲスルナ

3.区隊長　①助教ノ注意ハヨク確実ニ守レ

4.週番下士官　①食ヒ物デ事故ヲ起スト速カニ退校ヲ命ズ（隊長命令）

三．反省　最近ハツマラ無イ事デ事故ヲ起ス事ガ頻々トシテ起ル。ソレガス

ベテ些細ナ事デアルノダ。個人々々ガ悪イ事ヲ知ッテヤラネバヨイノダ。

オ互ヒガ自重ヲシテ候補生ノ座金ニ恥ヂヌ．誇ヲ持ッテヤルノダ。

四．所感　気ヲ確カニ持ッテ試運転ニ臨ンダ。[redacted]危害予防ニ対シテハモット注

意ヲ要スルガ．頭痛ガシテナラナカッタ。

「エンジン」ノ音ニ頭ガフラ〳〵スルヤウデハイ胸ヲ打ツテ見ルガ．而

シ最初ノ事デヤッパリ落チ着カナイ。先ヅ試運転要領ヲ心得ル。

特ニ機上勤務ト地上勤務ノ連絡ガ均要。

二月二十三日（金曜）

一．上司ノ訓示摘項　ナシ

二．諸上官注意事項

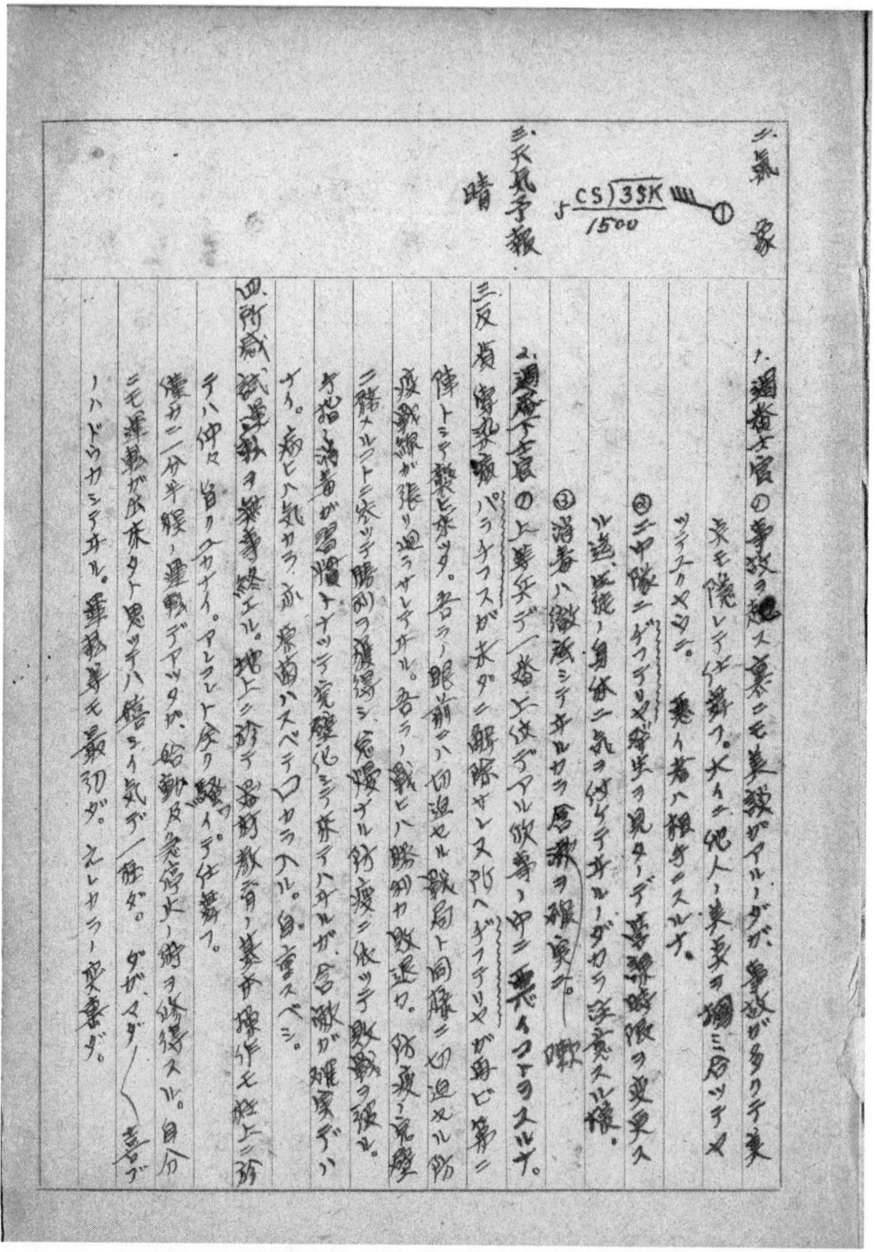

一、氣象

5 CS)3SK / 1500

二、天氣予報 晴

一、週番士官ノ事故ヲ起ス裏ニモ真談ガアルノダガ、事故ガ多クテ実
ニモ隠レテ仕舞フ。大イニ他人ノ失敗ヲ鑑ミ居ッテメ
ツデスクメタニ。悪イ者ハ根気ニスルナ。
②二中隊ニヂフテリヤ発生ヲ見タノデ演習時限ヲ変更ス
ル様。各統ノ身体ニ気ヲ付ケテヰルノダカラ注意スル様。
③消毒ハ徹底シテヰルカラ感染ヲ報告セヨ。嗽
二、週番下士官ノ上等兵デ一番上位デアル故事ノ中ニ悪イコトヲスルナ。
三、反省 寄生菌パラチフスガ未ダニ解除サレズ又所ヘヂフテリヤガ再ビ第ニ
陣トシテ襲ヒ来ツタ。吾ラノ眼前ニハ切迫セル戦局ト同様ニ切迫ヌル防
疫戦線ガ張リ廻ラサレテヰル。吾ラノ戦ヒハ勝利カ敗退カ。防疫ニ完璧
ニ務メルコトニ依ッテ勝利ヲ獲得シ、怠慢ナル防疫ニ依ッテ敗戦ヲ招ク。
予猶、消毒ガ習慣トナッテ完璧化シテ来テハヰルガ、含嗽ガ確実デハ
ナイ。病ヒハ気カラ、亦、菌ハスベテ口カラ入ル。自重スベシ。
四、所感 試運転ヲ兼ネ終エル。地上ニ於テ器材教育ノ基本操作モ地上ニ於
テハ仲々旨クユカナイ。アレコレト全ク騒イデ仕舞フ。
僅カニ一分半程ノ運転デアッタガ、始動及発停止ノ術ヲ修得スル。自分
ニモ運転ガ出来タト思ッテハ嬉シイ気デ一杯ダ。ダガ、マダ〈 喜ブ
ノハドウカシテヰル。運転事モ最初ダ。之レカラノ変事ダ。

二.気象

三.天気予報
晴

1.週番士官　①事故ヲ起ス裏ニモ美談ガアルノダガ・事故ガ多クテ美
点モ隠レテ仕舞フ。大イニ他人ノ美点ヲ摑ミ合ッテヤ
ッテユクヤウニ。　悪イ者ハ相手ニスルナ。
②二中隊ニヂフテリヤ発生ヲ見タノデ學課時限ヲ変更ス
ル迄・生徒ノ身体ニ気ヲ付ケテヰルノダカラ注意スル様。
③消毒ハ徹底シテヰルカラ含漱ヲ確実ニ　。嗽

2.週番下士官　①上等兵デ一番上位デアル欣事ノ中ニ悪イコトヲスルナ。

三.反省　傳染病パラチフスガ未ダニ解除サレヌ所ヘヂフテリヤガ再ビ第二
陣トシテ襲ヒ來ッタ。吾ラノ眼前ニハ切迫セル戰局ト同様ニ切迫セル防
疫戰線ガ張リ廻（正：巡）ラサレテヰル。吾ラノ戦ヒハ勝利カ敗退カ。防疫ノ完壁
ニ務メルコトニ依ッテ勝利ヲ獲得シ・怠慢ナル防疫ニ依ッテ敗戦ヲ被ル。
手指ノ消毒ガ習慣トナッテ完璧化シテ來テハヰルガ・含漱ガ確実デハ
ナイ。病ヒハ気カラ・亦　原菌ハスベテ口カラ入ル。自重スベシ。

四.所感　試運転ヲ無事終エル。地上ニ於テ器材教育ノ基本操作モ機上ニ於
テハ仲々　旨クユカナイ。アレコレト全ク騒ワイデ仕舞フ。
僅カニ一分半程ノ運転デアッタガ・始動及急停止ノ術ヲ修得スル。自分
ニモ運転ガ出來タト思ッテハ嬉シイ気デ一杯ダ。ダガ・マダ〳〵喜ブ
ノハドウカシテヰル。運転等モ最初ダ。之レカラノ突撃ダ。

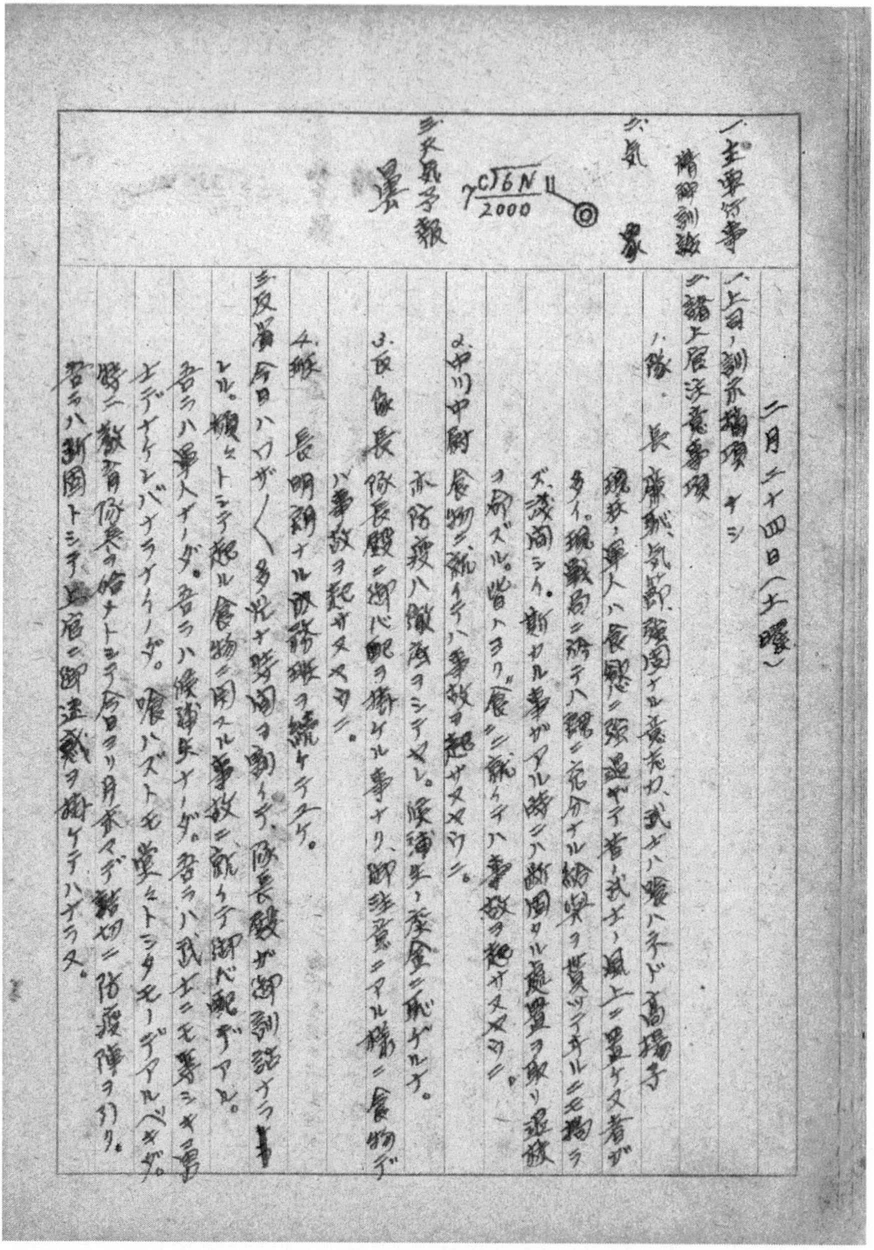

一、主要行事　精神訓話

二、氣象　C/6 N 11 2000

三、天氣予報　曇

二月二十四日（土曜）

一、上司ノ訓示摘要　ナシ

二、諸上官注意事項

1.隊　長　廉恥、氣節、強固ナル意志力、武士ハ喰ハネド高楊子

現状ノ軍人ハ食慾ニ強過ギテ昔ノ武士ノ風上ニ置ケヌ者ガ多イ。現戰局ニ於テハ既ニ充分ナル給與ヲ貰ッテヰルニモ拘ラズ淺間シイ。斯カル事ガアル時ニハ斷固タル處置ヲ取リ退校ヲ命ズル。皆ハヨクヨク食ニ就イテハ事故ヲ起サヌヤウニ。

2.中川中尉　食物ニ就イテハ事故ヲ起サヌヤウニ。

亦防疫ハ徹底ヲシテヤレ。候補生ノ食金ニ恥ヂルナ。

3.區隊長　隊長殿ニ御心配ヲ掛ケル事ナリ、御注意ニアル様ニ食物デハ事故ヲ起サヌヤウニ。

4.班　長　明朗ナル内務班ヲ續ケテユケ。

三、反省　今日ハワザワザ多忙ナ寸暇ヲ割イテ、隊長殿ガ御訓話ナラレル。續々トシテ起ル食物ニ關スル事故ニ就イテ御心配デアル。吾ラハ軍人ナノダ。吾ラハ候補生ナノダ。吾ラハ武士ニモ等シキ勇士デナケレバナラナイノダ。喰ハズトモ堂々トシタモノデアルベキダ。特ニ教育隊長ノ始ナトシテ今日ヨリ月末マデ一切ニ防疫陣ヲ引ク。吾ラハ斷固トシテ上官ニ御注意ヲ掛ケテハナラヌ。

一．主要行事
精神訓話

二．気　象

三．天気予報
曇

二月二十四日（土曜）

一．上司ノ訓示摘項　ナシ

二．諸上官注意事項

1.隊長　廉恥、気節・強固ナル意志力、武士ハ喰ハネド高揚子（正：高楊枝）
現在ノ軍人ハ食慾ニ強過ギテ昔ノ武士ノ風上ニ置ケヌ者ガ
多イ。現戰局ニ於テハ魂ニ充分ナル給與ヲ貰ッテキルニモ拘ラ
ズ淺間シイ・斯カル事ガアル時ニハ断固タル處置ヲ取リ退校
ヲ命ズル。皆ハヨク〝食〟ニ就イテハ事故ヲ起サヌヤウニ。

2.中川中尉　食物ニ就イテハ事故ヲ起サヌヤウニ。
亦防疫ハ徹底ヲシテヤレ。候補生ノ座金ニ恥ヂルナ。

3.区隊長　隊長殿ニ御心配ヲ掛ケル事ナク・御注意ニアル様ニ食物デ
ハ事故ヲ起サヌヤウニ。

4.班長　明朗ナル内務班ヲ続ケテユケ。

三．反省　今日ハワザ〳〵多忙ナ時間ヲ割イテ・隊長殿ガ御訓話ナラ■ヰ
レル。頻々トシテ起ル食物ニ関スル事故ニ就イテ御心配デアル。
吾ラハ軍人ナノダ。吾ラハ候補生ナノダ。吾ラハ武士ニモ等シキ勇
士デナケレバナラナイノダ。喰ハズトモ堂々トシタモノデアルベキダ。
特ニ教育隊長ヲ始メトシテ今日ヨリ月末マデ詰切ニ防疫陣ヲ引ク。
吾ラハ断固トシテ上官ニ御迷惑ヲ掛ケテハナラヌ。

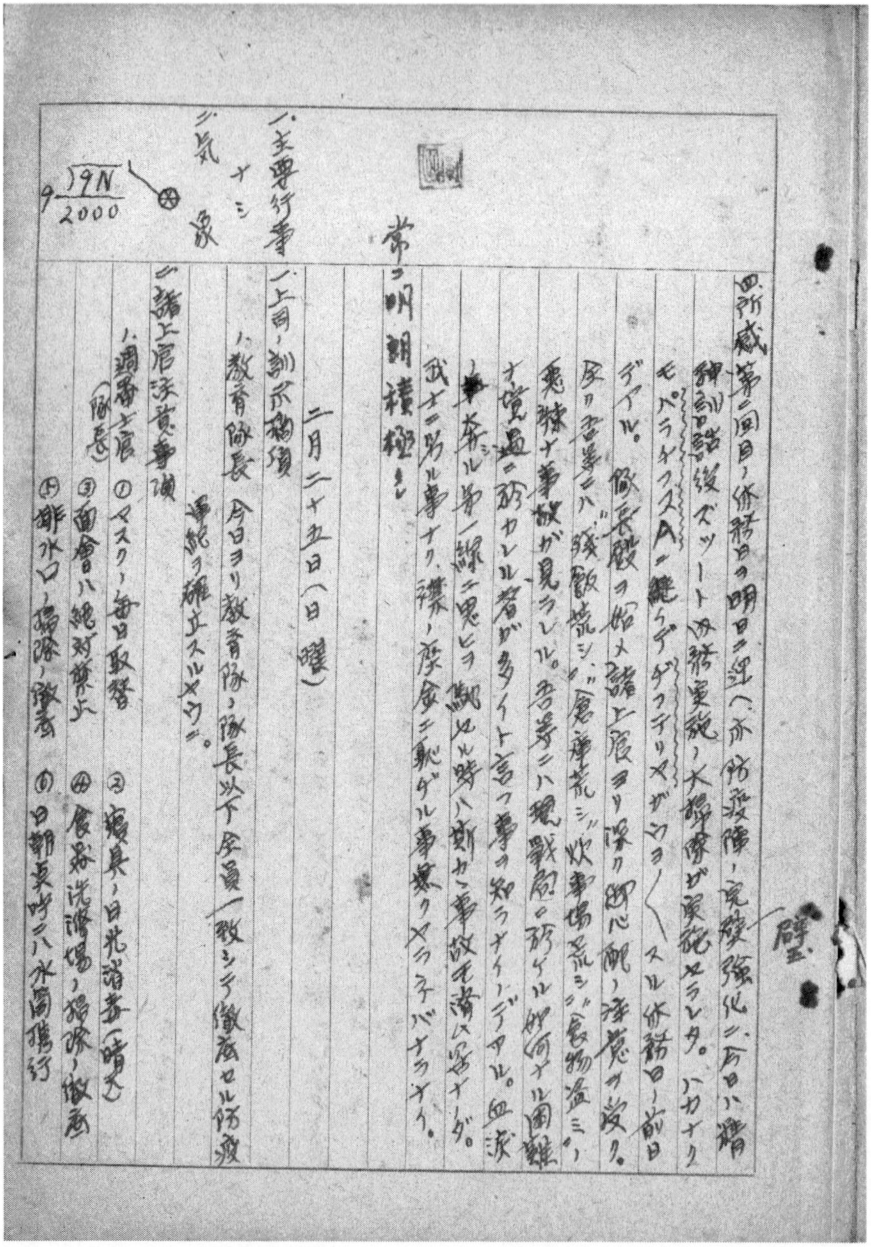
四、所感 第二回目ノ休務日ノ明日ニ迎ヘ、亦防疫陣ノ完璧強化ニ、今日ハ猶
神訓朗読後ズツート休務実施ノ大掃除ガ実施セラレタ。ハカナク
モパラチフスAニ罹リデガフテリヤガマヨくスル休務日ノ前日
デアル。隊長殿ヲ始メ諸上官ヨリ深ク御心配ノ程ヲ覚ク。
今ノ吾等ニハ残飯散乱シ、倉庫荒シ、炊事場荒シ、食物盗ミノ
悪辣ナ事故ガ見ラレル。吾等ニハ現戦局ノ防ゲル如何ナル困難
ナ覚悟ニ於カレル者ガ多イト言フ事ヲ知ラナイノデアル。血涙
奔ルル第一線ニ思ヒヲ馳セル時ハ斯カル事故モ済ムマイ筈ナダ。
武士ニ劣ル事ナク、襟ノ金ニ恥ヂル事無クセラネバナラナイ。
常ニ明朗積極ニ

壁

一、主要行事 ナシ
二、気象
9 19N/2000

二月二十五日（日曜）

一、上司ノ訓示摘録
ハ、教育隊長 今日ヨリ教育隊ノ隊長以下全員一致シテ徹底セル防疫
陣ノ確立スルヤウニ。
二、諸上官注意事項
ハ、週番士官（隊長）
①マスクノ毎日取替 ②寝具ノ日光消毒（晴天）
③面會ハ絶対禁止 ④食器洗滌場ノ掃除ノ徹底
⑤排水口ノ掃除ノ徹底 ⑥日朝点呼時ニハ水筒携行

一．主要行事

ナシ

二．気象

9.19N 2000

四．所感　第二回目ノ休務日ヲ明日ニ迎ヘ・亦　防疫陣ノ完璧強化ニ・今日ハ精神訓話後ズット内務実施ノ大掃除ガ実施セラレタ。ハカナクモパラチフスAニ継イデヂフテリヤガウヨ〱スル休務日ノ前日デアル。隊長殿ヲ始メ諸上官ヨリ深ク御心配ノ注意ヲ受ク。

全ク吾等ニハ〝残飯荒シ〟〝倉庫荒シ〟〝炊事場荒シ〟〝食物盗ミ〟ノ悪辣ナ事故ガ見ラレル。吾等ニハ現戰局ニ於ケル如何ナル困難ナ境遇ニ於カレル者ガ多イト言フ事ヲ知ラナイノデアル。血涙ノ■奔シル第一線ニ思ヒヲ馳セル時ハ斯カヽ事故モ済ム筈ナノダ。武士ニ劣ル事ナク・襟ノ座金ニ恥ヂル事無クヤラネバナラナイ。

常ニ明朗積極タレ

二月二十五日（日曜）

一．上司ノ訓示摘項

1. 教育隊長　今日ヨリ教育隊ノ隊長以下全員一致シテ徹底セル防疫軍紀ヲ確立スルヤウニ。

二．諸上官注意事項

1. 週番士官　①マスクノ毎日取替　②寝具ノ日光消毒（晴天）
（隊長）　③面會ハ絶対禁止　④食器洗滌場ノ掃除ノ徹底
⑤排水口ノ掃除ノ徹底　⑥日朝点呼ニハ水筒携行

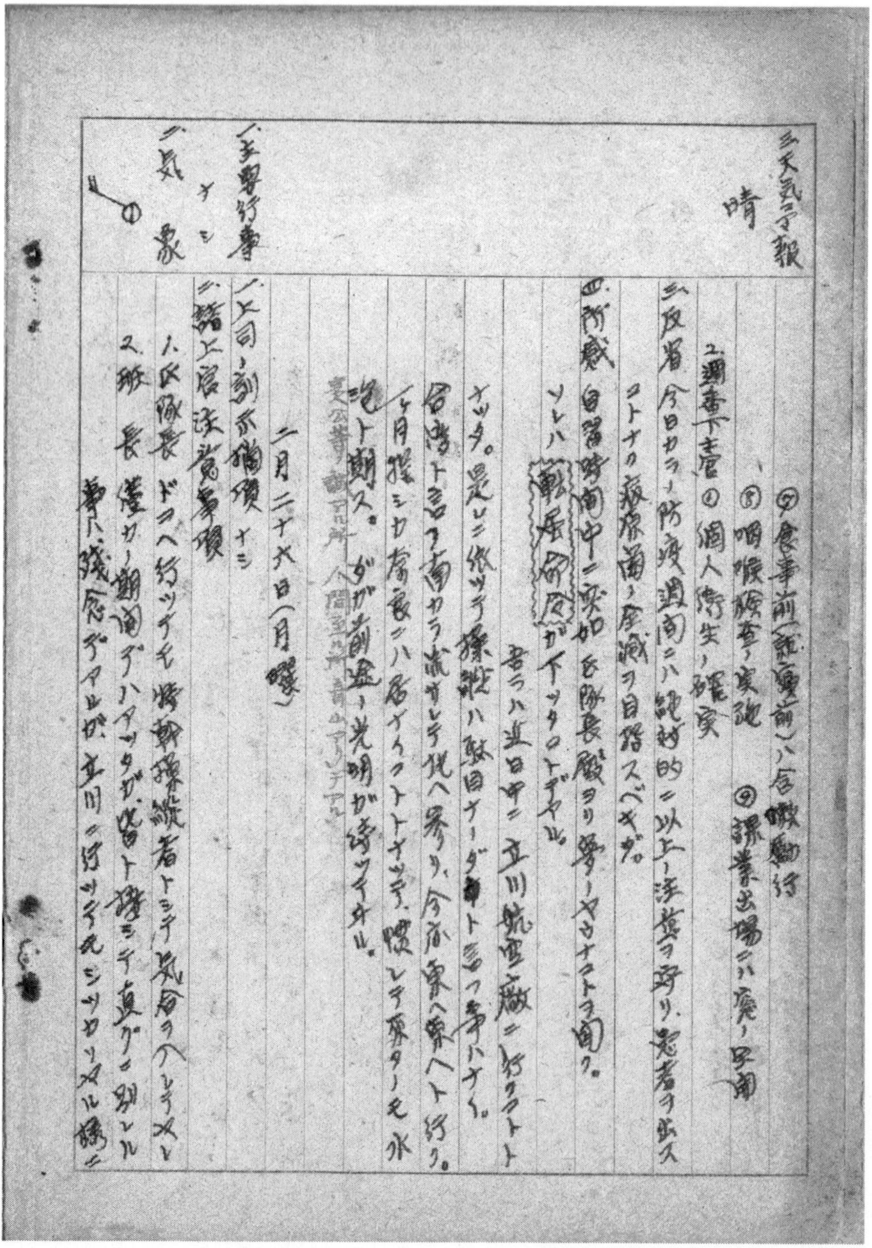

三、天気予報
晴

一、主要行事
ナシ

二、気象

㋑食事前（就寝前）ハ含嗽励行
㋺咽喉検査ノ実施　㋩課業出場ニハ襟ノ早閉
二、週番下番　①個人衛生ノ確実
三、反省　今日カラノ防疫週間ニハ絶対的ニ以上ノ注意ヲ守リ、患者ヲ出ス
コトナク疾病菌ヲ全滅ヲ目指スベキダ。
四、所感　自習時間中ニ突如区隊長殿ヨリ夢ノヤウナコトヲ聞ク。
ソレハ転属命令ガ下ッタコトデアル。
吾ラハ近日中ニ立川航空廠ニ行クコトトナ
ナッタ。是レニ依ッテ操縦ハ駄目ナノダト言フ事ハナイ。
台湾ト言フ南カラ流サレテ北ヘ移リ、今度東ヘ東ヘト行ク。
4月程シカ当校ニハ居ナイコトトナッテ、慣レテ来タノモ水
泡ト期ス。ダガ前途ノ光明ガ待ッテオル。

二月二十六日（月曜）

一、上司ノ訓示指導事項　ナシ
二、諸上官注意事項
一、区隊長　ドコヘ行ッテモ将来操縦者トシテ気合ヲ入レテヤレ
又、班長　達ガ一期間デハアッタガ、皆ト親シミテ真ニ別レル
事ハ残念デアルガ、立川ニ行ッテモシッカリヤル様ニ

三、天気予報
　晴

一、主要行事
　ナシ

二、気象

⑦食事前（就寝前）ハ含嗽励行
⑧咽喉検査ノ実施　⑨課業出場ニハ窓ノ全開
2.週番下士官　①個人衛生ノ確実

三、反省　今日カラノ防疫週間ニハ絶対的ニ以上ノ注意ヲ守リ，患者ヲ出スコトナク病原菌ノ全滅ヲ目指スベキダ。

四、所感　自習時間中ニ突如　区隊長殿ヨリ夢ノヤウコトヲ聞ク。ソレハ転属命令ガ下ッタコトデアル。

吾ラハ近日中ニ立川航空廠ニ行クコトトナッタ。是レニ依ッテ操縦ハ駄目ナノダ■ト言フ事ハナイ。台湾ト言フ南カラ流サレテ北へ參リ，今亦東へ東へト行ク。一ヶ月程シカ奈良ニハ居ナイコトトナッテ，慣レテ來タノモ水泡ト期ス。　ダガ前途ノ光明ガ待ッテキル。

貴公等ノ誠アル所　人間至ル所　青山アリデアル

二月二十六日（月曜）

一、上司ノ訓示摘項　ナシ

二、諸上官注意事項
1.区隊長　ドコへ行ッテモ特幹操縦者トシテ気合ヲ入レテヤレ
2.班長　僅カノ期間デハアッタガ，皆ト接シテ直グニ別レル事ハ残念デアルガ，立川ニ行ッテモシッカリヤル様ニ

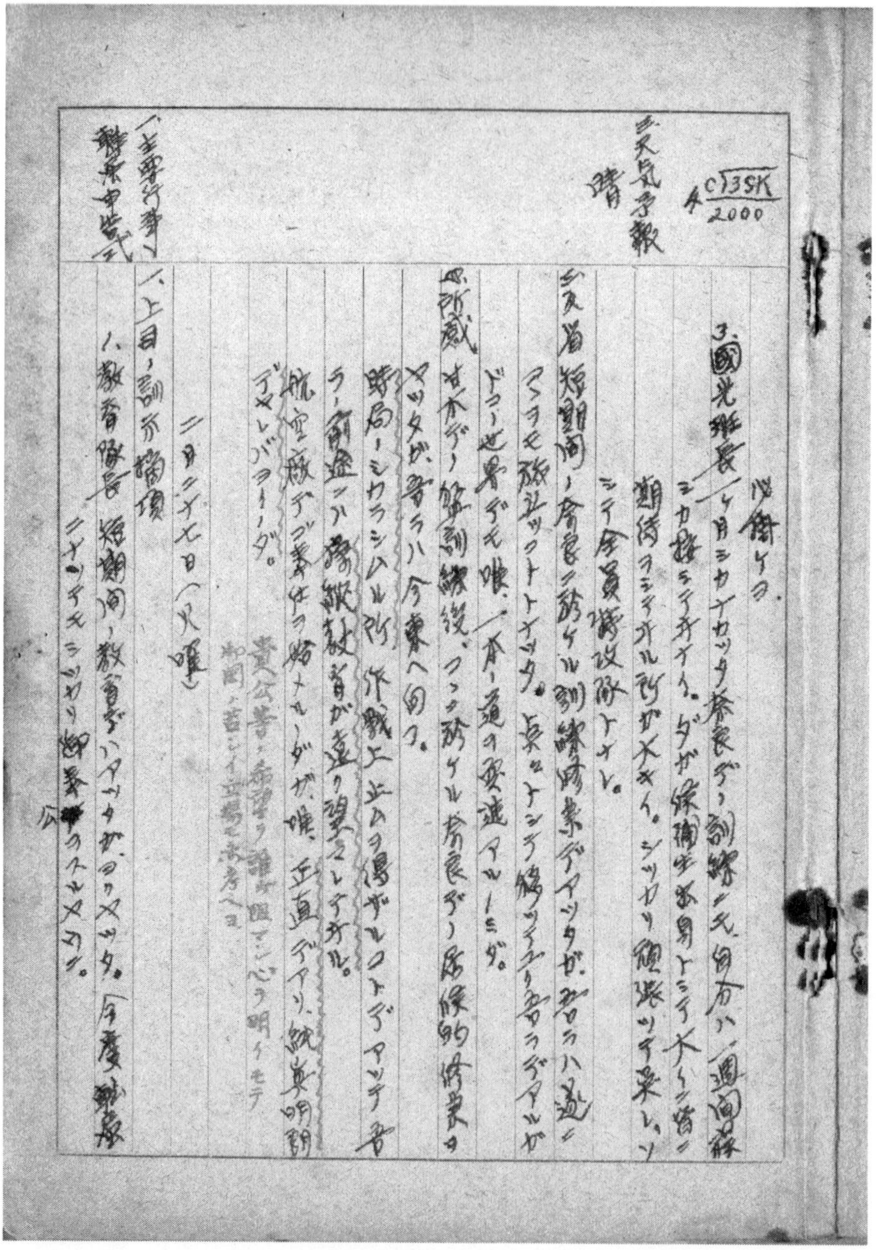

三、天気予報 晴 C13.5K / 2000

一、主要行事 飛行中止

3.國光班長ノ餞ケヲ。
一ケ月シカナカッタ恭良デノ訓練ニモ、自分ハ一週間程
シカ接シテオナイ。ダガ保補生出身トシテ大イニ皆ニ
期待サレテオル所ガ大キイ。シッカリ頑張ッテ呉レ、ソ
シテ全員特攻隊トナレ。

三、反省 短期間ノ恭良ニ於ケル訓練時某デアッタガ、我々ハ遂ニ
マヽヨモ殊ニ立ッタトトナッタ。点々トシテ移ッテ来タ我ラデアルガ
ドコノ世界デモ唯一本ノ道ノ変遷アルノミダ。

四、所感 其本デノ修訓練後、コノ於ケル恭良デノ居候的将来タ
タッタガ、吾ラハ今東ヘ向フ。
時局ノシカラシムル所作戦上止ムヲ得ザルコトデアッテ吾
ラノ前途ニハ操縦教育ガ遠ク望マレテオル。
航空廠デゴ奉仕ヲ始メルノダガ、唯、正直デアリ、純真明朗
デアレバヨイノダ。

貴公等ノ希望ヲ誰ガ阻マン、心ヲ明イモテ
御國ノ若イ立場モ考ヘヨ

二月二十七日（火曜）

一、上官ノ訓示指導事項
八、教育隊長 短期間ノ教育デハアッタガ、ヨクヤッタ。今度航空廠
ニナッテモシッカリ御奉公スルノダ。

三. 天気予報
晴

一. 主要行事
転属申告式

必掛ケヨ.

1. 國光班長 一ヶ月シカナカッタ奈良デノ訓練ニモ. 自分ハ一週間程シカ接シテヰナイ. ダガ候補生出身トシテ大イニ皆ニ期待ヲシテヰル所ガ大キイ。シッカリ頑張ッテ呉レ. ソシテ全員特攻隊トナレ。

三. 反省 短期間ノ奈良ニ於ケル訓練修業デアッタガ. 吾ラハ遂ニコヽヲモ旅立ツコトトナッタ。点々トシテ移ッテユク吾ラデアルガドコノ世界デモ唯. 一本ノ道ヲ突進アルノミダ。

四. 所感 甘木デノ猛訓練後. コヽニ於ケル奈良デノ居候的修業ヲヤッタガ. 吾ラハ今東ヘ向フ。

時局ノシカラシムル所. 作戰上止ムヲ得ザルコトデアッテ吾ラノ前途ニハ操縦教育ガ遠ク望マレテヰル。

航空廠デゴ奉仕ヲ始メルノダガ. 唯. 正直デアリ. 純真明朗デヤレバヨイノダ。

貴公等ノ希望ヲ誰ガ阻マン心ヲ明クモテ
御国ノ苦シイ立場モ亦考ヘヨ.

二月二十七日 (火曜)

一. 上司ノ訓示摘項

1. 教育隊長 短期間ノ教育デハアッタガ. ヨクヤッタ。今度転属ニナッテモシッカリ御奉公ヲスルヤウニ。

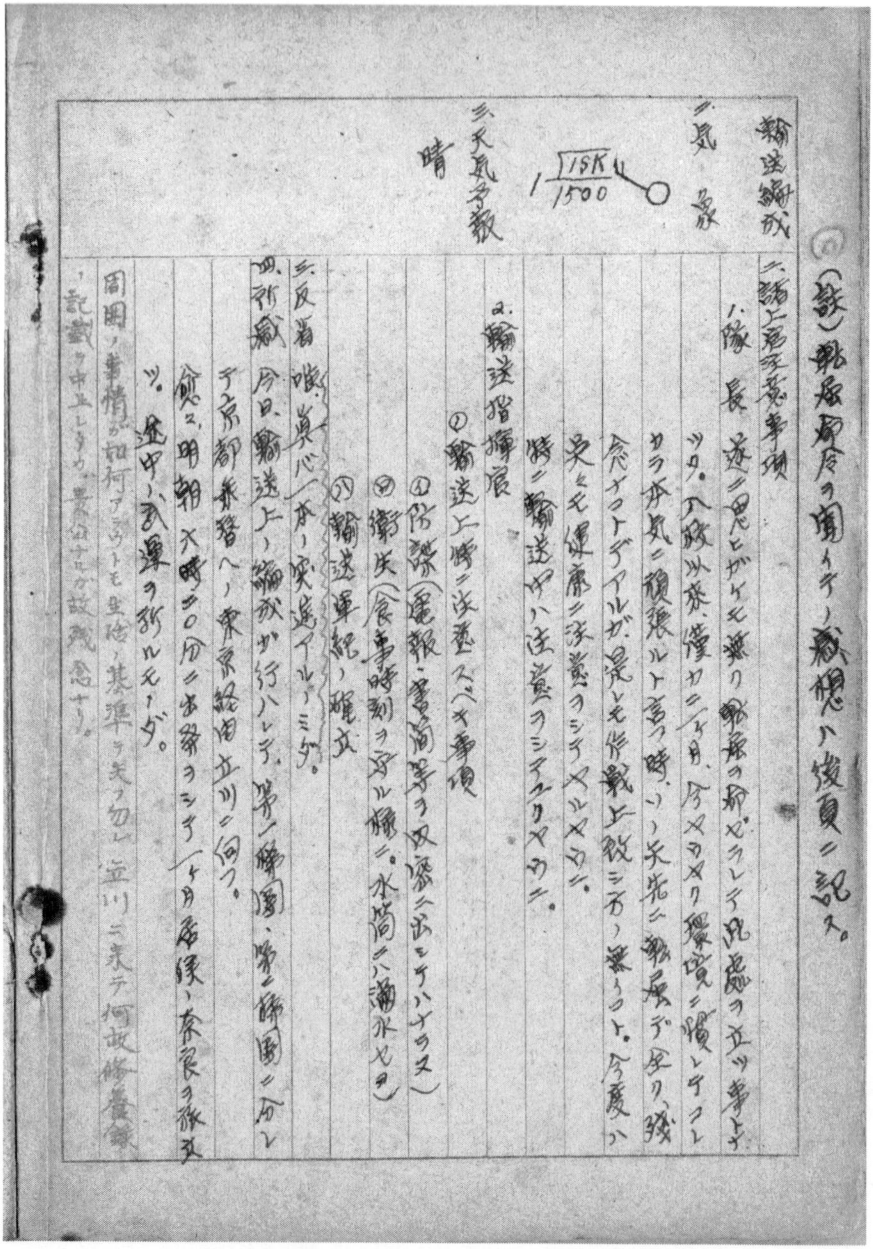

(誤)戦局命令ヲ用イテノ感想ハ後頁ニ記ス。

一、輸送編成

二、気象 1 15K/1500

三、天気予報 晴

二、諸上注意事項

1. 隊長

遂ニ思ヒガケモ無ク戦局ノ命ゼラレテ此処ヲ立ツ事トナッタ。八段以来、憧レ…月、今ヤヨメヌク環境ニ慣レテコレカラ元気ニ頑張ルト言フ時、ソノ矢先ニ戦局デ全ク残念ナコトデアルガ、是レモ作戦上致シ方ノ無イコト。今度ハ身モ心モ健康ニ注意ヲシテヤルベシ。特ニ輸送中ハ注意ヲシテユクヤウニ。

2. 輸送指揮官

①輸送上特ニ注意スベキ事項

(イ)防諜(電報・書簡等ヲ发送ニ出シテハナラヌ)

(ロ)衛生(食事時刻ヲ守ル様ニ。水筒ニハ湯水セヨ)

(ハ)輸送軍紀ノ確立

三、反省 唯、真心ノ本ノ実践アルノミダ。

四、所感 今日、輸送上ノ編成ガ行ハレテ、第一梯團、第二梯團ニ分レテ京都兵營ヘ、東京経由立川ニ向フ。余ハ又、明朝六時三〇分ニ出発ヲシテ一ケ月居住ノ奈良ヲ旅立ツ。途中ハ武運ヲ祈ルモノダ。

周囲ノ事情ガ如何アラウトモ生活ノ基準ヲ失フ勿レ。立川ニ来テ何故修養録ノ記載ヲ中止シタカ。責任ナルガ故誠意ナリ。

輸送編成

二．気　象

三．天気予報

晴

◎（註）転属命令ヲ聞イテノ感想ハ後頁ニ記ス。

二．諸上官注意事項

1.班長　遂ニ思ヒガケモ無ク転属ヲ命ゼラレテ此處ヲ立ツ事トナッタ。入校以來．僅カニ一ヶ月．今ヤウヤク環境ニ慣レテコレカラ本気ニ頑張ルト言フ時．ソノ矢先ニ転属デ全ク残念ナコトデアルガ．是レモ作戰上致シ方ノ無イコト。今度ハ呉々モ健康ニ注意ヲシテヤルヤウニ。

特ニ運輸中ハ注意ヲシテユクヤウニ。

2.輸送指揮官

①輸送上特ニ注意スベキ事項

1防諜（電報、書簡等ヲ内密ニ出シテハナラヌ）

1衛生（食事時刻ヲ守ル様ニ。水筒ニハ満水セヨ）

1輸送軍紀ノ確立

三．反省　唯．真心一本ノ突進アルノミダ。

四．所感　今日．輸送上ノ編成ガ行ハレテ．第一梯團、第二梯團ニ分レテ京都乗替ヘノ東京経由立川ニ向フ。

愈々．明朝六時二〇分ニ出発ヲシテ一ヶ月居候ノ奈良ヲ旅立ツ。途中ノ武運ヲ祈ルモノダ。

周囲ノ事情ガ如何アラウトモ生活ノ基準ヲ失フ勿レ　立川ニ來テ何故休養録ノ記載ヲ中止シタカ．貴公ナルガ故残念ナリ。

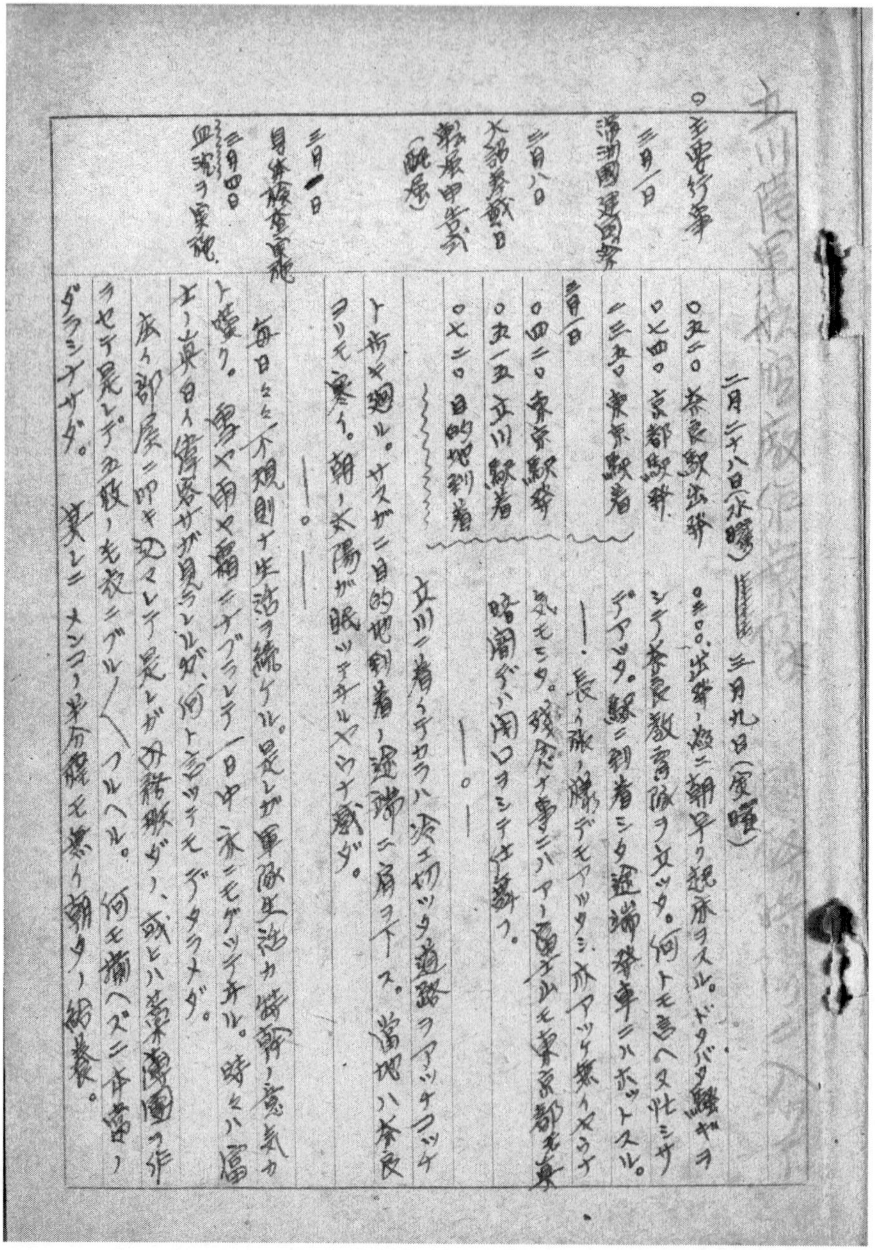
二月二十八日(水曜)
〇五二〇 奈良駅出発
〇七四〇 京都駅発
一三五〇 東京駅着
三月一日
〇四二〇 東京駅発
〇五一五 立川駅着
〇七二〇 目的地到着
三月九日(金曜)
〇五〇〇。出発ノ為ニ朝早ク起床ヲスル。ドタバタ騒ギヲ
シテ奈良教育隊ヲ立ッタ。何トモ言ヘヌ忙シサ
デアッタ。駅ニ到着シタ途端発車ニハホットスル。
――。長イ旅ノ様デモアッタシ、亦アッケ無イヤウナ
気モシタ。残念ナ事ニハアノ富士山モ東京都モ真
暗闇デハ閉口ヲシテ仕舞フ。
――。――
立川ニ着イテカラハ冷エ切ッタ道路ヲアッチコッチ
ト歩キ廻ル。サスガニ目的地到着ノ途端ニ肩ヲ下ス。當地ハ奈良
ヨリモ寒イ。朝ノ太陽ガ眠ッテ居ルヤウナ感ダ。
――。――
毎日々々不規則ナ生活ヲ続ケル。是レガ軍隊生活カ緊張ノ意気カ
ト驚ク。雪ヤ雨ヤ霜ニナブラレテ一日中永ニモゲッテ居ル。時々ハ富
士ノ真白イ偉容サガ見ラレルガ、何ト言ッテモデタラメダ。
広イ部屋ニ叩キ込マレテ是レガ分隊ダノ、或ヒハ業務班ノ作
ラセテ是レデ五枚ノ毛布ニグルグルフルヘル。何モ揃ヘズ二本當ニノ
ダラシナサダ。其レニメンコノ半分程モ無イ朝夕ノ給養。
〇主要行事
三月一日
満洲國建國祭
三月八日
大詔奉戴日
戦果甲告式
(配属)
三月一日
身体検査実施
三月四日
血液ヲ実施

立川陸軍航空廠作業隊

篠崎隊ニ入ッテ

二月二十八日（水曜）

○五二〇　奈良駅出発

○七四〇　京都駅発

二三五〇　東京駅着

三月一日

○四二〇　東京駅発

○五一五　立川駅着

○七二〇　目的地到着

三月九日（金曜）

○三〇〇・出発ノ為ニ朝早ク起床ヲスル。ダタバタ騒ギヲシテ奈良教育隊ヲ立ッタ。何トモ言ヘヌ忙シサデアッタ。駅ニ到着シタ途端発車ニハホットスル。

——・長イ旅ノ様デモアッタシ。亦アッケ無イヤウナ気モシタ。残念ノ事ニハアノ富士山モ東京都モ真暗闇デハ閉口ヲシテ仕舞フ。

——。——

立川ニ着イテカラハ冷エ切ッタ道路ヲアッチコッチト歩キ廻ル。サスガニ目的地到着ノ途端ニ肩ヲ下ス。當地ハ奈良ヨリモ寒イ。朝ノ太陽ガ眠ッテヰルヤウナ感ダ。

——。——

毎日々々不規則ナ生活ヲ続ケル。是レガ軍隊生活カ特幹ノ意気カト嘆ク。雪ヤ雨ヤ霜ニナブラレテ一日中　床ニモグッテヰル。時々ハ富士ノ真白イ偉容サガ見ラレルガ・何ト言ッテモデタラメダ。

広イ部屋ニ叩キ込マレテ是レガ内務班ダノ・或ヒハ藁薄團ヲ作ラセテ是レデ五枚ノ毛衣（正：毛布）ニブル〱フルヘル。　何モ揃ヘズニ本當ノダラシナサダ。其レニ　メンコノ半分程モ無イ朝夕ノ給養。

。主要行事

三月一日
満洲國建國祭

三月八日
大詔奉戴日
転属申告式
（配属）

三月一日
身体検査実施

三月四日
血沈ヲ実施・

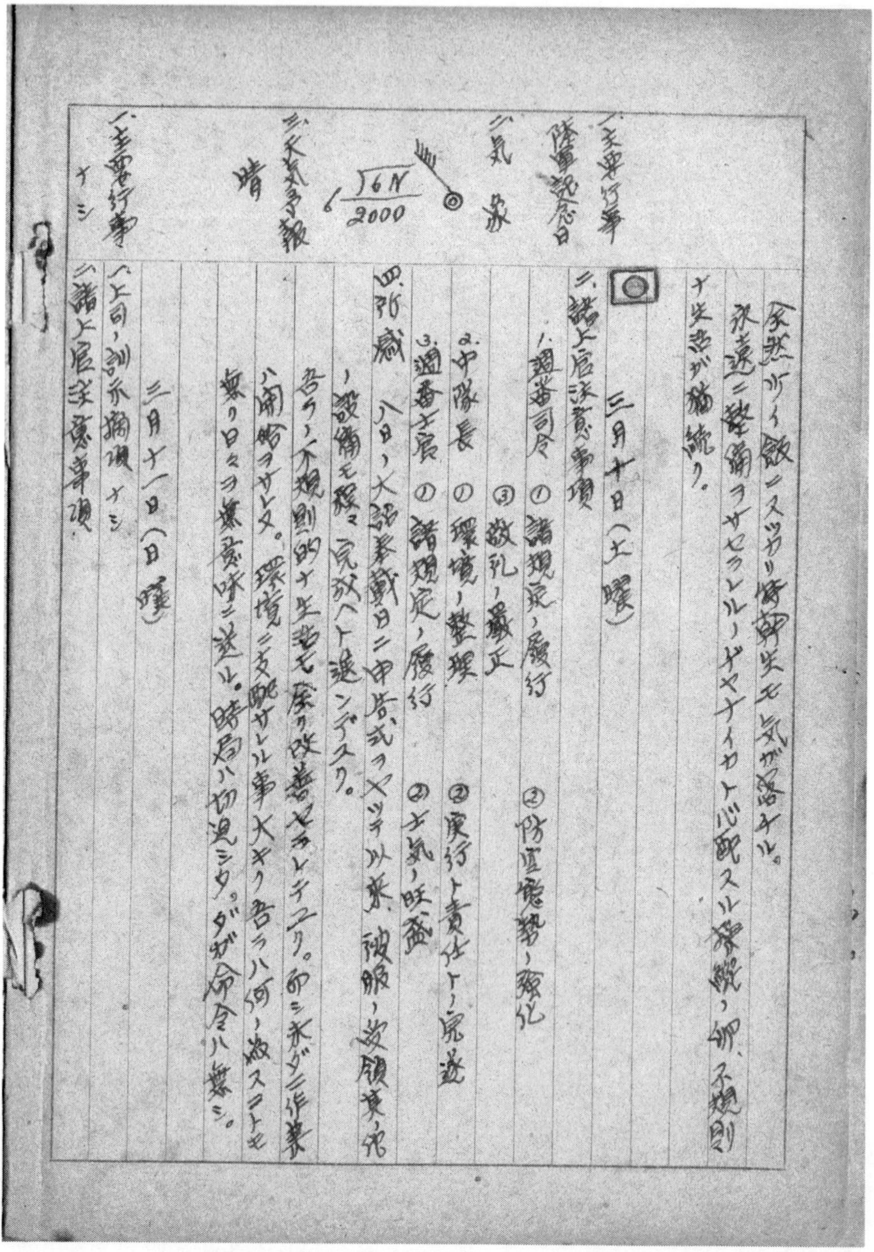
一、主要行事
陸軍記念日
二、気象
6 16N/2000
三、天気予報
晴
一、主要行事
ナシ

(全然)ガイ飯ニスッカリ皆欲失モ気ガ落チル。
永遠ニ整備ヲサセラレルノデヤナイカト心配スル整備ノ如キ不規則
ナ生活ガ猶続ク。

三月十日(土曜)
二、諸上官注意事項
一、週番司令 ①諸規定ノ履行 ②防空態勢ノ強化
③敬礼ノ厳正
2.中隊長 ①環境ノ整理 ②実行ト責任ト完遂
3.週番士官 ①諸規定ノ履行 ②士気ノ旺盛
四、所感 八日ノ大詔奉戴日ニ申告式ヲヤッテ以来、被服ノ受領其ノ他
ノ設備モ段々完成ヘト進ンデ行ク。
吾ラノ不規則的ナ生活モ段々改善セラレテ行ク。而シ永ゲンニ作業
ハ開始ヲサレズ。環境ニ支配サレル事大キク吾ラハ何ノ為スコトモ
無ク日々ヲ無意味ニ送ル。時局ハ切迫シタ。ダガ命令ハ無シ。

三月十一日(日曜)
一、上司ノ訓示摘要 ナシ
二、諸上官注意事項

全然少イ飯ニスッカリ特幹生モ気ガ落チル。
永遠ニ整備ヲサセラレルノヂヤナイカト心配スル操縦ノ卵・不規則ナ生活ガ猶続ク。

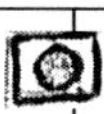 三月十日（土曜）

一．主要行事
陸軍記念日

二．気　象

三．天気予報
晴

二．諸上官注意事項
1.週番司令　①諸規定ノ履行　②防空態勢ノ強化
③敬礼ノ嚴正
2.中隊長　①環境ノ整理　②実行ト責任トノ完遂
3.週番士官　①諸規定ノ履行　②士気ノ旺盛

四．所感　八日ノ大詔奉戴日ニ申告式ヲヤッテ以來・被服ノ受領其ノ侭ノ設備モ程々完成ヘト進ンデユク。
吾ラノ不規則的ナ生活モ全ク改善セラレテユク。而シ未ダニ作業ハ開始ヲサレヌ。環境ニ支配サレル事大キク吾ラハ何ノ為スコトモ無ク日々ヲ無意味ニ送ル。時局ハ切迫シタ。ダガ命令ハ無シ。

三月十一日（日曜）

一．主要行事
ナシ

一．上司ノ訓示摘項　ナシ

二．諸上官注意事項

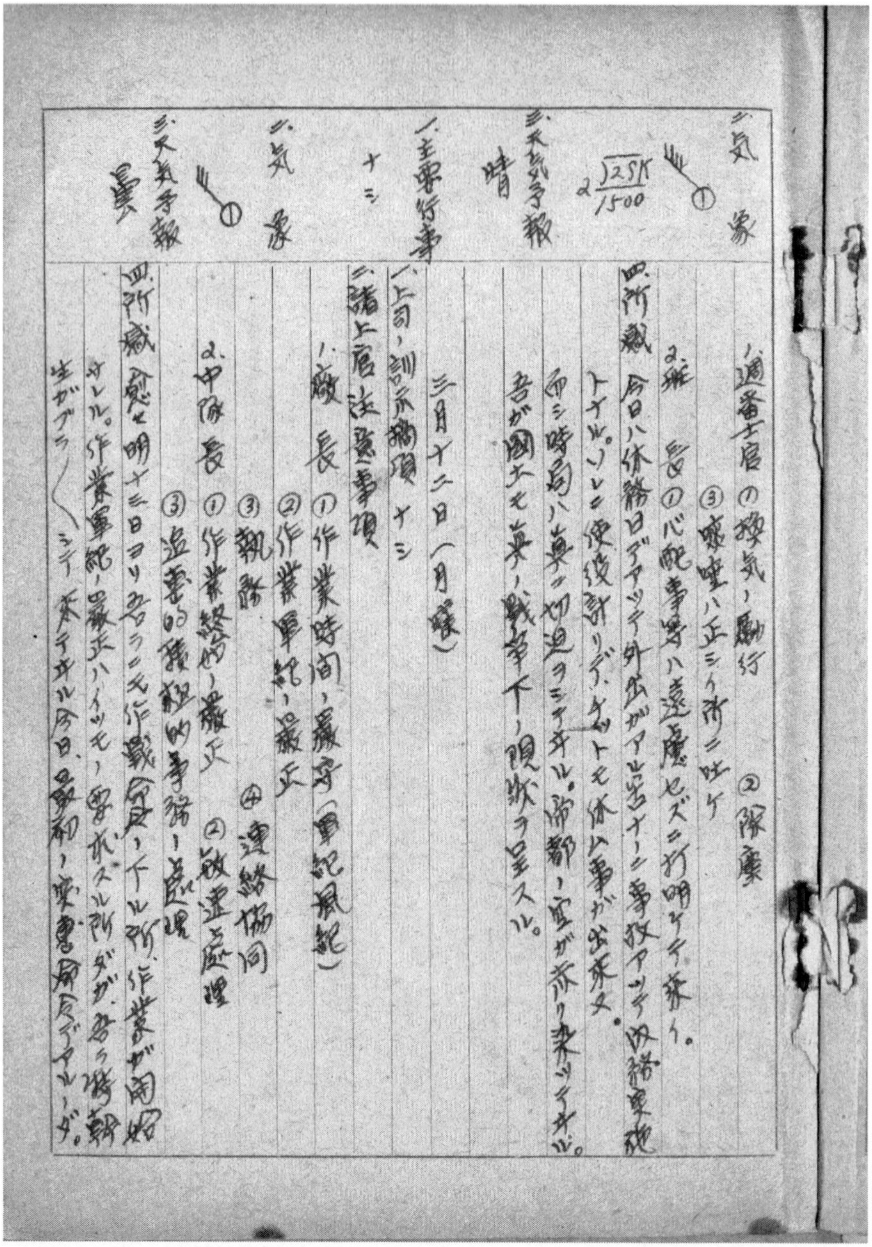

二、気象 ① $2\frac{12SK}{1500}$

三、天気予報 晴

一、週番士官 ① 換気ノ励行 ② 隊舎 ③ 喫煙ハ正シク所ニ吐ケ

2.班 長 ① 心配事等ハ遠慮セズニ打明ケテ來イ。

四、所感 今日ハ休務日デアッテ外出ガ出来ナイ事故アッテ服務実施トナル。ソレニ使役許リデ、チットモ休ム事ガ出來ヌ。而シ時局ハ真ニ切迫ヲシテヰル。帝都ノ空ガ荒リ來ッテヰル。吾ガ國大モ真ニ戦争下ノ現状ヲ呈スル。

三月十二日（月曜）

一、主要行事 ナシ

二、気象 ①

三、天気予報 曇

一、上司ノ訓示摘項 ナシ

二、諸上官注意事項

1.隊長 ① 作業時間ノ厳守（軍紀風紀） ② 作業軍紀ノ嚴正 ③ 執務 ④ 連絡協同

2.中隊長 ① 作業終始ノ嚴正 ② 敏速ナル処理 ③ 追撃的積極的事務ノ処理

四、所感 愈々明十三日ヨリ吾ラニモ作戦命令ノ下ル所、作業ガ開始サレル。作業軍紀ノ嚴正ハイツモノ要求スル所ダガ、吾ラ特幹生ガブラ〳〵シテ來テヰル今日、最初ノ実戦命令デアルノダ。

二．気　象

三．天気予報

晴

一．主要行事

ナシ

二．気　象

三．天気予報

曇

1.週番士官　①換気ノ勵行　②除塵

③痰唾ハ正シイ所ニ吐ケ

2.班長　①心配事等ハ遠慮セズニ打明ケテ來イ。

四．所感　今日ハ休務日デアッテ外出ガアル筈ナノニ事故アッテ内務実施トナル。ソレニ使役計リデ．チットモ休ム事ガ出來ヌ。

而シ時局ハ真ニ切迫ヲシテヰル。帝都ノ空ガ赤ク染ッテヰル。

吾ガ國土モ真ノ戰爭下ノ現狀ヲ呈スル。

三月十二日（月曜）

一．上司ノ訓示摘項　ナシ

二．諸上官注意事項

1.廠長　①作業時間ノ嚴守（軍紀風紀）

②作業軍紀ノ嚴正

③執務　④連絡協同

2.中隊長　①作業終始ノ嚴正　②敏速處理

③追擊的積極的事務ノ處理

四．所感　愈々明十三日ヨリ吾ラニモ作戰命令ノ下ル所．作業ガ開始サレル。作業軍紀ノ嚴正ハイツモノ要求スル所ダガ．吾ラ特幹生ガブラ〵シテ　來テヰル今日．最初ノ突擊命令デアルノダ。

吾ラノ出撃命令ガ下ツタノダ。今ハ唯、一節ノ忠義奉公アルノミダ。

一、主要行事　作業開始
二、気象　◎
三、天気予報　曇

三月十三日（火曜）

一、上司ノ訓示摘録
整備部長　現代戦局ノ然ラシムル所、今日ヨリノ作業ノ本旨ノ日ノ始ニ臨ンデ一所懸命精ヲ致シテ呉レ。
中隊長　和ノ信念ヲ確立シ至誠殉国以テ作戦準備ノ完（統率方針）[redacted]整ヲ期ス

二、諸上官注意事項
1、区隊長　①危害ノ予防　②熱心ニヤレ
2、班長　①危害ノ予防　②早期診断ノ励行（徹底セル）

三、反省　最初ノ作業開始デ何ラノ連絡統率ガ旨クイッテヰナクデ食事ニ就イテ事故ヲ発生スル。遂ニハ欠食者迄ヲモ出シタノデアルガ、斯カル事ハ上司ノ指導操作徹底モアルガ、吾等ノ不注意モアル。

四、所感　作業ガ順調ニユカヌ。其レニ班長ヨリ注意、叱リヲ受ケ亦私的制裁ヲ受ケテ残念。班長デハアルガ無意味ノ制裁デアルガ故ニ、ハッ当ルノガ無念。

一．主要行事
作業開始

二．気　象

三．天気予報
曇

吾ラノ突撃命令ガ下ッタノダ。今ハ唯．一筋ノ突撃奉公アル
ノミダ。

三月十三日（火曜）

一．上司ノ訓示摘項
整備部長　現代戰局ノ然ラシムル所．今日ヨリノ作業ノ本旨ヲヨ
ク呑ミ込ンデ一所懸命精ヲ出シテ呉レ。
中隊長　和ノ信念ヲ確立シ至誠殉國以テ作戰準備ノ完
（統率方針）璧整ヲ期ス

二．諸上官注意事項
1.隊長　①危害ノ予防　②熱心ニヤレ．
2.班長　①危害ノ予防　②早期診断ノ勵行（徹底セル）

三．反省　最初ノ作業開始デ何ラノ連絡統率ガ旨クイッテヰナク
テ食事ニ就イテ事故ヲ発生スル。遂ニハ欠食者迄ヲモ出
シタノデアルガ．斯カル事ハ上司ノ指揮掌握不徹底モ
アルガ．吾等ノ不注意モアル。

四．所感　作業ガ順調ニユカヌ。其レニ班長ヨリ注意計リヲ受ケ
亦．私的制裁ヲ受ケテ残念。班長デハアルガ無意味
ノ制裁デアルガ故ニ．八ツ當ルノガ無念。

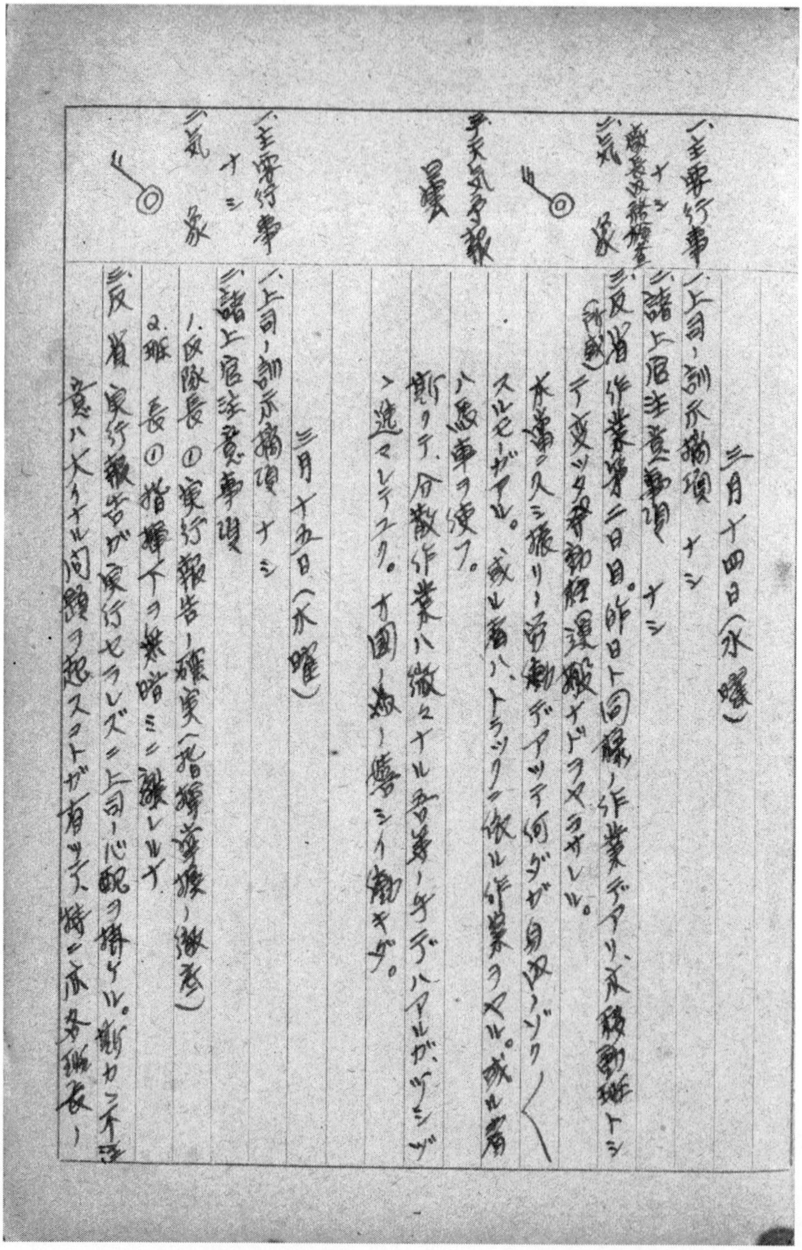

一、主要行事 ナシ
二、隊長及諸注意事 ナシ
三、気象
四、天気予報 曇

三月十四日(水曜)
一、上司ノ訓示摘項 ナシ
二、諸上官注意事項 ナシ
三、反省(所感) 作業第二日目。昨日ト同様ノ作業デアリ、衣糧動班トシテ交ツタ弁動経運搬ナドヲヤラサレル。
本当ノ久シ振リノ労働デアッテ何ダガ身改ノゾク スルモノガアル。或ル者ハ、トラックニ依ル作業ヲヤル。或ル者ハ患車ヲ使フ。
斯クテ、分散作業ハ微々ナル番号ノ手デハアルガ、ツヅシヅ ノ進マレテユク。才国ノ為ノ尊ミイ働キダ。

一、主要行事 ナシ
二、気象

三月十五日(木曜)
一、上司ノ訓示摘項 ナシ
二、諸上官注意事項
1.区隊長 ① 実行報告ノ確実(指揮者報告ノ徹底)
2.班長 ① 指揮下ヲ無暗ミニ離レルナ
三、反省 実行報告ガ実行セラレズニ上司ノ心配ヲ掛ケル。斯カル不注意ハ大イナル問題ヲ起スコトガ有ツテ、特ニ衣糧班長ノ

一．主要行事
ナシ
廠長内務検査
二．気　象

三．天気予報
曇
一．主要行事
ナシ
二．気　象

三月十四日（水曜）

一．上司ノ訓示摘項　ナシ
二．諸上官注意事項　ナシ
三．反省　作業第二日目。昨日ト同様ノ作業デアリ．亦移動班トシ
（所感）　テ変ッタ発動機運搬ナドヲヤラサレル。
本當ニ久シ振リノ労働デアッテ何ダガ身内ノゾク〱スルモノガアル。或ル者ハ．トラックニ依ル作業ヲヤル。或ル者ハ馬車ヲ使フ。
斯クテ．分散作業ハ微々ナル吾等ノ手デハアルガ．少シヅゝ進マレテユク。オ國ノ為ノ嬉シイ働キダ。

三月十五日（木曜）

一．上司ノ訓示摘項　ナシ
二．諸上官注意事項
1.区隊長　①実行報告ノ確実（指揮掌握ノ徹底）
2.班長　①指揮下ヲ無暗ミニ離レルナ．
三．反省　実行報告ガ実行セラレズニ上司ノ心配ヲ掛ケル。斯カゝ不注意ハ大イナル問題ヲ起スコトガ有ッテ．特ニ亦各班長ノ

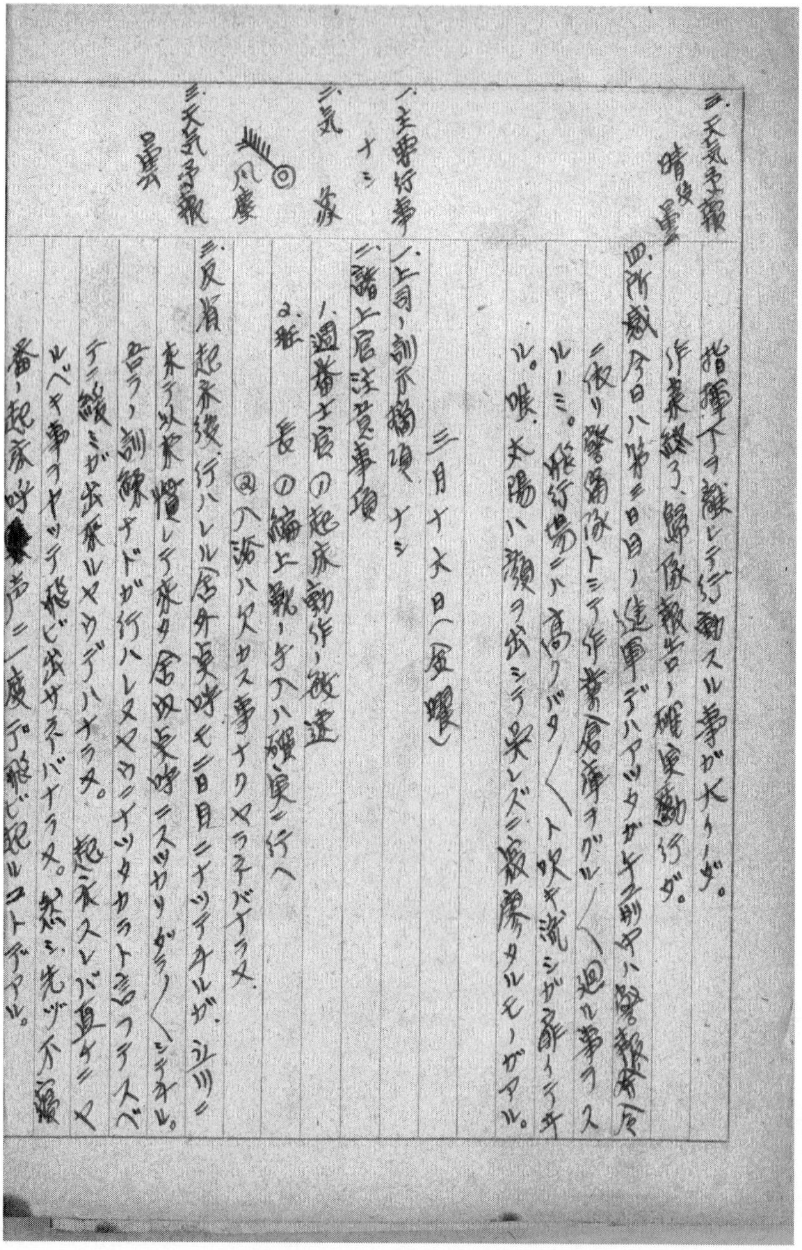

三、天気予報
晴後曇

一、主要行事
ナシ

二、気象
風塵

三、天気予報
曇天

指揮下ヲ離レテ行動スル事ガ大イノダ。
作業終了、帰隊報告ノ確実励行ダ。
四、所感 今日ハ第二日目ノ進軍デハアッタガ午前中ハ警報発令
ニ依リ警備隊トシテ作業倉庫ヲグル〳〵廻ル事ヲス
ルノミ。飛行場ニハ高クバタ〳〵ト吹キ流シガ靡イテ居
ル。唯、太陽ハ顔ヲ出シテ呉レズニ寂寥タルモノガアル。

三月十六日（金曜）

一、上司ノ訓示指導事項 ナシ
二、諸上官注意事項
1、週番士官 ⑴起床動作ノ敏速
2、班長 ⑴編上靴ノ手入ハ確実ニ行ヘ
⑵入浴ハ欠カス事ナクヤラネバナラヌ。
三、反省 起床後行ハレル屋外点呼モ二日目ニナッテオルガ、コヽニ
来テ以来慣レテ来タ屋外点呼ニスッカリガラ〳〵シテオル。
吾ラノ訓練ナドガ行ハレヌヤウニナッタカラト言ッテスベ
テニ緩ミガ出来ルヤウデハナラヌ。起床スレバ直ニヤ
ルベキ事ヲヤッテ飛ビ出サネバナラヌ。然ミ、先ヅ不寝
番ノ起床時声ニ一度デ飛ビ起ルコトデアル。

三．天気予報
晴後曇

一．主要行事
ナシ
二．気象

三．天気予報
曇

指揮下ヲ離レテ行動スル事ガ大イノダ
作業終了．歸隊報告ノ確実勵行ダ。
四．所感　今日ハ第三日目ノ進軍デハアッタガ午前中ハ警報発令ニ依リ警備隊トシテ作業倉庫ヲグル〱迴ル事ヲスルノミ。飛行場ニハ高クバタ〱ト吹キ流シガ扉イテヰル．唯．太陽ハ顔ヲ出シテ呉レズニ寂寥タルモノガアル。

三月十六日（金曜）
一．上司ノ訓示摘項　ナシ
二．諸上官注意事項
1. 週番士官　①起床動作ノ敏速
2. 班長　①編上靴ノ手入ハ確実ニ行ヘ
②入浴ハ欠カス事ナクヤラネバナラヌ．
三．反省　起床後．行ハレル舎外点呼モ二日目ニナッテヰルガ．立川ニ來テ以來慣レテ來タ舎内点呼ニスッカリダラ〱シテヰル。吾ラノ訓練ナドガ行ハレヌヤウニナッタカラト言フテスベテニ緩ミガ出來ルヤウデハナラヌ。　起床スレバ直チニヤルベキ事ヲヤッテ飛ビ出サネバナラヌ。然シ．先ヅ不寢番ノ起床呼■声ニ一度デ飛ビ起ルコトデアル。

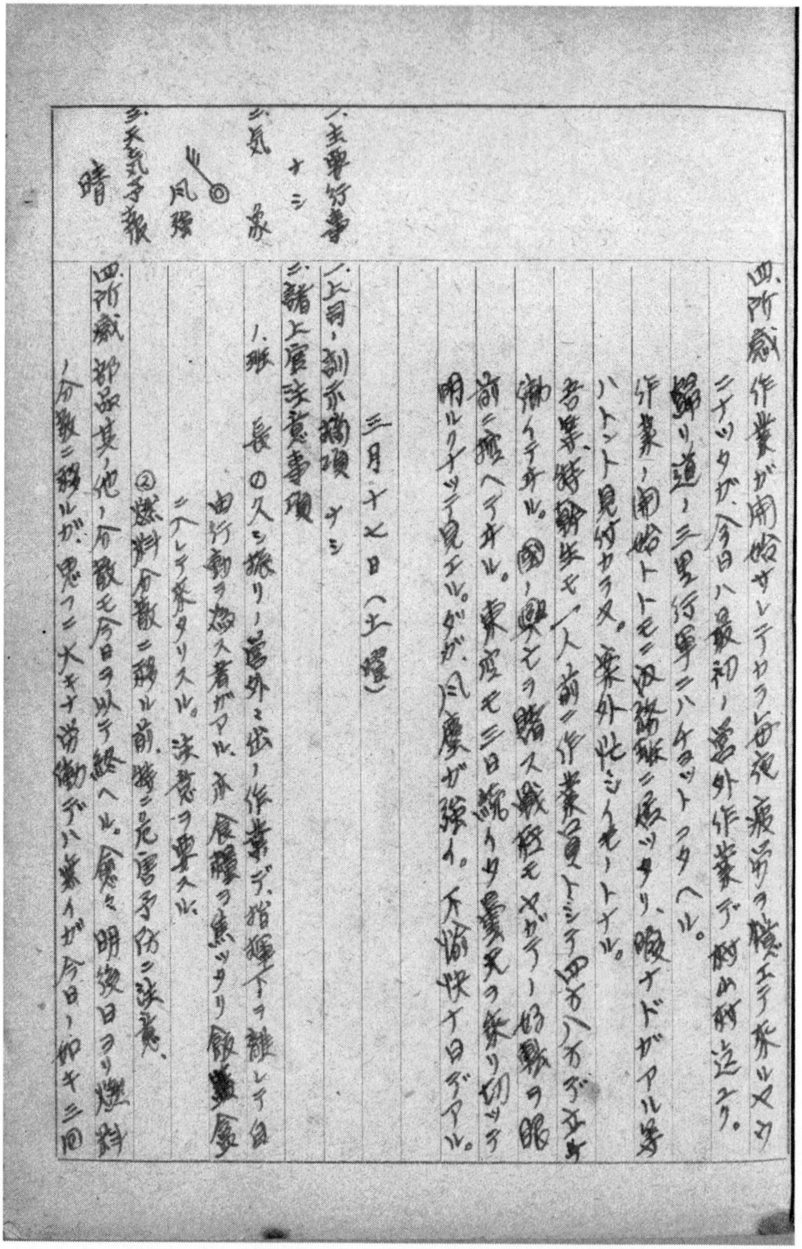
一、主要行事 ナシ
二、気象 風強
三、天気予報 晴
四、所感 作業ガ開始サレテカラ毎夜疲労ヲ覚エテ来ルヤウ
ニナッタガ、今日ハ最初ノ意外作業デ樹山樹迄ユク。
帰リ道ノ三里行軍ニハチョットコタヘル。
作業ノ開始ト共ニ汲湯班ニ依ッタリ、喚ナドガアル等
ハトントト見付カラヌ。案外忙シイモノトナル。
吾等、特幹生モ一人前ニ作業員トシテ四方八方デ立チ
働イテオル。国ノ興亡ヲ賭ス戦モヤガテノ好機ヲ眼
前ニ控ヘテオル。東空モ三日続イタ曇天ヲ突キ切ッテ
明ルクナッテ見エル。ダガ、風塵ガ強イ。大愉快ナ日デアル。
三月十七日（土曜）
一、上司ノ訓示摘項 ナシ
二、諸上官注意事項
一、班長の久シ振リノ意外ニ依ノ作業デ、指揮下ヲ離レテ自
由行動ヲ為ス者ガアル。又食糧ヲ奪ッタリ飲食
ニ入レテ来タリスル。注意ヲ要スル。
②燃料分散ニ移ル前、特ニ危害予防ニ注意、
四、所感 部品其ノ他ノ分散モ今日ヲ以テ終ヘル。愈々明後日ヨリ燃料
ノ分散ニ移ルガ、思フニ大キナ労働デハ無イガ今日ノ如キ三回

一．主要行事
ナシ
二．気象

三．天気予報
晴

四．所感　作業ガ開始サレテカラ毎夜疲労ヲ憶エテ來ルヤウ
ニナッタガ．今日ハ最初ノ営外作業デ村山村迄ユク。
歸リ道ノ三里行軍ニハチョットコタヘル。
作業ノ開始トトモニ内務班ニ居ッタリ．暇ナドガアル等
ハトント見付カラヌ。案外忙シイモノトナル。
吾等．特幹生モ一人前ニ作業員トシテ四方八方デ立チ
働イテヰル。國ノ興亡ヲ賭ス戰機モヤガテノ好転ヲ眼
前ニ控ヘテヰル。東空モ三日続イタ曇天ヲ乗リ切ッテ
明ルクナッテ見エル。ダガ．風塵ガ強イ。不愉快ナ日デアル。

三月十七日（土曜）

一．上司ノ訓示摘項　ナシ
二．諸上官注意事項
1.班長　①久シ振リノ営外々出ノ作業デ．指揮下ヲ離レテ自
由行動ヲ為ス者ガアル．亦　食糧ヲ焦ッタリ飯盒
ニ入レテ來タリスル。注意ヲ要スル．
②燃料分散ニ移ル前．特ニ危害予防ニ注意．
四．所感　部品其ノ他ノ分散モ今日ヲ以テ終ヘル。愈々明後日ヨリ燃料
ノ分散ニ移ルガ．思フニ大キナ労働デハ無イガ今日ノ如キ三回

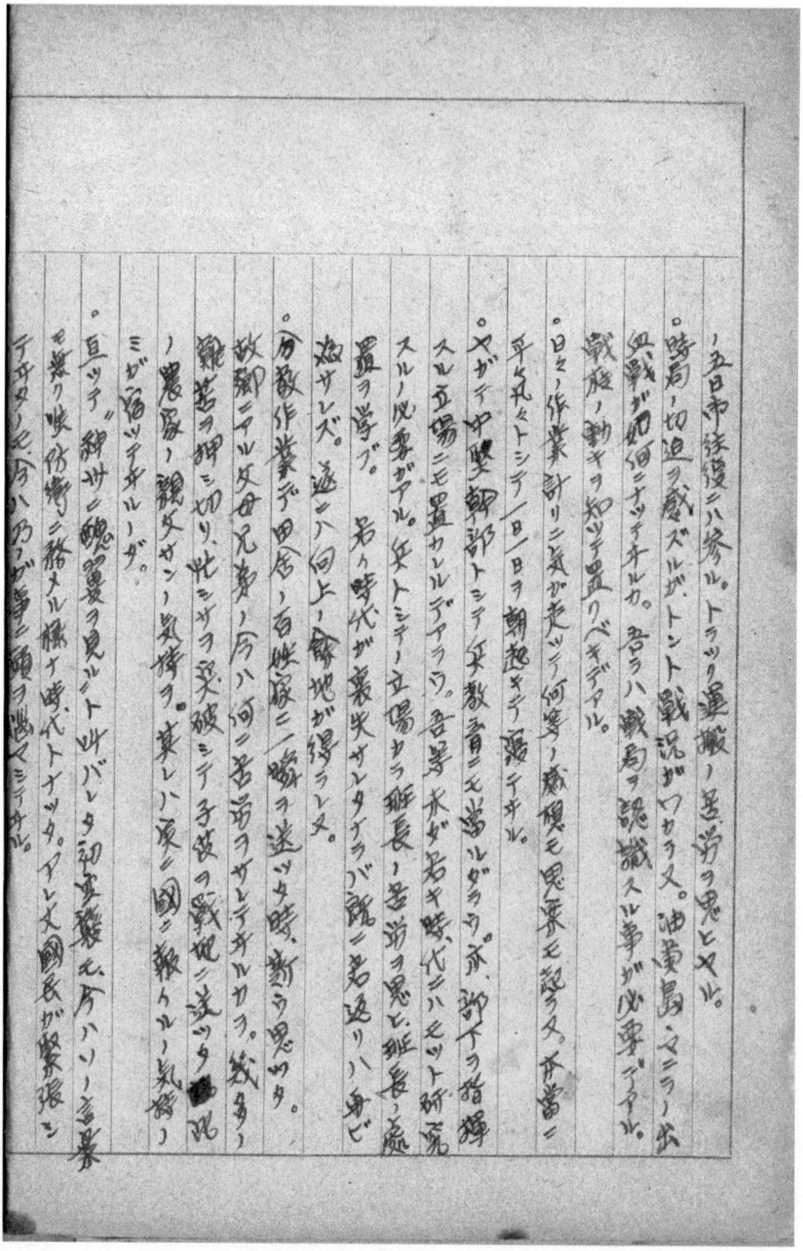
ノ五日市往復ニハ参ル。トラック運搬ノ苦労ヲ思ヒヤル。
○時局ノ切迫ヲ感ズルガ、トント戦況ガワカラヌ。油黄島・マニラノ出
血戦ガ如何ニナッテヰルカ。吾ラハ戦局ヲ認識スル事ガ必要デアル。
戦旋ノ動キヲ知ッテ置クベキデアル。
○日々ノ作業許リニ気ガ走ッテ何等ノ感想モ思案モ起ラヌ。本当ニ
平々凡々トシテ一日一日ヲ朝起キテ寝テヰル。
○ヤガテ中堅幹部トシテ兵教育ニモ当ルダラウ。又、部下ヲ指揮
スル立場ニモ置カレルデアラウ。吾等未ダ若キ時代ニハモット研究
スルノ必要ガアル。兵トシテノ立場カラ班長ノ苦労ヲ思ヒ、班長ノ處
置ヲ学ブ。若キ時代ガ喪失サレタナラバ既ニ若返リハ再ビ
為サレズ。遂ニハ向上ノ余地ガ得ラレヌ。
○今秋作業デ田舎ノ百姓家ニ一瞬ヲ送ッタ時、斯ク思ッタ。
故郷ニアル父母兄弟ノ今ハ如何ニ苦労ヲサレテヰルカヲ。幾多ノ
艱苦ヲ押シ切リ、此ノ辛サヲ突破シテ子供ヲ戦地ニ送ッタ親
ノ農家ノ親父サンノ気持ヲ。莫レハ哀ニ國ニ報イルノ気持ノ
ミガ宿ッテヰルノダ。
○曽ッテ〃神サニ魂實ヲ見ル〃ト叫バレタ初年兵モ、今ハソノ言葉
モ無ク唯防衛ニ務メル様ナ時代トナッタ。アレ丈國民ガ緊張シ
テヰタノモ、今ハ乃ノ事ニ頭ヲ悩マシテヰル。

ノ五日市往復ニハ參ル。トラック運搬ノ苦労ヲ思ヒヤル。
。時局ノ切迫ヲ感ズルガ・トント戰況ガワカラヌ。油黄島（硫黄島）、マニラノ出
血戰ガ如何ニナッテヰルカ。吾ラハ戰局ヲ認識スル事ガ必要デアル。
戰機ノ動キヲ知ッテ置クベキデアル。
。日々ノ作業計リニ気ガ走ッテ何等ノ感想モ思案モ起ラヌ。本當ニ
平々凡々トシテ一日一日ヲ朝起キテ寝テヰル。
。ヤガテ中堅幹部トシテ兵教育ニモ當ルダラウ。亦・部下ヲ指揮
スル立場ニモ置カレルデアラウ。吾等未ダ若キ時代ニハモット研究
スルノ必要ガアル。兵トシテノ立場カラ班長ノ苦労ヲ思ヒ・班長ノ處
置ヲ学ブ。　若イ時代ガ喪失サレタナラバ既ニ若返リハ再ビ
為サレズ。遂ニハ向上ノ餘地ガ得ラレヌ。
。分散作業デ田舎ノ百姓家ニ一瞬ヲ送ッタ時・斯ウ思ッタ。
故郷ニアル父母兄弟ノ今ハ何ニ苦労ヲサレテヰルカヲ。幾多ノ
難苦ヲ押シ切リ・忙シサヲ突破シテ子供ヲ戰地ニ送ッタ■此
ノ農家ノ親父サンノ気持ヲ。其レハ実ニ國ニ報イルノ気持ノ
ミガ宿ッテヰルノダ。
。亘ッテ〝神州ニ醜翼ヲ見ル〟ト叫バレタ初空襲モ・今ハソノ言葉
モ無ク唯防衛ニ務メル様ナ時代トナッタ。アレ丈國民ガ緊張シ
テヰタノモ・今ハ乃ノガ事ニ頭ヲ悩マシテヰル。

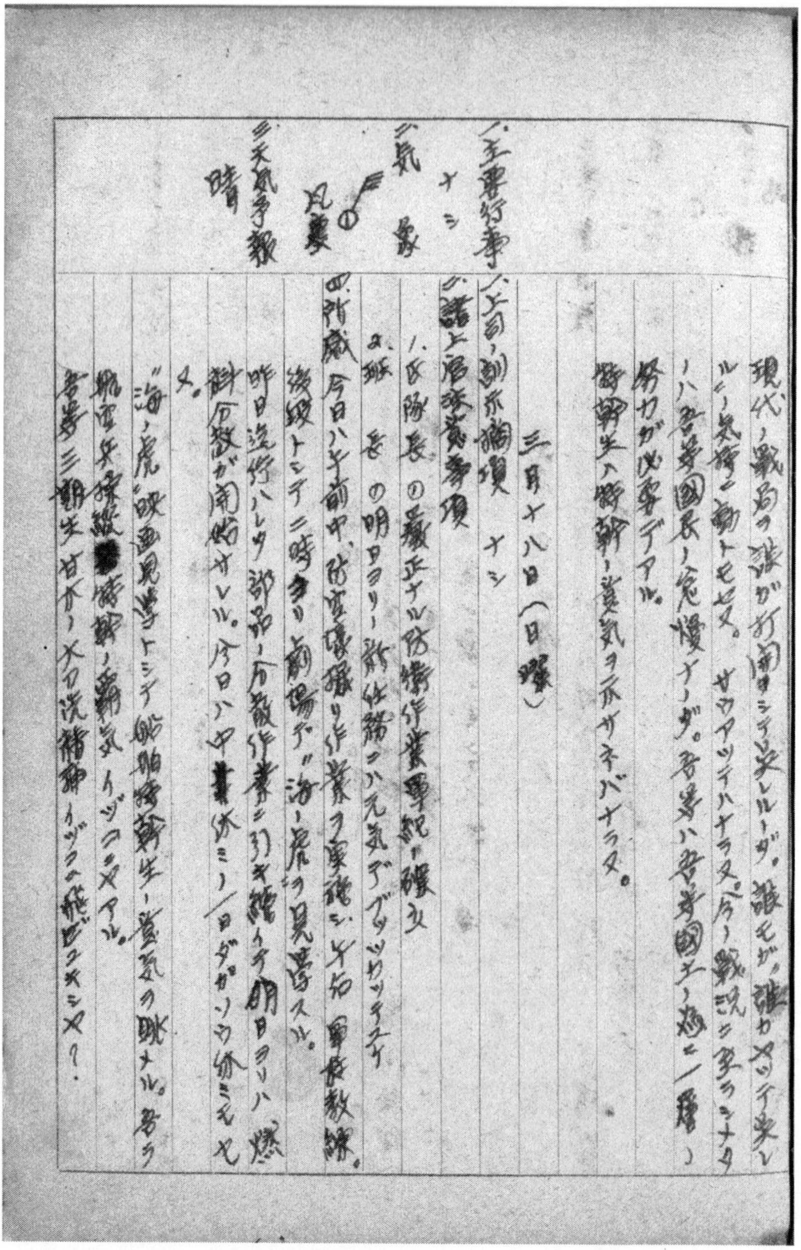

一、主要行事
ナシ
二、気象
風　裏
三、天気予報
晴

三月十八日（日曜）

現代ノ戦局ヲ誰ガ打開シテ呉レルノダ。誰モガ、誰カガヤッテ呉レルト気持ニ動トモセヌ。サウアッテハナラヌ。今ノ戦況ヲ案ラシナタノハ吾等国民ノ怠慢ナノダ。吾等ハ吾等国土ノ為ニ一層ノ努力ガ必要デアル。

操縦生ハ操縦ノ意気ヲ示サネバナラヌ。

一、上司ノ訓示摘項　ナシ
二、諸上官注意事項
一、区隊長ノ厳正ナル防備作業軍紀ヲ確立
二、班長ノ明日ヨリノ新任務ニハ元気デガッツカッテ来テクレヌ。
四、所感　今日ハ午前中、防空壕掘リ作業ヲ実施シ、午后軍歌教練。後段トシテ二時頃ヨリ前場ニテ"海ノ虎"ヲ見学スル。
昨日迄行ハレタ部品ノ分散作業ニ引キ続イテ明日ヨリハ燃料分散ガ開始サレル。今日ハ中[illegible]休ミノ日ダガソウ休ミモセヌ。
"海ノ虎"映画見学トシテ船舶操縦生ノ意気ヲ眺メル。吾ラ航空兵操縦[illegible]操縦ノ意気イヅコニヤアル。
吾等三期生甘太ノ大刀洗精神イヅクヘ飛ビユキシヤ？

一．主要行事
ナシ
二．気象

三．天気予報
晴

現代ノ戦局ヲ誰ガ打開ヲシテ呉レルノダ。誰モガ〝誰カヤッテ呉レル〟ノ気持ニ動トモセヌ。サウアッテハナラヌ。今ノ戦況ニ至ラシメタノハ吾等國民ノ怠慢ナノダ。吾等ハ吾等國土ノ為ニ一層ノ努力ガ必要デアル。

特幹生ハ特幹ノ意気ヲ示サネバナラヌ。

三月十八日（日曜）

一．上司ノ訓示摘項　ナシ

二．諸上官注意事項

1.区隊長　①嚴正ナル防衛作業軍紀ノ確立

2.班長　①明日ヨリノ新任務ニハ元気デブッツカッテユケ

四．所感　今日ハ午前中．防空壕掘リ作業ヲ実施シ．午后　軍機訓練。後段トシテ二時ヨリ劇場デ〝海ノ虎〟ヲ見學スル。
昨日迄行ハレタ部品ノ分散作業ニ引キ続イテ明日ヨリハ燃料分散ガ開始サレル。今日ハ中[redacted]休ミノ一日ダガソウ休ミモセヌ．
〝海ノ虎〟映画見學トシテ船舶特幹生ノ意気ヲ眺メル。吾ラ航空兵操縦[redacted]特幹ノ覇気イヅコニヤアル。
吾等三期生甘木ノ大刀洗精神イヅコニ飛ビユキシヤ？

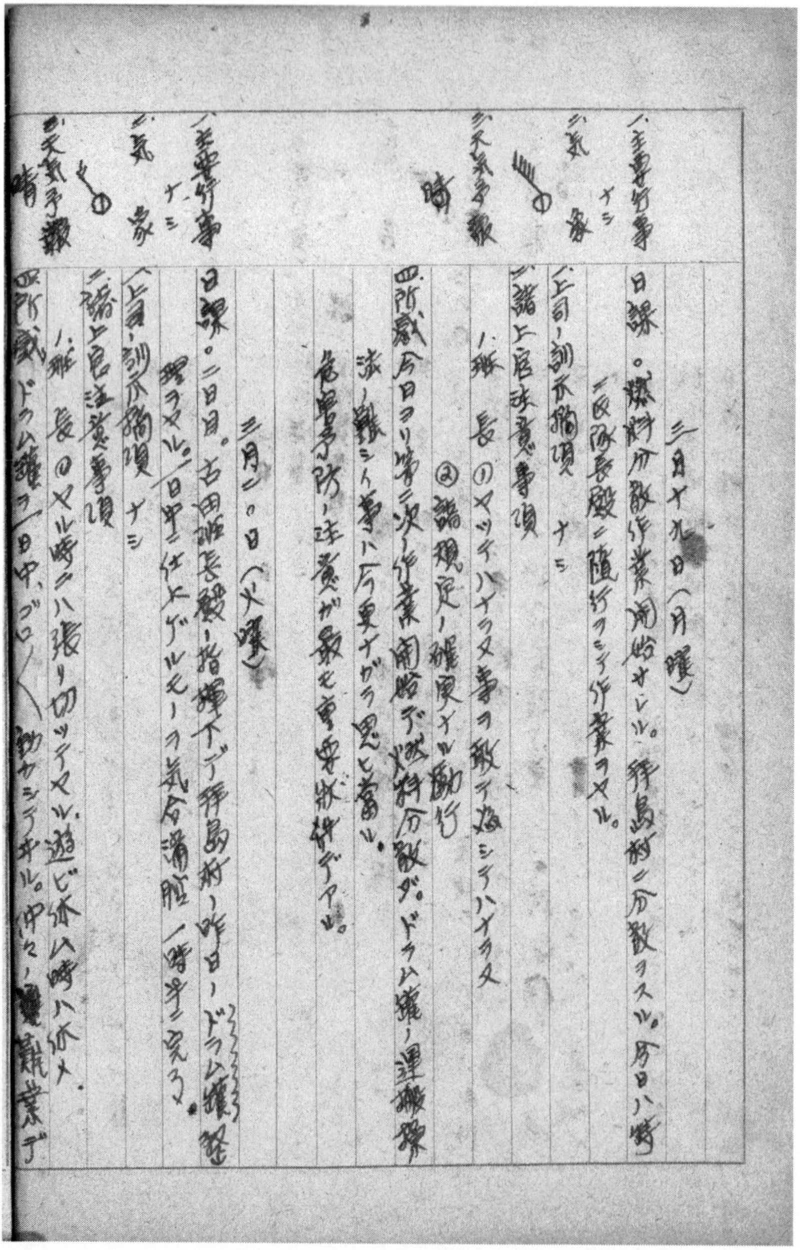
三月十九日（月曜）
一、主要行事　ナシ
二、気象
三、天気予報　晴
日課。燃料分散作業開始サレル。拜島村ニ分散ヲスル。今日ハ特
二区隊長殿ニ随行ヲシテ作業ヲヤル。
一、上司ノ訓示摘項　ナシ
二、諸上官注意事項
一、班長　①ヤッテハナラヌ事ヲ敢テ為シテハナラヌ
②諸規定ノ確実ナル励行
四、所感　今日ヨリ第二次ノ作業開始デ燃料分散ダ。ドラム罐ノ運搬作
業ノ難シイ事ハ今更ナガラ思ヒ当ル。
危害予防ノ注意ガ最モ重要條件デアル。

三月二〇日（火曜）
一、主要行事　ナシ
二、気象
三、天気予報　晴
日課。二日目。古田班長殿ノ指揮下デ拜島村ノ昨日ノドラム罐整
理ヲヤル。日中ニ仕上ゲルモノヲ気合満腔一時半ニ完了ス。
一、上司ノ訓示摘項　ナシ
二、諸上官注意事項
一、班長　①ヤル時ニハ張リ切ッテヤル。遊ビ休ム時ハ休メ。
四、所感　ドラム罐ヲ一日中ゴロゴロト動カシテ居ル。中々ノ難業デ

一．主要行事
ナシ
二．気象

三．天気予報
晴

三月十九日（月曜）

日課 ◦燃料分散作業開始サレル。拝島村ニ分散ヲスル。今日ハ特
二区隊長殿ニ随行ヲシテ作業ヲヤル。

一．上司ノ訓示摘項 ナシ

二．諸上官注意事項
1.班長 ①ヤッテハナラヌ事ヲ敢テ為シテハナラヌ
②諸規定ノ確実ナル勵行

四．所感 今日ヨリ第二次ノ作業開始デ燃料分散ダ。ドラム罐ノ運搬操
法ノ難シイ事ハ今更ナガラ思ヒ當ル。
危害予防ノ注意ガ最モ重要狀件デアル。

一．主要行事
ナシ
二．気象

三．天気予報
晴

三月二〇日（火曜）

日課 ◦二日目。古田班長殿ノ指揮下デ拝島村ノ昨日ノドラム罐整
理ヲヤル。一日中ニ仕上ゲルモノヲ気合満腔一時半ニ完了。

一．上司ノ訓示摘項 ナシ

二．諸上官注意事項
1.班長 ①ヤル時ニハ張リ切ッテヤル．遊ビ休ム時ハ休メ。

四．所感 トラム罐ヲ一日中．ゴロ〱動カシテキル。仲々ノ■難業デ

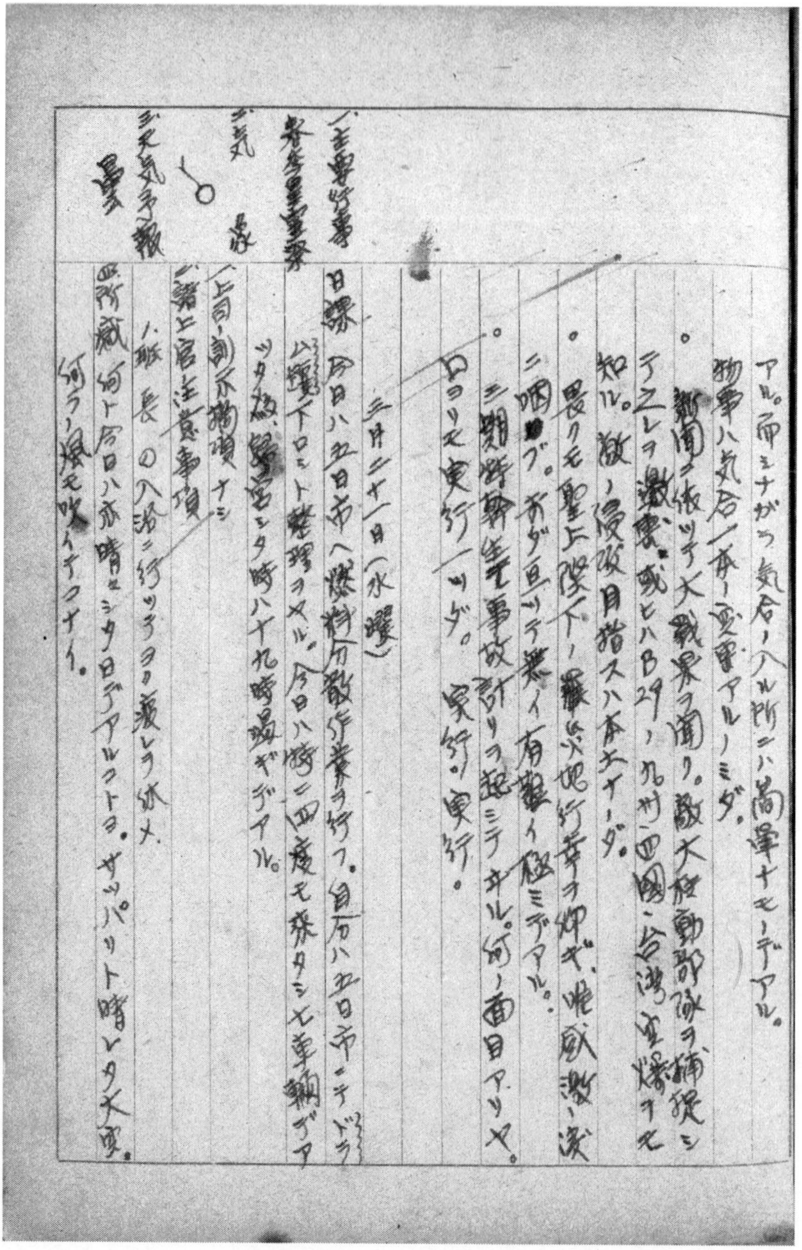
一、主要行事　皇居遥拝
二、気分　良
三、天気予報　曇

アル。而シナガラ気合ノ入ル所ニハ簡単ナモノデアル。物事ハ気合ノ一本ノ変ニアルノミダ。
◦新聞ニ依ッテ大戦果ヲ聞ク。敵大機動部隊ヲ捕捉シテ之レヲ激撃。或ヒハB29ノ九州、四国、台湾空爆ナモ知ル。敵ノ侵攻目指スハ本土ナノダ。
◦畏クモ聖上陛下ノ羅災地行幸ヲ仰ギ、唯感激ノ涙ニ咽ブ。我ガ亘ッテ業イ有難イ極ミデアル。
◦三、朝鮮幹生ハ事故許リヲ起シテ井ル。何ノ面目アリヤ。
口ヨリモ実行ノミダ。実行ゾ実行。

二月二十一日（水曜）
日課　今日ハ五日市ヘ燃料分散作業ヲ行フ。自分ハ五日市ニテドラム罐ヲ下ロシト整理ヲヤル。今日ハ特ニ四度モ来タシ七車輌デアッタ為、帰営シタ時ハ十九時過ギデアル。
一、上司ノ訓示摘要　ナシ
二、諸上官注意事項　ハ班長ノ入浴ニ行ッテヨク疲レヲ休メ。
四、所感　何ト今日ハ亦晴セシタ日デアルコトヨ。サッパリト晴レタ大空。何ラノ風モ吹イテコナイ。

一．主要行事
春季皇霊祭
二．気象 
三．天気予報
曇

アル。而シナガラ気合ノ入ル所ニハ簡単ナモノデアル。
物事ハ気合一本ノ突撃アルノミダ。
。新聞ニ依ッテ大戦果ヲ聞ク。敵大機動部隊ヲ捕捉シテ之レヲ邀撃．或ヒハB29ノ九州、四國、台湾空爆ヲモ知ル。敵ノ侵攻目指スハ本土ナノダ。
。畏クモ聖上陛下ノ罹災地行幸ヲ仰ギ．唯感激ノ涙ニ咽■ブ。未ダ亘ッテ無イ有難イ極ミデアル。
。三期特幹生モ事故計リヲ起シテヰル。何ノ面目アリヤ。
口ヨリモ実行一ツダ。実行。実行。

三月二十一日（水曜）
日課　今日ハ五日市ヘ燃料分散作業ヲ行フ。自分ハ五日市ニテドラム罐下ロシト整理ヲヤル。今日ハ特ニ四度モ來タシ七車輌デアッタ為．歸営シタ時ハ十九時過ギデアル。
一．上司ノ訓示摘項　ナシ
二．諸上官注意事項
1.班長　①入浴ニ行ッテヨク疲レヲ休メ．
四．所感　何ト今日ハ亦晴々シタ日デアルコトヨ。サッパリト晴レタ大空。
何ラノ風モ吹イテコナイ。

案：「新聞ニ依ッテ大戰果ヲ聞ク。敵大機動部隊ヲ捕捉シテ之レヲ邀擊」：此處指的是在一九四五年三月沖繩本土登陸前，雖然日本聯合艦隊本身保持「溫存方針」來進行戰力的保持，但由於美軍機動部隊之影響，同時日方也已判讀出美軍之動向與航艦數量，因此第五航空艦隊仍選擇對美軍進行攻擊。三月十八日開始至三月二十一日止，日軍開始進行邀擊戰，最後戰果頗為豐碩。日軍使用了空襲、特攻機等，對美國的富蘭克林號航母等造成重大損傷。（防衛庁防衛研究所戦史室編，《戰史叢書沖繩方面海軍作戰》，東京：朝雲新聞社，一九六八，頁二七二—二九一）
「畏クモ聖上陛下ノ罹災地行幸ヲ仰ギ・唯感激ノ淚」：此處指的是一九四五年三月十日東京大空襲，而三月十八日時，昭和天皇前往受災地的東京江東下町進行視察。（參：日置英剛著，《年表　太平洋戰爭全史》，日本：国書刊行会，二〇〇五，頁五八〇）

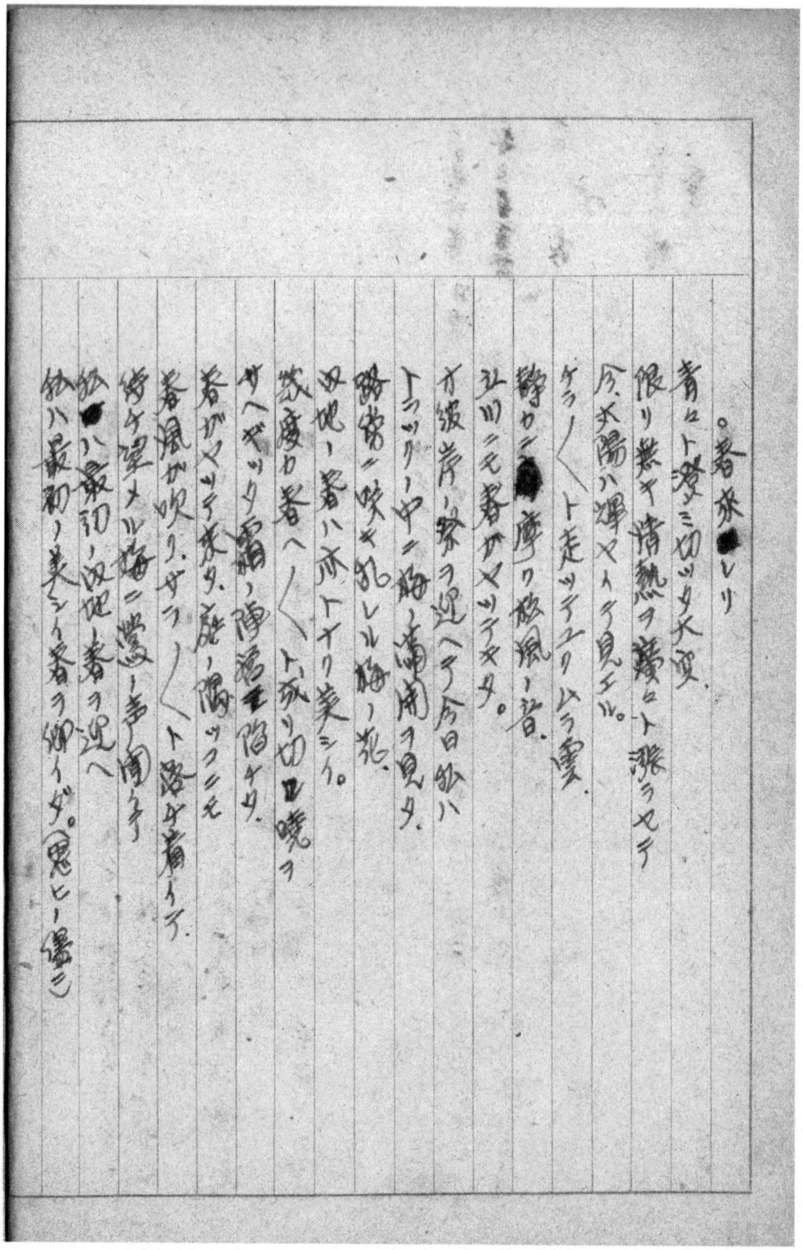

。春來レリ
青々ト澄ミ切ッタ大空。
限リ無キ清熱ヲ燦々ト漲ラセテ
今、太陽ハ輝ヤイテ見エル。
ケラノく ト走ッテユクムラ雲。
静カニ摩ク松風ノ音。
山川ニモ春ガヤッテキタ。
才彼岸ノ家ヲ迎ヘテ今日私ハ
トコックリノ中ニ梅ノ満開ヲ見タ。
路傍ニ咲キ乱レル梅ノ花。
汝地ノ春ハ亦トナク美シイ。
幾度カ春ヘく ト繰リ切リ暁ヲ
サヘギッタ霜ノ障害モ溶ケタ。
春ガヤッテ来タ、庭ノ隅ッコニモ
春風ガ吹ク。ザラく ト落チ着イテ。
待チ望メル梅ニ鶯ノ声聞キ
私ハ最初ノ汝地ノ春ヲ迎ヘ
私ハ最初ノ美シイ春ヲ迎イダ。(思ヒノ儘ニ)

。春來■レリ

青々ト澄ミ切ッタ大空．
限リ無キ情熱ヲ廣々ト漲ラセテ
今．太陽ハ輝ヤイテ見エル。
チラ〳〵ト走ッテユクムラ雲
靜カニ■摩ク松風ノ音．
立川ニモ春ガヤッテキタ。
オ彼岸ノ祭ヲ迎ヘテ今日　私ハ
トラックノ中ニ梅ノ満開ヲ見タ．
路傍ニ咲キ乱レル梅ノ花
內地ノ春ハ亦トナク美シイ。
幾度カ春ヘ〳〵ト成リ切ル曉ヲ
サヘギッタ霜ノ陣営モ陥チタ．
春ガヤッテ來タ．庭ノ隅ツコニモ
春風ガ吹ク．サラ〳〵ト落チ着イテ．
待チ望メル梅ニ鶯ノ声聞イテ
私■ハ最初ノ內地ノ春ヲ迎ヘ
私ハ最初ノ美シイ春ヲ仰イダ。（思ヒノ儘ニ）

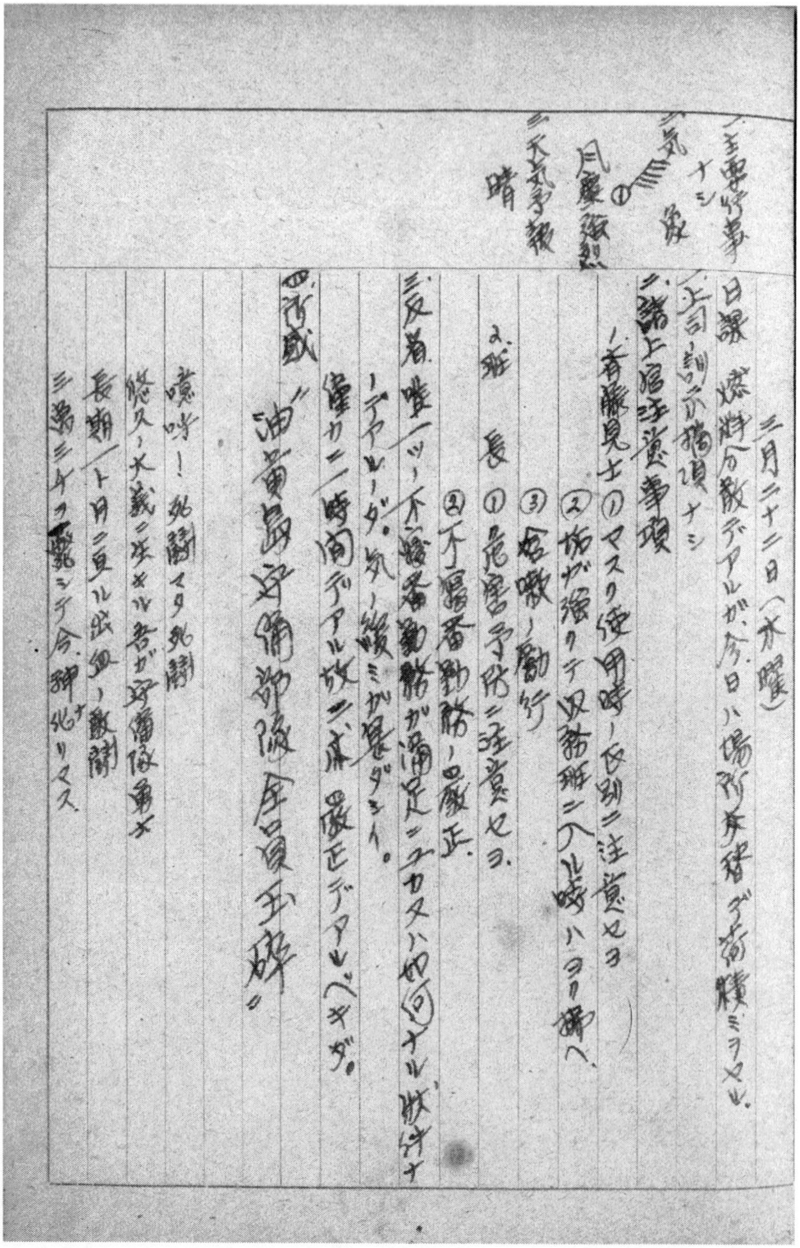

一、主要行事
ナシ
二、気象 ① 後
風塵強烈
三、天気予報
晴

三月二十二日（木曜）
日課 燃料分散デアルガ、今日ハ場所ガ狭イデ苦難ヲ積ミヲヤル。
一、上司訓示指導事項ナシ
二、諸上官注意事項
一、斉藤見士 ①マスク使用時ノ区別ニ注意セヨ
②旋ガ強クテ収容班ニ入ル時ハヨク拂ヘ。
③命令ノ励行
2、班長 ①危害予防ニ注意セヨ。
②不寝番勤務ノ厳正。
三、反省 唯一ツノ不寝番勤務ガ満足ニ出カヌハ如何ナル状件ナノデアルノダ。気ノ緩ミガ甚ダシイ。
僅カ二時間デアル故ニ、尚厳正デアルベキダ。
四、所感
"油黄島守備部隊全員玉砕"
嗚呼！死闘又死闘
悠久ノ大義ニ生キル者ガ守備隊勇士
長期ニ亘ル出血ノ敢闘
三萬三千ノ霊ニシテ今神化ナリマス。

一．主要行事
ナシ
二．気象
風塵強烈
三．天気予報
晴

三月二十二日（木曜）

日課 燃料分散デアルガ．今日ハ場所交替デ荷積ミヲヤル。

一．上司ノ訓示摘項 ナシ

二．諸上官注意事項

1.斉藤見士 ①マスク使用時ノ区別ニ注意セヨ
②垢ガ強クテ內務班ニ入ル時ハヨク拂ヘ
③含漱ノ勵行

2.班長 ①危害予防ニ注意セヨ．
②不寝番勤務ノ嚴正．

三．反省 唯一ツノ不寝番勤務ガ満足ニユカヌハ如何ナル肰件ナ
ノデアルノダ。気ノ緩ミガ甚ダシイ。
僅カニ一時間デアル故ニ．亦 嚴正デアルベキダ。

四．所感
〝油黃島守備隊全員玉砕〞

噫呼！ 死闘マタ死闘
悠久ノ大義ニ生キル吾ガ守備隊勇士
長期一ト月ニ亘ル出血ノ敢闘
三萬三千ヲ■斃シテ今．神化（ナ）リマス．

案：「三月二十二日 油黃島守備隊全員玉碎」：一九四五年三月二十一日，大本營發表硫磺島守備隊玉碎。其中，到了三月二十五日，硫磺島守備隊最高指揮官栗林忠道以下、陸海守備隊最後殘存約四百人進行突擊的玉碎。此次日本陸軍戰死約一萬兩千八百五十人、海軍戰死七千零六十人，美軍則戰死約六千八百二十一名、受傷兩萬一千八百六十五人。（參：日置英剛著，《年表 太平洋戰争全史》，頁五八四－五八六）

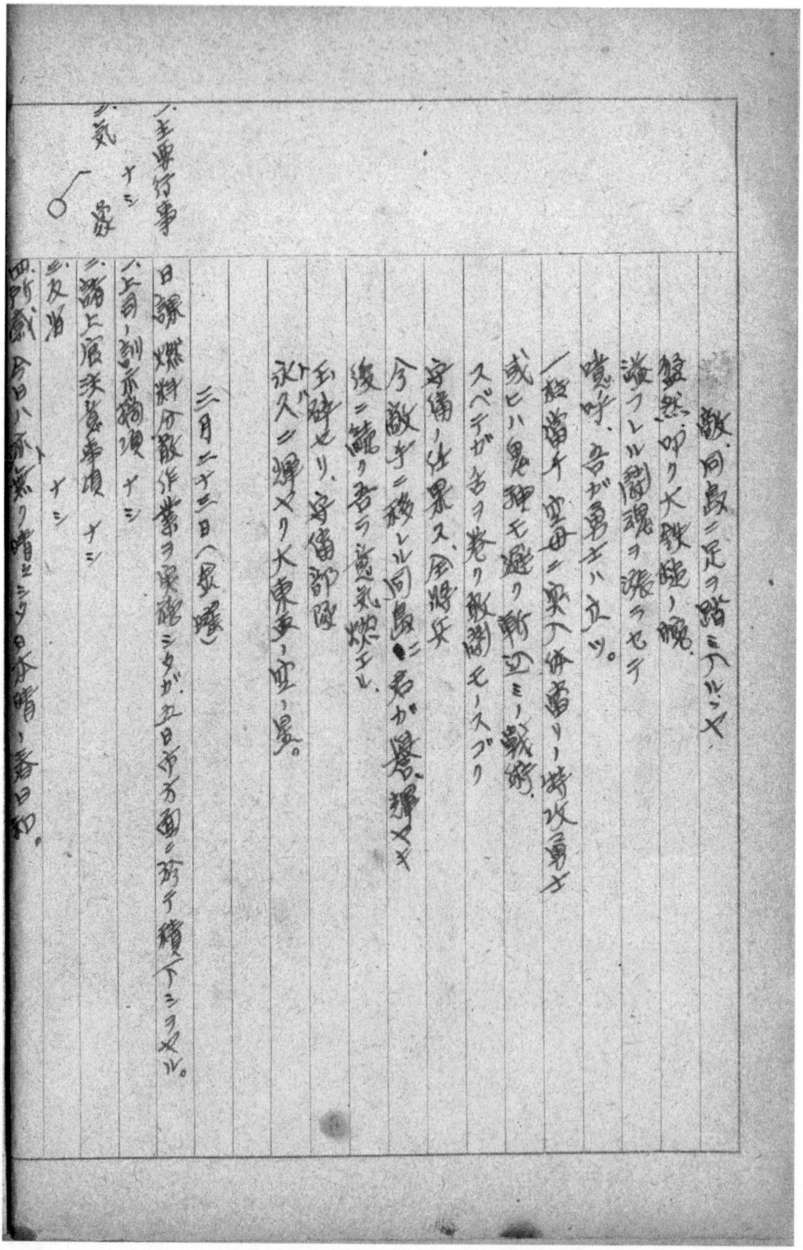

一、主要行事　ナシ
二、天気　○ー　霧

敵ハ同島ニ足ヲ踏ミ入ルヤ
猛然吶ク大鉄腕ノ腕.
揮フレル闘魂ヲ漲ラセテ
噫呼、吾ガ勇士ハ立ツ。
一機当千空母ニ突入体当リノ特攻勇士
或ヒハ鬼神モ避ク斬込ミノ戦術.
スベテガ舌ヲ巻ク敢闘モースゴク
守備ノ任果ス、全将兵
今敵手ニ落レル同島ニ君ガ英霊ナキ
後ニ続ク吾ラ意気燃エル、
玉砕セリ、守備部隊
トハ永久ニ輝ヤク大東亜ノ空ノ星。

三月二十三日（金曜）
日課　燃料分散作業ヲ実施シタガ、五日市方面ニ於テ積下シヲナセル。
一、上司ノ訓示摘項　ナシ
二、諸上官注意事項　ナシ
三、交通　ナシ
四、所感　今日ハ朝ト曇リ晴ニシタ日本晴ノ春日和。

一、主要行事
ナシ
二、気象

敵、同島ニ足ヲ踏ミ入ルヽヤ
猛然、叩ク大鉄槌ノ腕
溢フレル闘魂ヲ漲ラセテ
噫呼、吾ガ勇士ハ立ツ。
一機當千　空母ニ突入体當リノ特攻勇士
或ヒハ鬼神モ避ク斬込ミノ戰術
ズベテガ舌ヲ巻ク敢闘モノスゴク
守備ノ任果ス、全將兵
今敵手ニ移レル同島ニ君ガ譽輝ヤキ
後ニ続ク吾ラ意気燃エル、
玉砕セリ、守備部隊
永久（トハ）ニ輝ヤク大東亜ノ空ノ星。

三月二十三日（金曜）

日課　燃料分散作業ヲ実施シタガ、五日市方面ニ於テ積下シヲヤル。
一、上司ノ訓示摘項　ナシ
二、諸上官注意事項　ナシ
三、反省　ナシ
四、所感　今日ハ亦ト無ク晴々シタ日本晴ノ春日和。

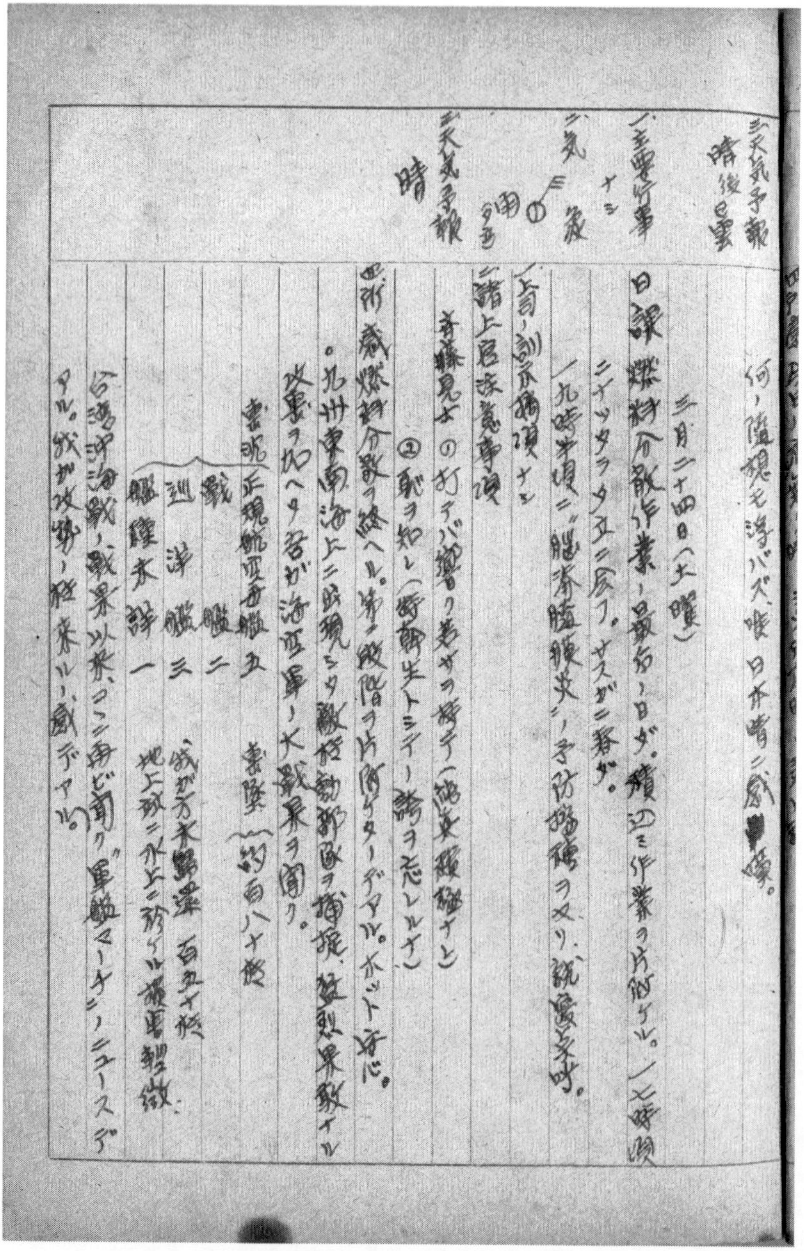

三、天気予報 晴後曇

一、主要行事 ナシ

二、気象 雨 夕立

三、天気予報 晴

何ノ随想モ浮バズ、唯日本青年ニ感激。

三月二十四日（火曜）

日課 燃料分散作業ノ最后ノ日ダ。積込ミ作業ヲ片附ケル。一七時頃ニナッタラ夕立ニ座ッタ。サスガニ春ダ。

一九時半頃ニ脳脊髄膜炎ニ予防接種ヲ受ケ、就寝二一時。

一、上司ノ訓示摘項 ナシ

二、諸上官注意事項

斉藤見女の打テバ響ク若サヲ持テ（絶対積極ナど）

②恥ヲ知レ（特幹生トシテノ誇ヲ忘レルナ）

四、所感 燃料分散ヲ終ヘル。第一段階ヲ片附ケターデアル。ホット安心。

。九州東南海上ニ出現シタ敵機動部隊ヲ捕捉、猛烈果敢ナル攻撃ヲ加ヘタ吾ガ海空軍ノ大戦果ヲ聞ク。

撃沈 正規航空母艦五 撃墜（約百八十機

戦艦二 我ガ方未帰還 百五十機

巡洋艦三 地上及ビ水上ニ於ケル損害軽微

艦種未詳一

台湾沖海戦ノ戦果以来、コンニ再ビ聞ク軍艦マーチニノニユースデアル。我ガ攻勢ノ秋来ルノ感デアル。

三．天気予報
晴後曇

一．主要行事
ナシ
二．気象
雨（夕立）
三．天気予報
晴

何ノ随想モ浮バズ．唯 日本晴ニ感■嘆。

三月二十四日（土曜）

日課 燃料分散作業ノ最后ノ日ダ。積込ミ作業ヲ片附ケル。十七時頃
ニナッタラ夕立ニ会フ。サスガニ春ダ。
十九時半頃ニ〝脳脊髄膜炎〟ノ予防接種ヲヤリ．就寝点呼。

一．上司ノ訓示摘項 ナシ

二．諸上官注意事項
齋藤見士 ①打テバ響ク若サヲ持テ（純真積極ナレ）
②恥ヲ知レ（特幹生トシテ誇ヲ忘レルナ）

四．所感 燃料分散ヲ終ヘル。第二段階ヲ片附ケタノデアル。ホット安心。
。九州東南海上ニ出現シタ敵機動部隊ヲ捕捉．猛烈果敢ナル
攻撃ヲ加ヘタ吾ガ海空軍ノ大戦果ヲ聞ク

撃沈
正規航空母艦 五 撃墜 約百八十機
戰艦 二
巡洋艦 三 我ガ方未歸還 百五十機
艦種未詳 一 地上並ニ水上ニ於ケル損害輕微．

台湾沖海戰ノ戰果以來．コヽニ再ビ聞ク〝軍艦マーチ〟ノニユースデ
アル。我ガ攻勢ノ機來ルノ感デアル。

一、主要行事　ナシ
二、気象　○へ
三、天気予報　晴

三月二十五日（日曜）

日課ノ昨日ノ予防接種施行ニ依ル安静デ今日ハ一五〇〇迄、就寝ヲ続ケル。
而シ特ニ臨時当番等ガ出テ舎外清掃及ビ木材運搬ヲ手傳フ。
一五〇〇ヨリハ起床シテ舎内ノ清掃ヲ実施シ日夕点呼前ニ一八〇〇ヨリ軍
歌演習ヲ四〇分実施スル。特別ニ点呼ハ一九〇〇繰上ゲデ一九三〇ニ就
寝消燈ヲスル。（今日ハ一日中内務実施ダッタ訳デアル。

一、上司ノ訓示摘要ナシ
二、諸上官注意事項
一、週番下士官（連絡係）①起床ト就寝トノ区切リヲハッキリスル様ニセヨ。
②舎内ノ清掃等ハ徹底ヲシテヤル事、
2、班長　①今度出来タ所ノ、内務ノ躾ヲ確実ニヤッテユケ、
②一度、其ノ中隊ニ編成サレタカラニハ其ノ躾ヲ守レ、
四、所感、就寝中デハアッタガ臨時当番ニ出ル。不思議ニモポカポカシタ日本晴デ
丁度オ眼覚メ直後ノ散歩ト言ッタ調子デ何トモ言ヘヌ嬉シサデアッタ。
遥カニ富士山ノ真白キ威厳サヲ仰イデ全ク春来ルノ感ニ心一杯ノ
清気ヲ吸ヒ上ゲル。春ハ吾ラノ天下取ル所今カラ新シイ天地ノ
正気ニ突進ノラッパノ中、前進、前進亦前進デアル。

一．主要行事
ナシ
二．気象
〇
三．天気予報
晴

三月二十五日（日曜）

日課　昨日ノ予防接種実行ニ依ル安静デ今日ハ一五〇〇迄就寝ヲ続ケル。
而シ特ニ臨時當番等ガ出テ舎外清掃及ビ木材運搬ヲ手傳フ。
一五〇〇ヨリハ起床シテ舎内ノ清掃ヲ実施シ日夕点呼前ニ一八〇〇ヨリ軍
歌演習ヲ四〇分実施スル。特別ニ点呼ハ一九〇〇繰上ゲデ一九三〇ニ就
寝消燈ヲスル。今日ハ一日中内務班実施ダッタ訳デアル。
一．上司ノ訓示摘項　ナシ
二．諸上官注意事項
1.週番下士官　①起床ト就寝トノ区切リヲハッキリスル様ニセヨ．
（連絡係）　②舎内ノ清掃等ハ徹底ヲシテヤル事．
2.班長　①今度出來タ所ノ〃内務ノ躾〃ヲ確実ニヤッテユケ．
②一度．其ノ中隊ニ編成サレタカラニハ其ノ〃躾〃ヲ守レ
四．所感　就寝中デハアッタガ臨時當番ニ出ル。不思議ニモポカ〱シタ日本晴デ
丁度オ眼覚メ直後ノ散歩ト言フ調子デ何トモ言ヘヌ嬉シサデアッタ。
遙カニ富士ノ山真白キ威嚴サヲ仰イデ全ク春來ルノ感ニ心一杯ノ
清気ヲ吸ヒ上ゲル。春ハ吾ラノ天下取ル所．今カラ新シイ天地ノ
正気ニ突進ノラッパノ中．前進、前進　亦　前進デアル。

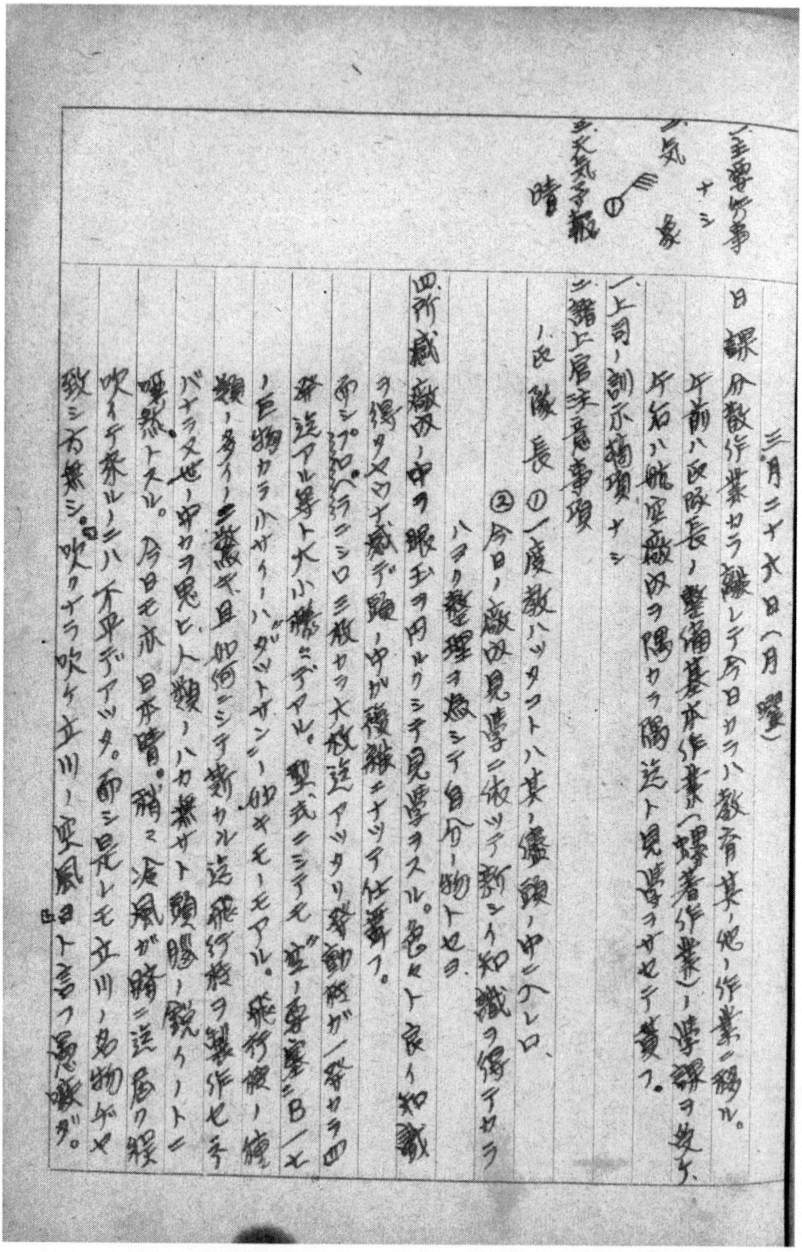

一、主要行事 ナシ
二、気象 ◎
三、天気予報 晴

三月二十六日（月曜）

日課 分散作業カラ離レテ今日カラハ教育其ノ他ノ作業ニ移ル。
午前ハ区隊長ノ整備基本作業（螺着作業）ノ学課ヲ受ケ、
午后ハ航空廠ヲ隅カラ隅迄ト見学サセテ貰フ。

一、上司ノ訓示摘項 ナシ

二、諸上官注意事項

1.区隊長 ①一度教ハッタコトハ其ノ儘頭ノ中ニ入レロ、
②今日ノ廠内見学ニ依ッテ新シイ知識ヲ得テカラハヨク整理ヲ為シテ自分ノ物トセヨ。

四、所感 廠内ノ中ヲ眼玉ヲ円ルクシテ見学ヲスル。色々ト良イ知識ヲ得タ。ヤマナ武蔵デ頭ノ中ガ複雑ニナッテ仕舞フ。而シプロペラ行ニシロ三枚カラ大枚迄アッタリ発動機ガ一発カラ四発迄アル等ト大小様々デアル。型式ニシテモ其ノ発室ニB／七ノ巨物カラ小サイノハダットサン三ノ小サキモノモアル。飛行機ノ種類ノ多イノニ驚キ、且如何ニシテ斯カル迄飛行機ヲ製作セ委バナラヌ世ノ中カラ見ヒ、人類ノハカ兼サト頭脳ノ鋭イノトニ唖然トスル。今日モ亦日本晴。稍々冷風ガ顔ニ迄居ク様吹イテ来ルノニハ不平デアッタ。而シ是レモ立川ノ名物デヤ致シ方無シ。吹クナラ吹ケ立川ノ空風ト言フ愚嘆ダ。

三月二十六日（月曜）

日課　分散作業カラ離レテ今日カラハ教育其ノ他ノ作業ニ移ル。

午前ハ区隊長ノ整備基本作業（螺着作業）ノ學課ヲ受ケ．

午后ハ航空廠内ヲ隅カラ隅迄ト見學ヲサセテ貰フ。

一．上司ノ訓示摘項　ナシ

二．諸上官注意事項

1. 隊長　①一度教ハッタコトハ其ノ儘　頭ノ中ニ入レロ．

②今日ノ廠内見學ニ依ッテ新シイ知識ヲ得テカラ

ハヨク整理ヲ為シテ自分ノ物トセヨ．

四．所感　廠内ノ中ヲ眼玉ヲ円ルクシテ見學ヲスル。色々ト良イ知識

ヲ得タヤウナ感デ頭ノ中ガ複雑ニナッテ仕舞フ。

而シプロペラニシロ三枚カラ六枚迄アッタリ発動機ガ一発カラ四

発迄アル等ト大小様々デアル。型式ニシテモ〝空ノ要塞〟B一七

ノ巨物カラ小サイノハ〝ダットサン〟如キモノモアル。飛行機ノ種

類ノ多イノニ驚キ．且　如何ニシテ斯カル迄飛行機ヲ製作セネ

バナラヌ世ノ中カヲ思ヒ人類ノハカ無サト頭脳ノ鋭イノトニ

唖然トスル。今日モ亦　日本晴。稍々冷風ガ臍ニ迄屆ク程

吹イテ來ルノニハ不平デアッタ。而シ是レモ立川ノ名物ヂヤ

致シ方無シ。『吹クナラ吹ケ立川ノ空風ヨ』ト言フ愚痴ダ

一．主要行事

ナシ

二．気　象

三．天気予報

晴

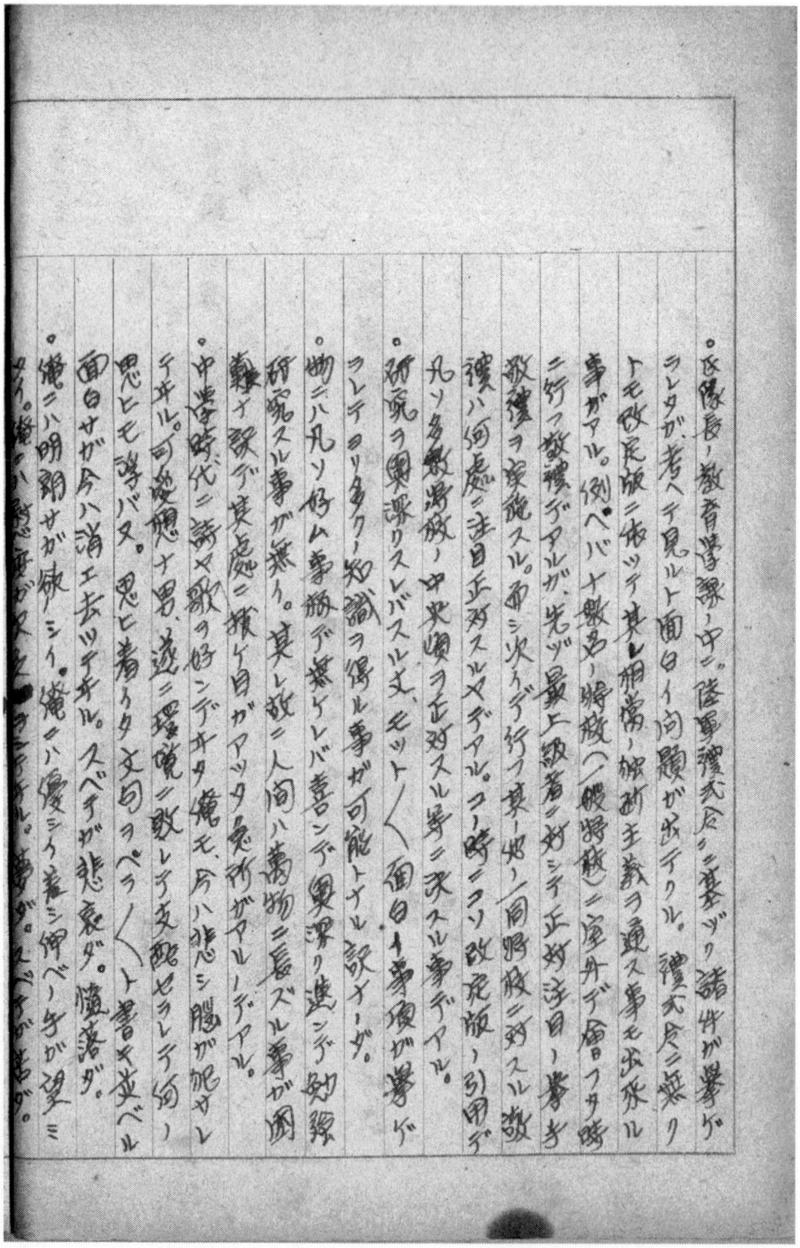
○区隊長ノ教育学課ノ中ニ。陸軍禮式令ニ基ヅク諸件ガ挙ゲ
ラレタガ、考ヘテ見ルト面白イ問題ガ出テクル。禮式令ニ無ク
トモ改定版ニ依ッテ其レ相當ノ独断主義ヲ通ス事モ出来ル
事ガアル。例ヘバ十数名ノ将校（一般将校）ニ室外デ會フタ時
ニ行フ敬禮デアルガ、先ヅ最上級者ニ対シテ正対注目ノ挙手
敬禮ヲ実施スル。而シ次イデ行フ其ノ他ノ同将校ニ対スル敬
禮ハ何処ニ注目正対スルノデアル。コノ時ニコソ改定版ノ引用デ
凡ソ多数将校ノ中央頃ヲ正対スル等ニ決スル事デアル。
○研究ヲ奥深クスレバスル丈、モットく面白イ事項ガ挙ゲ
ラレテヨリ多クノ知識ヲ得ル事ガ可能トナル訳ナノダ。
○物ニハ凡ソ好ム事柄デ無ケレバ喜ンデ奥深ク進ンデ勉強
研究スル事ガ無イ。其レ故ニ人間ハ萬物ニ長ズル事ガ出
来ナ訳デ其処ニ換ケ目ガアッタ急所ガアルノデアル。
○中学時代ニ詩ヤ歌ヲ好ンデヰタ俺モ、今ハ悲シ膽ガ施サレ
テヰル。可哀想ナ男、遂ニ環境ニ敗レテ支配セラレテ何ノ
思ヒモ浮バヌ。思ヒ着イタ文句ヲペラくト書キ並ベル
面白サガ今ハ消エ去ッテヰル。スベテガ悲哀ダ。墮落ダ。
○俺ニハ明朗サガ欲シイ。俺ニハ優シク美シ伸ベノ手ガ望ミ
ダイ。俺ニハ悲哀ガ又之ヲ[illegible]ラシテヰル。[illegible]ダ。スベテガ苦ダ。

◦区隊長ノ教育學課ノ中ニ〝陸軍禮式令〟ニ基ヅク諸件ガ擧ゲラレタガ、考ヘテ見ルト面白イ問題ガ出テクル。禮式令ニ無クトモ改定版ニ依ッテ其レ相當ノ独断主義ヲ通ス事モ出來ル事ガアル。例ヘバ十數名ノ將校（一般將校）ニ室外デ會フタ時ニ行フ敬禮デアルガ、先ヅ最上級者ニ対シテ正対注目ノ擧手敬禮ヲ実施スル。而シ次イデ行フ其ノ他ノ一同將校敬ニ対スル敬禮ハ何處ニ注目正対スルヤデアル。コノ時ニコソ改定版ノ引用デ凡ソ多數將校ノ中央頃ヲ正対スル等ニ決スル事デアル。

◦研究ヲ奥深クスレバスル丈、モット〱面白イ事項ガ擧ゲラレテヨリ多クノ知識ヲ得ル事ガ可能トナル訳ナノダ。

◦物ニハ凡ソ好ム事柄デ無ケレバ喜ンデ奥深ク進ンデ勉強研究スル事ガ無イ。其レ故ニ人間ハ萬物ニ長ズル事ガ困難ナ訳デ其處ニ抜ケ目ガアッタ急所ガアルノデアル。

◦中學時代ニ詩ヤ歌ヲ好ソデヰタ俺モ、今ハ悲シ脳ガ犯サレテヰル。可愛想ナ男、遂ニ環境ニ敗レテ支配セラレテ何ノ思ヒモ浮バヌ。思ヒ着イタ文句ヲベラ〱ト書キ並ベル面白サガ今ハ消エ去ッテヰル。スベテガ悲哀ダ。墮落ダ。

◦俺ニハ明朗サガ欲シイ。俺ニハ優シイ差シ伸ベノ手ガ望ミタイ。俺ニハ慰安ガ欠乏ヲシテヰル。夢ダ。スベテガ苦ダ。

一、主要行事 ナシ
二、気象 ⦶
三、天気予報 晴

今カラデモ僕ハ明ルイ星ヲ見付ケテ進ンデユクゾ。
キットヤルゾ、キット勝利ノ星ヲ戴イテ見セルゾ。

三月二十七日（火曜）

日課 今日ハ午前午后トモニ第三号倉庫ノ隣リニアル壕ヲ更ニ新シク掘リ開イテドラム罐ノ入ルヤウニスル。

一、上司ノ訓示摘項 ナシ

二、諸上官注意事項

一、区隊長 ⑴実行報告ヲ時期ヲ失セズニ確実ニ行ヘ
⑵作業間ノ休憩ト雖モ隊ヲ整ヘテ休ムヤウニ

四、所感 ポカ／＼照ル真ッ昼間ニ冷エ〴〵吹ク文明ノ風ヲ押シ切ッテ今日ハ壕掘リ作業ヲ実施スル。

。スグ其処此処ニハ試運転ヲスル直協ヤ軍偵ノエンジンノ音ガ喧シイ。偶ニハ滑走ヲヤッテ気持良ク離陸上昇スルダグラスヤ高練ノ翼ガマブシク光ッテ見セル。如何ニモ春ノ立チ始メヲ見セル日デアル。ノドカナ春デアル。

。相当ニ深ク掘リ下ゲタ土ヲ高所ニ投ゲル作業デ困難。而シ全部ダルイ身体ニ気合ヲ入レテ頑張ッタ。

一．主要行事
　ナシ
二．気　象 
三．天気予報
　晴

今カラデモ俺ハ明ルイ星ヲ見付ケテ進ンデユクゾ。
キットヤルゾ．キット勝利ノ星ヲ戴イテ見セルゾ。

三月二十七日（火曜）

日課　今日ハ午前午后トモニ第三号倉庫ノ隣リニアル壕ヲ更ニ新シク掘リ開イテ〝ドラム罐〟ノ入ルヤウニスル。

一．上司ノ訓示摘項　ナシ

二．諸上官注意事項

1.隊長　①実行報告ヲ時期ヲ失セズニ確実ニ行ヘ
②作業間ハ休憩ト雖モ隊ヲ整ヘテ休ムヤウニ

四．所感　ポカ〳〵照ル真ッ晝間ニ冷エぐ吹ク立川名物ノ風ヲ押シ切ッテ今日ハ壕掘リ作業ヲ実施スル。
。スグ其處此處ニハ試運転ヲスル直協ヤ軍偵ノエンヂンノ音ガ鋭イ。偶ニハ滑走ヲヤッテ気持良ク離陸上昇スルダグラスヤ高練ノ翼ガマブシク光ッテ見セル。如何ニモ春ノ立チ始メヲ見セル日デアル。ノドカナ春デアル。
。相當ニ深ク掘リ下ゲタ土ヲ高所ニ投ゲル作業デ困難。
而シ全部ダルイ身体ニ気合ヲ入レテ頑張ッタ。

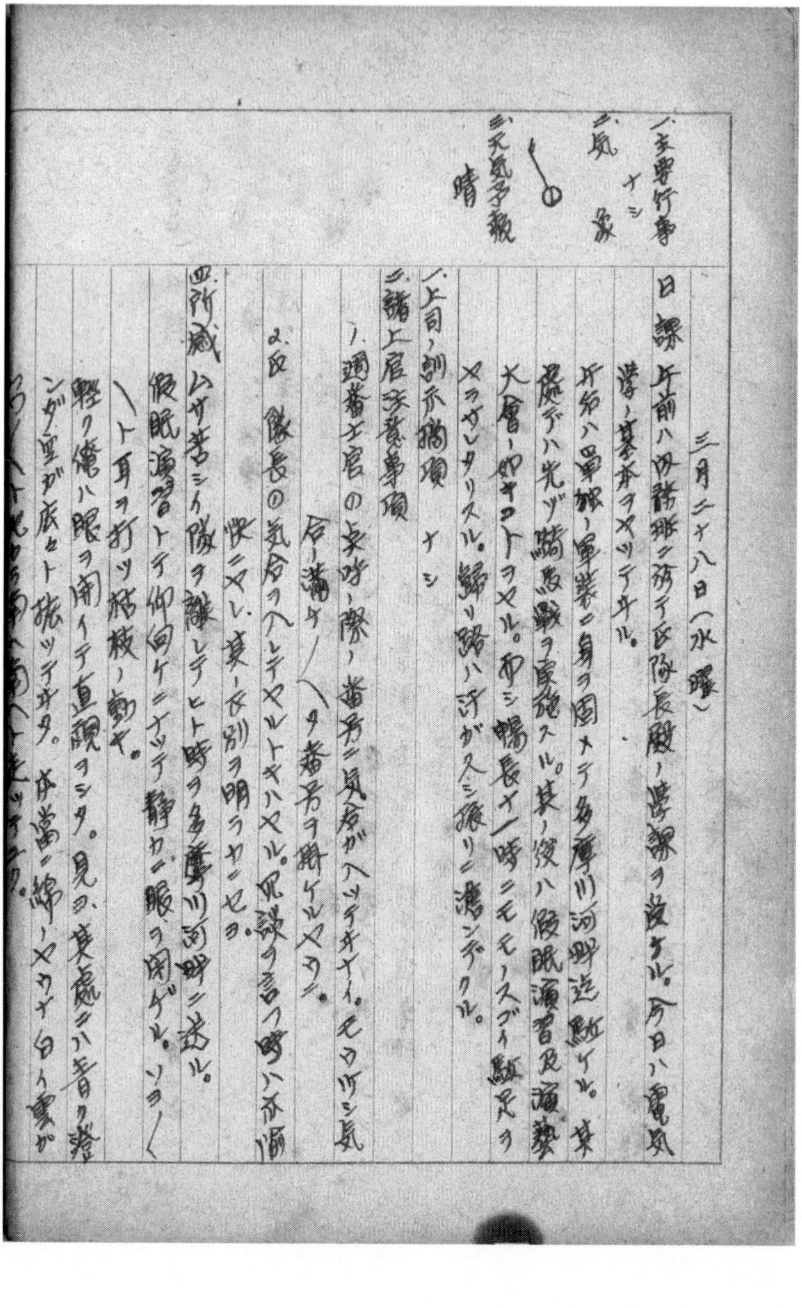

一、主要行事 ナシ
二、気象
三、天気予報 晴

三月二十八日（水曜）
日課 午前ハ内務班ニ於テ区隊長殿ノ学課ヲ受ケル。今日ハ電気
学ノ基本ヲヤッテ居ル。
午后ハ単独ノ軍装ニ身ヲ固メテ多摩川河畔迄駆ケル。其
処デハ先ヅ騎兵戦ヲ実施スル。其ノ後ハ仮眠演習及演藝
大会ノ如キコトヲヤル。而シ暢長ナ一時ニモ毛ノスゴイ駆足ヲ
ヤラサレタリスル。帰リ路ハ汗ガ久シ振リニ滲ンデクル。
一、上司ノ訓示摘項 ナシ
二、諸上官注意事項
1、週番士官の点呼ノ際ノ番号ニ気合ガ入ッテ居ナイ。モウ少シ気
合ノ満ケ〳〵タ番号ヲ掛ケルヤウニ。
2、区隊長の気合ヲ入レテヤルトキハヤル。冗談ヲ言フ時ハ亦愉
快ニヤレ。其ノ区別ヲ明ラカニセヨ。
四、所感 ムサ苦シイ隊ヲ離レテヒト時ヲ多摩川河畔ニ送ル。
仮眠演習トテ仰向ケニナッテ静カニ眼ヲ閉ゲル。ソヨ〳〵
ト耳ヲ打ツ枯枝ノ動キ。
軽ク俺ハ眼ヲ開イテ直観ヲシタ。見ヨ、其処ニハ青ク澄
ンダ空ガ底々ト拡ッテ居タ。本当ニ綿ノヤウナ白イ雲ガ

一．主要行事
ナシ
二．気 象 
三．天気予報
晴

三月二十八日（水曜）

日課 午前ハ内務班ニ於テ区隊長殿ノ學課ヲ受ケル。今日ハ電気學ノ基本ヲヤッテヰル。

午后ハ單独ノ軍装ニ身ヲ固メテ多摩川河畔迄駈ケル。其處デハ先ヅ先騎馬戰ヲ実施スル。其ノ後ハ假眠演習及演藝大會ノ如キコトヲヤル。而シ暢長十一時ニモモノスゴイ駈足ヲヤラセレタリスル。歸リ路ハ汗ガ久シ振リニ澹（正：滲）ンデクル。

一．上司ノ訓示摘項 ナシ

二．諸上官注意事項

1.週番士官 ①点呼ノ際ノ番号ニ気合ガ入ッテヰナイ。モウ少シ気合ノ満チ〳〵タ番号ヲ掛ケルヤウニ。

2.区隊長 ①気合ヲ入レテヤルトキハヤル。冗談ヲ言フ時ハ亦愉快ニヤレ．其ノ区別ヲ明ラカニセヨ。

四．所感 ムサ苦シイ隊ヲ離レテヒト時ヲ多摩川河畔ニ送ル。

假眠演習トテ仰向ケニナッテ靜カニ眼ヲ閉ヂル。ソヨ〳〵ト耳ヲ打ツ枯枝ノ動キ。

輕ク俺ハ眼ヲ開イテ直視ヲシタ。見ヨ．其處ニハ青ク澄ソダ空ガ広々ト拡ッテヰタ。本當ニ綿ノヤウナ白イ雲ガフワ〳〵ト北カラ南ヘ南ヘト走ッテユク。

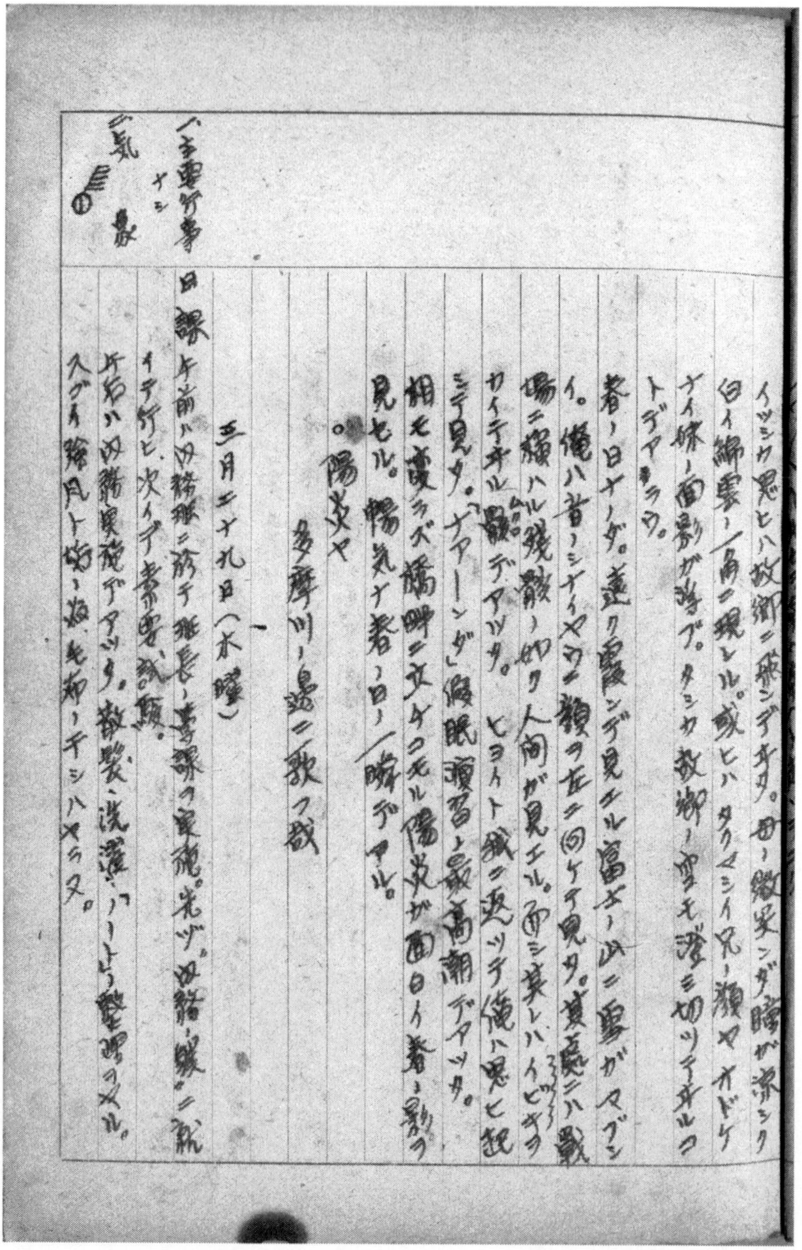
一、主要行事　ナシ
二、氣象　晴

イツシカ思ヒハ故郷ニ飛ンデヰタ。母ノ微笑ンダ瞳ガ涼シク
白イ綿雲ノ一角ニ現レル。或ヒハ タクマシイ兄ノ顔ヤ オドケ
ナイ妹ノ面影ガ浮ブ。タシカ故郷ノ空モ澄ミ切ツテヰルコ
トデアラウ。
春ノ日ナノダ。遠ク霞ンデ見エル富士ノ山ニ雲ガマブシ
イ。俺ハ昔ノシナイヤウニ顔ヲ左ニ向ケテ見タ。其處ニハ戰
場ニ横ハル残骸ノ如ク人間ガ見エル。而シ其レハ イビキヲ
カイテヰル最デアッタ。ヒヨイト我ニ返ッテ俺ハ思ヒ起
シテ見タ。「ナアーンダ」仮眠演習ノ最高潮デアッタ。
相モ変ラズ瞬時ニ立タクモル陽炎ガ面白イ春ノ影ヲ
見セル。陽気ナ春ノ日ノ一瞬デアル。
。陽炎ヤ
　多摩川ノ邊ニ歌フ哉

三月二十九日（木曜）
日課　午前ハ内務班ニ於テ班長ノ学課ノ実施。先ヅ内務ノ躾ニ就
イテ行ヒ、次イデ要務ノ試験。
午后ハ内務実施デアッタ。散髪、洗濯、ノートノ整理ヲナセル。
久ブリ爽凡ト始ノ海、毛布ノ干シハヤラヌ。

一、主要行事
ナシ
二、気象

イツシカ思ヒハ故郷ニ飛ンデヰタ。母ノ微笑ンダ瞳ガ涼シク白イ綿雲ノ一角ニ現レル。或ヒハタクマシイ兄ノ顔ヤオドケナイ妹ノ面影ガ浮ブ。タシカ故郷ノ空モ澄ミ切ッテヰルコトダア■ラウ。

春ノ日ナノダ。遠ク霞ンデ見エル富士ノ山ニ雪ガマブシイ。俺ハ音ノシナイヤウニ顔ヲ左ニ向ケテ見タ。其處ニハ戰場ニ横ハル殘骸ノ如ク人間ガ見エル。而シ其レハイビキヲカイテヰル骸（ムクロ）デアッタ。ヒヨイト我ニ返ッテ俺ハ思ヒ起シテ見タ。「ナアーソダ」假眠演習ノ最高潮デアッタ。

相モ変ラズ橋畔ニ立チコモル陽炎ガ面白イ春ノ影ヲ見セル。暢気ナ春ノ日ノ一瞬デアル。

。陽炎ヤ
多摩川ノ邊ニ歌フ哉

三月二十九日（木曜）

日課　午前ハ内務班ニ於テ班長ノ學課ヲ実施。先ヅ〝内務ノ躾〟ニ就イテ行ヒ、次イデ素要試驗。
午后ハ内務実施デアッタ。散髪、洗濯、「ノート」ノ整理ヲヤル。スゴイ強風ト垢ノ為毛布ノ干シハヤラヌ。

三、天氣予報
晴

八、主要行事
ナシ

三、氣分 良好

一、上司ノ訓示摘項 ナシ
二、諸上官注意事項 ナシ
四、所感 晝食ノ最中ニ突然警報ガ鳴ッタ。鳴ル丈ナラバ何ノ驚キモ感ゼヌガ、何ト大空ヲ真白ナ飛行雲ガ長ク尾ヲ引イテ行クコトヨ。見ヨ、其處ニハボーイングB29ノ生意氣ナ偵察ガ行ハレテ居ルノダ。
〇義憤慷慨 何ト堂ゝタル飛翔デアルコトダ。アゝ、燃料サヘアレバ、燃エタギル闘志ガアレバ………
〇アザ〱ト見セツケラレタB29ノ小癪極マル態度
俺ハ断然貴様ヲ許サヌゾ。キットヤル。キット打ッテヤル。
待ッテヲイ、俺ノ突撃ガ開始スルノヲ。

三月三十日（金曜）
日課 午前ハ軍艇教練ヲ実施シ、午后ハ区隊長ノ講話ガアル。
一、上司ノ訓示摘項 ナシ
二、諸上官注意事項 ナシ
四、所感 区隊長ガ吾々ノ典範令購入ニ奔走スルノデ其ノ間吾ラハ軍隊教練及ビ競技ノ作業ヲヤル。

三、天気予報

晴

一、主要行事

ナシ

二、気象

一、上司ノ訓示摘項　ナシ

二、諸上官注意事項　ナシ

四、所感　晝食ノ最中ニ突然警報ガ鳴ッタ。鳴ル丈ナラバ何ノ驚キモ感ゼヌガ、何ト大空ヲ真白ナ飛行雲ガ長ク尾ヲ引イテユクコトヨ。見ヨ、其處ニハ〝ボーイングB29〞ノ生意気ナ偵査ガ行ハレテヰルノダ。

。義憤慷慨　何ト堂々タル飛翔デアルコトダ。アヽ燃料サヘアレバ、燃エタギル闘志ガアレバ……

。マザ〳〵ト見セツケラレタB29ノ小癪極マル態度

俺ハ断然貴様ヲ許サヌゾ。キットヤル。キット打ッテヤル。

待ツガヨイ。俺ノ突撃ガ開始スルノヲ。

三月三十日（金曜）

日課　午前ハ軍機教練ヲ実施シ、午后ハ区隊長ノ學課ガアル。

一、上司ノ訓示摘項　ナシ

二、諸上官注意事項　ナシ

四、所感区隊長ガ吾ラノ典範令購入ニ奔走スルノデ其ノ間吾ラハ軍機教練及ビ壕堀リ作業ヲヤル。

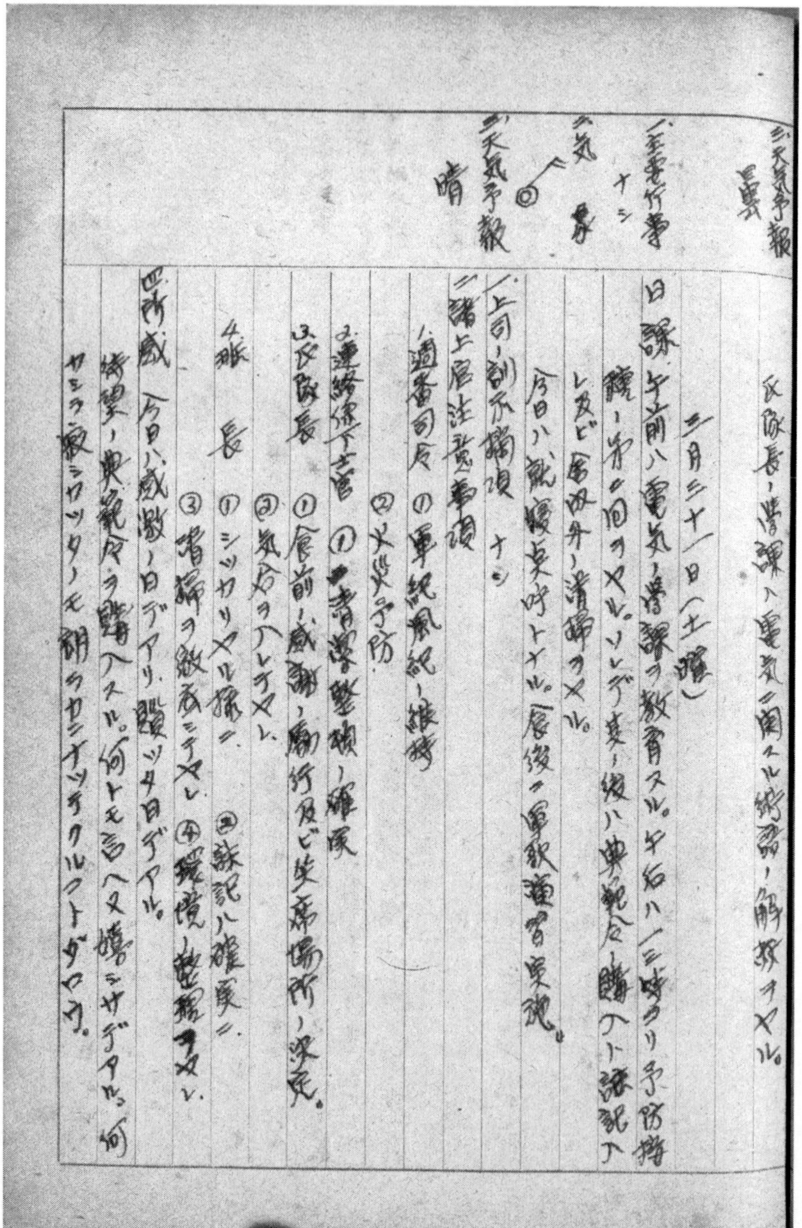
三、天気予報　曇

一、主要行事　ナシ

二、気象　◎

三、天気予報　晴

区隊長ノ学課ハ電気ニ関スル術語ノ解説ヲヤル。

三月三十一日（土曜）

日課　午前ハ電気ノ学課ヲ教育スル。午后ハ一三時ヨリ予防接種ノ第二回ヲヤル。ソレデ其ノ後ハ典範令ノ暗誦ト諳記又レ及ビ舎内外ノ清掃ヲヤル。

今日ハ就寝定時トナル。食後ニ軍歌演習実施。

一、上司ノ訓示事項　ナシ

二、諸上官注意事項

1.週番司令　①軍紀風紀ノ維持　②火災予防

2.連絡係下士官　①清潔整頓ノ確実

3.区隊長　①食前ノ感謝ノ励行及ビ実施場所ノ決定。　②気合ヲ入レテヤレ。

4.班長　①シッカリヤル様ニ　②諳記ハ確実ニ　③清掃ヲ徹底シテヤレ　④環境ノ整理ヲヤレ。

四、所感　今日ハ感激ノ日デアリ、躍ッタ日デアル。待望ノ典範令ヲ暗誦ヘスル。何トモ言ヘヌ嬉シサデアル。何サミラ寂シカッタノモ朗ラカニナッテクルコトダロウ。

三．天気予報
曇

一．主要行事
ナシ

二．気象

三．天気予報
晴

区隊長ノ學課ハ電気ニ関スル術語ノ解決ヲヤル。

三月三十一日（土曜）

日課　午前ハ電気ノ學課ヲ教育スル。午后ハ一三時ヨリ予防接種ノ第二回ヲヤル。ソレデ其ノ後ハ典範令ノ購入ト註記入レ及ビ舎内外ノ清掃ヲヤル。

今日ハ就寝点呼トナル。食後ニ軍歌演習実施。

一．上司ノ訓示摘項　ナシ

二．諸上官注意事項

1．週番司令　①軍紀風紀ノ維持

②火災予防

2．連絡係下士官　①清潔整頓ノ確実

3．隊長　①食前ノ感謝ノ勵行及ビ坐席場所ノ決定。

②気合ヲ入レテヤレ．

4．班長　①シッカリヤル様ニ．②註記ハ確実ニ．

③清掃ヲ徹底シテヤレ　④環境ノ整理ヲヤレ．

四．所感　今日ハ感激ノ日デアリ．贖ッタ日デアル。

待望ノ典範令ヲ購入スル。何トモ言ヘヌ嬉シサデアル。何カシラ寂シカッタノモ朗ラカニナッテクルコトダロウ。

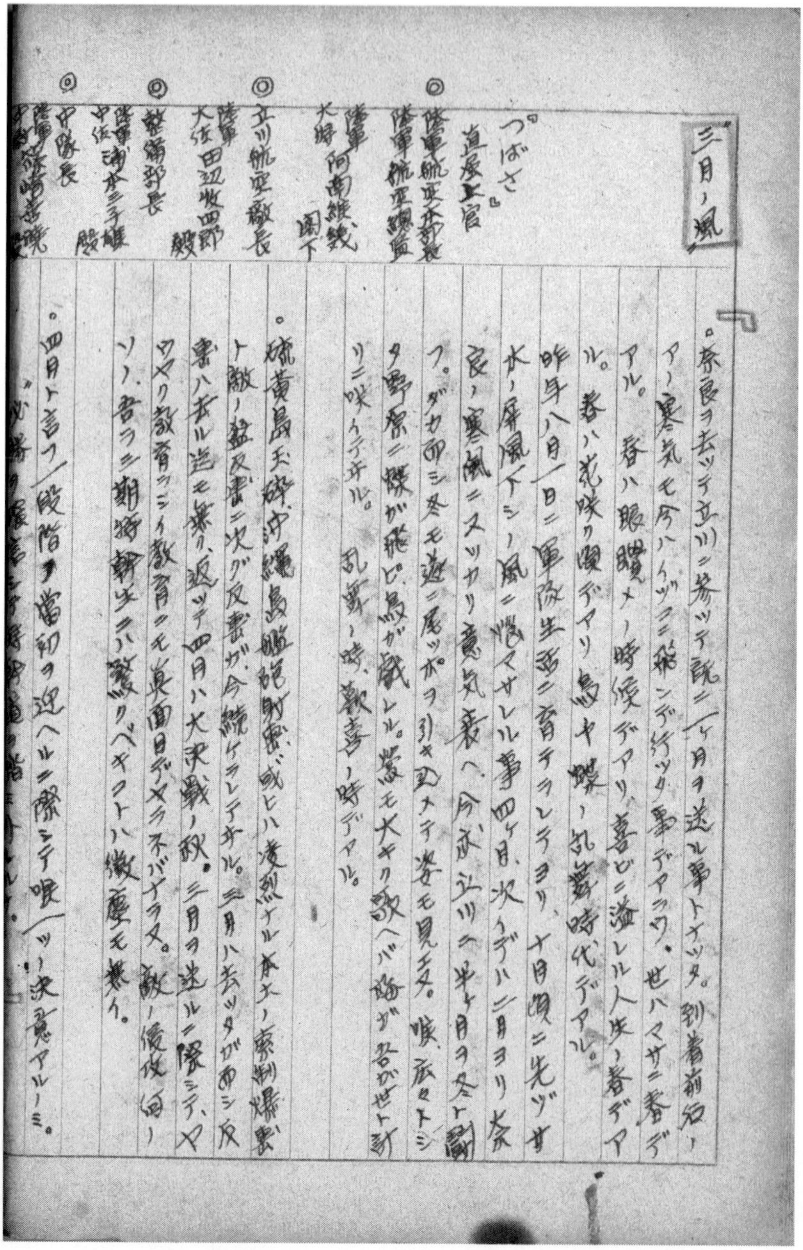

三月ノ風

『つばさ』直屬上官
陸軍航空本部長
陸軍航空總監
陸軍大將 阿南惟幾 閣下
立川航空廠長
陸軍大佐 田辺牧四郎 殿
整備部長
陸軍中佐 […]三千雄 殿
中隊長
陸軍少佐 […] 殿

。奈良ヲ去ツテ立川ニ参ツテ既ニ一ケ月ヲ送ル事トナツタ。到着前后ノアノ寒気モ今ハイヅコニ飛ンデ行ツタ事デアラウ。世ハマサニ春デアル。春ハ眼醒メノ時候デアリ、喜ビニ溢レル人生ノ春デアル。春ハ花咲ク頃デアリ鳥ヤ蝶ノ乱舞時代デアル。昨年八月一日ニ軍隊生活ニ育テラレテヨリ、十日頃ニ先ヅ大水ノ屏風下シノ風ニ悩マサレル事四ケ月、次イデハ二月ヨリ奈良ノ寒風ニスツカリ意気衰ヘ、今又立川ニ半ケ月ヲ冬ト闘フ。ダガ而シ冬モ遂ニ尾ツポヲ引キ込メテ姿モ見エヌ。唯、広々トシタ野原ニ蝶ガ飛ビ、鳥ガ戯レル。吾モ大キク歌ヘバ桜ガ吾ガ世ト許リニ咲イテヰル。乱舞ノ時、歓喜ノ時デアル。

。硫黄島玉砕、沖縄島艦砲射撃、或ヒハ凌烈ナル本土ノ爆撃ト敵ノ盤反書ニ次グ反書ガ今続ケラレテヰル。三月ハ去ツタガ而シ反書ハ去ル迄モ無ク、返ツテ四月ハ大決戦ノ秋。三月ヲ送ルニ際シテ、ヤカマシク教育ヲシイ教育ニモ真面目デナケレバナラヌ。敵ノ優役(?)ソノ書ヲ二期将幹生ニハ驚クベキコトハ微塵モ無イ。

。四月ト言フ一段階ヲ當初ヲ迎ヘルニ際シテ唯一ツノ決意アルノミ。
"必勝ノ信念ニテ将幹ノ道ヲ(?)…ル。

〝三月ノ風〟

『つばさ』

直属上官

◎陸軍航空本部
陸軍航空總監
陸軍阿南維幾
大將　閣下

◎立川航空廠長
陸軍田辺牧四郎
大佐　殿

◎整備部長
陸軍浦本三子雄
中佐　殿

◎中隊長
陸軍篠崎善曉
中尉　殿

『。奈良ヲ去ッテ立川ニ參ッテ既ニ一ヶ月ヲ送ル事トナッタ。到着前后ノアノ寒気モ今ハイヅコニ飛ンデ行ッタ事デアラウ。世ハマサニ春デアル。　春ハ眼覚メノ時候デアリ・喜ビニ溢レル人生ノ春デアル・　春ハ花咲ク頃デアリ鳥ヤ蝶ノ乱舞時代デアル。

昨年八月一日ニ軍隊生活ニ育テラレテヨリ・十月頃ニ先ヅ甘木ノ屛風下シノ風ニ悩マサレル事四ヶ月・次イデハ二月ヨリ奈良ノ寒風ニスッカリ意気衰ヘ・今・亦立川ニ半ヶ月ヲ冬ト闘フ。ダカ而シ冬モ遂ニ尾ッポヲ引キ込メテ姿モ見エヌ。唯・廣々トシタ野原ニ蝶ガ飛ビ鳥ガ戯レル。鶯モ大キク歌ヘバ梅ガ吾ガ世ト計リニ咲イテヰル。　乱舞ノ時・歡喜ノ時デアル。

。硫黄島玉砕沖縄島艦砲射撃或ヒハ凌烈ナル本土ノ索制爆撃ト敵ノ猛反撃ニ次グ反撃ガ・今続ケラレテヰル。三月ハ去ッタガ而シ反撃ハ去ル迄モ無ク・返ッテ四月ハ大決戦ノ秋。三月ヲ送ルニ際シテ・ヤウヤク教育ラシイ教育ニモ真面目デヤラネバナラヌ。敵ノ侵攻何ノソノ・吾ラ三期特幹生ニハ驚クベキコトハ微塵モ無イ。

。四月ト言フ一段階ノ當初ヲ迎ヘルニ際シテ唯一ツノ決意アルノミ。

〝必勝ヲ確信シテ特幹道ヲ踏ミ外レルナ。　』

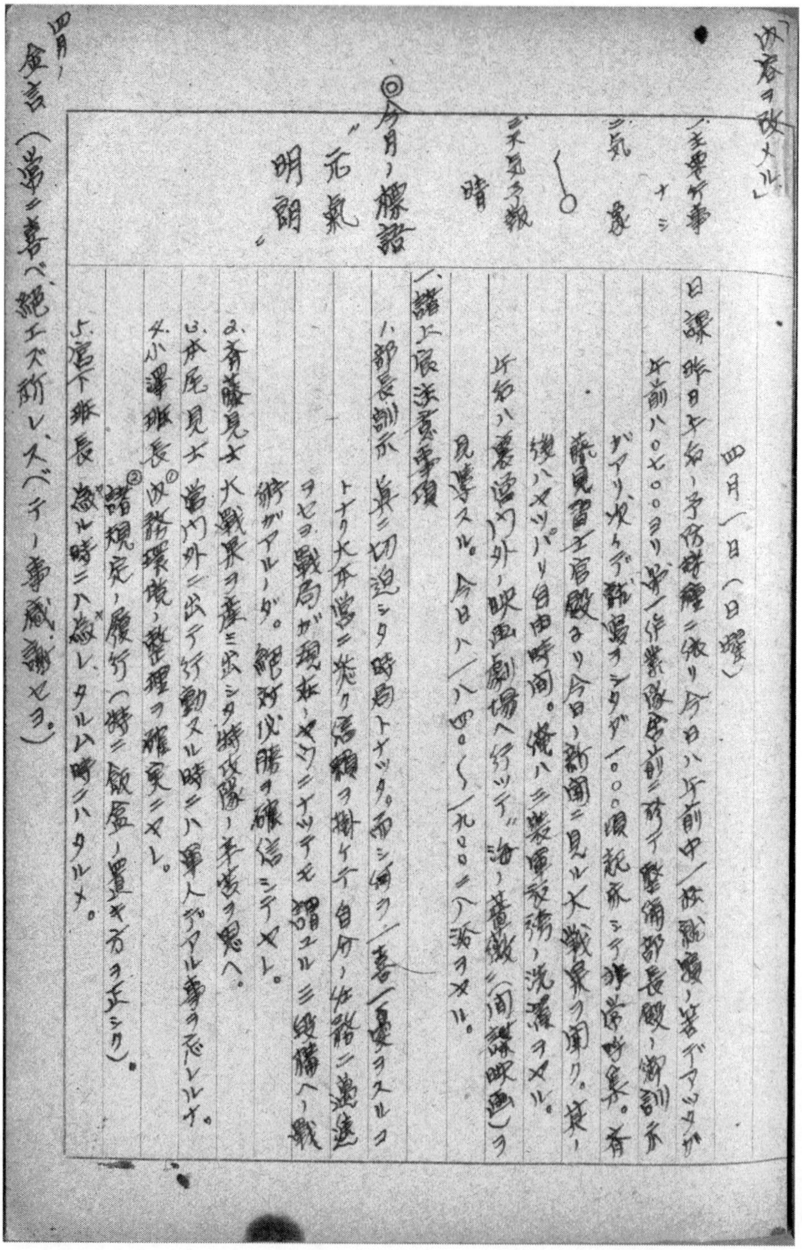
「汝ノ容ヲ改メル」

一、主要行事 ナシ

二、気象

三、天気予報 晴

◎今月ノ標語 "元氣明朗"。

四月一日（日曜）

日課 昨日午后ノ予防接種ニ依リ今日ハ午前中ノ休養ノ筈デアッタガ午前八〇七〇〇ヨリ第一作業隊舎前ニ於テ整備部長殿ノ御訓示ガアリ、次イデ諸注意ヲシタダ一〇〇〇頃解散シテ非常呼集。斉藤見習士官殿ヨリ今日ノ新聞ニ見ル大戦果ヲ聞ク。其ノ後ハヤッパリ自由時間。俺ハ三装軍装ノ洗濯ヲヤル。

午后ハ営門外ノ映画劇場ヘ行ッテ「海ノ薔薇」（間諜映画）ヲ見学スル。今日ハ一八四〇～一九〇〇ニ入浴ヲヤル。

一、諸上官注意事項

1、部長訓示 真ニ切迫シタ時局トナッタ。而シ何ク一喜一憂ヲスルコトナク大本営ニ発ク信頼ヲ掛ケ自分ノ任務ニ邁進ヲセヨ。戦局ガ現在ノヤウニナッテモ謂ユル三段構ヘノ戦術ガアルノダ。絶対必勝ノ確信ニテヤレ。

2、斉藤見士 大戦果ヲ嘉ミ出シタ特攻隊ノ辛苦ヲ思ヘ。

3、本尾見士 営門外ニ出テ行動スル時ニハ軍人デアル事ヲ忘レルナ。

4、小澤班長 ①服務環境ノ整理ヲ確実ニヤレ。②諸規定ノ履行（特ニ飯盒ノ置キ方ヲ正シク）。

5、宮下班長 怒ル時ニハ怒レ、タルムハ時ニハタルメ。

四月ノ金言（常ニ喜ベ、絶エズ祈レ、スベテノ事感謝セヨ。）

四月一日（日曜）

日課　昨日午后ノ予防接種ニ依リ今日ハ午前中一杯就寝ノ筈デアッタガ
午前八〇七〇〇ヨリ第一作業隊舎前ニ於テ整備部長殿ノ御訓示
ガアリ．次イデ就寝ヲシタガ一〇〇〇頃起床シテ非常呼集。斉
藤見習士官殿ヨリ今日ノ新聞ニ見ル大戦果ヲ聞ク。其ノ
後ハヤッパリ自由時間。俺ハ三装軍衣袴ノ洗濯ヲヤル。
午后ハ裏営門外ノ映画劇場ヘ行ッテ〃海ノ薔薇〃（間諜映画）ヲ
見學スル。今日ハ一八四〇～一九〇〇ニ入浴ヲヤル。

一．諸上官注意事項

1.部長訓示　真ニ切迫シタ時局トナッタ。而シ何ラ一喜一憂ヲスルコトナク大本営ニ悉ク信頼ヲ掛ケテ自分ノ任務ニ邁進ヲセヨ．戦局ガ現在ノヤウニナッテモ謂ユル三段構ヘノ戦術ガアルノダ。絶対必勝ヲ確信シテヤレ。

2.斉藤見士　大戦果ヲ產ミ出シタ特攻隊ノ辛苦ヲ思ヘ。

3.本尾見士　営門外ニ出テ行動スル時ニハ軍人デアル事ヲ忘レルナ。

4.小澤班長　①内務環境ノ整理ヲ確実ニヤレ。
②諸規定ノ履行（特ニ飯盒ノ置キ方ヲ正シク）。

5.宮下班長　為（ヤ）ル時ニハ為（ヤ）レ．タルム時ニハタルメ。

「内容ヲ改メル」

一．主要行事
ナシ

二．気象

三．天気予報
晴

◎今月ノ標語
〃元気
明朗〃

四月ノ金言（常ニ喜ベ絶エズ祈レ.スベテノ事感謝セヨ。）

案：「海ノ薔薇」，此電影為一九四五年上映的間諜電影「海の薔薇」，導演為松崎啓次，由藤田進、轟夕起子等人進行主演。
（參：http://db.eiren.org/contents/0201945003.html）

二、反省　新タナル月始メヲ迎ヘテ先ヅ部長殿ノ訓示ヲ受ケ今日ノ日熱心ナル行動ヲ為セルヤ。今日ノ日明朗ナル内務ヲ形成セルヤ。時局ニ即應セル真面目ナル思ヒヲ持ッテ事ニ當リタルヤ。今日、今年ノ段階ニ四月ノ日ヲ区切ル時トスル日、今後ノ行動ニ大イニ誠ヲ貫ヌクベク反省悔悟ヲ此處ニ遅カラズ覚ヲ新タニス。

三、随想　今日ハ〇五三〇ノ起床ヨリ二一〇〇ノ消燈ニ至ル迄変現出行動計リ。

。整備部長殿ノ御訓示ハヤッパリ古ラ頭ノ人デアリ、熱血志士デアルヤウナ口振リ、マ深クカブッタ戦帽ノ奥ニ秘ム眼ノ威力、君ラホヤホヤノ参謀様ヲ集メテ開ク大本営ノ如クニ段構ヘ、戦法ガアル限リ絶対ニ大丈夫、今ハ九七戦等モ十機以上ニ頑張ッテ居ル。ガ矢ヒガ必勝ノ信念ニ燃ヘテ居ル様ダ。全ク月始ノ当初カラデ愉快。

。非常時集ガアッテ斉藤見習士官殿ヨリ昨日迄ニ至ルニナス日ヨリノ南西諸島ノ大戦果ヲ聞ク。其レニ加ヘテ比島ルソン決戦ニ功ヲ奏スル山下作戦ガ頑張ッテ居ルト聞ク。爽快亦爽快ダ。大戦果ハ以前発表轟沈破四〇ニ加フル轟沈破五〇。デ計九〇。九〇隻ノ轟沈破ガ僅カニ五日間ノ戦果ダトハ全クノ大大戦果デアル。

。戦果ヲ聞イタ直後、裸ニナッテ航空体操ヲ実施スル。今年ノ決戦年ヲ迎ヘテ最初ノ裸体操デアッタ。空ハ青ヒト蒼ナーダ。

二．反省　新タナル月始メヲ迎ヘテ先ヅ部長殿ノ訓示ヲ受ケ今日一日熱心ナル行動ヲ為（ナ）セルヤ。今日一日明朗ナル内務ヲ形成セルヤ。
時局ニ即應セル真面目ナル思ヒヲ持ッテ事ニ當リタルヤ。
今日、一ヶ年ノ段階ニ四月一日ヲ区切ル時トスル日．今後ノ行動ニ大イニ誠ヲ貫ヌクベク反省悔悟ヲ此處ニ遲カラズ意ヲ新タニス。

三．随想　今日ハ〇五三〇ノ起床ヨリ二一〇〇ノ消燈ニ至ル迄変現出行動計リ。
。整備部長ノ御訓示ハヤッパリ古イ頭ノ人デアリ．熱血志士デアルヤウナ口振リ．マ深クカブッタ戰帽ノ奥ニ秘ム眼ノ威力．吾ラ　ホヤ〱ノ參謀株ヲ集メテ開ク大本営ノ如ク〝三段構ヘノ戰法ガアル限リ絶対ニ大丈夫．今ハ九七戰等モ十機十艦ニ頑張ッテヰル。オ互ヒガ必勝ノ信念ニ溢フレル様〟ダ。全ク月始ノ當初カラデ壯快。
。非常呼集ガアッテ斉藤見習士官殿ヨリ昨日迄ニ至ル二十六日ヨリノ南西諸島ノ大戰果ヲ聞ク。其レニ加ヘテ比島ルソン決戰ニ功ヲ奏スル山下作戰ガ頑張ッテキルト聞ク。爽快　亦　爽快ダ。
大戰果ハ午前発表　撃沈破四〇ニ加フル撃沈破五〇デ計九〇。
九〇隻ノ撃沈破ガ僅カニ五日間ノ戰果ダトハ全クノ大大戰果デアル。
。戰果ヲ聞イタ直後．裸ニナッテ航空体操ヲ実施スル。今年ノ決戰年ヲ迎ヘテ最初ノ裸体操デアッタ。　空ハ青々ト春ナノダ。
。新段階突撃ヘ先ヅ新気一変ノ思ヒヲ込メテ張リ切レバ．今迄

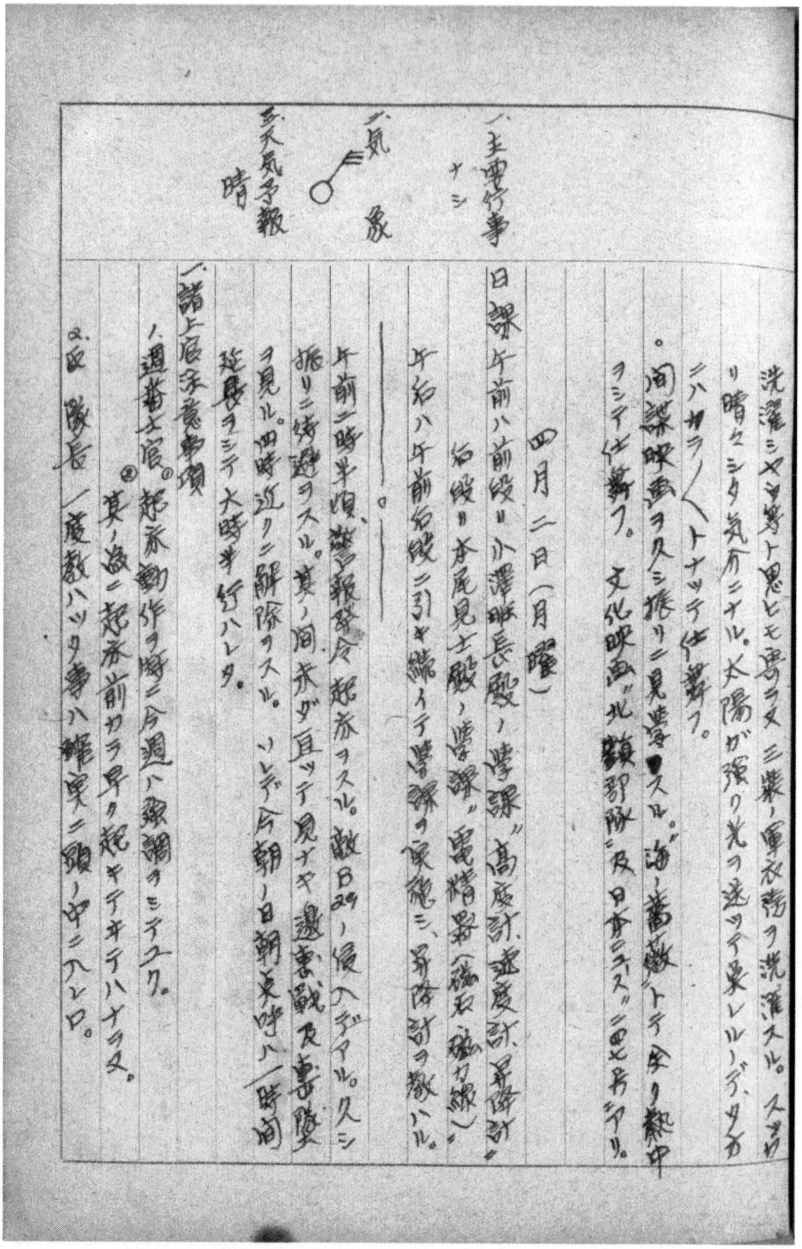

洗濯シヤウ等ト思ヒモ寄ラヌ 三襲ノ軍衣袴ヲ洗濯スル。スッカ
リ晴々シタ気分ニナル。太陽ガ強ク光ヲ透ッテ来レルノデ、サウカ
ニハサラ〳〵トナッテ仕舞フ。
○間諜映画ヲ久シ振リニ見学スル。"海ノ薔薇"トテ全ク熱中
ヲシテ仕舞フ。文化映画"北鎮部隊"及日本ニュース"二四七号アリ。

一、主要行事
ナシ
二、気象
三、天気予報
晴

四月二日（月曜）
日課 午前ハ前段ハ小澤班長殿ノ学課"高度計、速度計、昇降計"
后段ハ斎尾見士殿ノ学課"羅精器（磁石、磁力線）"。
午后ハ午前后段ニ引キ続イテ学課ヲ羅針儀ニ、昇降計ヲ教ハル。

——○——

午前二時半頃、警報発令起床ヲスル。敵B29ノ侵入デアル。久シ
振リニ待避ヲスル。其ノ間未ダ且ッテ見ナヤ邀撃戦及撃墜
ヲ見ル。四時近クニ解除ヲスル。ソレデ今朝ノ日朝点呼ハ一時間
延長ヲシテ六時半行ハレタ。

一、諸上官注意事項
1、週番士官。起床動作ヲ特ニ今週ハ強調ヲシテユク。
㊟其ノ為ニ起床前カラ早ク起キテオテハナラヌ。
2、区隊長 一度教ハッタ事ハ確実ニ頭ノ中ニ入レロ。

一．主要行事
ナシ
二．気象
三．天気予報
晴

洗濯シヤウ等ト思ヒモ寄ラヌ三装ノ軍衣袴ヲ洗濯スル。スッカリ晴々シタ気分ニナル。太陽ガ強ク光ヲ送ッテ呉レルノデ．夕方ニハカラ〱トナッテ仕舞フ。

。間諜映画ヲ久シ振リニ見學■スル。〃海ノ薔薇〃トテ全ク熱中ヲシテ仕舞フ。文化映画〃北鎮部隊〃及日本ニュース〃二四七号〃アリ。

四月二日（月曜）

日課　午前ハ前段＝小澤班長殿ノ學課〃高度計．速度計．昇降計．〃
后段＝本尾見士殿ノ學課〃電精器（磁石、磁力線）〃
午后ハ午前后段ニ引キ続イテ學課ヲ実施シ．昇降計ヲ教ハル。

——。——

午前二時頃．警報発令　起床ヲスル。敵B29ノ侵入デアル。久シ振リニ待避ヲスル。其ノ間．未ダ亘ッテ見ナキ邀撃戦及撃墜ヲ見ル。四時近クニ解除ヲスル。　ソレデ今朝ノ日朝点呼ハ一時間延長ヲシテ六時半行ハレタ。

一．諸上官注意事項
1.週番士官　①起床動作ヲ特ニ今週ハ強調ヲシテユク。
②其ノ為ニ起床前カラ早ク起キテヰテハナラヌ。
2.区隊長　一度教ハッタ事ハ確実ニ頭ノ中ニ入レロ。

三、反省 未ダ夜中ニモ拘ハラズ起床時過ヲ察識ナクセシレ。六三〇ノ時
間起床起期トハ言ヘ全ク眼ヲパチ〳〵スル。
而シ起床動作、全ク敏速果敢デアリ、中隊ノ未ダ寝ヲ出サヌノ
ニハブリ〳〵。其レ丈吾ラ幹候生ハ飛躍ガ著イ。
四、随想 月ノ光ガ明ヒトシテ隈無ク青空ニ何ト爽快極マル光景。
パット照ラサレタ五本ノ探照燈ニスッカリ暴露サレ[redacted]姿、
途端ニ轟音鋭イ砲撃、アタリニ赤ク燃エテ消エル砲煙。
見ヨ！吾ガ砲陣●ノ百発百中ノ腕ヲ、
青白イ光リヲ発スル敵ノ機影、
一瞬ニシテ真赤ナ火ノ玉ノ塊トル。
逃走亦逃走一筋ニ逃ゲユク者、
ドット喚ル勝鬨ノ声ガアソコヽ。
不敵侵ヘノ敵乃至ヲ捕捉セル
無敵ノ配陣吾ガ地上砲火部隊、
一発ニシテ燃エ去ル[redacted]、醜翼ノ影。
嗚呼、感激、頬ニウツル音ガ胸
ドキ〳〵ト鼓動ヲ[redacted]続ケテヰル。
始メテヲヽニ仰グ嬉シヒト時、
生ヲ享ケテ真ニ勇ミ上ル

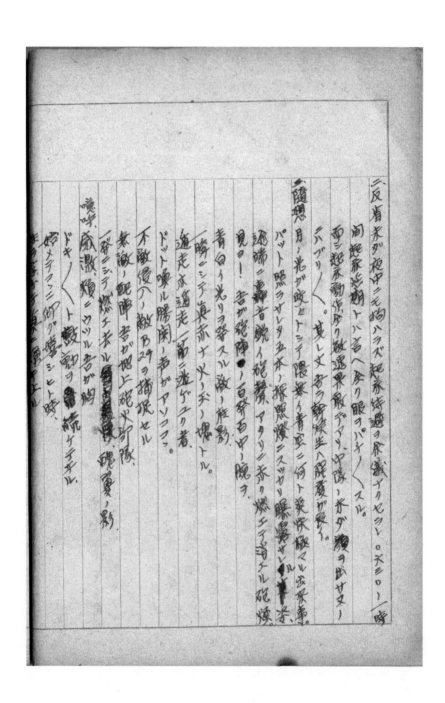

二．反省　未ダ夜中ニ拘ハラズ起床待避ヲ余儀ナクセラレ〇六三〇ノ一時
間起床延期トハ言ヘ全ク眼ヲパチ〳〵スル。
而シ起床動作全ク敏速果敢デアリ．中隊ノ未ダ顔ヲ出サヌノ
ニハブリ〳〵。其レ丈　吾ラ幹候生ハ程度ガ良イ。

三．随想　月ノ光ガ皎々トシテ隈無イ青空ニ何ト爽快極マル出來事。
パット照ラセレタ五本ノ探照燈ニスッカリ曝露サレル其ノ姿．
途端ニ轟音鋭イ砲聲．アタリニ赤ク燃エテ消エル砲煙。
見ヨ！　吾ガ砲陣[redacted]ノ百発百中ノ腕ヲ．
青白イ光リヲ発スル敵ノ機影
一瞬ニシテ真赤ナ火ノ玉ノ塊トル。
遁走亦遁走一筋ニ逃ゲユク者
ドット喚ル勝鬨ノ声ガアソコヽ。
不敵侵入ノ敵B29ヲ捕捉セル
無敵ノ配陣　吾ガ地上砲火部隊
一発ニシテ燃エ去ル[redacted]醜翼ノ影
嗚呼．感激頻ニウツル吾ガ胸
ドキ〳〵ト鼓動ヲ[redacted]続ケテキル．
始メテコヽニ仰グ嬉シヒト時
生ヲ享ケテ真ニ湧キ上ル

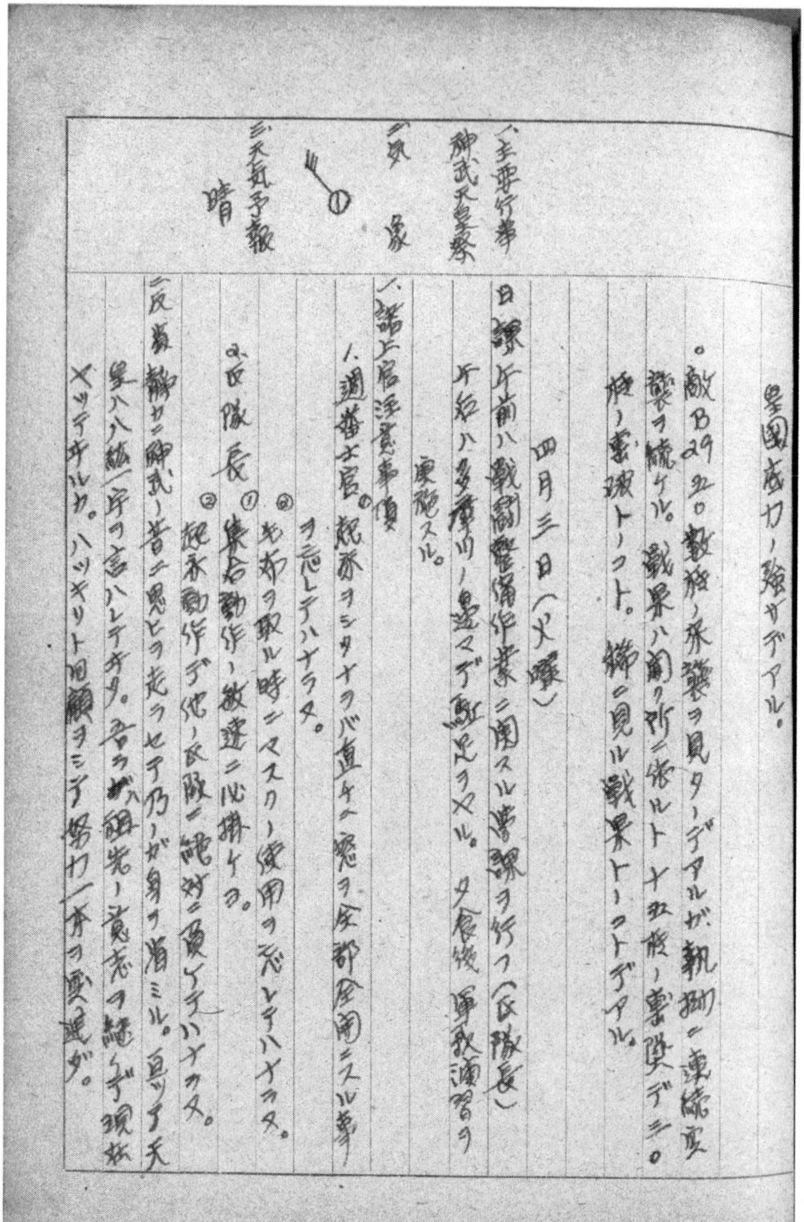

皇國威力ノ強サデアル。

○敵B29 五〇數機ノ來襲ヲ見タノデアルガ、執拗ニ連續空襲ヲ續ケル。戰果ハ聞ク所ニ依ルト十五機ノ撃墜デ三〇機ノ撃破トノコト。稀ニ見ル戰果トノコトデアル。

四月三日（火曜）

日課　午前ハ戰闘整備作業ニ關スル學課ヲ行フ（区隊長）午后ハ多摩川ノ邊マデ駈足ヲヤル。夕食後軍歌演習ヲ實施スル。

一、諸上官注意事項

1、週番士官○ 敬禮ヲシタナラバ直チニ窓ヲ全部全開ニスル事ヲ忘レテハナラヌ。

② 毛布ヲ取ル時ニマスクノ使用ヲ忘レテハナラヌ。

2、区隊長 ① 集合動作ノ敏速ニ心掛ケヨ。

② 敬禮動作デ他ノ区隊ニ絶對ニ負ケテハナラヌ。

二、反省 靜カニ神武ノ昔ニ思ヒヲ走ラセテ乃ノガ身ヲ省ミル。且ツ天皇ハ八紘一宇ヲ言ハレテ居タ。吾々ハ祖先ノ意志ヲ繼ギ現在ヤッテ居ルカ。ハッキリト回顧ヲシテ努力一番ヲ要スルダ。

一、主要行事 神武天皇祭

二、氣象 ◎

三、天氣予報 晴

皇國底力ノ強サデアル。

。敵B29五〇數機ノ來襲ヲ見タノデアルガ，執拗ニ連續空襲ヲ続ケル。戰果ハ聞ク所ニ依ルト　十五機ノ撃墜デ三〇機ノ撃破トノコト。稀ニ見ル戰果トノコトデアル。

四月三日（火曜）

一．主要行事
神武天皇祭
二．気　象

三．天気予報
晴

日課　午前ハ戦闘整備作業ニ関スル學課ヲ行フ（区隊長）
午后ハ多摩川ノ邊マデ駈足ヲヤル。　夕飯後軍歌演習ヲ実施スル。

一．諸上官注意事項
1.週番士官　①起床ヲシタナラバ直チニ窓ヲ全部全開ニスル事ヲ忘レテハナラヌ。
②毛布ヲ取ル時ニマスクノ使用ヲ忘レテハナラヌ。
2.区隊長　①集合動作ノ敏速ニ心掛ケヨ。
②起床動作デ他ノ区隊ニ絶対ニ負ケテハナラヌ。

二．反省　靜カニ神武ノ昔ニ思ヒヲ走ラセテ乃ノガ身ヲ省ミル。亘ッテ天皇ハ八紘一宇ヲ言ハレテヰタ。吾ラハ祖先ノ意志ヲ継イデ現在ヤッテヰルカ。ハッキリト回顧ヲシテ努力一本ヲ突進ダ。

案：「神武天皇祭」，根據明治四十一年所頒布的《皇室祭祀令》中的第九條所規定，大祭中包含了神武天皇祭，時間為每年的四月三日。（參：未見編者，《皇室祭祀令》（日本：未見出版者，時間不詳），頁三，見：https://dl.ndl.go.jp/info:ndljp/pid/10213279，2020/9/15點閱）

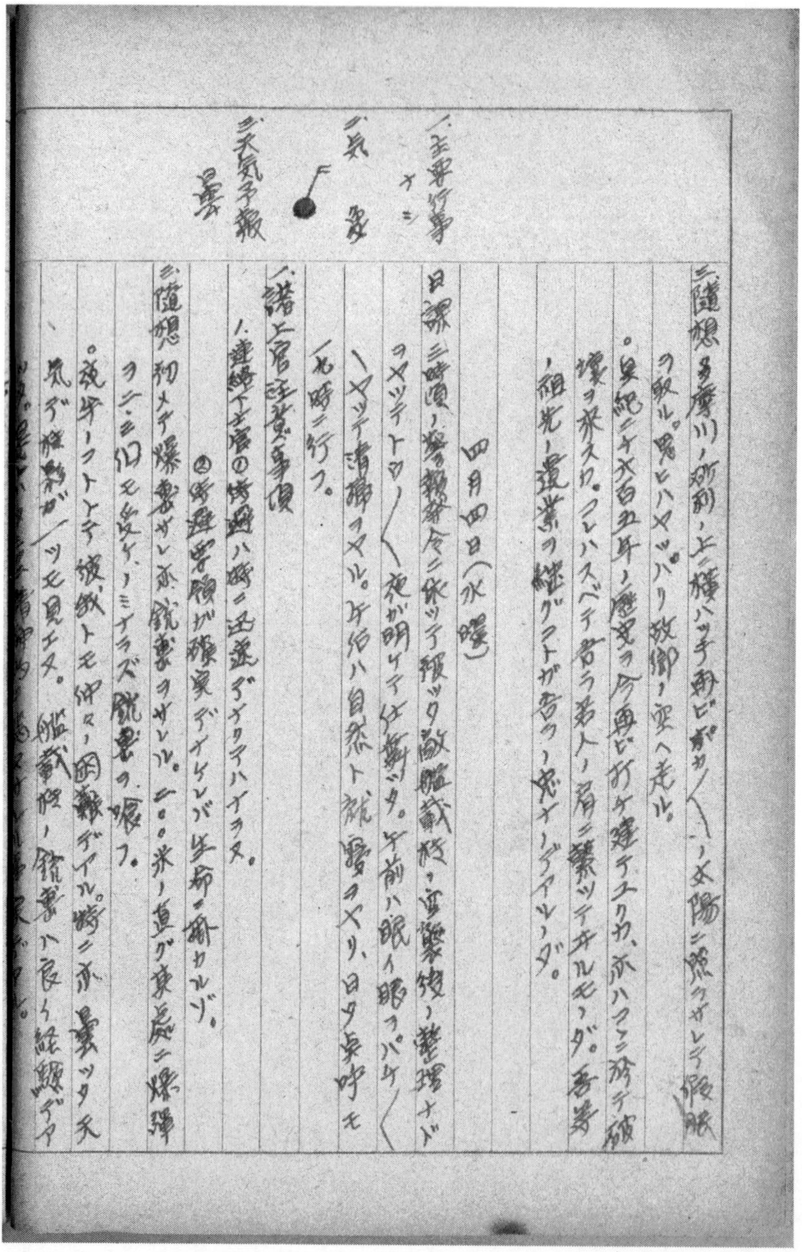

三、随想 多摩川ノ河前ノ上ニ横ハッテ再ビガッ〳〵ノ太陽ニ照ラサレテ仮眠ヲ取ル。思ヒハヤッパリ故郷ノ空ヘ走ル。
○皇紀二千六百五年ノ歴史ヲ今再ビ打チ建テユクカ、亦ハココニ於テ破壊ヲ来スカ。コレハスベテ吾ラ若人ノ肩ニ懸ッテヰルモノダ。吾等ノ祖先ノ遺業ヲ継グコトガ吾ラノ忠ナノデアルノダ。

四月四日(水曜)

日課 三時頃ノ警報発令ニ依ッテ残ッタ敵艦載機ノ空襲後ノ整理ナドヲヤッテトウトウ〳〵夜ガ明ケテ仕舞ッタ。午前ハ眠イ眼ヲパチ〳〵ヤッテ清掃ヲヤル。午后ハ自然ト就寝ヲヤリ、日夕点呼モ一七時ニ行フ。

一、諸上官注意事項
一、連絡下士官ノ待避ハ特ニ迅速デナクテハナラヌ。
②待避要領ガ確実デナケレバ生命ニ掛カルゾ。

三、随想 初メテ爆撃サレ亦銃撃ヲサレル。二〇米ノ真グ東底ニ爆弾ヲ二、三個モ受ケ、ノミナラズ銃撃ヲ喰フ。
○旋弾ノコトトテ破鐵トモ仲々ノ困難デアル。特ニ亦曇ッタ天気デ機影ガ一ツモ見エヌ。艦載機ノ銃撃ハ良ク経験デア[illegible]

一、主要行事 ナシ
二、気象
三、天気予報

一．主要行事
　ナシ
二．気象 
三．天気予報
　曇

三．随想　多摩川ノ砂利ノ上ニ横ハッテ再ビポカ〱ノ太陽ニ照ラセレテ假眠ヲ取ル。思ヒハヤッパリ故郷ノ空ヘ走ル。

。皇紀二千六百五年ノ歴史ヲ今再ビ打チ建テユクカ．亦ハコゝニ於テ破壊ヲ來スカ。コレハスベテ吾ラ若人ノ肩ニ繋ッテヰルモノダ。吾等ノ祖先ノ遺業ヲ継グコトガ吾ラノ忠ナノデアルノダ。

四月四日（水曜）

日課　三時頃ノ警報発令ニ依ッテ被ッタ敵艦載機ノ空襲後ノ整理ナドヲヤッテトウ〱夜ガ明ケテ仕舞ッタ。午前ハ眠イ眼ヲパチ〱ヽヤッテ清掃ヲヤル。午后ハ自然ト就寝ヲヤリ．日夕点呼モ一九時ニ行フ。

一．諸上官注意事項

1.連絡下士官　①待避ハ特ニ迅速デナクテハナラヌ。
②待避要領ガ確実デナケレバ生命ニ掛カルゾ。

三．随想　初メテ爆撃サレ亦．銃撃ヲサレル。二〇〇米ノ直グ其處ニ爆彈ヲ二、三個モ受ケ．ノミナラズ銃撃ヲ喰フ。

。夜半ノコトトテ彼我トモ仲々ノ困難デアル。特ニ亦　曇ッタ天気デ機影ガ一ツモ見エヌ。艦載機ノ銃撃ハ良イ経験デアッタ。是レハタシカニ精神的ニ悩マサレル事実デアル。

爆音ガ高ク鳴リ出ス度ニドキットスルモノデアル。
。艦載機ハB29ヨリモ物騒ナモノダト思ッタ。

四月五日（木曜）

一、主要行事　ナシ
二、気象　☂
三、天気予報　曇天

日課　一日中、移動実施デアッテ、二中隊残留、一中隊、九中隊ハ移居
（随想）等ガ報ゼラレル。
藤崎隊ニ残留シテ高萩ニ移居ヲスル者ガ四名。隣リノ戦
友ニ好敵光條御坐手遊ニ行ッテ仕舞ッタ。三階カラハ大分出ル。
操縦特幹生モ斯クノ如クシテザン／＼別レ／＼ニナリゴ奉
公ヲスルコトニナルノダ。俺ハドコヘ行クノヤラ皆目判別セヌ。

。藤崎隊ニ転属ヲシテ一ヶ月ト僅カノ日数デハアッタガ、何ヨリ
教育モ受ケズ、不確固トシタ作業ヲ行ハナカッタ。唯、無意
味デナイ程度ニ送ッタノダ。

四月六日（金曜）

一、主要行事　ナシ
二、気象

日課　今日ハ臨時当番トシテ廠舎ノ家屋破壊作業ヲ一日中ヤル。
（随想）コレハ不燃焼ヲ期シテ火災ヲ防止スルノデアル。
俺ハ二小隊トシテ十五名デ自動車小屋ヲ二棟コワス。

爆音ガ高ク鳴リ出ス度ニドキットスルモノデアル。
。艦載機ハB29ヨリモ物騒ナモノダト思ッタ。

四月五日（木曜）

一．主要行事
ナシ
二．気象

三．天気予報
曇

日課　一日中．内務実施デアッテ．二中隊残留．一中隊．九中隊ノ転属等ガ報ゼラレル。

（随想）藤崎隊ニ残留シテ高荻ニ転属ヲスル者ガ四〇名。隣リノ戰友三好秋光候補生モ遂ニ行ッテ仕舞ッタ。三班カラハ六名出ル。操縦特幹生モ斯クノ如クシテダン〱別レ〱ニナリゴ奉公ヲスルコトニナルノダ。俺ヲドコヘ行クノヤラ皆目判別セヌ。

。篠崎隊ニ転属ヲシテ一ヶ月ト僅カノ日数デハアッタガ．何ラノ教育モ受ケズ．亦確固トシタ作業ヲ行ハナカッタ。唯．無意味デナイ程度ニ送ッタノダ。

四月六日（金曜）

一．主要行事
ナシ
二．気象

日課　今日ハ臨時當番トシテ廠内ノ家屋破壊作業ヲ一日中ヤル。

（随想）コレハ不燃焼ヲ期シテ火災ヲ防止スルノデアル。

俺ハ三小隊トシテ十五名デ自転車小屋ヲ二棟コワス。

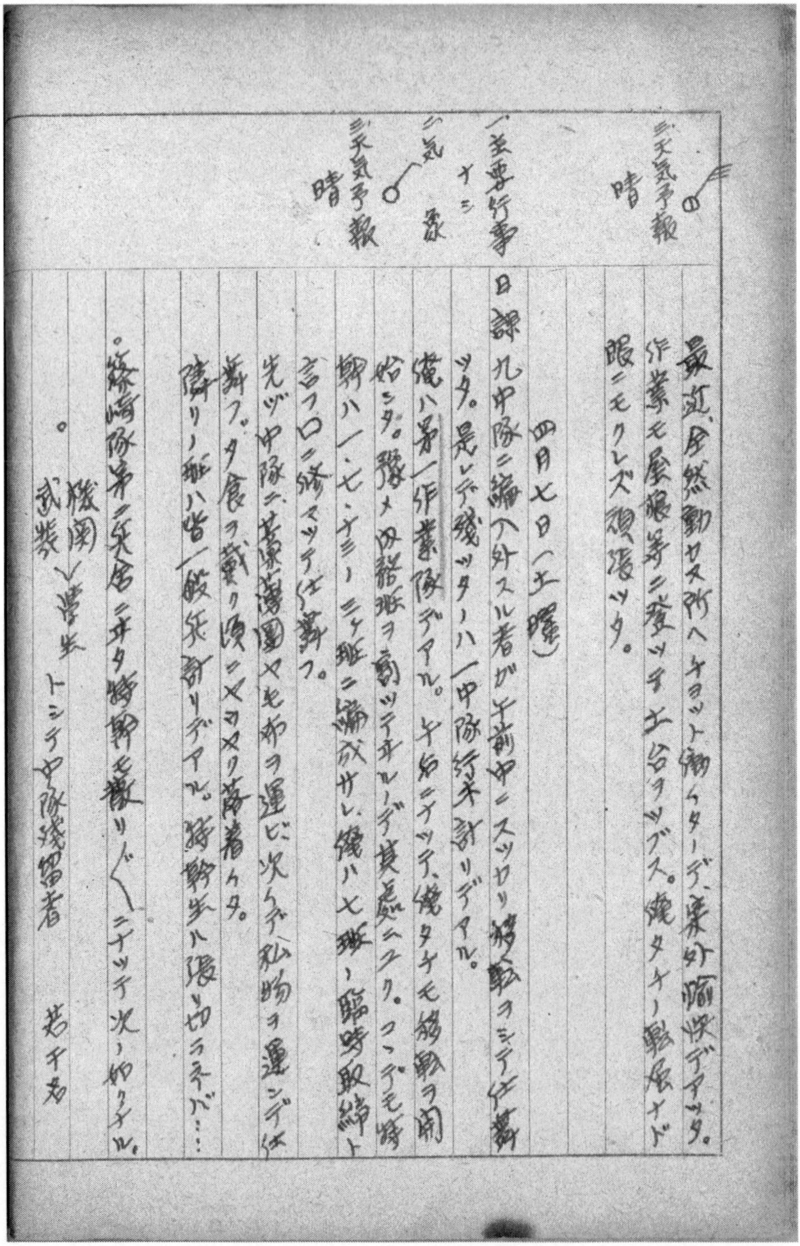
三、天気予報 ◎ 晴

最近、全然動カス所ヘチヨット働イターデ、案外愉快デアッタ。
作業モ屋根等ニ変ッテ土台ヲツブス。俺タチノ服装ナド
眼ニモクレズ頑張ッタ。

一、主要行事 ナシ
二、気象 ○ 霧
三、天気予報 晴

四月七日（土曜）

日課 九中隊ニ編入外スル者ガ午前中ニスッカリ移転ヲシテ仕舞ッタ。是レデ残ッタノハ一中隊行ノ者許リデアル。
俺ハ第一作業隊デアル。午后ニナッテ、俺タチモ移転ヲ開始シタ。予メ内務班ヲ貰ッテ在ルノデ其処ニ行ク。ココデモ将校ハ一・七・十三ノ三ケ班ニ編成サレ、俺ハ七班ノ臨時取締ト言フ口ニ納マッテ仕舞フ。
先ヅ中隊ニ蒲団ヤ毛布ヲ運ビ次イデ私物ヲ運ンデ仕舞ッタ。夕食ヲ載ク頃ニヤヲヤク落着イタ。
隣リノ班ハ皆一般兵許リデアル。将校生ハ張リ切ラネバ……

。篠崎隊第二兵舎ニ来タ将校モ散リ〴〵ニナッテ次ノ如クナル。
。機関ノ学生
武装トシテ中隊残留者 若干名

三、天気予報
　晴

一、主要行事
　ナシ

二、気象

三、天気予報
　晴

最近、全然動カヌ所ヘチョット働イタノデ、案外愉快デアッタ。
作業モ屋根等ニ登ッテ土台ヲツブス。俺タチノ転属ナド
眼ニモクレズ頑張ッタ。

四月七日（土曜）

日課　九中隊ニ編入外スル者ガ午前中ニスッカリ移転ヲシテ仕舞
ッタ。是レデ残ッタノハ一中隊行キ計リデアル。
俺ハ第一作業隊デアル。午后ニナッテ、俺タチモ移転ヲ開
始シタ。豫メ内務班ヲ割ッテヰルノデ其處ニユク。コゝデモ特
幹ハ一、七、十三ノ三ケ班ニ編成サレ、俺ハ七班ノ臨時取締ト
言フ口ニ修マッテ仕舞フ。
先ヅ中隊ニ藁薄團（正：蒲團）ヤ毛布ヲ運ビ次イデ私物ヲ運ンデ仕
舞フ。夕食ヲ戴ク頃ニヤウヤク落着イタ。
隣リノ班ハ皆一般兵計リデアル。特幹生ハ張リ切ラネバ……

。篠崎隊第二兵舎ニヰタ特幹散リぐニナッテ次ノ如クナル。
機関
武装
＞學生　トシテ中隊残留者　若干名

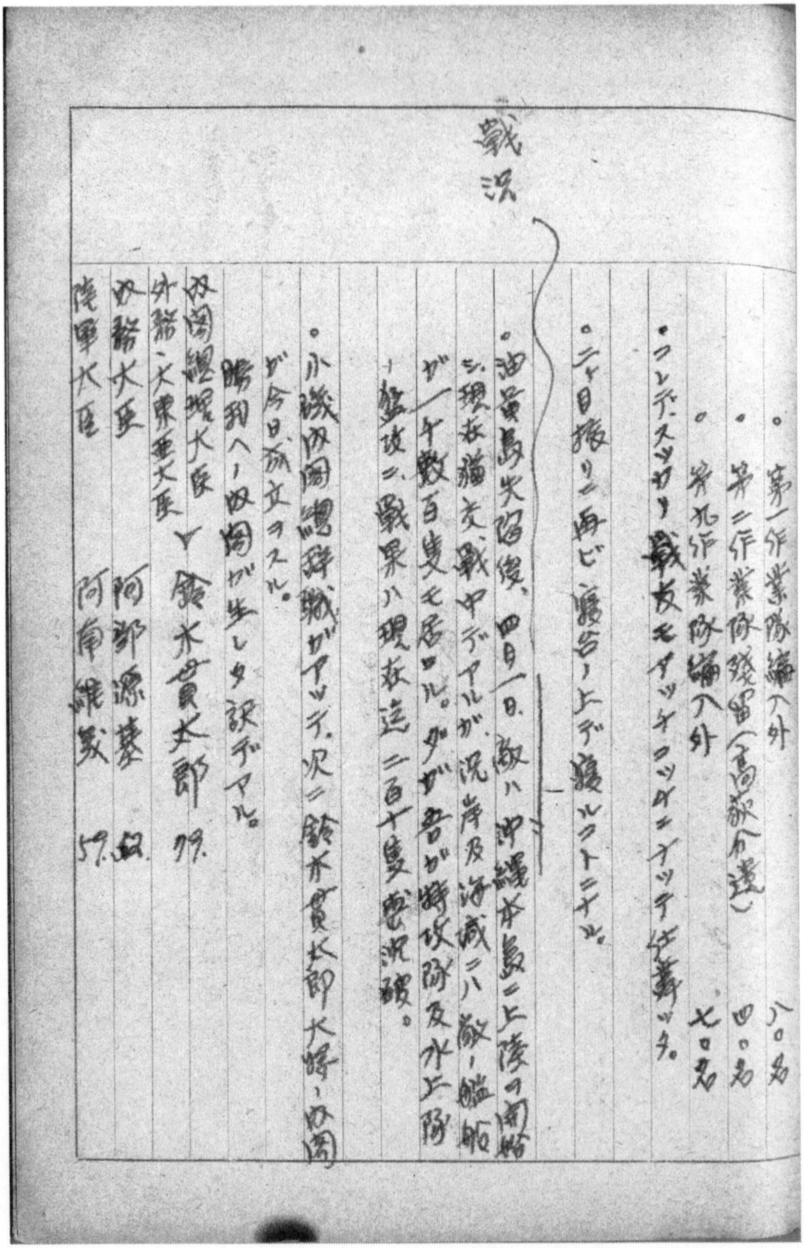

戰況

。第一作業隊編入外　八〇名
。第二作業隊殘留（高砂分遣）　四〇名
。第九作業隊編入外　七〇名
・コレデスッカリ戰友モアッチコッチニナッテ仕舞ッタ。

。二ヶ月振リニ再ビ寢台ノ上デ寢ルコトニナル。

。硫黄島失陷後、四月一日、敵ハ沖縄本島ニ上陸ヲ開始シ、現在猶交戰中デアルガ、沿岸及海域ニハ敵ノ艦船ガ一千數百隻モ居ル。ダガ吾ガ特攻隊及水上隊ノ攻撃ニ戰果ハ現在迄ニ二百十隻撃沈破。

。小磯內閣總辭職ガアッテ、次ニ鈴木貫太郎大將ノ內閣ガ今日成立ヲスル。
勝利ヘノ內閣ガ生レタ訳デアル。

內閣總理大臣
外務、大東亞大臣　〃　鈴木貫太郎　79.
內務大臣　阿部源基　51.
陸軍大臣　阿南惟幾　57.

戦況

◦第一作業隊編入外　八〇名
◦第二作業隊残留（高荻分遣）　四〇名
◦第九作業隊編入外　七〇名

◦コレデスッカリ戦友モアッチコッチニナッテ仕舞ッタ。

◦二ケ月振リニ再ビ　寝台ノ上デ寝ルコトニナル。

◦油黄島失陥後，四月一日，敵ハ沖縄本島ニ上陸ヲ開始
シ，現在猶交戦中デアルガ，沢（正：沿）岸及海域ニハ敵ノ艦船
ガ一千数百隻モ居■ル。ダガ吾ガ特攻隊及水上隊
ノ猛攻ニ，戦果ハ現在迄二百十隻撃沈破。

◦小磯内閣総辞職ガアッテ，次ニ鈴木貫太郎大将ノ内閣
ガ今日成立ヲスル。
勝利ヘノ内閣ガ生レタ訳デアル。

内閣総理大臣	鈴木貫太郎	79
外務、大東亜大臣	（同上）	
內務大臣	阿部源基	52
陸軍大臣	阿南維幾	59

案：「四月一日，敵ハ沖縄本島ニ上陸ヲ開始シ」：一九四五年四月一日早上八點，美軍自嘉手納北飛行場附近開始進行上岸，同時也在早上七時二十分於南東岸的湊川附近進行上岸以進行對日軍的牽制。（防衛庁防衛研究所戦史室編《戦史叢書沖縄方面海軍作戦》，頁三二二—三二三）

「小磯內閣總辞職ガアッテ，次ニ鈴木貫太郎大將ノ內閣」：小磯內閣為陸軍大將小磯国昭所組成的內閣，時間為一九四四年七月二十二日至一九四五年四月七日，戰後小磯国昭於遠東軍事法庭遭判永久監禁。後由鈴木貫太郎來進行組閣，其中總理為鈴木貫太郎、海軍大臣米內光政、陸軍大臣阿南惟幾等，鈴木內閣於一九四五年四月七日組閣後，於終戰後的八月十七日由東久爾宮內閣重新進行組閣。（參：吉川弘文館編集部編，《近代史必攜帶》，東京：吉川弘文館，二〇〇七，頁一三〇）

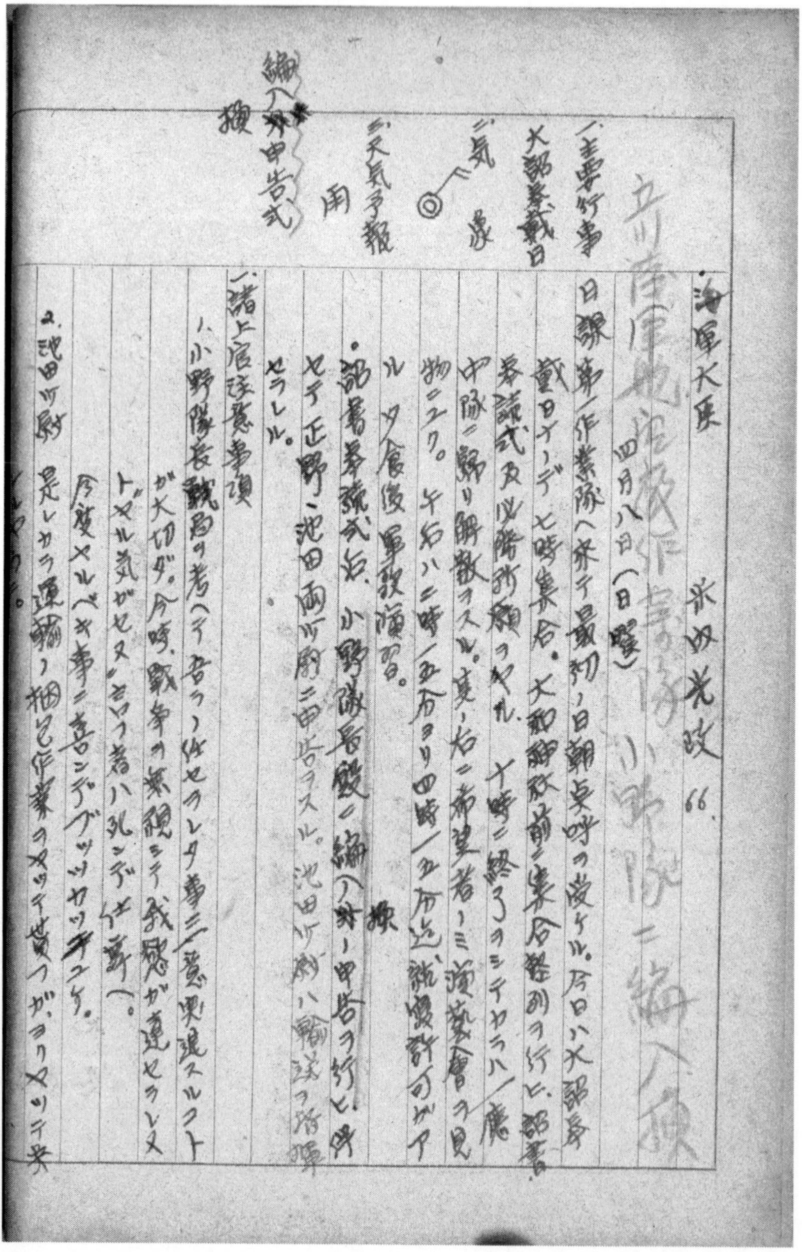
一、主要行事
大詔奉戴日
二、気 〈 ◎ 涼
三、天気予報 雨
編入申告式 換

・海軍大臣 永山光政 66.

立川陸軍航空作業隊 小野隊ニ編入換

四月八日（日曜）

日課第一作業隊ニ於テ最初ノ日朝点呼ヲ受ケル。今日ハ大詔奉戴日ナノデ七時集合。大和神社前ニ集合整列ヲ行ヒ、詔書奉読式及以降行軍ヲヤル。十時ニ終了ヲシテカラハ、鹿中隊ニ帰リ解散ヲスル。其ノ后ニ希望者ハミ演芸會ヲ見物ニユク。午后ハ二時ノ五分ヨリ四時ノ五分迄就寝許可ガアル。夕食後軍歌演習。

・詔書奉読式后、小野隊長殿ニ編入（換）ノ申告ヲ行ヒ、併セテ正野、池田両少尉ニ申告ヲスル。池田少尉ハ輸送ヲ指揮セラレル。

一、諸上官注意事項

1、小野隊長殿ノ考ヘテ居ラレル事ニ意見ヲ述ベスルコトガ大切ダ。今時、戦争ノ緊張ミテ我慢ガ遅セラレヌト云ヘル気ガセヌト云フ者ハ死ンデ仕事（。

今後ヤルベキ事ニ喜ンデブツツカツテユケ。

2、池田少尉 是レカラ運輸ノ梱包作業ヲヤッテ貰フガ、ヨクヤッテ呉レルヤウニ。

一・主要行事
大詔奉戴日
二・気象
三・天気予報
雨
編入外申告式
換

海軍大臣 米内光政 66

立川陸軍航空廠作業隊 小野隊ニ編入換

四月八日（日曜）

日課 第一作業隊ヘ來テ最初ノ日朝点呼ヲ受ケル。今日ハ大詔奉戴日ナノデ 七時集合。大和神社前ニ集合整列ヲ行ヒ。詔書奉読式及必勝祈願ヲヤル。 十時ニ終了ヲシテカラハ一應中隊ニ歸リ解散ヲスル。其ノ后ニ希望者ノミ演藝會ヲ見物ニユク。 午后ハ二時十五分ヨリ四時十五分迄就寝許可ガアル 夕食後軍歌演習。 換

。詔書奉読式后・小野隊長殿ニ編入外ノ申告ヲ行ヒ・伴（正：併）セテ正野、池田両少尉ニ申告ヲスル。池田少尉ハ輸送ヲ指揮セラレル。

一・諸上官注意事項

1.小野隊長 戰局ヲ考ヘテ吾ラノ任セラレタ事ニ一意突進スルコトガ大切ダ。今時・戰爭ヲ無視シテ我慾ガ達セラレヌト〝ヤル気ガセヌ〟言フ者ハ死ンデ仕舞ヘ。今度ヤルベキ事ニ喜ンデブッツカッテユケ。

2.池田少尉 是レカラ運輸ノ捆包作業ヲヤッテ貰フガ・ヨクヤッテ呉レルヤウニ。

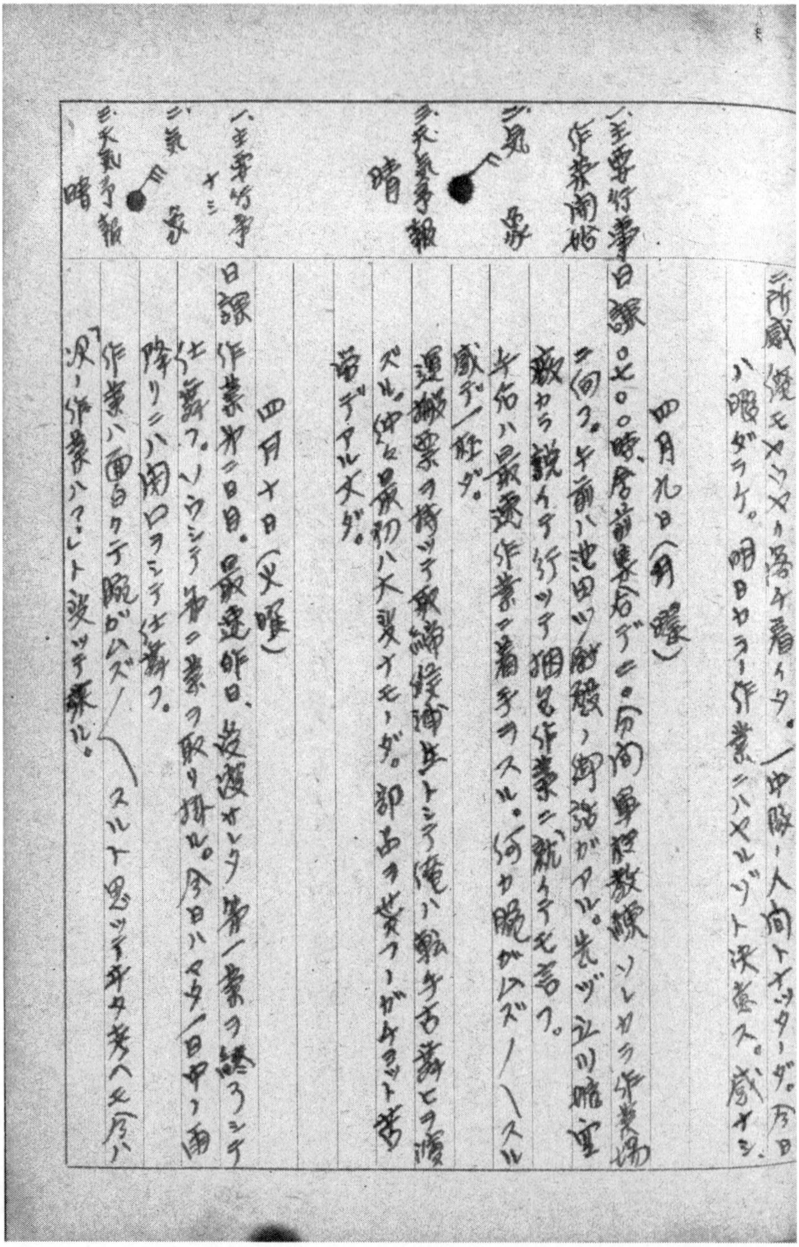

一、主要行事日課 作業開始

二、気象 ●

三、天気予報 晴

二、所感 俺モ××ガ落チ着イタ。／＼中隊ノ人間トナッターダ。今日ハ暇ダッタ。明日カラ一作業ニハヤルゾト決意ス。感ナシ。

四月九日（月曜）

日課 〇七〇〇時、各前集合デ二〇分間軍将教練ソレカラ作業場ニ向フ。午前ハ池田ツ殿ノ御話ガアル。先ヅ立川館室蔵カラ説イテ行ッテ畑毛作業ニ就イテモ言フ。午后ハ最速作業ニ着手ヲスル。何カ腕ガムズ／＼スル感デノ旺ダ。

運搬業ヲ持ッテ取締役補生トシテ俺ハ勤手古蕎ヒヲ渡ズル、仲々最初ハ大変ナモノダ。部品ヲ覚ヘルノガ今ヤット苦労デアル大ダ。

一、主要行事 ナシ

二、気象 ●

三、天気予報 晴

四月十日（火曜）

日課 作業第二日目。最速昨日、建設サレタ第一業ヲ終了シテ仕舞フ。ソウシテ第二業ヲ取リ掛ル。今日ハマタ一日中ノ雨降リニハ閉口ヲシテ仕舞フ。

作業ハ面白クテ腕ガムズ／＼スルト思ッテ来タ考ヘモ今ハ「状ノ作業ハマ？レト淡ッテ来ル。」

一．主要行事
作業開始
二．気　象 
三．天気予報
晴

一．主要行事
ナシ
二．気　象 
三．天気予報
晴

二．所感　俺モヤウヤク落チ着イタ。一中隊ノ人間トナッタノダ。今日ハ暇ダラケ。明日カラノ作業ニハヤルゾト決意ス。感ナシ．

四月九日（月曜）

日課　〇七〇〇時．舎前集合デ二〇分間軍機教練ソレカラ作業場ニ向フ。午前ハ池田少尉殿ノ御話ガアル。先ヅ立川航空廠カラ説イテ行ッテ梱包作業ニ就イテモ言フ。

午后ハ最速作業ニ着手ヲスル。何カ腕ガムズ〱スル感デ一杯ダ。

運搬票ヲ持ッテ取締候補生トシテ俺ハ転手古舞ヒヲ演ズル。仲々最初ハ大変ナモノダ。部品ヲ貰フノガチョット苦労デアル丈ダ。

四月十日（火曜）

日課　作業第二日目．最速昨日．受渡サレタ第一業ヲ終了シテ仕舞フ。ソウシテ第二業ヲ取リ掛ル。今日ハマタ一日中ノ雨降リニハ閉口ヲシテ仕舞フ。

作業ハ面白クテ腕ガムズ〱スルト思ッテヰタ考ヘモ今ハ「次ノ作業ハ？」ト変ッテ來ル。

四月十一日（水曜）

一、主要行事 ナシ

二、気象 晴

三、天気予報 曇

日課 今日ハ朝ッ腹カラ一日中、台車ニ身ヲ寄セテ労ニ大名倉庫ヲ往来スル。全クヘトヘトシテ仕舞ッタ。

。炊務班ヘ帰ッテカラ、夕食後俺ニ父ヨリノ航便が来テ居テ天ニモ昇ル心地デ一杯ダッタ。何トモ例ヘヌ喜ビト感激。家ノ方ハ別ニ異常ナシ。

。取締デトテモ暇ガ無ク、亦、作業ヤ炊務ニ紛ハレテ読ガグラグラデアル。随想ガアッテモ筆ニ出ズ。

四月十日追加 一八〇〇時ヨリ取締、上等兵以上ニ対スル衛生講話ガアッテ止血法ヲ実施スル。

。気ガ落チ着カズ筆ミカ走ラヌ。何故ダカ訳ワヌ。

四月十二日（木曜）

一、主要行事 ナシ

二、気象

日課 取締候補生トシテ炊務班及作業ニ於ケル奔走モ毎日ノヤウニ続ケラレル。最初ノ取締丈ニ落着イタ炊務班ヲ、改務スルノトハ職務トシテ苦慮セネバナラヌ事デアル。

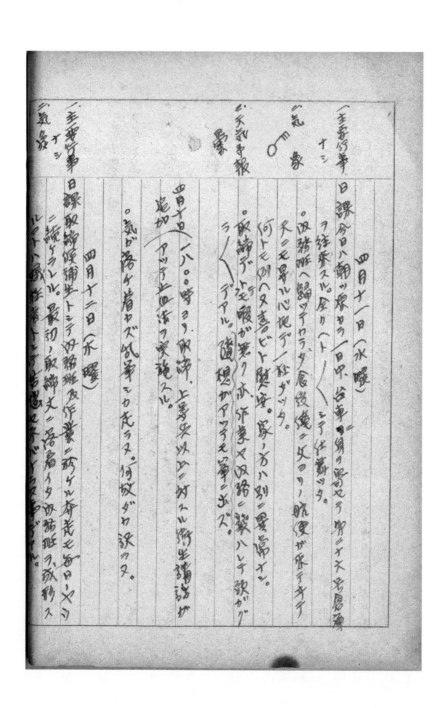

一．主要行事
ナシ
二．気　象 
三．天気予報
曇

一．主要行事
ナシ
二．気象

四月十一日（水曜）

日課　今日ハ朝ッ原カラ一日中．台車ニ身ヲ寄セテ第二十六号倉庫ヲ往來スル。全クヘト〱シテ仕舞ッタ。

。内務班へ歸ッテカラ．夕食後俺ニ父ヨリノ航便ガ來テヰテ天ニモ昇ル心地デ一杯ダッタ。
何トモ例ヘヌ喜ビト慰安。家ノ方ハ別ニ異常ナシ。

。取締デ　トテモ暇ガ無ク亦．作業ヤ内務ニ襲ハレテ頭ガグラ〱デアル。随想ガアッテモ筆ニ出ズ。

四月十日　一八〇〇時ヨリ．取締．上等兵以上ニ対スル衛生講話ガ
追加　（アッテ止血法ヲ実施スル。

。気ガ落チ着カズ乱筆シカ走ラヌ。何故ダカ訳ラヌ。

四月十二日（木曜）

日課　取締候補生トシテ内務班及作業ニ於ケル奔走モ毎日ノヤウニ続ケラレル。最初ノ取締丈ニ落着イタ内務班ヲ成形スルコトハ犠牲者トシテ苦悩セネバナラヌ事デアル。

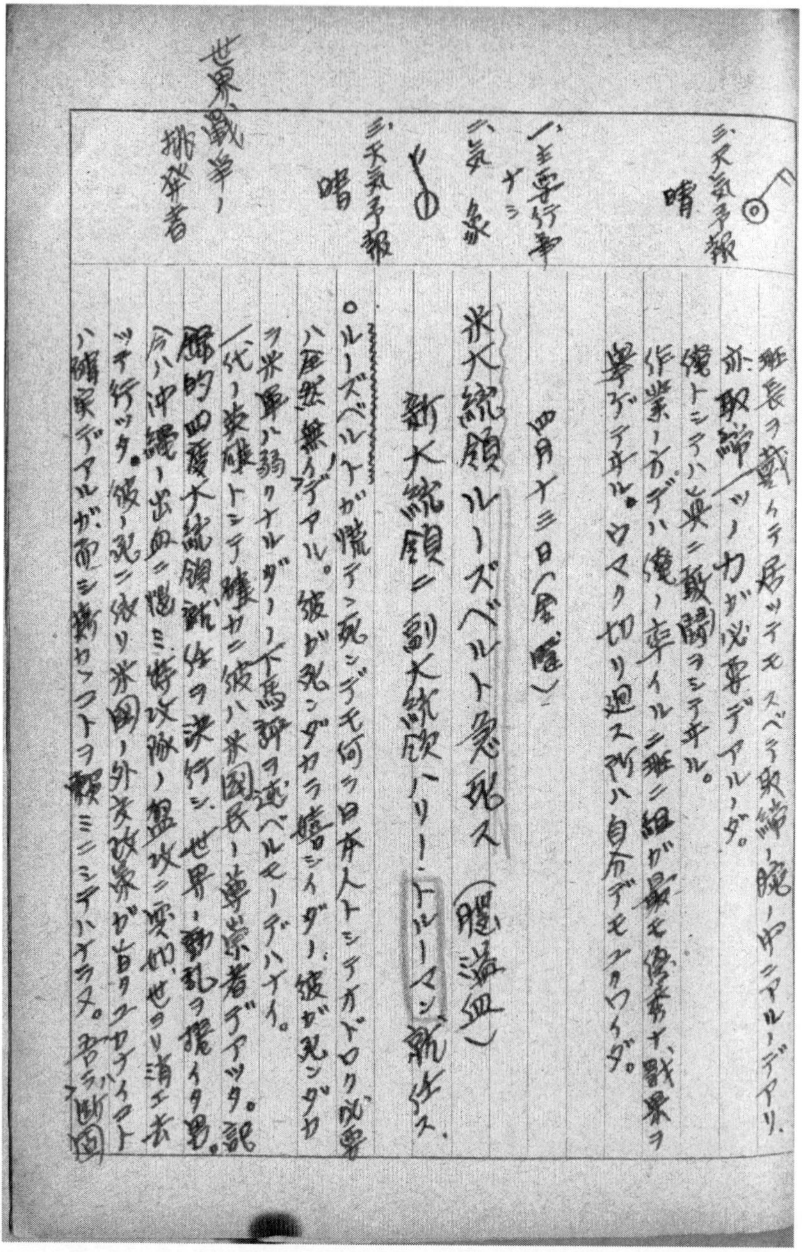

三、天気予報 ◎ 晴

班長ヲ戴イテ居ッテモスベテ取締ハ腕ノ中ニアルノデアリ、
亦取締ッノ力ガ必要デアルノダ。
俺トシテハ共ニ敢闘ヲシテ来ル。
作業ノ方デハ俺ノ率イル二班ニ組ガ最モ優秀ナ、戦果ヲ
挙ゲテ来ル。ウマク切リ廻ス所ハ自分デモユカイダ。

世界戦争ノ挑発者

一、主要行事 ナシ
二、気象 ◎
三、天気予報 晴

四月十三日（金曜）

米大統領ルーズベルト急死ス（脳溢血）
新大統領ニ副大統領ハリー・トルーマン就任ス、

○ルーズベルトガ慌テヽ死ンデモ何ヲ日本人トシテオドロク必要
ハ全然無イノデアル。彼ガ死ンダカラ嬉シイダノ、彼ガ死ンダカ
ラ米軍ハ弱クナルダノトノ下馬評ヲ述ベルモノデハナイ。
一代ノ英雄トシテ確カニ彼ハ米国民ノ尊崇者デアッタ。記
録的四選大統領就任ヲ決行シ、世界ノ動乱ヲ招イタ男。
今ハ沖縄ノ出血ニ悩ミ、特攻隊ノ猛攻ニ突如、世ヨリ消エ去
ッテ行ッタ。彼ノ死ニ依リ米国ノ外交政策ガ旨クユカナイコト
ハ確実デアルガ、而シ驕カンコトヲ戒ミニシテハナラヌ。吾ラハ断固

三．天気予報
晴

班長ヲ戴イテ居ッテモスベテ取締ノ腕ノ中ニアルノデアリ．亦．取締一ツノ力ガ必要デアルノダ。
俺トシテハ真ニ敢闘ヲシテヰル。
作業ノ方デハ俺ノ率イル二班ニ組ガ最モ優秀ナ戰果ヲ擧ゲテヰル。ウマク切リ廻ス所ハ自分デモユクワイダ。

四月十三日（金曜）

一．主要行事
ナシ
二．気象
三．天気予報
晴
世界戰争ノ
挑発者

米大統領ルーズベルト急死ス（脳溢血）
新大統領ニ副大統領ハリー・トルーマン就任ス．

。ルーズベルトガ慌テヽ死ンデモ何ラ日本人トシテオドロク必要ハ全然無イノデアル。彼ガ死ンダカラ嬉シイダノ彼ガ死ンダカラ米軍ハ弱クナルダノノ下馬評ヲ述ベルモノデハナイ。
一代ノ英雄トシテ確カニ彼ハ米國民ノ尊崇者デアッタ。記錄的四度大統領就任ヲ決行シ．世界ノ動乱ヲ攪（正：招）イタ男。
今ハ沖縄ノ出血ニ悩ミ特攻隊ノ猛攻ニ突如．世ヨリ消エ去ッテ行ッタ。彼ノ死ニ依リ米國ノ外交政策ガ旨クユカナイコトハ確実デアルガ．而シ斯カヽコトヲ頼ミニシテハナラヌ。吾ラハ断固

案：「米大統領ルーズベルト急死ス　新大統領ニ副大統領ハリー・トルーマン就任ス」，此處指的是一九四五年四月十二日羅斯福於任內死亡之事。羅斯福死後由副總統杜魯門繼任美國總統直至一九五三年一月二十日。（参：秦郁彦編，《世界諸国の制度・組織・人事1840-2000》，東京：東京大学出版会，二〇〇一，頁五九六－五九七）

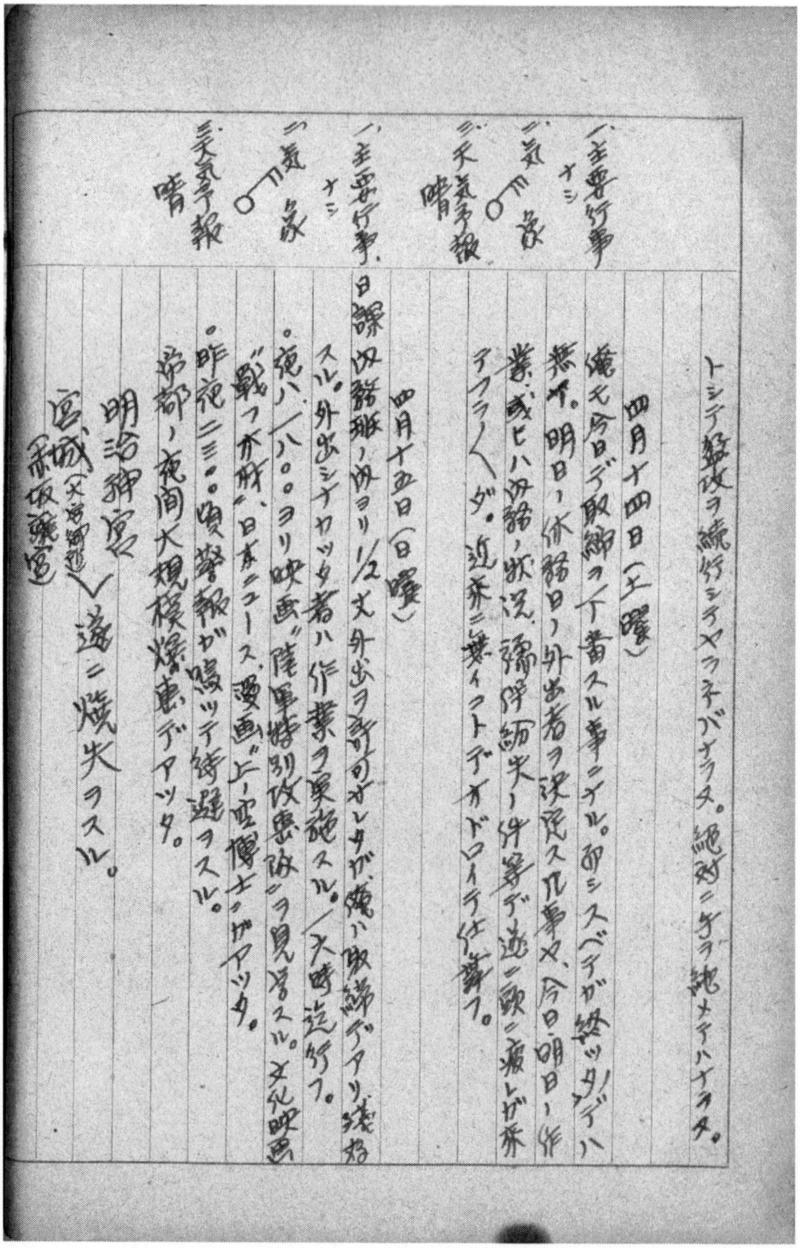

一、主要行事
ナシ
二、気象
○（下）
三、天気予報
晴

一、主要行事
ナシ
二、気象
○（下）
三、天気予報
晴

トシテ猛攻ヲ続行シテヤラネバナラヌ。絶対ニ手ヲ緩メテハナラヌ。

四月十四日（土曜）

俺モ今日デ取締ヲ下番スル事ニナル。而シ又ベテガ終ッタノデハ無イ。明日ノ休務日ノ外出者ヲ決定スル事ヤ、今日明日ノ作業、或ヒハ外務ノ状況、特ニ紛失ノ件等デ遂ニ頭ニ疲レガ来テフラフラダ。近来ニ無イコトデオドロイテ仕舞フ。

四月十五日（日曜）

日課 外務班ノ外ヨリ1/2丈外出ヲ許可サレタガ、俺ハ取締デアリ残存スル。外出シナカッタ者ハ作業ヲ実施スル。／大時迄行フ。
○夜ハ／八〇〇ヨリ映画"陸軍特別攻撃隊"ヲ見学スル。文化映画"戦フ方舟"、"日本ニュース"、漫画"上ノ空博士"ガアッタ。
○昨夜二三〇〇警報ガ鳴ッテ待避ヲスル。
帝都ノ夜間大規模爆撃デアッタ。
明治神宮
宮城（大宮御所）赤坂離宮 遂ニ焼失ヲスル。

トシテ猛攻ヲ続行シテヤラネバナラヌ。絶対ニ手ヲ緩（弛）メテハナラヌ。

四月十四日（土曜）

一、主要行事
　　ナシ
二、気　象
三、天気予報
　　晴

俺モ今日デ取締ヲ下番スル事ニナル。而シスベテガ終ッタノデハ無イ。明日ノ休務日ノ外出者ヲ決定スル事ヤ、今日、明日ノ作業或ヒハ内務ノ状況、襦袢紛失ノ件等デ遂ニ頭ニ疲レガ來テフラ〳〵ダ。近來ニ無イコトデオドロイテ仕舞フ。

四月十五日（日曜）

一、主要行事
　　ナシ
二、気　象
三、天気予報
　　晴

日課　内務班ノ内ヨリ1/2丈外出ヲ許可サレタガ、俺ハ取締デアリ残対（正：存）スル。外出シナカッタ者ハ作業ヲ実施スル。一六時迄行フ。

。夜ハ一八〇〇ヨリ映画〝陸軍特別攻擊隊〟ヲ見學スル。文化映画〝戰フ木材〟、日本ニユース、漫画〝上ノ空博士〟ガアッタ。

。昨夜二三〇〇頃警報ガ鳴ッテ待避ヲスル。

帝都ノ夜間大規模爆擊デアッタ。

明治神宮
宮城（大宮御所）
（赤坂離宮）
遂ニ焼失ヲスル。

案：「明治神宮、宮城（大宮御所）空襲」：一九四五年四月十四日B29轟炸機三五二架於夜間對日本東京進行無差別的燒夷彈攻擊，主要目標為赤羽兵工廠。同時投下了超過二一二四噸的燒夷彈，造成被害者共六十六萬六千九百八十六名、死者兩千四百五十九名的傷亡。同時明治神宮的本殿也造成損失。（參：日置英剛著，《年表　太平洋戰争全史》頁六一八。【100年の森　明治神宮物語】戦火（1）昭和二十年四月十四日　焼夷弾一三三〇発、現在も爪痕https://www.sankei.com/life/news/200605/lif2006050013-n1.html）

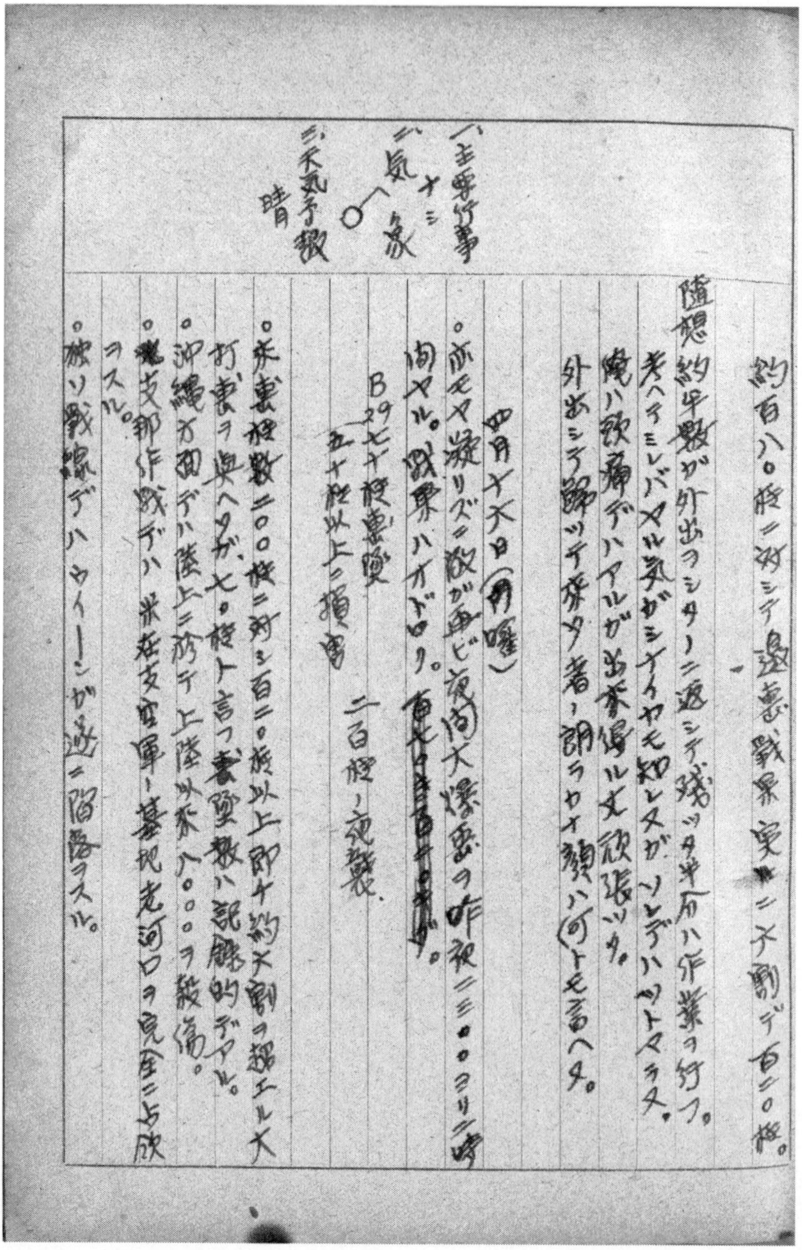

一、主要行事
二、気象
ナミ
〇へ
三、天気予報
晴

約百八〇機ニ対シテ邀撃、戦果実ニ三分デ百二〇機。

随想 約半数ガ外出ヲシタノニ返シテ残ッタ半分ハ作業ヲ行フ。
考ヘテミレバヤル気ガシナイカモ知レヌガ、ソレデハツトマラヌ。
俺ハ鋭痛デハアルガ出来得ル丈頑張ッタ。
外出シテ帰ッテ来タ者ノ朗ラカナ顔ハ何トモ言ヘヌ。

四月十六日（月曜）

。亦モヤ懲リズニ敵ガ再ビ夜間大爆撃ヲ昨夜二三〇〇ヨリ二時
間ヤル。戦果ハオドロク。[illegible]。
B29七十機墜ス　二百機ノ夜襲
五十機以上ニ損害

。来襲機数二〇〇機ニ対シ百二〇機以上即チ約六割ヲ超エル大
打撃ヲ与ヘタガ、七〇機ト言フ撃墜数ハ記録的デアル。
。沖縄方面デハ陸上ニ於テ上陸以来八〇〇〇ヲ殺傷。
。北支那作戦デハ米在支空軍ノ基地老河口ヲ完全ニ占領
ヲスル。
。欧ソ戦線デハウィーンガ遂ニ陥落ヲスル。

約百八〇機ニ対シテ邀撃戦果実■ニ六割デ百二〇機。

随想　約半数ガ外出ヲシタノニ返シテ残ッタ半分ハ作業ヲ行フ。
考ヘテミレバヤル気ガシナイカモ知レヌガ．ソレデハツトマラヌ。
俺ハ頭痛デハアルガ出來得ル丈頑張ッタ。
外出シテ歸ッテ來タ者ノ朗ラカナ顔ハ何トモ言ヘヌ。

一．主要行事
ナシ
二．気象 
三．天気予報
晴

四月十六日（月曜）

。亦モヤ凝リズニ敵ガ再ビ夜間大爆撃ヲ昨夜二三〇〇ヨリ二時間ヤル。戦果ハオドロク。~~市七〇キ市二〇キダ~~。

B29七十機撃墜
五十機以上ニ損害　二百機ノ夜襲

。來撃機數二〇〇機ニ対百二〇機以上即チ約六割ヲ超エル大打撃ヲ與ヘタガ．七〇機ト言フ撃墜數ハ記録的デアル。
。沖縄方面デハ陸上ニ於テ上陸以來八〇〇〇ヲ殺傷。
。■支那作戦デハ米在支空軍ノ基地老河口ヲ完全ニ占領ヲスル。
。独ソ戦線デハウイーンガ遂ニ陥落ヲスル。

案：「B29七十機撃墜五十機以上ニ損害二百機ノ夜襲」：一九四五年四月十五日B29共計一百二十機對東京、川崎、京濱等地夜間投擲燒夷彈共計六七九噸，其中B29共有十三機損失，但對大森、蒲田、麻布造成傷亡，死者一二四名，罹災者二十二萬四千三百六十八名。（参：日置英剛著，《年表　太平洋戦争全史》，頁六二一）
「沖縄方面デハ陸上ニ於テ上陸以來八〇〇〇ヲ殺傷」：根據第三十二軍於四月十五日的綜合戰果與損害的報告中提出，日本軍在四月一日至十五日中造成敵軍約八千五百四十人的殺傷，己方則傷亡三千兩百五十二人（死一千五百五十七人、傷一千六百九十五人），而此篇日記於四月十六日，因此可猜測當中所指的上陸以來八千殺傷應出於此。（参：防衛庁防衛研究所戦史室編，《戦史叢書沖縄方面陸軍作戦》，東京：朝雲新聞社，一九六八，頁三二八）
「支那作戦デハ米在支空軍ノ基地老河口ヲ完全ニ占領ヲスル」：一九四五年三月二十日，為了佔領湖北省的美軍在中國空軍基地，因此日本陸軍的第三十九師團隊湖北省的老河口進行攻略作戰。三月二十二日起，作戰主力第十二軍轄下的第百十師、百一五師、第三戰車師團等共計約六萬人對老和口進行一齊作戰攻擊。（参：日置英剛著，《年表　太平洋戦争全史》，五八三－五八六）
案：「独ソ戦線デハウイーンガ遂ニ　落ヲスル」：「ウイーン」即德文的Wien，也就是今日的維也納。一九四五年四月十三日蘇聯軍將維也納進行佔領。（参：日置英剛著，《年表　太平洋戦争全史》，頁六一七）

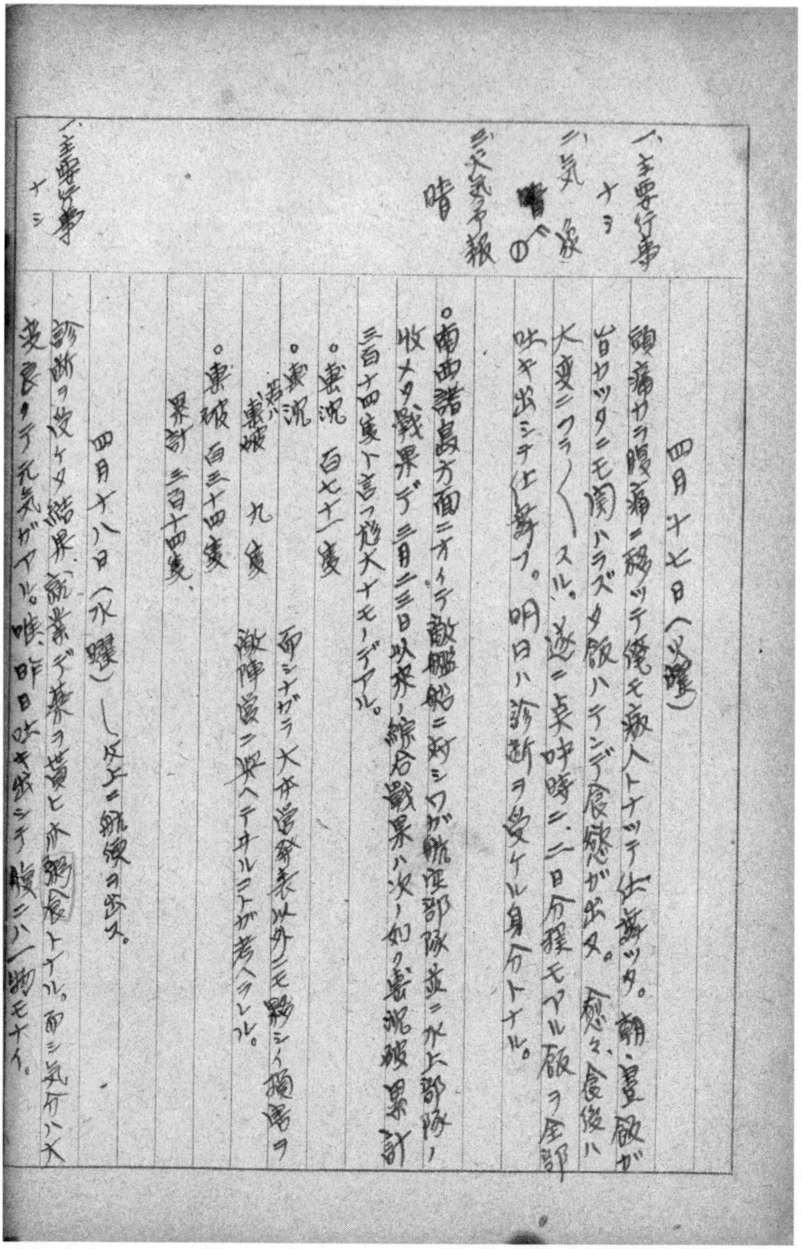

一、主要行事 ナシ
二、気温 晴
三、天気予報 晴

四月十七日（火曜）
頭痛カラ腹痛ニ移ッテ俺モ病人トナッテ仕舞ッタ。朝、昼飯ガ旨カッタニモ関ハラズ夕飯ハテンデ食慾ガ出ヌ。愈々、食後ハ大変ニフラフラスル。遂ニ点呼時ニ、二日分程モアル飯ヲ全部吐キ出シテ仕舞フ。明日ハ診断ヲ受ケル身分トナル。
○南西諸島方面ニオイテ敵艦船ニ対シワガ航空部隊並ニ水上部隊ノ収メタ戦果デ三月二三日以来ノ綜合戦果ハ次ノ如ク轟沈破累計三百十四隻ト言フ尨大ナモノデアル。
○轟沈 百七十一隻
○轟沈 若ハ撃破 九隻
○撃破 百三十四隻
累計 三百十四隻、
而シナガラ大本営発表以外ニモ夥シイ損害ヲ敵陣営ニ与ヘテオルコトガ考ヘラレル。

一、主要行事 ナシ
四月十八日（水曜） 以上ニ航空ノ出ス。
診断ヲ受ケタ結果、就業デ薬ヲ貰ヒ、亦粥食トナル。而シ気分ハ大変良クテ元気ガアル。唯、昨日吐キ出シテ腹ニハ一物モナイ。

四月十七日（火曜）

一・主要行事
　ナシ
二・気象
　晴の
三・天気予報
　晴

頭痛カラ腹痛ニ移ッテ俺モ病人トナッテ仕舞ッタ。朝、晝飯ガ旨カッタニモ関ハラズ夕飯ハテンデ食慾ガ出ヌ。愈々・食後ハ大変ニフラ〳〵スル。遂ニ点呼時ニ・二日分程モアル飯ヲ全部吐キ出シテ仕舞フ。明日ハ診断ヲ受ケル身分トナル。

。南西諸島方面ニオイテ敵艦船ニ対シワガ航空部隊並ニ水上部隊ノ収メタ・戰果デ三月二三日以来ノ綜合戰果ハ次ノ如ク撃沈破累計三百十四隻ト言フ彪大ナモノデアル。

。撃沈　百七十一隻
。撃沈若ハ撃破　九隻
。撃破　百三十四隻
累計　三百十四隻

而シナガラ大本営発表以外ニモ夥シイ損害ヲ敵陣営ニ與ヘテヰルコトガ考ヘラレル。

四月十八日（水曜）　父上ニ航便ヲ出ス。

一・主要行事
　ナシ

診断ヲ受ケタ結果就業デ薬ヲ貰ヒ亦粥食トナル。而シ気分ハ大変良クテ元気ガアル。唯・昨日吐キ出シテ腹ニハ一物モナイ。

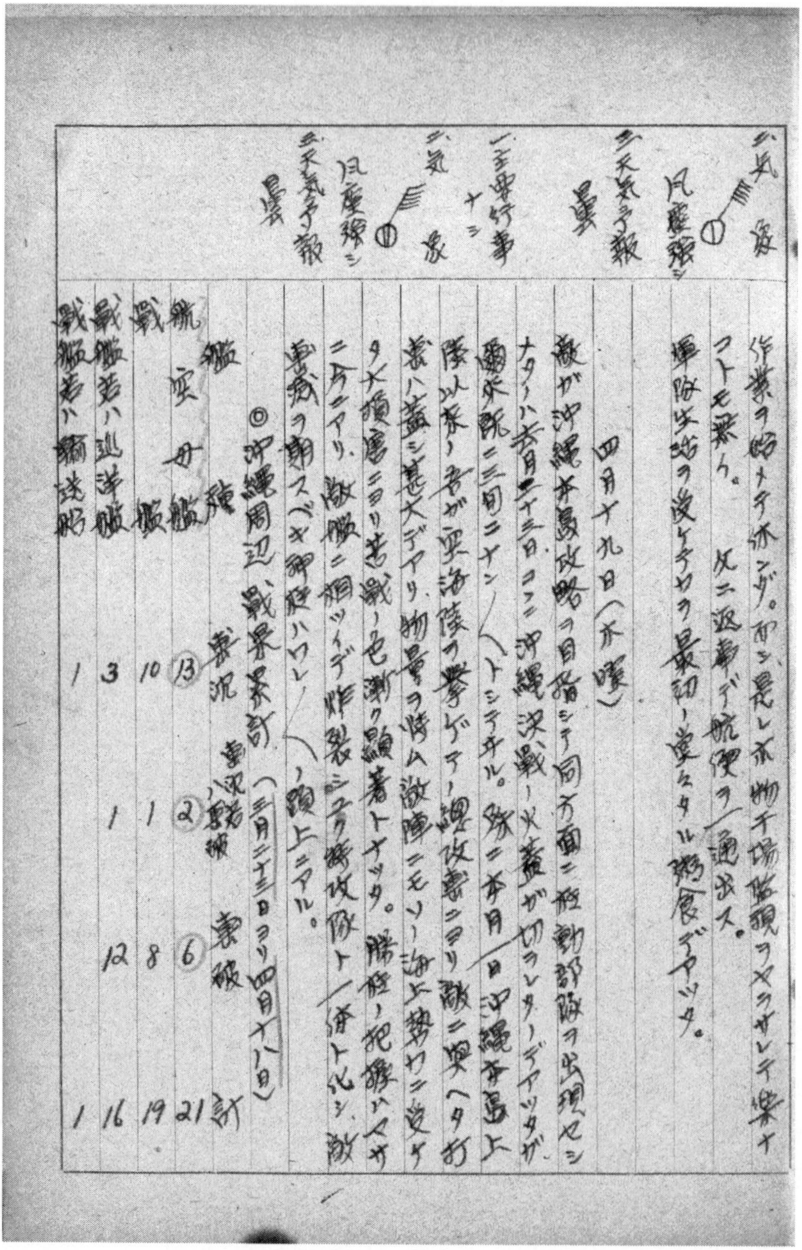

二六、気象 ① 風速稍強シ 涼
二七、天気予報 曇
一、主要行事 ナシ
二六、気象 ⑪ 風速稍強シ 涼
二七、天気予報 曇

作業ヲ始メテ休ンダ。而シ最モ不快ナ場監視ヲヤラサレテ楽ナ
コトモ無イ。次ニ返事デ航便ヲ通ス。
軍隊生活ヲ送リテカラ最初ノ迎ヘタル弱食デアッタ。

四月十九日（木曜）

敵ガ沖縄本島攻略ヲ目指シテ同方面ニ機動部隊ヲ出現セシメタノハ本月二十三日。ココニ沖縄決戦ノ火蓋ガ切ラレタノデアッタガ爾来既ニ三旬ニナンナントシテ居ル。殊ニ本月一日沖縄本島上陸以来ノ吾ガ陸海陸ヲ挙ゲテノ猛攻撃ニヨリ敵ニ与ヘタ打撃ハ甚ダ甚大デアリ、物量ヲ恃ム敵陣ニモソノ海上勢力ニ逆ケタ大損害ニヨリ苦戦ノ色漸ク顕著トナッタ。勝敗ノ把握ハ今ヤニ今ニアリ。敵艦ニ相ツイデ炸裂シテ特攻隊ト一体ト化シ、敵撃滅ヲ期スベキ神機ハワレノ頭上ニアル。

◎沖縄周辺戦果累計（三月二十三日ヨリ四月十八日）

艦種	撃沈	撃沈若ハ撃破	撃破	計
航空母艦	13	2	6	21
戦艦	10	1	8	19
戦艦若ハ巡洋艦	3	1	12	16
戦艦若ハ輸送船	1			1

二．気象
風塵強シ
三．天気予報
曇
一．主要行事
ナシ
二．気象
風塵強シ
三．天気予報
曇

作業ヲ始メテ休ンダ。而シ．是レ亦物干場監視ヲヤラサレテ楽ナコトモ無イ。　父ニ返事デ航便ヲ一通出ス。
軍隊生活ヲ受ケテカラ最初ノ堂々タル粥食デアッタ。

四月十九日（木曜）

敵ガ沖縄本島攻略ヲ目指シテ同方面ニ機動部隊ヲ出現セシメタノハ去月二十三日．コヽニ沖縄決戦ノ火蓋ガ切ラレタノデアッタガ．爾來既ニ三旬ニナン〱トシテヰル。殊ニ本月一日沖縄本島上陸以來ノ吾ガ空海陸ヲ擧ゲテノ總攻撃ニヨリ敵ニ與ヘタ打撃ハ蓋シ甚大デアリ．物量ヲ恃ム敵陣ニモソノ海上勢力ニ受ケタ大損害ニヨリ苦戰ノ色漸ク顯着トナッタ。勝機ノ把握ハマサニ今ニアリ．敵艦ニ相ツイデ炸裂シユク特攻隊ト一体ト化シ．敵撃滅ヲ期スベキ神機ハワレ〱ノ頭上ニアル。

◎沖縄周辺戰果（三月二十三日ヨリ四月十八日）

艦種	撃沈	撃沈若ハ撃破	撃破	計
航空母艦	⑬	②	⑥	21
戰艦	10	1	8	19
戰艦若ハ巡洋艦	3	1	12	16
戰艦若ハ輸送船	1			1

大型艦	7	5	14	26
巡洋艦	39		16	55
巡洋艦若ハ駆逐艦	6		2	8
巡洋艦若ハ輸送船	1			1
駆逐艦	31		22	53
艦種不詳	63		55	118
輸送船	23		28	51
上陸用輸送船	16			16
掃海艇	4		2	6
魚雷艇			2	2
合計	217	9	167	393

總數三百九十三隻屠ル。

。相次グ特攻

神州護持ノ大任ニ若キ生命ヲ抛ッテ特攻ニヨリ驕敵撃滅ニ立ツ者ガ神鷲部隊、大戦果ハ挙ガル。

。敵機動部隊並ニ沖縄本島周辺ノ敵艦船部隊撃滅ヲ期シテ決行セラレタ吾ガ航空部隊ノ總攻撃ハ既ニ三次ニ亘ッタ。スナハチ六日ヲ期シテ行ハレタ攻撃ガ第一次デアリ、十二日ヲ中心トスルモノガ其

大型艦	7	5	14	26
巡洋艦	39		16	55
巡洋艦若ハ驅逐艦	6		2	8
巡洋艦若ハ輸送船	1			1
驅逐艦	31		22	53
艦種不詳	63		55	118
輸送船	23		28	51
上陸用輸送船	16			16
掃海艇	4		2	6
魚雷艇			2	2
合計	217	9	167	393

總数　三百九十三隻　屠ル．

。相次グ全機特攻

神州護持ノ大任ニ若キ生命ヲ抛ッテ全機特攻ニヨリ驕敵撃滅ニ立ツ吾ガ神鷲部隊ノ大戰果ハ擧ガル。

。敵機動部隊並ニ沖縄本島周辺ノ敵戰艦船部隊剿滅ヲ期シテ決行セラレタ吾ガ航空部隊ノ總攻撃ハ既ニ三次ニ亘ッタ。スナハチ六日ヲ期シテ行ハレタ攻撃ガ第一次デアリ．十二日ヲ中心トスルモノガ其

案：「相次グ全機特攻」：自一九四五年四月起，日本陸、海軍發起許多的特別攻擊隊進行作戰，其中最出名的是「菊水作戰」，自一九四五年四月開始至六月底止，共進行了十次以上的特別攻擊。（參：日置英剛著，《年表　太平洋戦争全史》，頁六〇四—六六九）

一、主要行事　ナシ
二、氣象
三、天氣予報　晴

ノ第二回デアリ、サラニ十六日ヲ期シテ行ハレタモノガ第三回總攻擊デ
アル。コノ總攻擊ノ中間ニモ吾ガ猛攻ガ継續サレテヰルコトハ勿
論デアルガ、是レラ三次ノ總攻擊ニ當ッテ出擊シタ吾ガ特攻
隊及ビ雷擊隊ノ勢力ハ極メテ大デアリ、特攻隊ノ大量出擊
ヲ最モ大キナ特徴トシテヰル。コレラノ戰果●ノ敵ニ與ヘタ打擊
ハ大東亞戰爭開始以來ノモノデアル。

四月二十日（金曜）

日課ハ平常通リ作業ニ出テ梱包ヲヤッテヰタ所ガ、電話ガ掛リ直グ医
務室ニコイト言フ。今日ハ診断日ナノデ行カナカッタ為週番下士官
殿プン〳〵。医務室へ飛ンデ行ッタラ散々シボラレル。診断日ヲ知
ッテヰナカッタ失敗デアル。
三分ノ一ノ兵月例検査及予防接種ヲ二日前カラヤッテヰルガ、今日ハ
愈々僕ノ番ナノデ午前ノ作業デ歸ル。午后ハ一三〇〇カラ月例検
査及予防接種ノ実施。其ノ後ハ明朝点呼時迄、就寝許可ノ訳。
・陸軍航空本部長ニ陸軍中将寺本熊市閣下就任ス。
。甘木カラ廻送サレテ、今日航空便デ父カラ一通ヤッテ來タ。日
附ヲ見ルト驚ク勿レ二月九日デヤ相當ニ古イ。而シ嬉シイ気持

ノ第二回デアリ・サラニ十六日ヲ期シテ行ハレタモノガ第三回總攻撃デアル。コノ總攻撃ノ中間ニモ吾ガ猛攻ガ継続サレテヰルコトハ勿論デアルガ・是レラ三次ノ總攻撃ニ當ッテ出撃シタ・吾ガ特攻隊及ビ雷撃隊ノ勢力ハ極メテ大デアリ・特攻隊ノ大量出撃ヲ最モ大キナ特徴トシテヰル。コレラノ戰果ノ敵ニ與ヘタ打撃ハ大東亜戰爭開始以來ノモノデアル。

四月二十日（金曜）

日課　平常通リ作業ニ出テ捆包ヲヤッテヰタ所ガ・電話ガ掛リ直グ医務室ニコイト言フ。今日ハ診断日ナノデ行カナカッタ為週番下士官殿プン〳〵。医務室ヘ飛ンデ行ッタラ散々シボラレル。診断日ヲ知ッテヰナカッタ失敗デアル。

三分ノ一宛月例検査及予防接種ヲ二日前カラヤッテヰルガ今日ハ愈々俺ノ番ナノデ午前ノ作業デ歸ル。午后ハ一三〇〇カラ月例検査及予防接種ヲ実施。其ノ後ハ明朝点呼時迄就寢許可ノ訳。

。陸軍航空本部長ニ陸軍中將　寺本熊市閣下就任ス。

。甘木カラ迴送サレテ・今日航空便デ父カラ一通ヤッテ來タ。日附ヲ見ルト驚ク勿レ二月九日ヂヤ相當ニ古イ。而シ嬉シイ気持

一・主要行事
　ナシ
二・気　象
三・天気予報
　晴

案：「陸軍航空本部長ニ陸軍中將　寺本熊市閣下就任ス」：寺本熊市（一八八九－一九四五）曾經擔任日本駐美大使館付武官輔佐官，並擔任第二飛行集團長、第二飛行師團長，最後是擔任航空本部長，於戰爭八月十五日結束當日自殺。（參：秦郁彥編，《日本陸海軍総合事典》，（東京：東京大学出版会，2005），頁一〇六）

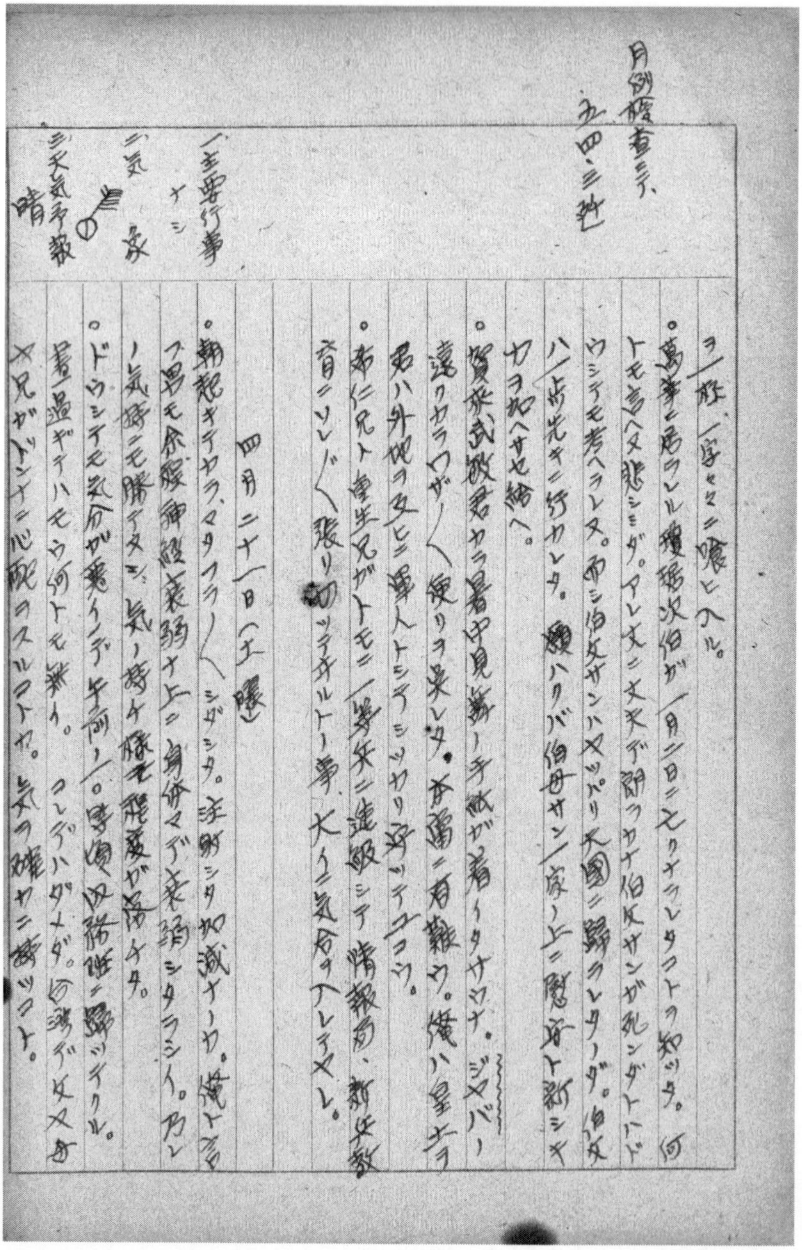
月例検査三六、
五四、三瓩

一、主要行事
ナシ
二、気象
三、天気予報
晴

ヨ／昨ノ字々ニ喰ヒ入ル。
○萬事ニ居ラレル璦瑶次伯ガ一月二日ニ亡クナラレタコトヲ知ッタ。何
トモ言ヘヌ悲シミダ。アレ丈ニ丈夫デ朗ラカナ伯父サンガ死ンダトハド
ウシテモ考ヘラレヌ。而シ伯父サンハヤッパリ天國ニ歸ラレタノダ。伯父
ハ一歩先キニ行カレタ。嬸ハクバ伯母サン一家ノ上ニ慰安ト新シキ
力ヲ加ヘサセ給ヘ。
○賀來武雄君カラ暑中見舞ノ手紙ガ着イタサウナ。ジャバノ
遠クカラワザ／＼便リヲ呉レタ。本當ニ有難ウ。俺ハ皇土ヲ
君ハ外地ヲ支ヒ軍人トシテシッカリ守ッテユコウ。
○弟仁兄ト達生兄ガトモニ一等兵ニ進級シテ情報局、新兵教
育ニソレゾレ張リ切ッテ居ルトノ事。大イニ気分ヲ入レテ呉レ。

四月二十一日（土曜）
○朝起キテカラ、マタフラ／＼シダシタ。注射シタ加減ナノカ。俺ト言
ブ男モ余程神經衰弱ナ上ニ身体マデ衰弱シタラシイ。乃レ
ノ気持ニモ勝テヌ。気ノ持チ様モ飛ブ度ガ落チタ。
○ドウシテモ気分ガ悪イノデ午前ノ一〇時頃以降睡ニ歸ッテクル。
暑イ過ギテハモウ何トモ無イ。コレデハダメダ。今ノ所デ父母
兄ガドンナニ心配ヲスルコトダ。気ヲ確カニ持ッコト。

月例検査ニテ
五四・三瓩

一．主要行事
ナシ

二．気　象

三．天気予報
晴

ヲ一杯．一字々々ニ喰ヒ入ル。

。萬華ニ居ラレル瓊琚次伯ガ一月二日ニ亡クナラレタコトヲ知ッタ。何トモ言ヘヌ悲シミダ。アレ丈ニ丈夫デ朗ラカナ伯父サンガ死ンダトハドウシテモ考ヘラレヌ。而シ伯父サンハヤッパリ天國ニ歸ラレタノダ。伯父ハ一歩先キニ行カレタ。　願ハクバ伯母サン一家ノ上ニ慰安ト新シキ力ヲ加ヘサセ給ヘ。

。賀來武敏君カラ暑中見舞ノ手紙ガ着イタサウナ。ジヤバノ遠クカラワザ〱便リヲ呉レタ。本當ニ有難ウ。俺ハ皇土ヲ君ハ外地ヲ互ヒニ軍人トシテシッカリ守ッテユコウ。

。希仁兄ト重生兄ガトモニ一等兵ニ進級シテ情報局．新兵教育ニソレ〲張リ切ッテヰルトノ事．大イニ気合ヲ入レテヤレ。

四月二十一日（土曜）

。朝起キテカラ．マタフラ〱シダシタ。注射シタ加減ナノカ。俺ト言フ男モ余程神経衰弱ナ上ニ身体マデ衰弱シタラシイ。乃レノ気持ニモ勝テヌシ．気ノ持チ様モ程度ガ落チタ。

。ドウシテモ気分ガ悪イノデ午前ノ一〇時頃内務班ニ歸ッテクル。晝過ギテハモウ何トモ無イ。　コレデハダメダ。台湾デ父ヤ母ヤ兄ガドンナニ心配ヲスルコトカ。気ヲ確カニ持ツコト。

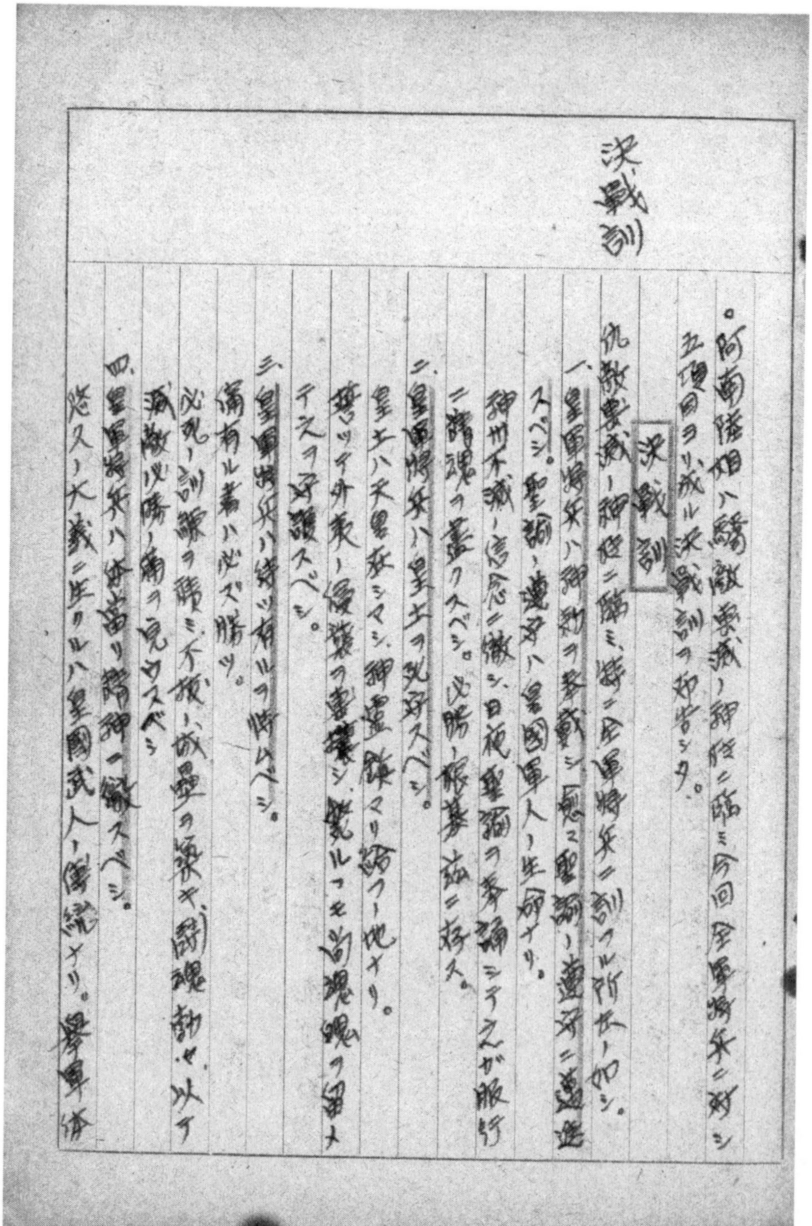
決戰訓

。阿南陸相ハ驕敵撃滅ノ神機ニ臨ミ今回全軍将兵ニ対シ
五項目ヨリ成ル決戰訓ヲ布告シタ。

決戰訓

驕敵撃滅ノ神機ニ臨ミ、特ニ全軍将兵ニ訓フル所左ノ如シ。
一、皇軍将兵ハ神勅ヲ奉戴シ愈々聖諭ノ遵守ニ邁進スベシ。
聖諭ノ遵守ハ皇国軍人ノ生命ナリ。
神州不滅ノ信念ニ徹シ、日夜聖諭ヲ奉誦シテ之ガ服行ニ精魂ヲ盡クスベシ。必勝ノ根基茲ニ存ス。
二、皇軍将兵ハ皇土ヲ死守スベシ。
皇土ハ天皇在シマシ、神霊鎮マリ給フノ地ナリ。
誓ッテ外夷ノ侵襲ヲ撃攘シ、斃ルルモ尚魂魄ヲ留メテ之ヲ守護スベシ。
三、皇軍将兵ハ待ツ有ルヲ恃ムベシ。
備有ル者ハ必ズ勝ツ。
必死ノ訓練ヲ積ミ、不抜ノ城塁ヲ築キ、闘魂勃々、以テ滅敵必勝ノ備ヲ完ウスベシ。
四、皇軍将兵ハ体当リ精神ニ徹スベシ。
悠久ノ大義ニ生クルハ皇国武人ノ伝統ナリ。挙軍体

決戰訓

。阿南陸相ハ驕敵撃滅ノ神機ニ臨ミ今回全軍将兵ニ対シ五項目ヨリ成ル決戦訓ヲ布告シタ。

決戰訓

仇敵撃滅ノ神機ニ臨ミ、特ニ全軍将兵ニ訓フル所左ノ如シ。

一、皇軍将兵ハ神勅ヲ奉戴シ、愈々聖諭ノ遵守ニ邁進スベシ。聖諭ノ遵守ハ皇國軍人ノ生命ナリ。

神州不滅ノ信念ニ徹シ、日夜聖諭ヲ奉誦シテ之ガ服行ニ精魂ヲ盡クスベシ。必勝ノ根基茲ニ存ス。

二、皇軍将兵ハ皇土ヲ死守スベシ。

皇土ハ天皇在シマシ、神霊鎮マリ給フノ地ナリ。

誓ッテ外夷ノ侵襲ヲ撃攘シ、斃ルヽモ尚魂魄ヲ留メテ之ヲ守護スベシ。

三、皇軍将兵ハ待ツ有ルヲ恃ムベシ。

備有ル者ハ必ズ勝ツ。

必死ノ訓練ヲ積ミ、不抜ノ城壘ヲ築キ、闘魂勃セ以テ滅敵必勝ノ備ヲ完ウスベシ

四、皇軍将兵ハ体當リ精神ニ徹スベシ。

悠久ノ大義ニ生クルハ皇國武人ノ傳統ナリ。舉軍体

案：「決戰訓」：此指陸訓第二號，一九四五年四月八日由陸軍大臣阿南惟幾頒布，特別是在日本軍可能面臨本土決戰時所進行頒布。（參：https://www.jacar.archives.go.jp/aj/meta/image_C01007610000?IS_KEY_S1=%E6%B1%BA%E6%88%A6%E8%A8%93&IS_KIND=detail&IS_STYLE=default&IS_TAG_S1=InD&）

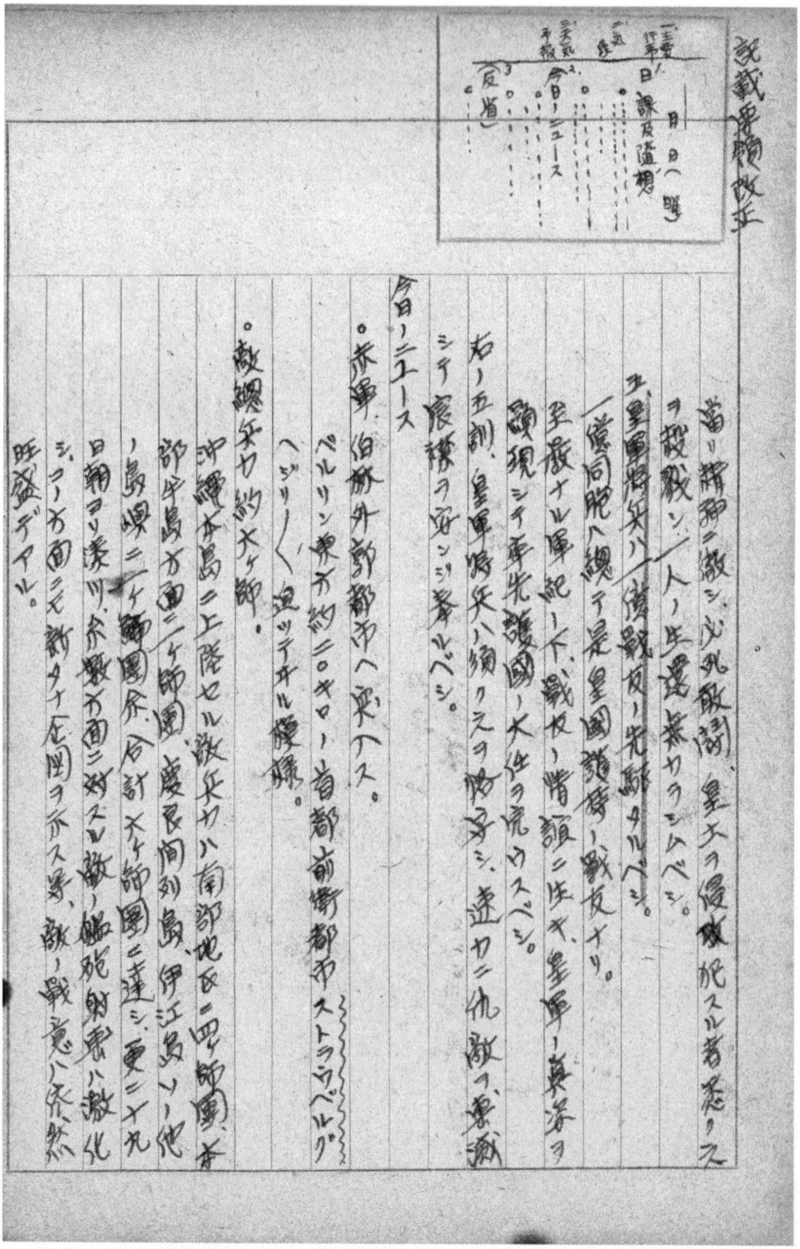

決戦要綱改正

月　日（　）曜

一、日課及隨想

二、今日ノニュース

三、反省

當リ精神ニ徹シ、必死敢闘、皇大ヲ侵犯スル者悉ク之
ヲ殺戮シ、一人ノ生還無カラシムベシ。
五、皇軍将兵ハ護國戦友ノ先駆タルベシ。
一億同胞ハ總テ是皇國護持ノ戦友ナリ。
至嚴ナル軍紀ノ下、戦友ノ情誼ニ生キ、皇軍ノ真姿ヲ
顕現シテ率先護國ノ大任ヲ完ウスベシ。
右ノ五訓、皇軍将兵ハ須ク之ヲ恪守シ、速カニ仇敵ヲ撃滅
シテ宸襟ヲ安ンジ奉ルベシ。

今日ノニュース

。赤軍、伯林外郭都市ヘ突入ス。
ベルリン東方約二〇キロノ首都前衛都市ストラウベルグ
ヘジリジリト迫ッテオル模様。

。敵總兵力約六ケ師。
沖縄本島ニ上陸セル敵兵力ハ南部地区ニ四ケ師團、本
部半島方面ニ一ケ師團、慶良間列島、伊江島ソノ他
ノ島嶼ニ一ケ師團余、合計六ケ師團ニ達シ、更ニ十九
日朝ヨリ湊川、糸數方面ニ対スル敵ノ艦砲射撃ハ激化
シ、コノ方面ニモ新タナ企図ヲ示ス等、敵ノ戦意ハ依然
旺盛デアル。

記載要領改正

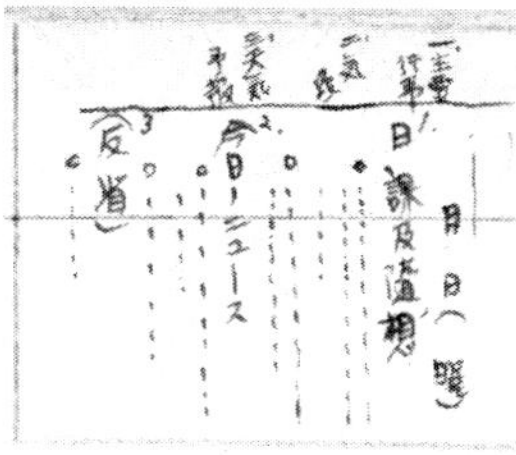

當リ精神ニ徹シ・必死敢闘・皇土ヲ侵攻犯スル者悉ク之ヲ殺戮シ一人ノ生還無カラシムベシ。

五・皇軍将兵ハ一億戰友ノ先駆タルベシ。

一億同胞ハ總テ是皇國護持ノ戰友ナリ。

至嚴ナル軍紀ノ下・戰友ノ情誼ニ生キ・皇軍ノ真姿ヲ顯現シテ率先護國ノ大任ヲ完ウスベシ。

右ノ五訓・皇軍将兵ハ須ク之ヲ恪守シ・速カニ仇敵ヲ撃滅シテ宸襟ヲ安ンジ奉ルベシ。

今日ノニュース

◦赤軍・伯林外郭都市へ突入ス。

ベルリン東方約二〇キロノ首都前衛都市ストラウベルグヘジリ〳〵迫ッテヰル模様。

◦敵總兵力約六ヶ師

沖縄本島ニ上陸セル敵兵力ハ南部地区ニ四ヶ師團・本部半島方面ニ一ヶ師團・慶良間列島、伊江島ソノ他ノ島嶼ニ一ヶ師團余・合計六ヶ師團ニ達シ・更ニ十九日朝ヨリ湊川・系數方面ニ対スル敵ノ艦砲射撃ハ激化シ・コノ方面ニモ新タナ企図ヲ示ス等・敵ノ戰意ハ依然旺盛デアル。

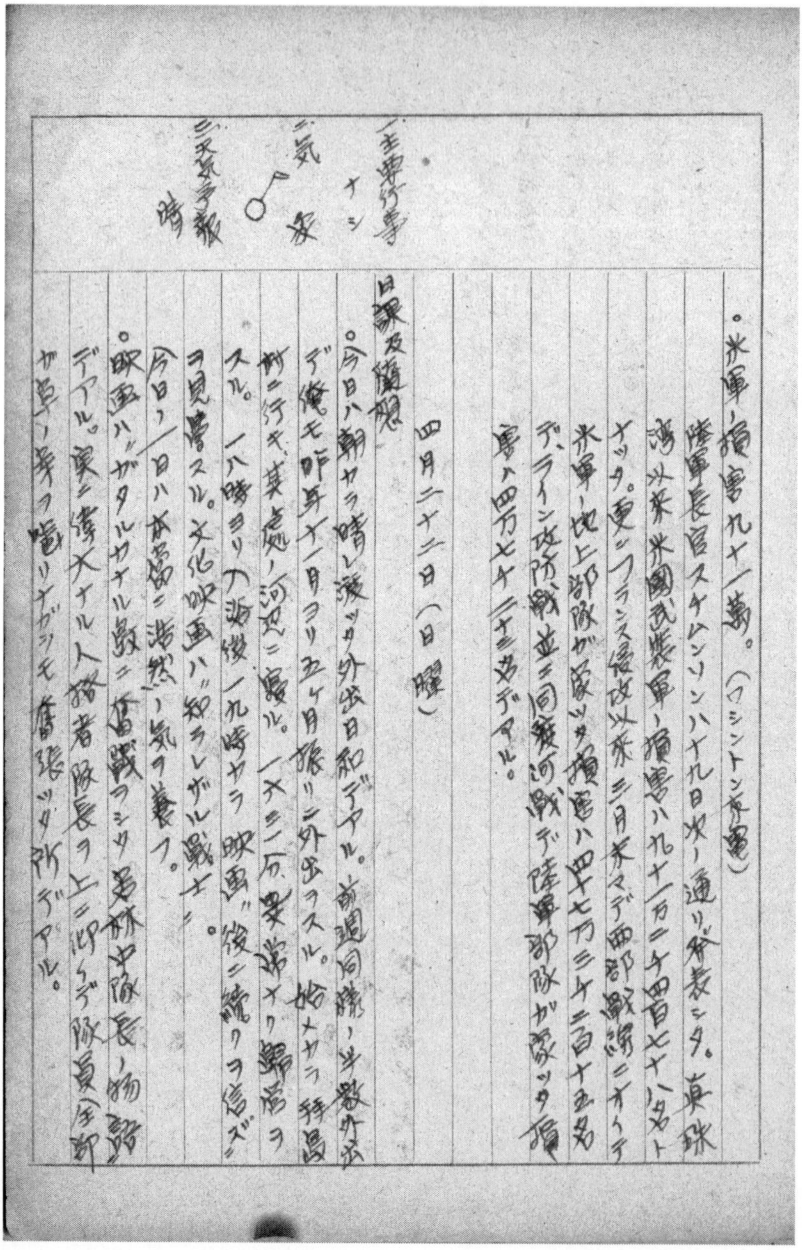

一、主要行事　ナシ
二、気象
三、天気予報　晴

○米軍ノ損害九十一萬。（ワシントン発電）
陸軍長官スチムソンハ十九日次ノ通リ発表シタ。真珠
湾以来米國武装軍ノ損害ハ九十一万二千四百七十八名ト
ナッタ。更ニフランス侵攻以来三月末マデ西部戦線ニオイテ
米軍ノ地上部隊ガ蒙ッタ損害ハ四十七万三千二百十五名
デ、ライン攻防戦並ニ同渡河戦デ陸軍部隊ガ蒙ッタ損
害ハ四万七千二百十三名デアル。

四月二十二日（日曜）

日課及随想
○今日ハ朝カラ晴レ渡ッタ外出日和デアル。前週同様ノ半数外出
デ俺モ昨年十一月ヨリ五ケ月振リニ外出ヲスル。始メカラ拝島
町ニ行キ、其處ノ河辺ニ寝ル。一六二〇分、要領ナク帰営ヲ
スル。一八時ヨリ入浴後ノ九時カラ映画"後ニ続クヲ信ズ"
ヲ見学スル。文化映画ハ"知ラレザル戦士"。
今日ノ日ハ本当ニ浩然ノ気ヲ養フ。
○映画ハ"ガダルカナル戦ニ奮戦ヲシタ若林中隊長ノ物語"
デアル。実ニ偉大ナル人格者隊長ヲ上ニ仰イデ隊員（全部
ガ身ノ事ヲ嘗リナガラモ奮張ッタ所デアル。

一．主要行事
ナシ
二．気象
三．天気予報
晴

。米軍ノ損害九十一萬（ワシントン來電）
陸軍長官スチムソンハ十九日次ノ通リ発表シタ。真珠湾以來米國武装軍ノ損害ハ九十一万二千四百七十八名トナッタ。更ニフランス侵攻以來三月末マデ西部戰線ニオイテ米軍ノ地上部隊ガ蒙ッタ損害ハ四十七万三千二百十五名デ、ライン攻防戰並ニ同渡河戰デ陸軍部隊ガ蒙ッタ損害ハ四万七千二十三名デアル。

四月二十二日（日曜）

日課及随想
。今日ハ朝カラ晴レ渡ッタ外出日和デアル。前週同様ノ半數外出デ俺モ昨年十一月ヨリ五ヶ月振リニ外出ヲスル。始メカラ拜島村ニ行キ．其處ノ河辺ニ寝ル。一六三一分異常ナク歸営ヲスル。一八時ヨリ入浴後．一九時カラ　映画〝後ニ続クヲ信ズ〟ヲ見學スル。文化映画ハ〝知ラレザル戰士〟。
今日ノ一日ハ本當ニ浩然ノ気ヲ養フ。
。映画ハ〝ガタルカナル島ニ奮戰ヲシタ若林中隊長ノ物語〟デアル。実ニ偉大ナル人格者隊長ヲ上ニ仰イデ隊員全部ガ草ノ芽ヲ噛リナガラモ奮張ッタ所デアル。

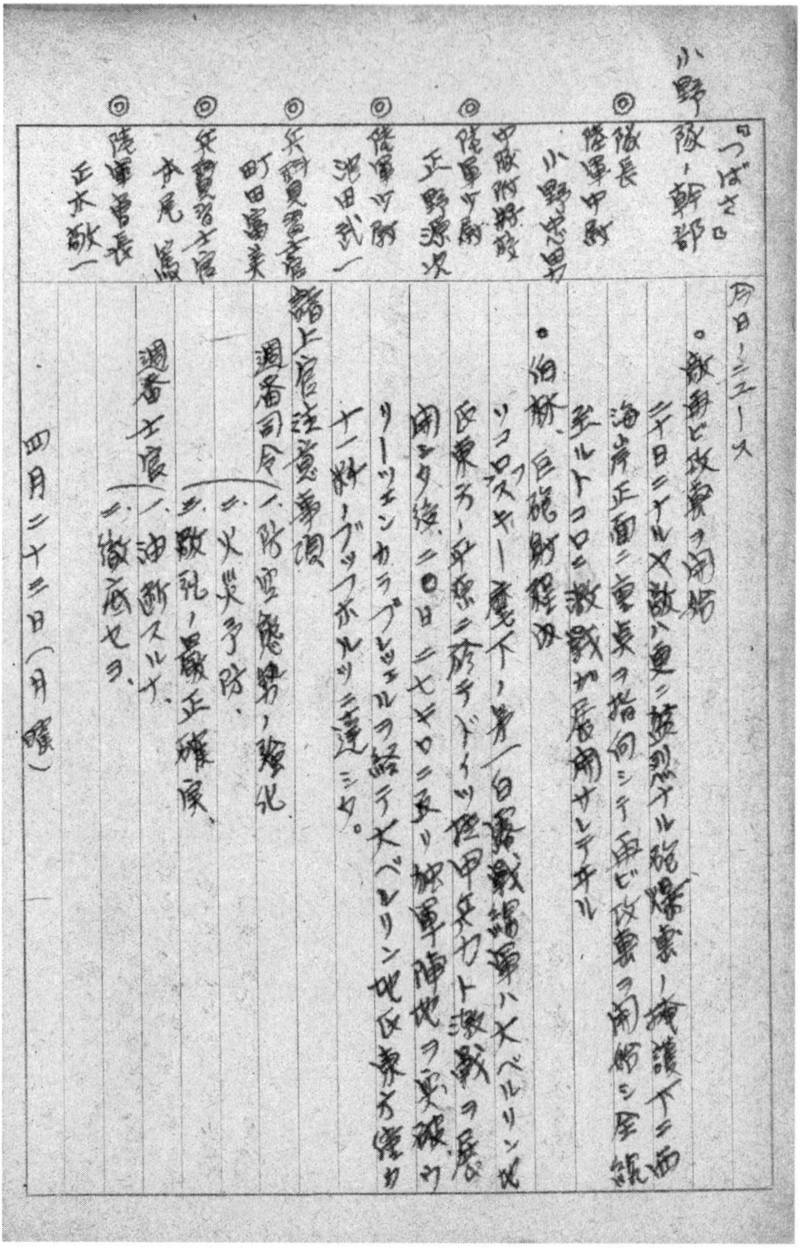

小野隊ノ幹部

「つばさ」

◎隊長 陸軍中尉 小野忠男

◎中隊附将校 陸軍少尉 正野源次

◎陸軍少尉 池田武一

◎兵科見習士官 町田富美

◎兵科見習士官 ?尾 篤

◎陸軍曹長 正木敬一

今日ノニュース

○敵再ビ攻撃ヲ開始

二十日ニナルヤ敵ハ更ニ猛烈ナル艦爆ノ掩護下ニ西海岸正面ニ重点ヲ指向シテ再ビ攻撃ヲ開始シ全線至ル所ニ激戦ガ展開サレテヰル

●伯林、巨砲射程ニ

ソコロフスキー麾下ノ第一白露戦線軍ハ大ベルリン地区東方ノ平原ニ於テドイツ機甲兵力ト激戦ヲ展開シタ後二十日ニ七キロニ亘リ独軍陣地ヲ突破シリーツェンカラブレッエルヲ経テ大ベルリン地区東方僅カ十二粁ノブッフホルツニ達シタ。

諸上官注意事項

週番司令 一、防空態勢ノ強化 二、火災予防 三、敬礼ノ厳正確実、

週番士官 一、油断スルナ、 二、徹底セヨ、

四月二十二日（月曜）

『つばさ』
小野隊ノ幹部

◎隊長
陸軍中尉
小野忠男

中隊附將校
◎陸軍少尉
正野源次
◎陸軍少尉
池田武一
◎兵科見習士官
町田富美
◎兵科見習士官
本尾　篤
◎陸軍曹長
正木敬一

今日ノニュース

。敵再ビ攻撃ヲ開始
二十日ニナルヤ敵ハ更ニ猛滅ナル砲爆撃ノ掩護下ニ西
海面正面ニ重点ヲ指向シテ再ビ攻撃ヲ開始シ全線
至ルトコロニ激戰ガ展開サレテヰル

。伯林．巨砲射程内
リコロフスキー麾下ノ第一白露戰線軍ハ大ベルリン地
区東方ノ平原ニ於テドイツ機甲兵力ト激戰ヲ展
開シタ後．二〇日　二七キロニ亘リ独軍陣地ヲ突破ウ
リーツェンカラブレッェルヲ経テ大ベルリン地区東方僅カ
十一粁ノブッフホルツニ達シタ。

諸上官注意事項
週番司令（一．防空態勢ノ強化．二．火災予防．三．敬礼ノ嚴正確実．）
週番士官（一．油断スルナ．二．徹底セヨ．）

四月二十三日（月曜）

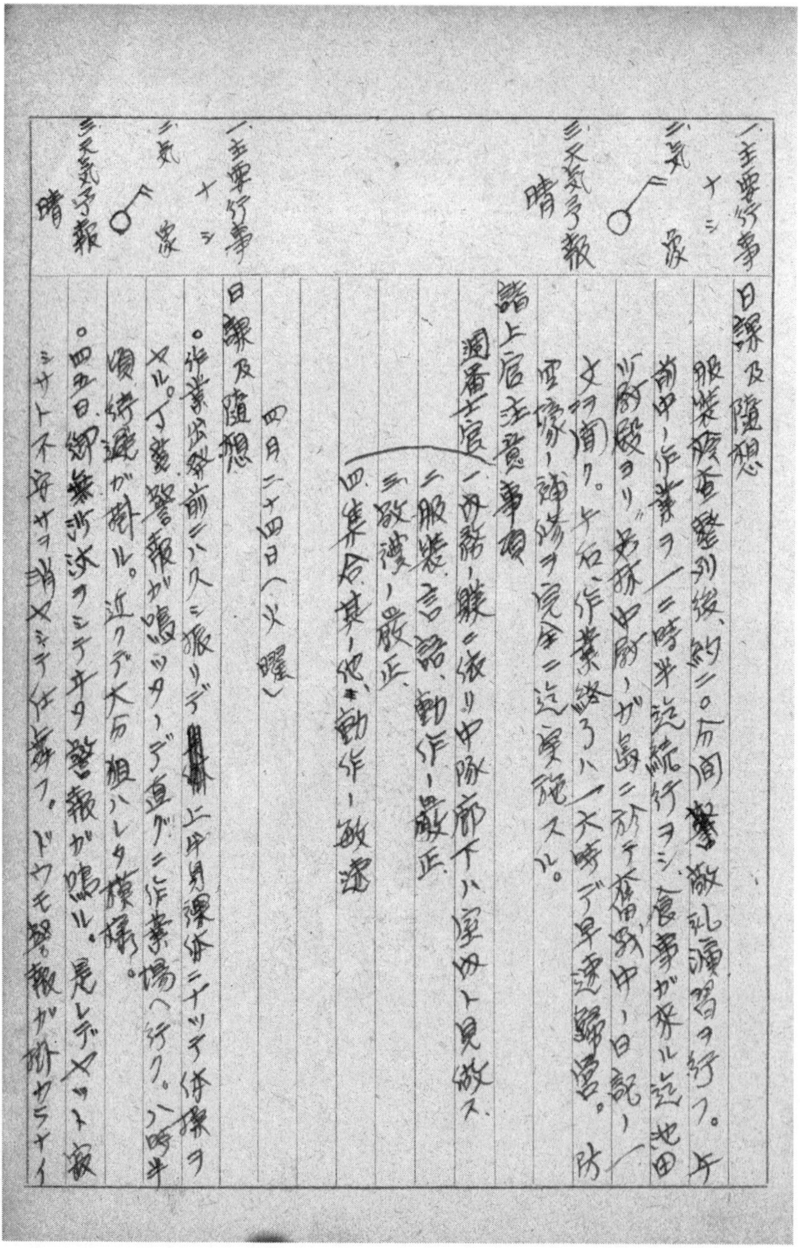

一、主要行事　ナシ
二、気温　度
三、天気予報　晴

日課及隨想

服装検査終リ後、約二〇分間敬礼演習ヲ行フ。午前中ノ作業ヲ一二時半迄続行ヲシ、食事ガ来ル迄池田少尉殿ヨリ、若林中尉ノガ島ニ於ケル奮戦中ノ日記ノ一文ヲ聞ク。午后作業終了ハ一六時デ早速帰営。防空壕ノ補修ヲ完全ニ近ク実施スル。

諸上官注意事項

週番士官ノ勤務ノ状態ニ依リ中隊ノ廊下ハ室内ト見做ス、
二、服装、言語、動作ノ厳正
三、敬礼ノ厳正、
四、集合其ノ他ノ動作ノ敏速

四月二十四日（火曜）

一、主要行事　ナシ
二、気温　度
三、天気予報　晴

日課及隨想

〇作業出発前ニハ久シ振リデ上半身裸体ニナッテ体操ヲヤル。丁度警報ガ鳴ッタノデ直グニ作業場ヘ行ク。八時半頃待避ガ掛ル。近クデ大分狙ハレタ模様。

〇四五日、御無沙汰ヲシテ居タ警報ガ鳴ル。是レデヤット寂シサト不安サヲ消シテ仕舞フ。ドウモ警報ガ鳴ラナイ

一、主要行事
ナシ
二、気象

三、天気予報
晴

日課及随想

服装検査整列後、約二〇分間警敬礼演習ヲ行フ。午前中ノ作業ヲ一二時半迄続行ヲシ、食事ガ來ル迄池田少尉殿ヨリ〝若林中尉ノガ島ニ於テ奮戰中ノ日記ノ一文〟ヲ聞ク。午后、作業終了ハ一六時デ早速歸營。防空壕ノ補修ヲ完全ニ迄実施スル。

諸上官注意事項

週番士官
一、内務ノ躾ニ依リ中隊廊下ハ室内ト見做ス、
二、服装、言語、動作ノ嚴正、
三、敬礼ノ嚴正、
四、集合其ノ他、ノ動作ノ敏速

四月二十四日（火曜）

一、主要行事
ナシ
二、気象

三、天気予報
晴

日課及随想

◦作業出発前ニハ久シ振リデ身体上半身裸体ニナッテ体操ヲヤル。丁度警報ガ鳴ッタノデ直グニ作業場へ行ク。八時半頃、待避ガ掛ル。近クデ大分狙ハレタ模様。
◦四五日御無沙汰ヲシテヰタ警報ガ鳴ル。是レデヤット寂シサト不安サヲ消ヤシテ仕舞フ。ドウモ警報ガ掛カラナイ

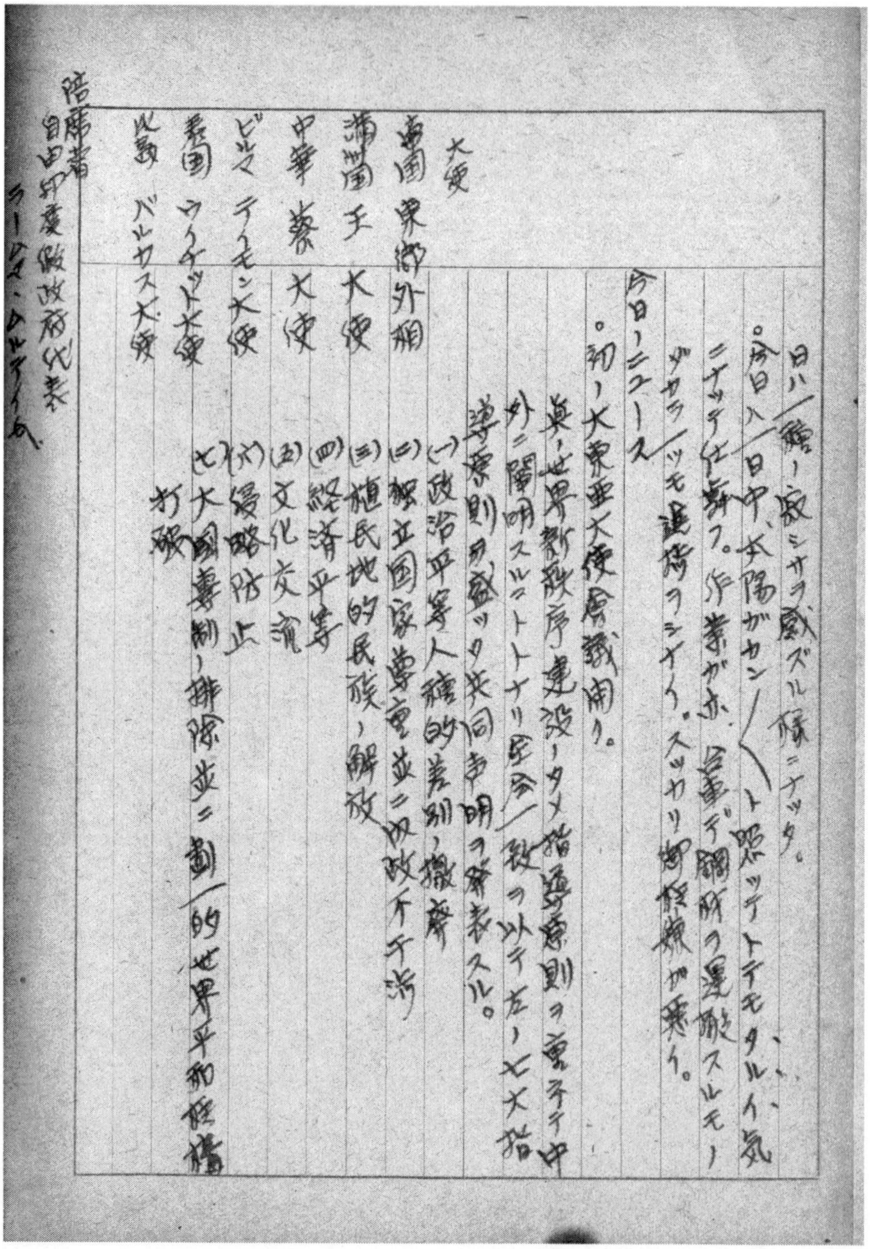
日ハ一層ノ寂シサヲ感ズル様ニナッタ。
。今日ハ日中、太陽ガカン／＼ト照ッテトテモタルイ気
ニナッテ仕舞フ。作業ガ亦、全員デ鋼材ヲ運搬スルモノ
ダカラ一ツモ退屈ヲシナイ。スッカリ御機嫌ガ悪イ。
今日ノニユース
。初ノ大東亜大使會議開ク。
眞ノ世界新秩序建設ノタメ指導原則ヲ定メテ中
外ニ闡明スルコトトナリ全会一致ヲ以テ左ノ七大指
導原則ヲ盛ッタ共同声明ヲ発表スル。
(一)政治平等人種的差別ノ撤廃
(二)独立国家尊重並ニ内政不干渉
(三)植民地的民族ノ解放
(四)経済平等
(五)文化交流
(六)侵略防止
(七)大國專制ノ排除並ニ劃一的世界平和機構
打破
大使
帝国　東郷外相
満洲国　王大使
中華　蔡大使
ビルマ　テイモン大使
泰国　ウイチット大使
比島　バルガス大使
陪席者
自由印度仮政府代表
ラーグハヴン、タルマアイヤル

日ハ一種ノ寂シサヲ感ズル様ニナッタ。
。今日ハ一日中．太陽ガカン〳〵ト照ッテトテモタルイ気ニナッテ仕舞フ。作業ガ亦．台車デ鋼材ヲ運搬スルモノダカラ一ツモ進捗ヲシナイ。スッカリ御機嫌ガ悪イ。

今日ノニユース
。初ノ大東亜大使會議開ク。
真ノ世界新秩序建設ノタメ指導原則ヲ重ネテ中外ニ闡明スルコトトナリ全会一致ヲ以テ左ノ七大指導原則ヲ盛ッタ共同声明ヲ発表スル。
(一)政治平等人種的差別ノ撤廃
(二)独立國家尊重並ニ內政不干渉
(三)植民地的民族ノ解放
(四)経済平等
(五)文化交流
(六)侵略防止
(七)大國專制ノ排除並ニ劃一的世界平和機構打破

大使
帝国　東郷外相
満州国　王大使
中華　蔡大使
ビルマ　テイモン　大使
泰国　ウイチット　大使
比島　バルカス　大使
陪審者
自由印度假政府代表
ラームマ、ムルテイ氏

案：「初ノ大東　大使會議開ク」：在同盟國為首的國家召開舊金山會議後（日方稱為「桑港會議」），以日本為首的國家開始召開「第二次大東亞會議」來進行應對，在一九四五年三月十七日日本召開「最高戰爭指導會議決定第二十一號」，並於會議中討論：「因應到來的反軸心方桑港會議開始的對抗，積極的對敵政治攻勢展開與決戰階段之際大東亞的集結強化……第二次大東亞會議開始的機會認為相當適宜。」（參謀本部著，《敗戦の記録》，日本：原書房，二〇〇五，頁二三九）

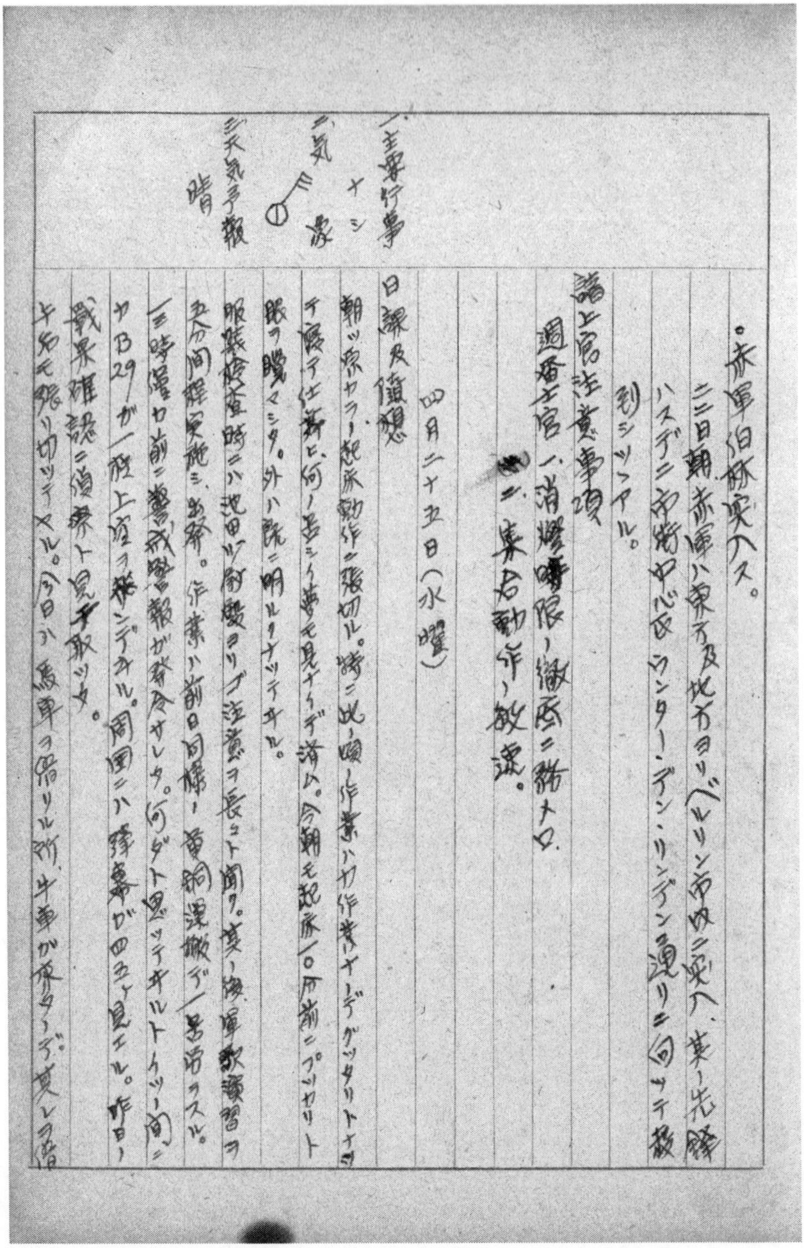

一、主要行事　ナシ
二、気象
三、天気予報　晴

◦赤軍伯林突入ス。
二二日朝赤軍ハ東方及北方ヨリベルリン市内ニ突入、其ノ先鋒ハスデニ市街中心区ウンター・デン・リンデン通リニ向ッテ殺到シツヽアル。

諸上官注意事項
週番士官ノ、消燈時限ノ徹底ニ務メヨ。
二、集合動作ノ敏速。

四月二十五日（水曜）

日課及随想
朝ッ腹カラノ起床動作ニ張切ル。時ニ此ノ頃ノ作業ハ力作業ナノデグッタリトナッテ寝テ仕舞ヒ、何ノ苦シイ夢モ見ナイデ済ム。今朝モ起床10分前ニプッカリト眼ヲ醒マシタ。外ハ既ニ明ルクナッテオル。
服装検査時ニハ池田少尉殿ヨリノ注意ヲ長々ト聞ク。其ノ後軍歌演習ヲ五分間程実施シ、出発。作業ハ前日同様ノ重胴運搬デノ苦労ヲスル。
一三時少シ前ニ警戒警報ガ発令サレタ。何ダト思ッテオルトイツノ間ニカB29ガ一機上空ヲ飛ンデオル。周囲ニハ煙幕ガ四五ヶ見エル。昨日ノ戦果確認ニ偵察ト見テ取ッタ。
午后モ張リ切ッテヤル。今日ハ馬車ヲ借リル所、牛車ガ来タノデ其レヲ借

一、主要行事
ナシ
二、気象 
三、天気予報
晴

。赤軍伯林突入ス。
二二日朝、赤軍ハ東方及北方ヨリベルリン市内ニ突入、其ノ先鋒ハスデニ市街中心区ウンター、デン、リンデン通リニ向ッテ殺到シツヽアル。

諸上官注意事項
週番士官 一、消燈時限リ徹底ニ務メロ
二、集合動作ノ敏速

四月二十五日（水曜）

日課及随想
朝ツ原カラノ起床動作ニ張切ル。特ニ此ノ頃ノ作業ハ力作業ナノデグッタリトナッテ寝テ仕舞ヒ、何ノ苦シイ夢モ見ナイデ済ム。今朝モ起床一〇分前ニプッカリト眼ヲ覚マシタ。外ニ既ニ明ルクナッテヰル。
服装検査時ニハ池田少尉殿ヨリゴ注意ヲ長々ト聞ク。其ノ後、軍歌演習ヲ五分間程実施シ、出発。作業ハ前日同様ノ黄銅運搬デ一苦労ヲスル。
一三時僅カ前ニ警戒警報ガ発令サレタ。何ダト思ッテヰルトイツノ間ニカB29ガ一機上空ヲ飛ンデヰル。周囲ニハ弾幕ガ四五ヶ見エル。昨日ノ戰果確認ニ偵査ト見エ取ッタ。
午后モ張リ切ッテヤル。今日ハ馬車ヲ借リル所、牛車ガ來タノデ。其レヲ借

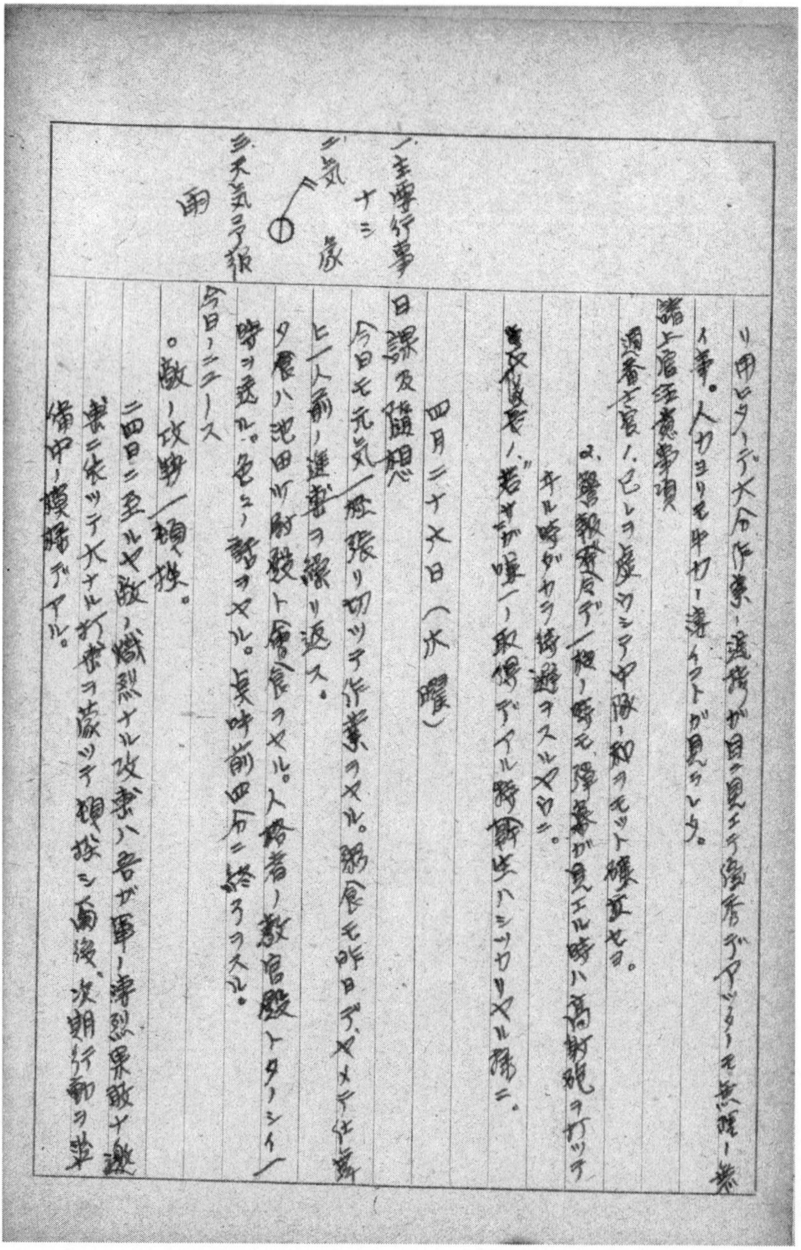

一、主要行事
ナシ
二、気象
三、天気予報
雨

リ用ヒタノデ大分作業ノ進捗ガ目ニ見エテ優秀デアッタノモ無理ノ無
イ事。人力ヨリモ早カノ違イノコトガ見ラレタ。
諸上官注意事項
週番士官ノ、色レヲ度ワシテ中隊ノ和ヲモット讃直セヨ。
2、警報発令デ一般ノ時モ、爆音ガ見エル時ハ高射砲ヲ打ッテ
来ル時ガカラ待避ヲスルヤウニ。
第一区隊長ノ、”若者ガ唯一ノ取得デアル時、候補生ハシッカリヤル様ニ。

四月二十六日（木曜）
日課及随想
今日モ元気ノ旺盛デ張リ切ッテ作業ヲヤル。朝食モ昨日デ、ヤメテ仕事
上ノ人前ノ進歩ヲ繰リ返ス。
夕食ハ池田少尉殿ト會食ヲヤル。入路者ノ教官殿トタノシイ一
時ヲ過ス。色々ノ話ヲヤル。点呼前四分ニ終了ヲスル。
今日ノニュース
。敵ノ攻勢ノ頓挫。
二四日ニ至ルヤ敵ノ熾烈ナル攻撃ハ吾ガ軍ノ壮烈果敢ナ邀
撃ニ依ッテ大ナル打撃ヲ蒙ッテ頓挫シ爾後、次期行動ヲ準
備中ノ模様デアル。

一．主要行事
ナシ
二．気象 
三．天気予報
雨

リ用ヒタノデ大分作業ノ進捗ガ目ニ見エテ優秀デアッタノモ無理ノ無イ事。人力ヨリモ牛力ノ凄イコトガ見ラレタ。

諸上官注意事項
週番士官　1.己レヲ虚ウシテ中隊ノ和ヲモット確立セヨ。
2.警報発令デ一機ノ時モ、弾幕ガ見エル時ハ高射砲ヲ打ッテキル時ダカラ待避ヲスルヤウニ。
■区隊長　1.″若サ″ガ唯一ノ取得デアル特幹生ハシッカリヤル様ニ。

四月二十六日（木曜）

日課及随想
今日モ元気一杯張リ切ッテ作業ヲヤル。粥食モ昨日デヤメテ仕舞ヒ一人前ノ進撃ヲ繰リ返ス。
夕食ハ池田少尉ト會食ヲヤル。人格者ノ教官殿トタノシイ一時ヲ送ル。色々ノ話ヲヤル。点呼前四分ニ終了ヲスル。

今日ノニユース
。敵ノ攻勢一頓挫。
二四日ニ至ルヤ敵ノ熾烈ナル攻撃ハ吾ガ軍ノ凄烈果敢ナ邀撃ニ依ッテ大ナル打撃ヲ蒙ッテ頓挫シ爾後、次期行動ヲ準備中ノ模様デアル。

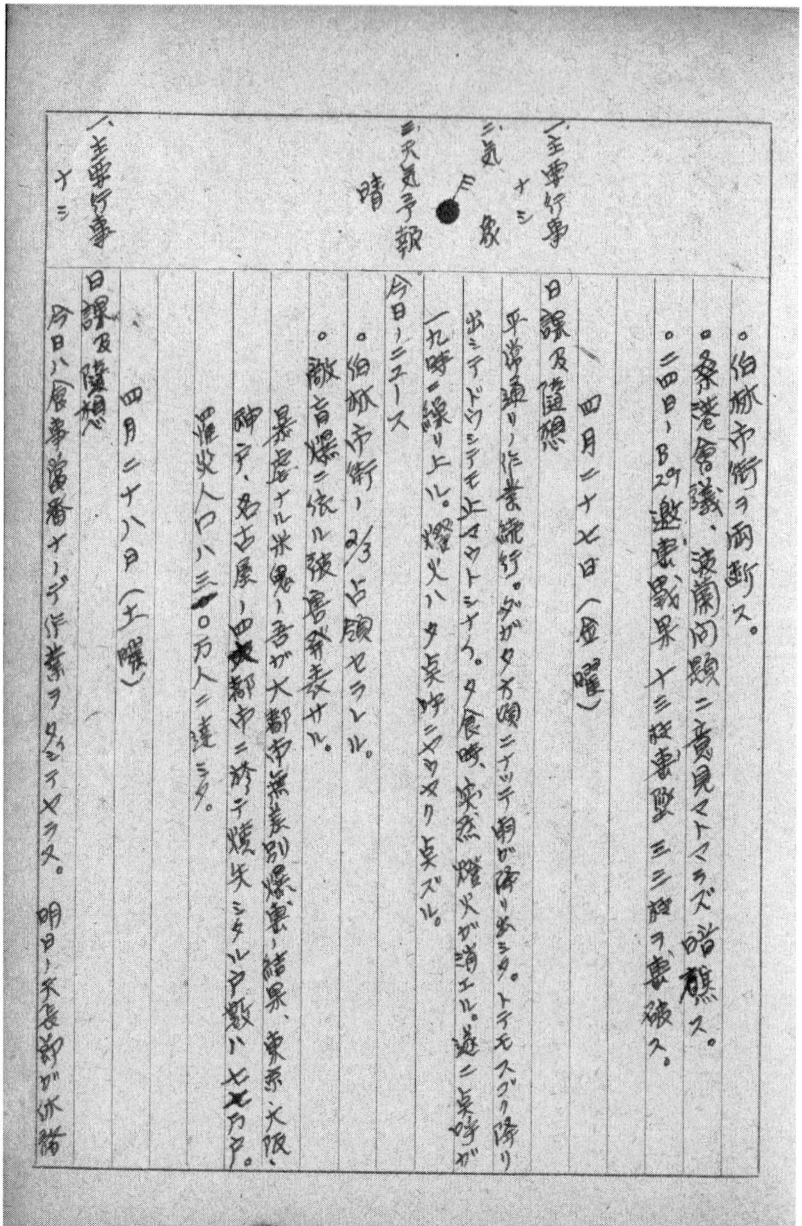

一、主要行事
ナシ
二、気象
三、天気予報
晴

。伯林市街ヲ両断ス。
。桑港会議、波蘭問題ニ意見マトマラズ暗礁ス。
。二四日ノB29邀撃戦果　十三機撃墜　三三機ヲ撃破ス。

四月二十七日（金曜）
日課及随想
平常通リノ作業続行。夕方頃ニナッテ雨ガ降リ出シタ。トテモスゴク降リ
出シテドウシテモ止マナイトシナイ。夕食時、突然燈火ガ消エル。遂ニ点呼ガ
一九時ニ繰リ上ル。燈火ハ夕点呼ニヤット点ズル。
今日ノニュース
。伯林市街ノ2/3占領セラレル。
。敵盲爆ニ依ル被害発表サル。
暴虐ナル米鬼ノ吾ガ大都市無差別爆撃ノ結果、東京、大阪、
神戸、名古屋ノ四大都市ニ於テ焼失シタル戸数ハ七万戸。
罹災人口ハ三〇万人ニ達シタ。

一、主要行事
ナシ

四月二十八日（土曜）
日課及随想
今日ハ食事当番ナノデ作業ヲ休ミテヤラス。明日ノ天長節ガ挙行

一．主要行事
ナシ
二．気　象

三．天気予報
晴

一．主要行事
ナシ

。伯林市街ヲ両断ス。
。桑港會議：波蘭問題ニ意見マトマラズ暗礁ス。
。二四日ノB29邀撃戰果　十三機撃墜　三三機ヲ撃破ス。

四月二十七日（金曜）

日課及随想
平常通リノ作業続行。ダガ夕方頃ニナッテ雨ガ降リ出シタ。トテモスゴク降リ出シテドウシテモ止マウトシナイ。夕食時、突然　燈火ガ消エル。遂ニ点呼ガ十九時ニ繰リ上ル。燈火ハ夕点呼ニヤウヤク点ズル。
今日ノニュース
。伯林市街ノ2/3占領セラレル。
。敵盲爆ニ依ル被害発表サル。
暴虐ナル米鬼ノ吾ガ大都市無差別爆撃ノ結果：東京、大阪、神戸、名古屋ノ四大都市ニ於テ焼失シタル戸數ハ七七万戸。
罹災人口ハ三一〇万人ニ達シタ。

四月二十八日（土曜）

日課及随想
今日ハ食事當番ナノデ作業ヲタイシテヤラヌ。明日ノ天長節ガ休務

案：「二四日ノB29邀撃戰果　十三機撃墜　三三機ヲ撃破ス」：一九四五年四月二十四日，B29轟炸機共計一三三機隊立川附近的飛行機工廠進行轟炸，共計投下了七百四十三噸炸藥，立川附近被害三百三十五戶，死傷者共計五百一十三名。（參：日置英剛著，《年表　太平洋戰爭全史》，頁六二八）

「暴虐ナル米鬼ノ吾ガ大都市無差別爆撃ノ結果……罹災人口ハ三一〇万人ニ達シタ」：指一九四五年三月十日對東京、十二日對名古屋、十三日對大阪、十七日對神戶、十九日再次對名古屋進行空襲。以東京大空襲來說，造成二十六萬七千一百七十一戶房舍燒毀、共計一百萬八千零五人受災、死者共計八萬三千七百九十三名。（實際上更可能高達十萬）。大阪空襲亦造成十三萬四千七百四十四戶燒毀、一萬三千一百四十五名死傷、神戶空襲則也造成六萬八千戶房舍燒毀、一萬五千人死傷。因此可以看到此處稱罹災者達到三百一十萬所言不假。（參：日置英剛著，《年表　太平洋戰爭全史》，頁五七五－五八二）

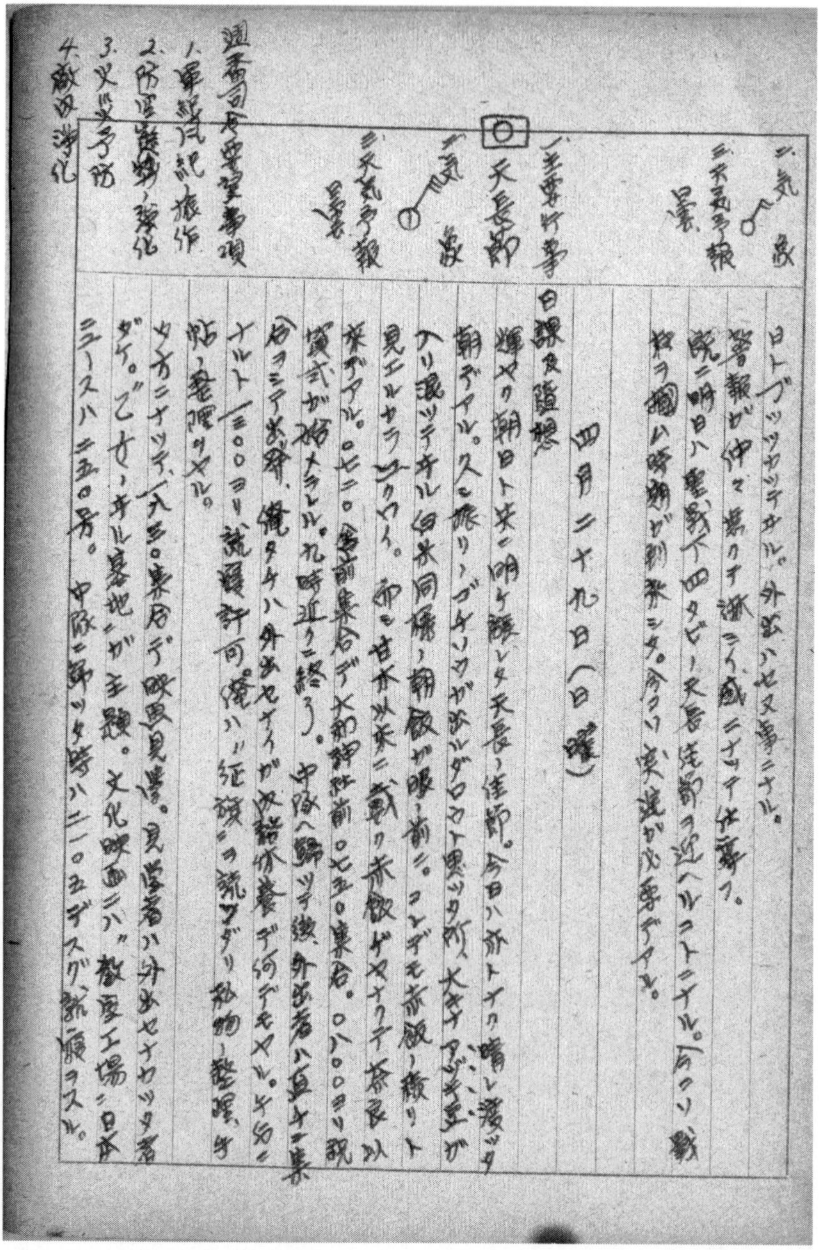

二、気象

三、天気予報 曇

日トブッツカッテ居ル。外出ハセヌ事ニナル。
警報ガ仲々解ケナイ誠ニ残念ニナッテ仕舞フ。
既ニ明日ハ聖戦下四タビノ天長節ヲ迎ヘルコトニナル。今コソ戦
局ヲ獨ハ時期ガ到来シタ。今コソ実践ガ必要デアル。

四月二十九日（日曜）

一、主要行事 天長節

二、気象

三、天気予報 曇

週番司令要望事項
1. 軍紀風紀振作
2. 防空態勢ノ強化
3. 災害予防
4. 敵性浄化

日課及随想
輝ヤク朝日ト共ニ明ケ離レタ天長ノ佳節。今日ハ珍トナク晴レ渡ッタ
朝デアル。久々振リノゴチソウガ出ルダロウト思ッタ所、大キナアヅキ豆ガ
入リ混ッテ居ル白米同様ノ朝飯ガ眼ノ前ニ。コレデモ赤飯ノ積リト
見エルナラ〓〓クワイ。命ニ甘ナイ以来ニ、戴ク赤飯ゲヤナクテ奈良以
来デアル。〇七二〇全部集合デ大和神社前〇七五〇集合。〇八〇〇ヨリ祝
賀式ガ始メラレル。九時近クニ終了。中隊ヘ帰ッテ後、外出者ハ直チニ集
合ヨシテ出発、俺タチハ外出セナイガ以後休養デ何デモヤル。午後ニ
ナルト一三〇〇ヨリ読書許可俺ハ征旗ニヨ読ンダリ私物ノ整理、手
帖ノ整理ヲヤル。
夕方ニナッテ、一八三〇集合デ映画見学。見学者ハ外出セナカッタ者
ダケ。"乙女ノ居ル基地"ガ主題。文化映画ニハ"教育工場"ニ日本
ニュースハ二五〇号。中隊ニ帰ッタ時ハ二一〇五デスグ就寝ヲスル。

二．気　象

三．天気予報

曇

日トブッツカッテヰル。外出ハセヌ事ニナル。
警報ガ仲々無クテ淋シイ感ニナッテ仕舞フ。
既ニ明日ハ聖戰下四タビノ天長佳節ヲ迎ヘルコトニナル。今コソ戰機ヲ摑ム時期ガ到來シタ。今コソ突進ガ必要デアル。

四月二十九日（日曜）

一．主要行事

天長節

二．気　象

三．天気予報

曇

週番司令要望事項

1. 軍紀風紀ノ振作
2. 防空態勢ノ強化
3. 火災予防
4. 廠內淨化

日課及隨想

輝ヤク朝日ト共ニ明ケ離レタ天長ノ佳節。今日ハ亦トナク晴レ渡ッタ朝デアル。久シ振リノゴチソウガ出ルダロウト思ッタ所．大キナアヅキ豆ガ入リ混ッテヰル白米同様ノ朝飯ガ眼ノ前ニ。コレデモ赤飯ノ積リト見エルカラユクワイ。　而シ甘木以來ニ戴ク赤飯ヂヤナクテ奈良以來デアル。〇七二〇舍前集合デ大和神社前〇七五〇集合。〇八〇〇ヨリ祝賀式ガ始メラレル。九時近クニ終了。　中隊ヘ歸ッテ後．外出者ハ直チニ集合ヲシテ出發．俺タチハ外出セナイガ內務休養デ何デモヤル。午后ニナルト一三〇〇ヨリ就寢許可。俺ハ〝征旗〟ヲ讀ンダリ私物ノ整理．手帖ノ整理ヲヤル。

夕方ニナッテ．一八三〇集合デ映画見學。見學者ハ外出セナカッタ者ダケ。〝乙女ノヰル基地〟ガ主題。文化映画ニハ〝教室工場〟日本ニユースハ　二五〇号。　中隊ニ歸ッタ時ハ二一〇五デスグ就寢ヲスル。

案：「天長ノ佳節」：戰前制定的「天長節」為天皇誕辰之日，而昭和時代（一九二六－一九八九）之天長節為每年之四月二十九日。
「乙女ノヰル基地」：一九四五年四月二十六日上映之電影，由津路嘉郎編劇。

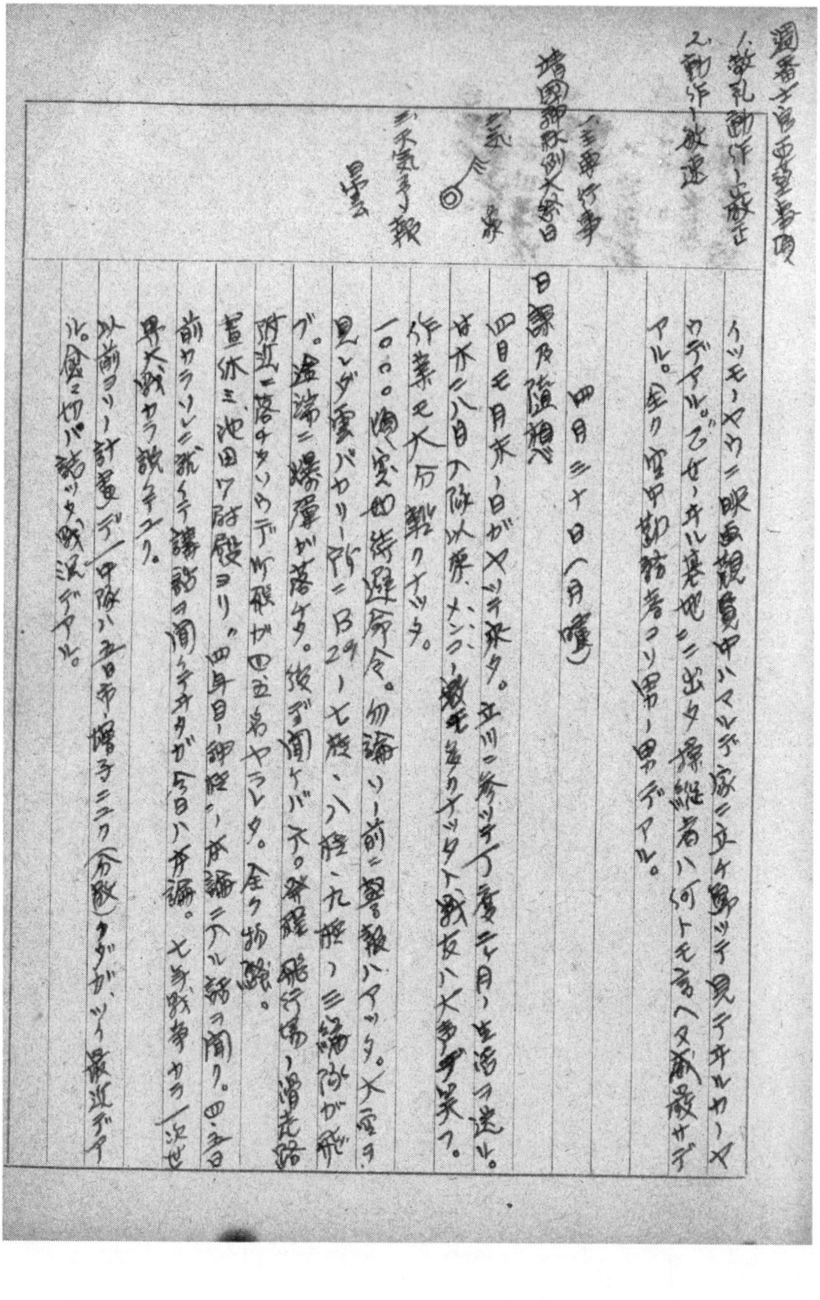

週番士官注意事項
一、敬礼動作ノ厳正
二、動作ノ敏速

靖国神社例大祭日
一、主要行事
二、気温
三、天気予報　曇

イツモノヤウニ映画観覧中ハマルデ家ニ立ケ帰ッテ見テヰルカノヤ
ウデアル。乙女ノ井ル基地ニ出タ操縦者ハ何トモ言ヘヌ厳サデ
アル。全ク空中勤務者コソ男ノ男デアル。

四月三十日（月曜）

日課及随想
四月モ月末ノ日ガヤッテ来タ。立川ニ参ッテ丁度二ヶ月ノ生活ヲ送ル。
其ノ木ニ八日ノ大隊以来、ここメンコノ激モ多クナッタト戦友ハ大事ヲ笑フ。
作業モ大分難クナッタ。
一〇〇〇演習無待避命令。勿論ソノ前ニ警報ハアッタ。大空ヲ
見レダ雲バカリノ所ニB29ノ七機、八機、九機ノ三編隊ガ飛
ブ。途端ニ爆弾ガ落ケタ。後デ聞ケバ六〇〇米程飛行場ノ滑走路
附近ニ落チタソウデ所飛ガ四五名ヤラレタ。全ク物騒。
昼休ミ、池田少尉殿ヨリ、〃四月日ノ御殿ノ本論ニアル話ヲ聞ク。四、五日
前カラソレニ就イテ講話ヲ聞イテヰタガ今日ハ本論。七参戦争カラ一次世
界大戦カラ説キテユク。
以前ヨリノ計画デ／中隊ハ五日市・増子ニユク（分散）タダガ、ツイ最近デア
ル。金ニ切バ詰ッタ戦況デアル。

週番士官要望事項
1.敬礼動作ノ厳正
2.動作ノ敏速

一．主要行事
靖國神社例大祭日
二．気象
三．天気予報
曇

イツモノヤウニ映画觀覧中ハマルデ家ニ立チ歸ッテ見テヰルカノヤウデアル。〝乙女ノヰル基地〟ニ出タ操縦者ハ何トモ言ヘヌ威嚴サデアル。全ク空中勤務者コソ男ノ男デアル。

四月三十日（月曜）

日課及隨想

四月モ月末ノ日ガヤッテ來タ。立川ニ參ッテ丁度二ケ月ノ生活ヲ送ル。甘木ニ八月入隊以來．メンコノ数モ多クナッタト戰友ハ大声デ笑フ。作業モ大分輕クナッタ。

一〇〇〇頃突如待避命令。勿論ソノ前ニ警報ハアッタ。大空ヲ見レダ雲バカリノ所ニB29ノ七機、八機、九機ノ三編隊ガ飛ブ。途端ニ爆彈ガ落チタ。後デ聞ケバ六〇発程　飛行場ノ滑走路附近ニ落チタソウデ少飛ガ四、五名ヤラレタ。全ク物騒。

晝休ミ．池田少尉ヨリ〝四年目ノ神機〟ノ本論ニ入ル話ヲ聞ク。四、五日前カラソレニ就イテ講話ヲ聞イテヰタガ今日ハ本論。　七年戰爭カラ一次世界大戰カラ說イテユク。

以前ヨリノ計畫デ一中隊ハ五日市．増子（正：増戸）ニユク（分散）シダガ．ツイ最近デアル。愈々切パ詰ッタ戰況デアル。

案：「メンコ」：此處指的是日本軍的飯盒。
「大空ヲ見レダ雲バカリノ所ニB29ノ七機……途端ニ爆彈ガ落チタ」：指一九四五年四月三十日美軍的B29轟炸機一百架與P51戰鬥機一百架，共計兩百架，一同對立川進行攻擊，並同時攻擊了厚木、平塚、浜松三地，其中造成浜松八百八十五名死亡。（參：日置英剛著，《年表　太平洋戦争全史》，頁六三五）

『四月ノ空』

『つばさ』

◎第一内務班長
陸軍々曹
町田保雄

◎第三内務班長
陸軍伍長
時崎儀次

◎第四〃
陸軍伍長
石川清次

◎第五〃
陸軍兵長
大森義敏

◎第六〃
陸軍兵長
橋本正治

○四月ヲ迎ヘテ先ヅ日モ暮レ又早ニ沖縄ニ上陸ヲ聞ク。敵ハ驚クベキ大反攻ヲ見セテ、襲ヒ來ツタ艦船實ニ一千四百數隻ニ上ル。ダガ吾ガ大損害ナル特攻隊ノ突ナニ敵ノ戰氣ハ衰ヘタ。既ニ四百八十數隻ノ確認戰果及未確認ノ多數ヲ合シテ今マサニ勝戰到來。

○四月ノ空ハ特攻隊ノ勇マシキ飛翔ニ輝ヤイテ見セタ。吾モ速ク征ケ若ッテ春モ呼バ。而シ、一昨日ノ空ハB29ノ來襲ガ多ク彩ヲカシタ。明暗ノ空、大東亞ノミナラズ、欧州ニ漂フ空、暗氣ヲ帶ブ。大キナニュースハイクラモアッタ。

○ルーズベルト大統領急死ス。

○第二作業隊ヨリ第一作業隊ヘ[illegible]。

○小磯内閣總辭職
鈴木内閣成立シ戰勝内閣ノ旗ヲ揮フ。

○決戰訓告布サル。

○B29ノ爆撃ニ宮城（不遜也）、明治神宮燒失ス。

○大東亞大使會議開ク。

○伯林3/4占領サル。

○參議會議開カレル。

○四月ノ空ハ戰多ノ大変化ヲ次々ト映シテ暮レタ。

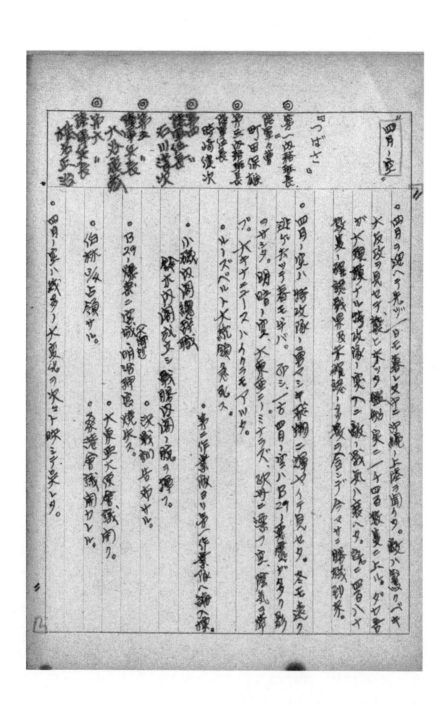

〃四月ノ空〃	『〃。四月ヲ迎ヘテ先ヅ一日モ暮レヌ中ニ沖縄ノ上陸ヲ聞イタ。敵ハ驚クベキ
	大反攻ヲ見セテ．襲ヒ來ッタ艦船　実ニ一千四百數隻ニ上ル。ダカ吾
『つばさ』	ガ大規模ナル特攻隊ノ突入ニ敵ノ戰気ハ衰ヘタ。既ニ四百八十
◎第一內務班長	數隻ノ確認戰果及未確認ノ多數ヲ含ンデ今マサニ勝機到來。
二	
陸軍々曹	。四月ノ空ハ特攻隊ノ勇マシキ飛翔ニ輝ヤイテ見セタ。冬モ遠ク
町田保雄	逃ゲ去ッテ春モ半バ。　而シ．一方四月ノ空ハＢ29ノ惡魔ガ多ク影
◎第三內務班長	ヲサシタ。明暗ノ空．大東亜ニノミナラズ．欧州ニ漂フ空．陰気ヲ帯
陸軍伍長	ブ。大キナニュースハイクラモアッタ。
時崎健次	。ルーズベルト大統領急死ス。
◎第四〃	。第二作業隊ヨリ第一作業隊ヘ編入換。
陸軍伍長	。小磯內閣總辞職
右川清次	鈴木內閣成立シ戰勝內閣ノ腕ヲ揮フ。
◎第五〃	。決戰訓告布サル。
陸軍兵長	。Ｂ29ノ爆撃ニ宮城（大御所）、明治神宮焼失ス。
大谷鹿藏	。大東亜大使會議開ク
◎第六〃	。伯林3/4占領サル。　。桑港會議開カレル。
陸軍兵長	
椎名正治	。四月ノ空ハ幾多ノ大変化ヲ次々ト映シテ吳レタ。　〃』

案：「桑港會議開カレル」：在〈大西洋憲章〉架構確立後，美國為首的西方國家也開始思考戰後要建立一個不同於戰前「國際聯盟」的組織，因此一九四五年四月決定招開舊金山會議，其中確立了戰後的聯合國建立、簽署聯合國憲章等。（參"The United States and the Founding of the United Nations, August 1941 - October 1945" https://2001-2009.state.gov/r/pa/ho/pubs/fs/55407.htm?fbclid=IwAR2DiRbB8RBvUu8Ali3ONmG8CKUj3_bpqJ3zHHRxabKprpEer-9vT3yoxuU，2020.9.15點閱）

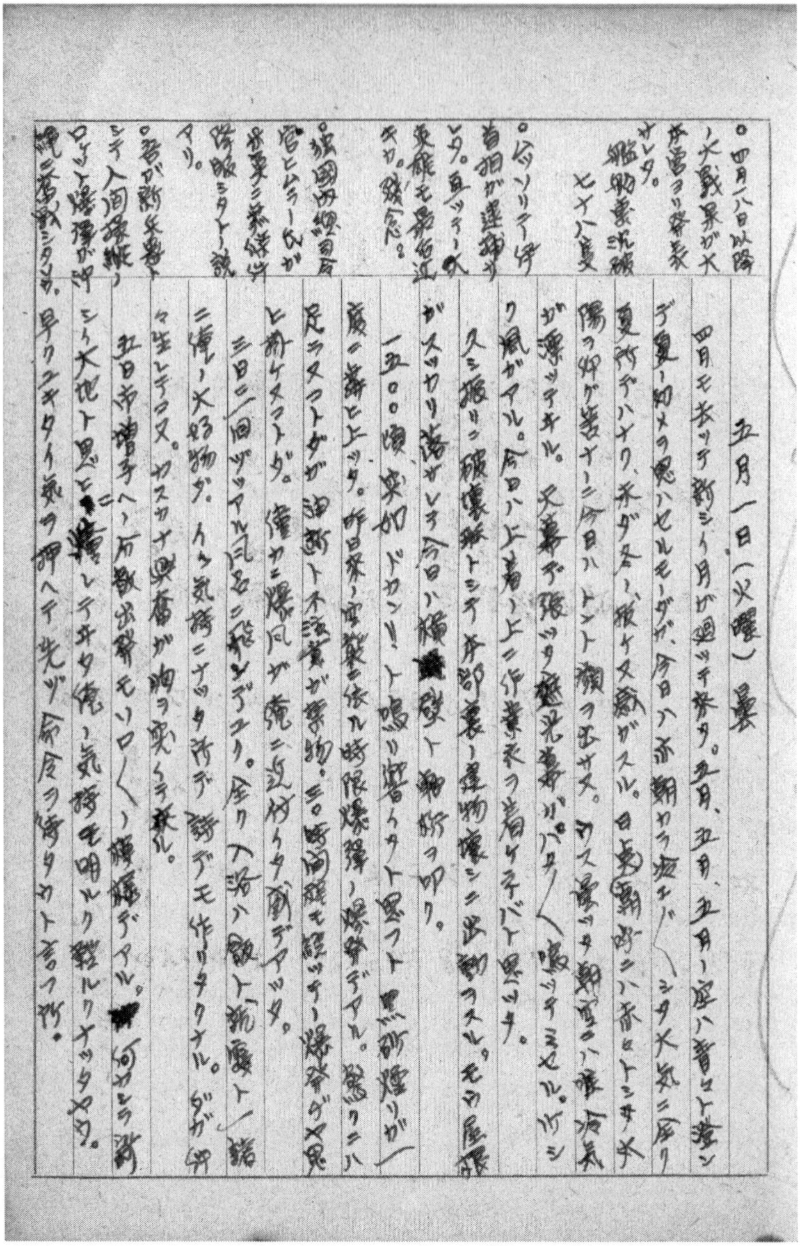
○四月一八日以降ノ大戦果ガ大本営ヨリ発表サレタ。艦船撃沈破七十八隻
○今ソリテー伊首相ガ逮捕サレタ。亘ッテ一代ノ英雄モ最後近キカ。残念。
○独國 [illegible] 官ヒムラー氏ガ米英ニ無條件降服シタトノ説アリ。
○吾ガ新兵器トシテ人間操縦ノロケット爆弾ガ沖縄ニ奮戦シタソウダ。

五月一日（火曜）曇

四月モ去ッテ新シイ月ガ廻ッテ来タ。五月、五月、五月ノ空ハ青ク澄ンデ夏ノ初メヲ思ハセルモノダガ、今日ハ [illegible] カラ [illegible] シタ天気ニ座リ夏所デハナク、未ダ冬ノ、抜ケヌ感ガスル。日 [illegible] 時ニハ [illegible] 陽ヲ仰ゲ無イ所ニ今日ハトントン [illegible] ヲ出サズ。マス曇ッタ朝空ニハ寒冷気ガ漂ッテヰル。天幕デ張ッタ [illegible] ガパタ〳〵鳴ッテミセル。所シク風ガアル。今日ハ上着ノ上ニ作業衣ヲ着ケテバト思ッタ。

久シ振リニ破壊班トシテ本部裏ノ建物壊シニ出動スル。モウ屋根ガスッカリ落サレテ今日ハ横 [illegible] 壁ト柱ヲ叩ク。

一五〇〇頃、突如ドカン!!ト鳴リ響イタト思フト黒イ煙リガ一度ニ高ク上ッタ。昨日来ノ空襲ニ依ル時限爆弾ノ爆発デアル。驚クニハ足ラヌコトダガ油断ト不注意ガ禁物。三〇時間モ経ッテノ爆発ダ。見ヒ掛ケヌコトダ。僅カニ爆風ガ俺ニ近付イタ丈デアッタ。

三日ニ一回ヅツアル風呂ニ飛ンデユク。全ク入浴ハ読書ト新聞ト一緒ニ俺ノ大好物ダ。イイ気持ニナッタ所デ詩デモ作リタクナル。ダガ俳句生レテコヌ。カスカナ興奮ガ胸ヲ突イテ来ル。

五日市増子ヘノ [illegible] 出発モソロ〳〵ノ模様デアル。[illegible] 何カシラ淋シイ大地ト思ヒ [illegible] 燃エテヰタ俺ノ気持モ明ルク軽ルクナッタヤウダ。早クユキタイ気ヲ押ヘテ先ヅ命令ヲ待タウト言フ所。

。四月一八日以降ノ大戰果ガ大本営ヨリ発表サレタ。
艦船撃沈破
七十八隻

。ムッソリーニー伊首相ガ逮捕サレタ。亘ッテノ大英雄モ最后近キカ。残念。

。独國內總司令官ヒムラー氏ガ米英ニ無條件降服シタトノ説アリ。

。吾ガ新兵器トシテ人間操縦ノロケット爆彈ガ沖縄ニ奮戦シタソウ。

五月一日（火曜）曇

四月モ去ッテ新シイ月ガ迴ッテ來タ。五月、五月、五月ノ空ハ青々ト澄ンデ夏ノ初メヲ思ハセルモノガ．今日ハ亦朝カラ冷エぐシタ大気ニ全ク夏所デハナク．未ダ冬ノ抜ケヌ感ガスル。日点↑↓朝呼ニハ赤々トシタ太陽ヲ仰グ筈ナノニ今日ハトント顔ヲ出サヌ。ウス曇ッタ朝空ニハ唯　冷気ガ漂ッテヰル。　天幕デ張ッタ遮光幕ガパタ〱鳴ッテミセル。少シク風ガアル。今日ハ上着ノ上ニ作業衣ヲ着ケネバト思ッタ。

久シ振リニ破壊班トシテ本部裏ノ建物壊シニ出動ヲスル。モウ屋根ガスッカリ落サレテ今日ハ横■壁ト軸桁ヲ叩く。

一五〇〇頃．突如ドカン！ト鳴リ響イタト思フト黑砂煙リガ一度ニ舞ヒ上ッタ。昨日來ノ空襲ニ依ル時限爆彈ノ爆発デアル。驚クニハ足ラヌコトダガ　油断ト不注意ガ禁物。三〇時間程モ経ッテノ爆発ヂヤ思ヒ掛ケヌコトダ。　僅カニ爆風ガ俺ニ近付イタ感デアッタ。

三日ニ一回ヅツアル風呂ニ飛ンデユク。全ク入浴ハ飯ト就寝ト一緒ニ俺ノ大好物ダ。　イヽ気持ニナッタ所デ詩デモ作リタクナル。　ダガ仲々生レテコヌ。カスカナ興奮ガ胸ヲ突イテ來ル。

五日市増子（正：増戸）ヘノ分散出発モソロ〱ノ模様デアル。■何カシラ新シイ大地ト思ヒニ憧レテヰタ俺ノ気持モ明ルク輕ルクナッタヤウ。

早クユキタイ気ヲ押ヘテ先ヅ命令ヲ待タウト言フ所。

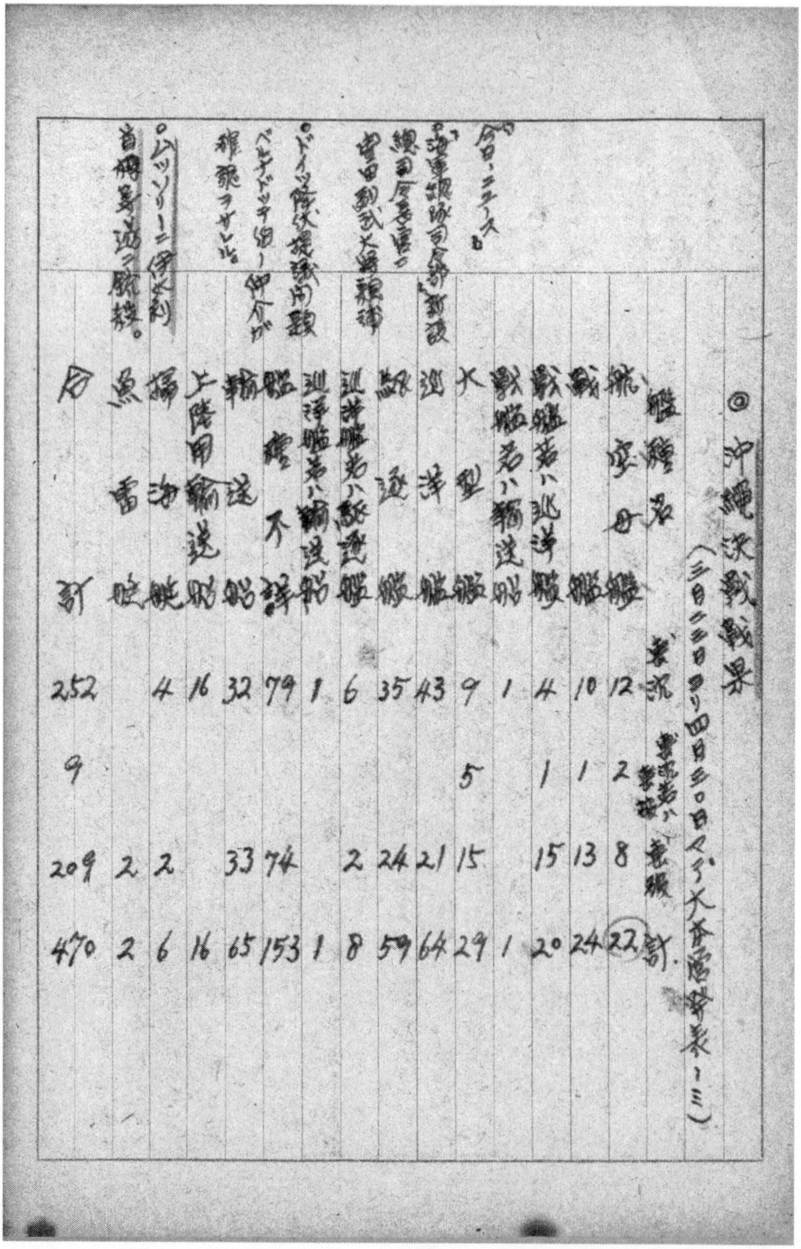

◎沖縄決戦戦果（三月二三日ヨリ四月三〇日マデ大本営発表ニヨル）

艦種名	撃沈	撃沈若ハ撃破	撃破	計
航空母艦	12	2	8	22
戦艦	10	1	13	24
戦艦若ハ巡洋艦	4	1	15	20
戦艦若ハ輸送船	1			1
大型艦	9	5	15	29
巡洋艦	43		21	64
駆逐艦	35		24	59
巡洋艦若ハ駆逐艦	6		2	8
巡洋艦若ハ輸送船	1			1
艦種不詳	79		74	153
輸送船	32		33	65
上陸用輸送船	16			16
掃海艇	4		2	6
魚雷艇			2	2
計	252	9	209	470

今日ノニュース。

○海軍航空隊司令部新設
總司令長官ニ
豐田副武大將親補

○ドイツ降伏提議用意
ベルナドッテ伯ノ仲介ガ
拒絶サレル。

○ムッソリーニ伊太利
首相暴徒ノ銃殺。

◎沖縄決戰戰果

（三月二三日ヨリ四月三日マデ大本営発表ノミ）

艦種名	撃沈	撃沈若ハ撃破	撃破	計
航空母艦	12	2	8	㉒
戰艦	10	1	13	24
戰艦若ハ巡洋艦	4	1	15	20
戰艦若ハ輸送船	1			1
大型艦	9	5	15	29
巡洋艦	43		21	64
驅逐艦	35		24	59
巡洋艦若ハ驅逐艦	6		2	8
巡洋艦若ハ輸送船	1			1
艦種不詳	79		74	153
輸送船	32		33	65
上陸用輸送船	16			16
掃海船	4		2	6
魚雷艇			2	2
合計	252	9	209	470

『今日ノニュース』

。「海軍總隊司令部」新設
總司令長官ニ
豊田副武大將親補

。ドイツ降伏提議問題
ベルナドッテ伯ノ仲介ガ
確認ヲサレル。

。ムッソリーニ伊太利
首相等遂ニ銃殺。

案：「海軍總隊開設」：昭和二十年四月，日本海軍艦隊幾近毀滅，全海軍部隊遂行改組，而海軍總隊負責指揮全海軍的部隊，其長官稱為「海軍總司令長官」，直屬天皇，並且統領聯合艦隊、支那方面艦隊、鎮守府、警備府、海上衛護府，在軍政方面則接受海軍大臣的指揮。（参：百瀬 孝著，《事典 昭和戦前期の日本——制度と実態》，（東京：吉川弘文館，1990），頁三五一）

〇ムッソリーニハ統帥悲運ニ陥リ、ヒットラーノ親統ノ宿命マタ気遣ハレテ居ル。両巨頭ノ辿跡ニヨッテ近代的政治体系トシテノ"ファシズム"ハ此処ニソノ命脈ヲ数ヘラレルコトニナッタ。

〇豊田連合艦隊司令長官初ノ訓示
「御沙汰ノ恩義命ジセシ大、全軍特別攻撃隊トナリ殉国ノ大義ニ生キンコトヲ」

〇全海軍兵力ヲ一元指揮ス。
「海軍総隊司令部」

五月二日（水曜）雨

日朝東時ト同時ニ駐足ガ実施サレタ。ソレハ万一ノ事ニ就イテ、遠ク多摩川ヲ渡ッテ、或ル個ヲ越エテ確ガニ来テ六粁以上モイル。腹ガペこぺこスルノニハ大閉口シテ往生ス。ソノ為ニ集合ハ〇七五〇ニナル。〇七一〇頃カラハ

ドイツノ手ニ残サレタ唯一ノ放送局タル"ハンブルグラジオ"ニハ三〇日ドイツ全国民ニ対シテ次ノ悲壮ナ放送ヲ行ッタ。

戦争ハ最早ニ終局ニ近ヅキツツアリ。終焉ハ恐ラク近ク訪レルモノト思ハレル。数十万ノ党員ノ家族、数一〇〇万ノドイツ婦女子ハ父ノ帰リヲ、夫ノ帰リヲ待チ侘ビテ窓辺ニタッテ、沈ンデ深ロナ街路ヲ見守ルデアラウガ、諸君ノ父、諸君ノ夫ハ永遠ニ帰ッテ来ナイ。ワレワレハドイツノヨリヨキ未来ノタメニ斃レタ英雄ニ別レヲ告ゲヨウデハナイカ。

雨ガ降リ出シタ。今日ハ一日中降リツヅイテ仕舞フ。

昼飯後、突然特報大本営ヲシテ池田少尉殿ヨリ大本営発表ヲ達セラル。吾ラハカルンデアル。切歯扼腕ガ足リヌ。遂ニ発ヲ同ナデ行ケ合ヒガ始メラレル。生レテ最初ノ事ニ額ガマッ赤ニナッテ、眼光光光ッタ。

嗚呼!! カッテノ大英雄ムッソリーニ首相モ遂ニ逝イタ。最後ハ実ニ悲シイ諸鴨デ永眠スル。同時ニファシスト党ノ領袖ナヒ名ガ銃殺サレル。現代ノ一日ハマサニ一年ノ世紀ノ如ク、次々ト世界ハ変ッテ行ク。大英雄タリシ伊首相ムッソリーニノ悲劇ニ哀悼ヲ捧ゲル。

五月二日（水曜）　雨

日朝点呼ト同時ニ駈足ガ実施サレタ。ソレハ不意ノ事ニ亦．遠ク多摩川ヲ渡ッテ或ル岡ヲ越エテ確カニ五、六粁以上モアル。腹ガペコ〱スルノニハ大閉口ヲシテ仕舞フ。ソノ為ニ集合ハ〇七五〇ニナル。〇七一〇頃カラ小

> ドイツノ手ニ残サレタ唯一ノ放送局タル〝ハンブルグラジオ〟ハ三〇日ドイツ全国民ニ対シテ次ノ悲狀ナ放送ヲ行ッタ。
>
> 戰争ハ驀ラニ終局ニ近ヅキツヽアリ．終焉ハ恐ラク近ク訪レルモノト思ハレル．數十万ノナチ黨員ノ家族．數一〇〇万ノドイツ婦女子ハ父ノ歸リヲ．夫ノ歸リヲ待チ佗ビテ窓辺ニタヽズンデ空ロナ街路ヲ見守ルデアラウガ諸君ノ父．諸君ノ夫ハ永遠ニ歸ッテ來マイ．ワレワレハドイツノヨリヨキ未來ノタメニ仆レタ英雄ニ今別レヲ告ゲヨウデハナイカ。

雨ガ降リ出シタ。今日ハ一日中降リツヅイテ仕舞フ。

晝飯後．突然特幹大集合ヲシテ池田少尉殿ヨリ大注意ヲ受ケル。

吾ラハタルンデヰル。切磋琢磨ガ足リヌ。遂ニ俺ラ同士デ打チ合ヒガ始メラレル。生レテ最初ノ事ニ頬ガマッ赤ニナッテ．眼光モ光ッタ。

噫呼〜カツテノ大英雄ムッソリーニ首相モ遂ニ逝イタ。最后ハ実ニ悲シイ渡橋デ永眠スル。同時ニ　ファシスト黨ノ領袖十七名ガ銃殺サレル。現代ノ一日ハマサニ一年、一世紀ノ如ク．次々ト世界ハ変ッテユク。

大英雄タリシ伊首相ムッソリーニ氏ノ悲劇ニ哀悼ヲ捧ゲル。

。ムッソリーニ統帥悲運ニ陥リ．ヒットラー總統ノ安否マタ気遣ハレテヰル。両巨頭ノ蹉躓ニヨッテ近代的政治体系トシテノ〝ファシズム〟ハ此處ニソノ命脈ヲ數ヘラレルコトニナッタ。

。豊田總司令長官初ノ訓示
「神州ノ栄衰今．決セントス．全員特別攻撃隊トナリ殉國ノ大義ニ赴カンノミ」

。全海軍兵力ヲ一元指揮ス
「海軍總隊司令部」

案：「ヒットラ一總統……任命サレタト傳ヘラレル」：一九四五年四月三十日希特勒自殺後，由海軍元帥卡爾・鄧尼茨接任德國總統，並於同年五月七日簽署降伏文書。（參：秦郁彦編，《世界諸国の制度・組織・人事1840-2000》，頁三二七—三三三）

「ミユンヘン」：即德國的慕尼黑。

「大英雄ムッソリ一ニ首相……十七名ガ銃殺サレル」：一九四五年四月二十七日，墨索里尼與其黨羽於義大利科莫湖畔被民眾義勇軍逮捕，於二十八日遭到處決。（參：日置英剛著，《年表　太平洋戦争全史》，六三〇—六三一）

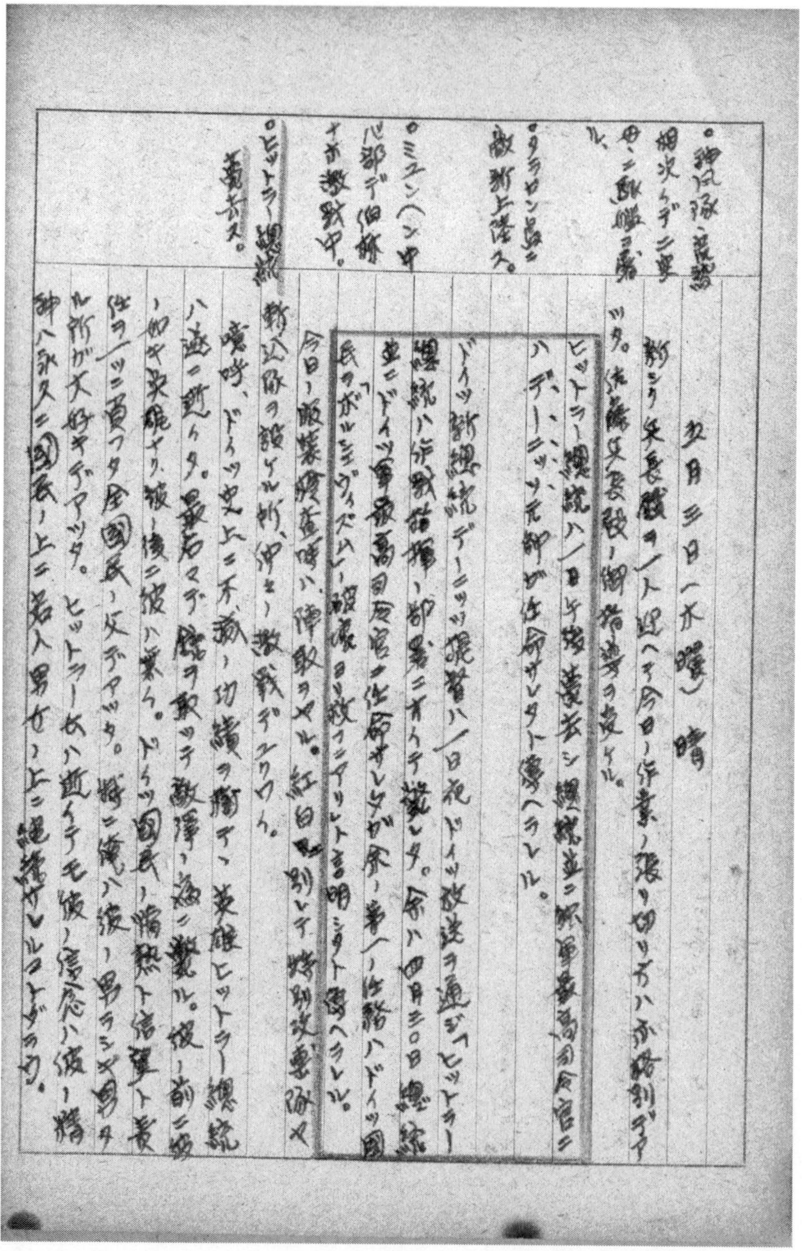

○神風隊、[illegible]相次イデ二空母、二戰艦ヲ屠ル。

○タラカン島ニ敵新上陸ス。

○ミュンヘン中心部デ[illegible]ナホ激戰中。

○ヒットラー總統戰死ス。

五月三日（水曜）晴

新シク兵長殿ヲ一人迎ヘテ今日ノ作業ノ張リ切リ方ハ格別デアッタ。後藤兵長殿ノ御指導ヲ受ケル。

ヒットラー總統ハ一日午後薨去シ總統並ニ獨軍最高司令官ニハデーニッツ元帥ガ任命サレタト傳ヘラレル。

ドイツ新總統デーニッツ提督ハ一日夜ドイツ放送ヲ通ジ「ヒットラー總統ハ作戰指揮ノ部署ニオイテ斃レタ。余ハ四月三〇日總統並ニドイツ軍最高司令官ニ任命サレタガ余ノ第一ノ任務ハドイツ國民ヲボルシェヴィズムノ破壞ヨリ救フニアリ」ト言明シタト傳ヘラレル。

今日ノ[illegible]ハ、陣取ヲヤル。紅白ニ別レテ特別攻撃隊ヲ設ケル折、沖縄ノ激戰デユクワイ。

嗚呼、ドイツ史上ニ不滅ノ功績ヲ樹テシ英雄ヒットラー總統ハ遂ニ逝ケタ。最後マデ銃ヲ取ッテ敵彈ノ渦ニ斃ル。彼ノ前ニ彼ノ如キ英雄ナク、彼ノ後ニ彼ハ無ク。ドイツ國民ノ熱情ト信望ト尊敬ヲ一ツニ負ッタ全國民ノ父デアッタ。將ニ俺ハ彼ノ男ラシイ男タル所ガ大好キデアッタ。ヒットラー[illegible]ハ逝イテモ彼ノ意志ハ彼ノ精神ハ永久ニ國民ノ上ニ若人男女ノ上ニ繼續サレルコトダロウ。

◦神風、荒鷲相次イデ二空母、二驅艦ニ屠ル ◦タラカン島ニ敵新上陸ス。 ◦ミユンヘン中心部デ伯林ナホ激戰中。 ◦ヒットラー總統薨去ス。

五月三日（木曜）晴

新シク兵長殿ヲ一人迎ヘテ今日ノ作業ノ張リ切リ方ハ亦格別デアッタ。佐藤兵長殿ノ御指導ヲ受ケル。

ヒットラー總統ハ一日午後薨去シ總統並ニ独軍最高司令官ニハデーニッツ元帥ガ任命サレタト傳ヘラレル。

ドイツ新總統デーニッツ提督ハ一日夜ドイツ放送ヲ通ジ「ヒットラー總統ハ作戰指揮ノ部屬ニオイテ薨レタ。余ハ四月三〇日總統並ニドイツ軍最高司令官ニ任命サレタガ余ノ第一ノ任務ハドイツ國民ヲ「ボルシェヴィズム」ノ破壊ヨリ救フニアリ」ト言明シタト傳ヘラレル。

今日ノ服装検査時ハ陣取ヲヤル。赤白ニ別レテ特別攻擊隊ヤ斬込隊ヲ設ケル所．仲々ノ激戰デユクワイ。

噫呼、ドイツ史上ニ不滅ノ功績ヲ樹テヽ英雄ヒットラー總統ハ遂ニ逝イタ。最后マデ銃ヲ取ッテ敵彈ノ為ニ薨ル。彼ノ前ニ彼ノ如キ英雄ナク．彼ノ後ニ彼ハ無イ。ドイツ國民ノ情熱ト信望ト責任ヲ一ツニ負フタ全國民ノ父デアッタ。特ニ俺ハ彼ノ男ラシキ男タル所ガ大好キデアッタ。ヒットラー氏ハ逝イテモ彼ノ信念ハ彼ノ精神ハ永久ニ國民ノ上ニ若人男女ノ上ニ継続サレルコトダラウ。

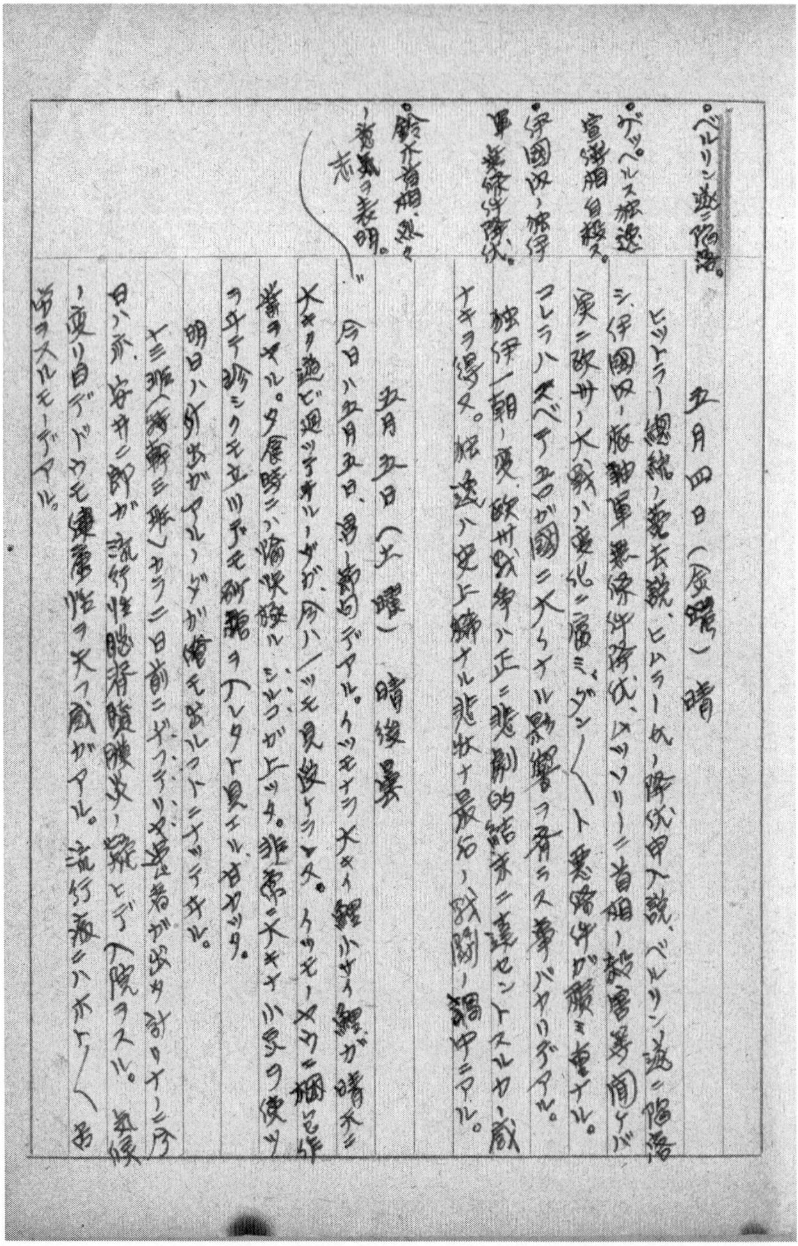

・ベルリン遂ニ陥落。
・ゲッペルス独逸宣伝相自殺ス。
・伊国収ノ独伊軍無条件降伏。
・鈴木首相、愈々ノ意氣ヲ表明。
志

五月四日（金曜）晴

ヒットラー総統ノ逝去説、ヒムラー氏ノ降伏申入説、ベルリン遂ニ陥落シ、伊国収ノ独軍無条件降伏、ムッソリーニ首相ノ殺害等聞ケバ実ニ欧州ノ大戦ハ悪化ニ富ミ、ダン／＼ト悪條件ガ積ミ重ナル。コレラハ総ベテ吾ガ国ニ大ナル影響ヲ齎ラス事バカリデアル。独伊ノ一朝ノ変、欧州戦争ハ正ニ悲劇的結末ニ達セントスルカノ感ナキヲ得ズ。独逸ハ史上稀ナル悲壮ナ最后ノ戦闘ノ渦中ニアル。

五月五日（土曜）晴後曇

今日ハ五月五日、男ノ節句デアル。イツモナラ大キイ鯉小サイ鯉ガ晴天ニ大キク泳ビ廻ッテヰルノダガ、今ハ一ツモ見受ケラレヌ。イツモノメウニ柏モチ作業ヲサセル。夕食時ニハ愉快ナルシルコガ上ッタ。非常ニ大キナ小豆ヲ使ッテヰテ珍シクモ立ッテモ御馳走ヲ入レタト見エル甘カッタ。

明日ハ外出ガアルノダガ俺モ出ルコトニナッテヰル。

十三班（第三班）カラ二日前ニヂフテリア患者ガ出タ許リナノニ今日ハ亦安井二郎ガ流行性脳脊髄膜炎ノ疑ヒデ入院ヲスル。気候ノ変リ目デドウモ健康性ヲ失フ感ガアル。流行病ニハホト／＼苦労ヲスルモノデアル。

。ベルリン遂ニ陥落。
。ゲッペルス独逸宣傳相自殺ス。
。伊國内ノ独伊軍無條件降伏。
。鈴木首相烈々ノ意氣ヲ表明。
志

五月四日（金曜）晴

ヒットラー總統ノ薨去説・ベルリン遂ニ陥落シ・伊國内ノ枢軸軍無條件降伏、ムッソリーニ首相ノ殺害等聞ケバ実ニ欧州ノ大戰ハ変化ニ富ミ、ダン〳〵ト悪條件ガ積ミ重ナル。コレラハスベテ吾ガ國ニ大イナル影響ヲ斉ラス事バカリデアル。独伊一朝ノ変・欧州戰争ハ正ニ悲劇的結末ニ達セントスルカノ感ナキヲ得ヌ。独逸ハ史上稀ナル悲壮ナ最后ノ戰闘ノ渦中ニアル。

五月五日（土曜）晴後曇

今日ハ五月五日、男ノ節句デアル。イツモナラ大キイ鯉小サイ鯉ガ晴天ニ大キク遊ビ廻ッテヰルノダガ・今ハ一ツモ見受ケラレヌ。イツモノヤウニ捆包作業ヲヤル。夕食時ニハ愉快極ル　シルコガ上ッタ。非常ニ大キナ小豆ヲ使ッテヰテ珍シクモ立川デモ砂糖ヲ入レタト見エル・甘カッタ。
明日ハ外出ガアルノダガ俺モ出ルコトニナッテヰル。
十三班（特幹三班）カラ二日前ニヂフテリヤ患者ガ出タ計リナノニ今日ハ亦・安井二郎ガ流行性脳脊髄膜炎ノ疑ヒデ入院ヲスル。　気候ノ変リ目デドウモ健康性ヲ失フ感ガアル。流行病ニハホト〳〵苦労ヲスルモノデアル。

案：「ゲッペルス」：當時德軍的宣傳部長戈培爾。

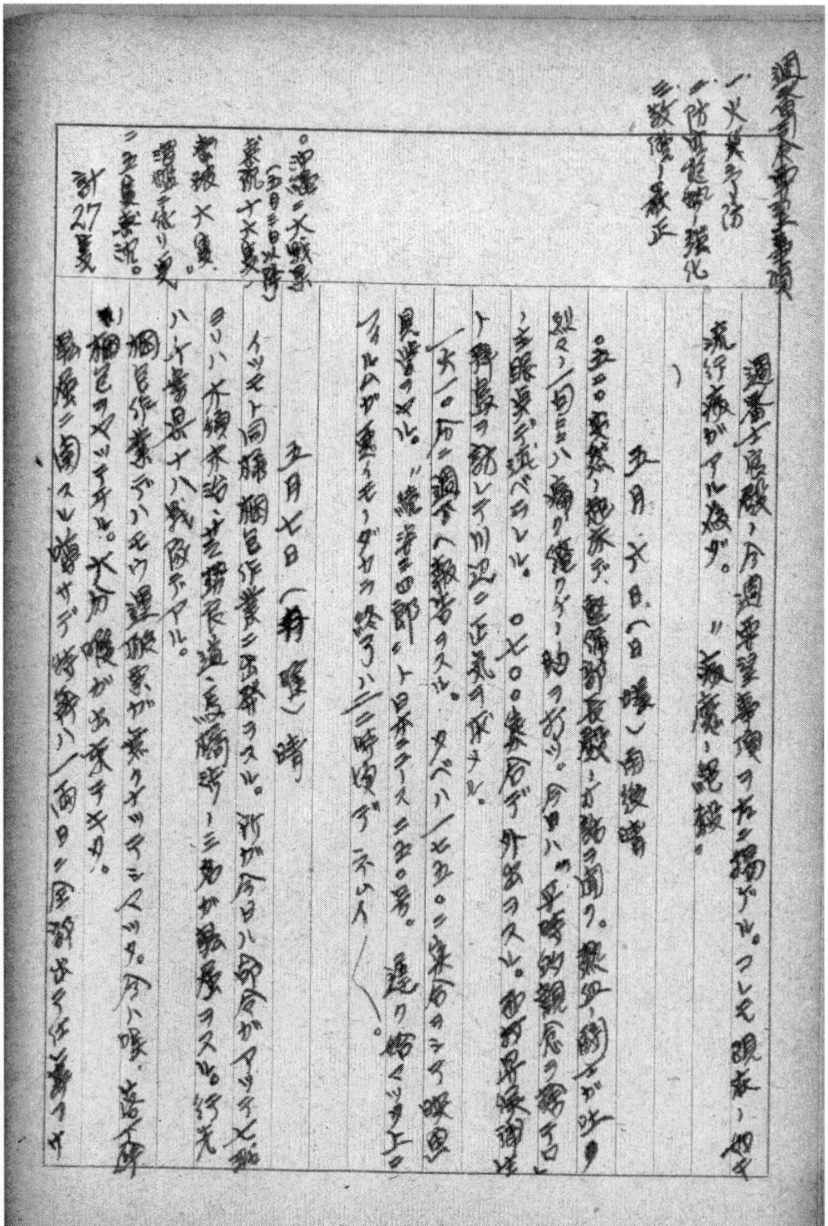

週番司令申継事項
一、火災予防
一、防空態勢ノ強化
三、教育ノ厳正

週番士官殿ノ今週要望事項ヲ左ニ掲ゲル。コレモ現在ノ如キ流行病ガアル為ダ。"疾病ノ絶滅"。

五月六日（日曜）雨後晴

○五三〇 起床、勤務デ、整備部長殿ノオ話ヲ聞ク。[illegible]ガ吐クリ[illegible]一日三ハ痛ク[illegible]。今日ハ"平時[illegible]"[illegible]ノ主眼点デ述ベラレル。○七〇〇集合デ外出ヲスル。[illegible]ト[illegible]ヲ訪レテ川辺ニ正気ヲ取ナル。一六一〇分ニ週番ヘ報告ヲスル。夕ベハ一七五〇ニ集合ヲシテ映画見学ヲスル。"続姿三四郎"ト日本ニユース二五〇号。遠ク[illegible]上ニフィルムガ悪イモノダカラ終了ハ二二時頃デ[illegible]。

○沖縄ニ大戦果（五月三日以降）撃沈十六隻、撃破六隻、誘爆ニ依リ更ニ三隻撃沈。計27隻

五月七日（月曜）晴

イツモト同様煙幕作業ニ出発ヲスル。所ガ今日ハ命令ガアッテ七班ヨリハ[illegible]、[illegible]、[illegible]ノ三名ガ[illegible]ヲスル。[illegible]八十番県十八戦隊デアル。煙幕作業デハモウ運搬業ガ無クナッテシマッタ。今ハ喉、[illegible]煙幕ヲヤッテ[illegible]。大分暖ガ出来テキタ。[illegible]ニ関スル噂サデ特ニ一両日ニ[illegible]

週番司令要望事項
一．火災預防
二．防空態勢ノ強化
三．敬礼ノ厳正

。沖縄ニ大戰果
（五月三日以降）
撃沈十六隻
撃破六隻
潜艦ニ依リ更
ニ五隻撃沈。
計27隻

週番士官殿ノ今週要望事項ヲ左ニ掲ゲル。コレモ現在ノ如キ流行病ガアル為ダ。〃病魔ノ絶殺〃

五月六日（日曜）　雨後晴

○五二○突然ノ起床デ・整備部長殿オ話ヲ聞ク。熱血ノ闘士ガ吐ク烈々ノ一句々々ハ痛ク俺ク（正：タ）チノ胸ヲ打ツ。今日ハ「平時的觀念ヲ捨テロ」ノ主眼点デ述ベラレル。○七○○集合デ外出ヲスル。西村昇候補生ト拜島ヲ訪レテ川辺ニ正気ヲ求メル。

一六一○分ニ週番ヘ報告ヲスル。夕ベハ一七五○ニ集合ヲシテ映画見學ヲヤル。〃続姿三四郎〃ト日本ニュース二五○后。遅ク始マッタ上ニフィルムガ悪イモノダカラ終了ハ二二時頃デネムイ〱。

五月七日（月曜）　晴

イツモト同様捆包作業ニ出発ヲスル。所ガ今日ハ命令ガアッテ七班ヨリハ木須末治、芝勢良道、馬橋渋ノ三名ガ転属ヲスル。行先ハ千葉県十八戰隊デアル。

捆包作業デハモウ運搬票ガ無クナッテシマッタ。今ハ唯・落下傘ノ捆包ヲヤッテキル。大分暇ガ出來テキタ。

転属ニ関スル噂サデ特幹ハ一両日ニ全部出テ仕舞フサ

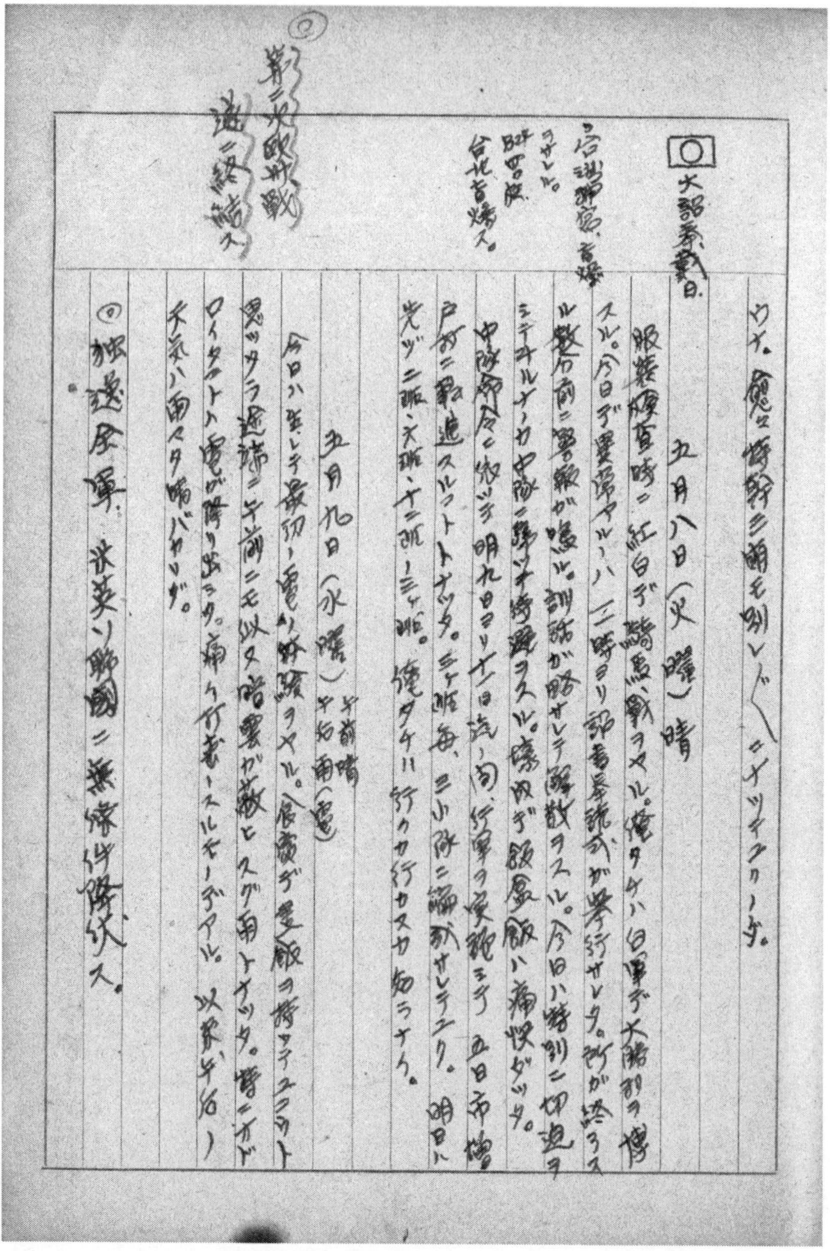
◎大詔奉戴日。
台湾神宮、営舎ニ帰隊サレル。
B24四機、台北ニ来襲ス。
◎茲ニ欧州戦
遂ニ終結ス。

ウナ。食事時間モ別レ〳〵ニナツテクルノダ。

五月八日（火曜）晴

服装検査時ニ紅白デ騎馬戦ヲヤル。俺タチハ白軍デ大勝利ヲ博スル。今日デ要務アルノハ三時ヨリ詔書奉読式ガ挙行サレタ。式ガ終ラス
ル数分前ニ警報ガ鳴ル。訓話ガ略サレテ解散ヲスル。今日ハ特別ニ切迫ヲ
ミテヰルナーカ中隊ニ帰ツテ待避ヲスル。壕内デ飯盒飯ハ痛快ダツタ。
中隊命令ニ依ッテ明九日ヨリ十一日迄ノ間、行軍ヲ実施シテ五日市増
戸方面ニ前進スルコトトナッタ。三ケ班毎、三小隊ニ編成サレテユク。明日ハ
先ヅ二班、六班、十二班ノ三ケ班。俺タチハ行クカ行カヌカ分ラナイ。

五月九日（水曜）午前晴 午后雨（雷）

今日ハ生レテ最初ノ雷ノ経験ヲヤル。食堂デ夕飯ヲ待ツテユクト
思ッタラ遠雷ニ午前ニモ似タ暗雲ガ蔽ヒスグ雨トナッタ。特ニカミナ
リト思ッタラ雹ガ降リ出シタ。痛ク行軍トスルモノデアル。以来、午后ノ
天気ハ雨マタ晴バカリダ。

◎独逸全軍、米英ソ聯国ニ無条件降伏ス。

ウナ。愈々特幹三期モ別レぐニナッテユクノダ。

五月八日（火曜）晴

服裝検査時ニ紅白デ騎馬戰ヲヤル。俺タチハ白軍デ大勝利ヲ博スル。今日デ異常アルノハ一一時ヨリ詔書奉読式ガ挙行サレタ。所ガ終了スル數分前ニ警報ガ鳴ル。訓話ガ略サレテ解散ヲスル。今日ハ特別ニ切迫ヲシテヰルナノカ中隊ニ歸ッテ待避ヲスル。壕内デ飯盒飯ハ痛快ダッタ。

中隊命令ニ依ッテ明九日ヨリ十一日迄ノ間，行軍ヲ実施シテ　五日市增戸村ニ転進スルコトトナッタ。三ヶ班毎，三小隊ニ編成サレテユク。明日ハ先ヅ　二班、六班、十二班ノ三ヶ班。　俺タチハ行クカ行カヌカ知ラナイ。

五月九日（火曜）　午前晴　午后雨（雹）

今日ハ生レテ最初ノ雹ノ体験ヲヤル。食當デ晝飯ヲ持ッテユコウト思ッタラ途端ニ午前ニモ似ヌ暗雲ガ蔽ヒスグ雨トナッタ。特ニオドロイタコトハ雹ガ降リ出シタ。痛イ打擊ノスルモノデアル。　以來，午后ノ天気ハ雨マタ晴バカリダ。

◎独逸全軍，米英ソ聯國ニ無條件降伏ス。

[O] 大詔奉戴日

◦台湾神宮，盲爆ヲサレル。

B24四〇機台北盲爆ス。

◎第二次欧州戰遂ニ終結ス

案：「独逸全軍・米英ソ聯國ニ無條件降伏ス」：一九四五年五月七日，德軍向美、英、蘇軍進行無條件降伏，此協議並於次日生效。（參：參見：“Surrender of Germany (1945)”，https://www.ourdocuments.gov/doc.php?flash=false&doc=78#（點閱日期：2020年9月10日）

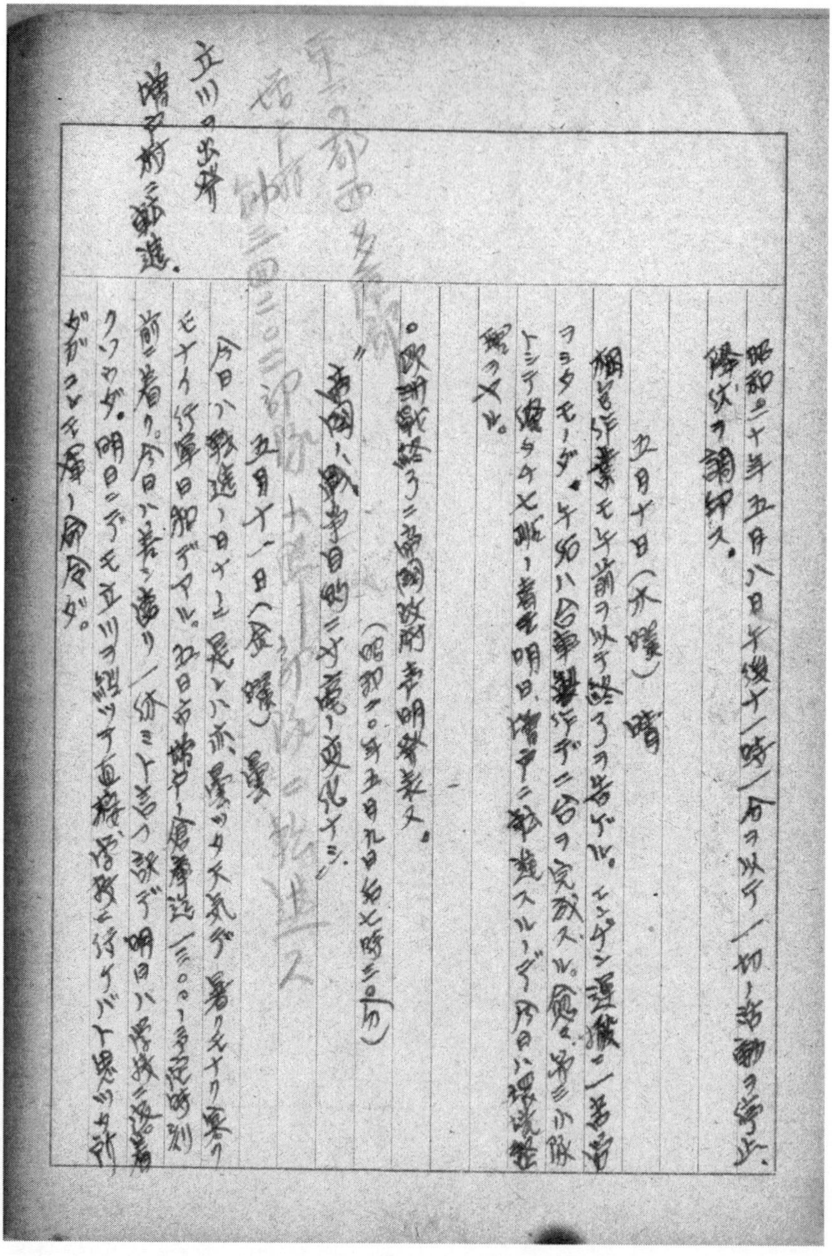

立川ヲ出発
増戸村ニ転進。

昭和二十年五月八日午後十一時ヲ以テ一切ノ活動ヲ停止。
降伏ヲ調印ス。

五月十日（木曜）晴
胴体作業モ午前ヲ以テ終了ヲ告ゲル。エンジン運搬ニ一苦労
ヲシタモノダ。午后ハ台車製作デ二台ヲ完成スル。愈々第三小隊
トシテ僅々七機ノ青年明日、増戸ニ転進スルノデ今日ハ機体整
理ヲスル。

○欧洲戦終了ニ帝国政府声明発表ス。
「帝国ハ戦争目的ニ何等ノ変化ナシ」
（昭和二〇年五月九日午後七時三〇分）

五月十一日（金曜）曇
今日ハ転進ノ日ナレド足ハ亦、曇ッタ天気デ暑クモナク寒ク
モナイ行軍日和デアル。五日市街道ノ倉庫迄一三〇〇ノ予定時刻
前ニ着ク。今日ハ若干遅レ一休ミト言フ訳デ明日ハ増戸ニ落着
クワケダ。明日ニデモ立川ヲ経ッテ直接増戸ニ行ケバト思ッタ所
ダガコレモ軍ノ命令ダ。

立川ヲ出発
増戸村ニ転進

昭和二十年五月八日午後十一時一分ヲ以テ一切ノ活動ヲ停止・
降伏ヲ調印ス。

五月十日（木曜） 晴

捆包作業モ午前ヲ以テ終了ヲ告ゲル。エンヂン運搬ニ一苦労
ヲシタモノダ。午后ハ台車製作デ二台ヲ完成スル。愈々第三小隊
トシテ俺タチ七班ノ者モ明日・増戸ニ転進スルノデ今日ハ環境整
理ヲヤル。

。欧州戰終了ニ帝國政府声明発表ス。
（昭和二〇年五月九日后七時三〇分）
〝帝國ノ戰爭目的ニ寸毫ノ変化ナシ・〟

東京都西多摩郡増戸村帥三四二〇二部隊小野部隊ニ転進ス

五月十一日（金曜） 曇

今日ハ転進ノ日ナノニ是レハ亦・曇ッタ天気デ暑クモノク寒ク
モナイ行軍日和デアル。五日市増戸ノ倉庫迄一三〇〇ノ予定時刻
前ニ着ク。今日ハ差シ當リ一休ミト言フ訳デ明日ハ學校ニ落着
クソウダ。明日ニデモ立川ヲ經ッテ直接學校ニ行ケバト思ッタ所
ダガコレモ軍ノ命令ダ。

社説

ドイツは戰へり

今日ハ兎ニ角、ユックリ休ム。設備モ悪ク、道路モ悪イ。スベテガ悪條件バカリナノニ吾ガ空軍ハ始ンド勝ッテ来タ。全ク不條ナノハ炊事ガ遠クニアル事デ、夕飯ナド大分時間ヲ過ギテデハガッカリシテシマフ。ココハ実ニ景色ノ良イ所ダ。何トモ言ヘヌ雅趣的ニヨイ所デアルト思フ。四方ニキレイナ川ガ流レ、山ガ綺麗ニテヰル。スベテガ緑ニ包マレテヰル。

（剪報）

今日ハ兔ニ角，ユックリ休ム。設備モ悪ク。道路モ悪イ。スベテガ悪條件バカリナノニ吾ガ中隊主力ハ殆ンド移ッテ來タ。全ク不便ナノハ炊事ガ遠クニアル事デ，夕飯ナド六時半過ギデハガッカリシテシマフ。コゝハ実ニ景色ノ良イ所ダ。何トモ言ヘヌ精神的ニヨイ所デアルト思フ。四方ニキレイナ川ガ流レ，山ガ聳エテヰル。スベテガ緑一色ニ包マレテヰル。

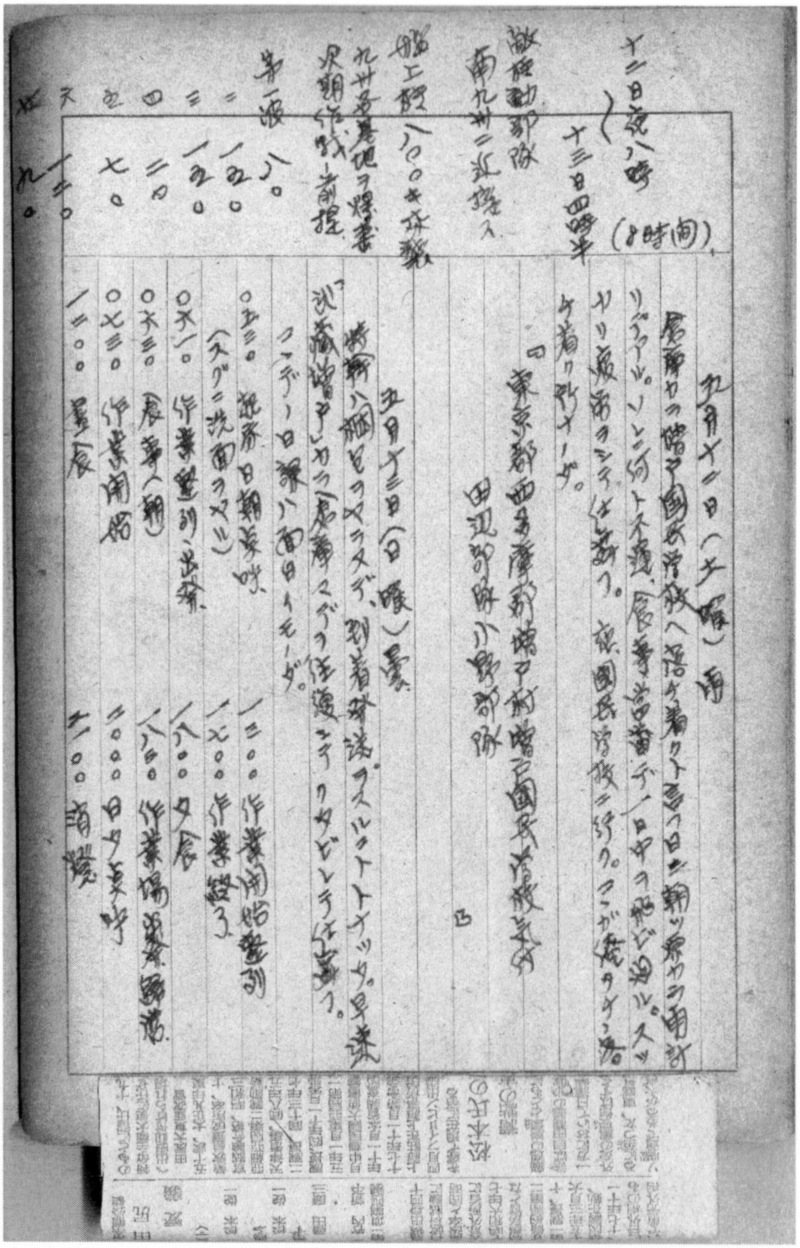

十二日夜八時〜十三日四時半 (8時間)
敵機動部隊 南九州ニ近接ス
艦上機八〇〇来襲
九州各基地ヲ爆撃
沖縄作戦ノ前提
第一波 八〇
二 一五〇
三 一五〇
四 二〇
五 七〇
六 一二〇
七 九〇

五月十二日(土曜)雨
倉庫カラ嫦ア國民学校ヘ落チ着クト言フ日ニ朝ッ早カラ雨討リデアール。ソレニ何ト不運、食事当番デ一日中ヲ船ビ廻ル。又ッヤリ疲労ヲシテ仕舞フ。夜、國民学校ニ行ク。コレガ疲タ落チ着ク所ナノダ。
〒 東京都西多摩郡嫦ア村嫦ア國民学校気付
田辺部隊小島部隊 乙

五月十三日(日曜)曇
嫦ア八幡ヨリ又デ、到着奔諸ヲスルコトトナッタ。早速沢荷嫦アレカラ(倉庫マデヲ往復シテクタビレテ仕舞フ。
コンデ一日暮ハ面白イモノダ。

〇五三〇 総務日朝点呼、(スグニ洗面ヲスル)
〇六一〇 作業整列、出発
〇六三〇 食事(朝)
〇七三〇 作業開始
一二〇〇 昼食
一三〇〇 作業開始整列
一七〇〇 作業終了
一八〇〇 夕食
一八三〇 作業場清掃
二〇〇〇 日夕点呼
二一〇〇 消燈

十二日夜八時
～
十三日四時半
＜8時間＞

敵機動部隊
南九州ニ近接ス

艦上機八〇〇キ來襲
九州各基地ヲ爆撃
次期作戰ノ前提

第一波　八〇
二　一五〇
三　一五〇
四　二〇
五　七〇
六　一二〇
七　九〇

五月十二日（土曜）　雨

倉庫カラ増戸國民学校へ落チ着クト言フ日ニ朝ッ原カラ雨計リデアル。ソレニ何ト不運・食事當番デ一日中ヲ飛ビ迴ル。スッカリ疲労ヲシテ仕舞フ。夜・國民学校ニ行ク。コヽガ俺タチノ落チ着ク所ナノダ。

『東京都西多摩郡増戸村増戸國民学校気付
田辺部隊小野部隊
』

五月十三日（日曜）　曇

特幹ハ捆包ヲヤラヌデ・到着発送ヲスルコトトナッタ。早速「武蔵増戸」カラ倉庫マデヲ往復シテクタビレテ仕舞フ。

コヽデノ　日課ハ面白イモノダ。

〇五三〇　起床・日朝点呼・　一三〇〇作業開始整列
（スグニ洗面ヲヤル）　一七〇〇作業終了
〇六一〇　作業整列、出発　一八〇〇夕食
〇六三〇　食事（朝）　一八三〇作業場出発歸営
〇七三〇　作業開始　二〇〇〇日夕点呼
一二〇〇　晝食　二一〇〇消燈

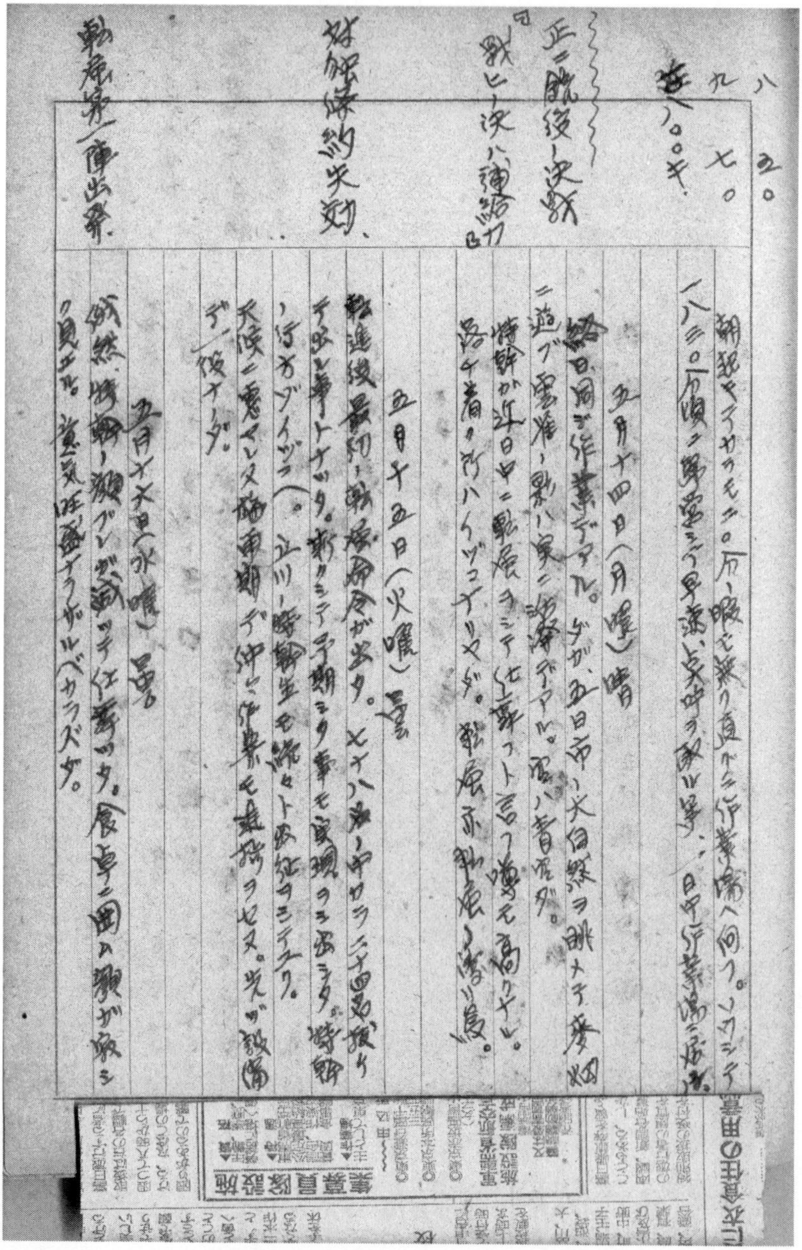

八 三〇
九 七〇
一〇〇〇キ
正ニ最後ノ決戦
戦ヒノ決ハ連絡力
特殊燃料失効、
戦局第一線出発

朝起キテカラモ二〇分ノ暇モ無ク直グニ作業場ヘ向フ。ソウシテ
一八三〇分頃ニ帰営シテ早速、夕食ヲ取ル事ニ。日中作業場ニ居ル

五月十四日（月曜）晴
今日モ同ジ作業デアル。夕方、五日市ノ火白煙ヲ眺メテ憂欝
ニ遊ブ雲雀ノ影ハ実ニ愉快デアル。空ハ青空ダ。
特幹ガ近日中ニ転属ニシテ仕事ヲスルト言フ噂モ高クナル。
落チ着ク所ハイヅコナリヤダ。転属ハ本当ノ事ノ様。

五月十五日（火曜）曇
転進後最初ノ転属命令ガ出タ。七十八名ノ中カラ二十四名抜ケ
テ出ル事トナッタ。新タニ予期シタ事モ実現シテ来タ。特幹
ノ行方ゾイヅコ（。立川ノ特幹生モ続々ト出征シテ行ク。
大陸ニ零サレタ輸車期デ仲ピノ作業モ進捗ヲセヌ。先ヅ設備
デノ役ナダ。

五月十六日（水曜）曇
然然特幹ノ姿ガ減ッテ仕事ヲツク。食事ニ出ル数ガ減リ
ノ見エル。意気旺盛ナラザル（カラ）ダ。

本文	欄外
朝起キテカラモ二〇分ノ暇モ無ク直グニ作業場へ向フ。ソウシテ一八三〇分頃ニ帰営シテ早速点呼ヲ取ル等．一日中作業場ニ居ル。	八　五〇 九　七〇 延八〇〇キ
五月十四日（月曜）晴 終日同ジ作業デアル。ダガ．五日市ノ大自然ヲ眺メテ麥畑ニ遊ブ雲雀ノ影ハ実ニ活溌デアル。空ハ青空ダ。 特幹ガ近日中ニ転属ヲシテ仕舞フト言フ噂モ高クナル。落チ着ク所ハイヅコナリヤダ。転属亦転属ノ渡リ鳥。	正ニ銃後ノ決戦 『戰ヒノ決ハ補給力』
五月十五日（火曜）曇 転進後最初ノ転属命令ガ出タ。七十八名ノ中カラ二十四名抜ケテ出ル事トナッタ。斯クシテ予期シタ事モ実現ヲシ出シタ。特幹ノ行方ゾイヅコヘ。立川ノ特幹生モ続々ト出征ヲシテユク。 天候ニ恵マレヌ梅雨期デ仲々作業モ進捗ヨセヌ。先ヅ設備デ一役ナノダ。	対独条約失効
五月十六日（水曜）曇 俄然．特幹ノ顔ブレガ減ッテ仕舞ッタ。食卓ニ囲ム顔ガ寂シク見エル。意気旺盛ナラザルベカラズダ。	転属第一陣出発

案：「対独条約失効」——此次共有數個條約失效，分別為日獨伊三國同盟、日獨防共協定等，皆因德國的降伏，因此失效。（參：対独諸条約にする措置／2，昭和二十年五月十八日から昭和二十年六月二日，檔案號：B02032982200.ba0169a.a-1218.00000473）

昭和二十年五月十四日

ソ聯、勝利の原因は
東洋的な粘り
ヒトラーも誤算したスラヴ魂

民族的に見たソ聯

暴政、自然と戰ふ

死をも怖れぬ兵士

女性は男子と同樣

戰ひの決は補給力
正に銃後の決戰
見よ敵も血みどろ

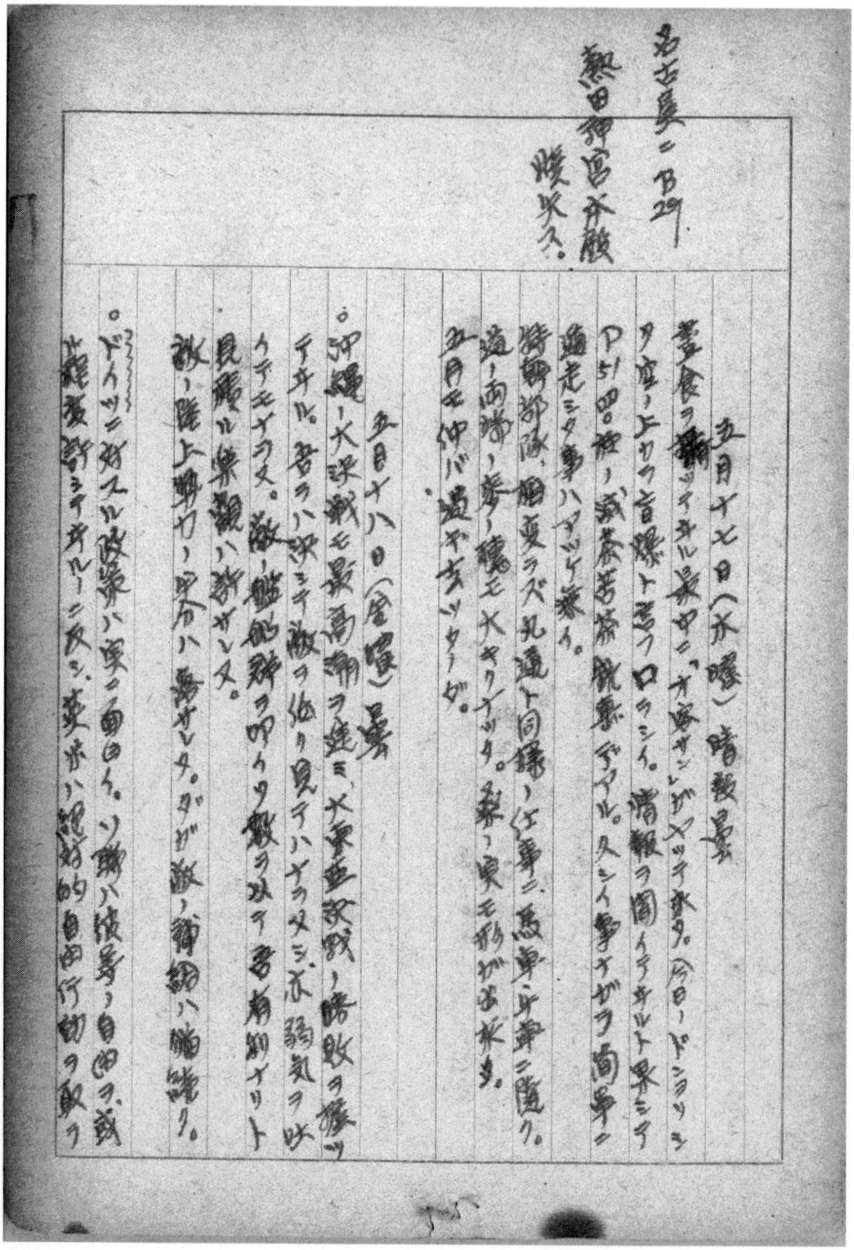
名古屋ニB29
熱田神宮ノ本殿
燒失ス。
五月十七日（木曜）晴 数曇
晝食ヲ摂ッテ居ル最中ニ「オ客サン」ガヤッテ來タ。（今日ノドンヨリシタ空ノ上カラ爆音ト云フ口ラシイ。情報ヲ聞イテ居ルト果シテP51四〇機ノ戦爆來襲デアル。久シイ事ナガラ簡単ニ逃走シタ事ハマッタク残念。特攻部隊、編要ラズ見逃ト同様ノ仕事ニ悪事、好事ニ随ク。
道ノ両端ノ麦ノ穂モ大キクナッタ。麦ノ実モ形ガ出來タ。
五月モ中バ過ギ去ッタノガ。
五月十八日（金曜）曇
○沖縄ノ大決戦モ最高潮ヲ遂ミ、大東亜決戦ノ勝敗ヲ握ッテ居ル。吾ラハ決シテ敵ヲ侮リ見テハナラヌシ、亦弱気ヲ吹イテモナラヌ。敵ノ艦船群ヲ叩イタ數ヲ以テ吾有利ナリト見縦ル楽観ハ許サレヌ。
敵ノ陸上部力ノ戦力ハ壽サレタ。ダガ敵ノ補給ハ継続ク。
○ドイツニ対スル政策ハ実ニ面白イ。ソ聯ハ彼等ノ自由ヲ或ル程度許シテ居ルノニ反シ、英米ハ絶対的自由行動ヲ取ラ

五月十七日（木曜）　晴後曇

晝食ヲ撮ッテキル最中ニ「オ客サン」ガヤッテ來タ。今日ノドンヨリシ
タ空ノ上カラ盲爆ト言フ口ラシイ。情報ヲ聞イテキルト果シテ
P51四〇機ノ滅茶苦茶銃撃デアル。久シイ事ナガラ簡単ニ
遁走シタ事ハアッケ無イ。
特幹部隊，相変ラズ丸通ト同様ノ仕事ニ，馬車、牛車ニ隨ク。
道ノ両端ノ麥ノ穗モ大キクナッタ。桑ノ実モ形ガ出來タ。
五月モ仲バ過ギ去ッタノダ。

名古屋ニB29
熱田神宮本殿
焼失ス。

五月十八日（金曜）　曇

。沖縄ノ大決戰モ最高潮ヲ進ミ，大東亜決戰ノ勝敗ヲ握ッ
テキル。吾ラハ決シテ敵ヲ低ク見テハナラヌシ，亦　弱気ヲ吐
イテモナラヌ。敵ノ艦船群ヲ叩イタ数ヲ以テ吾有利ナリト
見積ル樂観ハ許サレヌ。
敵ノ陸上勢力ノ半分ハ落サレタ。ダガ敵ノ補給ハ猶続ク。

。ドイツニ対スル政策ハ実ニ面白イ。ソ聯ハ彼等ノ自由ヲ或
ル程度許シテキルノニ反シ，英米ハ絶対的自由行動ヲ取ラ

案：「情報ヲ聞イテキルト果シテP51四〇機ノ滅茶苦茶銃撃デアル」：一九四五年五月十七日，P51共計五十機對於立川飛行場進行攻擊。（參：日置英剛著，《年表　太平洋戰争全史》，頁六五二）

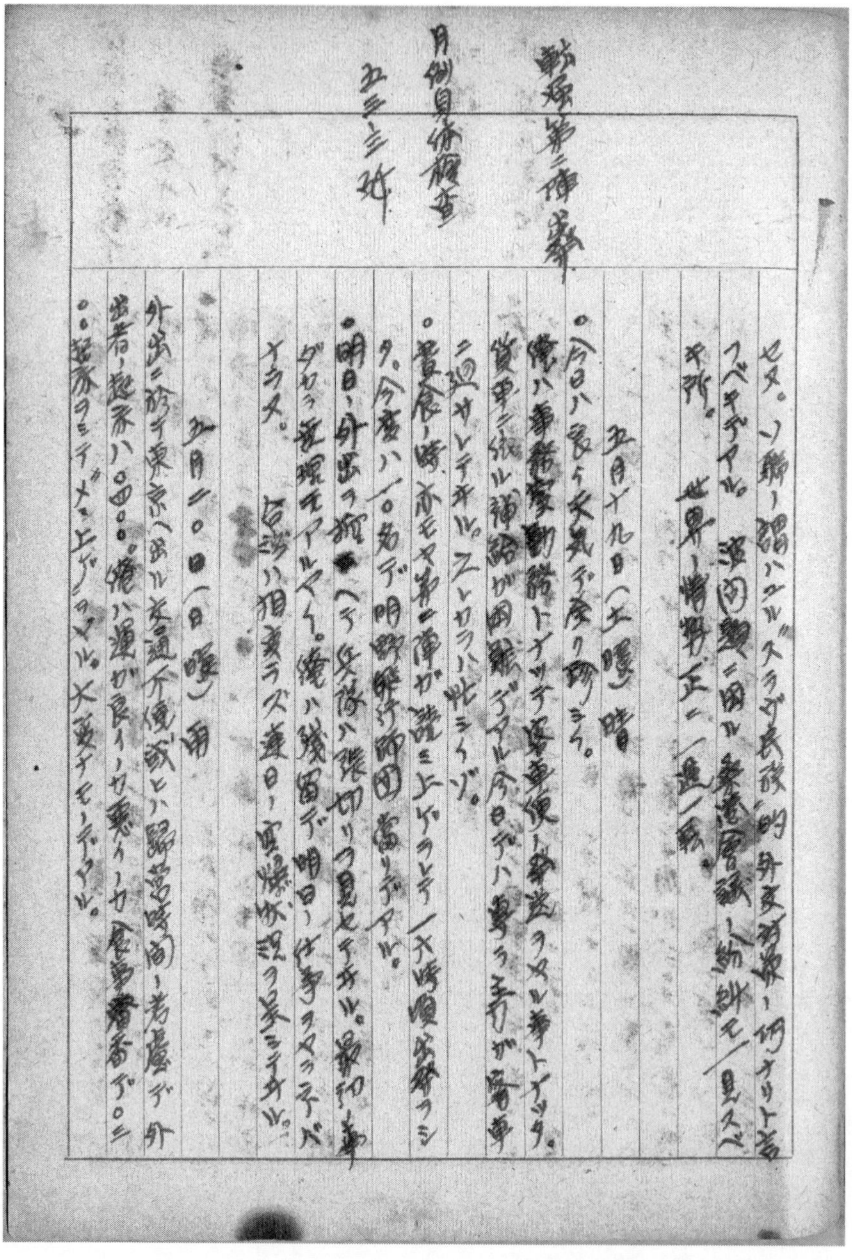

月例日誌検査

五二三 印

セズ。ソ聯ノ謂ハユルズラザ長被的外交術策ノ例ナリト言フベキデアル。波蘭問題ニ関ル桑港会議ノ紛糾モ一見スベキ所。　世界ノ情勢正ニ一進一転。

五月十九日（土曜）晴

○今日ハ良イ天気デ全ク珍シイ。俺ハ事務室勤務トナッテ貨車便ノ事務ヲヤル事トナッタ。貨車ニ依ル補給ガ困難デアル今日デハ事ヲ[illegible]ニ廻サレテ来ル。之レカラハ忙シイゾ。

○夕食ノ時、亦モヤ第二陣ガ読ミ上ゲラレテ一六時頃出発ラシタ。今度ハ一〇名デ明野飛行師団当リデアル。

●明日ハ外出ヲ[illegible]ヘテ兵隊ハ張切リヲ見セテ来ル。最初ノ事ダカラ無理モアルマイ。俺ハ残留デ明日ノ仕事ヲヤラネバナラヌ。　台湾ハ相変ラズ連日ノ空爆状況ヲ呈シテ来ル。

五月二〇日（日曜）雨

外出ニ於テ東京ヘ出ル交通不便ト帰営時間ノ考慮デ外出者ノ選抜ハ〇〇〇。俺ハ運ガ良イノカ悪イノカ食事当番デ〇ニ
○○選抜ヲミテダメニ上ゲノヲヤル。大変ナモノデアル。

転属第三陣出発
月例身体検査
五三・三瓩

セヌ。ソ聯ノ謂ハユル〝スラヴ民族〟的外交対策ノ巧ナリト言フベキデアル。波問題ニ因ル　桑港會議ノ紛糾モ一見スベキ所。　世界ノ情勢、正ニ一進一転。

五月十九日（土曜）　晴

。今日ハ良イ天気デ全ク珍シイ。
俺ハ事務室勤務トナッテ客車便ノ発送ヲヤル事トナッタ。
貨車ニ依ル補給ガ困難デアル今日デハ専ラ主力ガ客車ニ廻サレテヰル。之レカラハ忙シイゾ。
。畫食ノ時、亦モヤ第二陣ガ読ミ上ゲラレテ一六時頃出発ヲシタ、今度ハ一〇名デ明野飛行師団當リデアル。
。明日ノ外出ヲ控[redacted]ヘテ兵隊ハ張切リヲ見セテヰル。最初ノ事ダカラ無理モアルマイ。俺ハ殘留デ明日ノ仕事ヲヤラネバナラヌ。　台湾ハ相変ラズ連日ノ空爆状況ヲ呈シテヰル。

五月二〇日（日曜）　雨

外出ニ於テ東京へ出ル交通不便或ヒハ歸営時間ノ考慮デ外出者ノ起床ハ〇四〇〇。俺ハ運ガ良イノカ悪イノカ食事當番デ〇三〇〇起床ヲシテ　〝メシ上ゲ〟ヲヤル。大変ナモノデアル。

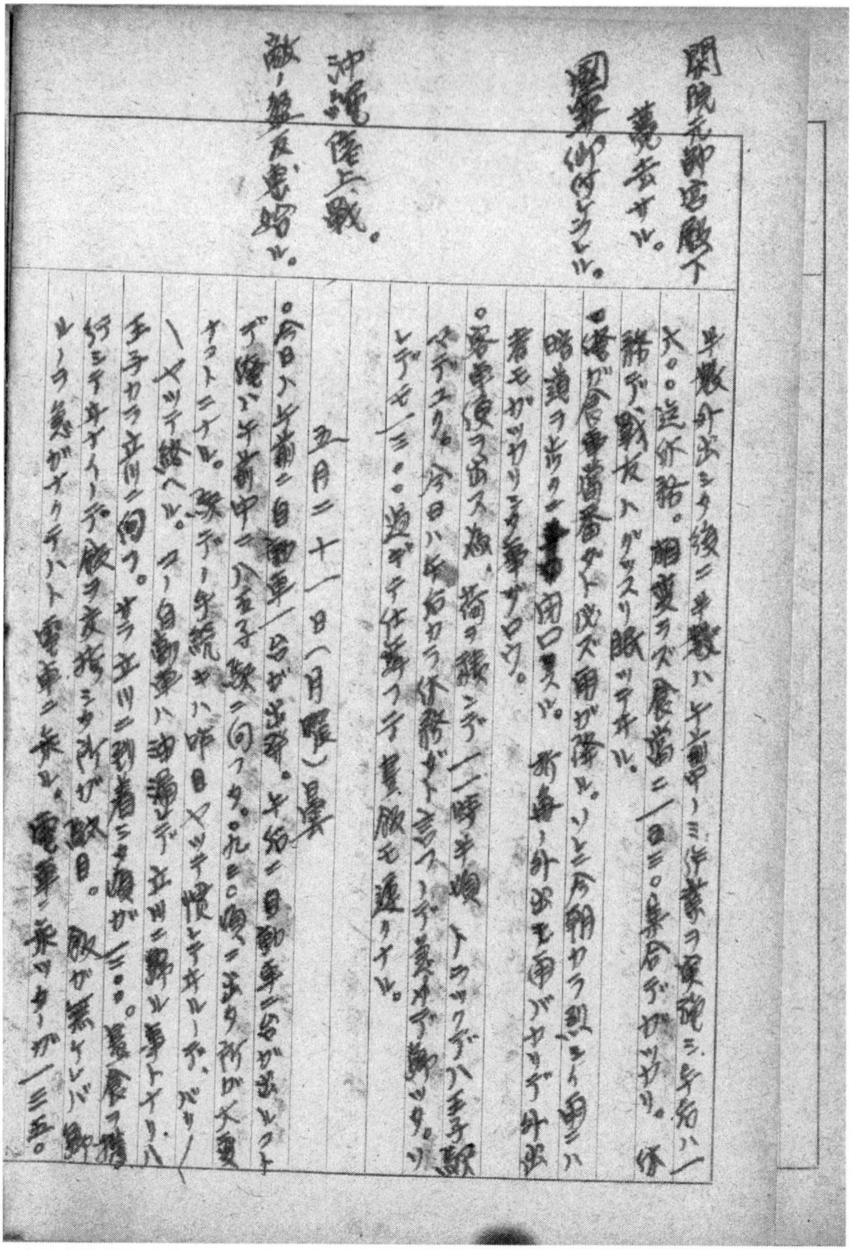
閑院元帥宮殿下
薨去サル。
沖縄陸上戰。
五月二十一日（月曜）曇

閑院元帥宮殿下
薨去サル。
國葬仰付ケラレル。

沖縄陸上戰。
敵ノ猛反撃始ル。

半數外出シタ後ニ半數ハ午前中ノミ作業ヲ実施シ・午后ハ一六〇〇迄休務。相変ラズ食當ニ一五三〇集合デガッカリ。休務デ戰友ハグッスリ眠ッテヰル。

◦俺ガ食事當番ダト必ズ雨ガ降ル。ソレニ今朝カラ烈シイ雨ニハ暗道ヲ歩クニ■■閉口■スル。折角ノ外出モ雨バカリデ外出者モガッカリシタ事ダロウ。

◦客車便ヲ出ス為・荷ヲ積ンデ一一時半頃トラックデ八王子駅マデユク。今日ハ午后カラ休務ダト言フノデ急イデ帰ッタ。ソレデモ一三〇〇過ギテ仕舞フテ晝飯モ遅クナル。

五月二十一日（月曜）　曇

◦今日ハ午前ニ自動車一台ガ出発。午后ニ自動車二台ガ出ルコトデ俺ハ午前中ニ八王子駅ニ向フタ。〇九三〇頃ニ出タ所ガ大変ナコトニナル。駅デノ手続キハ昨日ヤッテ慣レテヰルノデ・バリ〳〵ヤッテ終ヘル。コノ自動車ハ油漏レデ立川ニ帰ル事トナリ・八王子カラ立川ニ向フ。サラ立川ニ到着シタ頃ガ一二〇〇。晝食ヲ攜行シテヰナイノデ飯ヲ交渉シタ所ガ駄目。飯ガ無ケレバ帰ルノヲ急ガナクテハト電車ニ乗ル。電車ニ乗ッタノガ一三五〇

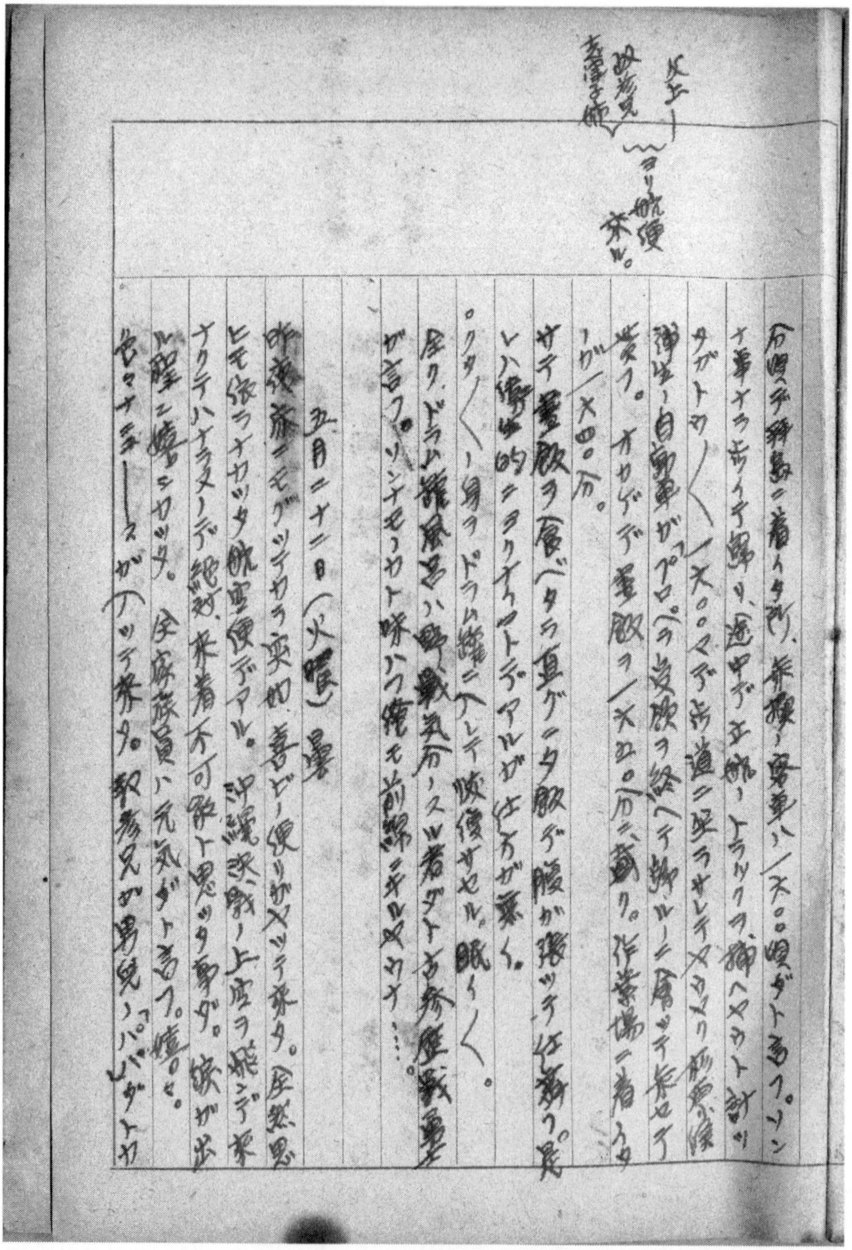

火上ノ〜〜(政彦兄・素津子姉)ヨリ航便来ル。

分頃デ舞島ニ着イタ時、我機ノ発動機ハ一六〇〇頃ダト言フ。ソン
ナ事ナラ歩イテ帰リ、途中デ上航ノトラックヲ捕ヘヤウト計リ
サガトマ〳〵一六〇〇マデ歩道ニ坐ラサレテ待タサレ航空ノ隊
御生ノ自動車ガプロペラ交換ヲ終ヘテ帰ルノニ會ッテ乗セテ
貰フ。オカゲデ夕食ヲ一六五〇分ニ戴ク。作業場ニ着イタ
ノガ一六四〇分。
サテ夕食ヲ食ベタラ直グニタ飯デ腹ガ張ッテ仕方ガ無イ。是
レハ傷的ニヨクナイコトデアルガ仕方ガ無イ。
ロクタ〳〵ノ身ヲドラム罐ニ入レテ疲労ヲ恢復サセル。眠イ〳〵。
全クドラム罐風呂ハ野戦気分ノスル者ダト古参ノ歴戦勇士
ガ言フ。ソンナモノカト味ハフ俺モ前線ニ来タノダナ……。

五月二十二日(火曜)曇
昨夜旅ニモグッテカラ突如喜ビノ便リガ入ッテ来タ。全然思
ヒモ依ラナカッタ航空便デアル。沖縄決戦ノ上空ヲ飛ンデ来
ナクテハナラヌノデ絶対来着不可能ト思ッタ事ダ。嫁ガ出
ル程ニ嬉シカッタ。全家族員ハ元気ダト言フ。嬉シイ。
色々ナ事――スガ入ッテ来タ。政彦兄ガ男児ノパパダトカ

父上―
正彦　ヨリ航便
志津子姉　來ル。

分頃デ拝島ニ着イタ所．乗換ノ客車ハ一六〇〇頃ダト言フ。ソンナ事ナラ歩イテ歸リ．途中デ立航ノトラック捕ヘヤウト計ッタガトウ〳〵一六〇〇マデ歩道ニ坐ラサレテヤウヤク杉原候補生ノ自動車ガ「プロペラ受領ヲ終ヘテ歸ルノニ會ッテ乗セテ貰フ。オカゲデ晝飯ヲ一六五〇分ニ戴ク。作業場ニ着イタノガ一六四〇分。

サテ晝飯ヲ食ベタラ直グニタ飯デ腹ガ張ッテ仕舞フ。是レハ衛生的ニヨクナイコトデアルガ仕方ガ無イ。

。クタ〳〵ノ身ヲドラム罐ニ入レテ恢復サセル。眠イ〳〵。全ク．ドラム罐風呂ハ野戰気分ノスル者ダト古參歴戰勇士ガ言フ。ソンナモノカト味ハフ俺モ前線ニヰルヤウナ……

五月二十二日（火曜）曇

昨夜床ニモグッテカラ突如．喜ビノ便リガヤッテ來タ。全然思ヒモ依ラナカッタ航空便デアル。沖縄決戰ノ上空ヲ飛ンデ來ナクテハナラヌノデ絶對．來着不可能ト思ッタ事ダ。涙ガ出ル程々嬉シカッタ。全家族員ハ元気ダト言フ。嬉々。

色々ナニュースガ入ッテ來タ。邦彦兄ガ男兒ノ「パパ」ダトカ

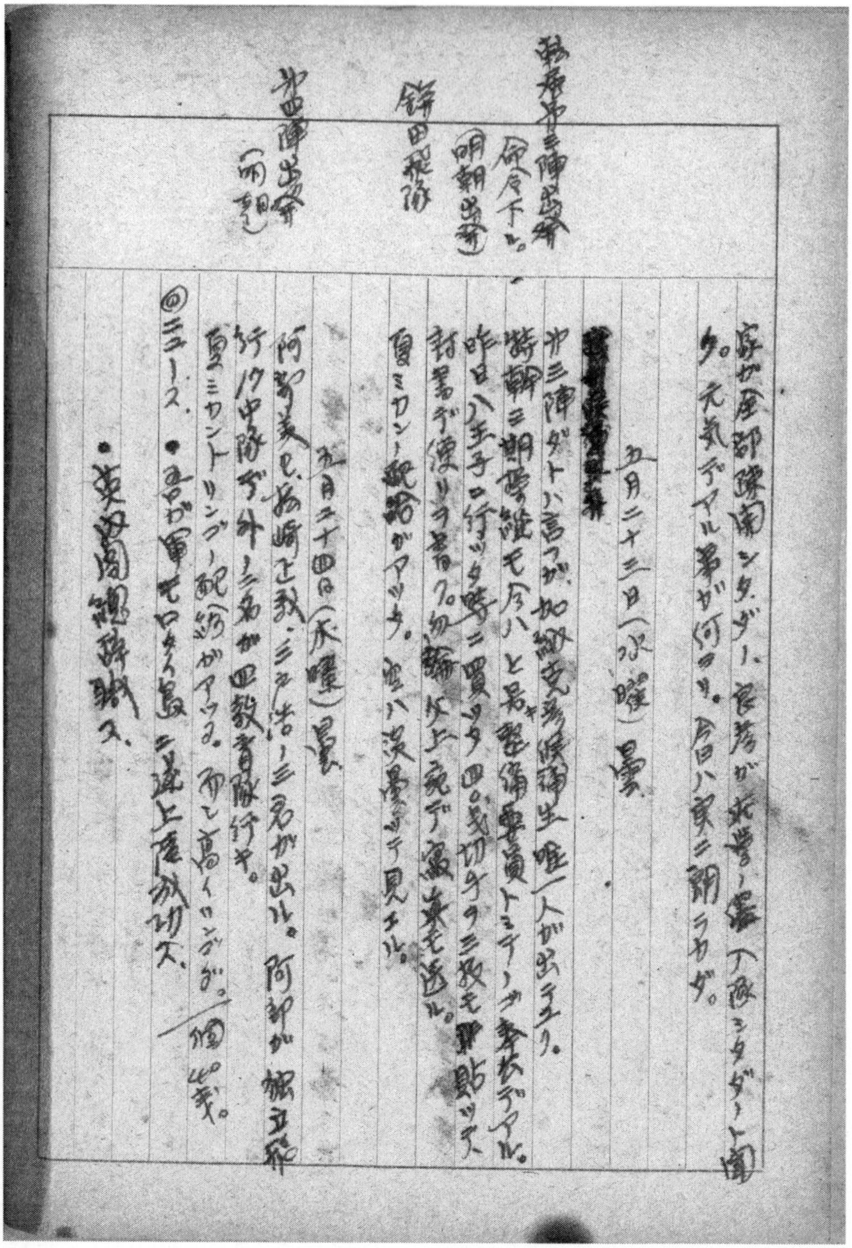
戦隊第三陣出発 命令下ル。（明朝出発）

鉾田飛行隊

第四陣出発（明朝）

寝ガ全部隊閉シタダノ。良彦ガ兵営ノ窓（下旅ニタダノ上閉
タ。元気デアル事ガ何ヨリ。今日ハ実ニ朗ラカダ。

五月二十三日（水曜）曇。

[redacted]

第三陣ダトハ言フガ、加納克彦候補生唯一人ガ出テ居リ。
特幹ニ期生誰モ今ハと居ル整備要員トシテノガ本分デアル。
昨日ハ王子ニ行ッタ時ニ買ッタ四〇銭切手ヲ三枚モ貼ッテ
封書デ便リヲ書ク。〇級備父上宛デ寫真モ送ル。
夏ミカンノ配給ガアッタ。空ハ淡曇ッテ見エル。

五月二十四日（木曜）晨。

阿部美也、塩崎正義、三ヶ浩ノ三名ガ出ル。阿部ガ独立飛
行ノ中隊デ外ノ三名ガ四教育隊行キ。
夏ミカントリンゴノ配給ガアッタ。而モ高イリンゴガ。／個四〇銭。

回ニュース。●喜ガ軍モロタイ島ニ逆上陸成功ス。
●東條閣總辞職ス。

家ガ全部疏開シタダノ．良彦ガ就學ノ儘　入隊シタダノト聞ク。元気デアル事ガ何ヨリ。今日ハ実ニ朗ラカダ。

五月二十三日（水曜）　曇

■■■■■■

転属第三陣出発　命令下ル。（明朝出発）　鉾田飛隊

第三陣ダトハ言フガ．加納克彦候補生唯一人ガ出テユク。
特幹三期操縦モ今ハと号キ整備要員トシテノゴ奉公デアル。
昨日八王子ニ行ッタ時ニ買ッタ四○銭切手ヲ三枚モ■貼ッテ、封書デ便リヲ書ク。勿論父上宛デ寫真モ送ル。
夏ミカンノ配給ガアッタ。空ハ淡曇ッテ見エル。

五月二十四日（木曜）　曇

第四陣出発　（明朝）

阿部美巳．松崎正義．三戸浩ノ三名ガ出ル。阿部ガ独立飛行17中隊デ外ノ二名ガ四教育隊行キ。
夏ミカントリンゴノ配給ガアッタ。而シ高イリンゴダ．一個40銭。
◎ニュース．　●吾ガ軍モロタイ島ニ逆上陸成功ス．

●英内閣総辞職ス．

案：「吾ガ軍モロタイ島ニ逆上陸成功ス」：指摩羅泰島戰役中，日本軍第三十二師團於五月中、下旬各一次將一部分的戰力、軍需品等送入島上進行補給。（參：防衛庁防衛研究所戦史室編《戦史叢書西部ニューギニア方面陸軍航空作戦》，東京：朝雲新聞社，一九六八，頁六六八－六六九）

「英內閣総辭職ス」：此處為歐洲戰場結束後，原先為戰時內閣的邱吉爾內閣也於五月二十三日提出辭職，並於後來七月的選舉中遭受大敗，由克萊曼・艾德禮所於七月二十六日後承接內閣。（參：秦郁彥編，《世界諸国の制度・組織・人事1840-2000》，頁五一一－五一四）

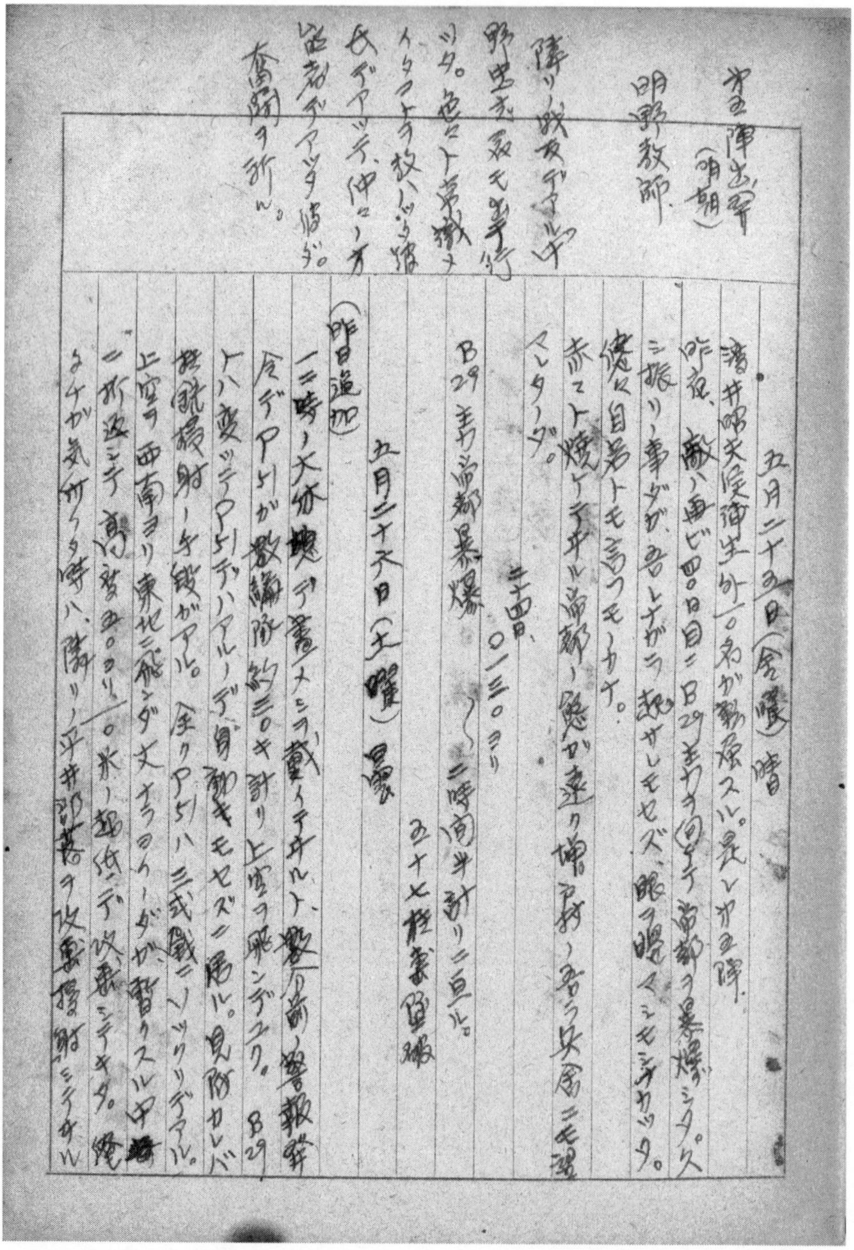

第五陣出軍（明朝）

明野教師、

陣ソ戦友デアル中

野忠志 最モ我ガ行

ッタ。色々ト常識ヲ

イタクトヲ教ハッタ彼

モデアッテ、仲々ノオ

必器デアッタ彼ダ。

奮闘ヲ祈ル。

五月二十三日（金曜）晴

酒井呼吹伍長生外一〇名ガ戦死スル。是レカ五陣

昨夜、敵ハ再ビ四日目ニB29来タリテ帝都ヲ暴爆シタ。久

ニ振リ事ダガ、音ヒナガラ起サレモセズ、眠ヲ覚マシモシナカッタ。

彼々自分トモ言フモノカナ。

赤々ト焼ケテオル帝都ノ炎ガ遠ク埔戸ノ窓ヲ安窓ニモ望

マレタノダ。

二十四日、〇一三〇ヨリ

B29来リ帝都暴爆 〜二時間半計リニ亘ル。

五十七機撃墜破

五月二十六日（土曜）曇

（昨日追加）

一二時ノ大休憩デ晝メシヲ戴イテオルト、数分前ノ警報発

令デP51ガ数編隊約三〇キ計リ上空ヲ飛ンデユク。B29

トハ変ッテP51デハアルノデ身動キモセズニ居ル。見附カレバ

機銃掃射ノ手段ガアル。全クP51ハ三式戦ニソックリデアル。

上空ヲ西南ヨリ東北ニ飛ンダ丈ナラヨイノダガ、暫クスル中機

ニ折返シテ高度五〇〇ヨリ〇米ノ超低空デ攻撃シテキタ。

タチガ気付イタ時ハ、隣リノ平井部落ヲ攻撃掃射シテオル

第五陣出発（明朝）
明野教師
隣リノ戰友デアル中野忠志君モ出テ行ッタ。色々ト常識メイタコトヲ教ハッタ彼氏デアッテ、仲々ノ才能者デアッタ彼ダ。
奮闘ヲ祈ル。

五月二十五日（金曜）晴

済井昭夫候補生外一〇名ガ転属スル。是レ第五陣。
昨夜．敵ハ再ビ四〇日目ニB29主力ヲ向ケテ帝都ヲ暴爆シタ。久シ振リノ事ダガ．吾レナガラ起サレモセズ．眼ヲ覚マシモシナカッタ。
悠々自若トモ言フモノカナ。
赤々ト焼ケテヰル帝都ノ態ガ遠ク増戸村ノ吾ラ兵舎ニモ望マレタノダ。
二十四日．〇一三〇ヨリ
～～二時間半計リニ亘ル。
B29主力帝都暴爆
五十七機撃墜破

五月二十六日（土曜）曇

（昨日追加）
一二時ノ大休憩デ昼メシヲ戴イテヰルト．数分前ノ警報発令デP51ガ数編隊約三〇キ計リ上空ヲ飛ンデユク。B29トハ変ッテP51デハアルノデ身動キモセズニ居ル。見附カレバ機銃掃射ノ手段ガアル。全クP51ハ三式戰ニソックリデアル。
上空ヲ西南ヨリ東北ニ飛ンダ丈ナラヨイノダガ暫クスル中[redacted]ニ折返シテ高度五〇ヨリ一〇米ノ超低デ攻撃シテキタ。俺タチガ気付イタ時ハ隣リノ平井部落ヲ攻撃掃射シテヰル

案：「一二時……上空ヲ飛ンデユク」：一九四五年五月二十五日，B29轟炸機共計五百零二機（日本方面紀錄為兩百五十機）對東京進行空襲。共投下燒夷彈三千兩百六十二噸，並且造成死傷者五千三百一十九名。同日P51共計六十五架對千葉縣的飛行場進行攻擊。此時鄭連德牧師正於五日市中，因此可以看到美軍對飛行場進行的空襲。（參：日置英剛著，《年表　太平洋戰争全史》，頁六五八－六五九）

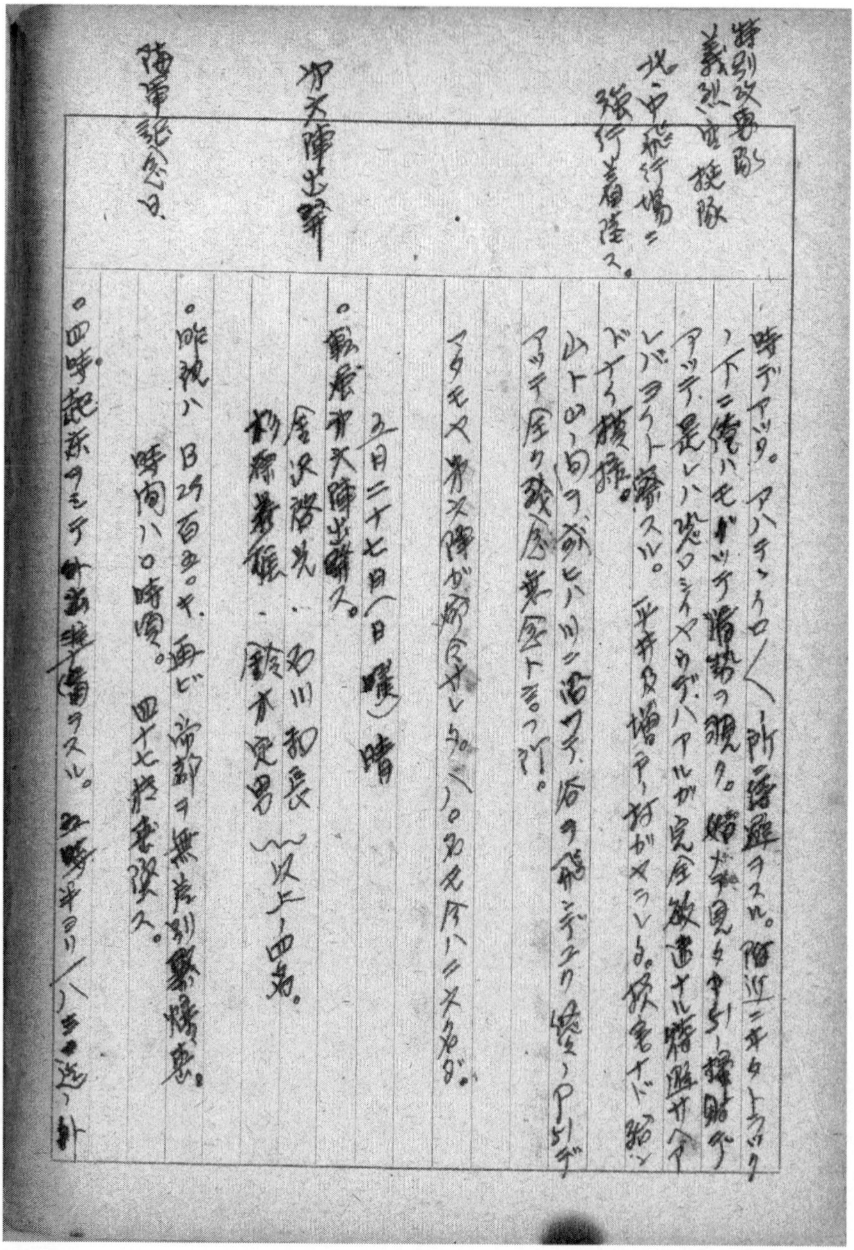

特別攻撃隊
義烈空挺隊
北、中飛行場ニ
強行着陸ス。

第六陣出撃

陸軍記念日。

時デアッタ。アハテンクロく所ヲ避難ヲスル。附近ニ平タイトラック
ノ下ニ僕ハモグッテ情勢ヲ觀ク。婦女子[illegible]
アッテ、是レハ恐ロシイヤウダ。ハアルガ完全徹底ナル避難サセ[illegible]
レバヨイト希スル。平井及増田ヲ[illegible]。故郷ナド[illegible]
ドナク[illegible]。
山下山ノ向ヲ飛ビハ川ニ沿ッテ、谷ヲ飛ンデユク様ヲ[illegible]
アッテ全ク[illegible]ト言フ所。
マタモ又第六陣ガ出撃サレタ。[illegible]

○戦爆第六陣出撃ス。
五月二十七日（日曜）晴
金沢啓光・石川[illegible]
杉森[illegible]・鈴木定男 以上ノ四名。

○昨晩ハ日[illegible]百五〇キ。再ビ常部ヲ無差別爆撃。
時間ハ〇時頃。四十七機来襲ス。

○四時起床ヲモッテ[illegible]ヲスル。五時半ヨリ八[illegible]迄ノ[illegible]

特別攻撃隊 義烈空挺隊 北、中飛行場ニ 強行着陸ス。	時デアッタ。アハテヽイロ〱ノ所ニ待避ヲスル。附近ニヰタトラック ノ下ニ俺ハモグッテ情勢ヲ覗ク。始メテ見タP51ノ掃射デ アッテ．是レハ恐ロシイヤウデハアルガ完全敏速ナル待避サヘア レバヨイト察スル。　平井及増戸ノ村ガヤラレタ。損害ナド殆ン ドナイ模様。 山ト山ノ間ヲ或ヒハ川ニ沿フテ．谷ヲ飛ンデユク悠々ノP51デ アッテ全ク残念無念ト言フ所。 マタモヤ第六陣ガ命令サレタ。八〇名モ今ハ二六名ダ。
	五月二十七日（日曜）　晴
第六陣出発	◦転属第六陣出発ス。 金沢啟光・石川和長 杉原泰雄・鈴木定男　以上ノ四名。
海軍記念日	◦昨夜ハ　B29百五〇キ．再ビ　帝都ヲ無差別暴爆撃。 時間ハ〇時頃。　四十七機撃墜ス。
	◦四時起床ヲシテ外出準備ヲスル。五時半ヨリ一八三〇迄ノ外

案：「海軍記念日」：一九〇五年五月二十七日發生的日本海海戰，日本的聯合艦隊大勝俄國的波羅的海艦隊，因此將五月二十七日訂為「海軍紀念日」。（参：《近代史必攜》，頁六十八）
「義烈空挺隊北、中飛行場ニ強行着陸ス」：一九四五年五月二十四日由熊本健軍飛行場出發的陸軍義烈空挺隊重型轟炸機十二機（其中四機因故障返回）自沖繩的北、中飛行場突入成功。（参：日置英剛著，《年表　太平洋戰争全史》，頁六五七）

出時間ヲ貰ッタ。八王子ノ図書館ニ遊ク。台湾産ノ俺ニハ知人モナケレバ面会ノ相手モナイ、孤独ノ兒デアル。一人寂シクモナク椅子ニ座ッテ雑誌ヲ読ンダ。
晝カラハ映画「日本剣豪傳」一篇新日宗劇院流ニヲ観覧シタ。帰営スルノニ電車ニ乗リ遅レテ仕舞ヒ、一七三〇頃拝島駅ヨリ駆足デ中隊迄ユク。一八三五分デ着イタガ、ニクヲメッテオコラレテ仕舞フ。

五月二十八日（月曜）晴

昨日一日中ノ好日気分ヲソロソロ陽ノ方ニ追ヒヤッテ今日ハ再ビ客車便帯泣ニ奔走ヲスル。ダイ（ンナモノダ。
今晩、マタモヤ転属者（三十ノ日出発ノ予定）ガ呼ベレタ。マタ外レル。本底ダ隊長殿ハ俺ヲ出サナイト見エル。残念ナコトダ。

五月二十九日（火曜）曇

大自然ヲ今更ナガラ、ウットリトシテ眺メテ井ル。客車便モ暇ナ時ハノンビリトミテ井ル。ダガ活気ザカリノ俺ニハドウシテモ退屈デモ思ウナラノデ、寄机書キニ奮闘ヲスル。

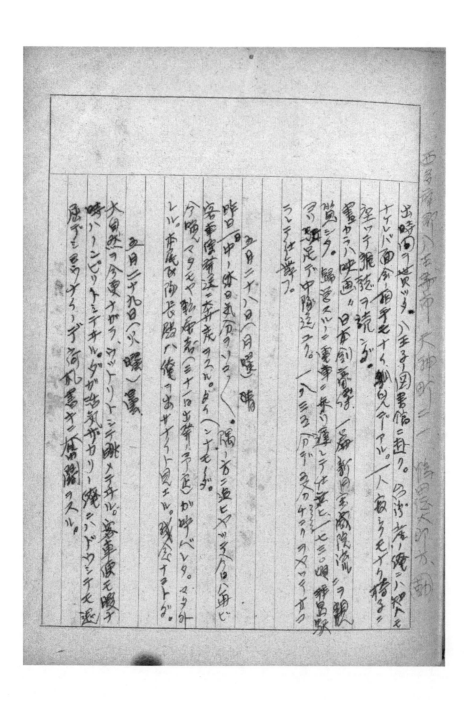

西多摩郡八王子市大神町二一 …方 勤

西多摩郡八王子市　天神町二一　鶴田伝太郎方　㊗

出時間ヲ貰ッタ。八王子ノ図書館ニ赴ク。台湾産ノ俺ニハ知人モナケレバ面会ノ相手モナイ。孤児デアル。一人寂シイモナク椅子ニ座ッテ雑誌ヲ読ンダ。書カラハ映画〝日本剣豪傑一篇新月宝蔵院流〟ヲ観覧シタ。帰営スルノニ電車ニ乗リ遅レテ仕舞ヒ、一七三〇頃拜島駅ヨリ駈足デ中隊迄ユク。一八三五分デ五分チコクヲヤッテオコラレテ仕舞フ。

五月二十八日（月曜）　晴

昨日一日中ノ休日気分ヲソコ〱。隅ノ方ニ追ヒヤッテ今日ハ再ビ客車便発送ニ奔走ヲスル。タイヘンナモノダ。

今晩マタモヤ転属者（三十一日出発ノ予定）ガ呼バレタ。マタ外レル。本尾区隊長殿ハ俺ヲ出サナイト見エル。残念ナコトダ。

五月二十九日（火曜）　曇

大自然ヲ今更ナガラ・ウットリトシテ眺メテヰル。客車便モ暇ナ時ハノンビリトシテヰル。ダガ活気ザカリノ俺ニハドウシテモ退屈デシヨウナイノデ荷札書キニ奮闘ヲスル。

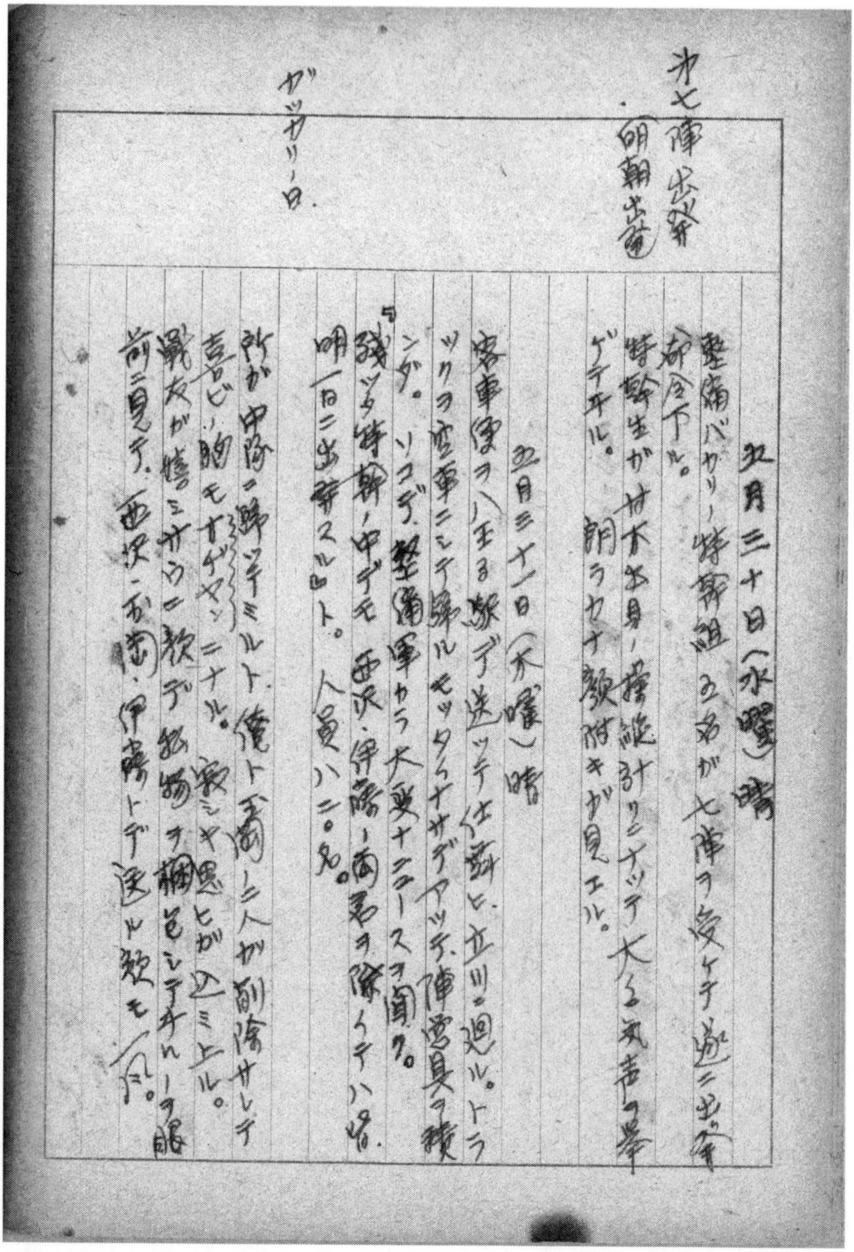

第七陣出発
(明朝出発)

ガッカリノ日.

九月三十日(水曜)晴

整備バカリノ特幹組五名ガ七陣ヲ受ケテ遂ニ出発命令下ル。
特幹生ガ廿六名ノ操縦許リニナッテ大キナ気声ヲ挙ゲテ居ル。朗ラカナ顔附キガ見エル。

九月三十一日(木曜)晴

客車便ヲ八王子迄デ送ッテ仕舞ヒ、立川ニ廻ル。トラツクヲ空車ニシテ帰ルモッタイナサデアッテ、陣営具ヲ積ンダ。ソコデ、整備軍カラ大変ナニュースヲ聞ク。残ッタ特幹ノ中デモ西沢、伊藤ノ両君ヲ除イテハ皆明一日ニ出発スルト。人員ハ二〇名。

所ガ中隊ニ帰ッテミルト俺ト森岡ノ二人ガ削除サレテ喜ビノ胸モオヂヤンニナル。寂シヤ悲ヒガ込ミ上ル。戦友ガ嬉ミナガラニ教デ数物ヲ梱包シテ居ルノヲ眼前ニ見テ、西沢、森岡、伊藤トデ送ル数モ無シ。

第七陣出発（明朝出発）

ガッカリノ日

五月三十日（水曜）　晴

整備バカリノ特幹組五名ガ七陣ヲ受ケテ遂ニ出発命令下ル。

特幹生ガ甘木出身ノ操縦計リニナッテ大イニ気声ヲ挙ゲテヰル。　朗ラカナ顔附キガ見エル。

五月三十一日（木曜）　晴

客車便ヲ八王子駅デ送ッテ仕舞ヒ．立川ニ廻ル。トラックヲ空車ニシテ帰ルモッタイナサデアッテ．陣営具ヲ積ンダ。　ソコデ．整備軍カラ大変ナニュースヲ聞ク。

『残ッタ特幹ノ中デモ　西沢．伊藤ノ両君ヲ除イテハ皆．明一日ニ出発スル』ト。　人員八二〇名。

所ガ中隊ニ帰ッテミルト．俺ト玉岡ノ二人ガ削除サレテ喜ビノ胸モオヂヤンニナル。寂シキ思ヒガ込ミ上ル。

戰友ガ嬉シサウニ顔デ私物ヲ捆包シテヰルノヲ眼前ニ見テ．西沢、玉岡、伊藤トデ送ル顔モ一風。

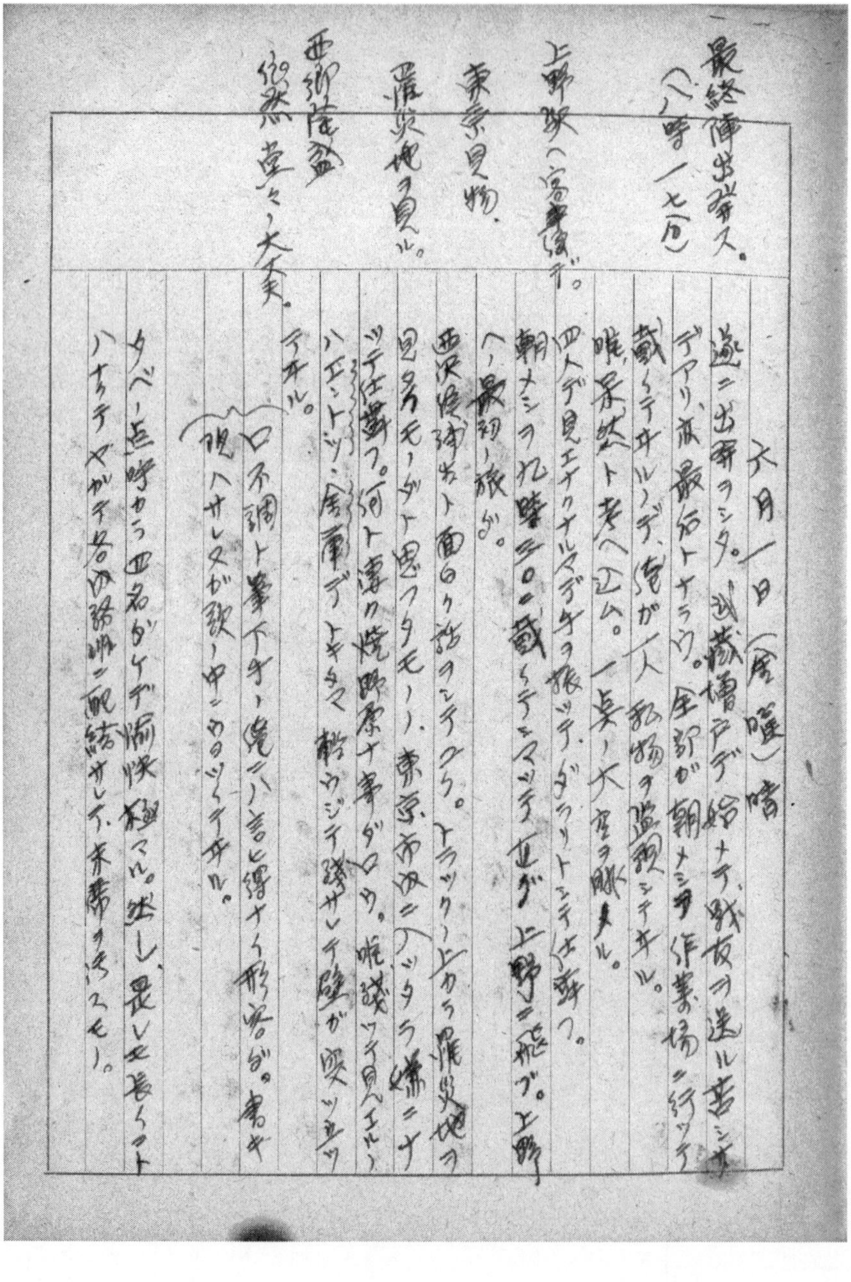
最終陣出発ス。
(八時一七分)
上野駅ハ(宮城遙拝デ)。
東京見物。
罹災地ヲ見ル。
西郷隆盛
依然堂々ノ大丈夫。

六月一日(金曜)晴
遂ニ出発ヲシタ。武蔵増戸デ始メテ戦友ヲ送ル苦シサ
デアリ、又最后トナラウ。全部ガ朝メシヲ作業場ニ行ッテ
戴イテヰルノデ、俺ガ一人私物ヲ監視シテヰル。
唯、呆然ト考ヘ込ム。一点ノ大空ヲ眺メル。
四人デ見エナクナルマデ手ヲ振ッテ、ダラリトシテ仕舞フ。
朝メシヲ九時ニ戴イテシマッテ、直グ上野ニ飛ブ。上野
ハ最初ノ旅ダ。
西沢浪球君ト面白ク話ヲシテヰラウ。トラックノ上カラ罹災地ヲ
見タモノダト思フタモノノ、東京市外ニ入ッタラ嫌ニナ
ッテ仕舞フ。何ト凄ク焼野原ナ事ダロウ。唯残ッテ見ヘルノ
ハエントツ・金庫デトキタマ辛ウジテ残サレテ壁ガ突ッ立ッ
テヰル。
口不調ト筆下手ノ俺ニハ言ヒ得ナイ形容ダ。書キ
現ハサレヌガ頭ノ中ニカクッテヰル。

夕ベノ点呼カラ四名ダケデ愉快極マル。然シ、是レモ長イコト
ハナクテヤガテ各々路州ニ配結サレテ、未帯ヲ泊スモノ。

最終陣出発ス。
（八時一七分）
上野駅へ客車便デ。
東京見物
罹災地ヲ見ル。
西郷隆盛
依然堂々ノ大丈夫。

六月一日（金曜）晴

遂ニ出発ヲシタ。武蔵増戸デ始メテ．戰友ヲ送ル苦シサデアリ．亦 最后トナラウ。全部ガ朝メシヲ作業場ニ行ッテ戴イテヰルノデ．俺ガ一人 私物ヲ監視シテヰル。
唯．呆然ト考へ込ム。 一点ノ大空ヲ眺メル。
四人デ見エナクナルマデ手ヲ振ッテ．ダラリトシテ仕舞フ。
朝メシヲ九時三〇ニ戴イテシマッテ直グ上野ニ飛ブ。上野ヘノ最初ノ旅ダ。
西沢候補生ト面白ク話ヲシテユク。トラックノ上カラ罹災地ヲ見タイモノダト思フタモノノ．東京市内ニ入ッタラ嫌ニナッテ仕舞フ。何ト凄ク焼野原ナ事ダロウ。唯残ッテ見エルノハエントツ.舎庫デトキタマ輕ウジテ（正・辛）残サレテ壁ガ突ッ立ッテヰル。
口不調ト筆下手ノ俺ニハ言ヒ得ナイ形容ダ。書キ
現ハサレヌガ頭ノ中ニウヨツイテヰル。

夕べノ点呼カラ四名ダケデ愉快極マル。然シ．是レモ長イコトハナクテヤガテ各内務班ニ配給サレテ．末席ヲ汚スモノ。

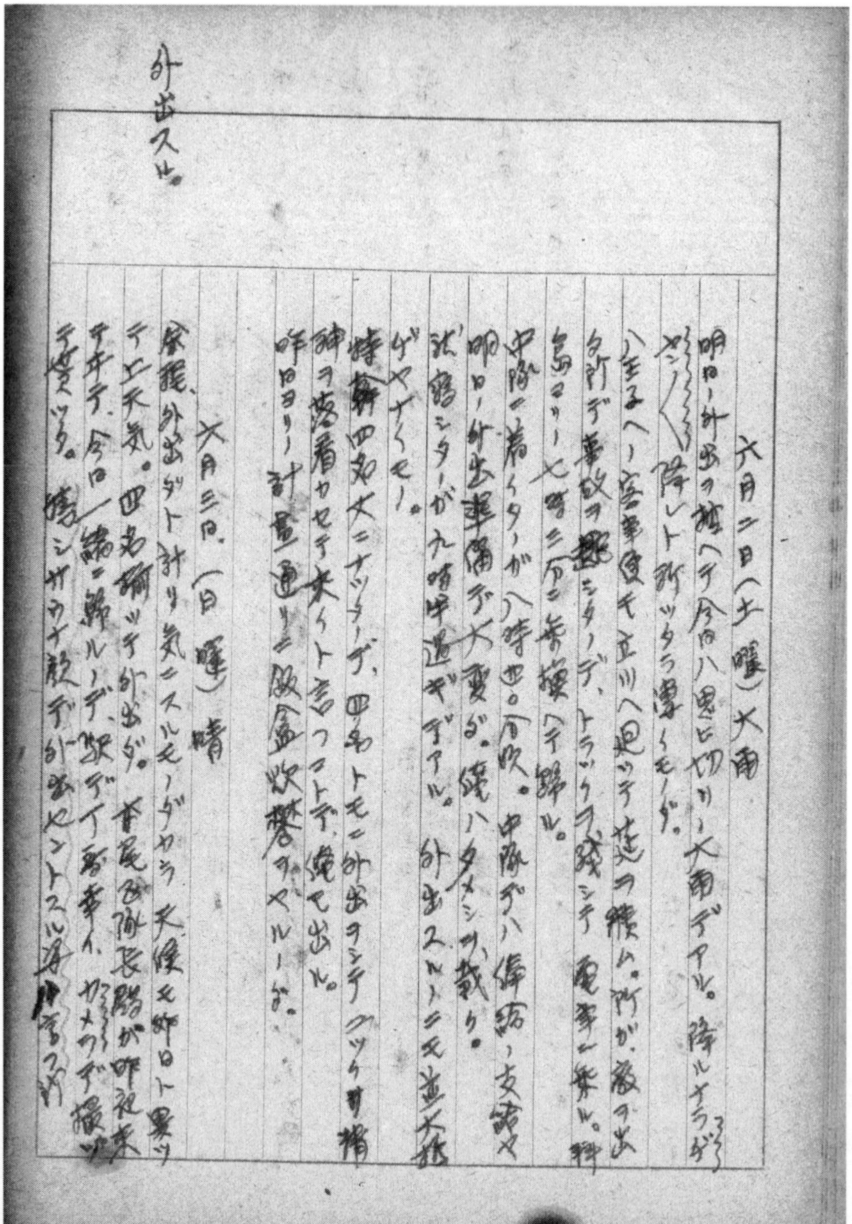

外出スル。

六月二日（土曜）大雨

明日ノ外出ヲ控ヘテ今日ハ思ヒ切リノ大雨デアル。降ルナラガラ
ガラガラ降レト祈ッタラ凄イモノダ。
八王子ヘノ空車便モ立川ヘ廻ッテ徒ヲ積ム。所ガ、最ヲ出
ス所デ事故ヲ起シタノデ、トラックヲ残シテ電車ニ乗ル。拝
島ヨリノ七時三分ニ乗換ヘテ帰ル。
中隊ニ着イタノガ八時也。合吹。中隊デハ俸給ノ支給ヤ
明日ノ外出準備デ大変ダ。俺ハ夕メシカ、裁ク。
試験シタノガ九時半過ギデアル。外出スルノニモ並大抵
ダヤナイモノ。
特幹四名大ニナッタノデ、四名トモニ外出ヲシテ ゾウイサ精
神ヲ落着カセテ大イト言フコトデ俺モ出ル。
昨日ヨリノ計画通リニ散金炊整ヲヤルノダ。

六月三日。（日曜）晴

念願ノ外出ダト許リ気ニスルモノダカラ天候モ昨日ト異ッ
テ上天気。四名揃ッテ外出ダ。番尾分隊長殿ガ昨夜来
テ共デ、今日一緒ニ帰ルノデ、駅デ丁度幸イ。ガラガラメタデ撮ッ
テ貰ッタ。嬉シサカナ散デ外出セントスル海所

外出スル。

六月二日（土曜）　大雨

明日ノ外出ヲ控ヘテ今日ハ思ヒ切リノ大雨デアル。降ルナラヂヤン〳〵降レト祈ッタラ凄イモノダ。

八王子ヘノ客車便モ立川ヘ迴ッテ莚ヲ積ム。所ガ・廠ヲ出タ所デ事故ヲ起シタノデ・トラックヲ残シテ電車ニ乘ル。拜島ヨリノ七時三分ニ乗換ヘテ歸ル。

中隊ニ着イタノガ八時四〇分頃。中隊デハ俸給ノ支給ヤ明日ノ外出準備デ大変ダ。俺ハタメシヲ戴ク。

就寢シタノガ九時半過ギデアル。　外出スルノニモ並大抵ヂヤナイモノ。

特幹四名丈ニナッタノデ・四名トモニ外出ヲシテユックリ精神ヲ落着カセテ來イト言フコトデ・俺モ出ル。

昨日ヨリノ計畫通リニ飯盒炊焚ヲヤルノダ。

六月三日（日曜）　晴

余程・外出ダト計リ気ニスルモノダカラ天候モ昨日ト異ッテ上天氣。四名揃ッテ外出ダ。　本尾区隊長殿ガ昨夜來テヰテ・今日一緒ニ歸ルノデ・駅デ丁度幸イ・カメラデ撮ッテ貰ッタ。　嬉シサウナ顔デ外出セントスル姿ハ言フ訳

西沢定治
玉岡賢一
伊藤甲子雄
トデ外出ス。
御嶽ノ景勝地デ飯盒炊サンヲヤル。
愉快ナ一日デアル。

先ヅ予定通リニ旨ク行ッタコトガ無カッタ外出デアッタシ、電車ノ乗リ換ヘガ実ニ天然ヲ保有スルト言フ程ニ都合ガ良イ。キット駅ニ着イタ所ニハ電車ガ待ッテマシタト計リニ控ヘテ居ル。

(往) 武蔵増戸↓立川。
立川↓青梅。
青梅↓御嶽。

(復) 御嶽↓青梅。
青梅↓武蔵増戸。

(一)、立川ヲ降リテ西沢君ノ友達ノ家ヘ行ッテジャガイモ、サツマ芋、ヲ多量ニ貰ッテ帰ル途中、三輪車ヲ捕ヘタガ、心良ク乗セテ呉レテ立川駅マデ無料デ、然モ早ク着ク。

(二)、青梅ニ着イタ時ガ九時。西沢君ノ実家ニ行ッテ先ヅ一休スル。芋ヲチョット置イテ、代リニ塩、醤油、卵、豆、新ジャガ芋、ニラヲヲ貰ッテ来タ。青梅市デ御嶽行キハ一〇時過ギナノデ一時間計リ休ンデ行ク。景色ノヨイ所ダ。

(三)、御嶽ヲ降リテチョット行ッタ所ガ一番良イ所ヲ選ブ。岩間ヲ流レル清流ナリ。向フニハ橋ガ架ッテ居ルシ、四方ノ山ハ全ク深緑ダ
石コロノ上ニ早速荷ヲ下ロシテ一休。
携帯食ヲ蔵イテ仕舞ッテ早速、カマドヲ造ル。西沢、玉岡ガ炊事ノ方ヲヤッテ居ル中ニ俺ト伊藤ハ薪ヲ取リニ行ク。

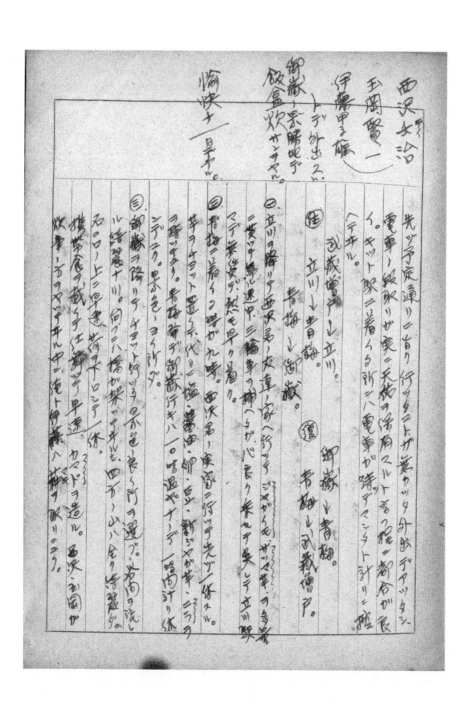

テイ
西沢壬治
玉岡賢一
伊藤甲子雄
トデ外出スル
御嶽ノ景勝地デ
飯盒炊サンヲヤル。
愉快ナ一日デアル。

先ヅ予定通リニ旨ク行ッタコトガ無カッタ外出デアッタシ・
電車ノ段取リガ実ニ天佑ヲ保有スルト言フ程ニ都合ガ良
イ・キット駅ニ着イタ所ニハ電車ガ待ッテシタト計リニ控
ヘテヰル。

武蔵増戸↓立川　御嶽↓青梅。
㊟ 立川↓青梅。　㊡ 青梅↓武蔵増戸。
青梅↓御嶽

㈠立川ヲ降リテ西沢君ノ友達ノ家ヘ行ッテジヤガイモ・サツマ芋ヲ多量
ニ貰ッテ歸ル速中（正：途中）・三輪車ヲ捕ヘタガ・心良ク乗セテ呉レテ立川駅
マデ無賃デ・然モ早ク着ク。

㈡青梅ニ着イタ時ガ九時。西沢君ノ実家ニ行ッテ先ヅ一休スル。
芋ヲチヨット置イテ・代リニ塩、醤油、卵、豆、新ジヤガ芋、ニララ
ヲ持ッテユク。青梅発デ御嶽行キハ一〇時過ギナノデ一時間計リ休
ンデユク。景色ノヨイ所ダ。

㈢御嶽ヲ降リテチヨット行ッタ景色ノ良イ所ヲ選ブ。谷間ヲ流レ
ル綺麗ナ川。向フニハ橋ガ架ッテヰルシ・四方ノ山ハ全ク綺麗ダ。
石コロノ上ニ早速・荷ヲ下ロシテ一休。
携帯食ヲ戴イテ仕舞ッテ早速・カマドヲ造ル。西沢、玉岡ガ
炊事ノ方ヲヤッテヰル中ニ・俺ト伊藤ハ薪（マキ）ヲ取リニユク。

先ヅ晝ノ料理ハジヤガイモ、サツマ芋ヲ潰シタ奴デ、仲々旨イ。
第二ガニラト卵ヲ混ゼタ汁デ、腹ガフクレ出ス。
第三ガタメシノ味噌汁・ダシ等。
丁度、一時半頃ニ兵長ノ某陸補生ガ来テ火ヲ借リル。組長ガ
竹ヲ持ッテ来タノデ早速料理スル。

蕃薯摘ッテ、二時半ニタ飯ヲ食ベル。飯ハ旨イシ、副食物ニハ色
々ノ色ガ見ラレル。澤庵ノ黄、菜ノ緑、味噌汁ノ茶、魚ノ
錫色、芋汁ノ白、色取リドリデアル。
陽ガ一権ニナッテ動カヌ。近藤ニ暮ク始メテノ一移ダ。
三時四〇分ニ凱旋出発スル。

四、青森ニ着イテカラ再ビ西沢邸ニ入ル。ココデ約一時間、オ茶ヲ
飲ンデ休憩スル。オ土産品ノ菓カレ芋ト、オ菓子ヲ持ッテ
六時ノ三分ニ歸ル。

五、中隊ニ日曜ノ面白イ行事ヲ終ヘテ着イタノガ七時四〇分。
早速、夕食ヲ取ッテ衣服ヲ着替ヘル。芋菓子ヲ食ベテ腹一杯
ハモウ八時四〇分。夜食デアル。

軍隊生活ニ入ッテ始メテノ、調ラカナ一日デアッタ。

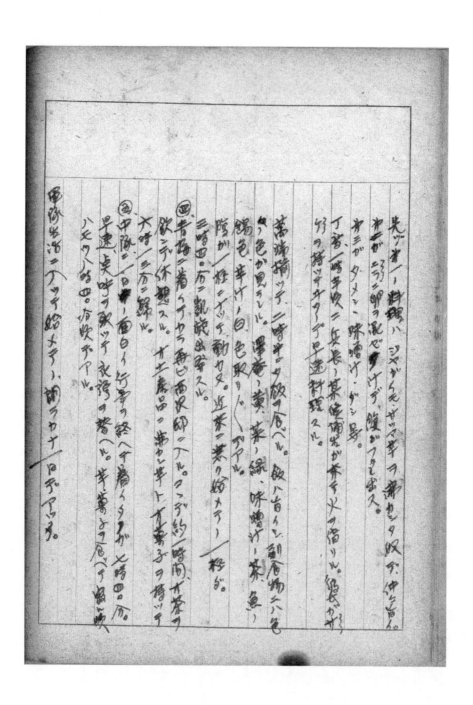

先ヅ第一ノ料理ハジヤガイモ、サツマ芋ヲ沸カシタ奴デ・仲々旨イ。
第二ガニラニ卵ヲ混ゼタ汁デ・腹ガフクレ出ス。
第三ガ　夕メシ、味噌汁、ダシ等。
丁度、一時半頃ニ兵長ノ某候補生ガ來テ火ヲ借リル。彼氏ガサケヲ持ッテヰタノデ早速料理スル。

萬端揃ッテ・二時半ニ夕飯ヲ食ベル。飯ハ旨イシ・副食物ニハ色々ノ色ガ見ラレル。澤庵ノ黄・菜ノ緑、味噌汁ノ茶、魚ノ錫色、芋汁ノ白・色取リぐデアル。
腹ガ一杯ニナッテ動カヌ。近來ニ無ク始メテノ一杯ダ。
三時四〇分ニ凱旋出発スル。
㊃青梅ニ着イテカラ再ビ西沢邸ニ入ル。コゝデ約一時間、オ茶ヲ飲ンデ休憩スル。オ土産品ニ沸カシ芋トオ菓子ヲ持ッテ六時一三分ニ帰ル。
㊄中隊ニ一日■ノ面白イ行事ヲ終ヘテ着イタノガ七時四〇分。
早速、点呼ヲ取ッテ衣袴ヲ替ヘル。芋、菓子ヲ食ベテ寝ル頃ハモウ八時四〇分頃デアル。

軍隊生活ニ入ッテ始メテノ朗ラカナ一日デアッタ。

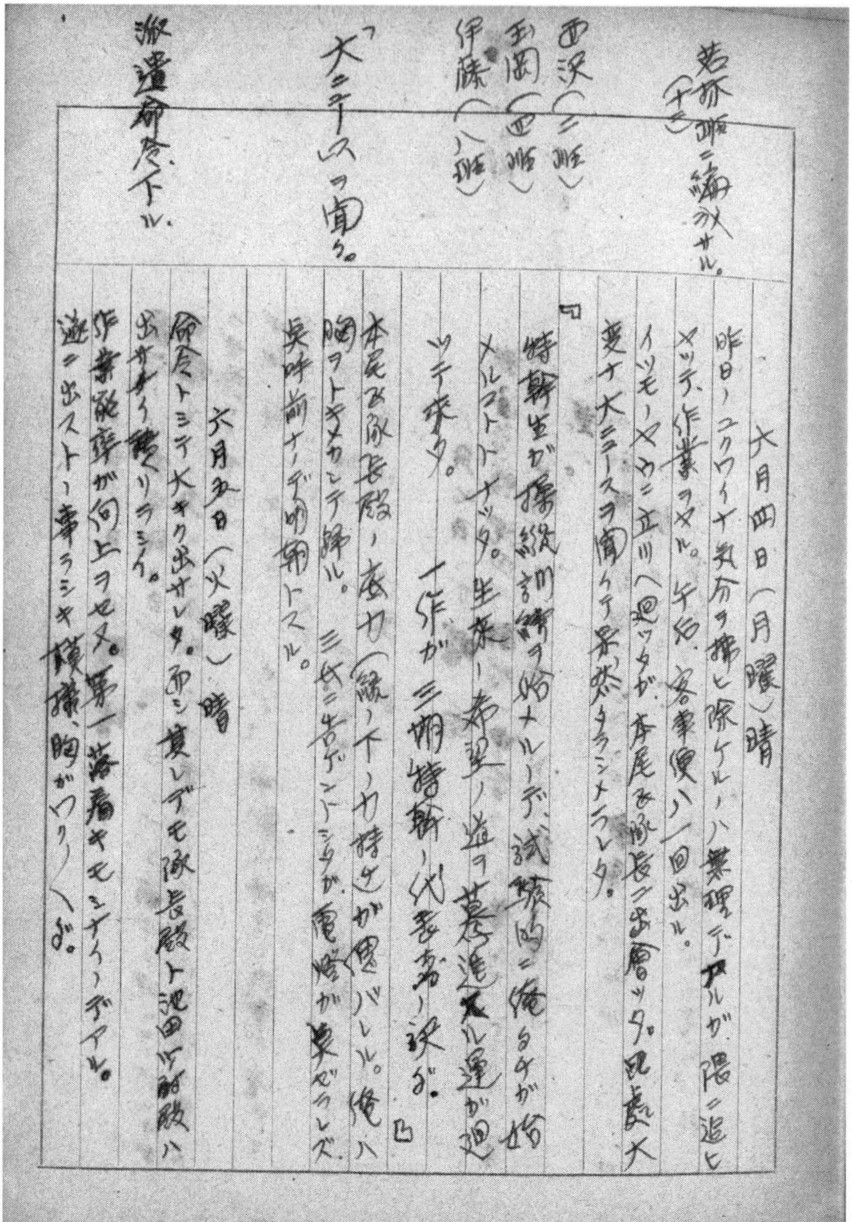
若林（十二）班ニ編成サル。
西沢（三班）
玉岡（四班）
伊藤（八班）
大ニュースヲ聞ク。
派遣命令下ル。

六月四日（月曜）晴
昨日ノユクワイナ気分ヲ拂ヒ除ケルノハ無理デアルガ隈ニ追ヒ
メッテ作業ヲヤル。午后、客車便ハ一回出ル。
イツモノヤウニ立川ヘ廻ッタガ、本尾分隊長ニ出會ッタ。既ニ最大
変ナ大ニュースヲ聞イテ呆然タラシメラレタ。
特幹生ガ操縦訓練ヲ始メルノデ、試験的ニ俺タチガ始
メルコトトナッタ。生来ノ希望ノ道ヲ驀進スル運ガ廻
ッテ来タ。一作ガ三期特幹ノ代表者ト決ダ。
本尾分隊長殿ノ表力（縁ノ下ノ力持チ）ガ思バレル。俺ハ
胸ヲトキメカシテ帰ル。三氏ニ告ゲントシタガ電燈ガ点ゼラレズ。
嗚呼前ナノデ明朝トスル。

六月五日（火曜）晴
命令トシテ大キク出サレタ。而シ其レデモ隊長殿ト池田分隊長殿ハ
出サナイ積リラシイ。
作業能率ガ向上ヲセヌ。第一落着キモミナイノデアル。
遂ニ出スト云フ事ラシキ模様、胸ガワクワクダ。

若林班ニ編成サル。	六月四日（月曜）晴
（十二）	昨日ノユクワイナ気分ヲ拂ヒ除ケルノハ無理デアルガ、隈ニ追ヒ
	ヤッテ、作業ヲヤル。午后、客車便ハ一回出ル。
	イツモノヤウニ立川ヘ迴ッタガ、本尾区隊長ニ出會ッタ。此處大
	変ナ大ニュースヲ聞イテ呆然タラシメラレタ。
西沢（二班）	『
玉岡（四班）	特幹生ガ操縱訓練ヲ始メルノデ、試験的ニ俺タチガ始
伊藤（八班）	メルコトトナッタ。生來ノ希望ノ道ヲ驀進スル運ガ迴
	ッテ來タ。
	一作ガ三期特幹ノ代表者ノ訳ダ。』
「大ニュース」ヲ聞ク。	本尾区隊長殿ノ底力（縁ノ下ノ力持チ）ガ偲バレル。俺ハ
	胸ヲトキメカシテ歸ル。　三区ニ告ゲントシタガ、電燈ガ点ゼラレズ
	点呼前ナノデ明朝トスル。
	六月五日（火曜）晴
派遣命令下ル	命令トシテ大キク出サレタ。而シ其レデモ隊長殿ト池田少尉殿ハ
	出サナイ積リラシイ。
	作業能率ガ向上ヲセヌ。第一落着キモシナイノデアル。
	遂ニ出ストノ事ラシキ模樣、胸ガワク〱ダ。

案：「縁ノ下ノ力持チ」：日文俗諺，指無名英雄、成功不必在我等之意。

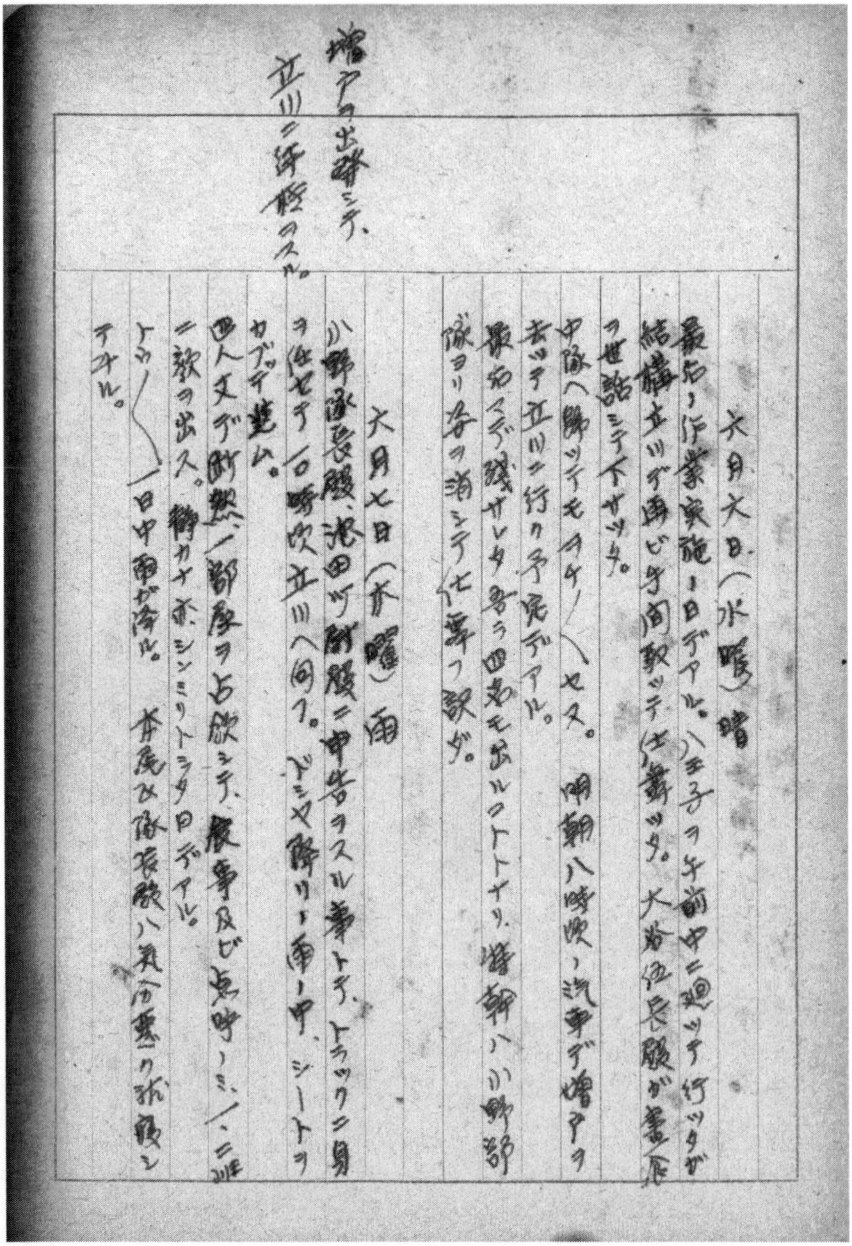

増戸ノ出発ニテ、
立川ニ帰隊スル。

六月六日（水曜）晴
最后ノ作業実施ノ日デアル。八王子ヲ午前中ニ廻ッテ行ッタガ
結構立川デ遊ビ手間取ッテ仕舞ッタ。大谷伍長殿ガ書信
ヲ世話シテ下サッタ。
中隊ヘ帰ッテモヲチ〳〵セヌ。明朝八時頃ノ汽車デ増戸ヲ
去ッテ立川ニ行ク予定デアル。
最后マデ残サレタ者ラ四名モ出ルコトトナリ、将校ハ小野部
隊ヨリ姿ヲ消シテ仕舞フ訳ダ。

六月七日（木曜）雨
小野隊長殿、池田少尉殿ニ申告ヲスル事トシテ、トラックニ身
ヲ任セテ一〇時頃立川ヘ向フ。ドシヤ降リノ雨ノ中、シートヲ
カブッテ進ム。
四人丈デ悠然、一部屋ヲ占拠シテ、食事及ビ点呼ノミ、一・二班
ニ顔ヲ出ス。静カナ夜、シンミリトシタ日デアル。
トウ〳〵一日中雨ガ降ル。　赤尾区隊長殿ハ気分悪ク就寝シ
テヰル。

増戸ヲ出発シテ，
立川ニ待機ヲスル。

六月六日（水曜）晴

最后ノ作業実施ノ日デアル。八王子ヲ午前中ニ廻ッテ行ッタガ結構立川デ再ビ手間取ッテ仕舞ッタ。大谷伍長殿ガ晝食ヲ世話シテ下サッタ。

中隊へ帰ッテモヲチ〱セヌ。明朝八時頃ノ汽車デ増戸ヲ去ッテ立川ニ行ク予定デアル。

最后マデ残サレタ，吾ラ四名モ出ルコトトナリ，特幹ハ小野部隊ヨリ姿ヲ消シテ仕舞フ訳ダ。

六月七日（木曜）雨

小野隊長殿，池田少尉殿ニ申告ヲスル事トテ，トラックニ身ヲ任セテ一〇時頃立川へ向フ。ドシヤ降リノ雨ノ中，シートヲカブデ進ム。

四人丈デ断然，一部屋ヲ占領シテ，食事及ビ点呼ノミ，一、二班ニ顔ヲ出ス。静カナ亦，シンミリトシタ日デアル。

トウ〱一日中雨ガ降ル。本尾区隊長殿ハ気分悪ク就寝シテヰル。

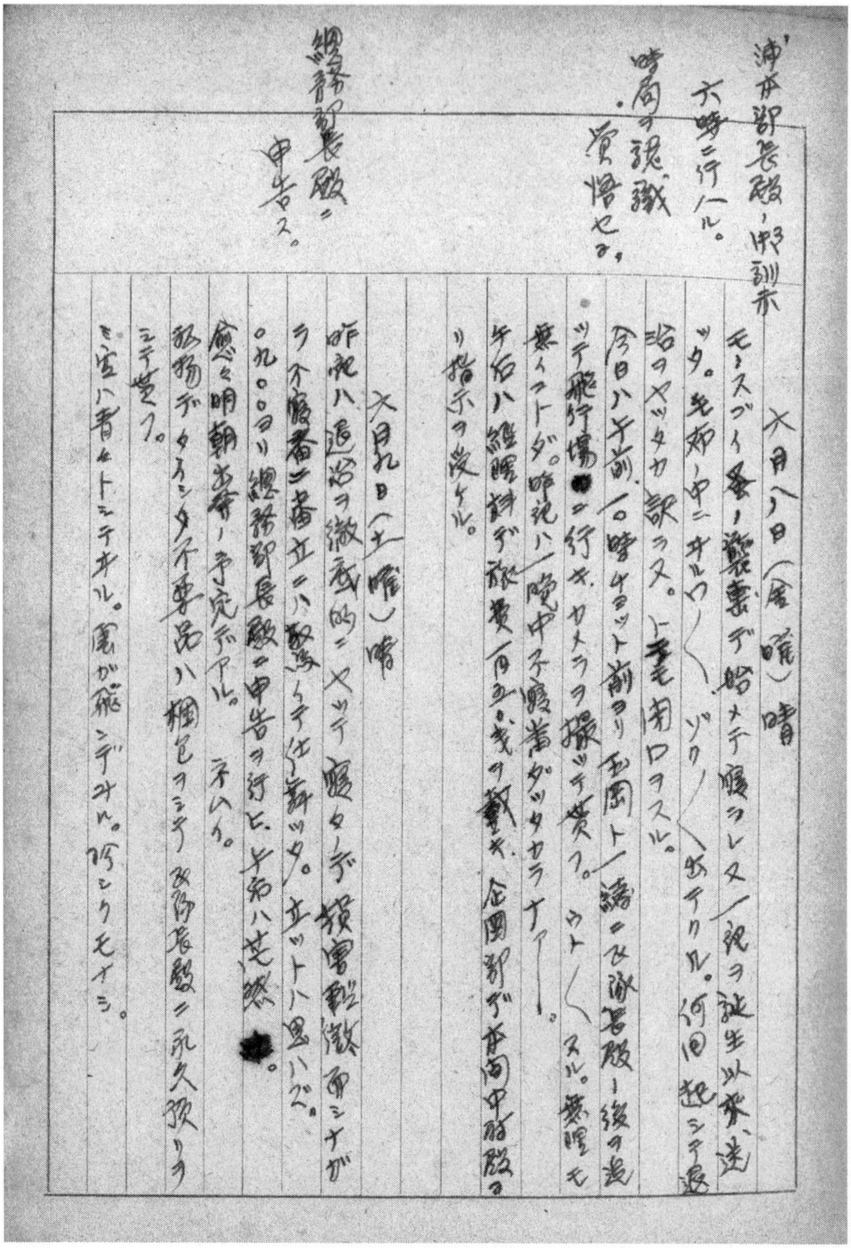

沖本部長殿ノ御訓示

六時ニ行ハル。

時局ヲ認識・覚悟セヨ。

總務部長殿ニ申告ス。

六月八日(金曜)晴

モースゴイ蚤ノ襲来デ始メテ寝ラレヌ。親ヲ誕生以来迷ッタ。毛布ノ中ニオルワ〳〵ゾク〳〵出テクル。何回起シテ退治ヲヤッタカ訳ラヌ。ト毛閉口ヲスル。

今日ハ午前一〇時チョット前ヨリ玉岡ト一諸ニ飛行長殿ノ後ヲ追ッテ飛行場●ニ行キ、カメラヲ撮ッテ貰フ。ウト〳〵スル。無理モ無イコトダ。昨晩ハ一晩中寝不足ダッタカラナアー。

午后ハ経理部デ旅費一円五〇銭ヲ戴キ、企圖部デ赤岡中尉殿ヨリ指示ヲ受ケル。

六月九日(土曜)晴

昨晩ハ退治ヲ徹底的ニヤッテ寝タノデ損害軽微デミナガラ不寝番ニ当立ニハ努メテ仕舞ッタ。立ツトハ思ハベ。〇九〇〇ヨリ總務部長殿ニ申告ヲ行ヒ、午后ハ茫然●。

愈々明朝出発ノ予定デアル。不ムカ。

私物デタランタ不要品ハ梱包ヲシテ部隊長殿ニ永久預リヲシテ貰フ。

ミ空ハ青々トシテオル。風ガ飛ンデオル。吟シクモナシ。

浦本部長殿ノ御訓示
六時ニ行ハル。
時間ヲ認識
覚悟セヨ。
總務部長殿ニ
申告ス。

六月八日（金曜）晴

モノスゴイ蚤ノ襲撃デ始メテ寝ラレヌ一夜ヲ誕生以来・送ッタ。毛布ノ中ニヰルワ〱・ゾク〱出テクル。何回起シテ退治ヲヤッタカ訳ラヌ。トチモ閉口ヲスル。
今日ハ午前・一〇時チヨット前ヨリ玉岡ト一緒ニ区隊長ノ後ヲ追ッテ飛行場■ニ行キ・カメラヲ撮ッテ貰フ。ウト〱スル。無理モ無イコトトダ。昨夜ハ一夜中不寝番ダッタカラナアー。
午后ハ經理科デ旅費一円五〇銭ヲ戴キ・企図部デ本間中尉殿ヨリ指示ヲ受ケル。

六月九日（土曜）晴

昨夜ハ退治ヲ徹底的ニヤッテ寝タノデ損害輕微而シナガラ不寝番二番立ニハ驚イテ仕舞シタ。立ツトハ思ハズ。
〇九〇〇ヨリ總務部長殿ニ申告ヲ行ヒ・午后ハ茫然　■。
愈々明朝出発ノ予定デアル。　ネムイ。
私物デタイシタ不要品ハ捆包ヲシテ区隊長殿ニ永久預リヲシテ貰フ。
ミ空ハ青々トシテヰル。雲ガ飛ンデヰル。珍シクモナシ。

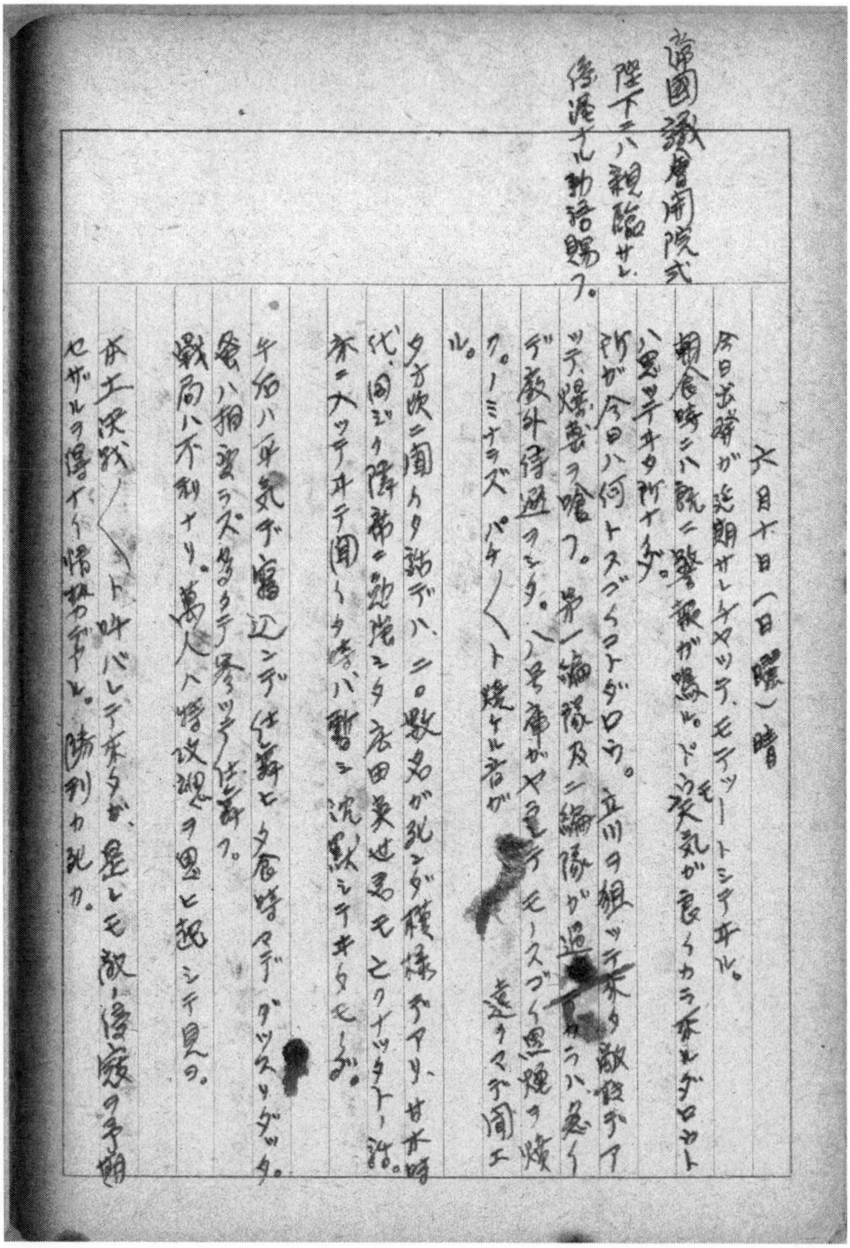
帝國議會開院式
陛下ニハ親臨サセ
給ヒ優渥ナル勅語賜フ。

六月十日（日曜）晴
今日我等ガ延期サレテヤッテ、モヂッートシテヰル。
朝食時ニハ既ニ警報ガ鳴ル。ドウモ天気ガ良イカラ来ルダロウカト
ハ思ッテヰタ所ナノダ。
所ガ今日ハ何トスゴイコトダロウ。立川ヲ狙ッテ来タ敵機デア
ッテ、爆撃ヲ喰フ。第一編隊及二編隊ガ過ギテカラハ、悉ク
デ豪外待避ヲシタ。八号舎ガヤラレテモースゴイ黒煙ヲ焼
ク。ノミナラズ、バチバチト焼ケル音ガ遠クマデ聞エ
ル。
夕方飯ニ聞イタ話デハ、二〇数名ガ死ニダ犠牲者デアリ、甘木時
代、同ジク隊舎ニ起居シタ広田美造君モ亡クナッタト言フ話。
余ニ入ッテヰテ聞イタ時ハ暫ク沈黙シテヰタモノダ。
午后ハ平気デ寝込ンデ仕舞ヒ、夕食時マデグッスリダッタ。
食ハ相変ラズ多クテ残ッテ仕舞フ。
戦局ハ不利ナリ。萬人ハ特攻魂ヲ思ヒ起シテ見ヨ。
本土決戦、本土決戦ト叫バレテ来タガ、是レモ敵ノ侵寇ノ予期
セザルヲ得ナイ情勢デアル。勝利カ死カ。

六月十日（日曜）晴

今日出発ガ延期サレチヤッテ．モテッートシテヰル。

朝食時ニハ既ニ警報ガ鳴ル。ドウモ天気ガ良イカラ來ルダロウトハ思ッテヰタ所ナノダ。

所ガ今日ハ何トスゴイコトダロウ。立川ヲ狙ッテ來タ敵機デアッテ．爆撃ヲ喰フ。第一編隊及二編隊ガ過■テカラハ急イデ廠外待避ヲシタ。八号庫ガヤラシテモノスゴイ黒煙ヲ焼ク。ノミナラズ　パチ〱ト焼ケル音ガ　遠クマデ聞エル。

夕方頃ニ聞イタ話デハ．二〇数名ガ死ンダ模様デアリ．甘木時代．同ジク隣席ニ勉強シタ広田英世君モ亡クナッタトノ話。

床ニ入ッテヰテ聞イタ時ハ暫シ沉默シテヰタモノダ。

午后ハ平気デ寝込ンデ仕舞ヒ　夕食時マデ　グッスリダッタ。

蚤ハ相変ラズ多クテ參ッテ仕舞フ。

戰局ハ不利ナリ。萬人ハ特攻魂ヲ思ヒ起シテ見ヨ。

本土決戰〱ト呼バレテ來タガ．是レモ敵ノ侵寇ヲ予期セザルヲ得ナイ情勢デアル。　勝利カ死カ。

帝國議會開院式
陛下ニハ親臨サレ
優渥ナル勅語賜フ。

案：「帝國議會開院式陛下ニハ親臨サレ優渥ナル勅語賜フ」：指一九四五年六月九日第八十七回臨時帝國議會開院式時，天皇對帝國議會的貴族院及眾議院的議員們發布敕語。（參：中尾裕次編，《昭和天皇発言記録集成（下巻）》，東京：芙蓉書房出版，二〇〇三，頁三六六－三六七）

「本土決戰〱ト呼バレテ來タガ」：一九四五年六月九日鈴木貫太郎首相於兩院的會議中發表「本土作戰、我方有利、斷然的最後決戰」之演說。（參：日置英剛著，《年表　太平洋戦争全史》，頁六七〇）

六月十一日（月曜）曇

午前、中隊便所ミタイナ家デ廊下、階段ヲ掃除シタ。其ノ后環境整理ヲ行ッタ。手帖ノ整理ガ主眼。

昼飯時ニマタモヤ警報発令サレル。ヤガテ空襲ノ警報発レデモ平気ナモノデ飯ヲツイデ喰ベ始メタラ、ヤッテ来タ。而モ小型機（カーチスP51）ノ編隊デアッテ、機銃掃射ヲヤル。今日モ立川ヲ狙ッタラシイ。部屋ノ隅ニ待避ヲシテ見物スル。全ク凄イ勢デ銃爆撃ノ攻撃デアル。

立川ガ昨日カラ本格的ニ狙ハレ出シタ。数日ノ中ニ解決ヲ附ケルトカ言フ話デアル。

午后モ亦整理ヲスル。長日月ヲ費シテ書キ直サントシタ手帖ノ整理ガ終ッタ。俺ノスベテノ記事ヲ含ンデオルモノダ。俺ノ一ツ〳〵ガ書イテアルモノダ。謂ハユル遺書ニモナルモノ。

訓練所ニ於ケル特操ト、、、立川ニ始メテ来テ特操トシタノト今回ノ特操デ三回目ノノラクラシタ生活デアル。コウ言フ時代ハ日モヤアルマイト思フ。

生死ノ問題ガ〳〵脳裡ヲ突イテ来タ。特幹生ハ若サヲ活カシテユクノダ。

六月十一日（月曜）曇

午前、中隊使役ミタイナ訳デ廊下、階段ヲ掃除シタ。
其ノ后環境ノ整理ヲ行ッタ。　手帖ノ整理ガ主眼。
晝飯時ニマタモヤ警報発令サレル。■ヤガテ空襲ノ警報。其
レデモ平気ナモノデ飯ヲツイデ喰ベ始メタラ、ヤッテ來タ。
而モ小型機（カーチスＰ51）ノ編隊デアッテ、機銃掃射ヲヤル。
今日モ立川ヲ狙ッタラシイ。部屋ノ隅ニ待避ヲシテ見物スル。
全ク凄イ勢デ超低空ノ攻撃デアル。
立川ガ昨日カラ本格的ニ狙ハレ出シタ。数日ノ中ニ解決ヲ附ケ
ルトカ言フ話デアル。
午后モ亦、整理ヲスル。長日月ヲ費シテ書キ直サウトシタ手
帖ノ整理ガ成ッタ。俺ノスベテノ記事ヲ含ンデヰルモノダ。
俺ノ一ツ〱ガ書イテアルモノダ。謂ハユル遺言ニモナルモノ。

訓練所ニ於ケル待機ト立川ニ始メテ來テ待機シタノト今回ノ待
機■デ三回目ノノラクラシタ生活デアル。コウ言フ時代ハヨモヤ
アルマイト思フ。
生死ノ問題ガソロ〱脳裡ヲ突イテ來タ。特幹生ハ若サヲ
活カシテユクノダ。

案：「而モ小型機……機銃掃射ヲヤル」：一九四五年六月十一日，美軍的P51戰機五十機對於立川、調布的飛行場與民家進行攻擊。（參：日置英剛著，《年表　太平洋戰爭全史》，頁六七二）

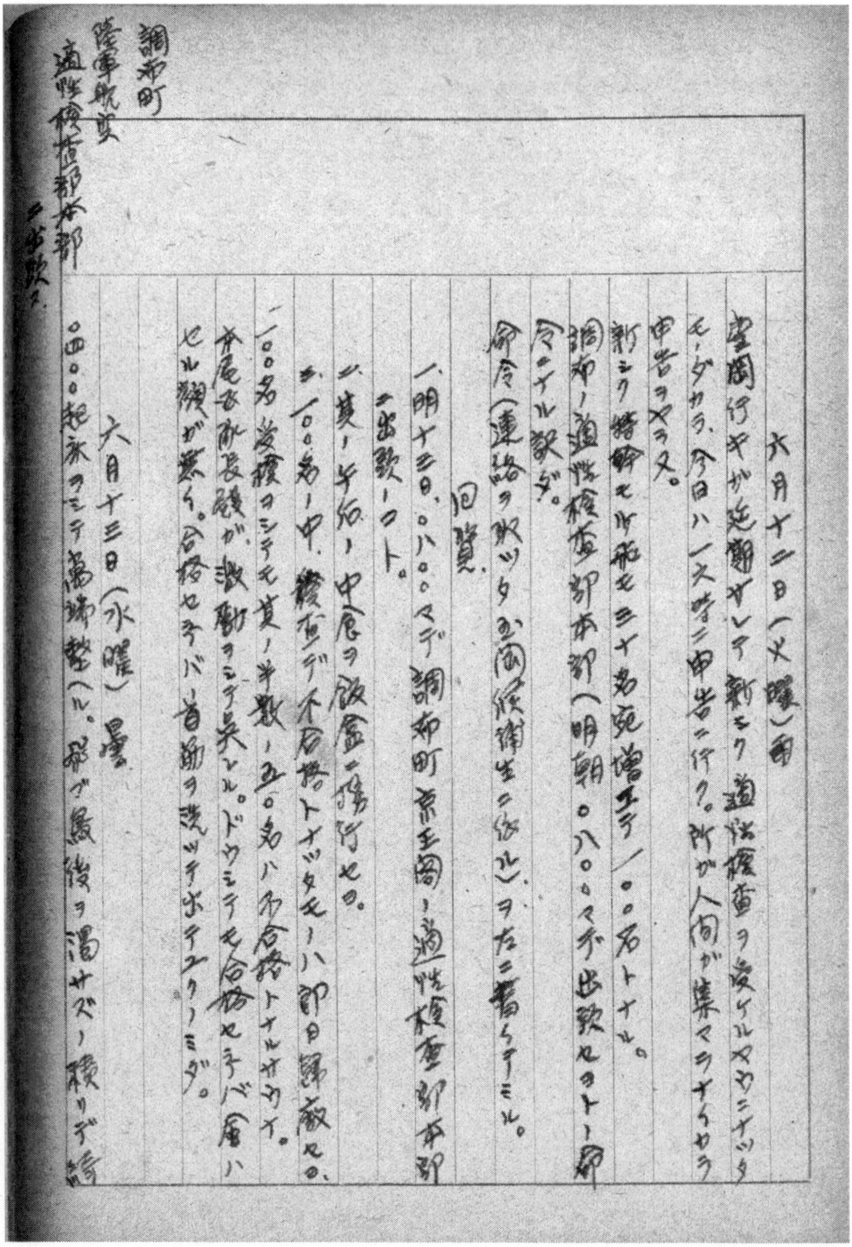

調布町
陸軍航空
適性検査部本部
ニ出頭ス

六月十二日（火曜）雨

空閑行キガ延期サレテ新シク適性検査ヲ受ケルヤウニナッタモノダカラ、今日ハ一大隊ニ申告ニ行ク。所ガ人間ガ集マラナイカラ申告ヲヤラヌ。

新シク特幹モ少飛モ三十名宛増シテ一〇〇名トナル。

調布ノ適性検査部本部（明朝〇八〇〇マデ出頭セヨトノ命令ニナル訳ダ。

命令（連絡ヲ取ツタ五関候補生ニ依ル）ヲ左ニ書イテミル。

回覧。

一、明十三日、〇八〇〇マデ調布町京王閣ノ適性検査部本部ニ出頭ノコト。

二、其ノ午后ノ中食ヲ弁当ニ携行セヨ。

三、一〇〇名ノ中、検査デ不合格トナッタモノハ即日帰隊セヨ。

一〇〇名受検ヲシテモ其ノ半数ノ五〇名ハ不合格トナルサウナ。

本屋大隊長殿ガ激励ヲシテ呉レル。ドウシテモ合格セ子バ俺ハセル顔ガ無イ。合格セ子バ、首筋ヲ洗ッテ出テユクノミダ。

六月十三日（水曜）曇

〇四〇〇起床ヲシテ寝具整頓スル。飛ブ最後ヲ濁サヌ様ノ積リデ

六月十二日（火曜） 雨

豊岡行キガ延期サレテ新シク適性検査ヲ受ケルヤウニナッタ

モノダカラ．今日ハ一六時ニ申告ニ行ク。所ガ人間ガ集マラナイカラ

申告ヲヤラヌ。

新シク特幹モ少飛モ三十名宛増エテ一〇〇名トナル。

調布ノ適性検査部本部（明朝〇八〇〇マデ出頭セヨトノ命

令ニナル訳ダ。

命令（連絡ヲ取ッタ玉岡候補生ニ依ル）ヲ左ニ書イテミル。

回覧

一．明十三日．〇八〇〇マデ調布町京王閣ノ適性検査部本部

ニ出頭ノコト。

二．其ノ午后ノ中食ヲ飯盒ニ携行セヨ。

三．一〇〇名ノ中．検査デ不合格トナッタモノハ即日歸廠セヨ．

一〇〇名受検ヲシテモ其ノ半数ノ五〇名ハ不合格トナルサウナ。

本尾区隊長殿ガ．激勵ヲシテ呉レル。ドウシテモ合格セネバ會ハ

セル顔ガ無イ。合格セネバ首筋ヲ洗ッテ出テユクノミダ。

調布町
陸軍航空
適性検査部本部
ニ出頭ス

六月十三日（水曜） 曇

〇四〇〇起床ヲシテ萬端整ヘル。飛ブ鳥後ヲ濁サズノ積リデ綺

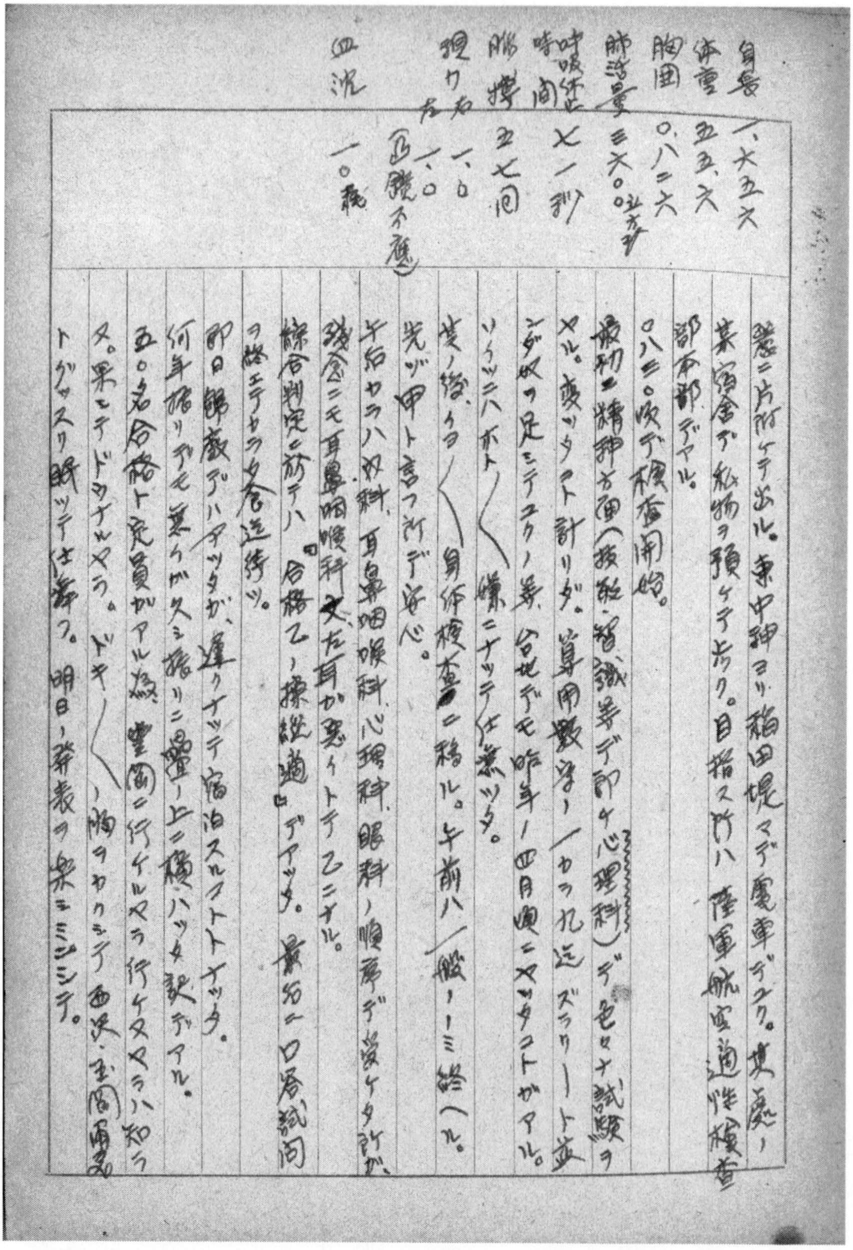

身長 一、六五六
体重 五五、六
胸囲 〇、八二六
肺活量 三六〇〇立方
呼吸停止時間 七一秒
脈搏 五七回
視力 右 一、〇 左 一、〇（眼鏡不要）
血沈 一〇粍

襟ニ片附ケテ出ル。東中神ヨリ稲田堤マデ電車デユク。其処ノ集会所デ私物ヲ預ケテ歩ク。目指ス所ハ陸軍航空適性検査部本部デアル。

〇八三〇頃デ検査開始。

最初ハ精神方面（操縦・智識等デ即チ心理科）デ色々ナ試験ヲヤル。変ッタコト計リダ。算用数字ノ一カラ九迄ズラリート並ンダ奴ヲ足シテユクノ等、台北デモ昨年ノ四月頃ニヤッタコトガアル。ソレヲ二ハホトホト嫌ニナッテ仕舞ッタ。

其ノ後イヨイヨ身体検査ニ移ル。午前ハ一般ノミ終ヘル。

先ヅ甲ト言フ所デ安心。

午后カラハ外科、耳鼻咽喉科、心理科、眼科ノ順序デ受ケタ所ガ、残念ニモ耳鼻咽喉科ニテ又左耳ガ悪イトテ乙ニナル。

綜合判定ニ於テハ、合格乙ノ操縦適デアッタ。最后ニ口頭試問ヲ終ヘテカラ夕食迄待ツ。

即日帰郷デハアッタガ、遅クナッテ宿泊スルコトトナッタ。

何年振リデモ無イガ久シ振リニ畳ノ上ニ横ハッタ訳デアル。

五〇名合格ト定員ガアル為、豊岡ニ行ケルヤラ行ケヌヤラハ知ラヌ。果シテドウナルヤラ。ドキドキノ胸ヲカクシテ西沢・玉岡両君トグッスリ眠ッテ仕舞フ。明日ノ発表ヲ楽シミニシテ。

最後的雄鷹：一位台籍日軍飛行員的戰時日記 | 298

身長　一・六五六
体重　五五・六
胸囲　〇・八二六
肺活量
　三六〇〇立方㎖
呼吸休止
　七一・秒
時間
脈搏　五七回
視力　右　一・〇
　左　一・〇
　（凸鏡不應）
血沈　一〇粍

麗ニ片附ケテ出ル。東中神ヨリ稲田堤マデ電車デユク。其處ノ某宿舎デ私物ヲ預ケテ歩ク。目差ス所ハ陸軍航空適性検査部本部デアル。

〇八三〇頃デ検査開始。

最初ニ精神方面（技能、智誠等デ即チ心理科）デ色々ナ試験ヲヤル。変ッタコト計リダ。算用数字一カラ九迄ズラリート並ンダ奴ヲ足シテユクノ等．台北デモ昨年ノ四月頃ニヤッタコトガアル。ソイツニハホト〳〵嫌ニナッテ仕舞ッタ。

其ノ後．イヨ〳〵身体検査■ニ移ル。午前ハ一般ノノミ終ヘル。先ズ甲ト言フ所デ安心。

午后カラハ内科．耳鼻咽喉科．心理科．眼科ノ順序デ受ケタ所ガ．残念ニモ耳鼻咽喉科丈．左耳ガ悪イトテ乙ニナル。

綜合判定ニ於テハ『合格乙ノ操縦適』デアッタ。最后ニ口答試問ヲ終エテカラ夕食迄待ツ。

即日歸廠デハアッタガ．遅クナッテ宿泊スルコトトナッタ。

何年振リデモ無イガ久シ振リニ疊ノ上ニ横ハッタ訳デアル。

五〇名合格ト定員ガアル為．豊岡ニ行ケルヤラ行ケヌヤラハ知ラヌ。果シテトウナルヤラ。ドキ〳〵ノ脳ヲカクシテ西沢．玉岡両名トグッスリ眠ッテ仕舞フ。明日ノ発表ヲ樂シミニシテ。

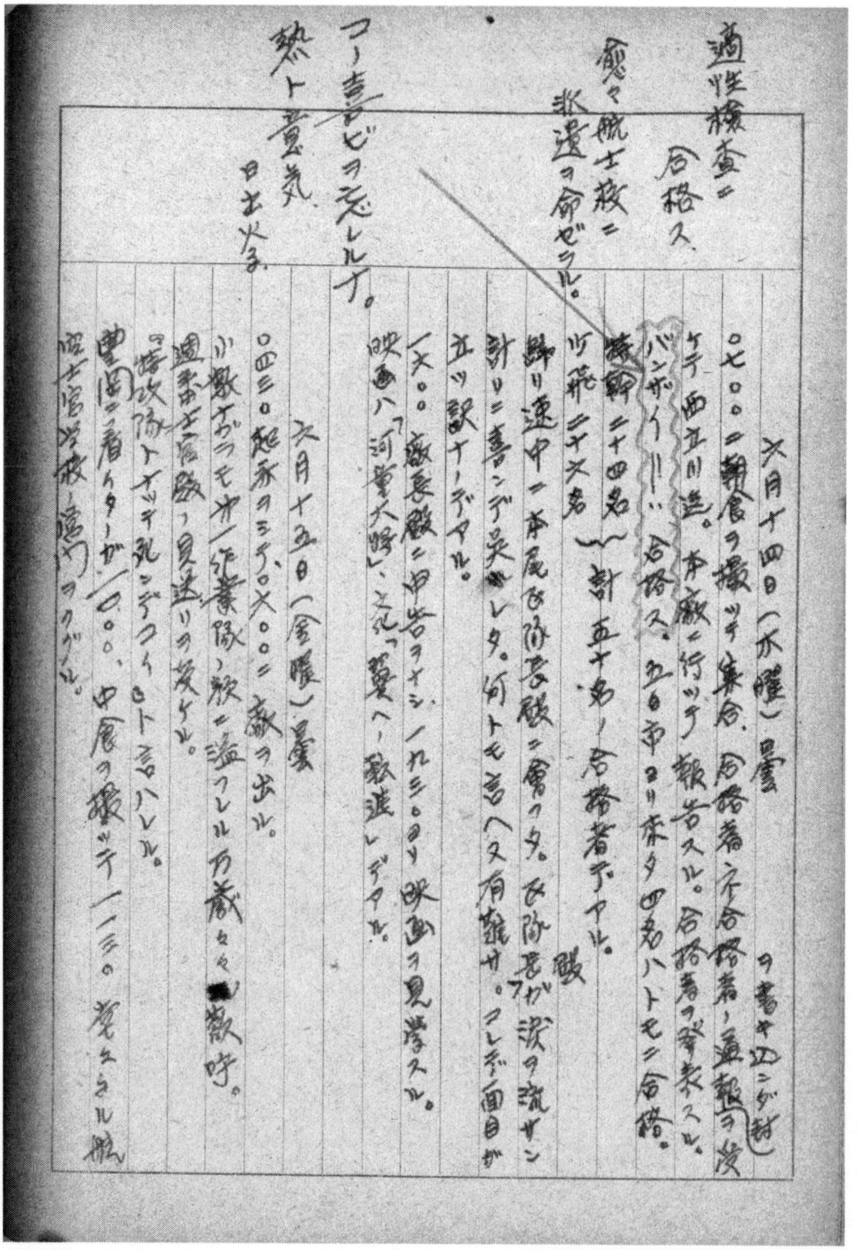
適性検査ニ合格ス、
愈々航士校ニ派遣ヲ命ゼラル。
コノ喜ビヲ忘レルナ。
熱ト意気
日出火子

六月十四日（水曜）曇
○七〇〇ニ朝食ヲ撮ッテ集合、合格者ト不合格者ノ通報ヲ受ケテ西五川進。本廠ニ行ッテ報告スル。合格者ヲ発表スル、ヲ書キ込ンダ封
バンザイ!!! 合格ス。五日市ヨリ来タ四名ハトモニ合格。
特幹二十四名
少飛二十六名〜計五十名ノ合格者デアル。
帰リ途中ニ本尾区隊長殿ニ会ッタ。区隊長殿ガ涙ヲ流サン許リニ喜ンデ呉レタ。何トモ言ヘヌ有難サ。コレデ面目ガ立ツ訳ナノデアル。
一六〇〇 廠長殿ニ申告ヲナシ、一九三〇ヨリ映画ヲ見学スル。
映画ハ「河童大将」、之元ハ「菩ヘ一歩進レ」デアル。

六月十五日（金曜）曇
○四三〇起床ヲ三十〇六〇〇ニ廠ヲ出ル。
小数ナガラモ作業隊ノ歓ニ溢レル万歳々々歓呼。
過去士官殿ノ見送リヲ受ケル。
「特攻隊トナッテ死ンデコイ」ト言ハレル。
豊岡ニ着イタノガ一〇〇〇、中食ヲ撮ッテ一一三〇堂々タル航空士官学校ノ門ヲクグル。

適性検査ニ
合格ス．
愈々航士校ニ
派遣ヲ命ゼラル。
コノ喜ビヲ忘レルナ。
熱ト意気
日出火子

六月十四日（木曜）曇
○七○○ニ朝食ヲ撮ッテ集合．合格者、不合格者ノ通報ヲ書キ込ンダ封ヲ受
ケテ西立川迄。本廠ニ行ッテ報告スル。合格者ヲ発表スル。
バンザイ！ 合格者ス。五日市ヨリ來タ四名ハトモニ合格。
特幹二十四名
少飛二十六名 } 計五十名ノ合格者デアル。
歸リ速中（正：途中）ニ本尾区隊長殿ニ會フタ。区隊長殿ガ涙ヲ流サン
計ニ喜ンデ呉[redacted]レタ。何トモ言ヘヌ有難サ。コレデ面目ガ
立ツ訳ナノデアル。
一六○○廠長殿ニ申告ヲナシ．一九三○ヨリ映画ヲ見學スル。
映画ハ「河童大將」、文化「翼ヘノ転進」デアル。

六月十五日（金曜）曇
○四三○起床ヲシテ．○六○○ニ廠ヲ出ル。
小数ナガラ第一作業隊ノ顔ニ溢フレル万歳々々ノ歓呼。
週番士官殿ノ見送リヲ受ケル。
『特攻隊トナッテ死ンデコイ』ト言ハレル。
豐岡ニ着イタノガ一○○○．中食ヲ撮ッテ一一三○堂々タル航
空士官学校ノ営門ヲクグル。

案：「コノ喜ビヲ忘レルナ。熱ト意気　日出火子」：考上了研究演習幹部後，這個歡喜的事情是無法忘記的。「日出火子」則是指鄭連德牧師日文姓名「英彦」（ひでひこ）的諧音。

研究演習部隊 結成式アリ
・申告式
・内務班編成

研究演習部隊ト言フ肩書ノ矢面ニ立ッテ俺ハ今、新シイ空気ヲ大キク吸ッテ決意ヲ固メテキル。俺ハ操縦者ノ卵ナノダ。俺ニハ是レカラ襲ヒ来ル重荷ニ何ガ何デモ耐ヘネバナラヌ。飛行時ニ来ルコトガ出来ルコトモ飛行時ニ乗ッタ心構ヘ、特攻ノ精神ヲ把握スルノダ。コレカラノ気ニ操縦道ヲ突進、大国ノ大切ナ研究ノ者トシテ御奉公スルノミデアル。

松村大佐殿結成式ニ際シテノ御訓示ニ曰ク、
一、教育ノ目的ヲヨク熟知理解セヨ
二、懇意ヲ以テ張切ッテヤレ
三、一致団結シテヤレ、 吾々唯、純真ナル若人ノ心ヲ以テヤルベキ。

岩佐少佐殿ニ申告ヲスル。幹部ノ方々ノ紹介ヲ受ケタガ、立派ナ操縦者バカリ。

短期三ヶ月間ハヨク自重ヲシテノスベテ（く）ニ當ラネバナラヌ。 夕食ノ加減ナニ驚ラテ仕舞フ。量モ多ケレバ質モヨイ

埼玉県入間郡豊岡町陸軍航空士官学校演習部隊ニ派遣

研究演習部隊ト言フ肩書ノ兵舎ニ入ッテ俺ハ今．新シイ空気ヲ大キク吸ッテ決意ヲ固メテヰル。
俺ハ操縦者ノ卵ナノダ。俺ニハ是レカラ繫ル重荷ニ何ガ何デモ耐ヘネバナラヌ。飛行機ニ乘ルコトガ出來無クトモ飛行機ニ乘ッタ心持チ．特攻ノ精神ヲ把握スルノダ。
コレカラ一気ニ操縦道ヲ突進．オ國ノ大切ナ研究ノ者トシテ御奉公スルノミデアル。
松村大佐殿　結成式ニ際シテノ御訓示ニ曰ク．
一．教育ノ目的ヲヨク熟知理解セヨ
二．熱意ヲ以テ張切ッテヤレ
三．一致団結シテヤレ．　　吾ラ唯．純真ナル若人ノ心ヲ以テヤルベキ。
岩佐少佐殿ニ申告ヲスル。幹部ノ方々ノ紹介ヲ受ケタガ．立派ナ操縦者バカリ。
短期三ヶ月間ハヨク自重ヲシテスベテ〱ニ當ラネバナラヌ。　夕食ノ物凄サニ驚イテ仕舞フ。量モ多ケレバ質モヨイ

研究演習部隊　結成式アリ
◦申告式
◦內務班編成

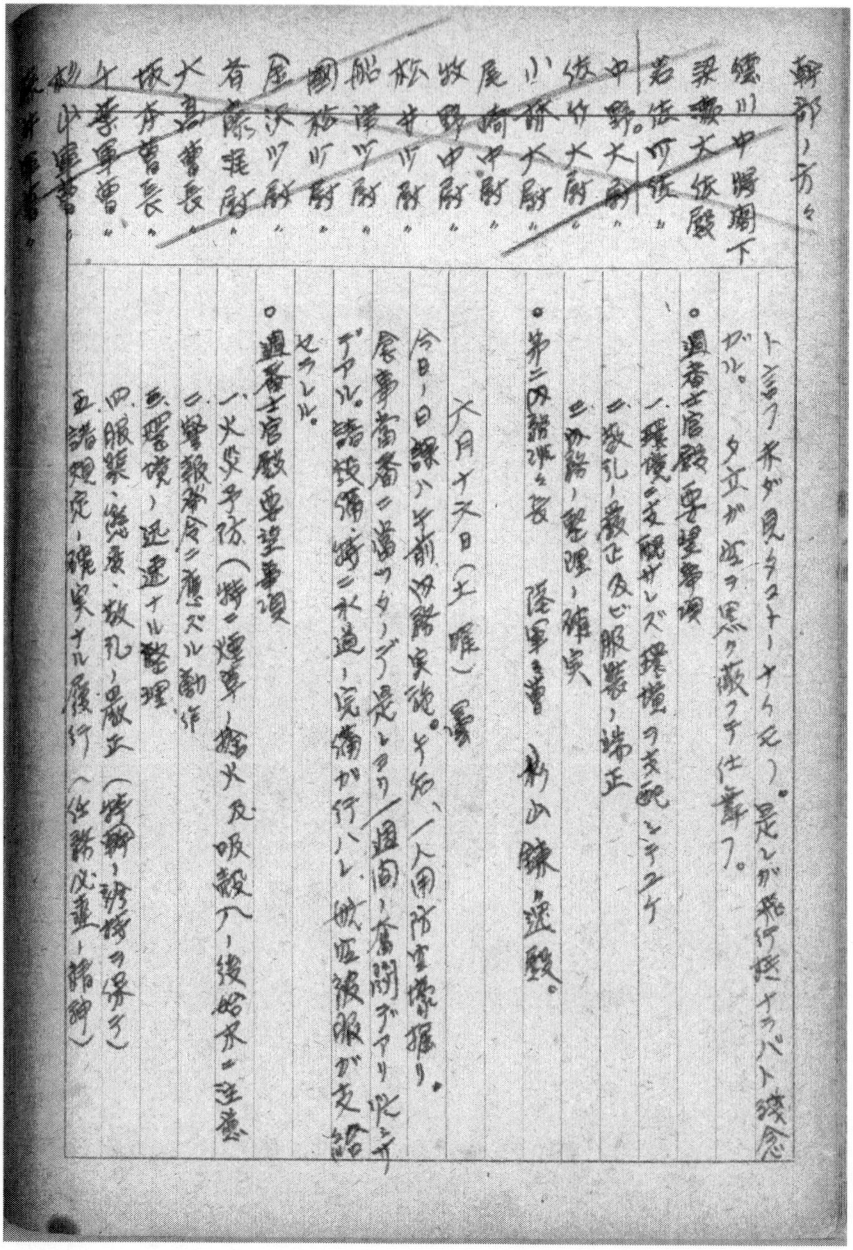

幹部ノ方々
鐵川中將閣下
梁瀨大佐殿
若佐少佐〃
中野大尉〃
佐竹大尉〃
小孫大尉〃
尾崎中尉〃
牧野中尉〃
松井少尉〃
船澤少尉〃
國枝少尉〃
倉沢少尉〃
首藤少尉〃
大島曹長〃
坂本曹長〃
千葉軍曹〃
杉山軍曹〃
荒井軍曹〃

ト言ッテ來ガ見タコトーナイモノ。是レガ飛行機ナラバト殘念ガル。夕立ガ空ヲ黑ク蔽ッテ仕舞ッタ。

。週番士官殿要望事項
一、環境ニ支配サレズ環境ヲ支配シテユケ
二、敬礼ノ嚴正及ビ服裝ノ端正
三、內務ノ整理ノ確實

。第二內務班々長　陸軍軍曹　杉山錬逸殿。

六月十六日（土曜）晴

今日ノ日課ハ午前內務實施。午后ハ個人用防空壕掘リ。食事當番ニ當ッタノデ是ヲ一週間ノ奮闘デアリ比ミナデアル。諸設備、特ニ水道ノ完備ガ行ハレ、被服ガ支給セラレル。

。週番士官殿要望事項
一、火災予防（特ニ煙草ノ始末及吸殼入ノ後始末ニ注意
二、警報命令ニ應ズル動作
三、環境ノ迅速ナル整理
四、服裝、態度、敬礼ノ嚴正（特ニ動作ノ溌溂ヲ）
五、諸規定ノ確實ナル履行（勤務必要ノ諸規）

幹部ノ方々
徳川中將軍閣下
梁瀬大佐殿
岩佐少佐〃
——。——
中野大尉〃
佐竹大尉〃
小林大尉〃
尾崎中尉〃
牧野中尉〃
松井少尉〃
船津少尉〃
國松少尉〃
金沢少尉〃
斉藤準尉〃
大高曹長〃
坂本曹長〃
千葉軍曹〃
杉山軍曹〃
藤井軍曹〃

ト言フ未ダ見タコトノナイモノ。是レガ飛行機ナラバト残念ガル。　夕立ガ空ヲ黒ク蔽フテ仕舞フ。

◦週番士官殿要望事項

一、環境ニ支配サレズ環境ヲ支配シテユケ

二、敬礼ノ嚴正及ビ服装ノ端正

三、内務ノ整理ノ確実

◦第二内務班々長　陸軍々曹　杉山錬逸殿。

六月十六日（土曜）曇

今日ノ日課ハ午前、内務実施。午后、一人用防空壕掘リ。食事當番ニ當ッタノデ是レヨリ一週間ノ奮闘デアリ忙シサデアル。諸設備、特ニ水道ノ完備ガ行ハレ、航空被服ガ支給セラレル。

◦週番士官殿要望事項

一、火災予防（特ニ煙草ノ捨火及吸殻入ノ後始末ニ注意

二、警報発令ニ應ズル動作

三、環境ノ迅速ナル整理

四、環境、態度、敬礼ノ嚴正（特幹ノ矜持ヲ保テ）

五、諸規定ノ確実ナル履行（任務必達ノ精神）

案：「徳川中將軍閣下」：徳川好敏（一八八四—一九六三），日本航空飛行的第一人，一九一〇年於代代木進行初次的飛行，後來曾任職於飛行第一連隊、所澤飛校長、陸軍航空士官學校長等職位，並於一九四五年九月召集解除。（參：秦郁彥編，《日本陸海軍総合事典》，頁一〇八）

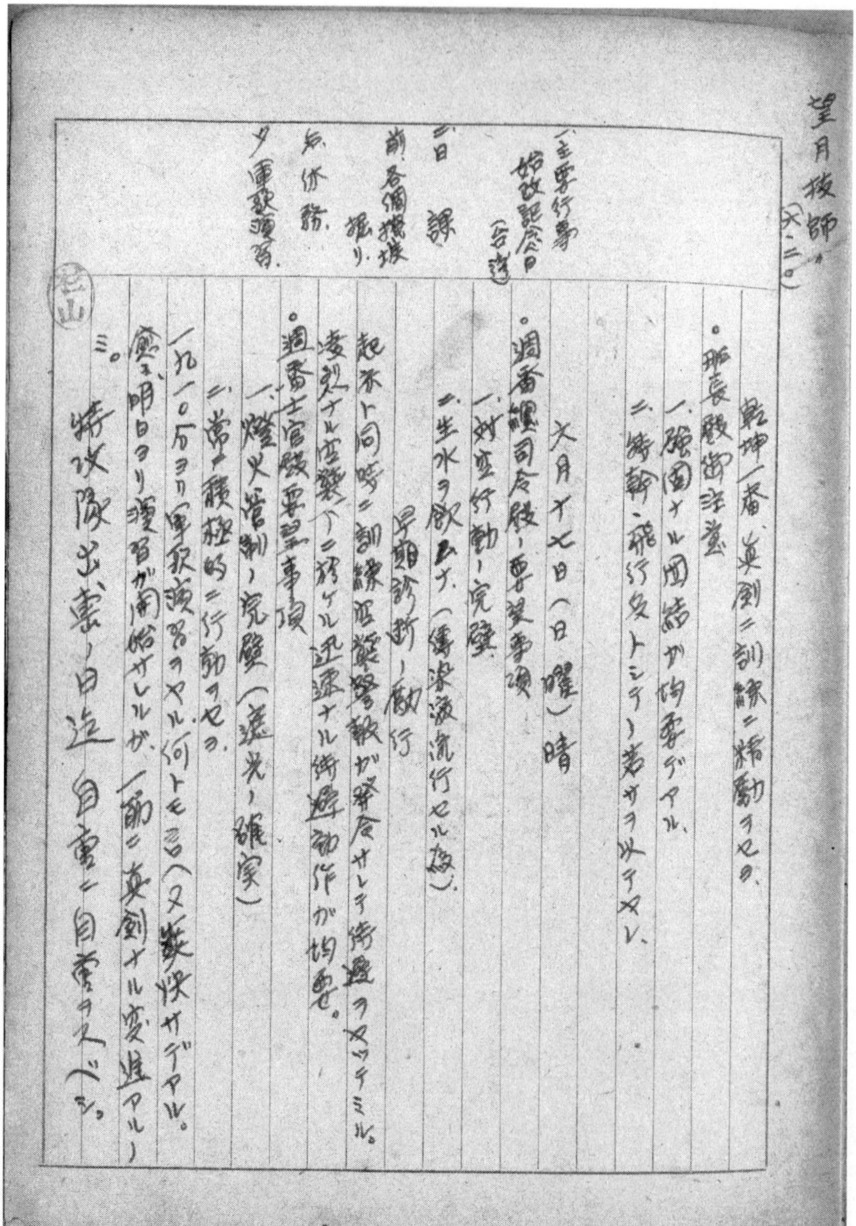

望月技師（六、二〇）

一、主要行事
始政記念日（台湾）
二、日課
前、各個操縦振り。
后、休務。
夕、軍歌演習。

乾坤一番、真剣ニ訓練ニ精勵セヨ。
〇班長殿御注意
一、強固ナル團結ガ必要デアル。
二、特幹、飛行兵トシテノ若サヲ以テヤレ。

六月十七日（日曜）晴
〇週番司令殿ノ要望事項
一、対空行動ノ完璧
二、生水ヲ飲ムナ（傳染病流行セル故）。
早朝訓練ノ勵行
起床ト同時ニ訓練空襲警報ガ発令サレテ待避ヲヤッテミル。
凄烈ナル空襲下ニ於ケル迅速ナル待避動作ガ必要。
〇週番士官殿要望事項
一、燈火管制ノ完璧（遮光ノ確実）
二、常ニ積極的ニ行動ヲセヨ。
一九一〇分ヨリ軍歌演習ヲヤル。何トモ言ヘヌ愉快サデアル。
愈々明日ヨリ演習ガ開始サレルガ、一意ニ真剣ナル突進アルノミ。
特攻隊出撃ノ日迄自重ニ自重ヲ重ヌベシ。

望月技師　（六、二〇）

一、主要行事
始政記念日
（台湾）
二、日課
前　各個掩堆
掘リ、
后　休務
夕　軍歌演習

乾坤一番、真剣ニ訓練ニ精勵ヲセヨ、
◦班長殿御注意
一、強固ナル団結ガ均要デアル。
二、特幹、飛行兵トシテノ若サヲ以テヤレ、

六月十七日（日曜）晴
◦週番總司令殿ノ要望事項
一、対空行動ノ完璧
二、生水ヲ飲ムナ、（傳染病流行セル為）
早期診断ノ勵行
起床ト同時ニ訓練空襲警報ガ発令サレテ待避ヲヤッテミル。凌烈ナル空襲下ニ於ケル迅速ナル待避動作ガ均要。
◦週番士官殿要望事項
一、燈火管制ノ完璧（遮光ノ確実）
二、常ニ積極的ニ行動ヲセヨ、
一九一〇分ヨリ軍歌演習ヲヤル、何トモ言ヘヌ爽快サデアル。愈々、明日ヨリ演習ガ開始サレルガ、一筋ニ真剣ナル突進アルノミ。
特攻隊出撃ノ日迄自重ニ自愛ヲスベシ。

案：「始政記念日」：日本統治台灣後，於六月十七日舉行行政庶開始儀式，同時也集結官員舉行「始政儀式」，自此至一九四五年間，每年六月十七日皆為「始政紀念日」。（參：蔡錦堂，〈從日本時代始政紀念日談起〉，二〇〇一，網址：http://www.twcenter.org.tw/thematic_series/history_class/tw_window/e02_20010618　點閱日期：2020/11/9）
「特攻隊出擊ノ日迄自重ニ自愛ヲスベシ。」：當鄭連德牧師考上「研究演習部隊」後必須接受特攻隊的訓練。在此情況下，在特攻隊攻擊敵軍前，必須自重。

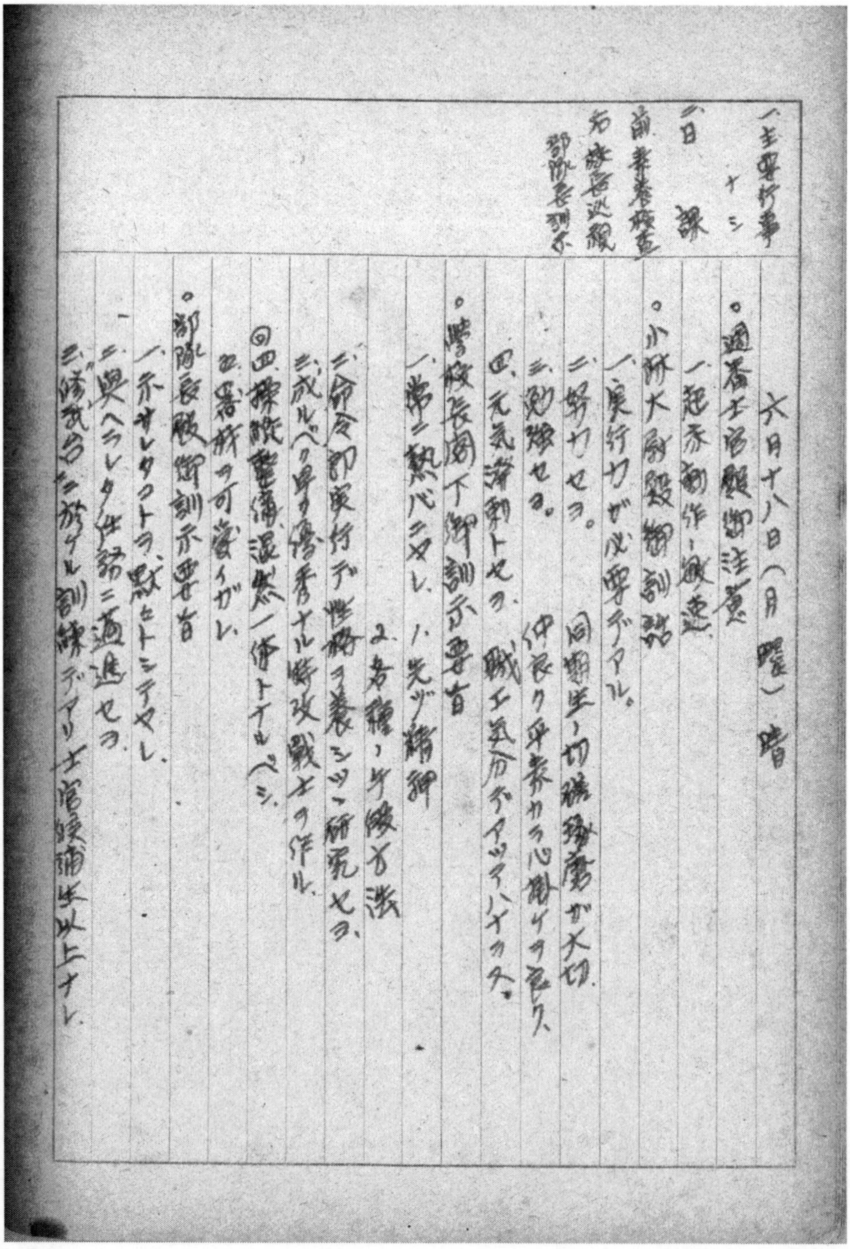

一、主要行事　ナシ
二、日課
前、兼養検査
右、校長巡視
部隊長訓示

六月十八日（月曜）　晴
○週番士官殿御注意
一、起床動作ノ敏速、
○小林大尉殿御訓話
一、実行力ガ必要デアル。
二、努力セヨ。　同期生ノ切磋琢磨ガ大切。
三、勉強セヨ。　仲良ク平素カラ心掛ケヲ良クス
四、元気溌剌トセヨ、　職工気分デアッテハイカヌ。
○学校長閣下御訓示要旨
一、常ニ熟バニヌレ、　１、先ヅ精神　２、各種ノ修練方法
二、命令ヲ実行デ業務ヲ養シツヽ研究セヨ、
三、成ルベク早ク優秀ナル特攻戦士ヲ作ル、
四、操縦整備混然一体トナルベシ、
五、暑熱ヲ可愛イガレ、
○部隊長殿御訓示要旨
一、示サレタコトヲ、黙々トシテヤレ。
二、与ヘラレタ任務ニ邁進セヨ、
三、修武台ニ於ケル訓練デアリ士官候補生以上ナレ。

一．主要行事
ナシ
二．日課
前　素養検査
后　校長巡視
部隊長訓示

六月十八日（月曜）　晴

◦週番士官殿御注意
一．起床動作ノ敏速

◦小林大尉殿御訓話
一．実行力ガ必要デアル。
二．努力セヨ。　同期生ノ切磋琢磨ガ大切．
三．勉強セヨ。　仲良ク平素カラ心掛ケヲ良ク．
四．元気溌剌トセヨ．　職工気分デアッテハナラヌ。

◦學校長閣下御訓示要旨
一．常ニ熱心ニヤレ．　1.先ヅ精神
2.各種ノ手段方法
二．命令即実行デ性格ヲ養シツヽ研究セヨ．
三．成ルベク早ク優秀ナル特攻戰士ヲ作ル．
◎四．操縦整備．混然一体トナルベシ．
五．器材ヲ可愛イガレ．

◦部隊長殿御訓示要旨
一．示サレタコトヲ、默々トシテヤレ．
二．與ヘラレタ任務ニ邁進セヨ．
三．〝修武台〟ニ於ケル訓練デアリ士官候補生以上ナレ．

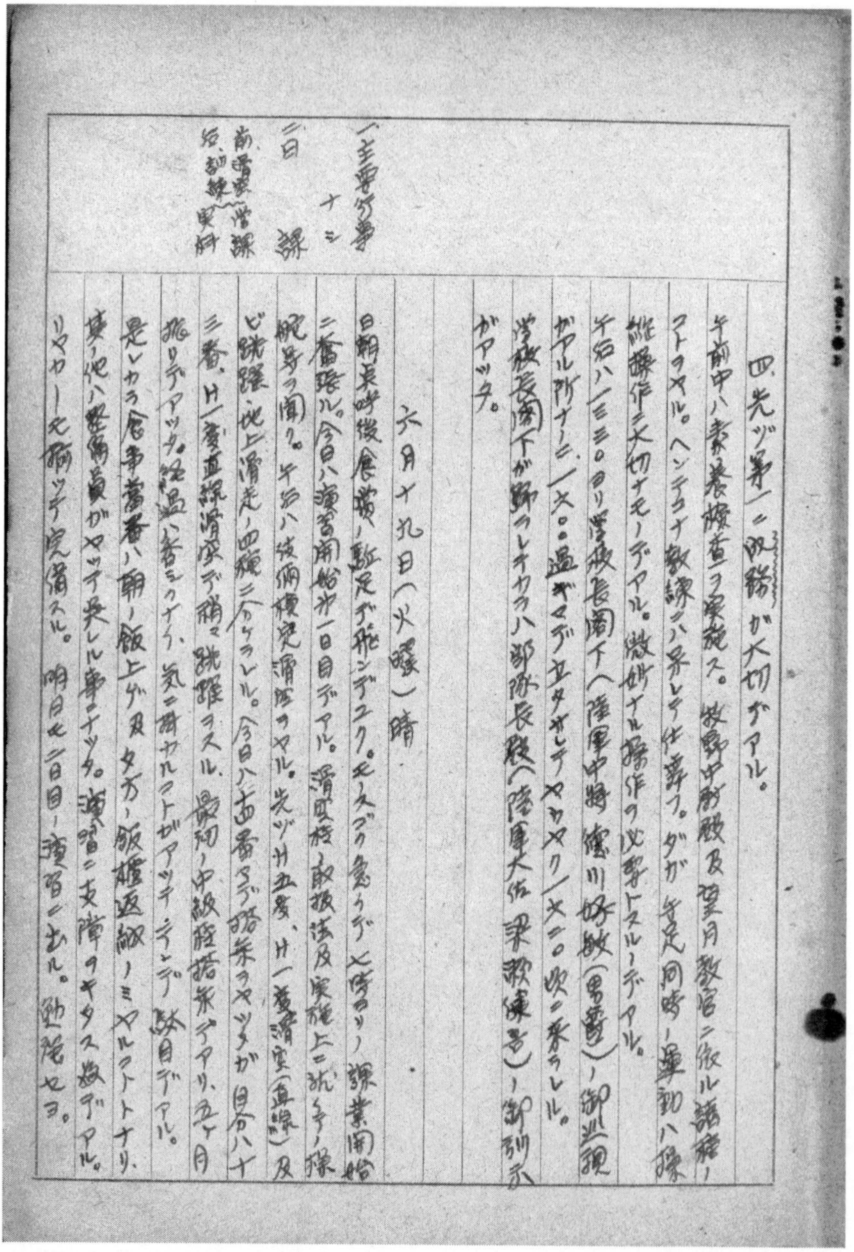

一、主要行事　ナシ
二、日課
前、学科教練　学課
后、訓練　実科

四、先ヅ第一ニ服務ガ大切デアル。

午前中ハ素養検査ヲ実施ス。牧野中尉殿及望月教官ニ依ル諸種ノコトヲヤル。ヘンテコナ教練ニハ呆レテ仕舞フ。ダガ手足同時ノ運動ハ操縦操作ニ大切ナモノデアル。微妙ナル操作ヲ必要トスルノデアル。

午后ハ一三三〇ヨリ滑空機長閣下（陸軍中将 徳川好敏（男爵））ノ御巡視ガアル所ナノニ、一六〇〇過ギマデ立タサレテヤカヤク一六二〇次ニ来ラレル。

滑空機長閣下ガ帰ラレテカラハ部隊長殿（陸軍大佐 梁瀬繁吉）ノ御訓示ガアッタ。

六月十九日（火曜）晴

日朝点呼後食事ノ駈足デ飛ンデユク。モノスゴク急イデ七時ヨリノ課業開始ニ奮張ル。今日ハ演習開始ガ一日目デアル。滑空機ノ取扱法及実施上ニ就テノ操縦要領ヲ聞ク。午后ハ技術検定滑空ヲヤル。先ヅH五米、H一米滑空（直線）及ビ跳躍、地上滑走ノ四種ニ分ケラレル。（今日ハ十五番マデ搭乗ヲヤッタガ自分ハ十三番、H一米直線滑空デ稍々跳躍ヲスル、最初ノ中級機搭乗デアリ、五ケ月振リデアッタ。経過ハ昔ミタイナク、気ニ掛カルコトガアッテ、デンデ駄目デアル。是レカラ食事當番ハ朝ノ飯上ゲ及夕方ノ飯罐返納ノミヤルコトトナリ、其ノ他ハ整備員ガヤッテ呉レル事ニナッタ。演習ニ支障ヲキタス故デアル。リヤカーモ揃ッテ完備スル。明日モ二日目ノ演習ニ出ル。勉強セヨ。

一．主要行事

ナシ

二．日　課

前　滑空　学課

后　訓練　実科

四．先ヅ第一ニ内務ガ大切デアル。

午前中ニ素養検査ヲ実施ス。牧野中尉殿及望月教官ニ依ル諸種ノコトヲヤル。ヘンテコナ教練ニハ呆レテ仕舞フ。ダガ　手足同時ノ運動ハ操縦操作ニ大切ナモノデアル。微妙ナル操作ヲ必要トスルノデアル。

午后ハ一三〇〇ヨリ學校長閣下（陸軍中將徳川好敏（男爵））ノ御巡視ガアル所ナノニ．一六〇〇過ギマデ立タサレテヤウヤク一六二〇頃ニ來ラレル。學校長閣下ガ歸ラレテカラハ部隊長殿（陸軍大佐梁瀬健吾）ノ御訓示ガアッタ。

六月十九日（火曜）晴

日朝点呼後食當ノ駈足デ飛ンデユク。モノスゴク急イデ七時ヨリノ課業開始ニ奮張ル。今日ハ演習開始第一日目デアル。滑空機ノ取扱法及実施上ニ就イテノ操舵等ヲ聞ク。午后ハ伎倆検定滑空ヲヤル。先ヅH五度、H一度滑空（直線）及ビ跳躍、地上滑走ノ四種ニ分ケラレル。今日ハ十四番マデ搭乗ヲヤッタガ自分ハ十三番．H一度直線滑空デ稍々跳躍ヲスル．最初ノ中級機搭乗デアリ．五ケ月振リデアッタ。経過ハ香シクナイ．気ニ掛カルコトガアッテ．テンデ駄目デアル。是レカラ食事當番ハ朝ノ飯上ゲ及夕方ノ飯櫃返納ノミヤルコトトナリ．其ノ他ハ整備員ガヤッテ呉レル事ニナッタ。演習ニ支障ヲキタス為デアル。リヤカーモ揃ッテ完備スル。明日モ二日目ノ演習ニ出ル。勉強セヨ。

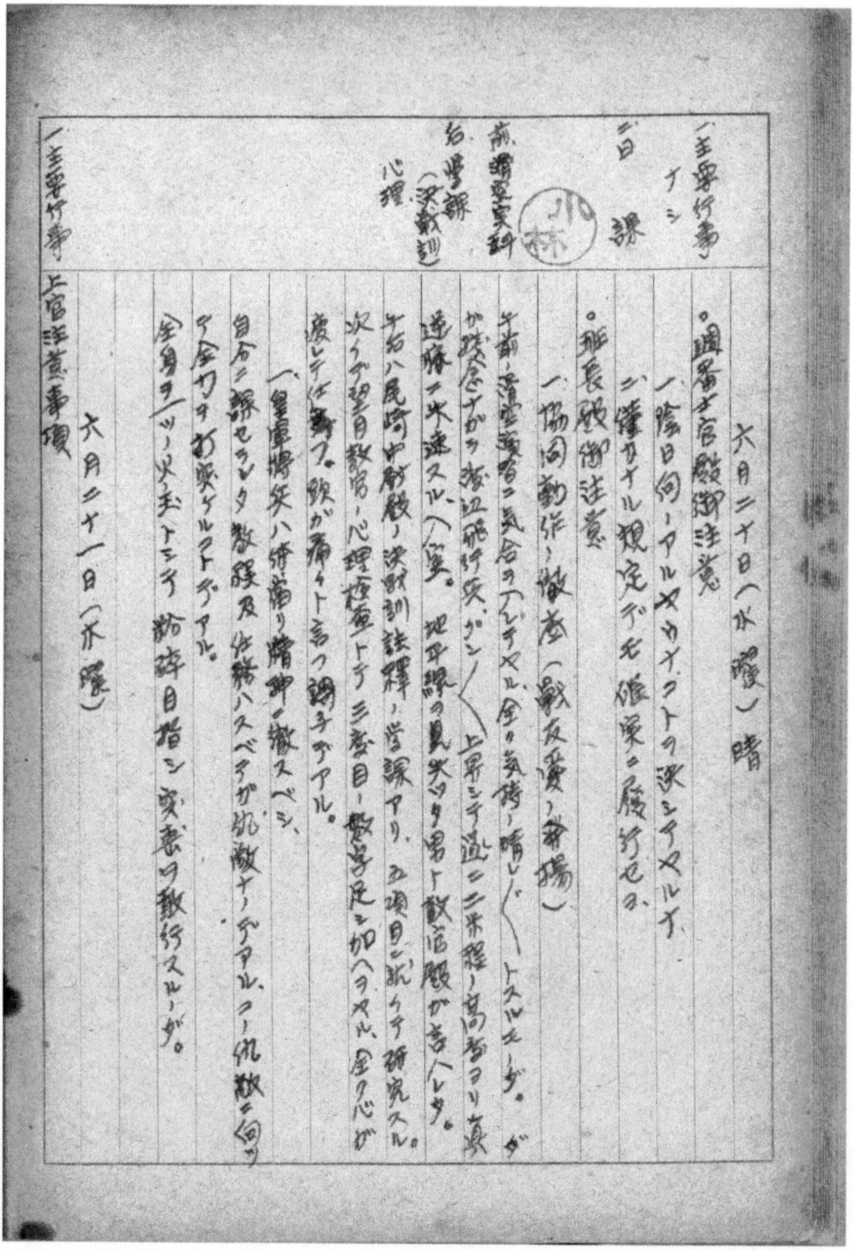

一、主要行事　ナシ
二、日課
前、滑空実科
后、学課（決戦訓）
心理

六月二十日（水曜）晴

◦週番士官殿御注意
一、陰日向ノアルヤウナコトハ決シテヤルナ。
二、確カナル規定デモ確実ニ履行セヨ。
◦班長殿御注意
一、協同動作ノ徹底（戦友愛ノ発揚）

午前ノ滑空演習ニ気合ヲ入レテヤル。全ク気持ノ晴レ／＼トスルモノダ。ガ残念ナガラ接近飛行失、ガン／上昇シテ遂ニ二米程ノ高所ヨリ落逆様ニ失速スル（反省。地平線ヲ見失ッタ為ト教官殿ガ言ハレタ。

午后ハ尾崎中尉殿ノ決戦訓註釋ノ学課アリ。五項目ニ亘ッテ研究スル。次イデ望月教官ノ心理検査トシテ三桁目ノ数字足シ加ヘヲヤル。全ク心ガ疲レテ仕舞フ。頭ガ痛イト言フ調子デアル。

一、皇軍将兵ハ特攻精神ヲ徹スベシ、

自分ニ課セラレタ教練及任務ハスベテガ特攻ナノデアル。コノ特攻ニ向ッテ全力ヲ打突ケルコトデアル。

全身ヲ一ツノ火玉トシテ粉砕目指シ突撃ヲ敢行スルノダ。

一、主要行事
上官注意事項

六月二十一日（木曜）

六月二十日（水曜）　晴

一．主要行事
　ナシ
二．日　課
前　滑空実科
后　学課
　（決戦訓）
　心理

。週番士官殿御注意
一．陰日向ノアルヤウナコトヲ決シテヤルナ．
二．僅カナル規定デモ確実ニ履行セヨ．
。班長殿御注意
一．協同動作ノ徹底（戦友愛ノ発揚）
午前ノ滑空演習ニ気合ヲ入レテヤル．全ク気持ノ晴レぐトスルモノダ。ダガ残念ナガラ渡辺飛行兵．グン〳〵上昇シテ遂ニ二米ノ高度ヨリ真逆様ニ失速スル．入室。　地平線ヲ見失ッタ男ト教官殿ガ言ハレタ。
午后ハ尾崎中尉殿ノ決戦訓註釋ノ学課アリ．五項目ニ就イテ研究スル。
次イデ望月教官ノ心理検査トテ三度目ノ数字足シ加ヘヲヤル．全ク心ガ疲レテ仕舞フ。頭ガ痛イト言フ調子デアル。
一．皇軍将兵ハ体當リ精神ニ徹スベシ．
自分ニ課セラレタ教程及任務ハスベテガ仇敵ナノデアル．コノ仇敵ニ向ッテ全力ヲ打突ケルコトデアル。
全身ヲ一ツノ火ノ玉トシテ　粉砕目指シ突撃ヲ敢行スルノダ。

六月二十一日（木曜）

一．主要行事

上官注意事項

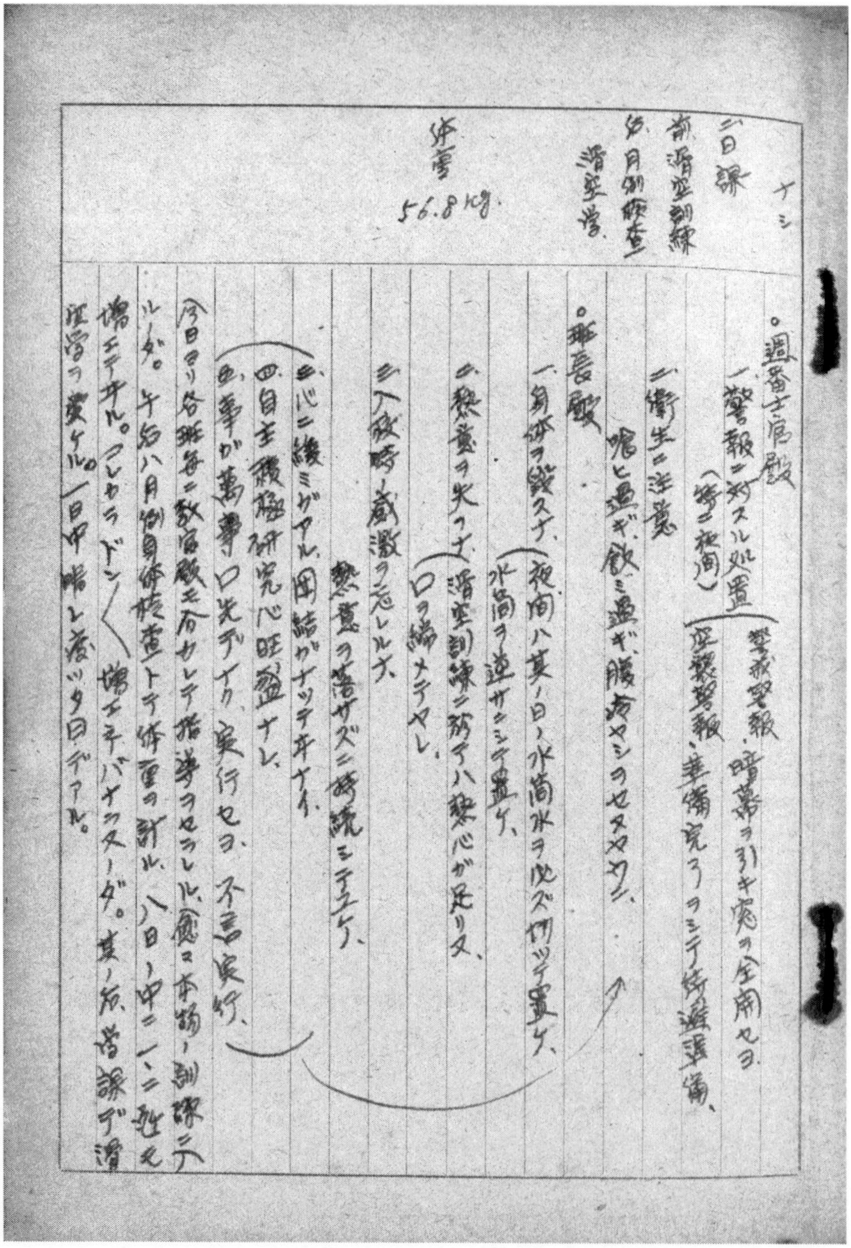

ナシ

○週番士官殿

一、警報ニ対スル処置（特ニ夜間）

警戒警報、暗幕ヲ引キ窓ヲ全閉セヨ。

空襲警報、準備完了ヲミテ待避準備、

二、衛生ニ注意

喰ヒ過ギ、飲ミ過ギ、腹冷ヤシヲセヌヤウニ、

○班長殿

一、身体ヲ鍛ヘヨ、（夜間ハ冥ノ日ノ水筒水ヲ必ズ捨ツテ置ケ、水筒ヲ逆サニシテ置ケ、

二、熱意ヲ失フナ、滑空訓練ニ於テハ熱心ガ足リヌ、口ヲ締メテヤレ、

三、入校時ノ感激ヲ忘レルナ、熱意ヲ落サズニ持続シテユケ、

三、心ニ緩ミガアル、団結ガナッテ居ナイ、

四、自主積極研究心旺盛ナレ、

五、事ガ萬事口先デナク、実行セヨ、不言実行、

今日ヨリ各班毎ニ教官殿モ分カレテ指導ヲセラレル、愈々本物ノ訓練ニ入ルノダ。午后八月別身体検査トテ体重ヲ計ル、八日ノ中ニ一、二瓩モ増エテ居ル。コレカラドンドン増エテ行カナケレバナラヌノダ。其ノ后、学課デ滑空学ヲ受ケル。一日中暗ク曇ッタ日デアル。

二、日課

前、滑空訓練

后、月例検査

滑空学

体重

56.8 kg.

ナシ

二．日課

前　滑空訓練

后　月例検査

　　滑空学

体重

56.8kg

。週番士官殿

一．警報ニ対スル処置（警戒警報．暗幕全開ヲ引キ窓ヲ全開セヨ．

（特ニ夜間）（空襲警報．準備完了ヲシテ待避準備．

二．衛生ニ注意

喰ヒ過ギ．飲ミ過ギ腹冷ヤシヲセヌヤウニ．

。班長殿

一．身体ヲ毀スナ．（夜間ハ其ノ日ノ水筒水ヲ必ズ切ッテ置ケ．

（水筒ヲ逆サニシテ置ケ．

二．熱意ヲ失フナ．（滑空訓練ニ於テハ熱心ガ足リヌ．

（口ヲ締メテヤレ．

三．入校時ノ感激ヲ忘レルナ．

熱意ヲ落サズニ持続シテユケ．

三．心ニ緩ミガアル．団結ガナッテヰナイ。

四．自主積極研究心旺盛ナレ．

五．事ガ萬事、口先デナク、実行セヨ．不言実行．

今日ヨリ各班毎ニ教官殿モ分カレテ指導ヲセラレル．愈々本物ノ訓練ニ入ルノダ。午后ハ月例身体検査トテ体重ヲ計ル．八日ノ中ニ一、二瓩モ増エテヰル。コレカラドンドン増エネバナラヌノダ。其ノ后．学課デ滑空学ヲ受ケル。一日中晴レ渡ッタ日デアル。

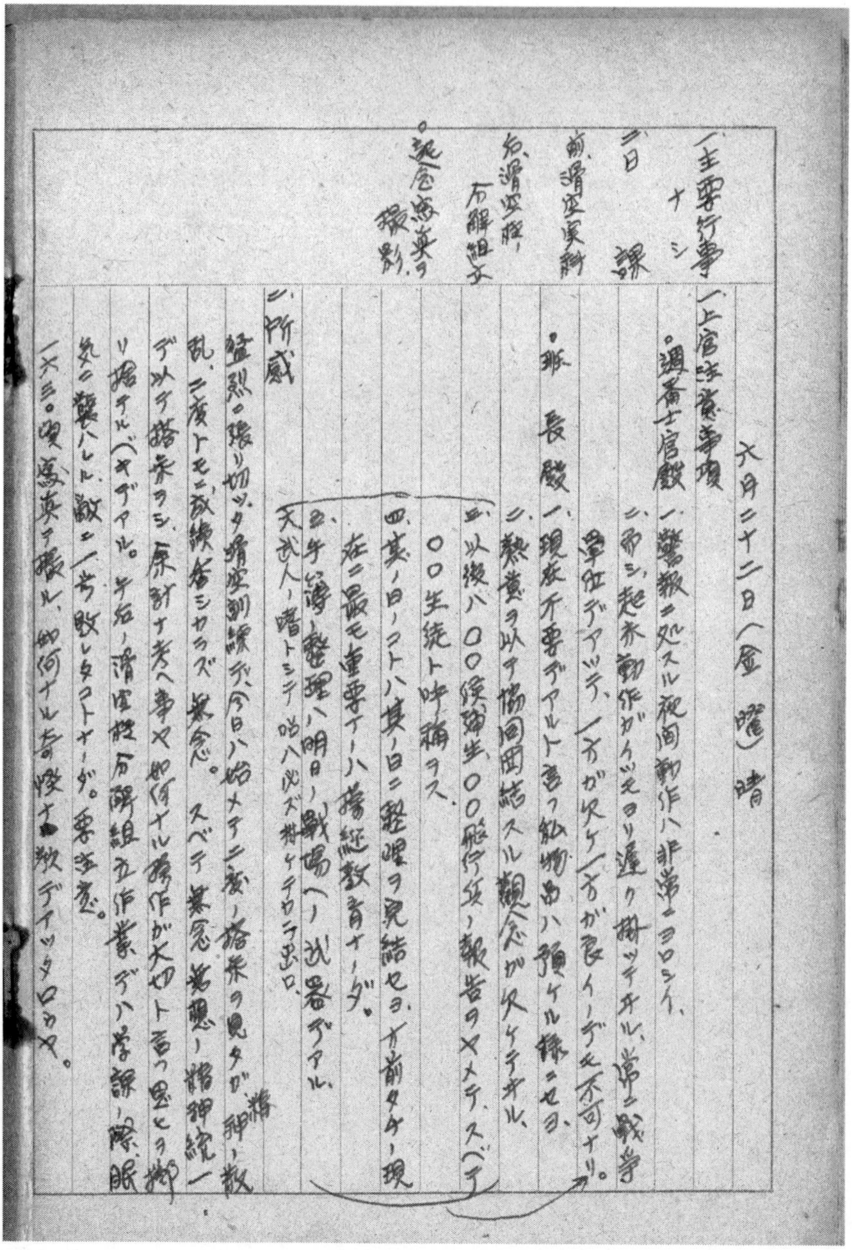

六月二十二日（金曜）晴

一、主要行事　ナシ

二、日課

前、滑空実科

后、滑空機ノ分解組立

。記念写真ヲ撮影。

一、上官注意事項

。週番士官殿　一、警報ニ処スル夜間動作ハ非常ニヨロシイ、

二、而シ起床動作ガイツモヨリ遅ク掛ッテヰル、常ニ戦争

下在デアッテ、一方ガ欠ケ一方ガ良イノデモ不可ナリ。

・班長殿　一、現在不要デアルト言フ私物品ハ預ケル様ニセヨ。

二、熱意ヲ以テ協同団結スル観念ガ欠ケテヰル、

三、以後ハ○○候補生、○○飛行兵ノ報告ヲヤメテ、スベテ

○○生徒ト呼称ヲス。

四、其ノ日ノコトハ其ノ日ニ整理ヲ完結セヨ。才前タチノ現

在ニ最モ重要ナノハ精神教育ナノダ。

五、手入整理ハ明日ノ戦場ヘノ武器デアル、

[illegible]武人ノ嗜トシテ鈕ハ必ズ掛ケテヰロ、

二、所感

猛烈ニ張リ切ッタ滑空訓練デ（今日ハ始メテニ度ノ搭乗ヲ見タガ）精神ノ散

乱、二度トモニ成績香シカラズ残念。スベテ集中精神ノ統一

デ以テ搭乗ラシ、余計ナ考ヘ事ヤ如何ナル操作ガ大切ト言フ思ヒヨリ離

リ搭ナルベキデアル。午后ノ滑空機分解組立作業デハ学課ノ際眠

気ニ襲ハレル、敵ニ一歩敗レタコトナノダ。要注意。

一六三〇 写真ヲ撮ル、如何ナル奇怪ナ顔デイッタロカヤ。

一．主要行事
ナシ
二．日課
前 滑空実科
后 滑空機ノ分解組立
。記念寫真ヲ撮影

六月二十二日（金曜） 晴

一．上官注意事項
。週番士官殿 一．警報ニ処スル夜間動作ハ非常ニヨロシイ．
二．而シ．起床動作ガイツモヨリ遲ク掛ッテヰル．常ニ戰爭
單位デアッテ．一方ガ欠ケ一方ガ良イノデモ不可ナリ。
。班長殿 一．現在不要デアルト言フ私物ハ預ケル様ニセヨ．
二．熱意ヲ以テ協同団結スル觀念ガ欠ケテヰル．
三．以後ハ ○○候補生、○○飛行兵ノ報告ヲヤメテ．スベテ
○○生徒ト呼稱ヲス．
四．其ノ日ノコトハ其ノ日ニ整理ヲ完結セヨ．オ前タチノ現
在ニ最モ重要ナノハ操縦教育ナノダ。
五．手簿ノ整理ハ明日ノ戰場ヘノ武器デアル．
六．武人ノ嗜トシテ○ハ必ズ掛ケテカラ出ロ．

二．所感
猛烈ニ張リ切ッタ滑空訓練デ．今日ハ始メテ二度ノ搭乗ヲ見タガ．精神ノ散乱．二度トモニ成績香シカラズ無念。 スベテ無念 無想ノ精神統一デ以テ搭乗ヲシ．余計ナ考ヘ事ヤ如何ナル操作ガ大切ト言フ思ヒヲ擲リ捨テルベキデアル。午后ノ滑空機分解組立作業デハ学課ノ際．眠気ニ襲ハレル．敵ニ一歩敗レタコトナノダ。要注意。
一六三〇頃寫真テ撮ル．如何ナル奇怪ナ■顔デアッタロウヤ。

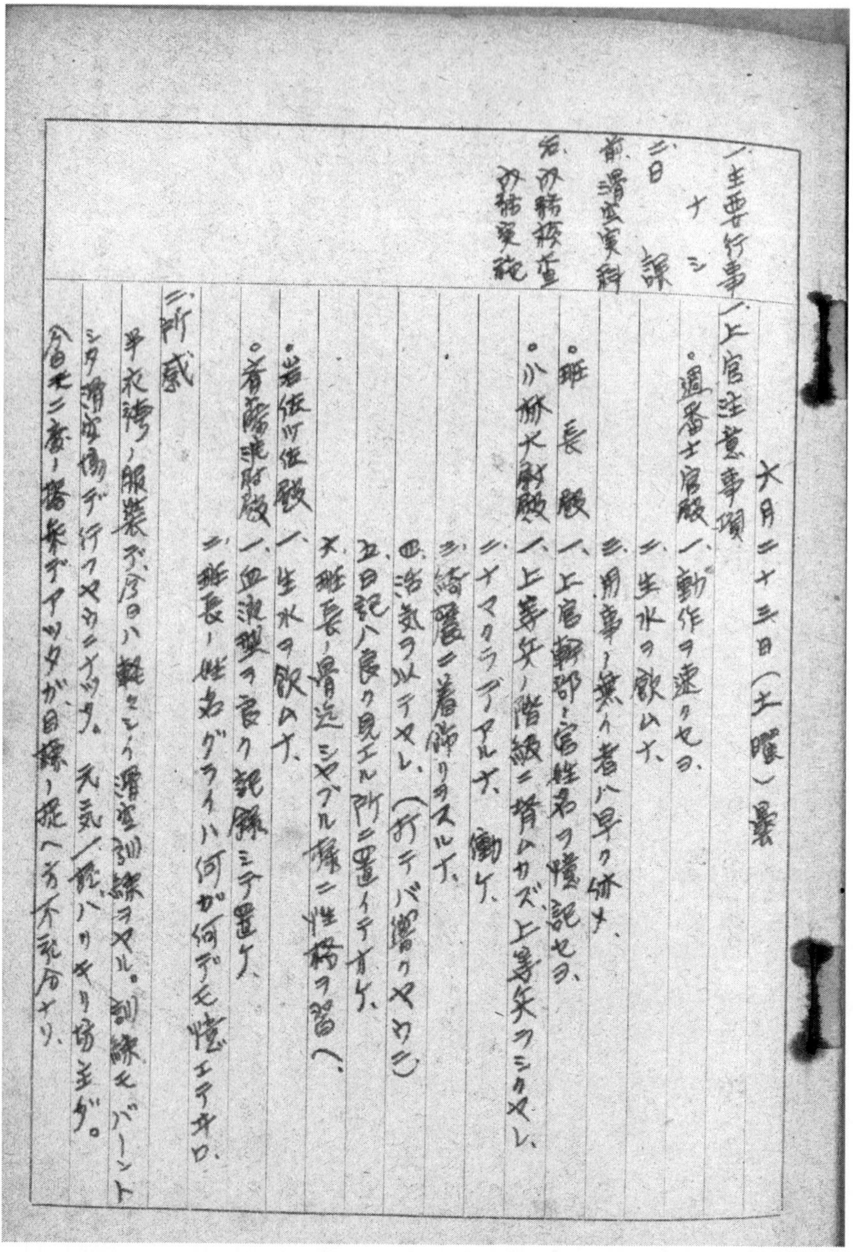

一、主要行事ノ上官注意事項
ナシ
二、日課
前、滑空實科
后、內務検査
內務要範

六月二十三日（土曜）曇

○週番士官殿ハ 一、動作ヲ速クセヨ。
二、生水ヲ飲ムナ。
三、用事ノ無イ者ハ早ク休メ。
○班長殿 一、上官幹部ノ官姓名ヲ憶記セヨ。
○小林大尉殿ハ 一、上等兵ノ階級ニ背ムカズ上等兵ラシクヤレ。
二、ナマクラデアルナ。働ケ。
三、綺麗ニ着飾リヲスルナ。
四、活気ヲ以テヤレ。（打テバ響クヤウニ）
五、日記ハ良ク見エル所ニ置イテ置ケ。
六、班長ノ骨迄シヤブル様ニ性格ヲ習ヘ。
○岩佐少佐殿ハ 一、生水ヲ飲ムナ。
○齋藤准尉殿ハ 一、血液型ヲ良ク記録シテ置ケ。
二、班長ノ姓名グライハ何ガ何デモ憶エテ居ロ。

二、所感
平衣ノ服装デ今日ハ難シイ滑空訓練ヲヤル。訓練モバーント
シタ滑空場デ行クヤウニナッタ。天気ノ時ハハッキリ分ルガ。
今日モ二番ノ搭乗デアッタガ目標ノ捉ヘ方不充分ナリ。

一．主要行事
ナシ
二．日課
前　滑空実科
后　内務検査
内務実施

六月二十三日（土曜）　曇

一．上官注意事項
○週番士官殿　一．動作ヲ速クセヨ．
二．生水ヲ飲ムナ．
三．用事ノ無イ者ハ早ク休メ．
○班　長　殿　一．上官幹部官ノ官姓名ヲ憶記セヨ．
○小林大尉殿　一．上等兵ノ階級ニ背ムカズ．上等兵ラシクヤレ．
二．ナマクラデアルナ．働ケ．
三．綺麗ニ着飾リヲスルナ．
四．活気ヲ以テヤレ．（打テバ響クヤウニ）
五．日記ハ良ク見エル所ニ置イテオケ．
六．班長ノ骨迄シヤブル様ニ性格ヲ習ヘ．
○岩佐少佐殿　一．生水ヲ飲ムナ．
○斉藤準尉殿　一．血液型ヲ良ク記録シテ置ケ．
二．班長ノ姓名グライハ何ガ何デモ憶エテヰロ．
二．所感
半衣袴ノ服装デ．今日ハ軽々シイ滑空訓練ヲヤル。訓練モバーントシタ滑空場デ行フヤウニナッタ。元気一杯ハリキリ坊主ダ。
今日モ二度ノ搭乗デアッタガ．目標ノ捉ヘ方不充分ナリ．

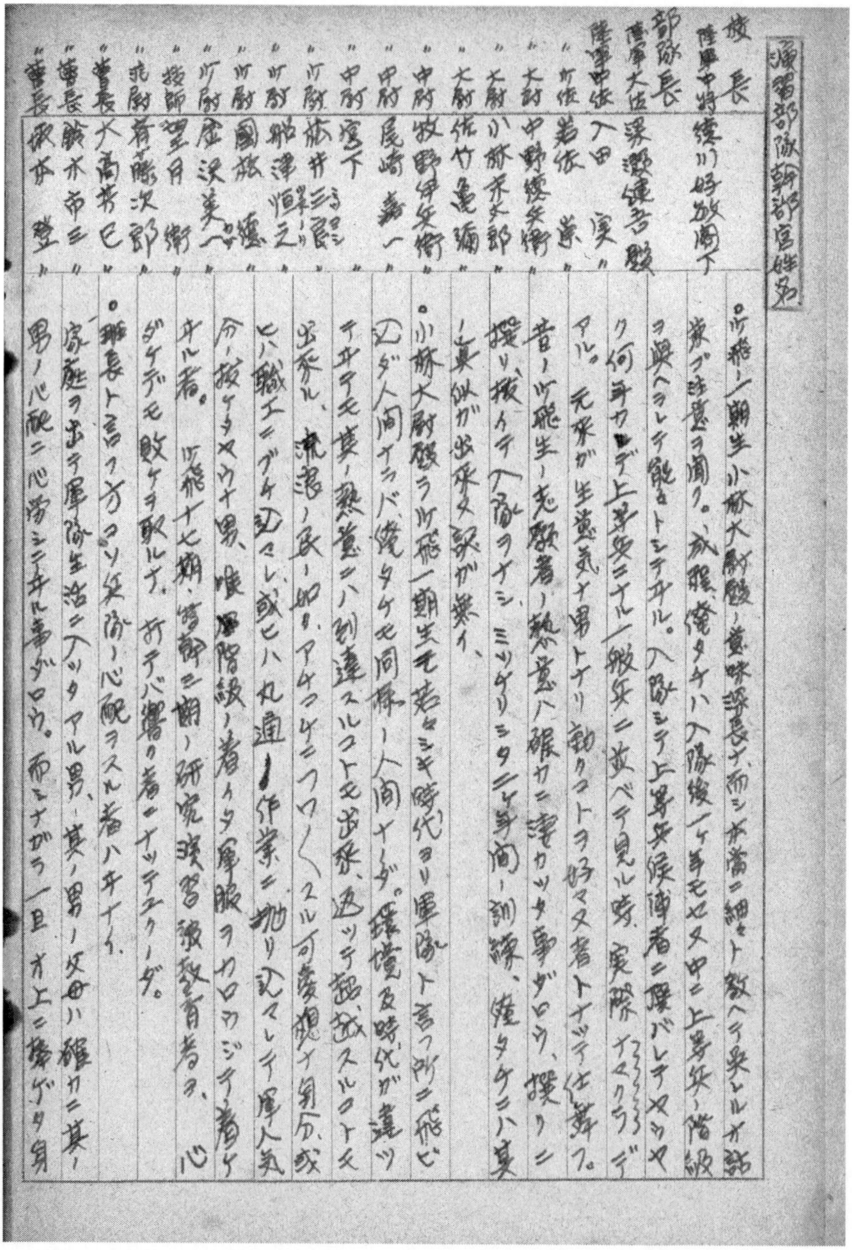
滑空部隊幹部官姓名

旅長 陸軍中将 徳川好敏閣下
部隊長 陸軍大佐 梁瀬謙吾殿
〃 陸軍中佐 入田 実 〃
〃 少佐 若依 巌 〃
〃 大尉 中野俊兵衛 〃
〃 大尉 小林秀次郎 〃
〃 大尉 佐竹亀蔵 〃
〃 中尉 牧野伊兵衛 〃
〃 中尉 尾崎壽一 〃
〃 中尉 宮下 〃
〃 少尉 荻井三郎 〃
〃 少尉 船津恒之助 〃
〃 少尉 國枝 〃
〃 少尉 倉沢美一 〃
〃 技師 望月衛 〃
〃 准尉 斉藤次郎 〃
〃 曹長 大高芳巳 〃
〃 曹長 鈴木市三 〃
〃 曹長 秋本登 〃

○少飛ノ一期生小林大尉殿ノ意味深長ナ而シ本當ニ細々ト教ヘテ呉レル話振ブ注意ヲ聞ク。成程俺タチハ入隊後一ケ年モセヌ中ニ上等兵ノ階級ヲ與ヘラレテ能々トシテヰル。入隊シテ上等兵候補者ニ選バレテサヘヤク何年カ掛ッテ上等兵ニナル一般兵ニ並ベテ見ル時、実際ナマクラデアル。元来ガ生意気ナ男トナリ働クコトヲ好マヌ者トナッテ仕舞フ。昔ノ少飛生ノ志願者ノ熱意ハ張カニ強カッタ事ダロウ。撰クニ撰リ抜イテ入校ヲナシ、ミッチリミタニケ年間ノ訓練。俺タチニハ其ノ真似ガ出来ヌ暇ガ無イ、

○小林大尉殿ラ少飛一期生モ若々シキ時代ヨリ軍隊ト言フ所ニ飛ビ込ンダ人間ナラバ、俺タチモ同様ノ人間ナノダ。環境及時代ガ違ッテヰテモ其ノ熱意ニハ到達スルコトモ出来、逆ッテ超越スルコトモ出来ル、流浪ノ民ノ如ク、アチコチニフワフワスル可憐ナ自分、或ヒハ職工ニブチ込マレ、或ヒハ丸通ノ作業ニ加リ込マレテ軍人気分ノ抜ケタヤウナ男、唯階級ノ着イタ軍服ヲカロウジテ着ケテヰル者。少飛十七期、等師ニ於ノ研究殊ニ教育者ヲ、心ダケデモ敗ケヌ取ルナ。折テバ響ク者ニナッテユクノダ。

○班長ト言フ方ヨソ兵隊ノ心配ヲスル者ハヰナイ。
家庭ヲ出テ軍隊生活ニ入ッタアル男、其ノ男ノ父母ハ誰カニ其ノ男ノ心配ニ心労シテヰル事ダロウ。而シナガラ一旦オ上ニ捧ゲタ身

演習部隊幹部官姓名

校長
陸軍中將　徳川好敏閣下
部隊長
陸軍大佐　梁瀬健吾　殿
陸軍中佐　入田　実〃
〃少佐　岩佐　崇〃
〃大尉　中野徳兵衛〃
〃大尉　小林末太郎〃
〃大尉　佐竹　亀彌〃
〃中尉　牧野伊兵衛〃
〃中尉　尾崎　嘉一〃
〃中尉　宮下　〃
〃少尉　三井　三良〃
〃少尉　船津　恒之〃
〃少尉　國松　徳〃
〃少尉　金沢　美一〃
〃技師　望月　衛〃
〃準尉　斉藤　次郎〃
〃曹長　大高　芳巳〃
〃曹長　鈴木　市三〃
〃曹長　坂本　登〃

。少飛ノ一期生小林大尉殿ノ意味深長ナ而シ本當ニ細々ト教ヘテ呉レルオ話兼ゴ注意ヲ聞ク。成程．俺タチハ入隊後一ヶ年モセヌ中ニ上等兵ノ階級ヲ與ヘラレテ能々トシテヰル。入隊シテ上等兵候補者ニ撰バレテヤウヤク何年カ[redacted]デ上等兵ニナル一般兵ニ並ベテ見ル時．実際ナマクラデアル。　元來ガ生意気ナ男トナリ動クコトヲ好マヌ者トナッテ仕舞フ。昔ノ少飛生ノ志願者ノ熱意ハ確カニ凄カッタ事ダロウ．撰リニ撰リ抜イテ入隊ヲナシ．ミッチリシタ二ヶ年間ノ訓練．俺タチニハ其ノ真似ガ出來ヌ訳ガ無イ．

。小林大尉殿ラ少飛一期生モ若々シキ時代ヨリ軍隊ト言フ所ニ飛ビ込ダ人間ナラバ俺タチモ同様ノ人間ナノダ。環境及時代ガ違ッテヰテモ其ノ熱意ニハ到達スルコトモ出來．返ッテ超越スルコトモ出來ル．　流浪ノ民ノ如ク．アチコチニフワ〳〵スル可愛想ナ身分．或ヒハ職工ニブチ込マレ．或ヒハ丸通ノ作業ニ抛リ込マレテ軍人気分ノ抜ケタヤウナ男．唯　軍階級ノ着イタ軍服ヲカロウジテ着ケヰル者。　少飛十七期、特幹三期ノ研究演習被教育者ヨ．　心ダケデモ敗ケヲ取ルナ．　打テバ響ク者ニナッテユクノダ。

。班長ト言フ方コソ兵隊ノ心配ヲスル者ハヰナイ。家庭ヲ出テ軍隊生活ニ入ッタアル男．　其ノ男ノ父母ハ確カニ其ノ男ノ心配ニ心労シテヰル事ダロウ。而シナガラ一旦　オ上ニ捧ゲタ身

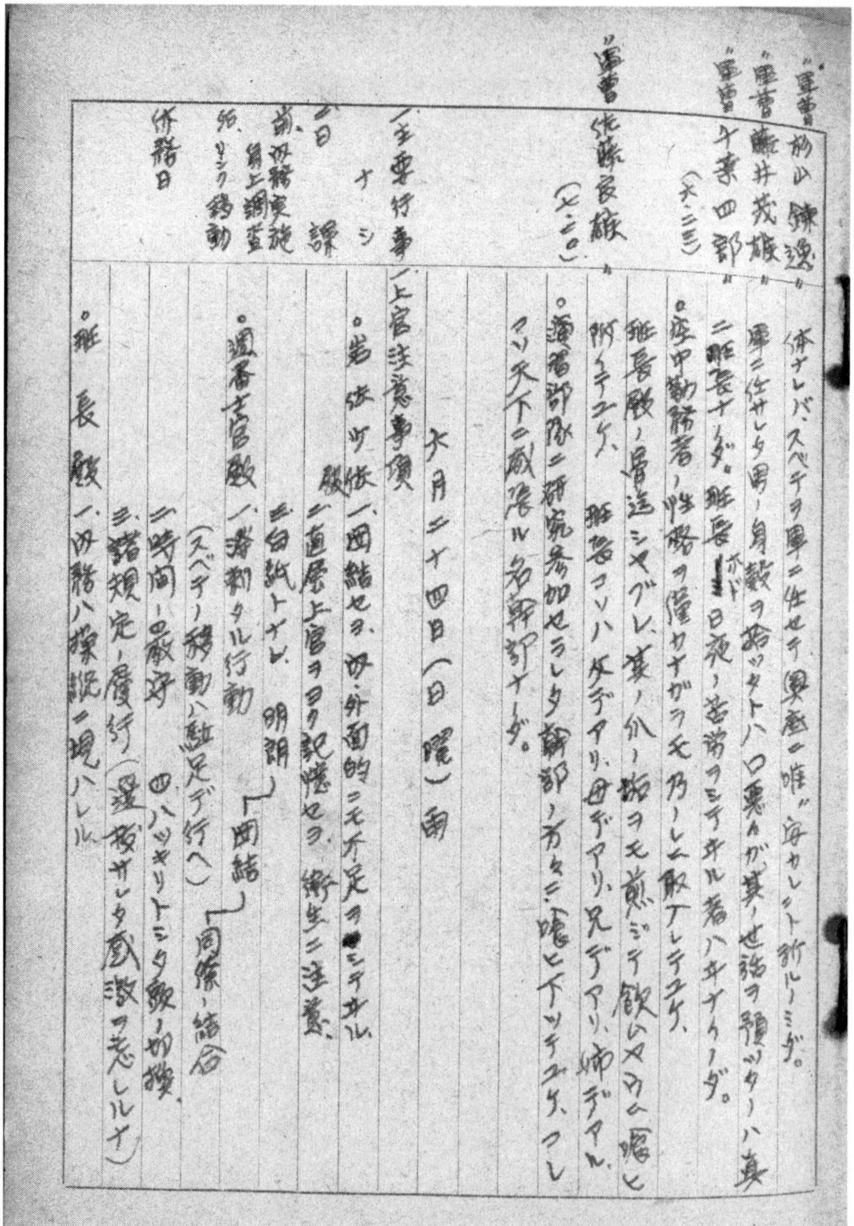

〃軍曹 杉山錬逸〃
〃軍曹 藤井茂雄〃
〃軍曹 千葉四郎〃（六、二三）
〃軍曹 佐藤良雄〃（七、二〇）

体ナレバ、スベテヲ軍ニ任セテ粛然ニ唯ダ安カレト祈ルノミダ。
軍ニ任サレタ男ノ身穀ヲ拾ッタトハ口悪イガ其ノ世話ヲ預ッタノハ真ニ班長ナノダ。班長ホド日夜ノ苦労ヲミテヰル者ハ外ナイノダ。
○空中勤務者ノ性格ヲ僅カナガラモ乃ノレム取リ入レテユケ、
班長殿ノ骨迄シヤブレ、其ノ爪ノ垢ヲモ煎ジテ飲ムヌマム喰ヒ附イテユケ、班長コソハ父デアリ母デアリ兄デアリ姉デアル
○演習部隊ニ研究参加セラレタ幹部ノ方々ニ喰ヒ下ッテユケ、コレコソ天下ニ威張ル幹部ナノダ。

六月二十四日（日曜）雨

一、主要行事 ナシ
二、日課
前、飛行実施 身上調査
後、リンク移動
休務日

一、上官注意事項
○岩佐少佐殿 一、団結セヨ、内・外面的ニモ不足ヲミテヰル。
二、直属上官ヲヨク記憶セヨ、衛生ニ注意。
三、台紙トナレ、明朗 「団結 「同僚ノ結合
○週番士官殿 一、活動タル行動
二、時間ノ厳守（スベテノ移動ハ駈足デ行ヘ）
三、諸規定ノ履行（遵守サレタ感激ヲ忘レルナ）
四、ハッキリトシタ敬ノ切換、
○班長殿 一、飛行ハ操縦ニ現ハレル、

〃軍曹　杉山　錬逸〃
〃軍曹　藤井　茂雄〃
〃軍曹　千葉　四郎〃
（六、二三）
〃軍曹　佐藤　吉雄〃
（七、二〇）

一、主要行事
ナシ
二、日課
前　内務実施
身上調査
后　リンク移動
休務日

体ナレバ、スベテヲ軍ニ任セテ、奥底ニ唯〝安カレ〟ト祈ルノミダ。軍ニ任サレタ男ノ身殻ヲ拾ッタトハ口悪イガ其ノ世話ヲ預ッタノハ真ニ班長ナノダ。班長ホド日夜ノ苦労ヲシテヰル者ハヰナイノダ。

。空中勤務者ノ性格ヲ僅カナガラモ乃ノレニ取入レテユケ、班長殿ノ骨迄シヤグレ、其ノ爪ノ垢ヲモ煎ジテ飲ムヤウニ喰ヒ附イテユケ、班コソハ父デアリ、母デアリ、兄デアリ、姉デアル、

。演習部隊ニ研究参加セラレタ幹部ノ方々ニ喰ヒ下ッテユケ、コレコソ天下ニ威張ル名幹部ナノダ。

六月二十四日（日曜）　雨

一、上官注意事項

。岩佐少佐殿　一、団結セヨ、内、外面的ニモ不足ヲ[redacted]シテヰル、
二、直属上官ヲヨク記憶セヨ、衛生ニ注意、
三、白紙トナレ　明朗
。週番士官殿　一、溌剌タル行動　団結
（スベテノ移動ハ駈足デ行ヘ）　同僚ノ結合
二、時間ノ嚴守　四、ハッキリトシタ頭ノ切換
三、諸規定ノ履行（選抜サレタ感激ヲ忘レルナ）

。班長殿　一、内務ハ操縦ニ現ハレル、

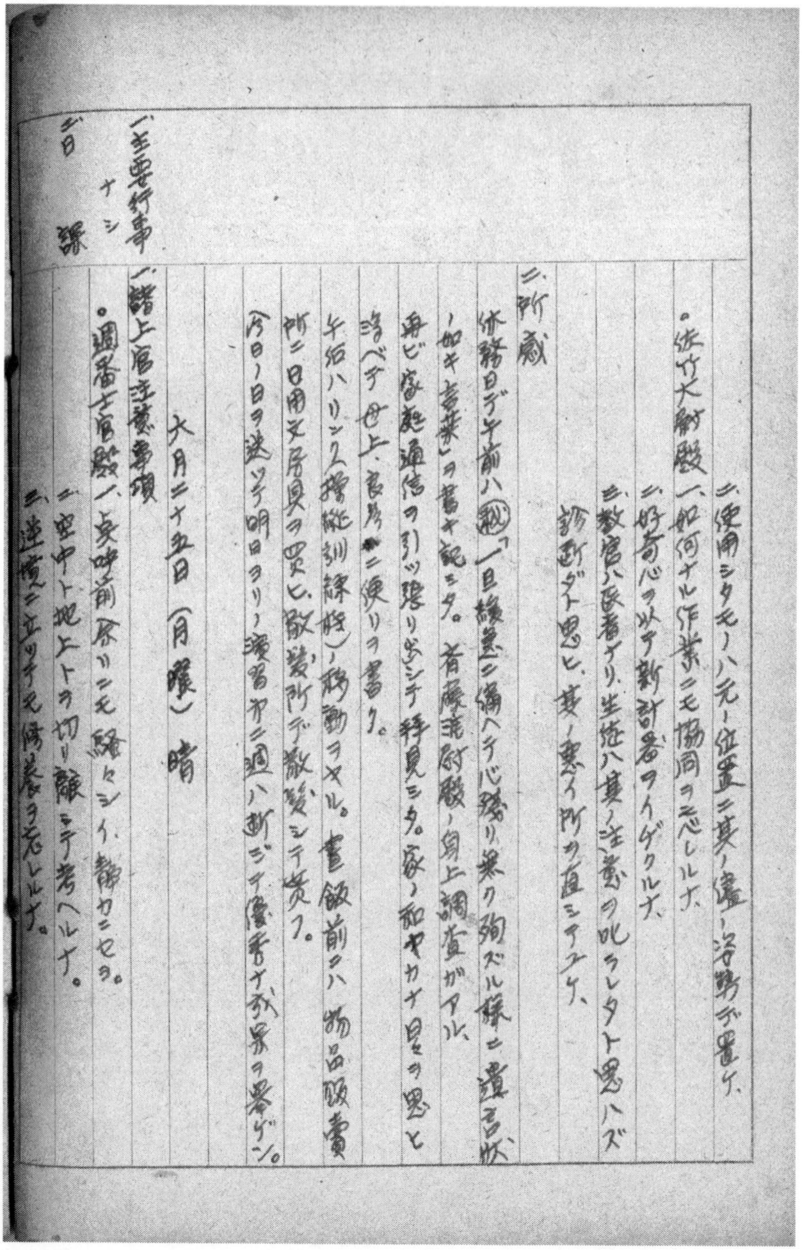

一、主要行事
ナシ
二、日課

二、使用シタモノハ元ノ位置ニ其ノ儘ノ姿勢デ置ケ。
◦佐竹大尉殿 一、如何ナル作業ニモ協同ヲ忘レルナ。
二、好奇心ヲ以テ新計器ヲイヂクルナ。
三、教官ハ長者ナリ。生徒ハ其ノ注意ヲ叱ラレタト思ハズ
診断ダト思ヒ、其ノ悪イ所ヲ直シテユケ。

二、所感
休務日デ午前ハ㊙「一旦緩急ニ備ヘテ心残リ無ク殉ズル様ニ遺言状ノ如キ言葉」ヲ書キ記シタ。斉藤准尉殿ノ身上調査ガアル。再ビ家庭通信ヲ引ッ張リ出シテ拝見シタ。家ノ和ヤカナ日々ヲ思ヒ浮ベテ母上、良子ニ便リヲ書ク。
午后ハリンク（操縦訓練機）ノ移動ヲヤル。晝飯前ニハ物品販賣所ニ日用文房具ヲ買ヒ、散髪所デ散髪シテ貰フ。
今日ノ日ヲ送ッテ明日ヨリノ演習ガ二週ハ断ジテ優秀ナ成果ヲ挙ゲン。

六月二十五日（月曜）晴
一、諸上官注意事項
◦週番士官殿 一、点呼前后リニモ騒々シイ。静カニセヨ。
二、空中ト地上トヲ切リ離シテ考ヘルナ。
三、逆境ニ立ッテモ修養ヲ忘レルナ。

二．使用シタモノハ元ノ位置ニ其ノ儘ノ姿勢デ置ケ．

。佐竹大尉殿　一．如何ナル作業ニモ協同ヲ忘レルナ．

二．好奇心ヲ以テ新計器ヲイヂクルナ．

三．教官ハ医者ナリ．生徒ハ其ノ注意ヲ叱ラレタト思ハズ
診断ダト思ヒ．其ノ悪イ所ヲ直シテユケ．

二．所感

休務日デ午前ハ㊙「一旦緩急ニ備ヘテ心残リ無ク殉ズル様ニ遺言状ノ如キ言葉」ヲ書キ記シタ。斉藤准尉殿ノ身上調査ガアル．再ビ家庭通信ヲ引ッ張リ出シテ拜見シタ。家ノ和ヤカナ日々ヲ思ヒ浮ベテ母上、良彦[redacted]ニ便リヲ書ク。

午后ハリンク（操縦訓練機）ノ移動ヲヤル。晝飯前ニハ物品販賣所ニ日用文房具ヲ買ヒ．散髪所デ散髪シテ貰フ。

今日ノ日ヲ送ッテ明日ヨリノ演習第二週ハ断ジテ優秀ナ成果ヲ擧ゲン。

六月二十五日（月曜）晴

一．主要行事
ナシ

二．日課

一．諸上官注意事項

。週番士官殿　一．点呼前余リニモ騒々シイ．靜カニセヨ。

二．空中ト地上トヲ切リ離シテ考ヘルナ。

三．逆境ニ立ッテモ修養ヲ忘レルナ。

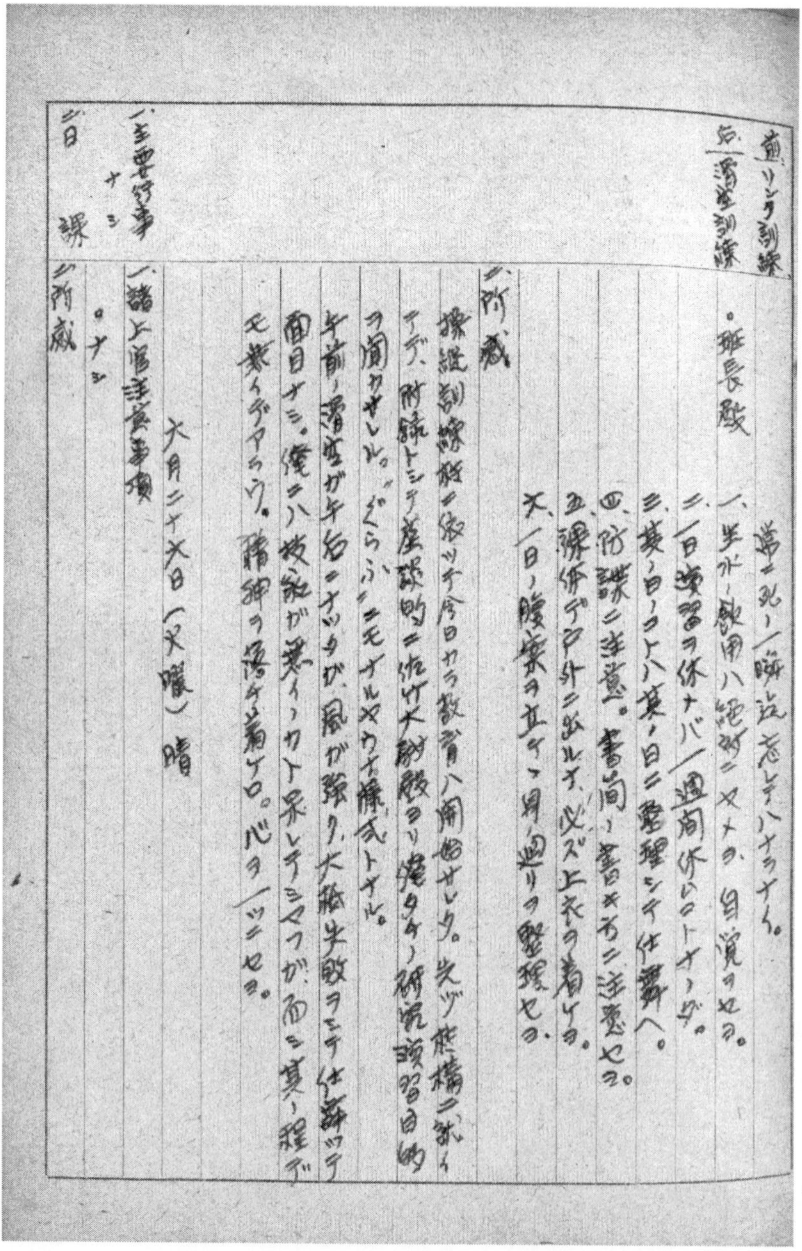

五、リンク訓練
六、滑空訓練

常ニ死ノ一瞬迄忘レテハナラナイ。

・班長殿

一、生水ノ飲用ハ絶対ニヤメロ、自覚ヲセヨ。
二、一日演習ヲ休ナバ一週間休ムコトナノダ。
三、其ノ日ノコトハ其ノ日ニ整理シテ仕舞ヘ。
四、防諜ニ注意。書簡ノ書キ方ニ注意セヨ。
五、課外デ戸外ニ出ルナ、必ズ上衣ヲ着ケヨ。
六、一日ノ腹案ヲ立テ、身廻リヲ整理セヨ。

二、所感

操縦訓練教程ニ依ッテ今日カラ教育ハ開始サレタ。先ヅ姿勢ニ就イテデ、附録トシテ座談的ニ佐竹大尉殿ヨリ俺タチノ研究演習目的ヲ聞カサレル。"ぐらふ"ニモナルヤウナ様式トナル。午前ノ滑空ガ午后ニナッタガ、風ガ強ク、大体失敗ヲミテ仕舞ッテ面目ナシ。俺ニハ技能ガ悪イノカト呆レテシマフガ、而シ其ノ程デモ無イデアラウ。精神ヲ落チ着ケロ。心ヲ一ツニセヨ。

六月二十六日（火曜）晴

一、主要行事
ナシ

二、日課

一、諸上官注意事項
ナシ

二、所感

前　リンク訓練
后　滑空訓練

一．主要行事
　ナシ
二．日課

常ニ死ノ一瞬迄忘レテハナラナイ。
。班長殿　一．生水ノ飲用ハ絶対ニヤメヨ．自覚ヲセヨ。
二．一日演習ヲ休メバ一週間休ムコトナノダ。
三．其ノ日ノコトハ其ノ日ニ整理シテ仕舞へ。
四．防諜ニ注意。書簡ノ書キ方ニ注意セヨ。
五．裸体デ戸外ニ出ルナ．必ズ上衣ヲ着ケヨ。
六．一日ノ腹案ヲ立テヽ身ノ廻リヲ整理セヨ．

二．所感
操縦訓練機ニ依ッテ今日カラ教育ハ開始サレタ。先ヅ機構ニ就イテデ．附録トシテ座談的ニ佐竹大尉殿ヨリ俺タチノ研究演習目的ヲ聞カサレル。〝ぐらふ〟ニモナルヤウナ様式トナル。
午前ノ滑空ガ午后ニナッタガ．風ガ強ク．大抵失敗ヲシテ仕舞ッテ面目ナシ。俺ニハ技能ガ無イノカト呆レテシマフガ．而シ其ノ程デモ無イデアラウ。精神ヲ落チ着ケロ。心ヲ一ツニセヨ。

六月二十六日（火曜）　晴

一．諸上官注意事項
。ナシ
二．所感

前、滑空訓練
后ハ滑空訓練
2、リンク訓練
（教官大橋殿）
教條ヲ吊ル、

今日十回目ノ搭乗ニシテ始メテバーントシタ操縦ヲヤッタ。コレデヤヒヤクカスカニ舵
ヲ憶エタト言フモノダ。而モ今日カラ組毎ニ分別サレタ。俺ハ二組デ園部教官殿
ガ教官デアル。
午后ハ亦、リンクニ始メテ搭乗スル、舵ノ余リ敏感ナノニハ驚イテ仕舞ッタ。
操縦感得ガ課目ダ。水平飛行ノ如ク、地平線ヲ見付ケル。回転一八〇〇
速度一五〇Kダ。
晝、チョッ後ニハ教官室ノ屋根ヲブックロス。衛生ヲ良クスル為ダ。
此ノ夏ハ益々ニアッテユク。今日カラ蚊帳ヲ吊ルスコトニナル。
今週ハ猛訓練ガアルノダ。今コソ褌ノ紐ヲ締メ直シテ。

六月二十七日（水曜）曇

一、主要行事
ナシ
二、日課
前、滑空訓練
后ハ座談
2、リンク訓練
（水平飛行）

一、諸上官注意事項
。班長殿ノ、訓練デ疲労スルガ褌ノ紐ヲ締メ直セ、
二、気分ガ悪イ時ニハ早朝診断治療
三、蚊帳ヲ吊ッテモ其ノ中ノ蚊ヲナクスニスルナ、
二、所感
一、機縁デ今日ハ七米滑空。良好ナヲト喜ビ楽ハルガカスベ（テ慎重ニヤル
ベキデアル。滑空場ニ於テヤル。疲労甚ダシ。
午后ノ前段ノ座談トシテ、リンク講堂ノ隅近ヤ甚生デ教官殿ト話ス、色々ト

前　滑空訓練
后　1.滑空訓練
　　2.リンク訓練
（教官室大掃除）

蚊帳ヲ吊ル

今日十回目ノ搭乗ニシテ始メテバーントシタ操縦ヲヤッタ。コレデヤウヤクカスカニ舵ヲ憶エタト言フモノダ。而モ今日カラ組毎ニ分別サレタ。俺ハ二組デ國松少尉殿ガ教官デアル。

午后ハ亦、リンクニ始メテ搭乗ヲスル。舵ノ凄ク敏感ナノニハ驚イテ仕舞ッタ。操縦感得ガ課目ダ。水平飛行ノ如ク、地平線ヲ見付ケル。回転一六〇〇速度一五〇Kダ。

晝、チヨッ（ト）後ニハ教官室ノ屋根ヲブッコワス。衛生ヲ良クスル為ダ。モウ夏ハ盛リニ入ッテユク、今日カラ蚊帳ヲ吊ルスコトニナル。今週ハ猛訓練ガアルノダ、今コソ褌ノ紐ヲ締メ直シテ。

六月二十七日（水曜）　曇

一、主要行事
　ナシ
二、日　課
前　滑空訓練
后　1.座談
　　2.リンク訓練
（水平飛行）

一、諸上官注意事項
。班長殿　一、訓練デ疲労スルガ褌ノ紐ヲ締メ直セ、
　　　　　二、気分ガ悪イ時ニハ早期診断治療
　　　　　三、蚊帳ヲ吊ッテモ其ノ中ノ整頓ヲメチャニスルナ、
二、所感
一段飛ンデ今日ハ七米滑空。良好ナリト再ビ言ハレルダガスベテ慎重ニヤルベキデアル。滑空場ニ於テヤル。疲労甚ダシ。
午后ノ前段ノ座談トテ、リンク講堂ノ隅近キ芝生デ教官殿ト話ス、色々ト

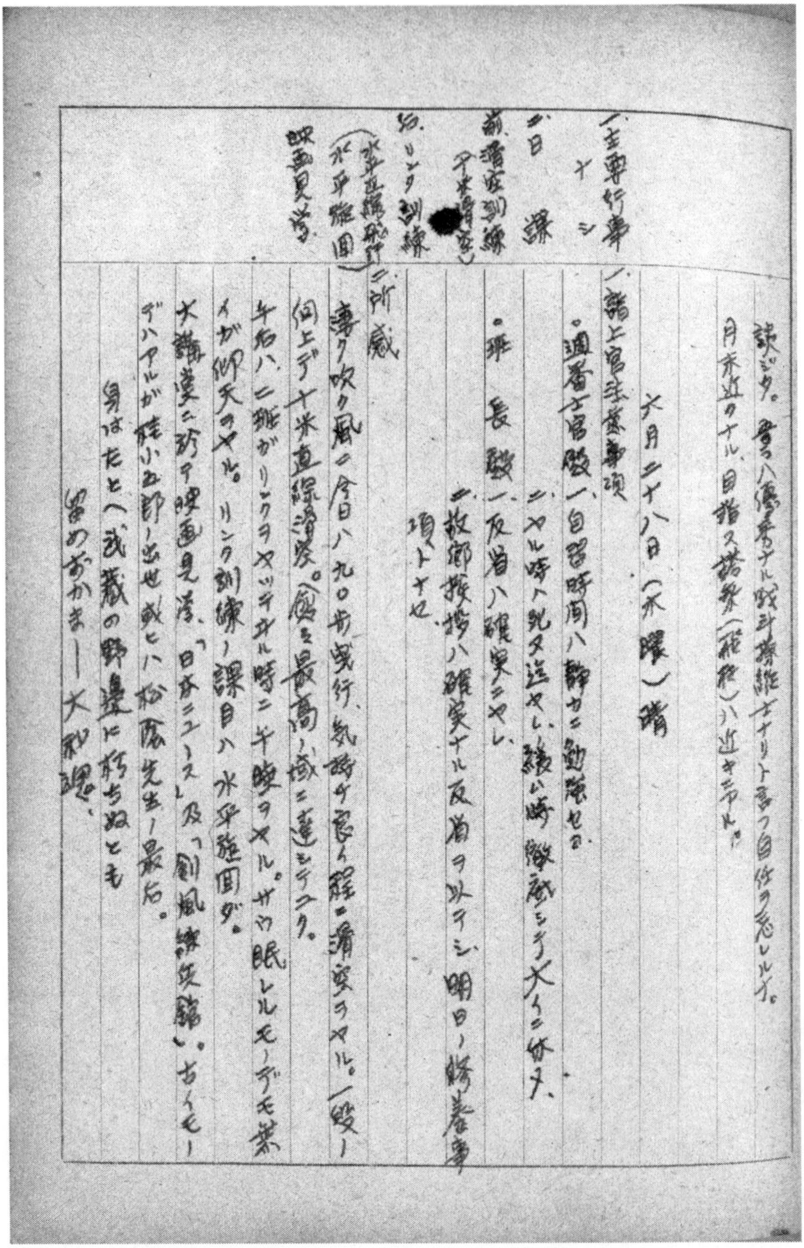

読ンダ。曹ハ優秀ナル戦斗操縦士ナリト言フ自信ヲ忘レルナ。
月末近クナル、目指ス諸参（飛翔）ハ近キニアル。

六月二十八日（水曜）晴

一、主要行事
ナシ
二、日課
前、滑空訓練（十米滑空）
后、リンク訓練（水平直線飛行 水平旋回）
映画見学

一、諸上官注意事項
○週番士官殿ノ、自習時間ハ静カニ勉強セヨ。
ニ、ヤル時ハ兆ヲ迄ヤレ、遊ブ時ハ徹底シテ大イニ遊ベ。
○班長殿ノ、反省ハ確実ニヤレ。
ニ、故郷挨拶ハ確実ナル反省ヲ以テシ、明日ノ修養事項トナセ。

二、所感
凄ク吹ク風ニ今日ハ九〇式実行、気持ガ良イ程ニ滑空ヲヤル。一段ノ向上デ十米直線滑空。俄ヲ最高ノ域ニ達セテユク。
午后ハ、二班ガリンクヲヤッテオル時ニ午睡ヲヤル。サウ眠レルモノデモ無イガ仰天ヲヤル。リンク訓練ノ課目ハ水平旋回ダ。
大講堂ニ於テ映画見学、「日本ニユース」及「剣風練兵館」。古イモノデハアルガ桂小五郎ノ出世或ヒハ松陰先生ノ最后。
身はたとへ武蔵の野辺に朽ちぬとも
留めおかまし大和魂。

一．主要行事
ナシ
二．日　課
前　滑空訓練
（十米滑空）
后　リンク訓練
（水平直線飛行
水平旋回）
映画見学

談ジタ。吾ラハ優秀ナル戦斗操縦士ナリト言フ自任ヲ忘レルナ。
月末近クナル．目指ス搭乗（飛機）ハ近キニアル。

六月二十八日（木曜）　晴

一．諸上官注意事項
。週番士官殿　一．自習時間ハ静カニ勉強セヨ．
二．ヤル時ハ死ヌ亦ヤレ．緩ム時徹底シテ大イニ休メ．
。班長殿　一．反省ハ確実ニヤレ．
二．故郷挨拶ハ確実ナル反省ヲ以テシ．明日ノ休養事項トナセ．

二．所感
凄ク吹ク風ニ今日ハ九〇歩曳行．気持チ良イ程ニ滑空ヲヤル。一段ノ向上デ十米直線滑空。愈々最高ノ域ニ達シテユク。
午后ハ．二班ガリンクヲヤッテキル時ニ午睡ヲヤル。サウ眠レルモノデモ無イガ仰天ヲヤル。リンク訓練ノ課目ハ水平旋回ダ。
大講堂ニ於テ映画見學．「日本ニュース」及「剣風練兵館」。古イモノデハアルガ桂小五郎ノ出世或ヒハ松陰先生ノ最后。
身ハたとへ武蔵の野邊に朽ちぬとも
留めおかま——大和魂．

案：「劍風練兵館」：一九四四年上映之電影，由牛原虛彥所導演。

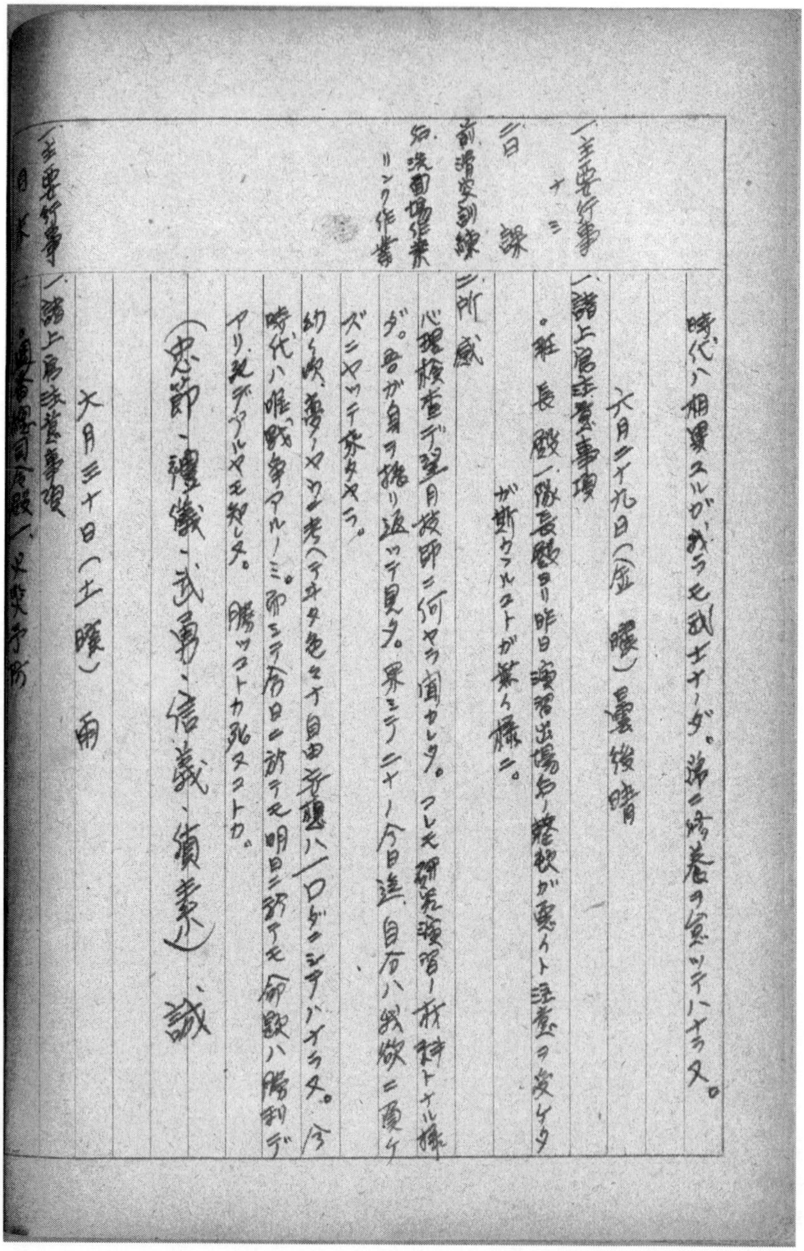
時代ハ相異スルガ我ラモ武士ナノダ。常ニ修養ヲ怠ッテハナラヌ。

六月二十九日（金曜）曇後晴

一、主要行事
ナシ

二、日課
前、搭乗訓練
后、洗面場作業
リンク作業

一、諸上官注意事項
・班長殿ハ隊長殿ヨリ昨日演習出場者ノ態度ガ悪イト注意ヲ受ケタ
ガ斯ウルコトガ無イ様ニ。

三、所感
心理検査デ望月技師ニ何ヤラ聞カレタ。コレモ研究演習ノ材料トナル様
ダ。吾ガ身ヲ振リ返ッテ見タ。果シテ二十ノ今日迄自分ハ我欲ニ負ケ
ズニヤッテ来タダラウ。
幼イ頃、夢ノヤウニ考ヘテ居タ色々ナ自由主義ハ一口ダニシテハナラヌ。今
時代ハ唯、戦争アルノミ。而シテ今日ニ於テモ明日ニ於テモ命欲ハ勝利デ
アリ、死デアルヤモ知レヌ。勝ツコトカ死ヌコトカ。

（忠節、禮儀、武勇、信義、質素）誠

六月三十日（土曜）雨

一、主要行事
目 …

一、諸上官注意事項
・通信班司令殿ノ、見学予防

一．主要行事
　ナシ
二．日課
前　滑空訓練
后　洗面場作業
　　リンク作業
一．主要行事
　月末

時代ハ相異スルガ我ラモ武士ナノダ。常ニ修養ヲ怠ッテハナラヌ。

六月二十九日（金曜）　曇後晴

一．諸上官注意事項
。班長殿　一．隊長殿ヨリ昨日演習出場后ノ整頓ガ悪イト注意ヲ受ケタ
　　　　ガ斯カヽルコトガ無イ様ニ。
二．所感
心理検査デ望月技師ニ何ヤラ聞カレタ。コレモ研究演習ノ材料トナル様ダ。吾ガ身ヲ振リ返ッテ見タ。果シテ二十ノ今日迄．自分ハ我欲ニ負ケズニヤッテ來タヤラ。
幼イ頃．夢ノヤウニ考ヘテヰタ色々ナ自由妄想ハ一口ダニシテハナラヌ．今時代ハ唯戰争アルノミ。而シテ今日ニ於テモ明日ニ於テモ命題ハ勝利デアリ．死デアルヤモ知レヌ。勝ツコトカ死ヌコトカ。
（忠節、禮儀、武勇、信義、質素）、誠

六月三十日（土曜）　雨

一．諸上官注意事項
。週番總司令殿　一．火災予防

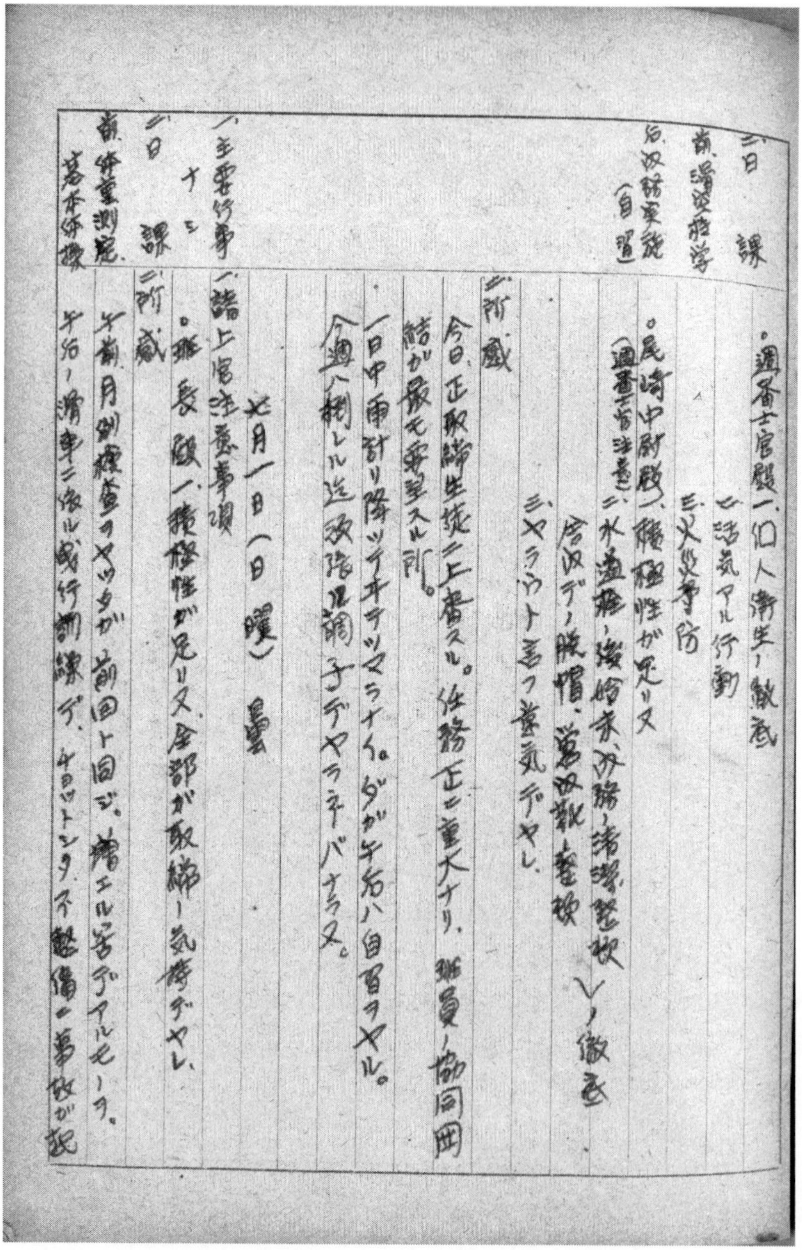

三、日課
前、滑空飛行学
后、必殺要旋（自習）

。週番士官殿ノ、個人衛生ノ徹底
七、活気アル行動
三、火災予防
。尾崎中尉殿ノ、積極性ガ足リヌ
（週番士官注意）二、水道栓ノ後始末、外務ノ清潔整頓
食后デノ服帽、営内靴整頓 ノ徹底
三、ヤラウト言フ意気デヤレ。

二、所感
今日、正取締生徒ニ上番スル。任務正ニ重大ナリ。班員ノ協同団
結ガ最モ要望スル所。
一日中雨ガ降ッテオテツマラナイ。ダガ午后ハ自習ヲヤル。
今週ハ割レル迄緊張調子デヤラネバナラヌ。

七月一日（日曜）曇

一、主要行事
ナシ
一、諸上官注意事項
。班長殿ノ、積極性ガ足リヌ。又、全部ガ取締ノ気持デヤレ。
二、日課
前、体重測定
后、基本体操
二、所感
午前、月例検査ヲヤッタガ前回ト同ジ。増エル筈デアルモノヲ。
午后ノ滑車ニ依ル飛行訓練デ、今ロットシタ不整備ノ事故ガ起

二．日課

前　滑空技学

后　内務実施

（自習）

一．主要行事

ナシ

二．日課

前　体重測定

基本体操

。週番司令殿　一．個人衛生ノ徹底

二．活気アル行動

三．火災予防

。尾崎中尉殿　一．積極性ガ足リヌ

（週番士官注意）二．水道栓ノ後始末内務ノ清潔整頓／舎内デノ脱帽．営内靴ノ整頓　ノ徹底

三．ヤラウト言フ意気デヤレ．

二．所感

今日．正取締生徒ニ上番スル。任務正ニ重大ナリ．班員ノ協同団結ガ最モ要望スル所。

一日中雨計リ降ッテキテツマラナイ。ダガ午后ハ自習ヲヤル。

今週ハ倒レル迄頑張ル調子デヤラネバナラヌ。

七月一日（日曜）曇

一．諸上官注意事項

。班長殿　一．積極性ガ足リヌ．全部ガ取締ノ気持デヤレ．

二．所感

午前．月例検査ヲヤッタガ　前回ト同ジ。増エル筈デアルモノヲ。

午后ノ滑車ニ依ル曳行訓練デ．チョットシタ．不整備ニ事故ガ起

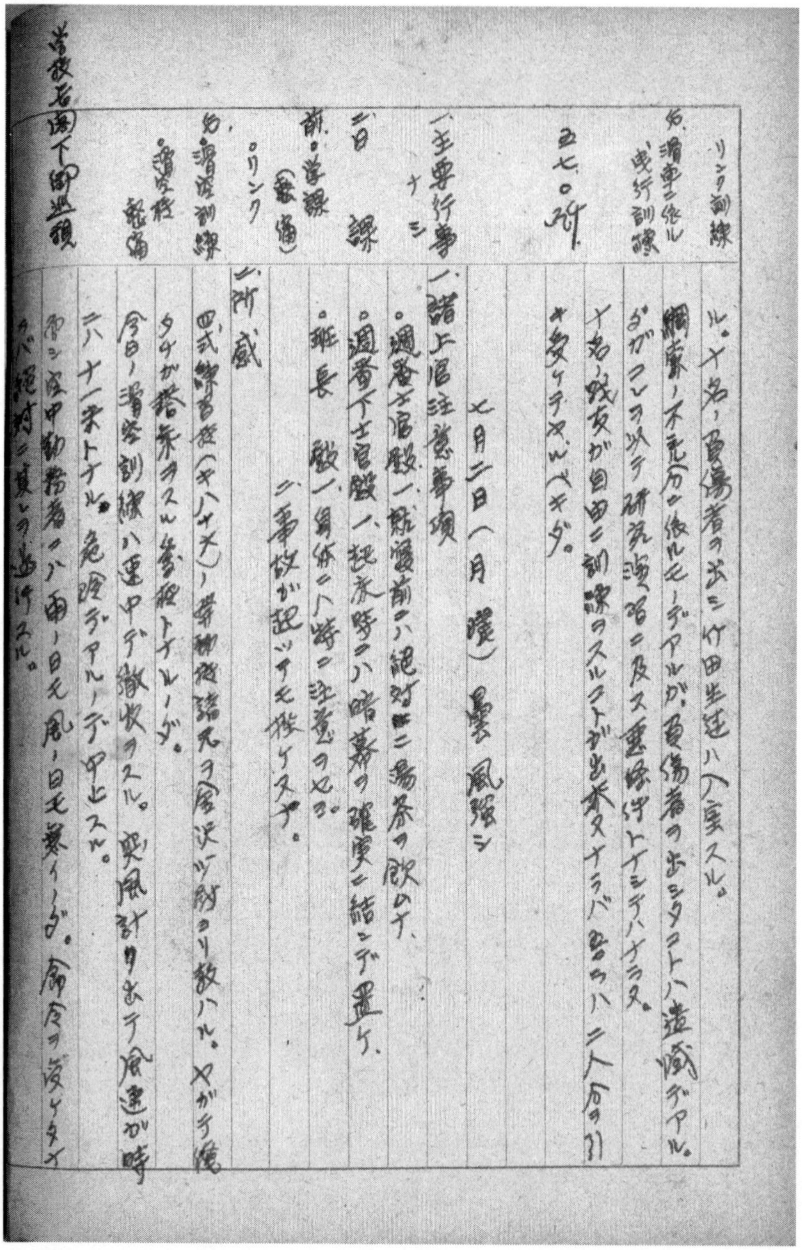
リンク訓練
ル。十名ノ負傷者ヲ出シ竹田生徒ハ入室スル。
夕、滑空ニ依ル
飛行訓練
綱索ノ不足ニ依ルモノデアルガ、負傷者ヲ出シタコトハ遺憾デアル。
ダガコレヲ以テ研究演習ニ及ス悪影響トナシテハナラヌ。
十名ノ戦友ガ自由ニ訓練ヲスルコトガ出来ヌナラバ吾々ハ二人分ヲ引
五七〇呎
キ受ケテヤルベキダ。

七月二日（月曜）曇　風強シ
一、主要行事
ナシ
二、日課
前、○学課（整備）
○リンク
夕、滑空訓練
○滑空機
整備
学校長閣下御巡視

一、諸上官注意事項
○週番士官殿ノ　就寝前ニハ絶対ニ湯茶ヲ飲ムナ、
○週番下士官殿ノ　起床時ニハ暗幕ヲ確実ニ結ンデ置ケ、
○班長　殿ノ　身体ニハ特ニ注意ヲセヨ。
二、事故ガ起ッテモ挫ケヌナ。
二、所感
四式練習機（キ八十六）ノ発動機諸元ヲ習ッタ所ヨリ教ハル。ヤガテ滑空機ニ搭乗スル資格トナルノダ。
今日ノ滑空訓練ハ途中デ撤収ヲスル。突風計ヲ以テ風速ガ時ニ八十一米トナル。危険デアルノデ中止スル。
而シ空中勤務者ニハ雨ノ日モ風ノ日モ無イノダ。命令ヲ受ケタナラバ絶対ニ之ヲ遂行スル。

リンク訓練
后　滑車ニ依ル
曳行訓練
五七．○莚

ル。十名ノ負傷者ヲ出シ竹田生徒ハ入室スル。
綱索ノ不充分ニ依ルモノデアルガ．負傷者ヲ出シタコトハ遺憾デアル。
ダガコレヲ以テ研究演習ニ及ス悪条件トナシテハナラヌ。
十名ノ戰友ガ自由ニ訓練ヲスルコトガ出來ヌナラバ吾ラハ二人分ヲ引キ受ケテヤルベキダ。

七月二日（月曜）　曇　風強シ

一．主要行事
ナシ
二．日　課
前。学課
（整備）
。リンク
后。滑空訓練
。滑空機
整備
学校長閣下御巡視

一．諸上官注意事項
。週番士官殿　一．就寝前ニハ絶対■ニ湯茶ヲ飲ムナ．
。週番下士官殿　一．起床時ニハ暗幕ヲ確実ニ結ンデ置ケ．
。班長殿　一．身体ニハ特ニ注意ヲセヨ。
二．事故ガ起ッテモ挫ケヌナ。（正：挫ケルナ）

二．所感
四式練習機（キ八十六）ノ発動機諸元ヲ金沢少尉ヨリ教ハル。ヤガテ俺タチガ搭乗ヲスル愛機トナルノダ。
今日ノ滑空訓練ハ速中デ徹收ヲスル。突風計リ出テ風速ガ時ニハ十一米トナル。危険デアルノデ中止スル。
而シ空中勤務者ニハ雨ノ日モ風ノ日モ無イノダ。命令ヲ受ケタナラバ絶対ニ其レヲ遂行スル。

案：「四式練習機（キ八十六）」：一九四五年生產，仿製德國Bu131練習機，共計生產一千零三十架，其中多數時以「ユングマン」稱之。鄭連德於訓練中亦曾駕駛此機。

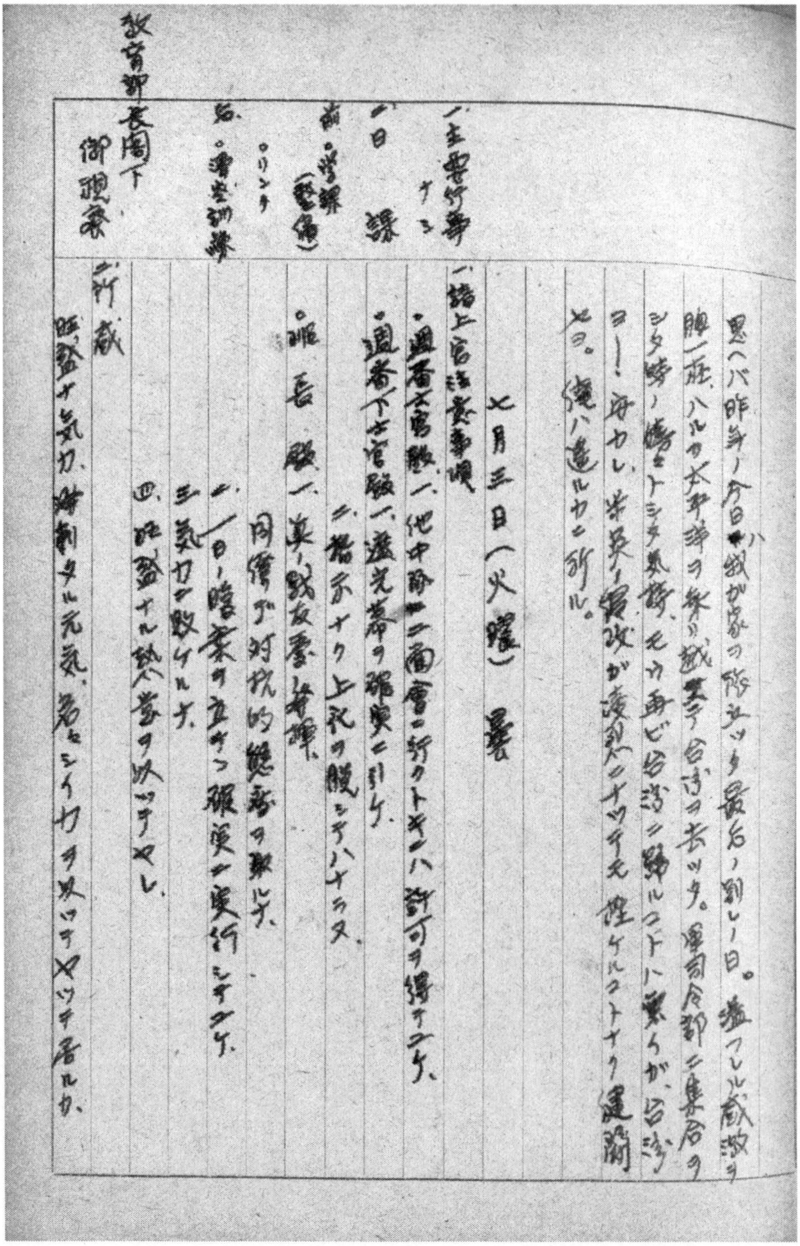
思ヘバ昨年ノ今日ハ我ガ家ヲ旅立ッタ最后ノ別レノ日。溢ルル感激ヲ胸ノ底、ハルカ太平洋ヲ乗リ越エテ台湾ヲ去ッタ。軍司令部ニ集合ノシタ時ノ嬉シトシタ気持、モウ再ビ台湾ニ帰ルコトハ無イガ、台湾ヨ！安カレ。米英ノ侵攻ガ凌烈ニナッテモ挫ケルコトナク健闘セヨ。俺ハ遠ルカニ祈ル。

七月三日（火曜）曇

一、主要行事　ナシ
二、日課
前、○学課（整備）
后、○リンク　○滑空訓練
教育部長閣下御視察

一、諸上官注意事項
○週番士官殿一、他中隊ニ面会ニ行クトキニハ許可ヲ得テユケ。
○週番下士官殿一、遮光幕ヲ確実ニ引ケ。
二、暑苦ナク上衣ヲ脱シテハナラヌ。
○班長殿一、真ノ戦友愛ヲ発揮。
同僚ヲ対抗的態度ヲ取ルナ。
二、一日ノ腹案ヲ立テテ確実ニ実行シテユケ。
三、気力ニ欠ケルナ。
四、旺盛ナル熱ト意ヲ以ッテヤレ。
二、所感
旺盛ナ気力、溌剌タル元気、若々シイ力ヲ以ッテヤッテ居ルカ。

思ヘバ昨年ノ今日ハ我ガ家ヲ旅立ッタ最后ノ別レノ日。溢フレル感激ヲ胸一杯．ハルカ太平洋ヲ乗リ越ヘテ台湾ヲ去ッタ。軍司令部ニ集合ヲシタ時ノ嬉々トシタ気持．モウ再ビ台湾ニ帰ルコトハ無イガ．台湾ヨ！安カレ．米英ノ侵攻ガ凄烈ニナッテモ挫ケルコトナク健闘セヨ。俺ハ遙ルカニ祈ル。

七月三日（火曜）　曇

一．主要行事
　ナシ

二．日　課
前。学課
　（整備）
　。リンク
后。滑空訓練
教育部長閣下
　御視察

一．諸上官注意事項
。週番士官殿　一．他中隊■ニ面會ニ行クトキニハ許可ヲ得テユケ．
　　　　　　　二．指示ナク上衣ヲ脱シテハナラヌ。
。週番下士官殿　一．遮光幕ヲ確実ニ引ケ．
。班長殿　一．真ノ戰友愛ノ発揮
　　　　　　同僚デ対抗的態度ヲ取ルナ．
　　　　　二．一日ノ腹案ヲ立テヽ確実ニ実行シテユケ．
　　　　　三．気力ニ敗ケルナ．
　　　　　四．旺盛ナル熱意ヲ以ッテヤレ．

二．所感
旺盛ナ気力．溌剌タル元気．若々シイ力ヲ以ッテヤッテ居ルカ．

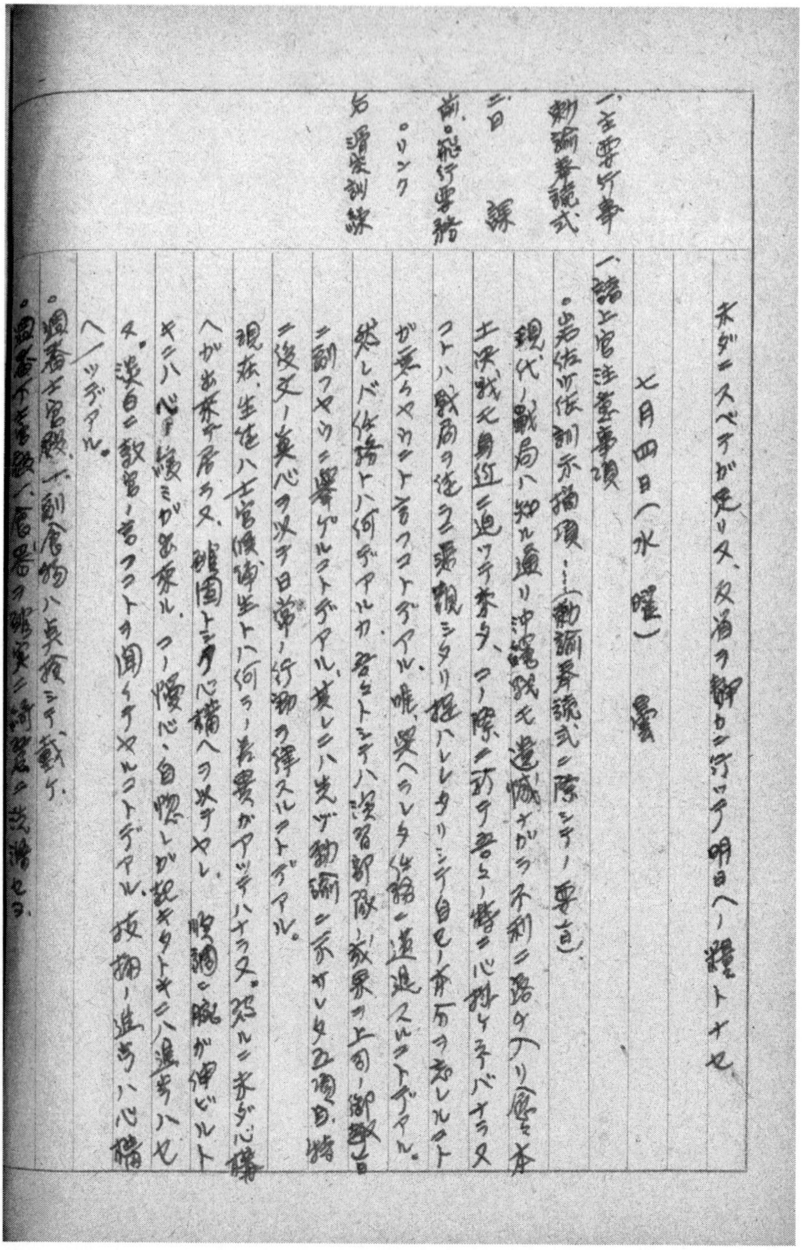

一、主要ナル事
勅諭奉読式
三、日課
前、○飛行要務
○リンク
后 滑空訓練

未ダニスベテガ足リヌ、又道ヲ御カニ行ッテ明日ヘノ糧トナセ。

七月四日（水曜）曇

一、諸上官注意事項

○岩佐分隊長訓示摘項……（勅諭奉読式ニ際シテノ要旨）

現代ノ戦局ハ知ル通リ沖縄戦モ遺憾ナガラ不利ニ終ッタリ（愈々本土決戦モ身近ニ迫ッテ来タ、コノ際ニ於テ吾々ノ特ニ心掛ケネバナラヌコトハ戦局ヲ徒ラニ悲観シタリ楽観シタリシテ自己ノ本分ヲ忘レルコトガ無イヤウニト言フコトデアル。唯、与ヘラレタ任務ニ邁進スルコトデアル。然レバ任務トハ何デアルカ、各々トシテハ練習部隊ノ成果ヲ上司ノ御趣旨ニ副フヤウニ挙ゲルコトデアル、其レニハ先ヅ勅諭ニ示サレタ五箇条ノ精ニ従フノ真心ヲ以テ日常ノ行動ヲ律スルコトデアル。

現在、生徒ハ士官候補生トハ何ラノ差異ガアッテハナラヌ。然ルニ未ダ心構ヘガ出来テ居ラヌ、祖国トシテ心構ヘヲ以テヤレ。胆涵ニ腕ガ伸ビルトキニハ心ノ緩ミガ出来ル、コノ慢心、自惚レガ起キタトキニハ進歩ハセヌ。淡白ニ教官ノ言フコトヲ聞イテヤルコトデアル。技術ノ進歩ハ心構ヘノ/ツデアル。

○週番士官殿、一、副食物ハ点検シテ戴ケ。

○週番下士官殿ハ、倉庫ヲ確実ニ時々点検セヨ。

未ダニスベテ足リヌ．反省ヲ靜カニ行ッテ明日ヘノ糧トナセ．

七月四日（水曜）曇

一．諸上官注意事項

。岩佐少佐訓示摘項……（勅諭奉読式ニ際シテノ要旨）

現在ノ戰局ハ知ル通リ沖縄戰モ遺憾ナガラ不利ニ落チ入リ愈々本土決戰モ身近ニ迫ッテ來タ。コノ際ニ於テ吾々ノ特ニ心掛ケネバナラヌコトハ戰局ヲ徒ラニ悲観シタリ捉ハレレ（レル）タリシテ自己ノ本分ヲ忘レルコトガ無イヤウニト言フコトデアル．唯．與ヘラレタ任務ニ邁進スルコトデアル。然レバ任務トハ何デアルカ．吾々トシテハ演習部隊ノ成果ヲ上司ノ御趣旨ニ副フヤウニ擧ゲルコトデアル．其レニハ先ヅ勅諭ニ示サレタ五項目．特ニ後文ノ真心ヲ以テ日常ノ行動ヲ律スルコトデアル。現在．生徒ハ士官候補生トハ何ラノ差異ガアッテハナラヌ。恐ルニ未ダ心構ヘガ出來テ居ラヌ．確固トシタ心構ヘヲ以テヤレ．順調ニ腕ガ伸ビルトキニハ心ノ緩ミガ出來ル．コノ慢心、自惚レガ起キタトキニハ進歩ハセヌ．淡白ニ教官ノ言フコトヲ聞イテヤルコトデアル．技倆ノ進歩ハ心構ヘ一ツデアル。

。週番士官殿　一．副食物ハ点撿シテ戴ケ．

。週番下士官殿　一．食器ヲ確実ニ綺麗ニ洗滌セヨ．

一．主要行事

勅諭奉読式

二．日課

前。飛行要務

。リンク

后　滑空訓練

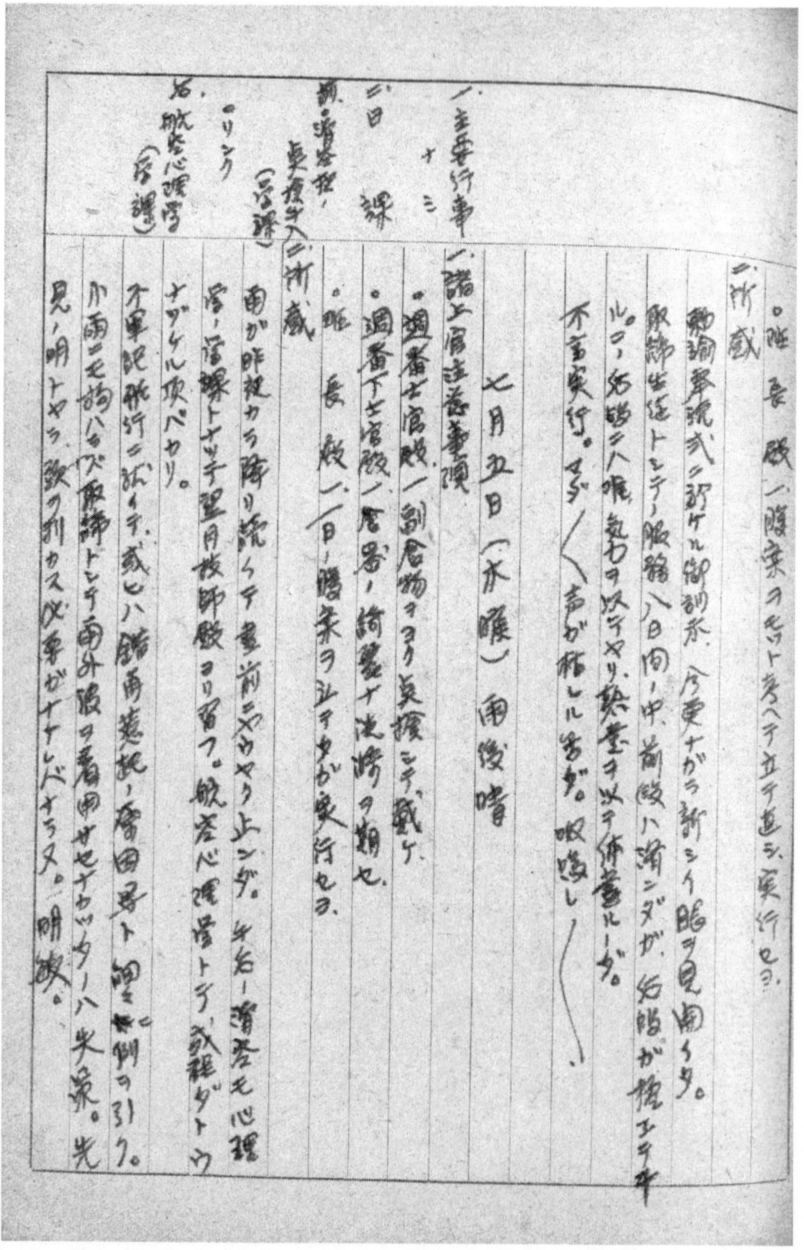

一、主要行事　ナシ

二、日課

朝、滑空機、実施ヲ入ル（学課）

○リンク

夕、航空心理学（学課）

三、所感

○班長殿ノ腹案ヲモット考ヘテ立テ直シ実行セヨ。

動揺事読式ニ於ケル御訓示。今更ナガラ新シイ眼ヲ見開イタ。

服務生徒トシテノ服務ハ日向ノ中ニ蔭殿ハ済ンダガ、組織ガ整エテ来ル。ゴノ組織ニハ唯気力ヲ以テヤリ熱意ヲ以テ体当ルノダ。

不言実行。ヤグ〈声ガ擦レル者ダ。吸ゲし〈

七月五日（木曜）　雨後晴

一、諸上官注意事項

○週番士官殿ノ副食物ヨリ実施ニテ戴ケ。

○週番下士官殿ノ食器ノ綺麗ナ洗浄ヲ期セ。

○班長殿ノ日ノ日課ヲ立テ夕ガ実行セヨ。

二、所感

雨ガ昨夜カラ降リ続イテ昼前ニヤウヤク止ンダ。午后ノ滑空モ心理学ノ学課トナッテ望月教師殿ヨリ習フ。航空心理学トテ、或程ダトウナヅケル項バカリ。

今軍記飛行ニ於イテ、或ヒハ錯覚悲観ノ審田君ト網ヲ引ク。

小雨ニモ拘ハラズ服務トシテ雨外被ヲ着用セナカッタノハ失策。先見ノ明トヤラ、致ヲ利カス必要ガナナレバナラヌ。明故。

一．主要行事
ナシ
二．日課
前。滑空機ノ
点検手入
（学課）
。リンク
后　航空心理学
（学課）

。班長殿　一．腹案ヲモット考ヘテ立テ直シ．実行セヨ．
二．所感
勅諭奉読式ニ於ケル御訓示．今更ナガラ新シイ眼ヲ見開イタ。
取締生徒トシテノ服務八日間ノ中．前段ハ済ンダガ．后段ガ控エテヰ
ル。コノ后段ニハ唯．気力ヲ以テヤリ．熱意ヲ以テ体當ルノダ。
不言実行。マダ〱声ガ枯レル筈ダ。吶鳴レ〱．

七月五日（木曜）　雨後晴

一．諸上官注意事項
。週番士官殿　一．副食物ヲヨク点撿シテ戴ケ．
。週番下士官殿　一．食器ノ綺麗ナ洗滌ヲ期セ．
。班長殿　一．一日ノ腹案ヲ立テタガ実行セヨ．
二．所感
雨ガ昨夜カラ降リ続イテ書前ニヤウヤク止ンダ。午后ノ滑空モ心理
學ノ学課トナッテ望月技師殿ヨリ習フ。航空心理學トテ．成程ダトウ
ナヅケル項バカリ。
不軍紀飛行ニ就イテ．或ヒハ錯再惹起ノ原因等ト細々ニ例ヲ引ク。
小雨ニモ拘ハラズ取締トシテ雨外被ヲ着用サセナカッタノハ失策。先
見ノ明トヤラ．頭ヲ利カス必要ガナケレバナラヌ。明敏。

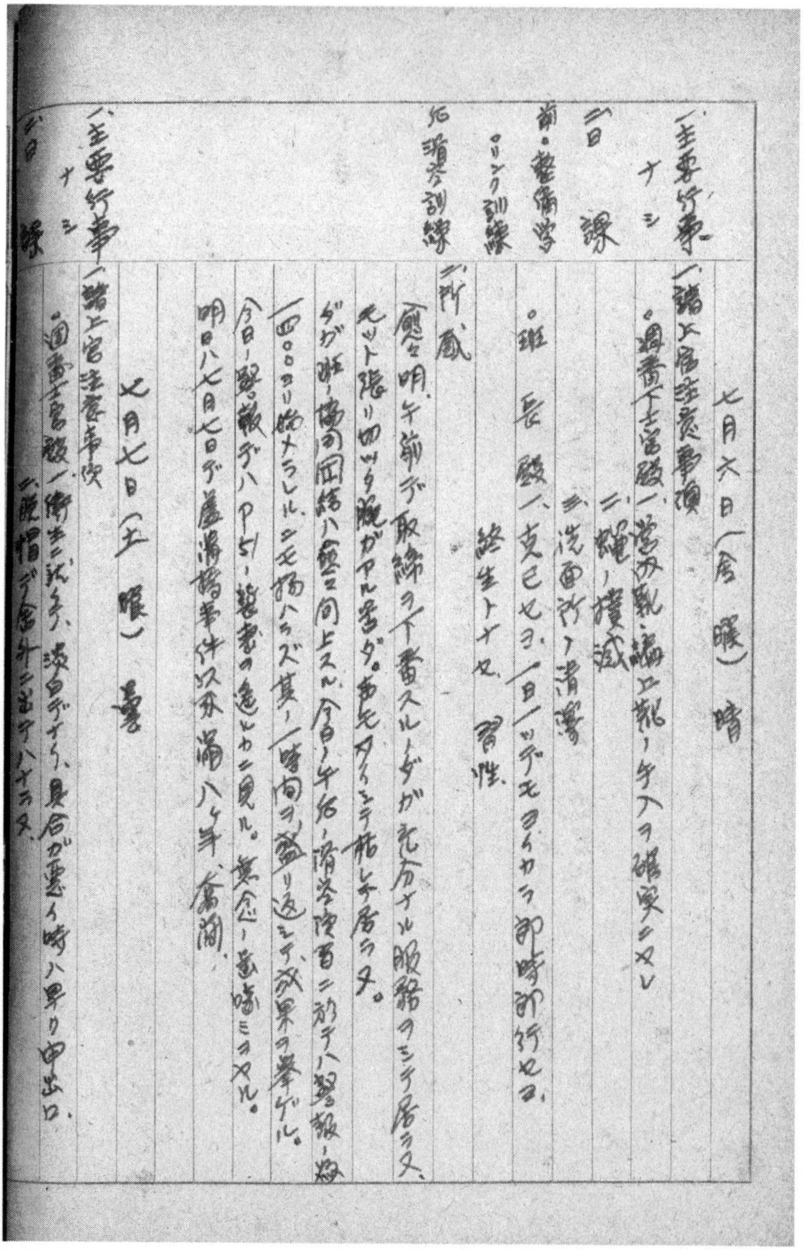
一、主要行事
ナシ
二、日課
前・整備学
○リンク訓練
后・滑空訓練

七月六日（金曜）晴
一、諸上官注意事項
○週番下士官殿ノ営外靴ノ上靴ノ手入ヲ確実ニスベシ
二、蠅ノ撲滅
三、洗面所ノ清潔
○班長殿ハ克已セヨ。一日一ツデモヨイカラ即時即行セヨ。
終生トナセ、習性。
二、所感
今日ハ明午前デ取締ヲ下番スルダガ充分ナル服務ヲシテ居ラヌ、
モット張リ切ッタ態度ガアル筈ダ。而モ[illegible]居ラヌ。
ダガ班ノ協同団結ハ益々向上スル。今日ノ午后ノ滑空訓練ニ於テハ警報ノ為
一四〇〇カリ始メラレル。ニモ拘ハラズ其ノ一時間ヲ盛リ込ミテ成果ヲ挙ゲル。
今日ノ警報デハアタリノ戦雲ノ急ナルニ見ル。無念ノ[illegible]。
明日ハ七月七日デ盧溝橋事件以来満八ヶ年、[illegible]

一、主要行事
ナシ
二、日課

七月七日（土曜）曇
一、諸上官注意事項
○週番士官殿ノ衛生ニ就テ、淡白デナク、具合ガ悪イ時ハ早ク申出ロ。
二、脱帽デ営外ニ出テハナラヌ。

七月六日（金曜）晴

一．主要行事
　ナシ

二．日　課
前。整備学
　。リンク訓練
后　滑空訓練

一．諸上官注意事項
。週番下士官殿　一．営内靴、編上靴ノ手入ヲ確実ニヤレ
　　　　　　　　二．蠅ノ撲滅
　　　　　　　　三．洗面所ノ清潔
。班長殿　一．克己セヨ．一日一ツデモヨイカラ即時即行セヨ．
　　　　　　終生トナセ．習性．

二．所感
愈々明．午前デ取締ヲ下番スルノダガ充分ナル服務ヲシテ居ラヌ．モット張リ切ッタ腕ガアル筈ダ。声モタイシテ枯レテ居ラヌ。ダガ班ノ協同団結ガ愈々向上スル．今日ノ午后ノ滑空演習ニ於テハ警報ノ為一四〇〇ヨリ始メラレル．ニモ拘ハラズ其ノ一時間ヲ盛リ返シテ．成果ヲ舉ゲル。今日ノ警報デハP51ノ襲撃ヲ遙ルカニ見ル。無念ノ歯噛ミヲヤル。
明日ハ七月七日デ盧溝橋事件以來満八ヶ年．奮闘．

七月七日（土曜）雨

一．主要行事
　ナシ

二．日　課

一．諸上官注意事項
。週番士官殿　一．衛生ニ就イテ．淡白デナイ．具合ガ悪イ時ハ早ク申出ロ．
　　　　　　　二．脱帽デ舎外ニ出テハナラヌ．

案：「今日ノ警報デハP51ノ襲擊ヲ遙ルカニ見ル」：一九四五年七月六日P51戰鬥機於千葉、所澤飛行場周邊進行宮及，共造成了死傷者一千兩百零四名，罹災房屋共八千四百八十九戶，並對千葉市內造成了相當相當損害。（參：日置英剛著，《年表　太平洋戰爭全史》，頁六九〇）

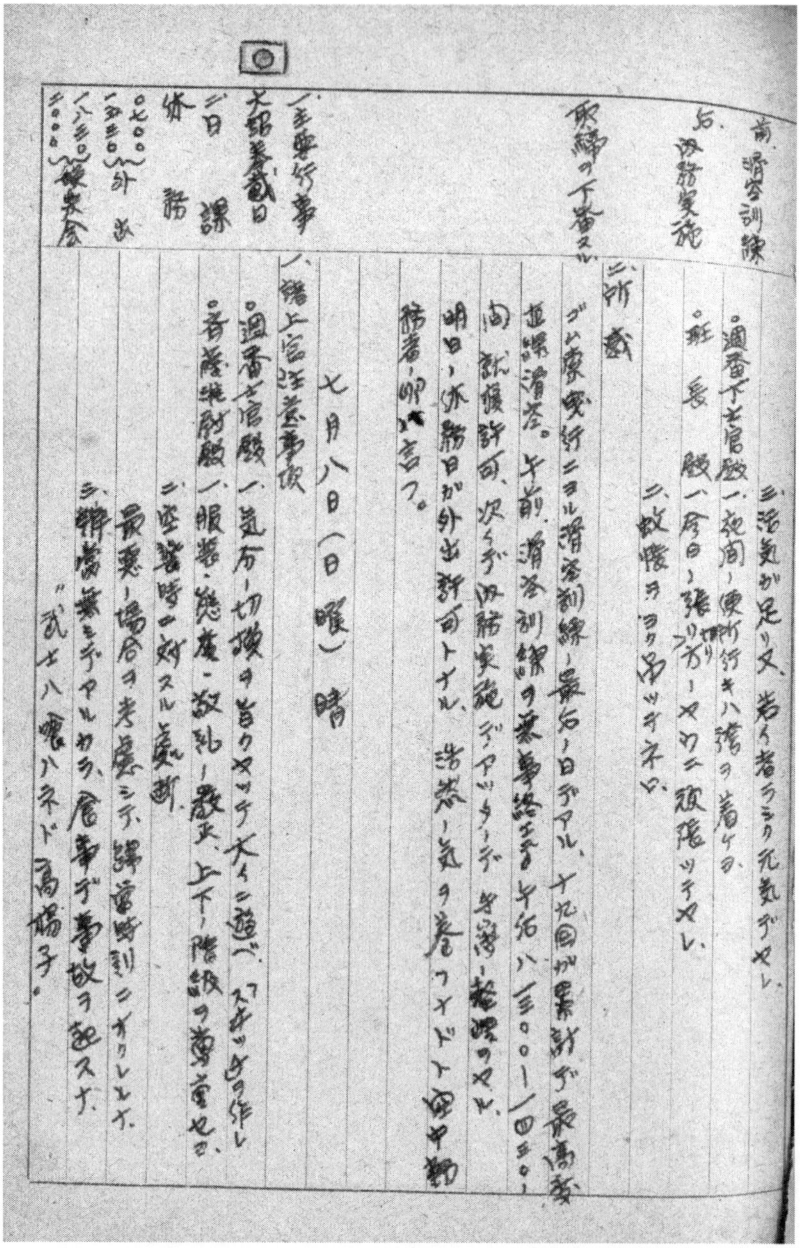

前、滑空訓練
後、派赫実施
取締ノ下番スル

一、主要行事
大詔奉戴日
二、日課
休務
〇七〇〇～外出
一三三〇～外出
一八三〇～帰隊
二〇〇〇～帰隊

三、活気ガ足リ又、若イ者ラシク元気デヤレ。
〇週番下士官殿ノ、施間ノ便所行キハ襦袢ヲ着ケヨ。
〇班長殿ノ今日ノ張リ方ノヤウニ頑張ッテヤレ。
二、故障ヲヨク知ッテオケ。
二、所感
ゴム索実行ニヨル滑空訓練ハ最后ノ日デアル。十九回ガ累計デ最高率
並課滑空。午前、滑空訓練ノ基本事終エテ午后ハ一三〇〇～一四三〇
間就寝許可、次イデ派赫実施デアッタ。
明日ハ休務日ガ外出許可トナル。諸然ノ気ヲ養ワナドト空中勤
務者ノ卯ニ言フ。

七月八日（日曜）晴
一、諸上官注意事項
〇週番士官殿ノ、気分ノ切換ヲ旨クヤッテ大イニ遊ベ。「スキッ」ノ作レ
〇斉藤准尉殿ノ服装、態度、敬礼ノ厳正、上下ノ階級ノ尊重セヨ。
二、空襲時ニ対スル処断
最悪ノ場合ヲ考慮シテ、帰営時刻ニオクレルナ。
三、辨当無キデアルカラ、食事デ事故ヲ起スナ。
「武士ハ喰ハネド高楊子」。

前　滑空訓練
后　內務実施
取締ヲ下番スル
一．主要行事
大詔奉戴日
二．日課
休務
○七○○
一五三○}外出
一八三○
二○○○}娯樂会

三．活気ガ足リヌ．若イ者ラシク元気デヤレ．
。週番下士官殿　一．夜間ノ便所行キハ袴ヲ着ケヨ．
。班長殿　一．今日ノ張リ切リ方ノヤウニ頑張ッテヤレ．
二．蚊帳ヲヨク吊ッテネロ．
二．所感
ゴム索曳行ニヨル滑空訓練ノ最后ノ日デアル．十九回ガ累計デ最高度直線滑空。午前．滑空訓練ヲ無事終エテ午后ハ一三○○―一四三○ノ間　就寝許可．次イデ內務実施デアッタノデ　手簿ノ整理ヲヤル．
明日ノ休務日ガ外出許可トナル．　浩然ノ気ヲ養フナドト空中勤務者ノ卵ハ言フ。

七月八日（日曜）　晴

一．諸上官注意事項
。週番士下官殿　一．気分ノ切換ヲ旨クヤッテ大イニ遊べ．「スキッチ」ヲ作レ
。斉藤准尉殿　一．服装、態度、敬礼ノ嚴正．上下ノ階級ヲ尊重セヨ．
二．空襲時ニ対スル處断．
最悪イノ場合ヲ考慮シテ．歸営時刻ニオクレルナ．
三．辦當無シデアルカラ食事デ事故ヲ起スナ．
〝武士ハ喰ハネド高揚子。〟（正：高楊枝）

○班長殿　一、外出ニ際シテハ「外出諸令」ノ「休日及外出」ヲ研究セヨ

二、食事ニ就イテ事故ヲ起スナ、

三、空襲時ニ備ヘテカラ行ケ、

四、防諜ニ就イテ、余計ナコトヲ喋ルナ、

五、時間ノ厳守、

○週番総司令殿今週要望事項

一、盗難予防ニ注意セヨ、

二、紛失物ヲナクセ、

○週番士官殿（金沢少尉）今週要望事項

一、衛生ニ注意シテ病気ヲ絶対ニヤルナ、

二、防空態勢ノ完備、

所感

起床ト同時ニ軍旅ノ軍装デ舎前ニ於テ詔書奉読式ヲヤル、今日ハ
外出ガアル故早クヤッタ訳。〇七〇〇ニ舎前外出整列、服装検査
後、外出スル、浩然ノ気ヲ養フトヤラ玉岡氏ト出ル、
十ノ時映ニ例日ノ通リ、P51君ガ来ル。交通機関等事故ヲ発生
スルガ何ラ事故ナク、一七三〇迄ノ時間デ一時間前ニ帰ル。入浴後
一八三〇ヨリ、一班、二班、三班トデ娯楽会ヲ開ク、場所ハ一階、落語ヤ
漫才モアルガ軍歌、詩吟、歌等アル、

◦班長殿

一．外出ニ際シテハ内務令ノ「休日及外出」ヲ研究セヨ

二．食事ニ就イテ事故ヲ起スナ．

三．空襲時ニ備ヘテカラ行ケ．

四．防諜ニ就イテ．余計ナコトヲ喋ルナ．

五．時間ノ嚴守

◦週番總司令殿　今週要望事項

一．盗難予防ニ注意セヨ．

二．紛失物ヲナクセ．

◦週番士官殿（金沢少尉）　今週要望事項

一．衛生ニ注意シテ病気ヲ絶対ニヤルナ．

二．防空態勢ノ完備．

所感

起床ト同時ニ単独ノ軍装デ舎前ニ於テ詔書奉読式ヲヤル．今日ハ外出ガアル為早クヤッタ訳．　〇七〇〇ニ舎前外出整列．　服装検査後．外出スル．　浩然ノ気ヲ養フトヤラ玉岡氏ト出ル．十一時頃ニ例日ノ通リ．P51君ガ來ル。交通機関等事故ヲ発生スルガ何ラ事故ナク．一七三〇迄ノ時間デ二時間前ニ歸ル。入浴後．一八三〇ヨリ．一班、二班、三班トデ娯樂會ヲ開ク．場所ハ一班．落語ヤ漫才モアレバ　軍歌、詩吟、歌等アル．

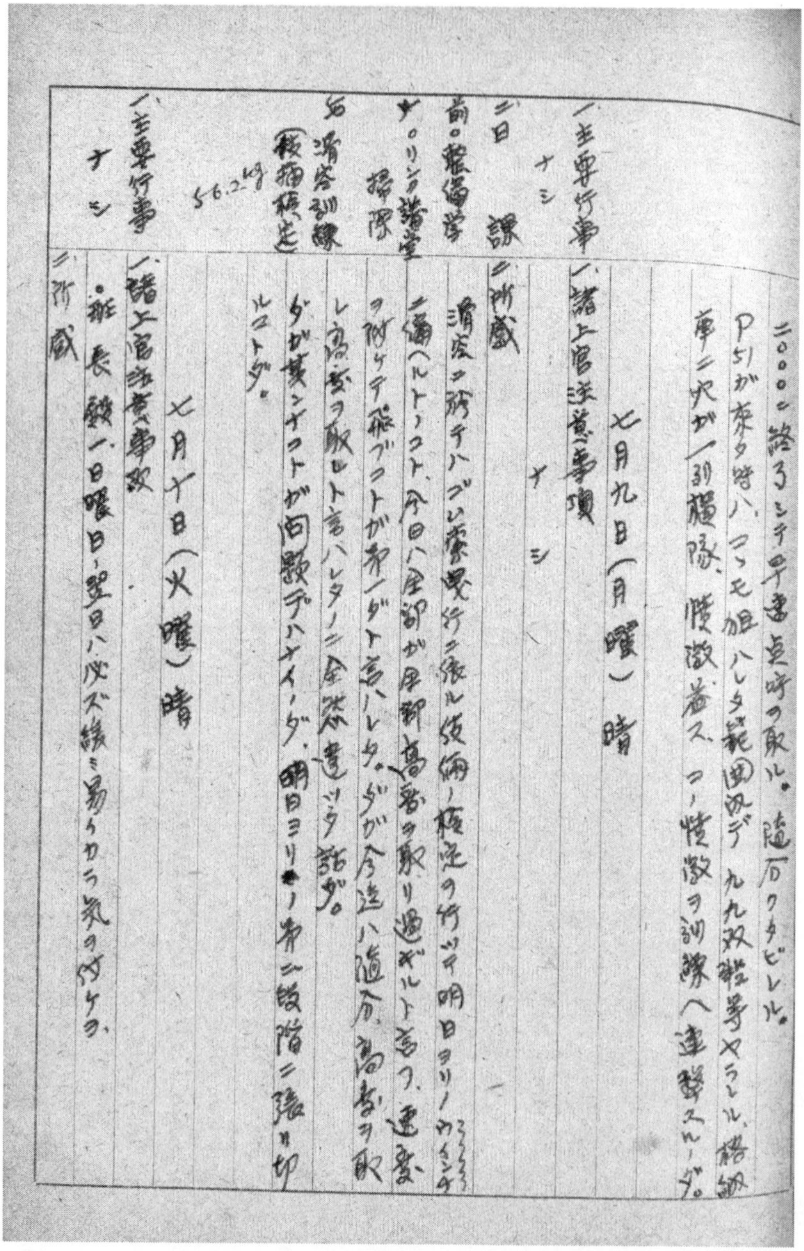

二〇〇〇ニ諸子シテ早速点呼ヲ取ル。随分ワタビレル。
P51ガ来タ時ハ、コンモ旭ハレタ範囲内デ九九双軽等ヤラレル、格級
事ニ次ガ一列機隊、憤激萬丈、コノ憤激ヲ訓練ヘ連繋スルノダ。

七月九日（月曜）晴

一、主要行事
　ナシ
二、日課
前、整備学
午、リンク講堂
　操縦
后、滑空訓練
（検相検定）
5-6.2kg

一、諸上官注意事項
　ナシ
二、所感
滑空ニ於テハゴム索曳行ニ依ル彼術ノ検定ヲ行ッテ明日ヨリノウインチ
ニ備ヘルトノコト、今日ハ全部ガ全部高度ヲ取リ過ギルト言フ、速度
ヲ附ケテ飛ブコトガ第一ダト言ハレタ。ダガ今迄ハ随分高度ヲ取
レ高度ヲ取ルト言ハレタノニ全然違ッタ話ダ。
ダガ其ンナコトガ問題デハナイノダ、明日ヨリノ第二段階ニ張リ切
ルコトダ。

七月十日（火曜）晴

一、主要行事
　ナシ

一、諸上官注意事項
・班長殿ハ日曜日ノ翌日ハ必ズ緩ミ易イカラ気ヲ付ケヨ、
三、所感

二〇〇〇ニ終了シテ早速点呼ヲ取ル。随分クタビレル。
P51ガ來タ時ハ．コヽモ狙ハレタ範囲内デ　九九双軽等ヤラレル．格納庫ニ穴ガ一列横隊．憤激益ス．コノ憤激ヲ訓練ヘ連撃スルノダ。

七月九日（月曜）晴

一．主要行事
　ナシ

二．日課
前。整備学
　。リンク講堂
　　掃除
后　滑空訓練
　（技倆検定）
　56.2kg

一．諸上官注意事項
　ナシ

二．所感
滑空ニ於テハゴム索曳行ニ依ル伎倆ノ検定ヲ行ッテ明日ヨリノウインチニ備ヘルトノコト．今日ハ全部ガ全部高度ヲ取リ過ギルト言フ．速度ヲ附ケテ飛ブコトガ第一ダト言ハレタ。ダガ今迄ハ随分．高度ヲ取レ高度ヲ取レト言ハレタノニ全然違ッタ話ダ。ダガ其ンナコトガ問題デハナイノダ．明日ヨリ[redacted]ノ第二段階ニ張リ切ルコトダ。

七月十日（火曜）晴

一．主要行事
　ナシ

一．諸上官注意事項
。班長殿　一．日曜日ノ翌日ハ必ズ緩ミ易イカラ気ヲ付ケヨ．

二．所感

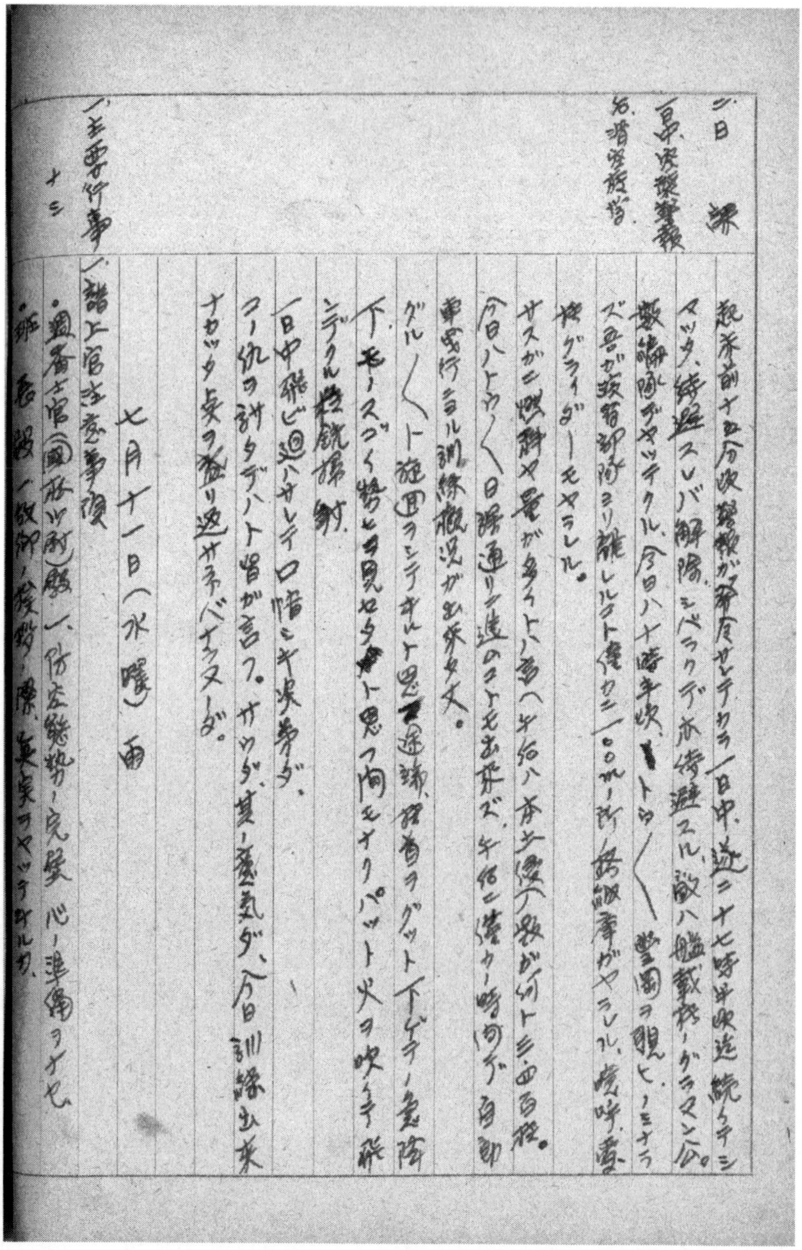

二、日課
一、夏季攻撃要義
二、滑空旋回

起床前十五分警報ガ発令サレテカラ一日中。遂ニ十七時半迄続イテシマッタ。待避スレバ解除ニナルクデ亦待避スル。敵ハ艦載機ノグラマン八〇。整備隊ガヤッテクル。今日ハ十時半頃、トウトウ空襲ヲ覗ヒ、ノミナラズ吾ガ攻撃部隊ヨリ離レルコト僅カニ一〇〇粁ノ所ノ[illegible]ガヤラレル、嗚呼、惨
特ニグライダーモヤラレル。
サスガニ機銃ノ量ガ多イト上ノ高ヘ午後ハ本土機ノ数ガ何ト三・四百機。
今日ハトウトウ日課通リニ進ムコトモ出来ズ。午後ニ僅カノ時間デ自習専修行ニヨル訓練概況ガ出来タ丈。
グルグルト旋回ヲシテオルト思フ途端、指揮官ヲグットト下ゲテノ急降下モノスゴイ勢ヒヲ見セタト思フ間モナクパットト火ヲ吹イテ飛ンデクル機銃掃射。
一日中飛ビ廻ハサレテ口惜シキ次第ダ。
コノ仇ヲ討タデハト皆ガ言フ。サウダ、其ノ意気ダ。今日訓練出来ナカッタ点ヲ取リ返サネバナラヌノダ。

七月十一日（水曜）雨

一、主要行事
ナシ
一、諸上官注意事項
・週番士官（國府少尉）殿ノ、防空態勢ノ完璧、心ノ準備ヲナセ。
・班長殿ノ敬仰ノ態度、隙、真実ヲヤッテオルカ。

二．日課
一日中空襲警報
后　滑空機学

一．主要行事
ナシ

起床前十五分頃警報ガ発令サレテカラ一日中．遂ニ十七時半頃迄続イテシマッタ。待避スレバ解除．シバラクデ亦待避スル．敵ハ艦載機ノグラマン公。數編隊デヤッテクル．今日ハ十時半頃．■トウ〱豊岡ヲ覗ヒ．ノミナラズ吾ガ演習部隊ヨリ離レルコト僅カニ一〇〇mノ所ノ格納庫ガヤラレル．噫呼．愛機グライダーモヤラレル。
サスガニ燃料ヤ量ガ多イトハ言ヘ午后ハ本土侵入數ガ何ト三、四百機。
今日ハトウ〱日課通リニ進ムコトモ出來ズ．午后ニ僅カノ時間デ自動車曳行ニヨル訓練概況ガ出來ダ丈。
グル〱ト旋回ヲシテヰルト思フ途端．機首ヲグット下ゲテノ急降下モノスゴイ勢ヒヲ見セタ■ト思フ間モナクパット火ヲ吹イテ飛ンデクル機銃掃射．
一日中飛ビ廻ハサレテ口惜シキ次第ダ。
コノ仇ヲ討タデハト皆ガ言フ。サウダ．其ノ意気ダ．今日訓練出來ナカッタ点ヲ盛リ返サネバナラヌノダ。

七月十一日（水曜）　雨

一諸上官注意事項
。週番士官（國松少尉）殿　一．防空態勢ノ完璧　心ノ準備ヲナセ．
。班長殿　一．故郷ノ挨拶ノ際．真実ヲヤッテヰルカ．

案：「敵ハ艦載機ノグラマン公。數編隊デヤッテクル」：一九四五年七月十日，艦載機共計一千兩百架次於午前五時十分至午後五時十分中約分六波對關東地區一代進行攻擊（參：日置英剛著，《年表　太平洋戰爭全史》，頁六九二）

一日 課
前 ○計器学
 ○リンク訓練
後 ○滑空機学
一、主要行事
 ナシ
二日 課
前 ○整備学
 ○リンク訓練
後 ○誘導路
 滑走作業

二 所感
昨日、待避ノ時空ヲ仰イダ所が、日暈が見エル、今日ハテッキリ雨天
ナリト観天望気ヲ利用。正ニ其ノ通リデ雨が降ル。
「リンク」ニ於テ場周離着陸ヲ始メル、愈々飛行機操縦ニ関聯シテ
来タ。事、操縦ニ関シテハ、スベテ単刀直入、率直ニ言葉モ使ヒ、色気ヲ
使フコトナク、蛮声ヲ張リ上ゲルコトダ。
デカイ声ヲ出セ。取締生徒ノ時ニ怒鳴ッタ声ヲ続ケ。

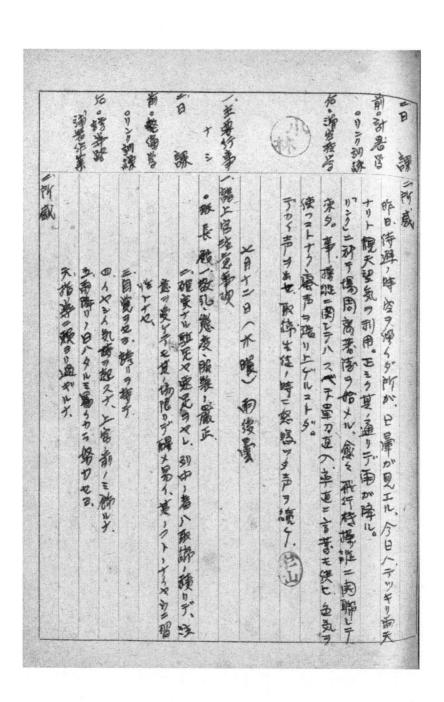

七月十二日(水曜) 雨後曇
一、諸上官注意事項
 ○班長殿ノ散乱、態度、服装ノ厳正、
 二、確実ナル駐足ヤ遊足ヲヤレ、列中ノ者ハ取締ノ積リデ、注
 意ヲ受ケテモ其ノ場限リデ醒メ易イ、其ノコトノナイヤウニ習
 慣トナセ、
 三、自覚ヲ以テ誇リヲ持テ
 四、イヤシイ気持ヲ起スナ、上官前ノミ飾ルナ、
 五、雨降リノ日ハタルミ易イカラ努力セヨ、
 六、指導ニ頼ヨリ過ギルナ。
二 所感

二．日　課
前。計器学
。リンク訓練
后。滑空訓練

一．主要行事
ナシ

二．日　課
前。整備学
。リンク訓練
后。誘導路
補装作業

二．所感
昨日．待避ノ時空ヲ仰イダ所ガ．日曇ガ見エル．今日ハテッキリ雨天ナリト観天望気ヲ利用。正シク其ノ通リデ雨ガ降ル。
「リンク」ニ於テ場周離着陸ヲ始メル．愈々飛行機操縦ニ関聯シテ來タ。事．操縦ニ関シテハスベテ單刀直入．率直ニ言葉モ使ヒ．色気ヲ使フコトナク蛮声ヲ張リ上ゲルコトダ。
デカイ声ヲ出セ．取締生徒ノ時ニ怒鳴ッタ声ヲ続ケ．

七月十二日（木曜）　雨後曇

一諸上官注意事項
。班長殿　一．敬礼、態度、服装ノ嚴正．
二．確実ナル駈足ヤ速足ヲヤレ．列中ノ者ハ取締ノ積リデ．注意ヲ受ケテモ其ノ場限リデ醒メ易イ．其ノコトノナイヤウニ習性トナセ．
三．自覚ヲセヨ．誇リヲ持テ
四．イヤシイ気持ヲ起スナ．上官ノ前ノミ飾ルナ．
五．雨降リノ日ハタルミ易イカラ努力セヨ．
六．指導ニ頼ヨリ過ギルナ．

二．所感

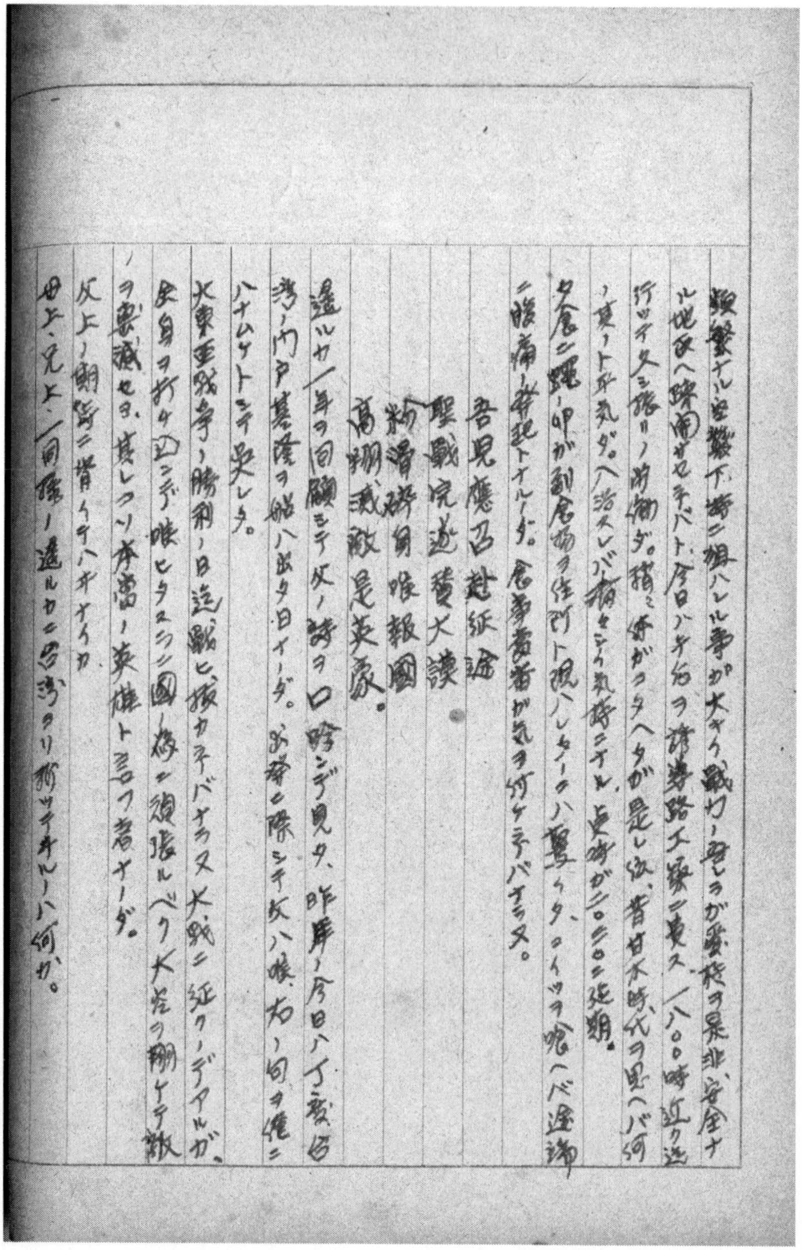
頻繁ナル空襲下等ニ現ハレル事ガ大キク、戰力ノ是レヲ發揮ヲ是非、安全ナ
ル地区ヘ疎開サセテハト、今日ハ午后ヨリ誘導路工事ニ費ス。一八〇〇時近ク迄
行ッテ久シ振リノ労働ダ。精々汗ガコタヘタガ是レ位、昔甘木時代ヲ思ヘバ何
ノ其ノトデ気ダ。ヘノ治スレバ楽々デヨク気持ニナル、点呼ガ二〇三〇ニ延期。
夕食ニ鰻ノ卵ガ副食物ヲ作ッテ現ハレタノニハ驚イタ、コイツヲ喰ヘバ途端
ニ腹痛ノ発起トナルノダ。食事当番ガ気ヲ付ケテバナラヌ。

吾児應召赴征途
聖戰完遂貫大謨
粉骨碎身唯報國
高翔滅敵是英豪。

遠ルカ一年ヲ回顧シテ父ノ詩ヲ口吟ンデ見タ、昨年ノ今日ハ丁度台
湾ノ門戸基隆ヲ船ハ出タ日イノダ。出発ニ際シテ父ハ喉、右ノ句ヲ俺ニ
ハナムケトシテ呉レタ。
大東亜戦争ノ勝利ノ日迄戰ヒ、振カネバナラヌ大戦ニ征クノデアルガ、
此身ヲ折ケ四ニデ喉ヒタスラニ國ノ為ニ頑張ルベク大空ヲ翔ケテ敵
ノヲ殲滅セヨ、甚レコソ本当ノ英雄ト言フ者ナノダ。
父上ノ期待ニ背イテハナイカ、
母上、兄上、一同様ノ遠ルカニ台湾ヨリ祈ッテ居ルノハ何ンカ。

頻繁ナル空襲下特ニ狙ハレル事ガ大キイ戰力ノ吾レラガ愛機ヲ是非・安全ナル地区ヘ疏開サセネバト・今日ハ午后ヲ誘導路工築ニ費ス・一八〇〇時近ク迄行ッテ久シ振リノ労働ダ。稍々体ガコタヘタガ是レ位・昔甘木時代ヲ思ヘバ何ノ其ノト平気ダ。入浴スレバ清々シイ気持ニナル。点呼ガ二〇三〇ニ延期。夕食ニ蠅ノ卵ガ副食物ヲ住所ト現ハレタノニハ驚イタ・コイツヲ喰ヘバ途端ニ腹痛ノ発起トナルノダ。食事當番ガ気ヲ付ケネバナラヌ。

吾児應召赴征途
聖戰完遂贊大謨
粉骨碎身唯報國
高翔滅敵是英豪

遙ルカ一年ヲ回顧シテ父ノ詩ヲ口吟ンデ見タ。昨年ノ今日ハ丁度台湾ノ門戸基隆ヲ船ハ出タ日ナノダ。出発ニ際シテ父ハ唯・右ノ句ヲ俺ニハナムケトシテ呉レタ。

大東亜戰争ノ勝利ノ日迄戰ヒ抜カネバナラヌ大戰ニ征クノデアルガ・全身ヲ打チ込ンデ唯ヒタスラニ國ノ為ニ頑張ルベク大空ヲ翔ケテ敵ヲ撃滅セヨ・其レコソ本當ノ英雄ト言フ者ナノダ。

父上ノ期待ニ背イテハヰナイカ・

母上、兄上、一同様ノ遙ルカニ台湾ヨリ祈ッテヰルノハ何カ。

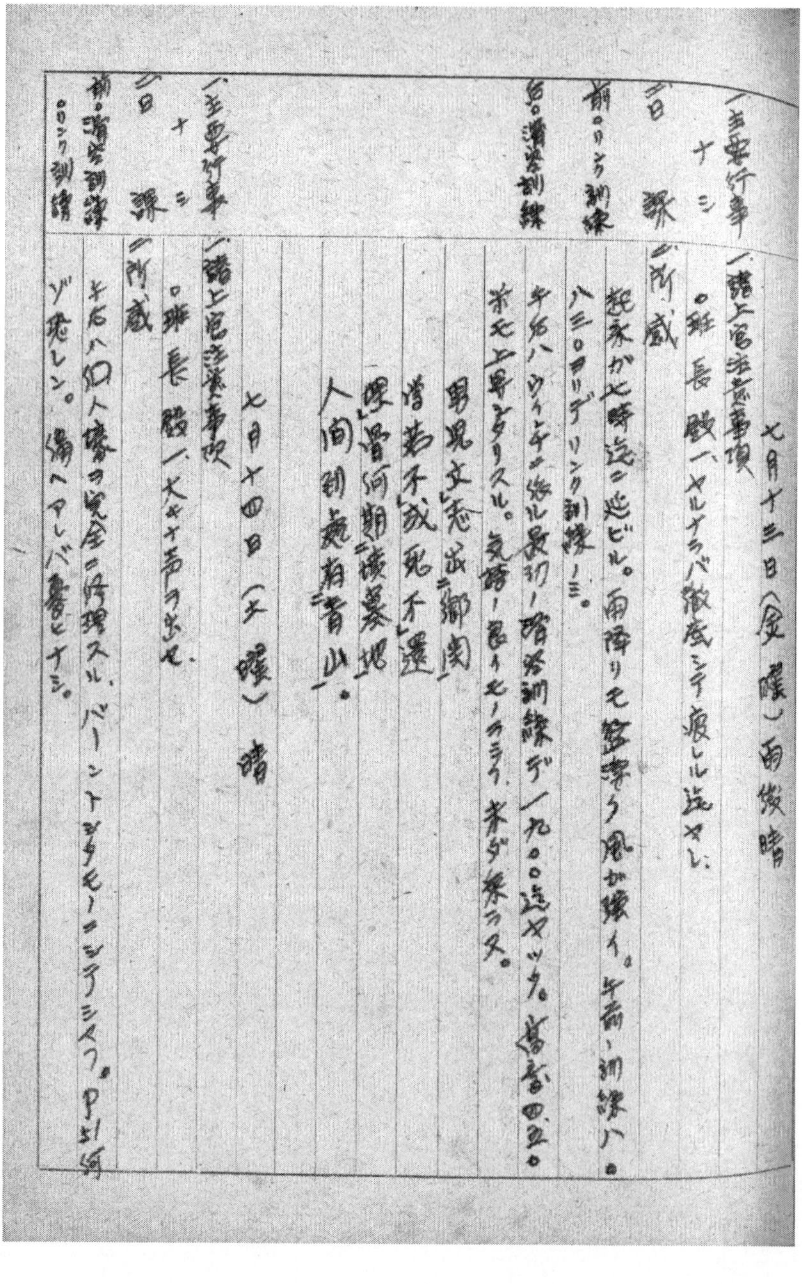

七月十三日（金曜）雨後晴

一、主要行事

ナシ

二、日課

前○リンク訓練

后○滑空訓練

一、諸上官注意事項

○班長殿ハヤルナラバ徹底シテ疲レル迄ヤレ。

二、所感

起床ガ七時迄ニ延ビル。雨降リモ益々激シク風ガ強イ。午前ノ訓練ハ。

八三〇ヨリリンク訓練ノミ。

午后ハウインチニ依ル最初ノ滑空訓練デ一九〇〇迄ヤッタ。當番四五。

米モ上等ニナリスル。気持ノ良イモノデアル。未ダ来ラヌ。

男児立志出郷関

学若不成死不還

埋骨何期墳墓地

人間到處有青山。

七月十四日（土曜）晴

一、主要行事

ナシ

二、日課

前○滑空訓練

后○リンク訓練

一、諸上官注意事項

○班長殿ハ大キナ声ヲ出セ。

二、所感

今后ハ個人整ヲ完全ニ修理スル。バーントシテモ一ニシテシイワ。P51河

ゾ忘レン。傷ヘアレバ慶ビナシ。

一．主要行事
　ナシ
二．日課
前。リンク訓練
后。滑空訓練

七月十三日（金曜）　雨後晴

一．諸上官注意事項
。班長殿　一．ヤルナラバ徹底シテ疲レル迄ヤレ．
二．所感
起床ガ七時迄ニ延ビル。雨降リモ猛凄ク風ガ強イ。午前ノ訓練ハ〇八三〇ヨリデリンク訓練ノミ。
午后ハウインチニ依ル最初ノ滑空訓練デ一九〇〇迄ヤッタ。高度四、五〇米モ上昇シタリスル。気持ノ良イモノラシイ．未ダ乗ラヌ。

男児立レ志出ニ郷関一
学若不レ成死不レ還
埋レ骨何期ニ墳墓地一
人間到処有ニ青山一。

一．主要行事
　ナシ
二．日課
前。滑空訓練
。リンク訓練

七月十四日（土曜）　晴

一．諸上官注意事項
。班長殿　一．大キナ声ヲ出セ．
二．所感
午后ハ個人壕ヲ完全ニ修理スル。バーントシタモノニシテシマフ。P51何ゾ恐レン。備ヘアレバ憂ヒナシ。

案：「男児立志出郷関……人間到　有青山」：原為月性（げっしょう）之詩，其出生於一八一七年，卒於一八五八年。

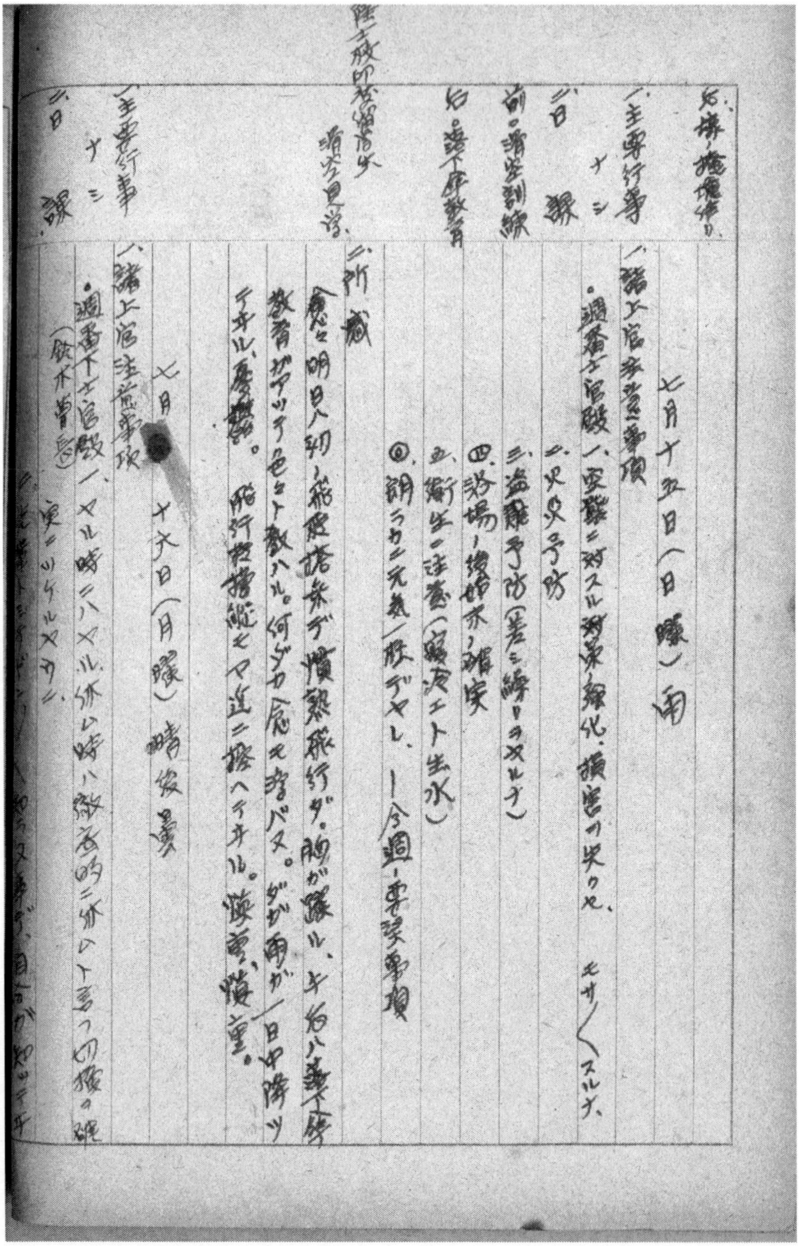

后、操縦練習ナリ。
一、主要行事
ナシ
二、日課
前。滑空訓練
后。[illegible]教育
陸士[illegible]
[illegible]見学、

七月十五日（日曜）雨
一、諸上官示達事項
・週番下士官殿ノ、空襲ニ対スル対策強化。損害ヲ少クセヨ、[illegible]スルナ、
二、火災予防
三、盗難予防（差ミ締リヲスルナ）
四、浴場ノ後始末ノ確実
五、衛生ノ注意（腐敗ニ下生水）
◎、朗ラカニ元気ノ旅デヤレ、一今週ノ要望事項
二、所感
愈々明日ノ初ノ飛行[illegible]デ慣熟飛行ダ。胸ガ躍ル、午后ハ[illegible]
教育ガアッテ色々ト教ハル。何ダカ危モ飛バス。ダガ雨ガ一日中降ッテヰル。残念。
飛行機操縦モヤ近ニ控ヘテヰル。残念、残念。

七月十六日（月曜）晴後曇
一、主要行事
ナシ
二、日課
一、諸上官注意事項
・週番下士官殿ノ、ヤル時ニハヤル、休ム時ハ徹底的ニ休ムト言フ切換ノ確
（鈴木曹長）
実ニリキルヤウ、
[illegible]

后　壕ノ掩堆作リ
一．主要行事
　ナシ
二．日　課
前。滑空訓練
后。落下傘教育
陸士校印度留学生
　滑空見学
一．主要行事
　ナシ
二．日　課

七月十五日（日曜）　雨

一．諸上官注意事項
。週番士官殿　一．空襲ニ対策ノ強化．損害ヲ失クセ．　モサ〳〵スルナ．
二．火災予防
三．盗難予防（差シ繰リヲヤルナ）
四．浴場ノ後始末ノ確実
五．衛生ニ注意（寝冷エト生水）
◎朗ラカニ元気一杯デヤレ．—今週ノ要望事項
二．所感
愈々明日ハ初ノ飛機搭乗デ慣熟飛行ダ。胸ガ躍ル．午后ハ落下傘教育ガアッテ色々ト教ハル。何ダカ念モ浮バヌ。ダガ雨ガ一日中降ッテヰル．憂鬱。　飛行機操縦モマ近ニ控ヘテヰル。慎重．慎重。

七月十六日（月曜）　晴後曇

一．諸上官注意事項
。週番士官殿　一．ヤル時ニハヤル．休ム時ハ徹底的ニ休ムト言フ切換ヲ確
（鈴木曹長）実ニツケヤウニ。
二．先輩トシテドン〳〵知ラヌ事デ自分ガ知ッテヰ

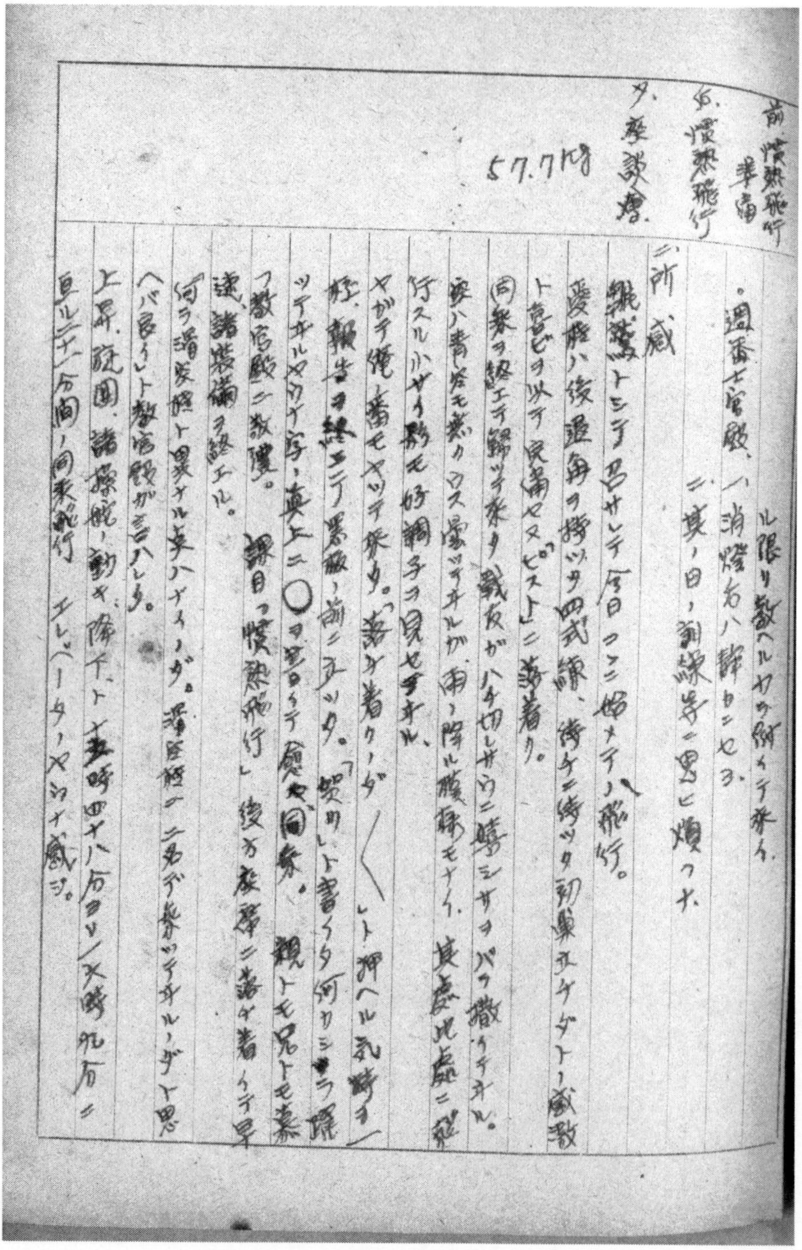
前、慣熟飛行
準備
后、慣熟飛行
夕、座談會
57.7kg
ル限リ教ヘルカラ働イテ來イ。
・週番士官殿、ハ消燈前ハ靜カニセヨ。
二、其ノ日ノ訓練等ニ思ヒ煩フナ。
二、所感
飛鷲トシテ召サレテ今日コソ始メテノ飛行。
愛機ハ後退角ヲ持ツタ四式練、待チニ待ツタ初乗丈ケダトノ感激
ト喜ビヲ以テ「良偏セヌピスト」ニ落着ク。
同乗ヲ終エテ歸ツテ來タ戰友ガハチ切レサウニ嬉シサヲバラ撒イテヰル。
今日ハ青空モ無クコスモス畑デアルガ雨ノ降ル様子モナイ。其處此處ニ飛
行スル小サナ影モ好調子ヲ見セテヰル、
ヤガテ俺ノ番モヤツテ來タ。「落チ着クノダ＜」ト押ヘル氣持ヲ／
抑、報告ヲ終エテ愛機ノ前ニ立ツタ。「契リ」ト書イタ何カシラ懐
ツテヰルヤウナ字ノ真上ニ○ヲ書イテ愈々同乘。 親トモ兄トモ慕
フ教官殿ニ敬禮。 課目ハ慣熟飛行ト後方座席ニ落チ着イテ早
速、諸装備ヲ終エル。
「何ラ練習機ト異ナル点ハナイノダ。滑走路ニ二名デ乘ツテヰルノダト思
ヘバ良イ」ト教官殿ガ言ハレタ。
上昇、旋回、諸操縦ノ動キ、降下ト十五時四十八分ヨリ／六時九分ニ
亘ル二十一分間ノ同乘飛行 エレベーターノヤウナ感ジ。

前　慣熟飛行
　　準備
后　慣熟飛行
夕　座談會
　　57.7kg

ル限リ教ヘルカラ附イテ來イ。
。週番士官殿　一．消燈后ハ靜カニセヨ．
二．其ノ日ノ訓練等ニ思ヒ煩クナ．

二．所感

雛鷲トシテ召サレテ今日コゝニ始メテノ飛行。
愛機ハ後退角ヲ持ッタ四式練．待チニ待ッタ初巣立チダトノ感激ト喜ビヲ以テ完備セヌ「ピスト」ニ落着ク。
同乗ヲ終エテ歸ッテ來タ戰友ガハチ切レサウニ嬉シサヲバラ撒イテヰル。
空ハ青空モ無クウス曇ッテヰルガ．雨ノ降ル模様モナイ．其處此處ニ飛行スル小サイ影モ好調子ヲ見セテヰル．
ヤガテ俺ノ番モヤッテ來タ。「落チ着クノダ〈」ト押ヘル気持ヲ一杯．報告ヲ終エテ黒板ノ前ニ立ッタ。「賀川」ト書イタ何カシ[redacted]ラ躍ッテヰルヤウナ字ノ真上ニ○ヲ書イテ愈々同乗。　親トモ兄トモ慕「教官殿ニ敬禮。　課目「慣熟飛行」後方座席ニ落チ着イテ早速．諸裝備ヲ終エル。
「何ラ滑空機ト異ナル点ハナイノダ。滑空機ニ　二名デ乗ッテヰルノダト思ヘバ良イ」ト教官殿ガ言ハレタ。
上昇．旋回．諸操舵ノ動キ．降下ト十五時四十八分ヨリ一六時九分ニ亘ル二十一分間ノ同乗飛行　エレベータノヤウナ感ジ。

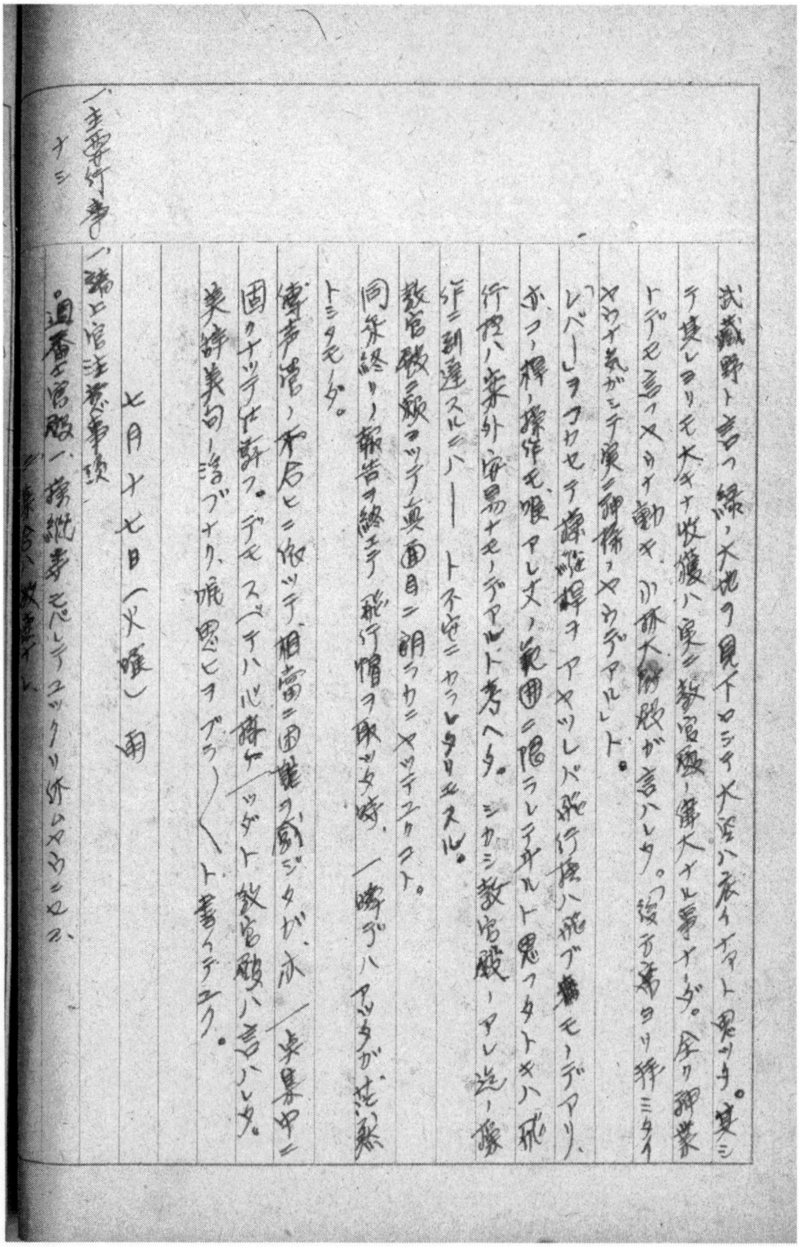

武蔵野ト言フ緑ノ大地ヲ見下ロシテ大空ハ広イナアト思ッタ。其シ
テ其レヨリモ大キナ収穫ハ実ニ教官殿ノ偉大ナル事ナノダ。全ク御蒙
トデモ言フベキカナ動キ、小林大尉殿ガ言ハレタ。「後方席ヨリ拝ミタイ
ヤウナ気ガシテ実ニ神様ノヤウデアルレト。
「レバー」ヲフカセテ操縦桿ヲアヤツレバ飛行機ハ飛ブモノデアリ、
ガ、コノ桿ノ操作モ限アレ丈ノ範囲ニ限ラレテヰルト思ッタトキハ飛
行機ハ案外容易ナモノデアルト考ヘタ。シカシ教官殿ノアレ迄ノ操
作ニ到達スルニハ―― ト不安ニカラレタリモスル。
教官殿ニ頼ッテ真面目ニ朗ラカニヤッテユクコト。
同乗終リノ報告ヲ終エテ飛行帽ヲ取ッタ時、一瞬デハアッタガ茫然
トシタモノダ。
伝声管ノ不合ヒニ依ッテ相当ニ困難ヲ感ジタガ、余[illegible]中ニ
固クナッテ仕舞フ。デモスベテハ心構ケッダト教官殿ハ言ハレタ。
美辞美句ヲ浮ブナク、唯思ヒヲブラブラト書イテユク。

七月十七日（火曜）雨

一、主要行事
ナシ
一、諸上官注意事項
◎週番士官殿ハ、操縦者ハ忘レテユックリ休ムヤウニセヨ。
一、集合ハ厳重ナレ。

一．主要行事
ナシ

武蔵野ト言フ緑ノ大地ヲ見下ロシテ大空ハ広イナアト思ッタ。其シテ其レヨリ大キナ収穫ハ実ニ教官殿ノ偉大ナル事ナノダ。全ク神業トデモ言フヤウナ動キ．小林大尉ガ言ハレタ。「後方席ヨリ拜ミタイヤウナ気ガシテ実ニ神様ノヤウデアル」ト。
「レバー」ヲフカセテ操縦桿ヲアヤツレバ飛行機ハ飛ブ■モノデアリ．亦．コノ桿ノ操作モ．唯アレ丈ノ範囲ニ限ラレテヰルト思フタトキハ飛行機ハ案外安易ナモノデアルト考ヘタ。シカシ教官殿ノアレ迄ノ操作ニ到達スルニハーート不安ニカラレタリモスル。
教官殿ニ頼ヨッテ真面目ニ朗ラカニヤッテユクコト。
同乗終リノ報告ヲ終エテ飛行帽ヲ取ッタ時．　一瞬デハアッタガ．茫然トシタモノダ。
傳声管ノ不合ヒニ依ッテ．相當ニ困難ヲ感ジタガ．亦．一点集中ニ固クナッテ仕舞フ。デモ　スベテハ心掛ケ一ツダト教官殿ハ言ハレタ。
美辞美句ノ浮ブナク．唯思ヒヲブラ〳〵ト書イテユク。

七月十七日（火曜）　雨

一．諸上官注意事項
。週番士官殿　一．操縦等忘レテユックリ休ムヤウニセヨ．
二．集合ハ敏速ナレ．

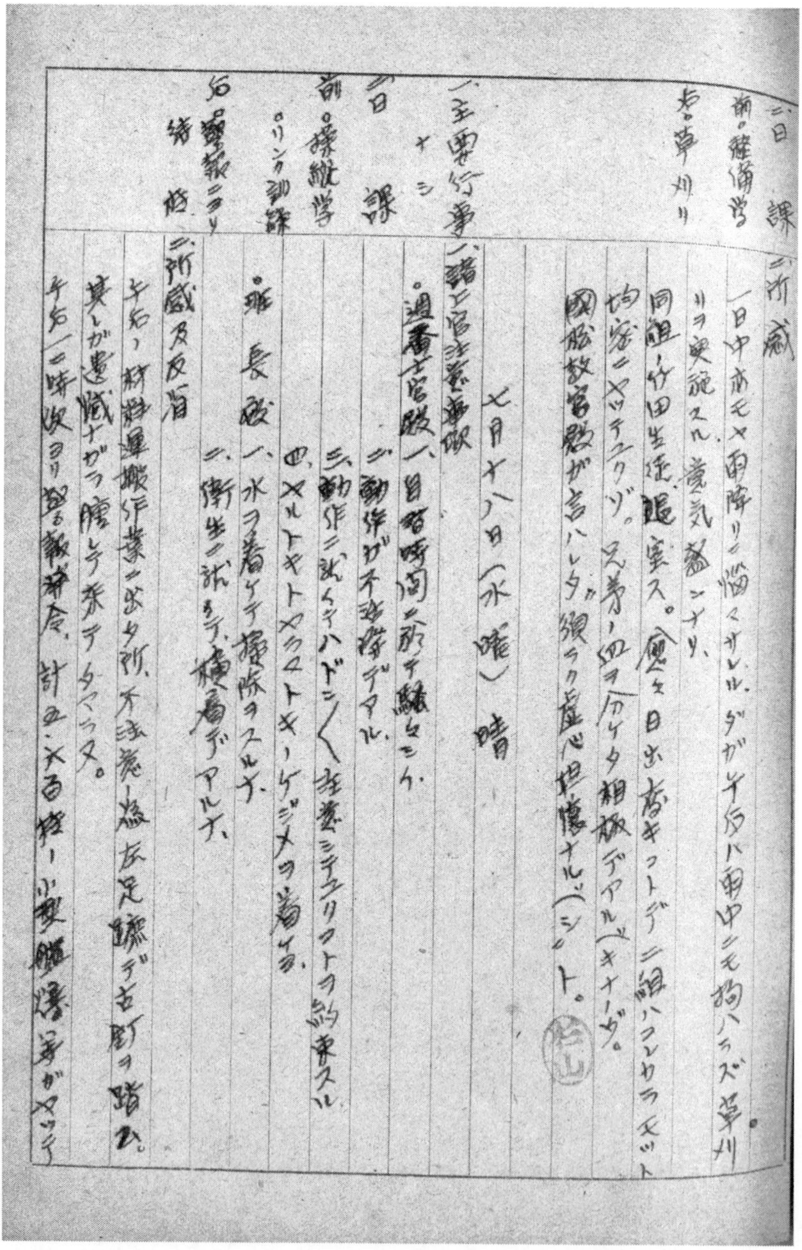
二、日課
前。整備学
后。草刈リ
三、所感
一日中ホモヤ雨降リニ悩マサレル。ダガ午后ハ雨中ニモ拘ハラズ草刈リヲ実施スル。意気盛ンナリ。
同班ノ竹田生徒、睡眠室ス。便々日出度キコトデ二組ハコレカラモット均等ニヤッテユクゾ。兄弟ノ血ヲ分ケタ相撲デアル(キナーガ。)
國服教官殿ガ言ハレタ頒ラク虚心坦懐ナル(シ)ト。
七月十八日(水曜) 晴
一、主要行事 ナシ
二、日課
前。操縦学
后。リンク訓練
后。警報ニヨリ待避
一、主要行事ノ諸上官注意事項
。週番士官殿ハ、一、自習時間ニ於テ騒々シイ。
二、動作ガ不活潑デアル。
三、動作ニ就イテハドシドシ注意シテユクコトヲ約束スル
四、スルトキトヤラヌトキノケジメヲ着ケヨ。
。班長殿ハ、一、水ヲ着ケテ掃除ヲスルナ。
二、衛生ニ就イテ、積極デアルナ。
二、所感及反省
午后ノ材料運搬作業ニ於タ所、不注意ノ為、灰足跡デ古釘ヲ踏ム。
其レガ遺憾ナガラ膿レテ来テタマラヌ。
午后一二時頃ヨリ警報発令。計五、六百機ノ小型艦爆等ガヤッテ

二．日　課
前。整備学
后。草刈リ

二．所感
一日中亦モヤ雨降リニ悩マサレル．ダガ午后ハ雨中ニモ拘ハラズ草刈リヲ実施スル．意気盛ンナリ．
同組ノ竹田生徒退室ス。愈々日（目）出度キコトデ二組ハコレカラモット均密ニヤッテユクゾ。兄弟ノ血ヲ分ケタ相柄（間柄）デアルベキナノダ。
國松教官殿ガ言ハレダ〝須ラク虚心坦懐ナルベシ〟ト。

七月十八日（水曜）晴

一．主要行事
　ナシ
二．日　課
前。操縦学
　。リンク訓練
后。警報ニヨリ
　待機

一．諸上官注意事項
。週番士官殿　一．自習時間ニ於テ騒々シイ．
　二．動作ガ不活溌デアル．
　三．動作ニ就イテハドン〳〵注意シテユクコトヲ約束スル．
　四．ヤルトキトヤラヌトキノケジメヲ着ケヨ．
。班長殿　一．水ヲ着ケテ掃除ヲスルナ．
　二．衛生ニ就イテ横着デアルナ．
二．所感及反省
午后ノ材料運搬作業ニ出タ所．不注意ノ為左足蹠デ古釘ヲ踏ム。
其レガ遺憾ナガラ腫レテ來テタマラヌ。
午后一二時頃ヨリ警報発令．計五、六百機ノ小型艦爆等ガヤッテ

案：「午后一二時頃ヨリ警報発令・計五、六百機ノ小型艦爆等ガヤッテ」：一九四五年七月十八日，美國艦載機一千兩百機對横須賀為首，接著以千葉、埼玉、栃木、群馬等地關東的軍事設施進行大規模的攻擊。（参：日置英剛著，《年表　太平洋戦争全史》，頁六九七）

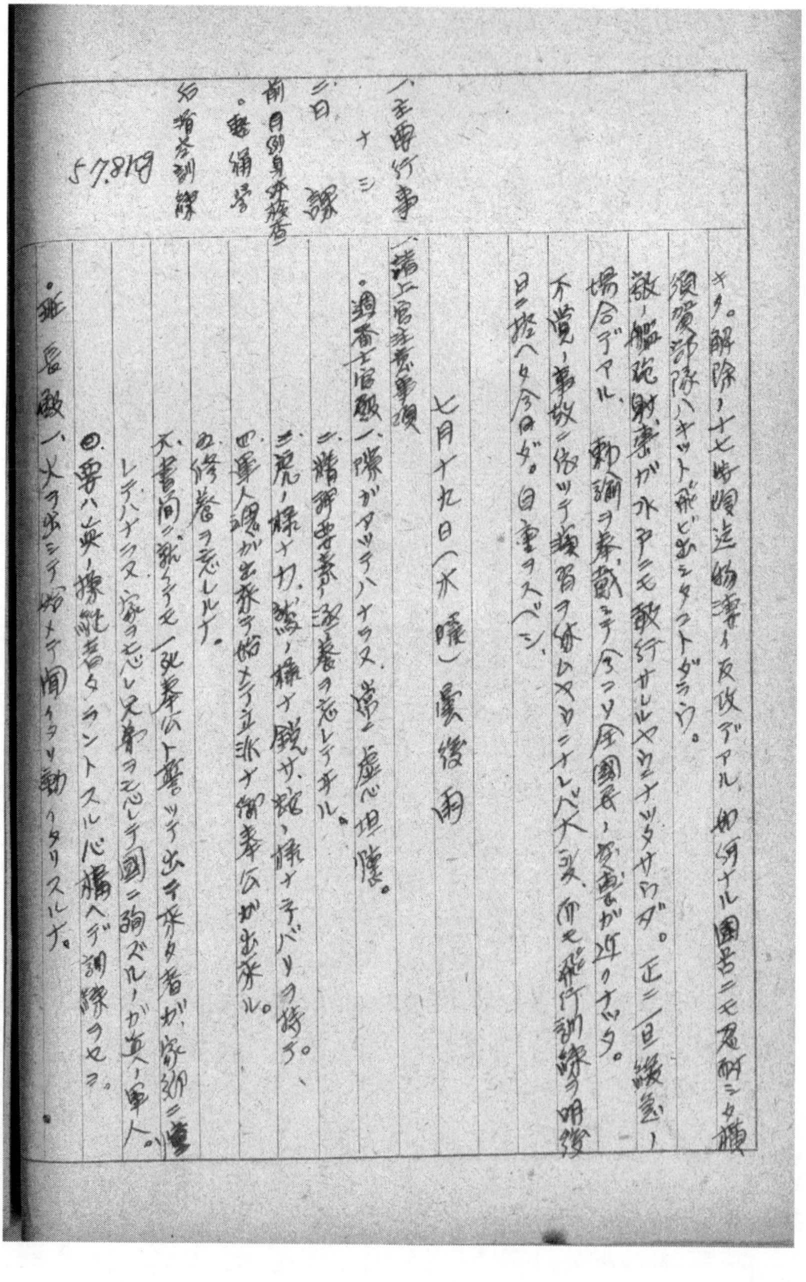

キタ。解除ノ十七時頃迄紛擾ノ反攻デアル。如何ナル困苦ニモ忍耐シタ横須賀部隊ハキット飛ビ出シタコトダラウ。

敵ノ艦砲射撃ガ水戸ニモ敢行サルルヤウニナッタサウダ。正ニ一旦緩急ノ場合デアル。勅諭ヲ奉戴シテ今コソ全国民ノ奮起ガ近クナッタ。

不覚ノ事故ニ依ッテ練習ヲ休ムヤウニナレバ大変。而モ飛行訓練ヲ明後日ニ控ヘタ今日ダ。自重ヲスベシ。

七月十九日（水曜）曇後雨

一、主要行事

ナシ

二、日課

前日訓身体検査

。整備学

后 指揮訓練

57.8kg

一、諸上官注意事項

。週番士官殿ノ、隊ガアッテハナラヌ、常ニ虚心坦懐。

一、精神要素ノ涵養ヲ忘レテ居ル。

二、虎ノ様ナ力、鷲ノ様ナ鋭サ、蛇ノ様ナネバリヲ持テ。

四、軍人魂ガ出来テ始メテ立派ナ御奉公ガ出来ル。

五、修養ヲ忘レルナ。

六、書間ニ就イテモ一死奉公ト誓ッテ出テ来タ者ガ、家郷ニ書レテハナラヌ。家ヲ忘レ兄弟ヲ忘レテ国ニ殉ズルノガ真ノ軍人。

四、要ハ真ノ操縦者タラントスル心構ヘデ訓練ヲセヨ。

。班長殿ノ、大ヲ出シテ始メテ聞イタリ動イタリスルナ。

キタ。解除ノ十七時頃迄物凄イ反攻デアル．如何ナル困苦ニモ忍耐シタ横須賀部隊ハキット飛ビ出シタコトダラウ。

敵ノ艦砲射撃ガ水戸ニモ敢行サレルヤウニナッタサウダ。正ニ一旦緩急ノ場合デアル．勅諭ヲ奉戴シテ今コソ全國民ノ突撃ガ近クナッタ。

不覚ノ事故ニ依ッテ演習ヲ休ムヤウニナレバ大変．而モ飛行訓練ヲ明後日ニ控ヘタ今日ダ。自重ヲスベシ。

七月十九日（木曜）　曇後雨

一．諸上官注意事項

。週番士官殿　一．隙ガアッテハナラヌ．常ニ虚心坦懐。

二．精神要素ノ涵養ヲ忘レテヰル。

三．虎ノ様ナ力．鷲ノ様ナ鋭サ．蛇ノ様ナネバリヲ持テ。

四．軍人魂ガ出來テ始メテ立派ナ御奉公ガ出來ル。

五．修養ヲ忘レルナ。

六．書簡ニ就イテモ一死奉公ト誓ッテ出テ來タ者ガ家郷ニ憧レテハナラヌ．家ヲ忘レ兄弟ヲ忘レテ國ニ殉ズルノガ真ノ軍人。

◎要ハ真ノ操縦者タラントスル心構ヘデ訓練ヲセヨ。

。班長殿　一．火ヲ出シテ始メテ聞イタリ動イタリスルナ。

一．主要行事

ナシ

二．日　課

前。月例身体検査

。整備学

后。滑空訓練

57.8kg

二、所感及反省

最后ノ滑空訓練ヲ実施スル。ウインチニ依ルH30米。終了スル頃ニ雨ガ降リ出ス。最后ノ訓練上手ク張切ッテヤル。ダガ残念ナガラ疾患ノ為デ今日ハ診断ヲ受ケル。劇務休トナル。午后ノ滑空ニ於テモ見学サスル。

明日ヨリ愈々操縦教育ノ開始ダ。精神ヲ落着ケテヤルベキダ。

虚心坦懐トハ（ワダカマリナクカタヤカナ心境）

七月二十日（金曜）曇

一、主要行事
ナシ

二、日課
前ハ試運転
后ハ滑空訓練

一、諸上官注意事項

・班長殿ハ環境ノ整理ヲヨクヤレ。
二、動作ハ機敏スギル程ニヤレ

二、所感及反省

愈々操縦教育ガ開始スル筈ナノニ悪天候及ビ飛機ノ不調ノ為取止メトナッテ午后ハ再ビ滑空訓練。

反省スルニ平常ヨリ面白カラヌ訓練、早メク飛行機ニ乗リタイト言フ思ヒガ強ッテヰルダケダ。最近ハ幹部ノ方々ガ吾々ノ動作ニ就イテ心配ヲシテヰル。余リニモ動作ガ悪イト週番士官殿ハ今週ニ対スル所見デアル。

一．主要行事
ナシ
二．日課
前。試運転
后。滑空訓練

二．所感及反省
最后ノ滑空訓練ヲ実施スル。〝ウインチ〟ニ依ルH30米。終了スル頃ニ雨ガ降リ出ス。最后ノ訓練トテ張切ッテヰル。ダガ残念ナガラ左足ノ傷デ今日ハ診断ヲ受ケル。劇務休（正・激務休）トナル。午后ノ滑空ニ於テモ見学ヲスル。
明日ヨリ愈々操縦教育ノ開始ダ。精神ヲ落着ケテヤルベキダ。

虚心坦懐トハ（ワダカマリナクオダヤカナ心境）

七月二十日（金曜）曇
一．諸上官注意事項
。班長殿 一．環境ノ整理ヲヨクヤレ．
二．動作ハ積極スギル程ニヤレ．
二所感及反省
愈々操縦教育ガ開始スル筈ナノニ悪天候及ビ飛機ノ不調ノ為取止メトナッテ午后ハ再ビ滑空訓練。
反省スルニ平常ヨリ面白カラヌ訓練．早ヤク飛行機ニ乗リタイト言フ思ヒガ滞ッテヰルダケダ。最近ハ幹部ノ方々ガ俺タチノ動作ニ就イテ心配ヲシテヰル．余リニモ動作ガ悪イト週番士官殿ノ今週ニ対スル所見デアル。

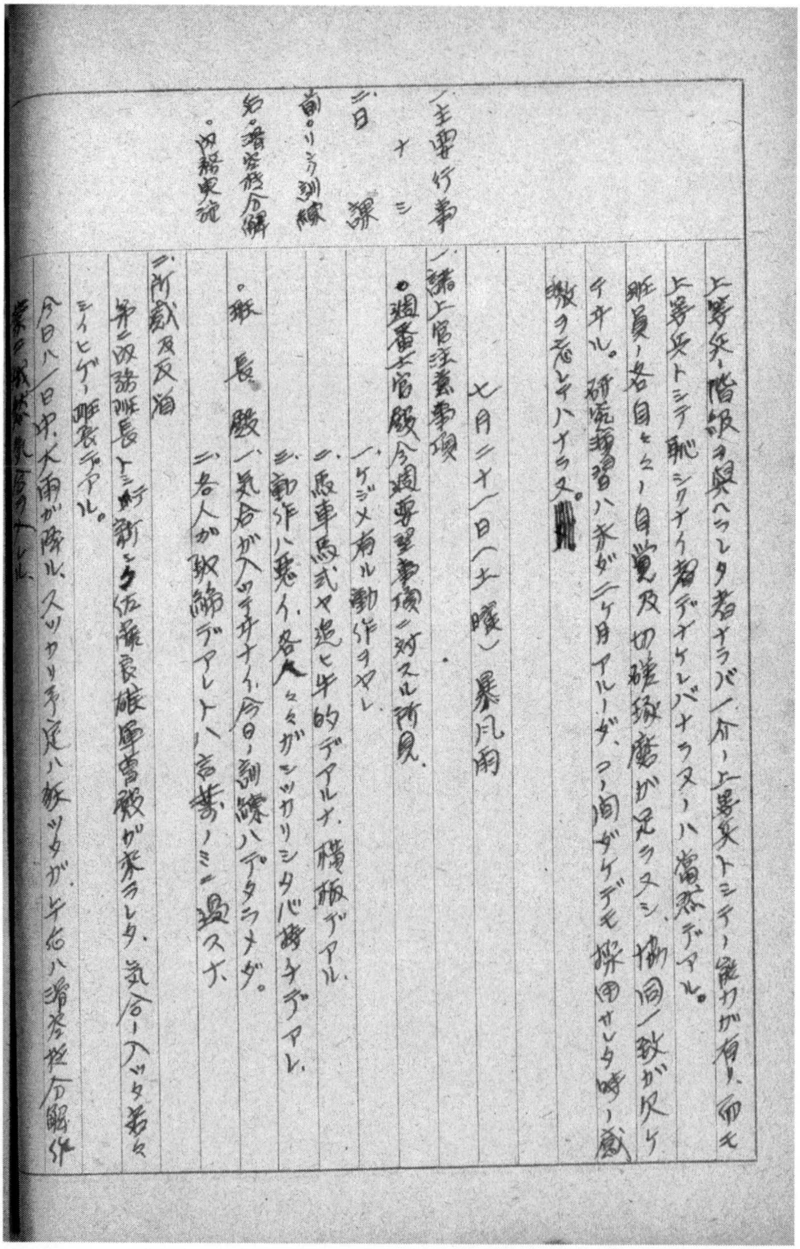

上等兵ノ階級ヲ與ヘラレタ者ナラバ一分ノ上等兵トシテノ能力ガ有リ、而モ
上等兵トシテ恥シクナイ者デナケレバナラヌノハ當然デアル。
班員ノ各自々々ノ自覚及切磋琢磨ガ足ラヌシ、協同一致ガ欠ケ
テ居ル。研究講習ハ余ガ二ケ月アルノダ、コノ間ダケデモ採用サレタ時ノ感
激ヲ忘レテハナラヌ。[redacted]

七月二十一日（土曜）暴風雨

一、主要行事
十三
二、日課
前。リンク訓練
后。滑空機分解
。内務実施

一、諸上官注意事項
。週番士官殿今週要望事項ニ対スル所見。
一、ケジメ有ル動作ヲヤレ
二、馬車馬式ヤ追ヒ牛的デアルナ。積極デアル。
三、動作ハ悪イ、各人々々ガシッカリシタ様子デアレ。
。班長殿 一、気合ガ入ッテ居ナイ。今日ノ訓練ハデタラメダ。
二、各人ガ緊締デアレトハ言葉ノミニ過ギナイ。
二、所感及反省
第二内務班長トシテ新ニ佐藤良雄軍曹殿ガ来ラレタ。気合ノ入ッタ若々
シイヒゲノ班長デアル。
今日ハ一日中大雨ガ降ル、スッカリ予定ハ狂ッタガ午后ハ滑空機分解作
業ニ戦友気合ヲ入レル、

上等兵ノ階級ヲ與ヘラレタ者ナラバ一介ノ上等兵トシテノ能力ガ有リ．而モ上等兵トシテ恥シクナイ者デナケレバナラヌノハ當然デアル。

班員ノ各自々々ノ自覚及切磋琢磨ガ足ラヌシ．協同一致ガ欠ケテヰル。研究演習ハ未ダ二ヶ月アルノダ．コノ間ダケデモ採用サレタ時ノ感激ヲ忘レテハナラヌ。[redacted]

七月二十一日（土曜）　暴風雨

一．諸上官注意事項

◦週番士官殿　今週要望事項ニ対スル所見．

一．ケジメ有ル動作ヲヤレ．

二．馬車馬式ヤ追ヒ牛的デアルナ．横板デアル．

三．動作ハ悪イ．各人々々ガシッカリシタ心持チデアレ．

◦班長殿

一．気合ガ入ッテヰナイ．今日ノ訓練ハデタラメダ。

二．各人ガ取締デアレトハ言葉ノミニ過スナ．

二．所感及反省

第二内務班長トシテ新シク佐藤良雄軍曹殿ガ來ラレタ．気合ノ入ッタ若々シイヒゲノ班長デアル。

今日ハ一日中．大雨ガ降ル．スッカリ予定ハ狂ッタガ．午后ハ滑空機分解作業ニ俄然気合ヲ入レル．

一．主要行事

ナシ

二．日課

前。リンク訓練

后。滑空機分解

◦内務実施

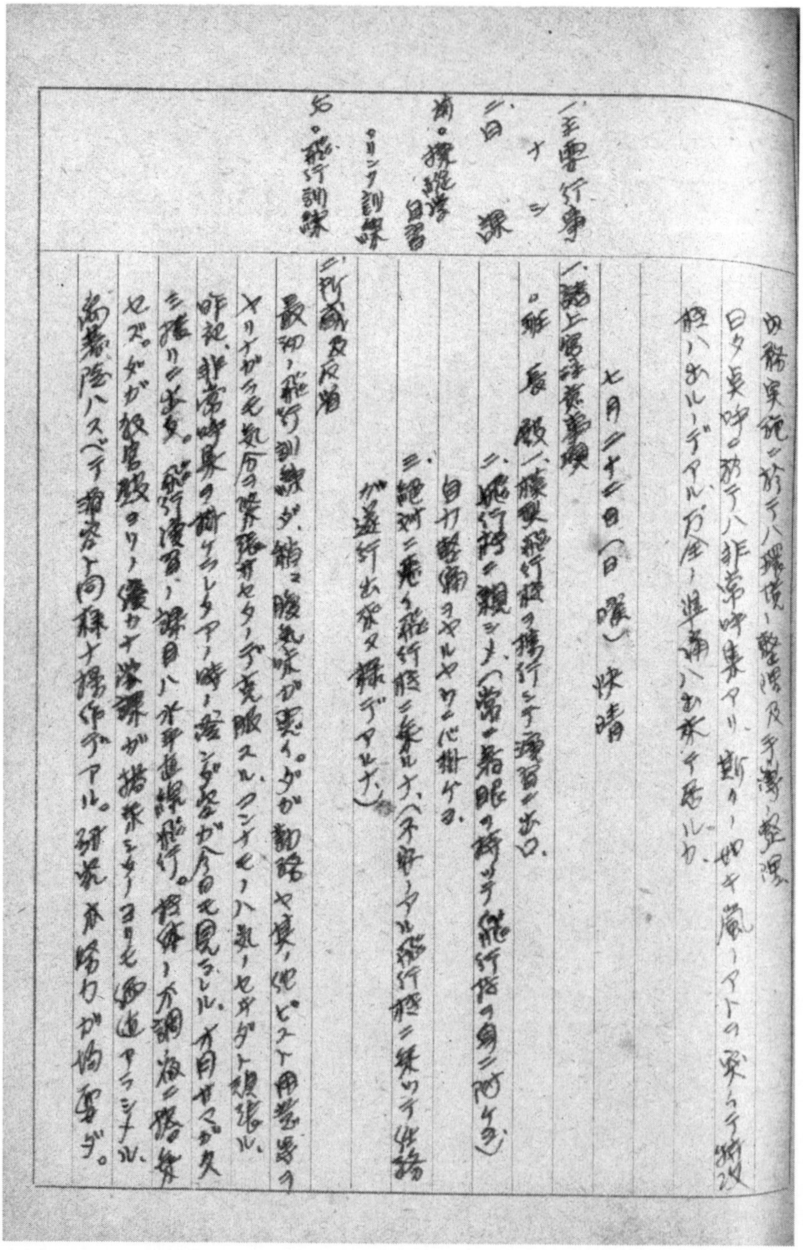

内務実施ニ於テハ環境ノ整理及手簿ノ整理
日夕点呼ニ於テハ非常呼集アリ、斯クノ如キ嵐ノアトノ寂ラテ術(?)
性ハ如何ルモノデアル乎。全ノ準備ハ如何テ居ルカ。

七月二十二日(日曜) 快晴

一、主要行事 ナシ
二、日課 前。操縦学自習
　　　　後。リンク訓練
　　　　后。飛行訓練

一、諸上官注意事項
。班長殿ハ操縦飛行機ヲ操行シテ練習ニ出ロ。
二、飛行時ニ親シメ。(常ニ着眼ヲ持ツテ飛行機ノ身ニ附ケヨ)
自ガ整備ヲヤルヤウニ心掛ケヨ。
三、絶対ニ無断ニ飛行機ニ乗ルナ。(不安ノアル飛行機ニ乗ツテ生活ガ遂行出来ヌ様デアルナ)

二、所感及反省
最初ノ飛行訓練ダ。前ニ腹気味ガ悪イ。ダガ動踏ヤ其ノ他ピスト用器等ヲヤリナガラモ気分ヲ緊張サセタノデ克服スル。コンナモノハ気ノセイダト頑張ル。昨夜、非常呼集ヲ掛ケラレタアノ時ノ「盗シダ」姿ガ今日モ見ラレル。今日サマガ久シ振リニ出来タ。飛行演習ノ課目ハ水平直線飛行。機体ノ方調海ニ搭乗セズ。ダガ教官殿ヨリノ懐カナ注意ガ指示ヨリモ徹底アラシナル。離着陸ハスベテ教官ト同様ナ操作デアル。研究努力ガ肝要ダ。

内務実施ニ於テハ環境ノ整理及手簿ノ整理．
日夕点呼ニ於テハ非常呼集アリ．斯クノ如キ嵐ノアトヲ突イテ特攻
機ハ出ルノデアル．万全ノ準備ハ出來テ居ルカ．

七月二十二日（日曜）　快晴

一．諸上官注意事項
。班長殿　一．模型飛行機ヲ携行シテ演習ニ出ロ．
　　　　　二．飛行機ニ親シメ．（常ニ着眼ヲ持ッテ飛行技ヲ身ニ附ケヨ．）
　　　　　　　自力整備ヲヤルヤウニ心掛ケヨ．
　　　　　三．絶対ニ悪イ飛行機ニ乗ルナ．（不安ノアル飛行機ニ乗ッテ任務
　　　　　　　ガ遂行出來ヌ様デアルナ．）
二．所感及反省
最初ノ飛行訓練ダ稍々腹気味ガ悪イ。ダガ勤務ヤ其ノ他ピスト用意等ヲ
ヤリナガラモ気分ヲ緊張サセタノデ克服スル．コンナモノハ気ノセキダト頑張ル．
昨夜．非常呼集ヲ掛ケラレタアノ時ノ澄ンダ空ガ今日モ見ラレル．オ月サマガ久
シ振リニ出タ。飛行演習ノ課目ハ水平直線飛行。機体ノ不調ノ為ニ搭乗
セズ。ダガ教官殿ヨリノ僅カナ学課ガ搭乗シタノヨリモ価値アラシメル．
離着陸ハズベテ滑空ト同様ナ操作デアル。研究亦努力ガ均要ダ。

一．主要行事
　ナシ
二．日　課
前。操縦学
　　自習
。リンク訓練
后。飛行訓練

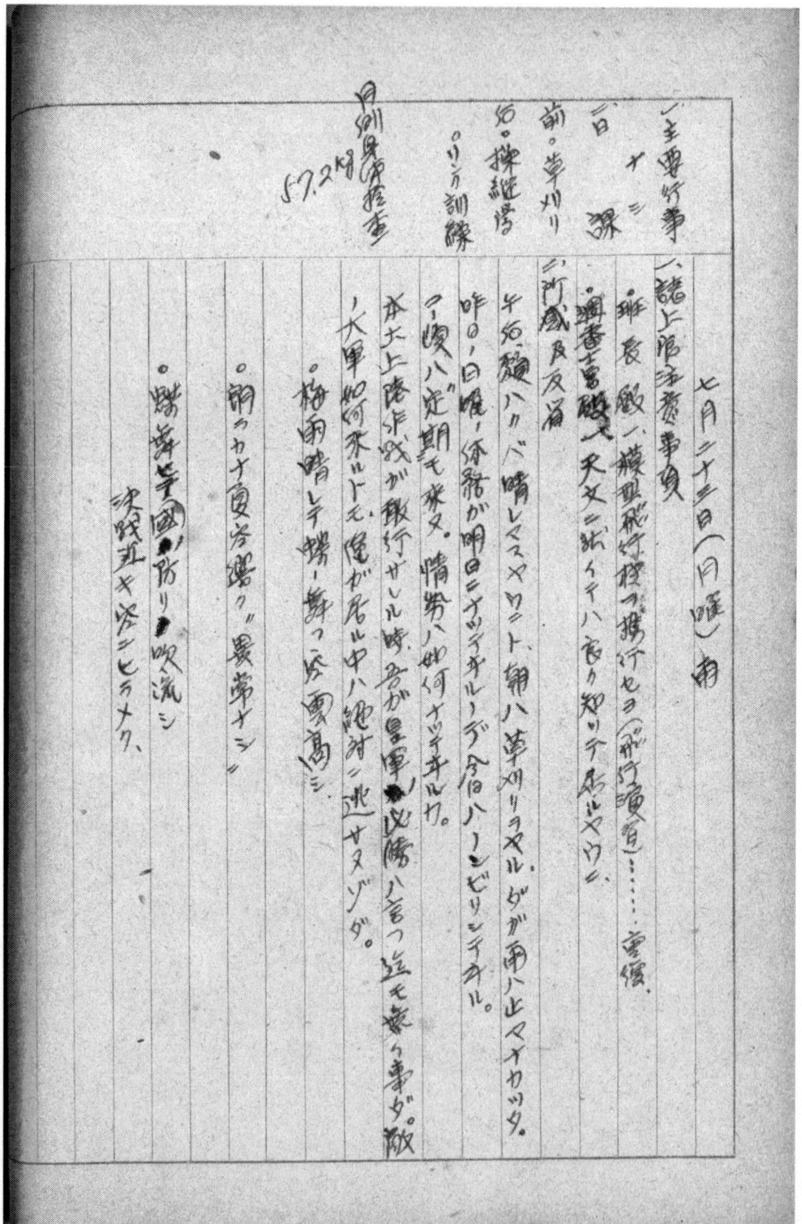

一、主要行事　ナシ

二、日課

前。草刈リ

后。操縦學

。リンク訓練

月例身体検査　57.2kg

七月二十三日（月曜）雨

一、諸上官注意事項

・班長殿ハ、[illegible]飛行ヲ携行セヨ（飛行演習）……雲低。

・週番士官殿ハ、天文ニ就イテハ良ク知ッテ居ルヤウニ、

二、所感及反省

午后、[illegible]ハノバ晴レマスヤウニト、朝ハ草刈リヲヤルダガ雨ハ止マナカッタ。

昨日ノ日曜ノ体操ガ明日ニナッテ居ルノデ今日ハノンビリシテ居ル。

マア一度ハ定期モ来ヌ。情勢ハ如何ナッテ居ルカ。

本土上陸作戦ガ敢行サレル時、吾ガ皇軍ノ必勝ハ言フ迄モ無イ事ダ。敵

ノ大軍如何来ルトモ俺ガ居ル中ハ絶対ニ逃サヌゾダ。

。梅雨晴レテ蝶ノ舞フ空高シ。

。雨ノカナ夏空澄ク″異常ナシ″

。蝶舞ヒ皇國ノ防リ吹流シ

決戦近キ空ニヒラメク、

一．主要行事
　ナシ
二．日　課
前。草刈リ
后。操縦学
　。リンク訓練
月例身体検査
　57.2kg

七月二十三日（月曜）　雨

一．諸上官注意事項
。班長殿　一．模型飛行機ヲ携行セヨ（飛行演習）……重復．
。週番士官殿　一．天文ニ就イテハ良ク知ッテ居ルヤウニ．
二．所感及反省
午后．願ハクバ晴レマスヤウニト．朝ハ草刈リヲスル．ダガ雨ハ止マナカッタ。
昨日ノ日曜ノ休務ガ明日ニナッテヰルノデ今日ハノンビリシテヰル。
コノ頃ハ〝定期〞モ來ヌ。情勢ハ如何ナッテヰルカ。
本土上陸作戰ガ敢行サレル時．吾ガ皇軍ノ必勝ハ言フ迄モ無イ事ダ。敵ノ大軍如何來ルトモ．俺ガ居ル中ハ絶対ニ逃サヌゾダ。
。梅雨晴レテ蝶ノ舞フ空雲高シ．
。朗ラカナ夏空響ク〝異常ナシ〞
。蝶舞ヒテ國ノ防リ■吹流シ
　決戰近キ空ニヒラメク．

案：「本土上陸作戰」：一九四五年一月上旬大本營陸軍部對「帝國陸海軍作戰計畫大綱」進行政策著手制定，同月二十日，獲得才可。並且在當中指出：「聯合軍攻勢將於本年度達到最高潮。」而在此情況下，盟軍亦有可能對於日本本土進行上陸的進攻，因此在計畫中也提到了「有關皇土要域的作戰目的是將敵人進攻破壞，皇土特別是帝國本土的確保。」並規劃了第六航空軍、第十一方面軍、第十二方面軍、第十三方面軍、第十五方面軍、第十六方面軍、第三十六軍、第十七方面軍、第五方面軍、第十方面軍、第一航空軍等。（參：防衛庁防衛研究所戦史室編《戦史叢書本土決戦準備(1)関東の防衛》，東京：朝雲新聞社，一九六八，頁一七二－二〇〇）並且也因可能的本土登陸因此也有國民義勇隊的編成等準備。（參：防衛庁防衛研究所戦史室編，《戦史叢書本土決戦準備(1)関東の防衛》，頁五六二－五六八）

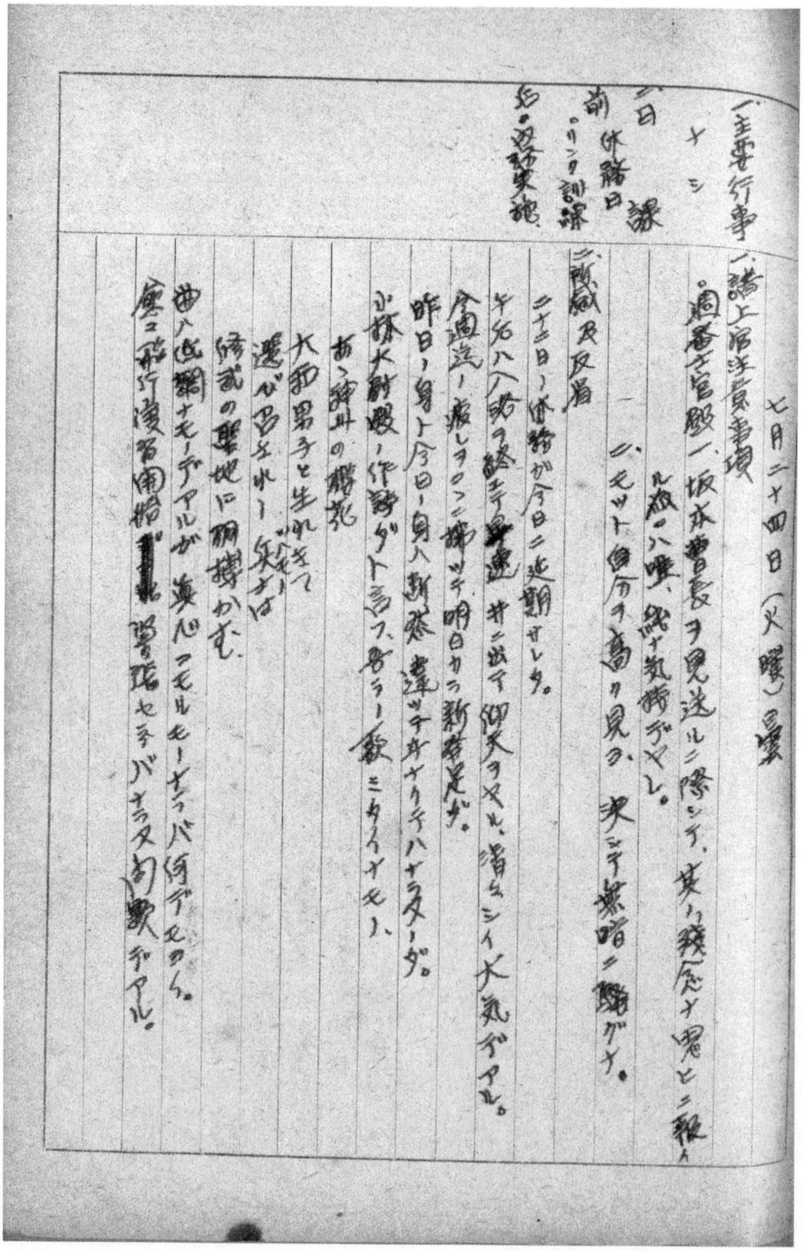
七月二十四日（火曜）曇

一、主要行事
ナシ

一、諸上官注意事項
一、週番士官殿ハ、坂本曹長ヲ見送ルニ際シテ、其ノ残念ナ思ヒニ報ユル為ニハ唯、純ナ気持デヤレ。
二、モット自分ヲ高ク見ヨ、決シテ無暗ニ騒グナ。

二、日課
前 休務日課
○リンク訓練
后 ○公務実施

三、所感及反省
二十三日ノ休務が今日ニ延期サレタ。
午后ハ八ノ路ヲ経テ遊井ニ出テ御天ヲヤル、清々シイ天気デアル。
今週ノ疲レヲクツニ掃ツテ明日カラ新発足ダ。
昨日ノ身ト今日ノ身ハ断然違ツテ居ナクテハナラヌノダ。
小林大尉殿ノ作詩ダト言フ、吾ラノ歌ニタイナモノ。
あゝ神州の桜花
大和男子と生れきて
選び召されし兵士は
修武の聖地に羽搏かむ
曲ハ低調ナモノデアルガ真心コモルモノナラバ何デモヨイ。
食ニ飛行後習俗始　習熟セネバナラヌ向歌デアル。

一．主要行事
ナシ
二．日課
前　休務日
。リンク訓練
后。内務実施

七月二十四日（火曜）　曇

一．諸上官注意事項
。週番士官殿　一．坂本曹長ヲ見送ルニ際シテ．其ノ残念ナ思ヒニ報イ
ル為ニハ唯．純ナ気持デヤレ．
二．モット自分ヲ高ク見ヨ．決シテ無暗ニ騒グナ。

二．所感及反省
二十三日ノ休務ガ今日ニ延期サレタ。
午后ハ入浴ヲ終エテ早速　井ニ出テ仰天ヲヤル．清々シイ大気デアル。
今週迄ノ疲レヲコヽニ拂ッテ明日カラ新発足ダ。
昨日ノ身ト今日ノ身ハ断然違ッテヰナクテハナラヌノダ。
小林大尉殿ノ作詩ダト言フ．吾ラノ歌ミタイナモノ．
あゝ神州の櫻花
大和男子ト生れきて
選び召されし兵士（ツハモノ）は
修武の聖地ニ羽搏かむ．
曲ハ低調ナモノデアルガ．真心コモルモノナラバ何デモヨイ。
愈々飛行演習開始[redacted]緊張セネバナラヌ問題デアル。

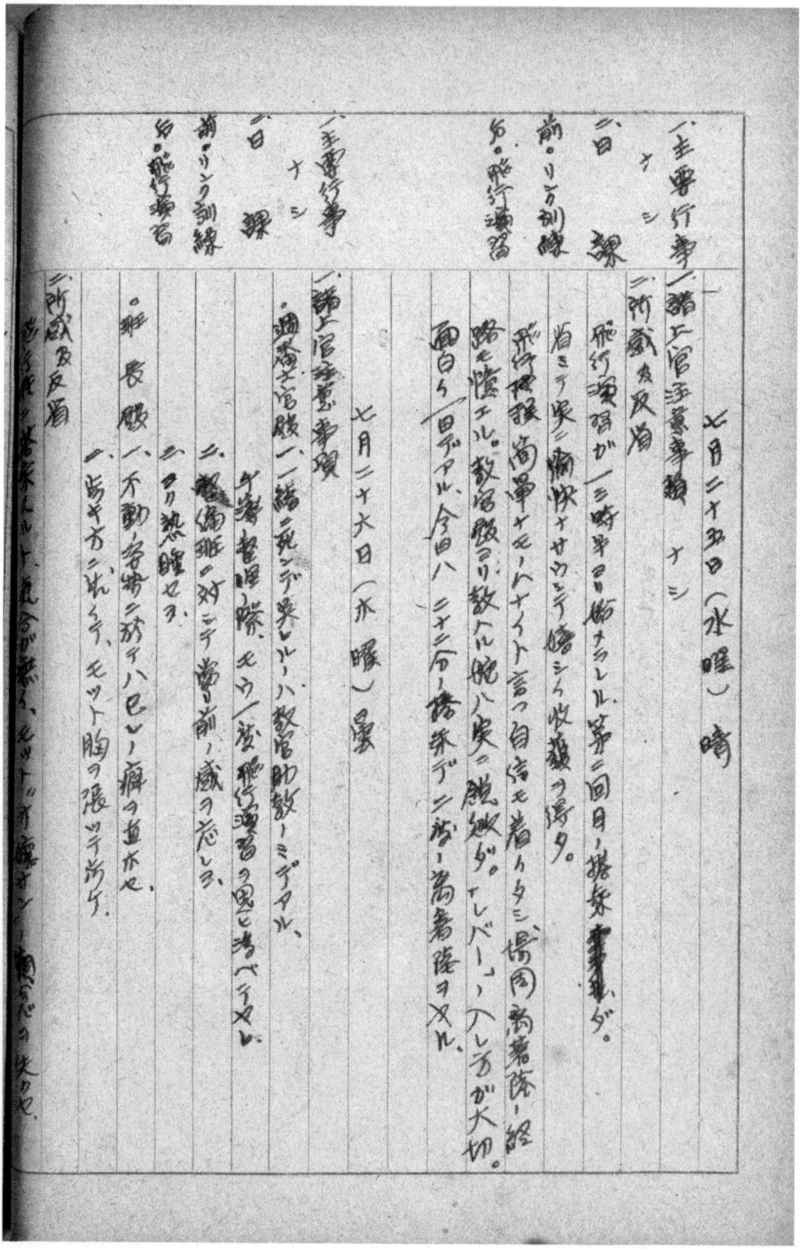
七月二十五日（水曜）晴

一、主要行事 ナシ

二、日課

前。リンク訓練

后。飛行演習

一、諸上官注意事項 ナシ

二、所感及反省

飛行演習ガ一三時半ヨリ始メラレル。第二回目ノ搭乗ダ。

省ミテ実ニ愉快ナサカンニテ嬉シク収穫ヲ得タ。

飛行機操縦ハ簡単ナモノハナイト言フ自信モ着イタシ、場周着陸ノ経路モ憶エル。教官殿ヨリ教ヘル所ハ実ニ親切ダ。ナレバ一ノ入レ方ガ大切。

面白イ一日デアル。今日ハ二十二分ノ搭乗デ二回ノ着陸ヲ又ル。

七月二十六日（木曜）曇

一、主要行事 ナシ

二、日課

前。リンク訓練

后。飛行演習

一、諸上官注意事項

。週番士官殿ハ、一緒ニ死ンデ哭レルノハ教官助教ノミデアル、

午後整理ノ際、モウ一度飛行演習ヲ思ヒ浮ベテ見レ。

二、整備班ニ対シテ常ニ前ノ感ヲ忘レヨ、

二、ヨク熟睡セヨ、

。班長殿ハ、不動ノ姿勢ニ於テハ巳レノ癖ヲ直スベシ、

一、歩キ方ニ就イテ、モット胸ヲ張ッテ歩ケ。

二、所感及反省

飛行機ノ搭乗ヘルト、気合ガ無イ、

七月二十五日（水曜）　晴

一．主要行事
　ナシ
二．日　課
前。リンク訓練
后。飛行演習

一．諸上官注意事項　ナシ
二．所感及反省
飛行演習ガ一三時半ヨリ始メラレル．第二回目ノ搭乗[redacted]ダ。
省ミテ実ニ愉快ナサウシテ嬉シイ収穫ヲ得タ。
飛行機程簡単ナモノハナイト言フ自信モ着イタシ．場周離着陸ノ経
路モ憶エル。教官殿ヨリ教ヘル舵ハ実ニ鋭敏ダ。「レバー」ノ入レ方ガ大切。
面白イ一日デアル．今日ハ　二十二分ノ搭乗デ二度ノ離着陸ヲヤル．

七月二十六日（木曜）　曇

一．主要行事
　ナシ
二．日　課
前。リンク訓練
后。飛行演習

一．諸上官注意事項
。週番士官殿　一．一緒ニ死ンデ呉レルノハ教官助教ノミデアル．
手簿ノ整理ノ際．モウ一度飛行演習ヲ思ヒ浮ベテヤレ．
二．整備班ニ対シテ當リ前ノ感ヲ忘レヨ．
三．ヨク熟睡セヨ．
。班長殿　一．不動ノ姿勢ニ於テハ己レノ癖ヲ直ホセ．
二．歩キ方ニ就イテ．モット胸ヲ張ッテ歩ケ．
二．所感及反省
飛行機ニ搭乗スルト．気合ガ無イ．モット〝オ嬢サン〟ノ観念ヲ失クセ．

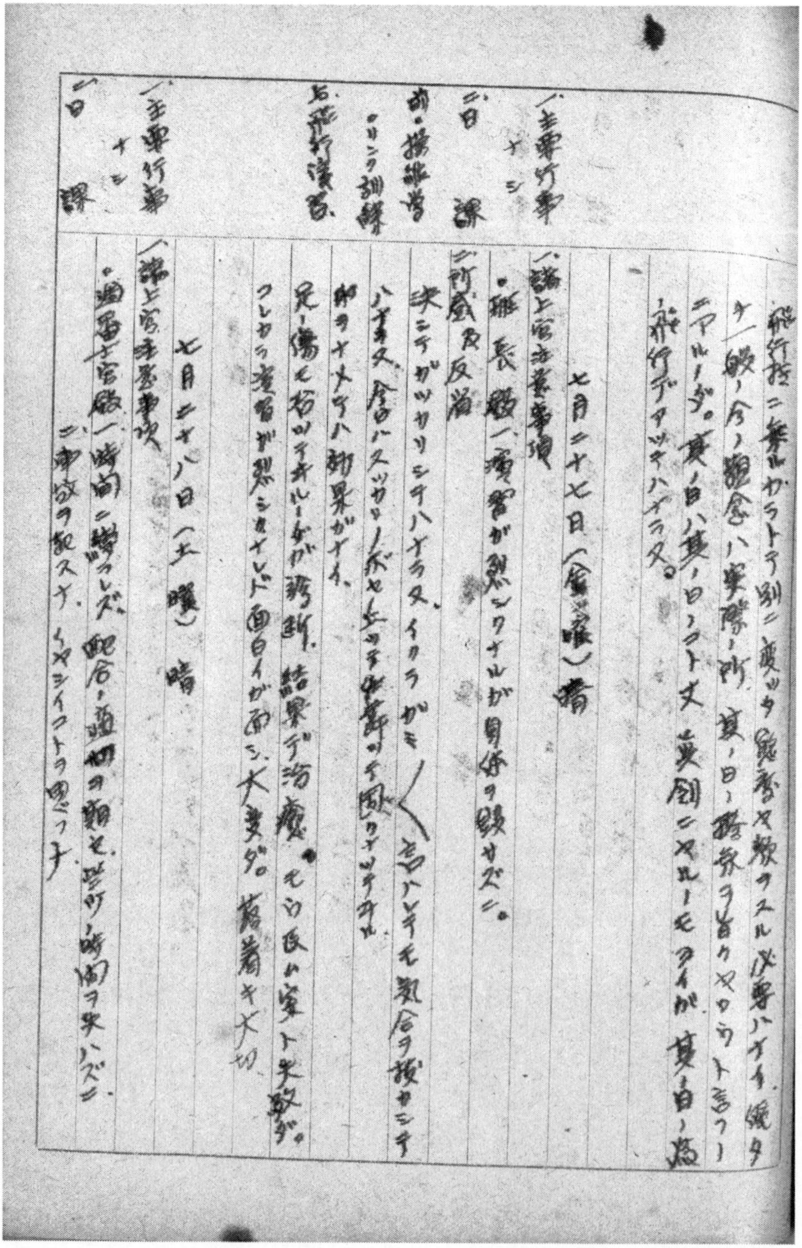

一、主要行事
ナシ
二、日課
前・操縦学
ロリンク訓練
后・飛行演習
一、主要行事
ナシ
二、日課

飛行機ニ乗ルカラトテ別ニ変ツタ態度ヲ取ラスル必要ハナイ。従タ
ナ一般ノ今ノ観念ハ実際ノ所 真ノ日ノ務ヲ旨クヤロウト言フノ
ニアルノダ。真ノ日ハ真ノ日ノコト丈 真剣ニヤルノモアイガ 真ノ日ノ為
飛行デアツテハナラヌ。

七月二十七日（金曜）晴
一、諸上官注意事項
・班長殿ノ演習ガ烈シクナルガ身体ヲ毀サズニ。
二、所感及反省
決シテガツカリシテハナラヌ。イクラガミ〈言ハレテモ気合ヲ抜カシテ〉
ハナラヌ。今日ハスツカリノボセ上ツテ寄ツテ聞カナイテカル
御ヲナメテハ効果ガナイ。
足ノ傷モ治ツテ来ルト女ガ診断。結果デ治療。モウ良イ事ト失敗ダ。
コレカラ演習ガ烈シクナルケド面白イガ苦シ。大事ダ。落着キ大切

七月二十八日（土曜）晴
一、諸上官注意事項
・週番士官殿ノ時間ニ帰ツレズ、配合ノ適切ヲ期セ。些ツノ時間ヲ失ハズニ。
二、事故ヲ起スナ。イヤシイコトヲ思ベフナ。

飛行機ニ乗ルカラトテ別ニ変ッタ態度ヤ顔ヲスル必要ハナイ．俺タチ一般ノ今ノ観念ハ実際ノ所．其ノ日ノ搭乗ヲ旨クヤロウト言フノニアルノダ。其ノ日ハ其ノ日ノコト丈　真剣ニヤルノモヨイガ．其ノ日ノ為ノ飛行デアッテハナラヌ。

七月二十七日（金曜）　晴

一．主要行事
　ナシ
二．日課
前。操縦学
　。リンク訓練
后　飛行演習

一．諸上官注意事項
。班長殿　一．演習ガ烈シクナルガ身体ヲ毀サズニ。
二．所感及反省
決シテガッカリシテハナラヌ．イクラガミ〳〵言ハレテモ気合ヲ抜カシテハナラヌ．今日ハスッカリノボセ上ッテ仕舞ッテ固クナッテヰル．
水ヲナメテハ効果ガナイ。
足ノ傷モ治ッテキルノダガ診断．結果デ治癒、モウ医ム室ト失敬ダ。
コレカラ演習ガ烈シクナレバ面白イガ而シ．大変ダ。落着キ大切．

七月二十八日（土曜）　晴

一．主要行事
　ナシ
二．日課

一諸上官注意事項
。週番士官殿　一．時間ニ縛ラレズ．配合ノ適切ヲ期セ些少ノ時間ヲ失ハズニ．
二．事故ヲ起スナ．イヤシイコトヲ思フナ．

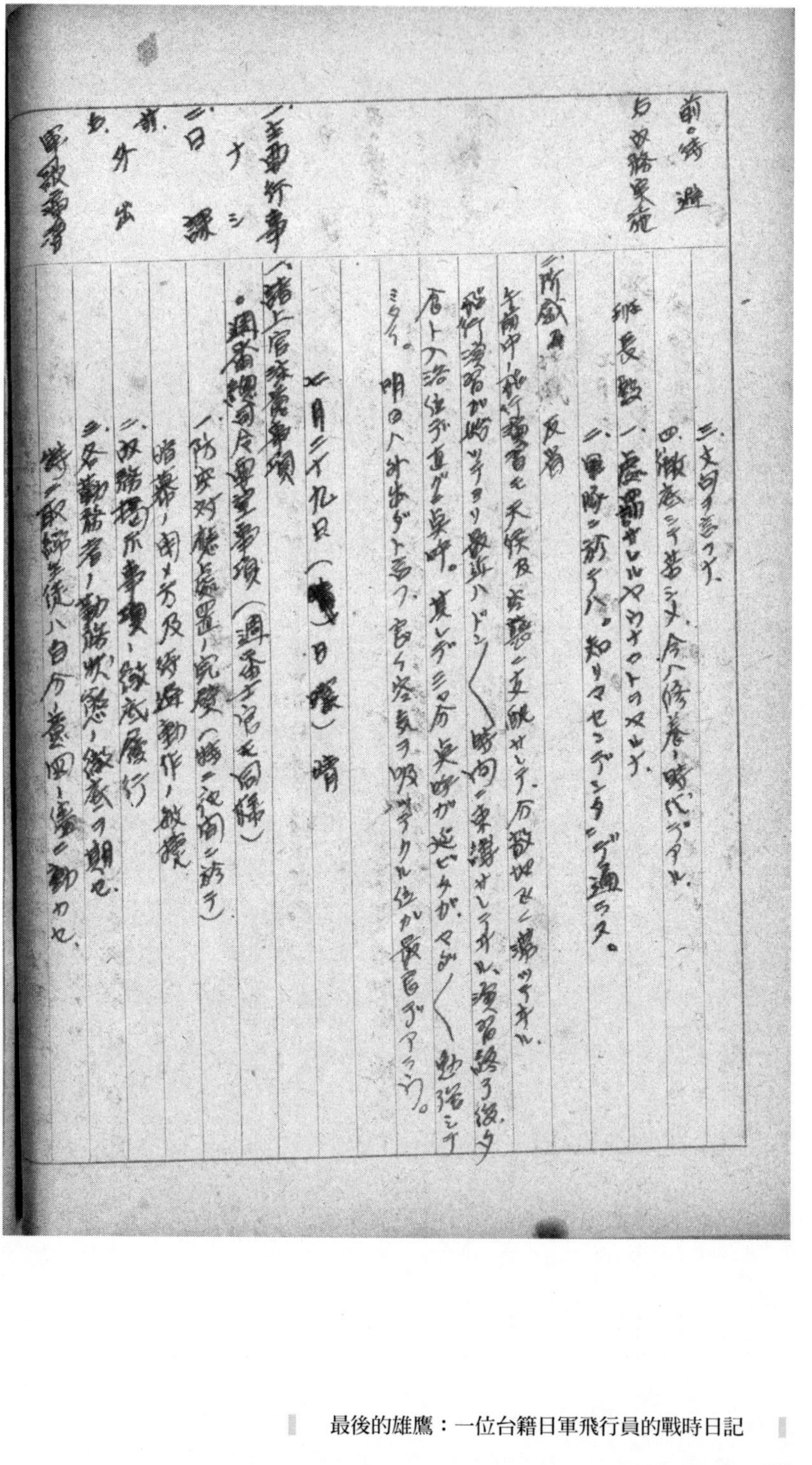

前ノ待避
五、収容実施

三、文句ヲ言フナ。
四、徹底シテ苦シメ。今ハ修養ノ時代デアル。
班長殿ノ、虐待サレルヤウナコトヲスルナ。
二、軍隊ニ於テハ、知リマセンデシタデハ通ラヌ。
二、所感及反省
午前中ノ飛行演習モ天候及整備ニ支障サレテ、万般如ク遅ツテ居ル。
飛行演習ガ始ッテヨリ最近ハドンドン時間ニ束縛サレテ居ル。演習終了後、夕
食ト入浴位デ直グ点呼。其レデ三〇分点呼ガ延ビタガ、マダマダ勉強シテ
ミタイ。
明日ハ外出ダト言フ。良イ空気ヲ吸ッテクル位ガ最高デアラウ。

七月二十九日（[illegible]）日曜 晴

一、主要行事 ナシ
二、日課
四、外出
五、軍紀風紀

八、諸上官注意事項
・週番勤務司令要望事項（週番士官モ同様）
一、防空対態勢配置ノ完璧（特ニ夜間ニ於テ）
暗幕ノ閉メ方及待避動作ノ敏捷
二、服務規程事項ノ徹底履行
三、各勤務者ノ勤務状態ノ徹底ヲ期セ。
特ニ取締生徒ハ自分並四周ノ為ニ働カセ。

前。待避
后　内務実施

一．主要行事
ナシ
二．日課
前　外出
后　軍歌演習

三．文句ヲ言フナ．
四．徹底シテ苦シメ．今ハ修養ノ時代デアル．
。班長殿
一．處罰サレルヤウナコトヲヤルナ．
二．軍隊ニ於テハ〝知リマセンデシタ〟デ通ラヌ。
二．所感及反省
午前中ノ飛行演習モ天候及空襲ニ支配サレテ．分散地区ニ滞ッテヰル．飛行演習ガ始ッテヨリ最近ハドン〱時間ニ束縛サレテヰル．演習終了後夕食ト入浴位デ直グニ点呼。其レデ三〇分点呼ガ延ビタガ．マダ〱勉強シテミタイ。明日ハ外出ダト言フ．良イ空気ヲ吸ッテクル位ガ最良デアラウ。

七月二十九日（[redacted]）日曜）晴

一．諸上官注意事項
。週番總司令要望事項（週番士官モ同様）
一．防空対應處置ノ完璧（特ニ夜間ニ於テ）
暗幕ノ閉メ方及待避動作ノ敏捷
二．内務掲示事項ノ徹底履行
三．各勤務者ノ勤務状態ノ徹底ヲ期セ．
特ニ取締生徒ハ自分ノ意図ノ儘ニ動カセ．

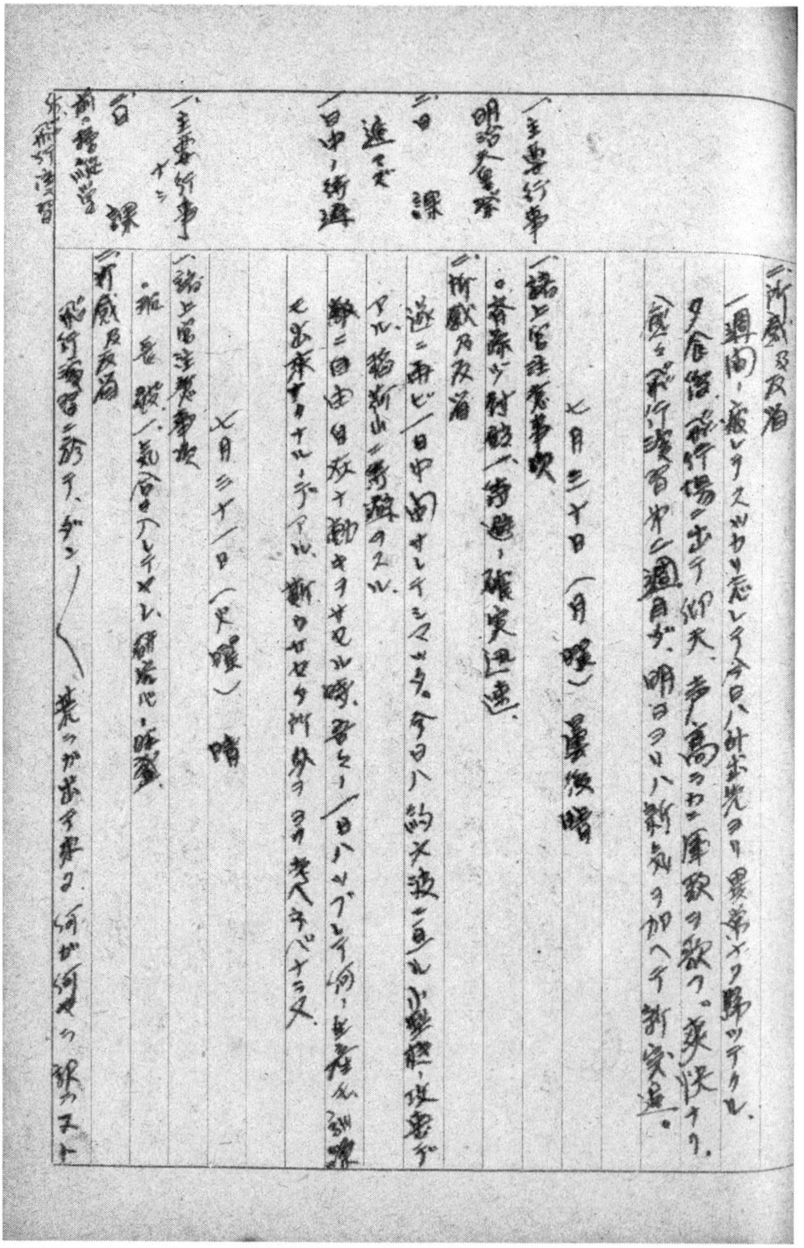

一、主要行事
明治大帝祭
二、日課
遊泳
一、日中ノ待避
一、主要行事
ナシ
二、日課
前ノ操縦学
飛行演習

二、所感及反省
一週間ノ疲レテ久シカリ忘レテ今日ハ外出先ヨリ最終ナク帰ッテクル。
夕食後、飛行場ニ出テ仰天、声高ク軍歌ヲ歌フ。爽快ナリ。
愈々飛行演習第二週目ダ。明日ヨリハ新気ヲ加ヘテ新実道。

七月三十日（月曜）曇後晴
一、諸上官注意事項
○普森少尉殿ハ待避ノ確実迅速。
二、所感及反省
遂ニ雨ビ／日中曇ナレテミマセタ。今日ハ約三ヶ週ニ亘ル小樂臨、攻撃デ
アル稲新山ニ待避スル。
静ニ自由自在ニ働キヲナセル時、暑さ／日ハツブレテ何ニモ者仏訓練
モ出来ナクナル。デアル。斬ヲサセタ所好ヲヨク考ヘネバナラヌ。

七月三十一日（火曜）晴
一、諸上官注意事項
・班長殿ハ気合ヲ入レテ呉レ、研究心ノ旺盛。
二、所感及反省
飛行演習ニ於テ、ダン〱荒ッポク出テ来タ。何ガ何ダカ訳ノ分ラヌコト

二．所感及反省
一週間ノ疲レヲスッカリ忘レテ今日ハ外出先ヨリ異常ナク歸ッテクル．
夕食後．飛行場ニ出テ仰天．声高ラカニ軍歌ヲ歌フ。爽快ナリ．
愈々飛行演習第二週目ダ。明日ヨリハ新気ヲ加ヘテ新突進。

七月三十日（月曜）　曇後晴

一．主要行事
明治天皇祭
二．日課
進マズ
一日中ノ待避

一．諸上官注意事項
。斉藤少尉殿　一．待避ノ確実迅速．
二．所感及反省
遂ニ再ビ一日中閉サレテシマッタ。今日ハ約六波ニ亘ル小型機ノ攻撃デアル．稲荷山ニ待避ヲスル。
敵ニ自由自在ナ動キヲサセル時．吾々ノ一日ハツブレテ何ノ生産モ訓練モ出來ナクナルノデアル．斯ウサセタ所以ヲヨク考ヘネバナラヌ。

七月三十一日（火曜）　晴

一．主要行事
ナシ
二．日課
前。操縦学
后　飛行演習

一．諸上官注意事項
。班長殿　一．気合ヲ入レテヤレ．研究心ノ旺盛．
二．所感及反省
飛行演習ニ於テ．ダン〱荒ラガ出テ來タ．何ガ何ヤラ訳ラヌト

案：「明治天皇祭」：一九二七年一月二十五日第五十二回帝國議會開議，其中公爵二條厚基君外七名提議設置明治節，（參：參照：帝国議会会議録検索システム，〈第五十二回帝国議会　貴族院　本会議　第七号　昭和二年一月二十五日〉，網址：https://teikokugikai-i.ndl.go.jp/#/?back，檢閱日期：二〇二〇年十月十三日）而同年三月三日，昭和天皇以詔書方式發布制定明治節。（參：アジア歴史資料センター，〈御署名原本・昭和二年・詔書三月三日・明治節ヲ定メラル〉，編號：A03021630500）

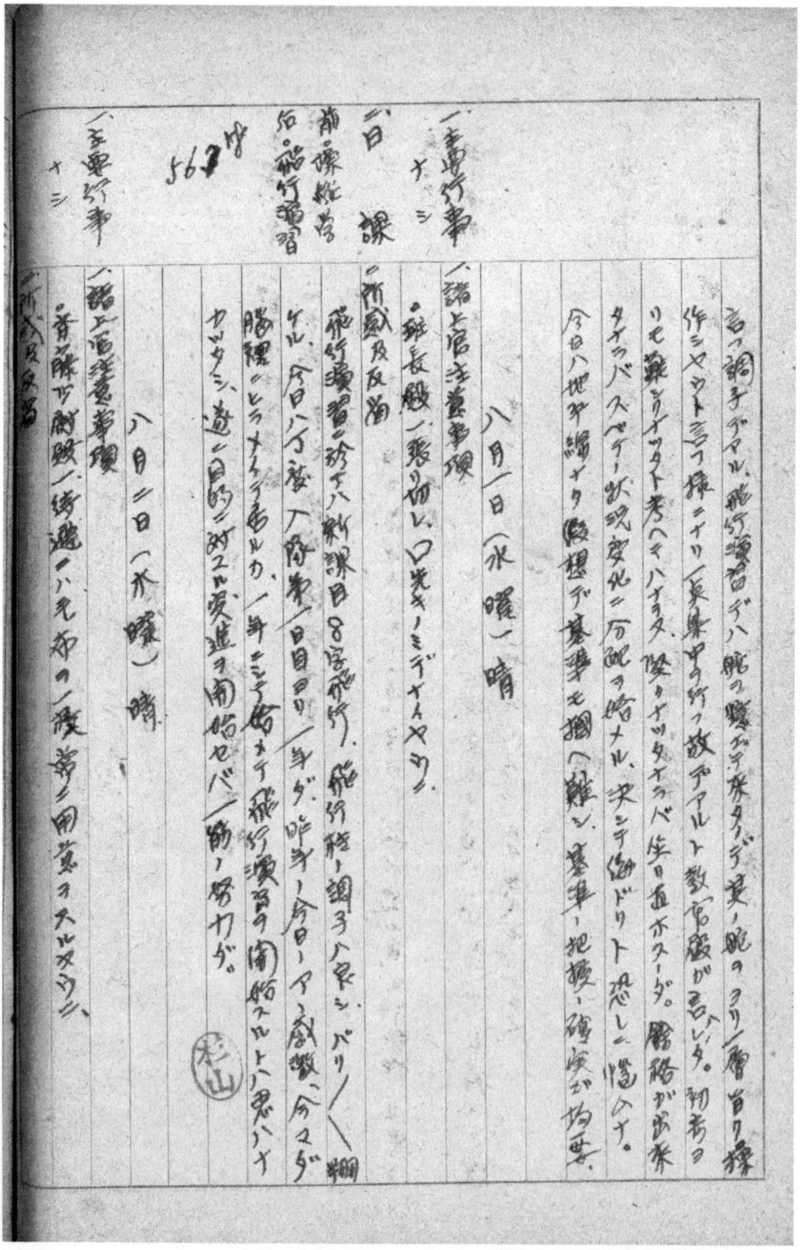

言ッ調子デアル、飛行演習デハ舵ノ操作デ来タノデ其ノ舵ノヨリノ層首ク操
作シヤウト言フ様ニナリ良集中ノ行ッ故デアルト教官殿ガ言ハレタ。初歩ヨ
リモ難シクナッタト考ヘテハナラヌ、楽ニナッタナラバ先ヅ直ホスーダ。勝敗ガ出来
タナラバスベテノ状況変化ニ分配ヲ始メル、決シテ偏ドリト恐レハナイ。
今日ハ地平線ナク仮想デ基準モ掴ヘ難シ、基準ノ把握ノ確実ガ必要。
一、主要行事
ナシ
八月一日（水曜）晴
一、諸上官注意事項
○班長殿ノ張リ切レ、口先キノミデナイヤウニ。
二、日課
前○操縦学
后○飛行演習
二、所感及反省
飛行演習ニ於テハ新課目8字飛行、飛行機ノ調子ハ良シ、バリバリ
ケル、今日ハ了旋ノ降着一日目ヨリ一年ダ、昨年ノ今日ノ感激ハ今マダ
勝利ニヒラメイテ居ルカ、一年ニシテ始メテ飛行演習ヲ開始スルトハ思ハナ
カッタシ、遂ニ目的ニ対スル突進ヲ開始セバ一筋ノ努力ガ。
杉山
563号
一、主要行事
ナシ
八月二日（木曜）晴
一、諸上官注意事項
○斉藤分隊士殿ノ、待遇ニハ毛布ノ一枚等ニ用意ヲスルヤウニ、
二、所感及反省

一．主要行事
ナシ
二．日　課
前。操縦学
后。飛行演習
56.7kg

一．主要行事
ナシ

言フ調子デアル．飛行演習デハ舵ヲ憶エテ來タノデ其ノ舵ヲヨリ一層旨ク操作シヤウト言フ様ニナリ一点集中ヲ行フ故デアルト教官殿ガ言ハレタ。初考ヨリモ難シクナッタト考ヘテハナラヌ．堅クナッタナラバ坐リ直ホスノダ。餘裕ガ出來タナラバスベテノ狀況變化ニ分配ヲ始メル．決シテ侮ドリト恐レニ悩ムナ。
今日ハ地平線ナク假想デ基準モ摑ヘ難シ．基準ノ把握ノ確実ガ均要．

八月一日（水曜）　晴

一．諸上官注意事項
。班長殿　一．張リ切レ．口先キノミデナイヤウニ．
二．所感及反省
飛行演習ニ於テ新課目８字飛行．飛行機ノ調子ハ良シ．バリ〱翔ケル．今日ハ丁度入隊第一日目ヨリ一年ダ．昨年ノ今日ノアノ感激．今マダ脳裡ニヒラメイデ居ルカ．一年ニシテ始メテ飛行演習ヲ開始スルトハ思ハナカッタシ．遂ニ目的ニ対スル突進ヲ開始セバ一筋ノ努力ダ。

杉山

八月二日（木曜）　晴

一．諸上官注意事項
。斉藤少尉殿　一．待避ニハ毛布ヲ一枚常ニ用意ヲスルヤウニ．
二．所感及反省

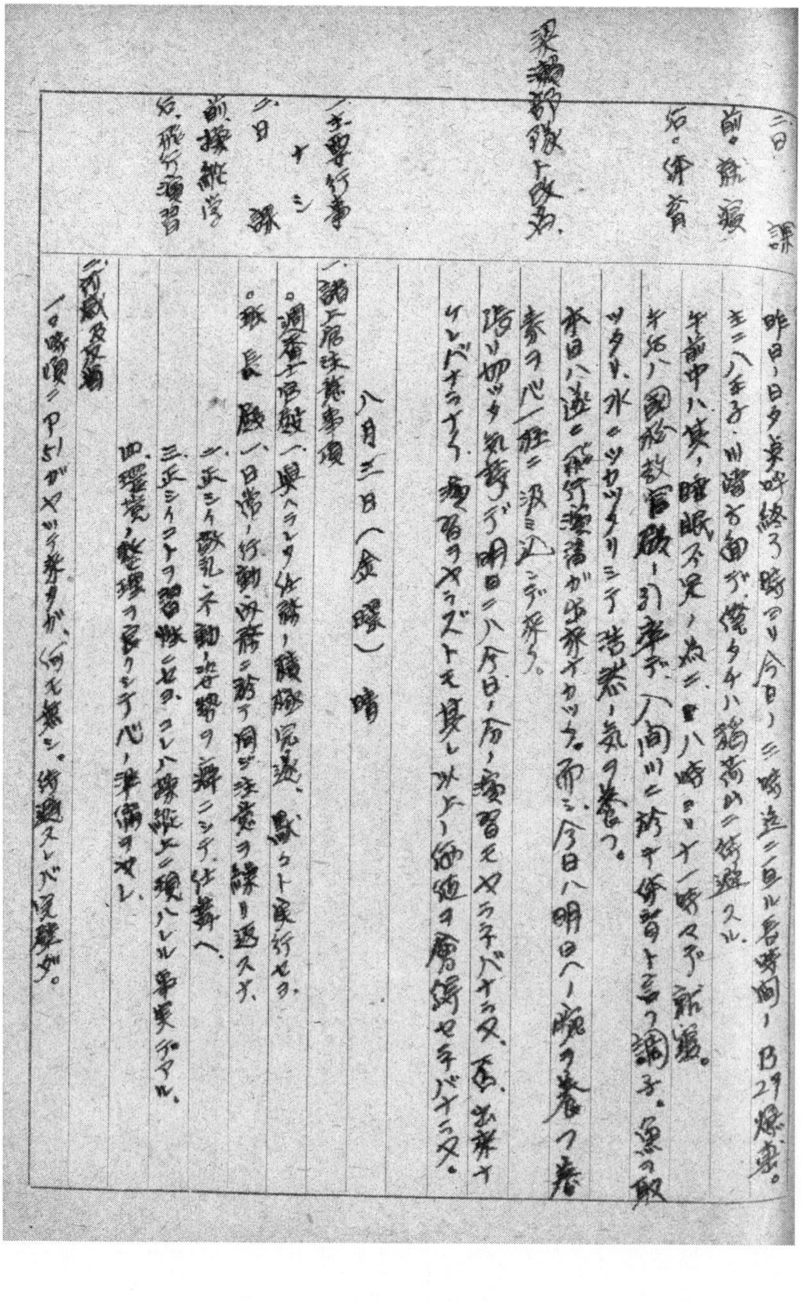

二日　課

前。航法

後。体育

実施部隊ト同ジ、

一、主要行事

ナシ

二、日課

前、操縦学

后、飛行演習

昨日ノ日夕点呼終了時ヨリ今日ノ三時迄ニ亘ル長時間ノB29爆撃。

主ニ八王子、川崎方面デ、俺タチハ防空壕ニ待避スル。

午前中ハ其ノ睡眠不足ノ為ニ、八時ヨリ十一時マデ就寝。

午后ハ国語教官殿ノ引率デ、入間川ニ於テ水泳ト云フ調子。魚ヲ取

ツタリ、水ニツカツタリシテ浩然ノ気ヲ養フ。

本日ハ遂ニ飛行演習ガ出来ナカツタ。而シ、今日ハ明日ヘノ腕ヲ養フ為

養フ心ノ旺ニ汲ミ込ンデ来タ。

張リ切ツタ気持デ明日ニハ今日ノ分ノ演習モヤラネバナラヌ。又、今、出来ナ

ケレバナラナイ演習ヲヤラズトモ其レ以上ノ錬磨ヲ修得セネバナラヌ。

八月三日（金曜）晴

一、諸上官訓話事項

○週番士官殿ノ與ヘラレタ任務ノ積極完遂。黙々ト実行セヨ。

○班長殿ハ日常ノ行動、服務ニ於テ同ジ注意ヲ繰リ返ス。

一、正シイ敬礼、不動ノ姿勢ヲ確ニシテ任務ヘ。

三、正シイコトヲ習慣ニセヨ。コレハ操縦上ニ現ハレル事実デアル。

四、環境ノ整理ヲ良クシテ心ノ準備ヲセヨ。

二、所感及反省

一〇時頃ニP51ガヤツテ来タガ、何モ無シ。待避スレバ完璧ダ。

二、日課
前。就寝
后。体育

梁瀬部隊ト改名

一、主要行事
ナシ
二、日課
前 操縦学
后 飛行演習

昨日ノ日夕点呼終了時ヨリ今日ノ三時迄ニ亘ル長時間ノB29爆撃。
主ニ八王子、川崎方面デ、俺タチハ稲荷山ニ待避スル、
午前中ハ其ノ睡眠不足ノ為ニ、■八時ヨリ十一時マデ就寝。
午后ハ國松教官殿ノ引率デ、入間川ニ於テ体育ト言フ調子。魚ヲ取ッタリ、水ニツカッタリシテ浩然ノ気ヲ養フ。
本日ハ遂ニ飛行演習ガ出來ナカッタ。而シ、今日ハ明日ヘノ腕ヲ養フ養素ヲ心一杯ニ汲ミ込ンデ來タ。
張リ切ッタ気持デ明日ニハ今日ノ分ノ演習モヤラネバナラヌ、否、出來ナケレバナラナイ、演習ヲヤラズトモ其レ以上ノ価値ヲ會得セナバナラヌ。

八月三日（金曜）晴

一、諸上官注意事項
。週番士官殿 一、與ヘラレタ任務ノ積極完遂、默々ト実行セヨ、
。班長殿 一、日常ノ行動、内務ニ於テ同ジ注意ヲ繰リ返スナ、
二、正シイ敬礼、不動ノ姿勢ヲ癖ニシテ仕舞ヘ、
三、正シイコトヲ習性ニセヨ、コレハ操縦上ニ現ハレル事実デアル、
四、環境ノ整理ヲ良クシテ心ノ準備ヲヤレ、
二、所感及反省
一〇時頃ニP51ガヤッテ來タガ、何モ無シ。待避スレバ完璧ダ。

案：「一〇時頃ニP51ガヤッテ來タガ」：一九四五年八月三日，美軍P51戰鬥機共計一百架對土浦、浦和、大宮、八王子、厚木等地進行攻擊。（參：日置英剛著，《年表　太平洋戦争全史》，頁七一一）

一、主要行事
勅諭奉読式
二、日課
前、飛行演習
后、学術実施
一八〇〇ヨリ
勅諭奉読式

新聞ニ依レバ敵機動部隊ノ猛攻撃ニ先輩ガ奮闘スル。ビルマ戦線ニ於
ケル全面的攻撃ヤ敵艦ノ来襲ニ対スル吾ガ勝チタル戦果等、勝機ハ今ヤ
近ヅク。スベテヲ観察完熟ニ任セテ俺タチハヒタスラニ訓練ヲ励ム。
受ケタ御恩ヲ再ビ繰リ返サズ、ジックリト考ヘテ頑張ラネバナラヌ。
幹部ノ方ニ俺タチノ飛行練習ニハ相当ノ苦労ヲカケテ居ル。亦、色々ト思案セラレ
テ居ル。操縦ト技術ハ一種ノ誇リヲ持ッテ居ルアノ操縦桿ヲ通ジテ血ハ通ッテ居ル。
精神ハ要処ニアルノダ。必死ニナッタ時、何事モ成シ遂ゲラレル。

杉山

八月四日（土曜）晴

一、諸上官注意事項
中隊長殿訓示ハ、健康ニ注意セヨ。
二、所感及反省
研究班ガ始マッテココニ足掛ケ三ヶ月。
我々ニ迎ヘタ勅諭奉読式ノ日、既ニ俺タチ第一研究班ハ操縦教育ヲ開始。
其ノ週ヨリ第二研究班モ始ナラレル。着々ト成果ハ挙ルガ未ダ二ヶ月半。最后
マデ何ラノ事故ナク経過ヲ通リ亦、期待ニ副ウベク努力スルノダ。

八月五日（日曜）晴

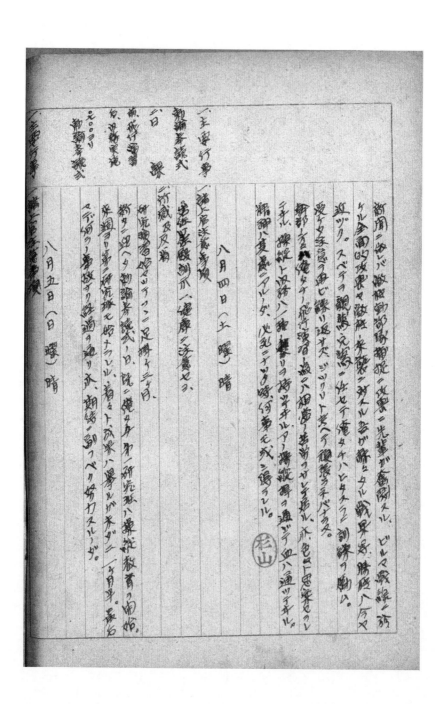

一、主要行事
一、諸上官注意事項

一．主要行事
勅諭奉読式
二．日課
前　飛行演習
后　内務実施
○七○○ヨリ
勅諭奉読式
一．主要行事

新聞ニ依レバ敵機動部隊捕捉ニ攻撃ニ先輩ガ奮闘スル．ビルマ戦線ニ於ケル全面的攻撃ヤ敵機ノ來襲ニ対スル吾ガ赫々タル戦果等．勝機ハ今ヤ近ヅク。スベテヲ親鸞、兄鸞ニ任セテ俺タチハヒタスラニ訓練ヲ勵ム。

受ケタ注意ヲ再ビ繰リ返サズ．ジックリト考ヘテ頑張ラネバナラヌ。

幹部ノ方々ハ俺タチノ飛行演習ノ為ニハ相當ノ苦労ヲサレテ居ル．亦色々ト思案セラレテヰル．操縦ト内務ハ一種ノ繫リヲ持ッテヰル．アノ操縦桿ヲ通ジテ血ハ通ッテヰル。精神ハ其處ニアルノダ．必死ニナッタ時．何事モ成シ得ラレル。

杉山

八月四日（土曜）　晴

一．諸上官注意事項

。岩佐少佐殿訓示一．健康ニ注意セヨ．

二．所感及反省

研究演習始マッテコヽニ足掛ケ三ヶ月．

新タニ迎ヘタ勅諭奉読式ノ日．既ニ俺タチ第一研究班ハ操縦教育ヲ開始。來週ヨリ第二研究班モ始メラレル．着々ト成果ハ擧ルガ未ダニ一ヶ月半。最后マデ何ラノ事故ナク経過ヲ通リ亦．期待ニ副フベク努力スルノダ。

八月五日（日曜）　晴

一．諸上官注意事項

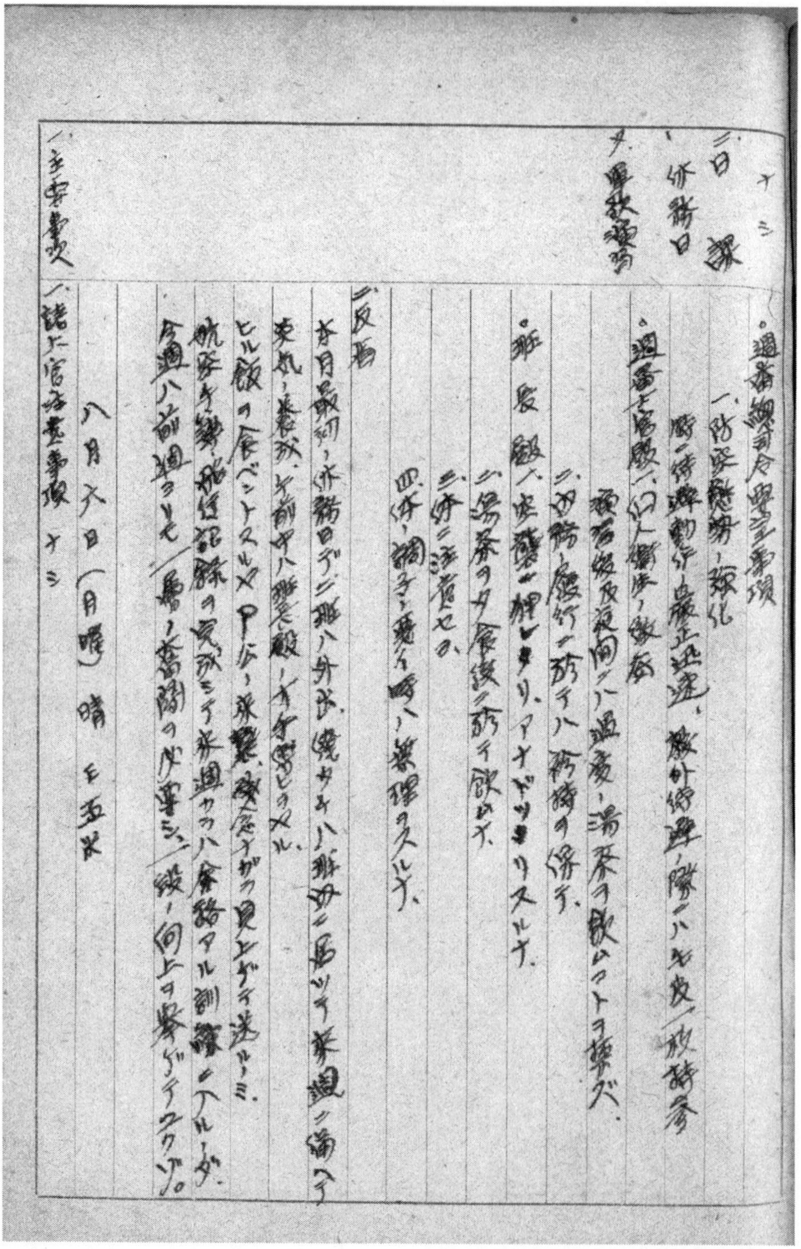

十三
二、日課
一、修務日
夕、軍歌演習
一、主要事項

○週番[illegible]要注意事項
一、防空態勢ノ強化
[illegible]ニ待避動作ノ最モ迅速、[illegible]隊ニハ[illegible]
○週番士官殿ノ[illegible]ノ徹底
夜間後夜ニハ過度ノ湯茶ヲ飲ムコトヲ禁ズ
二、勤務ノ履行ニ於テハ誇持ヲ保テ
○班長殿ハ[illegible]、アナドツタリスルナ。
一、湯茶ハ夕食後ニ於テ飲ムナ。
三、体ニ注意セヨ。
四、体ノ調子ノ悪イ時ハ無理ヲスルナ。
二、反省
本月最初ノ修務日デ二班ハ外出、残ツタ者ハ班内ニ居ツテ来週ニ備ヘテ
[illegible]、午前中ハ班長殿ノ[illegible]
ヒル飯ノ食ベントスル[illegible]、[illegible]見上ゲテ送ルノミ。
航空手簿、飛行記録ノ完成シテ来週カラハ実務アル訓練ニ入ルノダ。
今週ハ前週ヨリモ一層ノ奮闘ノ必要アリ、一段ノ向上ヲ遂ゲテユクゾ。
一、諸注意事項 ナシ
八月六日（月曜）晴 [illegible]

ナシ

二．日課

休務日

夕　軍歌演習

一．主要事項

◦週番總司令要望事項

一．防空態勢ノ強化

特ニ待避動作ノ嚴正迅速．校外待避ノ際ニハ毛皮一枚持参

◦週番士官殿　一．個人衛生ノ徹底

演習後及夜間ニハ過度ノ湯茶ヲ飲ムコトヲ禁ズ．

二．内務ノ履行ニ於テハ矜持ヲ保テ．

◦班長殿　一．空襲ニ狎レタリ．アナドッタリスルナ．

二．湯茶ヲ夕食後ニ於テ飲ムナ．

三．体ニ注意セヨ．

四．体ノ調子ノ悪イ時ハ無理ヲスルナ．

二．反省

本月最初ノ休務日デ．二班ハ外出．俺タチハ班内ニ居ッテ來週ニ備ヘテ

英気ノ養成．午前中ハ班長殿ノオ手傳ヒヲヤル．

ヒル飯ヲ食ベントスルヤP公ノ來襲．残念ナガラ見上ゲテ送ルノミ．

航空手簿．飛行記録ヲ完成シテ來週カラハ余裕アル訓練ニ入ルノダ．

今週ハ前週ヨリモ一層ノ奮闘ヲ必要シ．一段ノ向上ヲ擧ゲテユクゾ。

八月六日（月曜）　晴　E五米

一．諸上官注意事項　ナシ

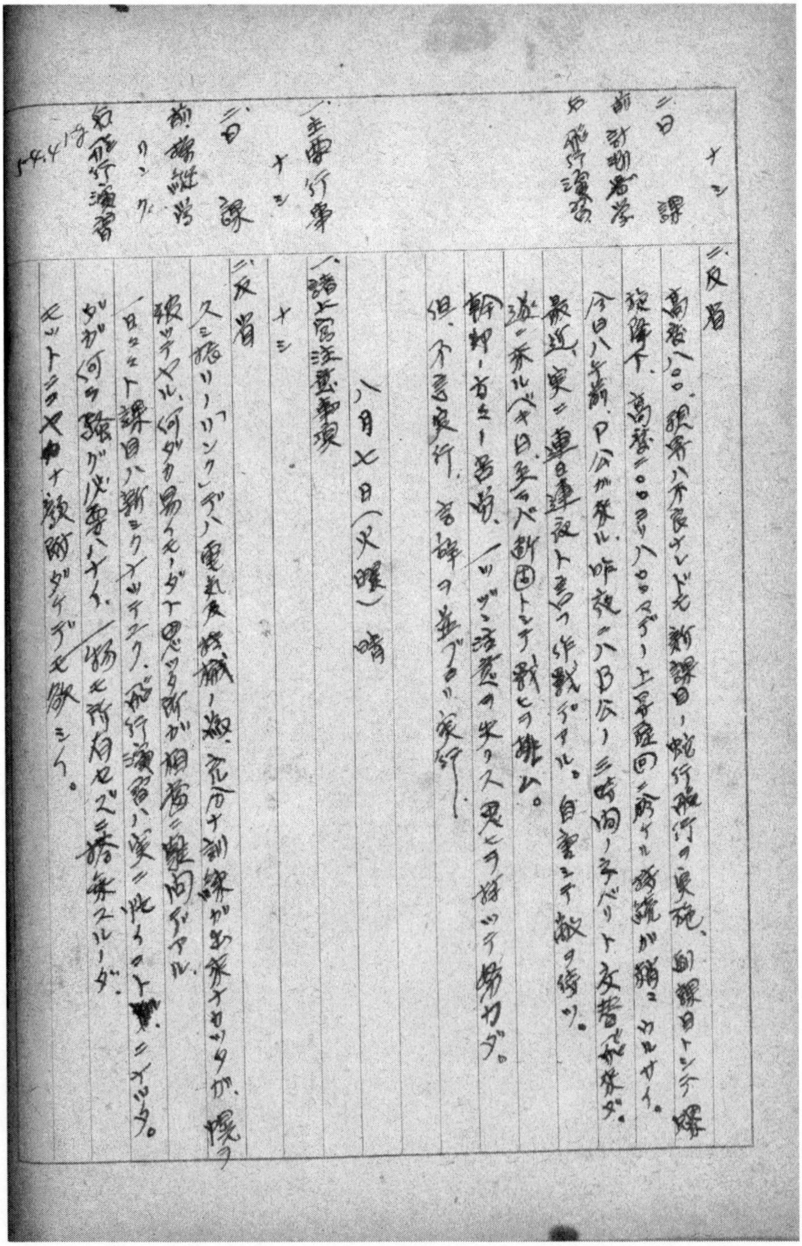

一、主要行事
ナシ
二、日課
前　操縦学
リンク
後　飛行演習

二、日課
前　計器飛行学
後　飛行演習
三、反省
高度八〇〇、視界ハ不良ナレドモ新課目ノ蛇行飛行ノ実施、副課目トシテ螺旋降下。高度二〇〇ヨリ八〇〇マデノ上昇旋回ニ於ケル錯誤ガ殊ニ多カルサイ。
今日ハ午前、P公ガ来ル。昨夜ニハB公ノ三時間ノ子ベリト交替デ飛来ダ。
最近、実ニ連日連夜ト言フ作戦デアル。自重シテ敵ヲ待ツ。
遂ニ来ルベ（キ日至ラバ断固トシテ戦ヒヲ挑ム。
幹部ノ方々ノ苦労、一ツヅツ注意ノ失ヲ又思ヒヲ持ッテ努力ダ。
但、不言実行。言辞ヲ並ブヨリ実行シ。

八月七日（火曜）晴
一、諸上官注意事項
ナシ
二、反省
久シ振リノ「リンク」デハ電気及機械ノ故、充分ナ訓練ガ出来ナカッタガ、慣ラ
破ッテヤル、何ダカ易イモノダト思ッタ所ガ相当ニ難問デアル。
一日々々ト課目ハ新シクナッテユク。飛行演習ハ実ニ忙シイコト[illegible]ニナッタ。
ダガ何ヲ強グ必要ハナイ。物モ所有セズニ勝負スルノダ。
モットシッカリ熟練ダケデモ欲シイ。

ナシ
二．日課
前　計測器学
后　飛行演習

一．主要行事
ナシ
二．日課
前　操縦学
リンク
后。飛行演習
54.4kg

二．反省
高度八〇〇．視界ハ不良ナレドモ新課目ノ蛇行飛行ヲ実施．副課目トシテ螺旋降下．高度二〇〇ヨリ八〇〇マデノ上昇旋回ニ於ケル持続ガ稍々ウルサイ。
今日ハ午前．P公ガ來ル．昨夜ニハB公ノ三時間ノネバリト交替飛來ダ。
最近．実ニ連日連夜ト言フ作戰デアル。自重シテ敵ヲ待ツ。
遂ニ來ルベキ日．至ラバ断固トシテ戰ヒヲ挑ム。
幹部ノ方々ノ苦労．一ツヅヽ注意ヲ失クス思ヒヲモッテ努力ダ。
但．不言実行．言辞ヲ並ブヨリ実行．

八月七日（火曜）　晴

一．諸上官注意事項
ナシ
二．反省
久シ振リノ「リンク」デハ電気及機械ノ為．充分ナ訓練ガ出來ナカッタガ．幌ヲ被ッテヤル．何ダカ易イモノダト思ッタ所ガ相當ニ難問デアル．
一日々々ト課目ハ新シクナッテユク．飛行演習ハ実ニ忙イコト■ニナッタ。
ダガ何ラ騒グ必要ハナイ．一物モ所有セズニ搭乗スルノダ。
モットニコヤカナ顔附ダケデモ欲シイ。

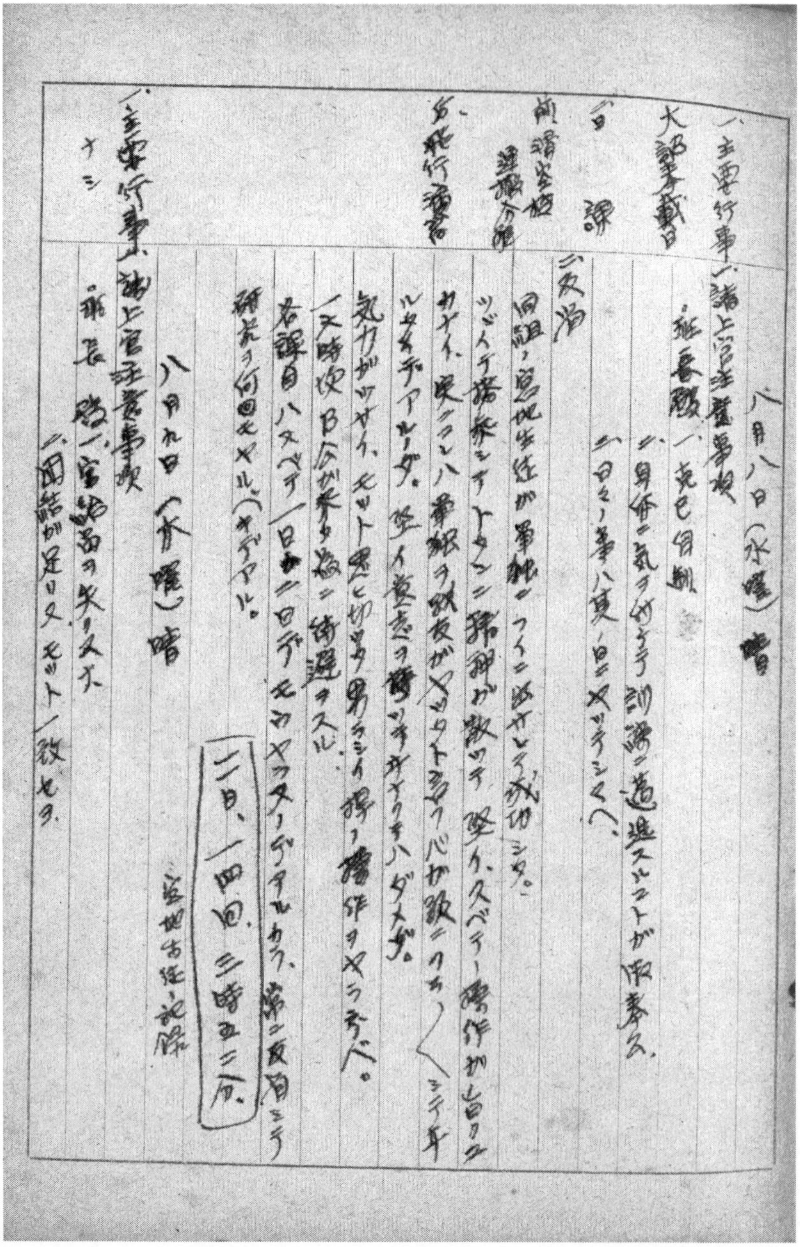
一、主要行事、諸上官注意事項
大詔奉戴日
二、日課
前場当番 操縦分隊
三、飛行演習
八月八日（水曜）晴
班長殿ノ克己自制
一、身体ニ気ヲツケテ訓練ニ邁進スルコトガ肝要ダ。
二、日々ノ事ハ其ノ日ニヤッテシマヘ。
三、反省
同組ノ宮地生徒ガ単独ニツイニ出サレテ成功シタ。
ツヅイテ搭乗シテ居タニ錬ガ激ッテ堅ク、スベテノ操作ガ出来ナ
カナイ。実ニコレハ奉仕ヲ戦友ガヤッタトヨウ心ガ故ニヤカヤくシテ仕
ルダケデアルノダ。堅イ意志ヲ持ツテオナクテハダメダ。
気力ガツヤサイ。モット思ヒ切ッテ男ラシイ操作ヲヤラネバ
一ツ時ヲ分ガ来タ為ニ待遅ヲスル。
各課目ハスベテ一日ニ日デモヤラスノデアルカラ、常ニ反省シテ
研究ヲ何回モヤル。（ナデアル。）
二日、一四回、三時五三分。
宮地生徒ノ記録
八月九日（木曜）晴
一、主要行事、諸上官注意事項
ナシ
班長殿ノ宮話当ヲ失リ又大
二、団結ガ足リヌ。モット一致セヨ。

一．主要行事
大勅奉戴日
二．日課
前 滑空機
運転分解
后。飛行演習

八月八日（水曜） 晴
一．諸上官注意事項
。班長殿 一．克己自制
二．身体ニ気ヲ付ケテ訓練ニ邁進スルコトガ御奉公．
三．日々ノ事ハ其ノ日ニヤッテシマヘ．
二．反省
同組ノ宮地生徒ガ單独ニフイニ出サレテ成功シタ。
ツヾイテ搭乗シテトタンニ精神ガ散ッテ 堅イ．スベテノ操作ガ旨クユカナイ．実ニコレハ單独ヲ戦友ガヤッタト言フ心ガ頭ニフラ〱シテヰルタイデアルノダ。堅イ意志ヲ持ッテヰナクテハダメダ。
気力ガ少（正：小）サイ．モット思ヒ切ッタ男ラシイ桿ノ操作ヲヤラネバ。
一六時頃B公ガ來タ為ニ待避ヲスル．
各課目ハスベテ一日■二日デモウヤラヌノデアルカラ．常ニ反省シテ研究ヲ何回モヤルベキデアル。

一一日．一四回．三時五二分．

一．主要行事
ナシ

八月九日（木曜） 晴　　宮地生徒ノ記録
一．諸上官注意事項
。班長殿 一．官給品ヲ失クスナ．
二．団結ガ足リヌ．モット一致セヨ．

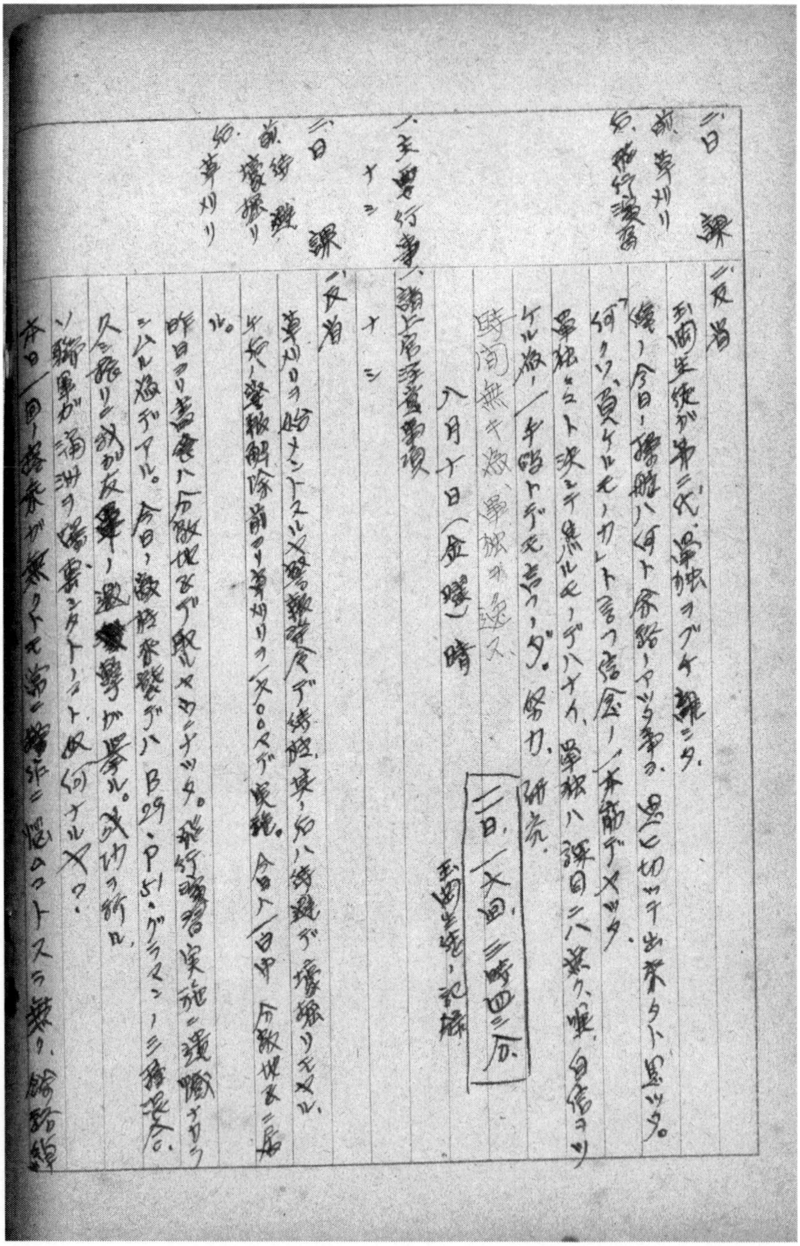
一、日課
前、草刈リ
后、飛行演習
一、反省
玉岡生徒ガ第二代ノ単独ヲ行ケ離シタ。
後ノ今日ノ操縦ハ何ト余裕ノアッタ事カ。思ヒ切ッテ出来タト思ッタ。
何クソ、負ケルモノカト言フ信念ノ一本筋デヤッタ。
単独ニコト決ミテ焦ルモノデハナイ、単独ハ課目ニハ無ク、唯、自信ヨリ
ケル徐ノ一手段トデモ言フノダ。努力、研究。
時間無キ為、単独ガ遅ス
二日、一大回、三時四十分
玉岡生徒ノ記録
八月十日（金曜）晴
一、主要行事、諸上官ノ注意事項
ナシ　ナシ
一、日課
前、待避　壕掘リ
后、草刈リ
一、反省
草刈リヲ始メントスル又警報発令デ待避、其ノ后ハ待避デ壕掘リモヤル。
午后ノ警報解除前ヨリ草刈リヲ一八〇〇マデ実施。今日ハ一日中分散地区ニ居
ル。
昨日ヨリ給食ハ分散地区デ取ルヨウニナッタ。飛行演習実施ニ遠慮ナガラ
ニハル為デアル。今日ノ敵機来襲デハB29、P51、グラマンノ三種混合。
久シ振リニ我ガ友軍ノ邀撃ガ挙ル。成功ヲ祈ル。
ソ聯軍ガ満洲ヲ侵害シタトノコト、奴何ナル奴ゾ。
本日ノ一回ノ搭乗ガ無クトモ常ニ操縦ニ慣ルコトスラ無ク、余裕無

二．日課
前　草刈リ
后。飛行演習

三．反省
玉岡生徒ガ第二代．單独ヲブチ離シタ。
俺ノ今日ノ操舵ハ何ト余裕ノアッタ事ヨ．思ヒ切ッテ出來タト思ッタ。
「何クソ負ケルモノカ」ト言フ信念ノ一本筋デヤッタ．
單独々々ト決シテ焦ルモノデハナイ．單独ハ課目ニハ無ク．唯．自信ヲツケル為ノ一手段トデモ言フノダ。努力．研究．
時間無キ為．單独ヲ逸ス．

一一日．一六回．三時四三分．

八月十日（金曜）晴　玉岡生徒ノ記録

一．主要行事
ナシ
二．日課
前　待避
壕掘リ
后　草刈リ

一．諸上官注意事項
ナシ
二．反省
草刈リヲ始メントスルヤ警報発令デ待機．其ノ后ハ待避デ壕掘リモヤル．
午后ハ警報解除前ヨリ草刈リヲ一六〇〇マデ実施。今日ハ一日中　分散地区ニ居ル。
昨日ヨリ晝食ハ分散地区デ取ルヤウニナッタ。飛行演習実施ニ遺憾ナカラシムル為デアル。今日ノ敵機來襲デハB29、P51、グラマンノ三種混合．
久シ振リニ我ガ友軍ノ邀■撃ガ擧ル。成功ヲ祈ル．
ソ聯軍ガ満洲ヲ爆撃シタトノコト．如何ナルヤ？
本日一回ノ搭乗ガ無クトモ常ニ操作ニ悩ムコトスラ無ク．余裕綽

案：「今日ノ敵機來襲デハB29、P51、グラマンノ三種混合」：八月十日，御前會議以「國體護持」為條件，於下午兩點半下達接受波茨坦宣言的聖斷。並透過瑞士、瑞典兩國向美、英、蘇、中四國進行傳達，海外同時也進行放送。然而於此日美軍艦載機兩千機對關東一代進行攻擊、B29共計九十架、P51共計一百五十架對東京進行攻擊。（參：日置英剛著，《年表　太平洋戰争全史》，頁七一七－七一八）

「ソ聯軍ガ満洲ヲ爆撃」：一九四五年八月八日蘇聯對日宣戰後，隔日即以一百五十七萬人、火炮兩萬六千一百三十七門、戰車與自走砲五千五百五十六輛、飛機三千四百四十六架對滿州、北朝鮮、南樺太等地進行攻擊。此日日記雖記載於十日，但事實上九日蘇聯軍即開始對上述之地方進行攻擊。（參：日置英剛著，《年表　太平洋戰争全史》，頁七一五）

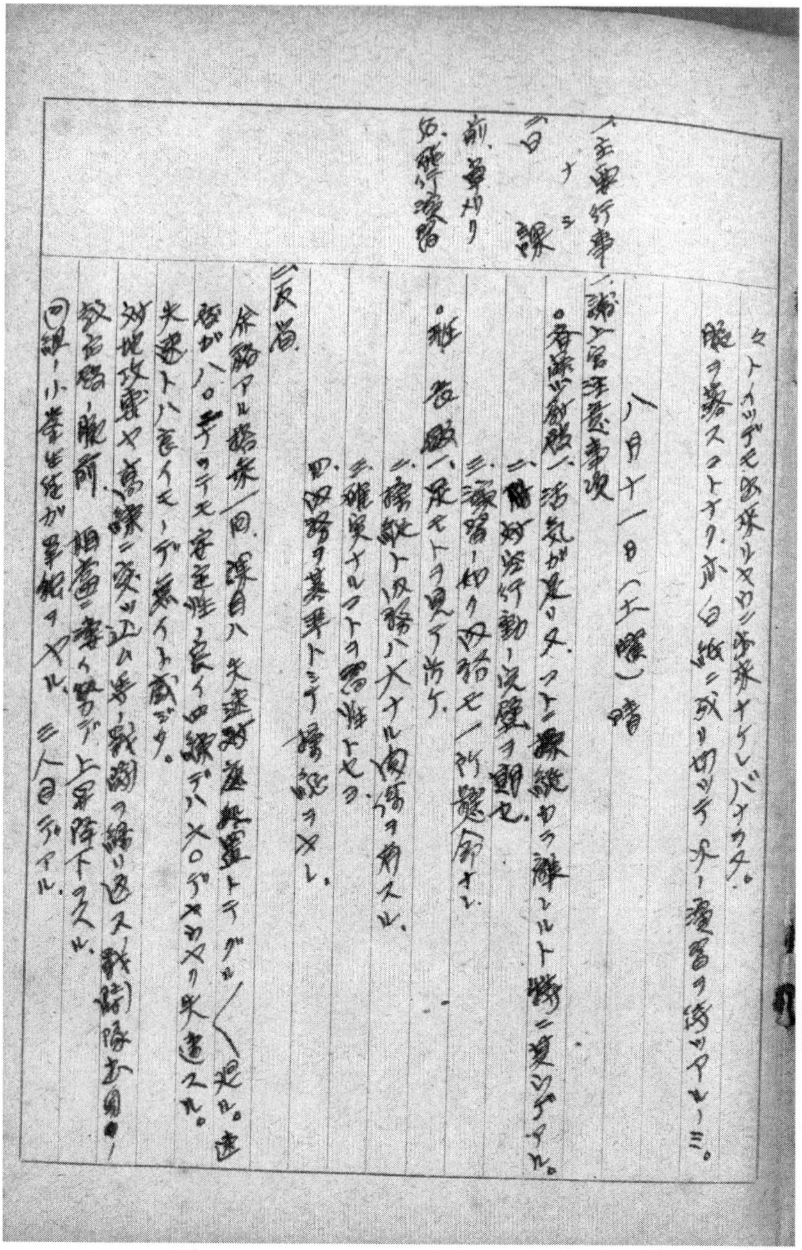
々トイッテモ必要ルヤウニ努メナケレバナラヌ。
腕ヲ落スコトナク、亦白紙ニ成リ切ッテ又一層習ヲ続ケアルノミ。
一、主要行事　ナシ
二、日課
前、草刈リ
后、飛行演習
八月十一日（土曜）晴
一、諸上官注意事項
○普段ノ飛行ハ活気ガ足リヌ。フトシタ操縦カラ離レルト勝ニ変ジテアル。
二、常ニ対空行動ノ完璧ヲ期セ。
三、演習ノ如ク実戦モ一所懸命ナレ。
○班長殿ハ、足モトヲ見テ行ケ。
二、操縦ト射撃ハ大ナル関係ヲ有スル。
三、確実ナルコトヲ習性トセヨ。
四、射撃ヲ基準トシテ操縦ヲ為レ。
三、反省
余裕アル操縦ノ回、注目ハ失速ヲ避ケ位置トテグルグル廻ル。速度ガ八〇キロデモ安全性ノ良イ回線デハ九〇デヤッタリ失速スル。
失速トハ言イモノデ恐イモノダ。
対地攻撃ヤ高練ニ突ッ込ム等、戦闘ノ繰リ返ス、戦闘隊ノ
教官殿ノ腕前。相当ニ凄イ腕デ上昇降下ヲスル。
回組ノ小森生徒ガ単独ヲヤル。三人目デアル。

一．主要行事
　ナシ
二．日課
前　草刈リ
后　飛行演習

々トイツデモ出來ルヤウニ出來ナケレバナラヌ。
腕ヲ落スコトナク．亦白紙ニ成リ切ッテ次ノ演習ヲ待ツアルノミ。

八月十一日（土曜）晴

一諸上官注意事項
。斉藤少尉殿　一．活気ガ足リヌ．コトニ操縦カラ離レルト特ニ其ウデアル。
　二．■対空行動ノ完璧ヲ期セ．
　三．演習ノ如ク内務モ一所懸命ナレ．
。班長殿　一．足モトヲ見テ歩ケ
　二．操縦ト内務ハ大ナル関係ヲ有スル．
　三．確実ナルコトヲ習性トセヨ．
　四．内務ヲ基準トシテ操縦ヲヤレ．
二．反省
余裕アル搭乗一回．課目ハ失速対応処置トテグル〱廻ル。速度ガ八〇ニナッテモ安定性ノ良イ四練デハ六〇デヤウヤク失速スル。
失速トハ良イモノデ無イト感ジタ。
対地攻撃ヤ高練ニ突ッ込ム等ノ戦闘ヲ繰リ返ス戦闘隊出身■ノ教官殿ノ腕前．相當ニ凄イ勢デ上昇降下ヲスル．
同組ノ小峯生徒ガ單独ヲヤル．　三人目デアル．

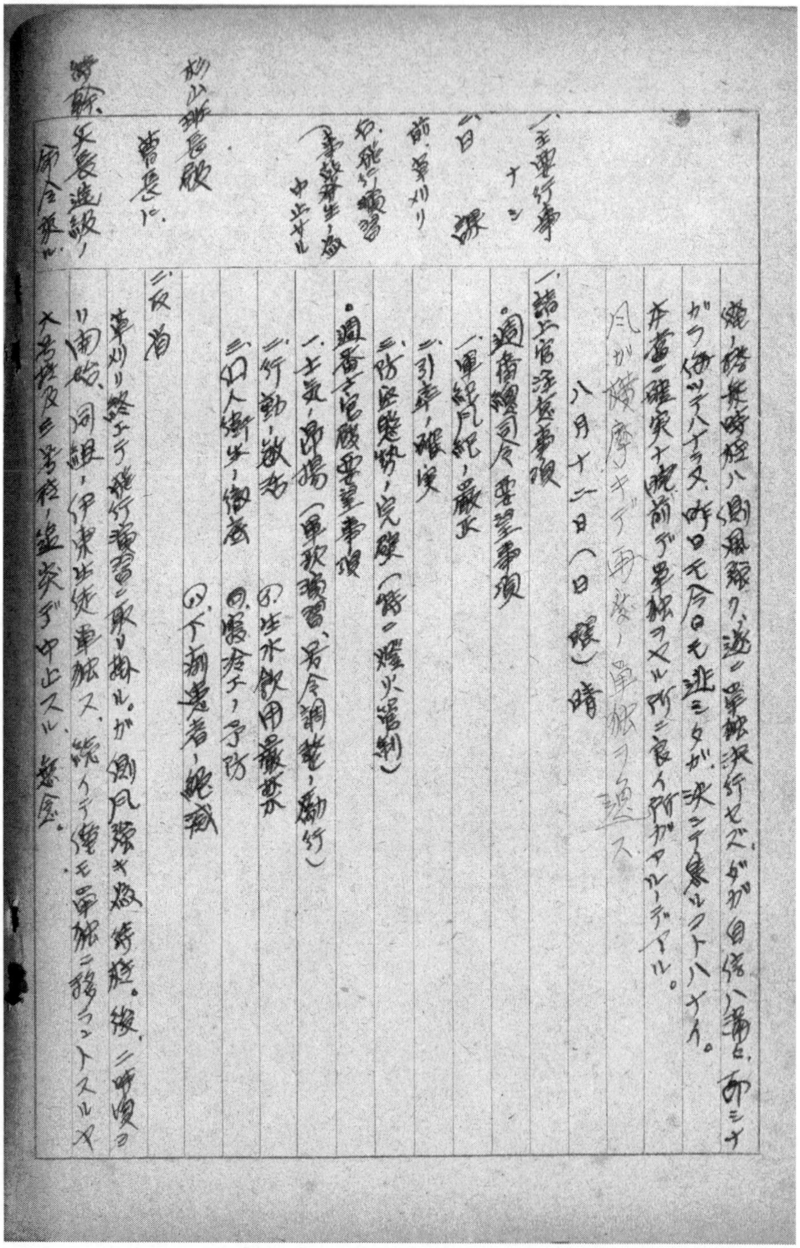
一、主要行事　ナシ
二、日課
前、草刈リ
后、飛行演習
（事故発生ノ為中止サル）
杉山班長殿
曹長ニ.
谷蘇、兵長進級ノ命令受ル.

飛行ノ務ヲ果時程ハ颱風強ク、遂ニ單飛決行セズ。ダガ自信ハ滿々、而シナ
ガラ伸ツテハナラヌ。昨日モ今日モ逃シタガ、決シテ悲ムコトハナイ。
本當ニ確實ナ腕前デ單獨ヲヤル所ニ良イ所ガアルノデアル。
風ガ強摩キデ再度ノ單獨ヲ逸ス
八月十二日（日曜）晴
一、諸上官注意事項
○週番副司令要望事項
一、軍紀風紀ノ嚴正
二、引率ノ確實
三、防空態勢ノ完璧（特ニ燈火管制）
・週番士官殿要望事項
一、士氣ノ昂揚（軍歌演習、号令調整ノ勵行）
二、行動ノ敏速　四、生水飲用嚴禁
三、個人衛生ノ徹底　五、腹冷ヘノ予防
六、下痢患者ノ絶滅
二、反省
草刈リ終ヘテ飛行演習ニ取リ掛ルガ颱風強キ為待機。後ニ呼應ヨ
リ開始、同組ノ伊東生徒單獨ス。續イテ僕モ單獨ニ移ラントスルヤ
大宮班及ビ三宅班ノ追突デ中止スル。無念。

一．主要行事
　ナシ
二．日課
前　草刈リ
后。飛行演習
（事故発生ノ為
　中止サル
杉山班長殿
　曹長に
特幹兵長進級ノ
命令來ル

俺ノ搭乗時機ハ側風強ク．遂ニ單独決行セズ．ダガ自信ハ満々．而シナガラ侮ッテハナラヌ．昨日モ今日モ逃シタガ．決シテ焦ルコトハナイ。
本當ニ確実ナ腕前デ單独ヲヤル所ニ良イ所ガアルノデアル。
風ガ横摩キデ再度ノ單独ヲ逸ス．

八月十二日（日曜）晴

一．諸上官注意事項
。週番總司令要望事項
一．軍紀風紀ノ厳正
二．引率ノ確実
三．防空態勢ノ完璧（特ニ燈火管制）
。週番士官殿要望事項
一．士気ノ昂揚（軍歌演習、号令調整ノ勵行）
二．行動ノ敏活　㋑生水引用厳禁
三．個人衛生ノ徹底　㋺寝冷エノ予防　㋩下痢患者ノ絶滅
二反省
草刈リ終エテ飛行演習ニ取リ掛ル。ガ側風強キ為待機。後．二時頃ヨリ開始．同組ノ伊東生徒単独ス．続イテ俺モ単独ニ移ラントスルヤ六号機及三号機ノ追突デ中止スル．無念。

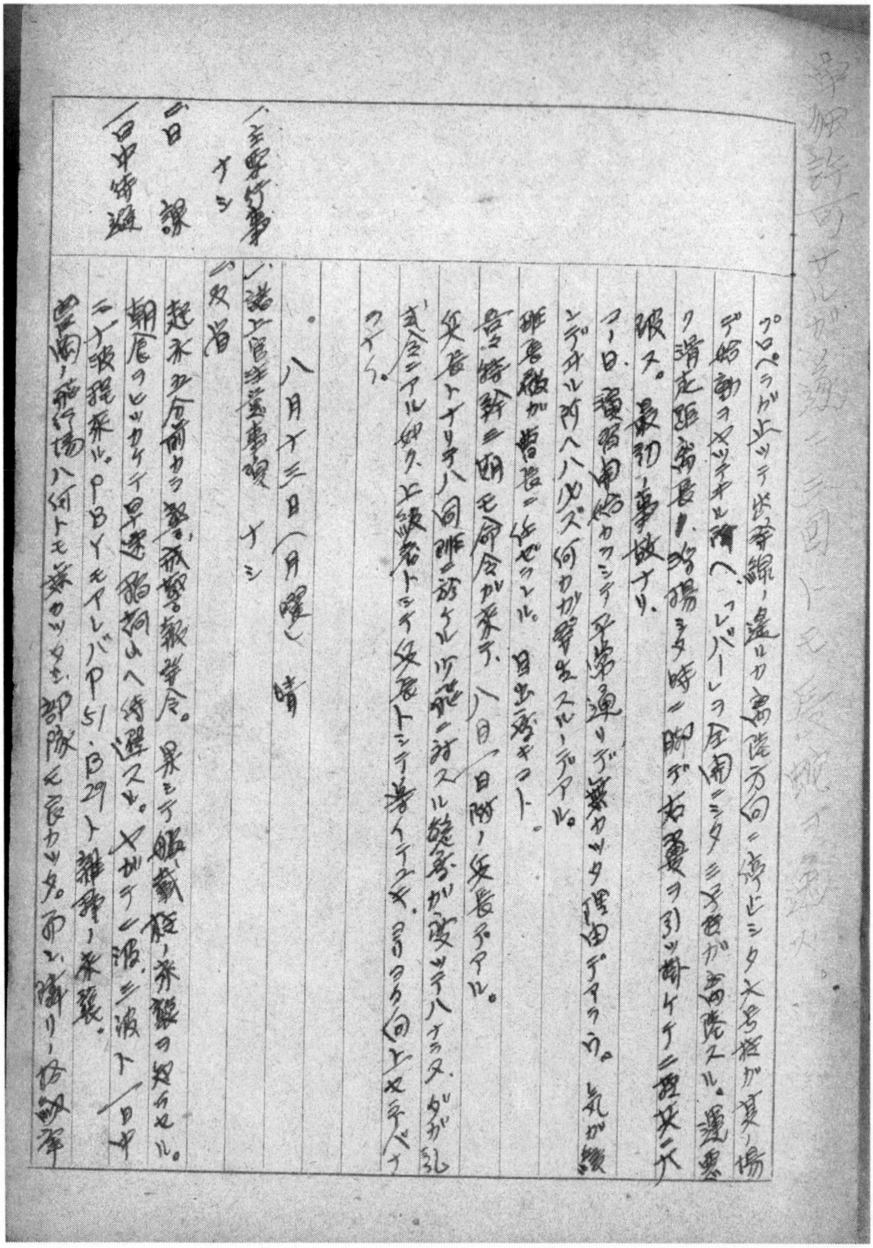

プロペラガ止ッテ此ノ帝線ノ延長ガ着陸方向ニ停止シタ大多数ガ其ノ場
デ始動ヲ待ッテオル所ヘ、コレバーレヲ全開ニシタミ…ガ着陸スル。運悪
ク滑走距離長ク、停止シタ時ニ脚デ右翼ヲ引ッ掛ケテ二機共ニ大
破ス。最初ノ事故ナリ。
コノ日、種々用心シテ平常通リデ無カッタ理由デアラウ。気ガ緩
ンデオル所ヘハ必ズ何カガ発生スルノデアル。
班長殿ガ曹長ニ任ゼラレル。目出度キコト。
吾々待鈴ニ明モ命令ガ来テ、八日ノ日附ノ兵長デアル。
兵長トナリテハ同班ニ於ケル少飛ニ対スル態度ガ変ッテハナラヌ。ダガ乱
式…ニアル如ク、上級者トシテ兵長トシテ導イテユキ、ヨリヨク向上セシメテ行カナ
カナラ。

八月十三日（月曜）　晴

一、主要行事　ナシ
二、日課
一、日中待避
一、諸上官注意事項　ナシ
二、反省
起床五分前カラ警戒警報発令。果シテ艦載機ノ来襲ヲ知ラセル。
朝食ヲヒッカケテ早速稲荷山ヘ待避スル。ヤガテ一波、二波ト一日中
二十波程来ル。P・B・Yモアレバ P51、B29ト雑種ノ来襲。
当所ノ飛行場ハ何トモ無カッタガ、部隊モ良カッタ。而シ隣リノ格納庫

単独許可サルガ遂ニ三回トモ長蛇ヲ逸ス。

プロペラガ止ッテ出発線ノ遥ルカ離陸方向ニ停止シタ六号機ガ其ノ場デ始動ヲヤッテヰル所ヘ，「レバー」ヲ全開ニシタ三号機ガ離陸スル。運悪ク滑走距離長ク，浮揚シタ時ニ脚デ右翼ヲ引ッ掛ケテ二機共ニ大破ス。最初ノ事故ナリ．

コノ日，演習開始カラシテ平常通リデ無カッタ理由デアラウ。　気ガ緩ンデヰル所ヘハ必ズ何カガ発生スルノデアル。

班長殿ガ曹長ニ任ゼラレル。目出度キコト。

吾々特幹三期モ命令ガ來テ，八月一日附ノ兵長デアル。

兵長トナリテハ同班ニ於ケル少尉ニ対スル態度ガ変ッテハナラヌ，ダガ礼式令ニアル如ク，上級者トシテ兵長トシテ導イテユキ，ヨリヨク向上セネバナラナイ。

八月十三日（月曜）　晴

一．主要行事

　ナシ

二．日　課

一日中待避

一．諸上官注意事項　ナシ

二．反省

起床前五分前カラ警戒警報発令。果シテ艦載機ノ來襲ヲ知ラセル。

朝食ヲヒッカケテ早速稲荷山ヘ待避スル。ヤガテ二波，三波ト一日中二　十波程來ル。ＰＢＹモアレバＰ51、Ｂ29ト雜種ノ來襲。

豊岡ノ飛行場ハ何トモ無カッタシ，部隊モ良カッタ。而シ，隣リノ格納庫

案：「ＰＢＹモアレバＰ51、Ｂ29ト雜種ノ來襲」：一九四五年八月十三日，美軍機動部隊艦載機共計九百架以關東、東北地方來進行攻擊，同時也攻擊静岡縣。（参：日置英剛著，《年表　太平洋戦争全史》，頁七二二）

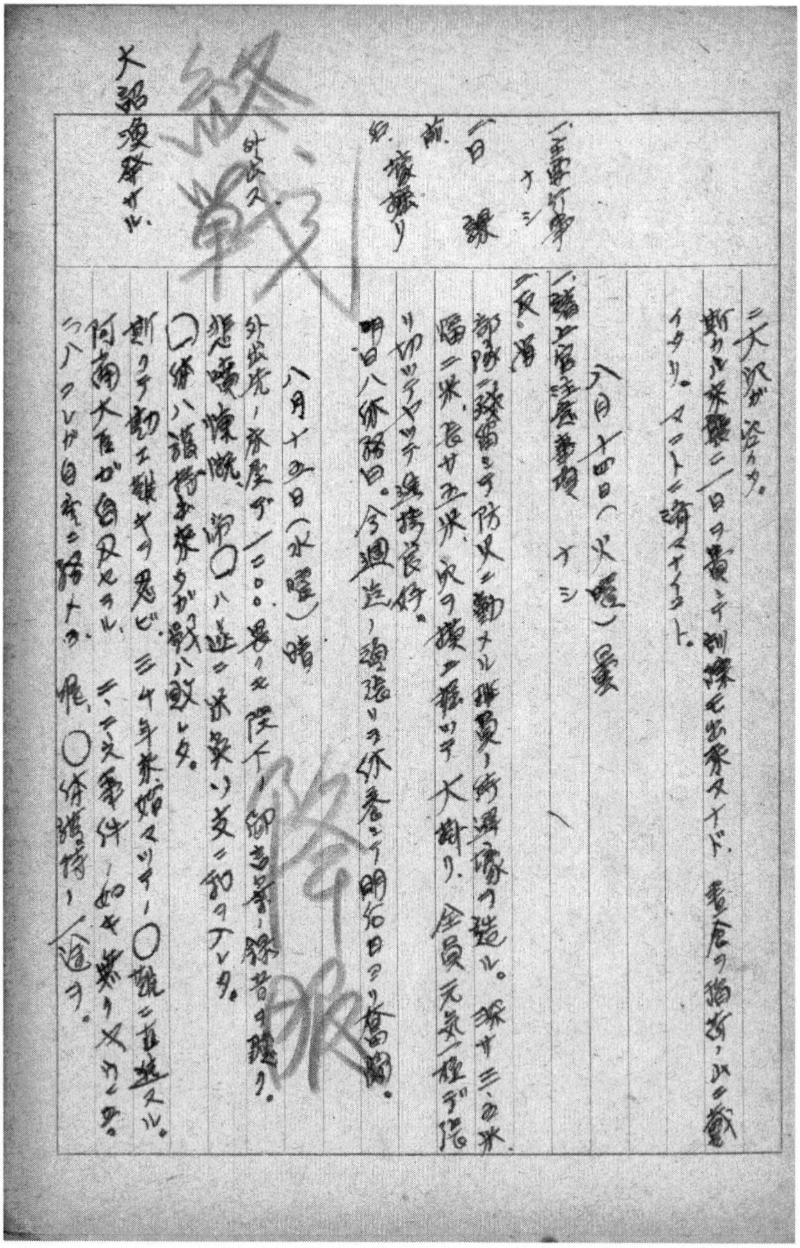

二大沢ガ泣イタ。
斯カル非常ニ一日ヲ費シテ訓練モ出来ヌナド、貴官ノ指示ノ此ニ徹
イタリ。マコトニ済マナイコト。

一、予定行事　ナシ
一、日課
前、
後、壕掘リ
外出ス。
大詔渙発サル。

八月十四日（火曜）曇
一、諸上官注意事項　ナシ
二、反省
部隊ニ残留シテ防火ニ勤メル隊員ノ待避壕ヲ造ル。深サ三、五米
幅二米、長サ五米、穴ヲ掘ル作業デ大掛リ。全員元気一杯デ張
リ切ッテヤッテ頑張ル良好。
明日ハ休務日。今週迄ノ頑張リヲ休養シテ明後日ヨリ奮闘。

八月十五日（水曜）晴
外出先ノ旅屋デ一二〇〇畏クモ陛下ノ御言葉ノ録音ヲ聴ク。
悲嘆慷慨。御〇〇ハ遂ニ米英ソ支ニ和ヲナレタ。
〇〇ハ護持スル事ダガ戦ハ敗レタ。
斯クテ堪エ難キヲ忍ビ、三十年来婚マッテノ〇號ニ直進スル。
阿南大臣ガ自刃セラル、二、二六事件ノ如キ黙リヌカレヌ。
ニハクレグレ自重ニ陥ルナ。唯、〇〇護持ノ一途ヲ。

終戦
降服

一．主要行事
　ナシ
二．日　課
前　壕掘リ
后

外出ス

終戦

大詔渙発サル

ニ大穴ガ空イタ。
斯カル來襲ニ一日ヲ費シテ訓練モ出來ヌナド．晝食ヲ稲荷ノ山ニ戴
イタリ。マコトニ済マナイコト。

八月十四日（火曜）曇

一．諸上官注意事項　ナシ
二．反省
部隊ニ残留シテ防火ニ勤メル班員ノ待避壕ヲ造ル。深サ三、五米．
幅二米．長サ五米．穴ヲ横ニ掘ッテ大掛リ．全員元気一杯デ張
リ切ッテヤッテ進捗良好。
明日ハ休務日。今週迄ノ頑張リヲ休養シテ明后日ヨリ奮闘。

八月十五日（水曜）晴

降服

外出先ノ床屋デ一二〇〇畏クモ陛下ノ御言葉ノ録音ヲ聽ク。
悲噴慷慨．帝國ハ遂ニ米英ソ支ニ和ヲ入レタ。
國体ハ護持出來タガ戰ハ敗レタ。
斯クテ勘エ難キヲ忍ビ．三千年來始マッテノ國難ニ直進スル。
阿南大臣ガ自刃セラル．二．二．六事件ノ如キ無クヤウニ吾
ラハコレガ自重ニ務メヨ．唯．國体護持ノ一途ヲ。

案：「帝國ハ遂ニ米英ソ支ニ和ヲ入レタ」：事實上，前一日八月十四日，御前會議中再度的由天皇進行聖斷，日本決定接受聯合國方面提出的波茨坦宣言，同時由外務大臣通知在瑞士的加瀨俊一（大加瀨），並由電報通知聯合國方接受波茨坦宣言。同時，閣議結束後，戰爭結束的終戰詔書發布，並且由宮內省的御政務室錄製放送用的玉音。隔日八月十五日中午，天皇的終戰詔書玉音放送。（參：日置英剛著，《年表　太平洋戰争全史》，七二三—七二六）
「阿南大臣ガ自刃セラル」：陸軍大臣阿南惟幾於官邸自殺，並且留下：「大君の深き恵に浴みし身は言ひ遺こすへき片言もなし」（受天皇隆恩之身沒有應留下的隻字片語）。（參：日置英剛著，《年表　太平洋戰争全史》，七二八）

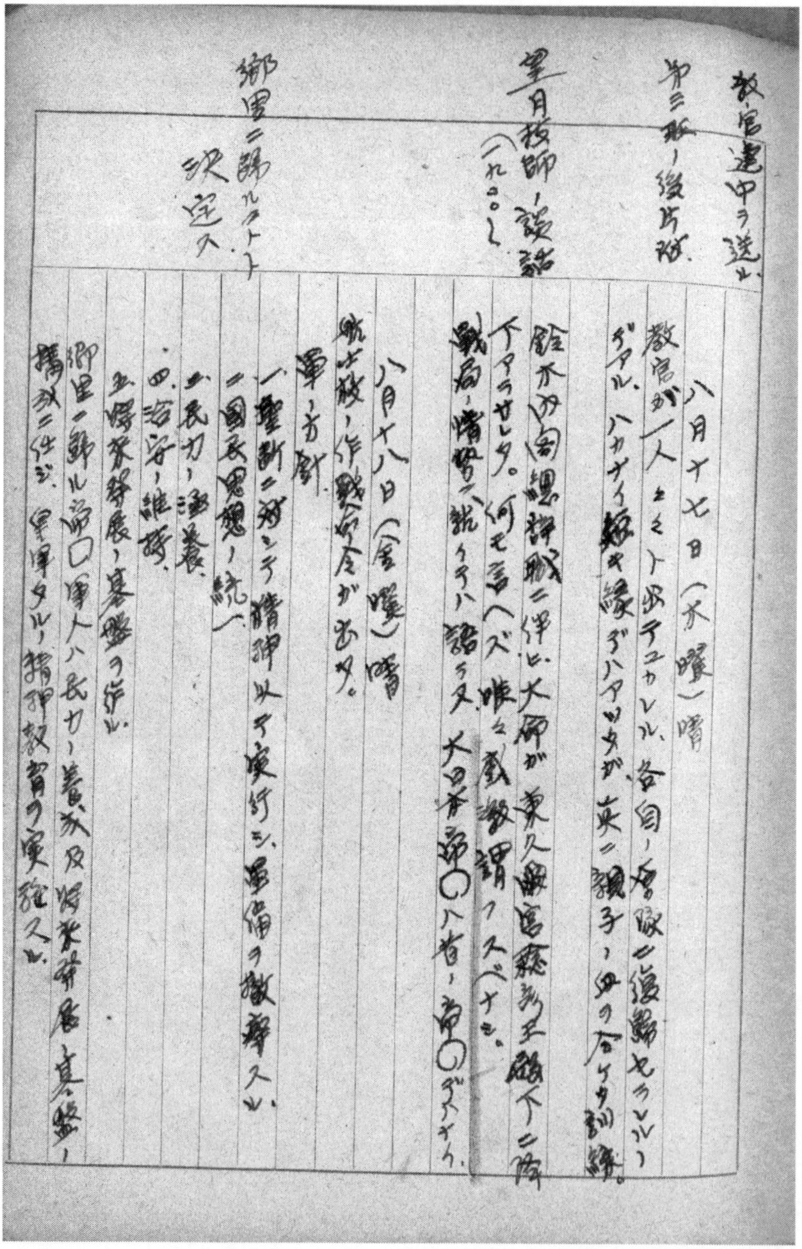
教官遣中ヲ送ル。
第三班ノ後片附。
望月技師ノ談話（一九〇〇）
郷里ニ歸ルコトト決定ス。

八月十七日（木曜）晴
教官ガ一人一人ト出テユカレル、各自ノ原隊ニ復歸セラレルノデアル。ハカナイ縁デハアッタガ、共ニ親子ノ如ク合ッタ訓練。
鈴木内閣總辭職ニ伴ヒ大命ガ東久邇宮稔彦王殿下ニ降下アラセラレタ。何モ言ヘズ唯々感激謂フベキナシ。
戰局ノ情勢ニ就イテハ語ラヌ。大日本帝國ハ昔ノ帝國デハナイ。

八月十八日（金曜）晴
航空機ノ作戰命令ガ出タ。
軍ノ方針
一、聖斷ニ對シテ謹ンデ以テ實行シ、軍備ヲ撤廢スル。
二、國民思想ノ統一
三、民力ノ涵養
四、治安ノ維持
五、將來發展ノ基盤ヲ作ル。
郷里ノ歸ル者□軍人ハ民力ノ養成及將來發展ノ基盤ノ構成ニ任ジ、軍軍タルノ精神教育ヲ實施スル。

教官達中ヲ送ル

第三班ノ後片付

望月技師ノ談話（一九〇〇～

郷里ニ帰ルコトト
決定ス

八月十七日（木曜）晴

教官ガ一人々々ト出テユカレル．各自ノ原隊ニ復歸セラレルノ
デアル．ハカナイ短キ縁デハアッタガ．真ニ親子ノ血ヲ分ケタ訓練。

鈴木內閣総辞職ニ伴ヒ．大命ガ　東久爾宮稔彦王殿下ニ降
下アラサレタ。何モ言ヘズ．唯々感激謂フスベナシ。
戰局ノ情勢ニ就イテハ話ラヌ．大日本帝國ハ昔ノ帝國デハナイ．

八月十八日（金曜）晴

航士校ノ作戰命令ガ出タ。

軍ノ方針

一．聖断ニ対シテ精神以テ実行シ．軍備ヲ撤廃スル．
二．國民思想ノ統一．
三．民力ノ涵養．
四．治安ノ維持．
五．將來発展ノ基盤ヲ作ル．

御里ニ歸ル帝國軍人ハ民力ノ養成及將來発展ノ基盤ノ
構成ニ任ジ．皇軍タルノ精神教育ヲ実施スル．

案：「鈴木內閣総辭職……殿下ニ降下アラサレタ」：海軍大將鈴木貫太郎所組成的鈴木貫太郎內閣辭職，後由東久爾宮進行組閣，其中由重光葵進行降伏文書的簽署。（參：吉川弘文館編集部編，《近代史必攜帶》，頁三一〇）

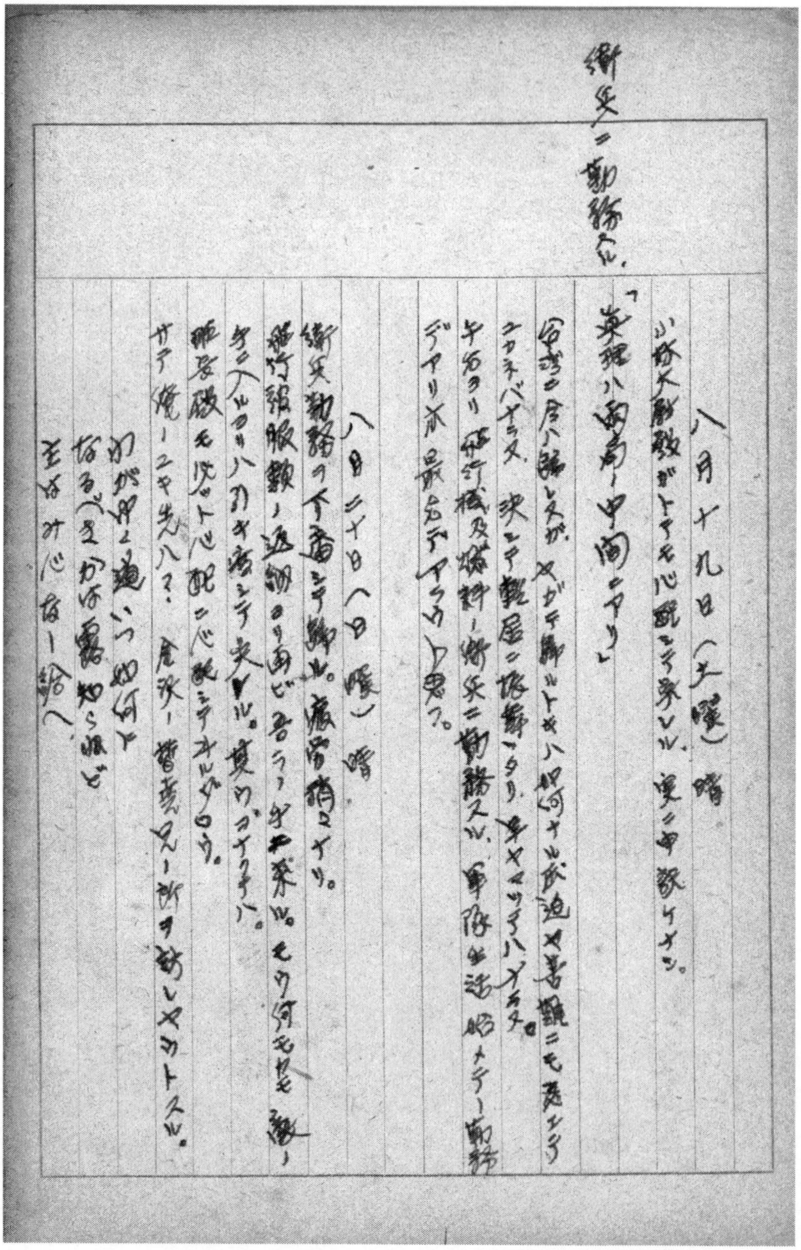
衛兵ニ勤務スル。

八月十九日（土曜）晴
小林大尉殿ガ上サモ心配シテ來レル。實ニ申訳ケナシ。
「真理ハ兩者ノ中間ニアリ」
今迄ニ居ハ諸ヒ又ガ、又ガテ歸ルトキハ如何ナル武運ヲ喜ビニモ甚ヘテ
ニカネバナラヌ。決ニテ軽屋ニ旅舞ヘタリ。身ヤマッテハナラヌ。
午后ヨリ飛行機及燃料ノ衛兵ニ勤務スル。軍隊生活ハ始メテノ勤務
デアリ亦最后デアラウト思フ。

八月二十日（日曜）晴
衛兵勤務ノ下番シテ歸ル。疲労積ミナリ。
飛行服裝ノ返納ヨリ再ビ吾ラノ手ニ來ル。モウ何モ無キ歲ノ
手ニ入ルヨリハ刀キ寄シテ失ヘル。真ウガコナクテハ。
班長殿モ洗ヒト心配ニ心配シテオルダロウ。
サア俺ノ二十年先ハ？ 危険ノ暫慧兄ノ所ヲ訪レヤウトスル。
わが身と遠いつ如何と
なる（さかは露知らねど
主はみ心まゝ給へ。

衛兵ニ勤務スル

八月十九日（土曜）晴
小林大尉殿ガトテモ心配シテ呉レル．実ニ申訳ケナシ。
「真理ハ兩局ノ中間ニアリ」

台湾ニ今ハ歸レヌガ．ヤガテ歸ルトキハ如何ナル．圧迫ヤ苦難ニモ忍エテ（正：耐）
ユカネバナラヌ．決シテ軽居（正：軽擧）ニ振舞ッタリ．早ヤマッテハナラヌ。
午后ヨリ飛行機及燃料ノ衛兵ニ勤務スル．軍隊生活始メテノ勤務
デアリ亦　最后デアラウト思フ。

八月二十日（日曜）晴
衛兵勤務ヲ下番シテ歸ル。疲労稍々ナリ。
飛行被服類ノ返納ヨリ再ビ吾ラノ手ニ來ル。モウ何モカモ敵ノ
手ニ入ルヨリハ引キ渡シテ呉レル。其ウコナクテハ。
班長殿モ必ット（正：キット）心配ニ心配シテヰルダロウ。
サテ俺ノユキ先ハ？　金沢ノ哲堯兄ノ所ヲ訪レヤウトスル。
わがゆく道いつ如何に
なるべきかは露知らねど
主はみ心なし給へ．

八月二十一日（月曜）晴

色々ノ被服ガ支給ニナル、衣、諸倉庫ノ後始末ヲヤル。國家情勢ハ明朗化ヘト。明日0時ヲ期シテ戦闘行動ヲ停止スルトノ事。諸協定ニマニラデ河辺虎四郎中将ガ全権デ向フ。

八月二十二日（火曜）晴後雨曇

ツイ昨夜ハ興奮シテ眠レズ、眠リニナッタノガ二時。金沢ニ行ッテカラノ事情ヲ聞イテ躊躇スルトデモ容易ニハ行カナイヤウデアル。行方イヅコヘ、小林大尉殿ノ話シタ所ガ、曰ク「戦後処理委員会ナルモノガ出来ルカラソレニ従フヤウニ」ト。

八月二十三日（水曜）晴

何モ考ヘズ帰リモ策キ込メタ。士官候補生ガ帰ッテユク。後ヲ残務整理勤務[illegible]ノ交替。吾ガ隊ハ相モ変ラズ最後迄[illegible]ノ残留デアラウ。ダガ三國ノ為デアル。

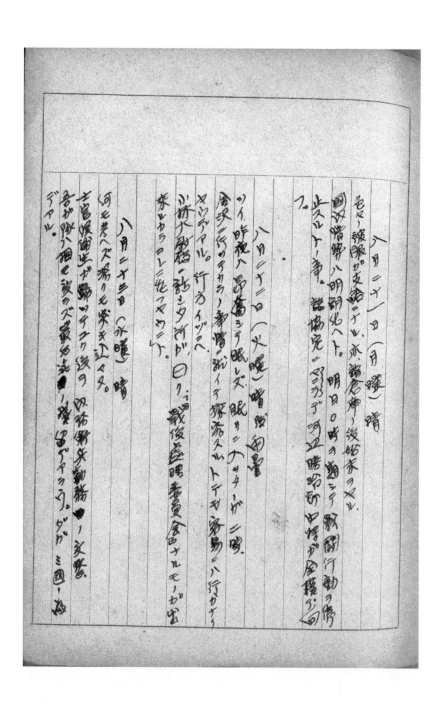

八月二十一日（月曜）　晴

色々ノ被服ガ支給ニナル．亦．諸倉庫ノ後始末ヲヤル．
國内情勢ハ明朗化ヘト。明日○時ヲ期シテ戦闘行動ヲ停止スルトノ事。　諸協定ニマニラデ河辺勝治郎（正：河辺虎四郎）中將ガ全權デ向フ。

八月二十二日（火曜）　晴後雨曇

ツイ昨晩ハ昂奮シテ眠レズ．眠リニ入ッタノガ二時。
金沢ニ行ッテカラノ事情ニ就イテ探究スル．トテモ容易ニハ行カナイヤウデアル。行方イヅコヘ．
小林大尉ニ話シタ所ガ．曰ク「『戦後處理委員会』ナルモノガ出來ルカラコレニ従フヤウニ」ト。

八月二十三日（水曜）　晴

何モ考ヘズ深クモ突キ込マヌ。
士官候補生ガ帰ッテユク後ヲ内務衛兵勤務■ノ交替．
吾ガ隊ハ相モ変ラズ最后迄■ノ残留デアラウ。ダガ　ミ國ノ為デアル。

案：「河辺虎四郎」：河辺虎四郎（一八九〇—一九六三）畢業於陸軍大學校，並曾於日本駐蘇聯大使館、駐徳大使館擔任武官，後擔任參謀次長，戰爭結束後曾赴菲律賓與聯合國進行談判，並於戰後進入了GHQ歷史課。（參：秦郁彥編，《日本陸海軍総合事典》，頁五十一）

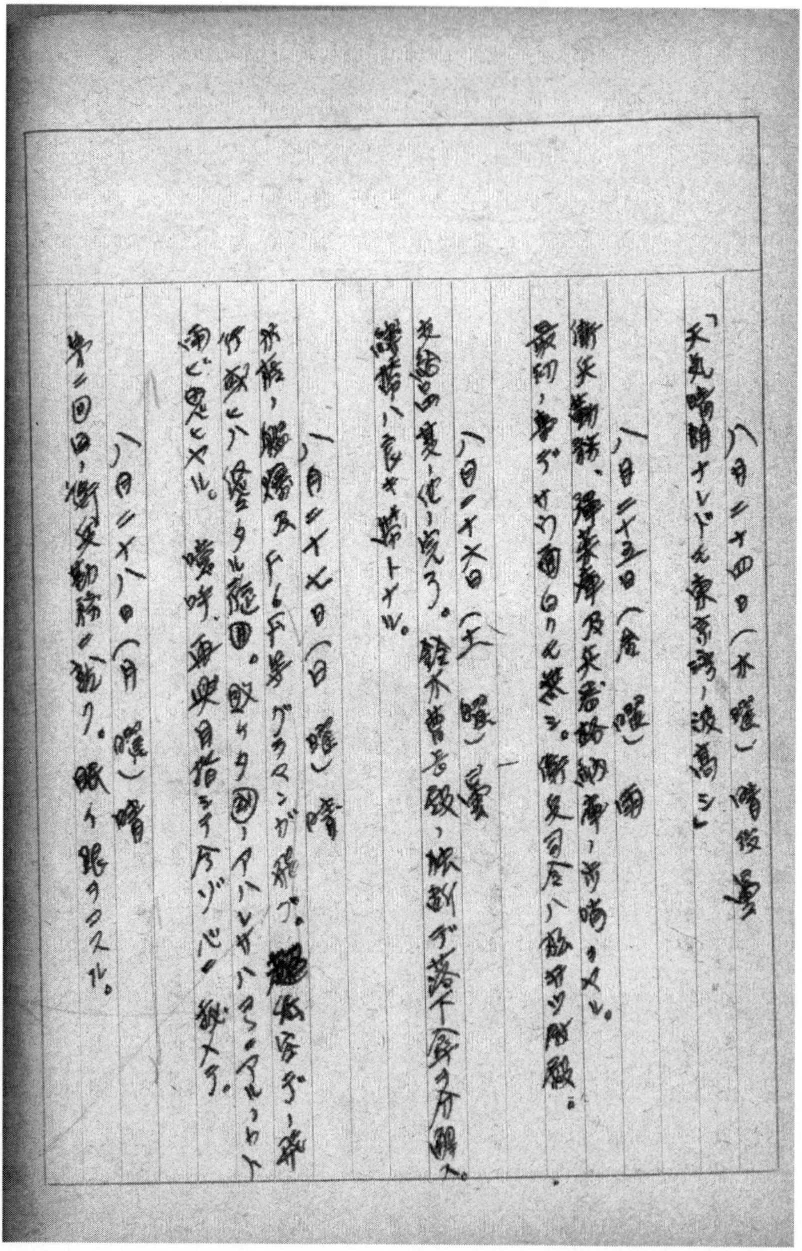

八月二十四日（木曜）晴後曇

「天気晴朗ナレドモ東京湾ノ波高シ」

八月二十五日（金曜）雨

衛兵勤務、弾薬庫及兵器格納庫ノ前哨ヲヤル。最初ノ事デサウ面白クモ無シ。衛兵司令ハ[illegible]殿。

八月二十六日（土曜）曇

支給品ノ整理ヲ完了。鈴木曹長殿ノ帳簿デ落下傘ノ分解ヘ。準備ハ良キ哉トナル。

八月二十七日（日曜）晴

外務、勝婦及F6F号グラマンガ飛ブ。[illegible]姿デノ飛行機ハ燃タル範囲。敵ヶタ図ノアハレサハラノアルコト両ビ見セヤル。嗚呼、再興目指シテ今ゾ心ヲ新タニ。

八月二十八日（月曜）晴

第二回目ノ衛兵勤務ニ就ク。眠イ眼ヲコスル。

八月二十四日（木曜） 晴後曇

「天気晴朗ナレドモ東京湾ノ波高シ」

八月二十五日（金曜） 雨

衛兵勤務・彈薬庫及兵器格納庫ノ歩哨ヲヤル。最初ノ事デサウ面白クモ無シ。衛兵司令ハ松井少尉殿。

八月二十六日（土曜） 曇

支給品其ノ他ノ完了。鈴木曹長殿ノ独断デ落下傘ヲ分解ス。縛帯ハ良キ帯トナル。

八月二十七日（日曜） 晴

米機ノ艦爆及F6F等クラマンガ飛ブ。超低空デノ飛行或ヒハ偲々タル旋回。敗ケタ國ノアハレサハコゝニアルノカト再ビ思ヒヤル。 噫呼・再興目指シテ今ゾ心ニ秘メテ。

八月二十八日（月曜） 晴

第二回目ノ衛兵勤務ニ就ク。眠イ眠ヲコスル。

案：「米機ノ艦爆及F6F等クラマンガ飛ブ」：有關於此次的飛行，筆者並未查到相關的紀錄，但於隔日八月二十八日，有美軍艦隊於橫須賀入港之紀錄，筆者推測應為偵查軍機。

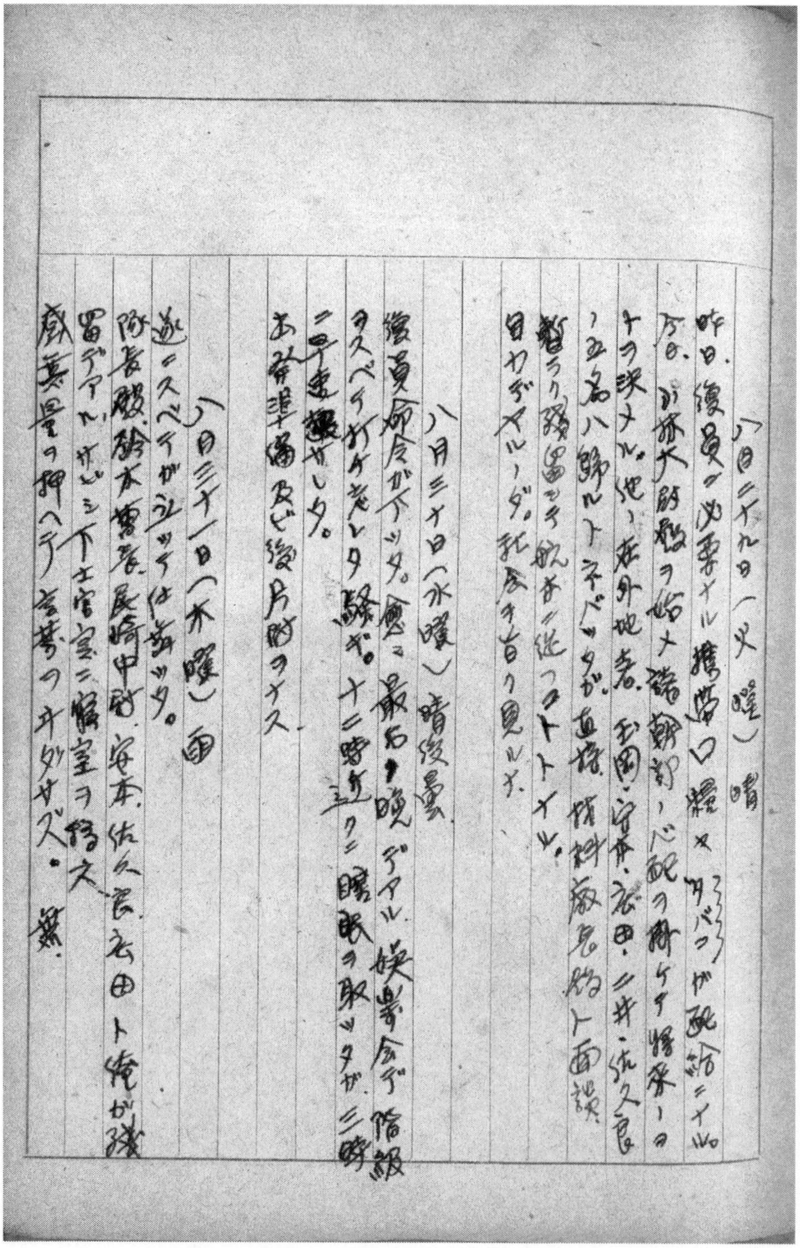
八月二十九日（火曜）晴
昨日、復員ニ必要ナル携帯口糧ヤタバコガ配給ニナル。
今日、於保大尉殿ヲ始メ諸幹部ノ心配ヲ掛ケテ将来ノコ
トヲ決メル。他ノ在外地者、玉田・安本・玄田・三井・佐久良
ノ五名ハ帰ルトネバッタガ、直接材料廠ト面談
暫ラク残留シテ飲食ニ従フコトトナル。
自分デヤルノダ。話合キ旨ク見ルナ。

八月三十日（水曜）晴後曇
復員命令ガ下ッタ。愈々最后ノ晩デアル。娯楽会デ階級
ヲスベテ打チ崩シタ騒ギ。十二時近クニ睡眠ヲ取ッタガ、三時
ニ早速起床サレタ。
出発準備及ビ後片附ヲナス

八月三十一日（木曜）雨
遂ニスベテガ立ッテ仕舞ッタ。
隊長殿、鈴木曹長、長崎中尉、安本、佐久良、玄田ト俺ガ残
留デアルガ、然シ下士官室ニ寝室ヲ移シ、
感無量ヲ押ヘテ言葉ヲ交サズ。無。

八月二十九日（火曜） 晴

昨日、復員ニ必要ナル携帯口糧ヤタバコガ配給ニナル。今日、小林大尉殿ヲ始メ諸幹部ノ心配ヲ掛ケテ將來ノコトヲ決メル。他ノ在外地者、玉岡、安本、広田、二井、佐久良ノ五名ハ歸ルトナバッタガ、直接 材料廠長殿ト面談暫ラク残留シテ航本ニ従フコトトナル。自力デヤルノダ。社会ヲ旨ク見ルナ、

八月三十日（水曜） 晴後曇

復員命令ガ下ッタ。愈々最后ノ晩デアル、娯楽会デ階級ヲスベテ打チ忘レタ騒ギ。十二時近クニ睡眠ヲ取ッタガ、三時ニ早速起サレタ。

出発準備及ビ後片附ヲナス、

八月三十一日（木曜） 雨

遂ニスベテガ立ッテ仕舞ッタ。隊長殿、鈴木曹長、尾崎中尉、安本、佐久良、広田ト俺ガ残留デアル、サビシ下士官室ニ寝室ヲ持ス、感無量ヲ押ヘテ言葉ヲヰダサズ。無、

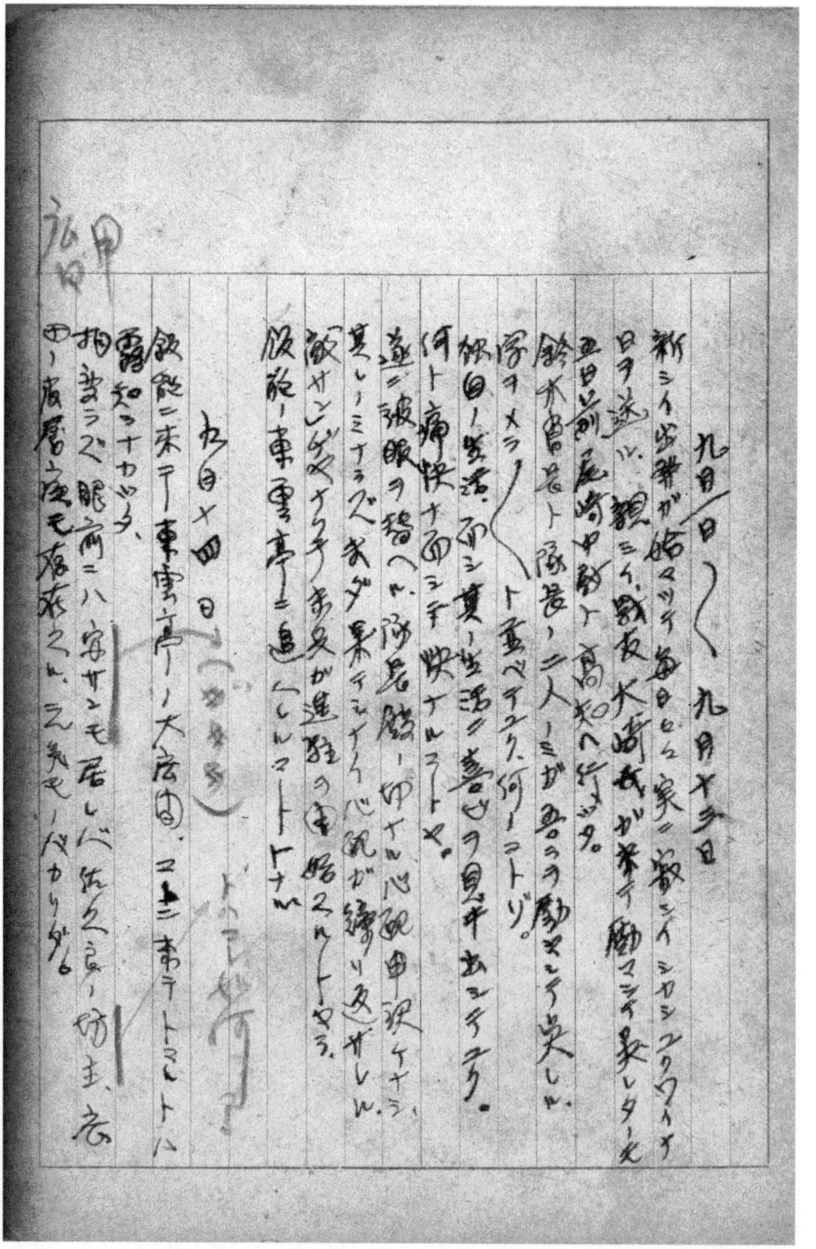

九月十三日
新シイ出発ガ始マッテ毎日々々実ニ嶄シイ　シカシユクワイナ
日ヲ送ル。親シイ戦友大崎君ガ来テ励マシテ呉レタノデ元
五日前尾崎中尉ト高知ヘ行ッタ。
鈴木曹長ト隊長ノ二人ノミガ吾々ヲ励マシテ呉レル。
将チメラ〈ト並ベテユク、何ノコトゾ。
飲酒ノ生活、而シ真ノ生活ニ喜ビヲ見出シテユク。
何ト痛快ナ而シテ愉快ナルコトヤ。
遂ニ彼眼ヲ踏ヘル隊長殿ノ如ナル心配申訳ケナシ、
其レノミナラズ我ダ累テミナイ心配ガ縺リ返ザレル。
敵サンモ然ナラチ夫々ガ進駐ノ準備スルトカラ。
段蔵ノ東雲亭ニ追ヘレルマト・トナル

九月十四日
飲酒ニ来テ東雲亭ノ大広間。二十三米テトマルトハ
露知ラナカッタ。
相変ラズ眼前ニハ安サンモ居レバ佐久良ノ坊主、色
四ノ廣間ニ夜モ居衣スル。元気モノバカリダ。

九月一日〱九月十三日

新シイ出発ガ始マッテ毎日々実ニ寂シイシカシユカワイナ日ヲ送ル．親シイ．戰友大崎氏ガ來テ勵マシテ呉レタノモ五日前．尾崎中尉ト高知ヘ行ッタ。

鈴木曹長ト隊長ノ二人ノミガ吾ラヲ勵マシテ呉レル．

字ヲメラ〱ト並ベテユク．何ノコトゾ。

独白ノ生活．而シ其ノ生活ニ喜ビヲ見丼出シテユク。

何ト痛快ナ而シテ快ナルコトヤ。

遂ニ被服ヲ替ヘル．隊長殿ノ切ナル心配申訳ケナシ．

其レノミナラズ未ダ果テシナイ心配ガ繰リ返サレル．

「敵サン」ヂヤナクテ米兵ガ進駐ヲ開始スルトヤラ。

飯能ノ東雲亭ニ追ンレルコトトナル．

九月十四日　（＃＃＃）　トハコレ如何？

飯能ニ來テ東雲亭ノ大広間．ココニ來テトマルトハ露知ラナカッタ。

相変ラズ眼前ニハ安サンモ居レバ佐久良ノ坊主．広田ノ皮層病モ存在スル．元気モノバカリダ。

案：「『敵サン』ヂヤナクテ米兵ガ進駐ヲ開始スルトヤラ」：一九四五年八月二十八日，美軍在日本本土進駐開始，美軍艦隊於横須賀入港。（參：參謀本部著，《敗戦の記録》，頁四七八）

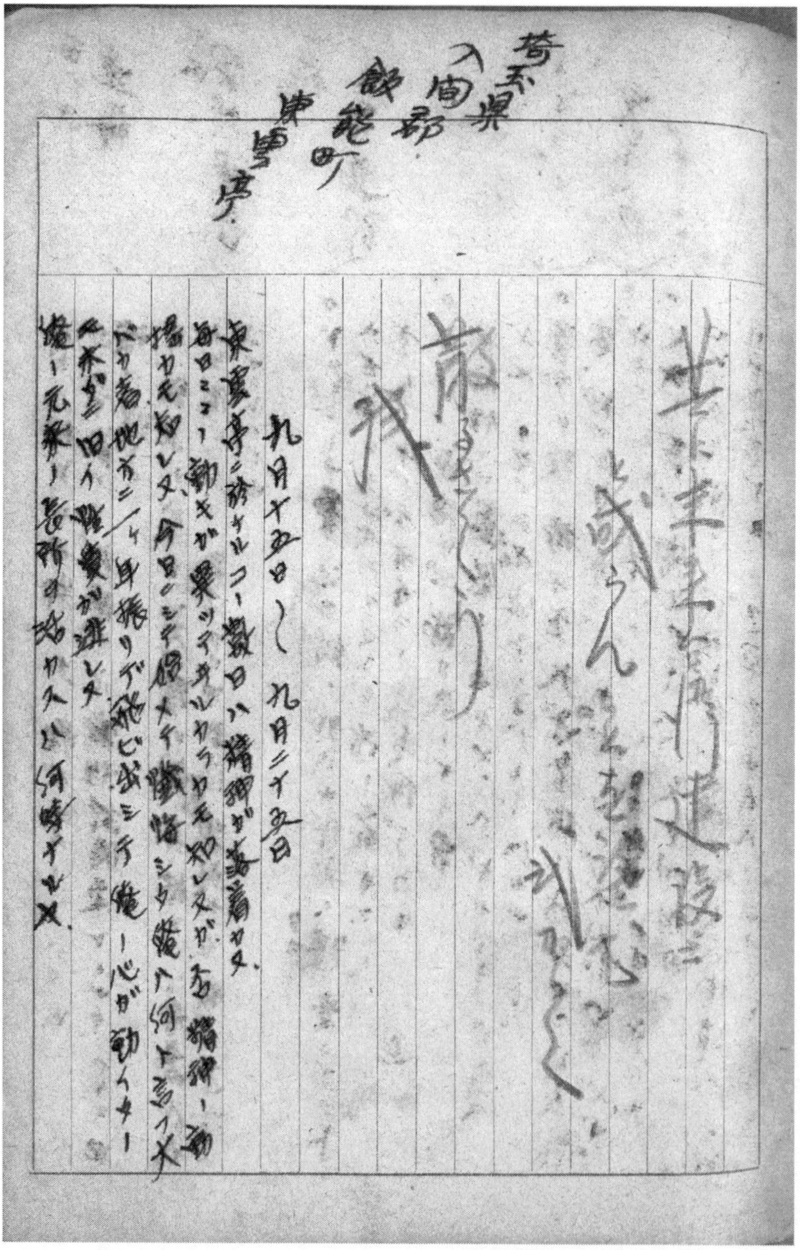
埼玉県
入間郡
飯能町
東雲亭

九月十五日 〜 九月二十五日
東雲亭ニ移ルコト数日ハ精神ガ落着カヌ。
毎日ニコノ動キガ異ツテヰルカラカモ知レヌガ、又精神ノ動
揺カモ知レヌ。今日ニシテ初メテ戦略シタ。俺ハ何ト言ツテモ
バカ着地デニ、ケ月振リデ飛ビ出シテ俺ノ心ガ動イタノ
ハ未ダニ日イ飛機ガ遅レヌ
俺ノ元気ノ長所ヲ始メスノハ何時ナルヤ。

埼玉県
入間郡
飯能町
東雲亭

共に未来台湾建設士
と成らんことを望む
我かく
散るさくら
残

九月十五日〳〵九月二十五日
東雲亭ニ於ケルコノ数日ハ精神ガ落着カヌ．
毎日々々ノ動キガ異ッテヰルカラカモ知ラヌガ．否　精神ノ動
搖カモ知レヌ．今日ニシテ始メテ懺悔シタ俺ハ何ト言フ大
バカ者．地方ニ一ヶ年振リデ飛ビ出シテ俺ノ心ガ動イタノ
モ未ダニ旧イ性質ガ逃レヌ．
俺ノ元來ノ長所ヲ活カスハ何時ナルヤ．

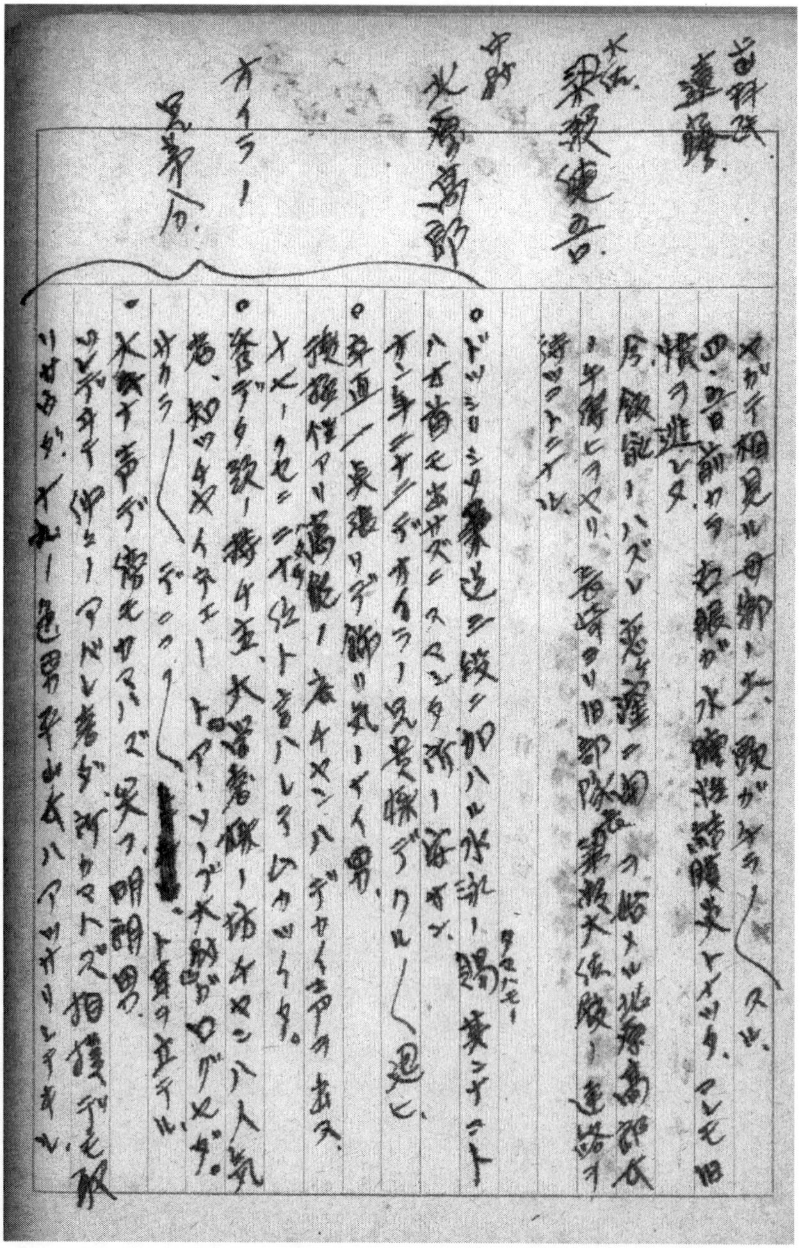

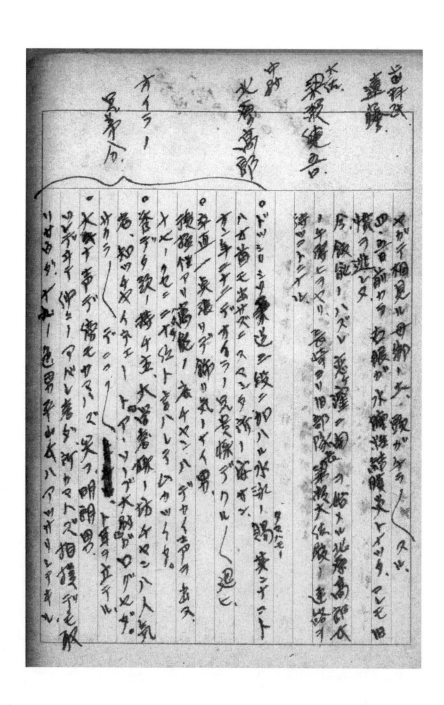

歯科医　遠藤

ヤガテ相見ル母郷ノ土．頭ガチラ〳〵スル．
四、五日前カラ　右眼ガ水腫性結膜炎トナッタ．コレモ旧
慣ヲ逃レヌ．

大佐　梁瀬健吾

今．飯能ノハズレ　恋ケ窪ニ開　ヲ始メル北原高郎氏
ノ手傳ヒヲヤリ．長崎ヨリ旧部隊長長梁瀬大佐殿ノ連絡ヲ
待ツコトニナル．

中尉　北原高朗

◦ドッシリシタ柔道三段ニ加ハル水泳ノ賜（タマハモノ）其ンナコト
ハオ首モ出サズニスマシタ所ノ安サン．
オン年二十二デオイラノ兄貴様デクル〳〵迴ヒ．

オイラノ兄弟分

◦卒直一点張リデ飾リ気ノナイ男．
積極性アリ萬能ノ広チャンハデカイ声ヲ出ス．
十七ノクセ二十（ハタチ）位ト言ハレテムカツイタ。
◦秀デタ額ノ持チ主．大学者様ノ坊チャンハ人気
者．知ツチャイネエート『アーソーブ大尉』ガ口グセダ。
サクラ〳〵デニコ〳〵■■■ト耳ヲ立テル．
◦大キナ声デ傍モカマハズ笑フ．明朗男
ソレデヰテ仲々ノアバレ者ダ．所カマハズ相撲デモ取
リサウダ．十九ノ色男平山氏ハアッサリシテヰル．

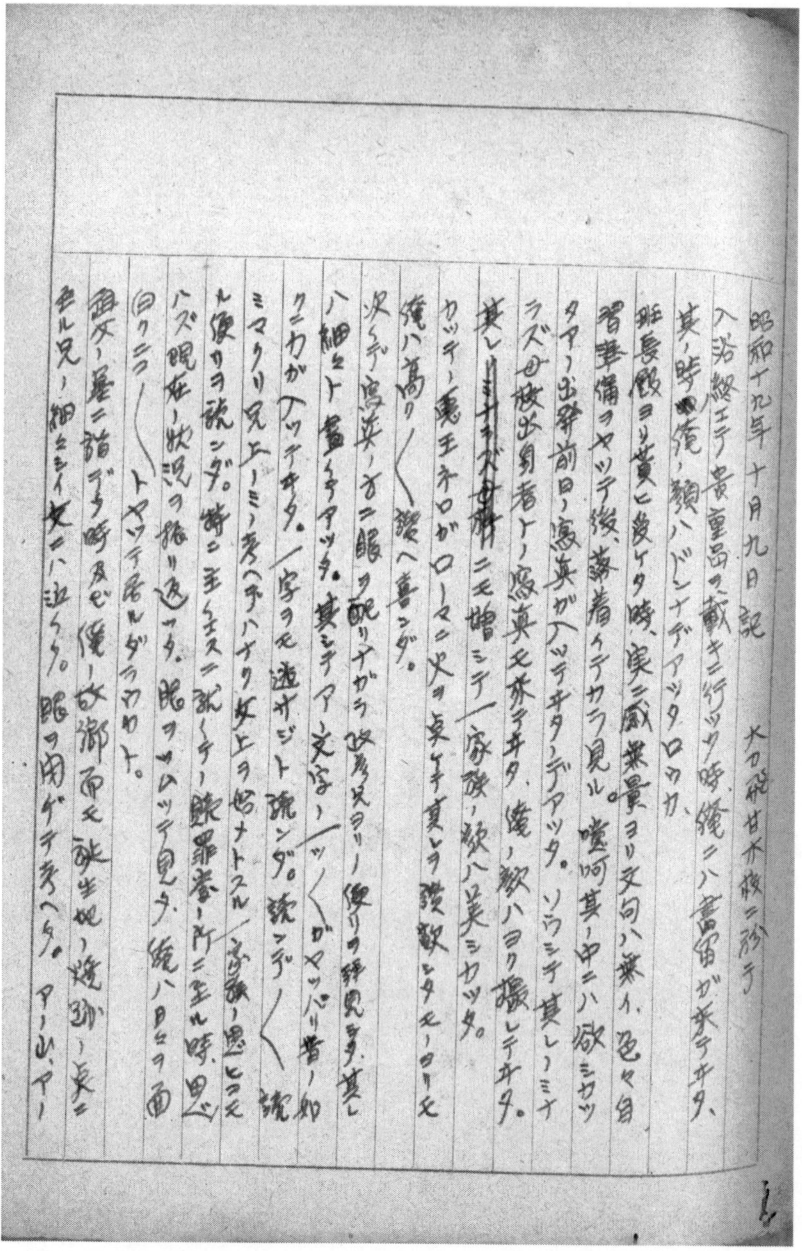
昭和十九年十月九日記　大刀洗甘木校ニ於テ
入浴終エテ貴重品ヲ戴キニ行ッタ時、俺ニハ書留ガ来テオタ、
其ノ時俺ノ顔ハドンナデアッタロウカ、
班長殿ヨリ貰ヒ受ケタ時、実ニ感無量ヨリ文句ハ無イ。色々自
習準備ヲヤッテ後、落着イテカラ見ル。嗚呼其ノ中ニハ欲シカッ
タアノ出発前日ノ写真ガ入ッテオタノデアッタ。ソウシテ其レノミナ
ラズ母、姉弟、出身者トノ写真モ来テオタ、俺ノ歓ハヨク撮レテオタ。
其レ~~[illegible]~~ニモ増シテ家族ノ顔ハ美シカッタ。
カッテノ亀王ネロガローマニ火ヲ点ケテ其レヲ讃歎シタモノヨリモ
俺ハ高ク／＼讃ヘ喜ンダ。
次ニデ写真ノ方ニ眼ヲ配リナガラ故郷兄ヨリノ便リヲ拝見シタ。其レ
ハ細々ト書イテアッタ。其シテア文字ノ一ツ／＼ガヤッパリ昔ノ如
クニカガヘッテオタ。一字ヲモ逃サジト読ンダ。読ンデ／＼読
ミマクリ兄上ノミノ考ヘデハナク姉上ヲ始ナトスル家族ノ思ヒヲモ
ル便リヲ読ンダ。特ニ手々スニ就イテノ跳罪番ノ所ニ至ル時、思
ハズ現在ノ状況ヲ振リ返ッタ。眼ヲツムッテ見タ。俺ハ日々ヲ面
白クニコ／＼トヤッテ居ルダラウカト。
両父ノ墓ニ詣デタ時及ビ俺ノ故郷而モ誕生地ノ遺跡ノ点ニ
至ル兄ノ細々シイ文ニハ泣イタ。眼ヲ閉ヂテ考ヘタ。アノ山、アノ

昭和十九年十月九日　記　　大刀洗甘木校ニ於テ
入浴終エテ貴重品ヲ戴キニ行ッタ時、俺ニハ書留ガ來テヰタ。
其ノ時ノ俺ノ顔ハトンナデアッタロウカ。
班長殿ヨリ貰ヒ受ケタ時、実ニ感無量ヨリ文句ハ無イ、色々自習準備ヲヤッテ後、落着イテカラ見ル。噫呵其ノ中ニハ欲シカッタアノ出発前日ノ寫真ガ入ッテヰタノデアッタ。　ソウシテ其レノミナラズ母校出身者トノ寫真モ來テヰタ、俺ノ顔ハヨク撮レテヰタ。
其レノミナラズ母校ニモ増シテ一家族ノ顔ハ美シカッタ。
カッテノ悪王ネロガローマニ火ヲ点ケテ其レヲ讃嘆シタモノヨリモ俺ハ高ク〱讃ヘ喜ンダ。
次イデ寫真ノ方ニ眼ヲ配リナガラ政彦兄ヨリノ便リヲ拜見シタ、其レハ細々ト書イテアッタ。其シテアノ文字ノ一ツ〱ガヤッパリ昔ノ如クニ力ガ入ッテヰタ。一字ヲモ逃サジト読ンダ。読ンダ〱読ミマクリ兄上ノミノ考ヘデハナク父上ヲ始メトスル一家族ノ思ヒコモル便リヲ読ンダ。特ニ主イエスニ就イテノ贖罪学ノ所ニ至ル時、思ハズ現在ノ状況ヲ振リ返ッタ。眼ヲツムッテ見タ、俺ハ日々ヲ面白クニコ〱トヤッテ居ルダラウカト。
祖父ノ墓ニ詣デタ時及ビ俺ノ故郷而モ誕生地ノ焼跡ノ点ニ至ル兄ノ細々シイ女ニハ涙イタ。眼ヲ閉ヂテ考ヘタ。　アノ山、アノ

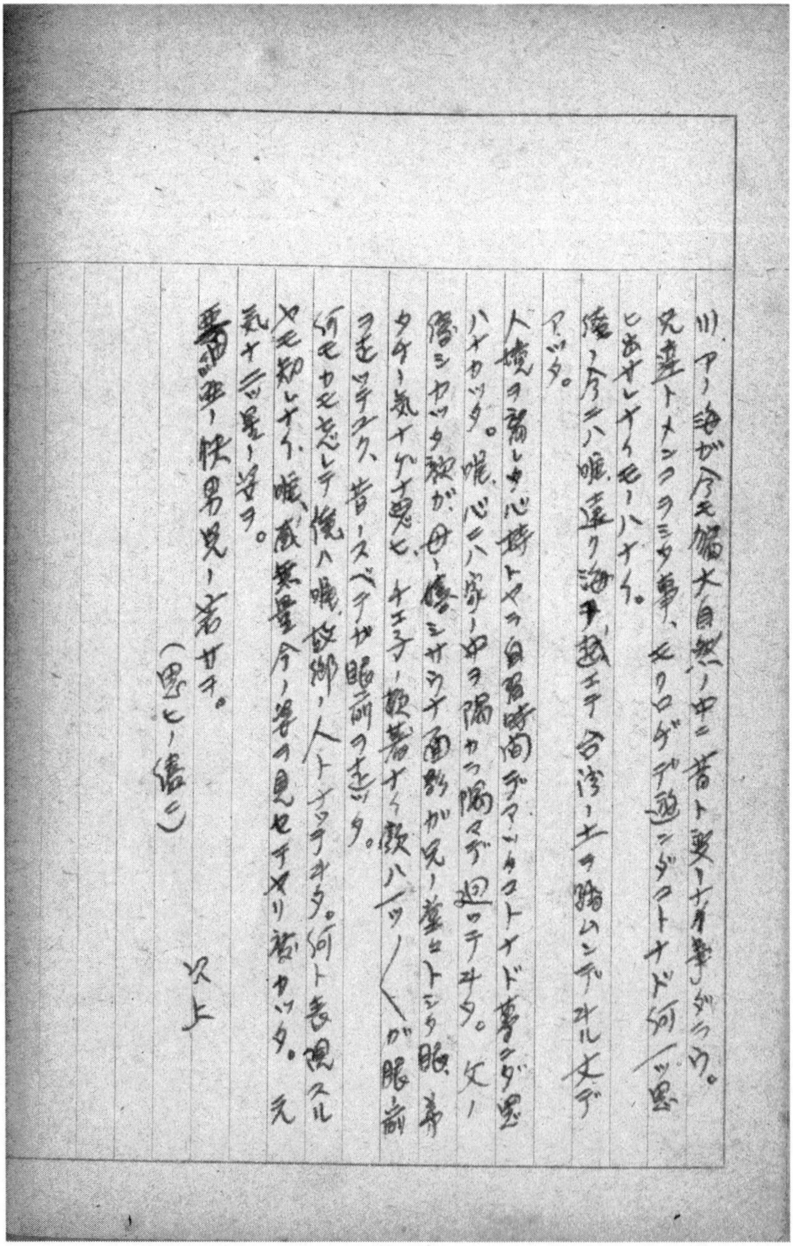
川ノ流ガ今モ偉大自然ノ中ニ昔ト変リナイ事ダラウ。
兄達トメンコヲミタ事、モクロダデ遊ンダコトナド何一ツ思
ヒ出サレナイモノハナイ。
僕ノ今ニハ唯、遠ク海ヲ越エテ台湾ノ土ヲ踏ムンデヰル丈デ
アッタ。
人境ヲ離レタ心持トヤヲ自習時間デアッタコトナド夢ニダ思
ハナカッタ。唯、心ニハ家ノ中ヲ隅カラ隅マデ廻ッテヰタ。父ノ
懐シカッタ顔ガ、母ノ優シサウナ面影ガ兄ノ凛トシタ眼、弟
タチノ気ナゲナ笑ヒ、ナチ子ノ頓着ナイ顔ハ一ツ〳〵ガ眼前
ヲ走ッテユク。昔ノスベテガ眼前ヲ去ッタ。
何モカモ忘レテ俺ハ唯、故郷ノ人トナッテヰタ。何ト表現スル
ヤモ知レナイ。唯、感無量今ノ姿ヲ見セテヤリ度カッタ。元
気ナ言ッ量ノ姿ヲ。
南国ノ快男児ノ若サヲ。
（思ヒノ儘ニ）
以上

川．アノ海ガ今モ猶大自然ノ中ニ昔ト変リナイ事ダラウ。
兄達トメンコヲシタ事．モクヂデ遊ンダコトナド何一ツ思ヒ出サレナイモノハナイ。
俺ノ今ニハ唯．遠ク海ヲ越エテ台湾ノ地ヲ踏ムンデヰル丈デアッタ。
人境ヲ離レタ心持トヤラ自習時間デアッタコトナド夢ニダ思ハナカッタ。唯．心ニハ家ノ中ヲ隅カラ隅マデ迴ッテヰタ。　父ノ優シカッタ顔ガ母ノ嬉シサウナ面影ガ兄ノ堂々トシタ眼．弟タチノ気ナゲナ思ヒ．チエ子ノ頓着ナイ顔ハ一ツ〱ガ眼前ヲ走ッテユク．昔ノスベテガ眼前ヲ走ッタ。
何モカモ忘レテ俺ハ唯．故郷ノ人トナッテヰタ。何ト表現スルヤモ知レナイ．唯．感無量今ノ姿ヲ見セテヤリ度カッタ。　元気ナ二ツ星ノ姿ヲ。
亜細亜ノ快男児ノ若サヲ。　以上

（思ヒノ儘ニ）

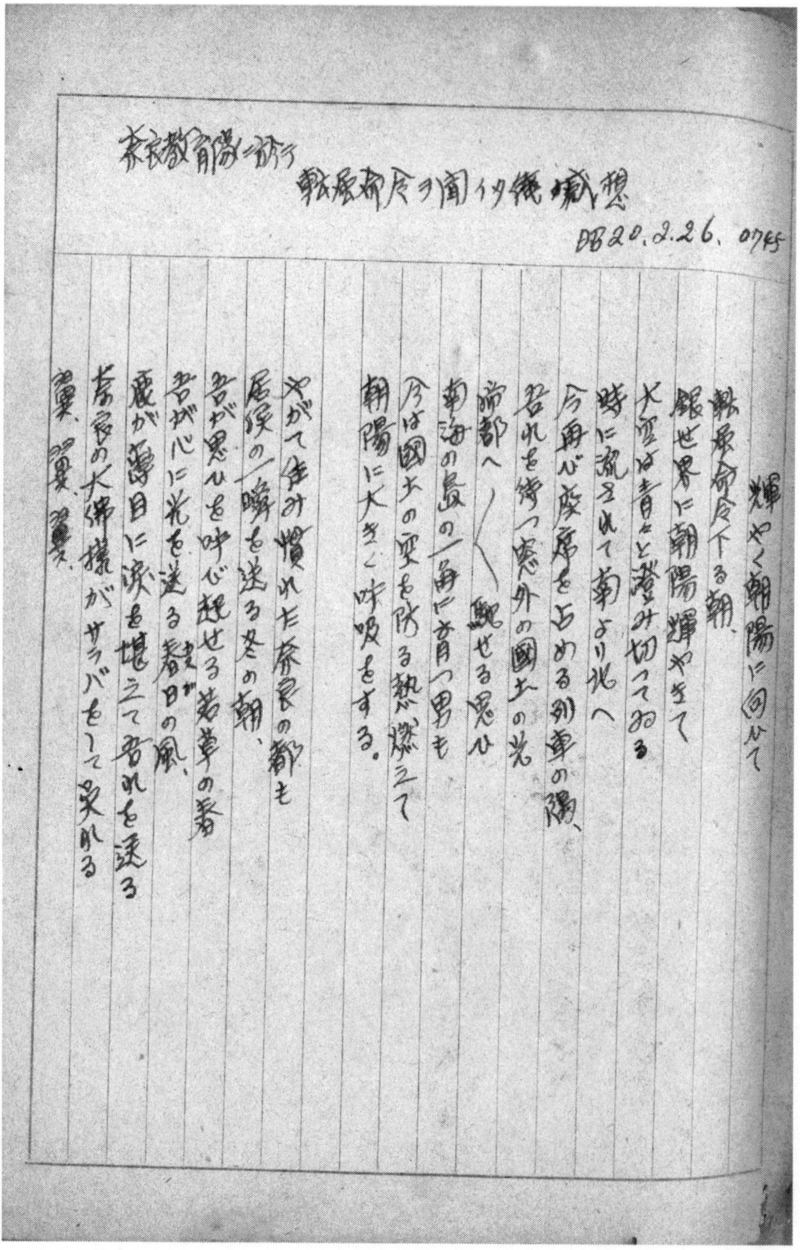
奈良教育隊ニ於テ　戦隊命令ヲ聞イタ時ノ感想
DB20.2.26. 0745

輝やく朝陽に向ひて
戦隊命令下る朝、
銀世界に朝陽輝やきて
大空は青々と澄み切つてゐる
時に流されて南より北へ
今再び座席を占める列車の陽、
吾れを待つ窓外の國土の光
帝都へ　馳せる思ひ
南海の島の一角に育つ男も
今は國土の空を防る熱意燃えて
朝陽に大きく呼吸をする。
やがて住み慣れた奈良の都も
居候の一瞬を送る冬の朝、
吾が思ひを呼び起せる若草の香
吾が心に光を送る春日の風、
霞が落日に涙を堪えて吾れを送る
奈良の大佛様がサラバをして哭れる
翼、翼、翼、翼。

奈良教育隊ニ於テ

転属命令ヲ聞イタ俺ノ感想

昭20. 2.26 0745

輝やく朝陽に向ひて
転職命令下る朝・
銀世界に朝陽輝やきて
大空は青々と澄み切てゐる
時に流されて南より北へ
今再び座席を占める列車の隅
吾れを待つ窓外の國土の光
帝都へ〱馳せる思ひ
南海の島の一角に育つ男も
今は國土の空を防る熱燃えて
朝陽に大きく呼吸をする。

やがて住み慣れた奈良の都も
居侯の一瞬を送る冬の朝・
吾が思ひを呼び起せる若草の春
吾が心に光を送る春日（カスが）の風
鹿が薄目に涙を堪えて吾れを送る
奈良の大佛様がサラバをして呉れる
翼・翼・翼・

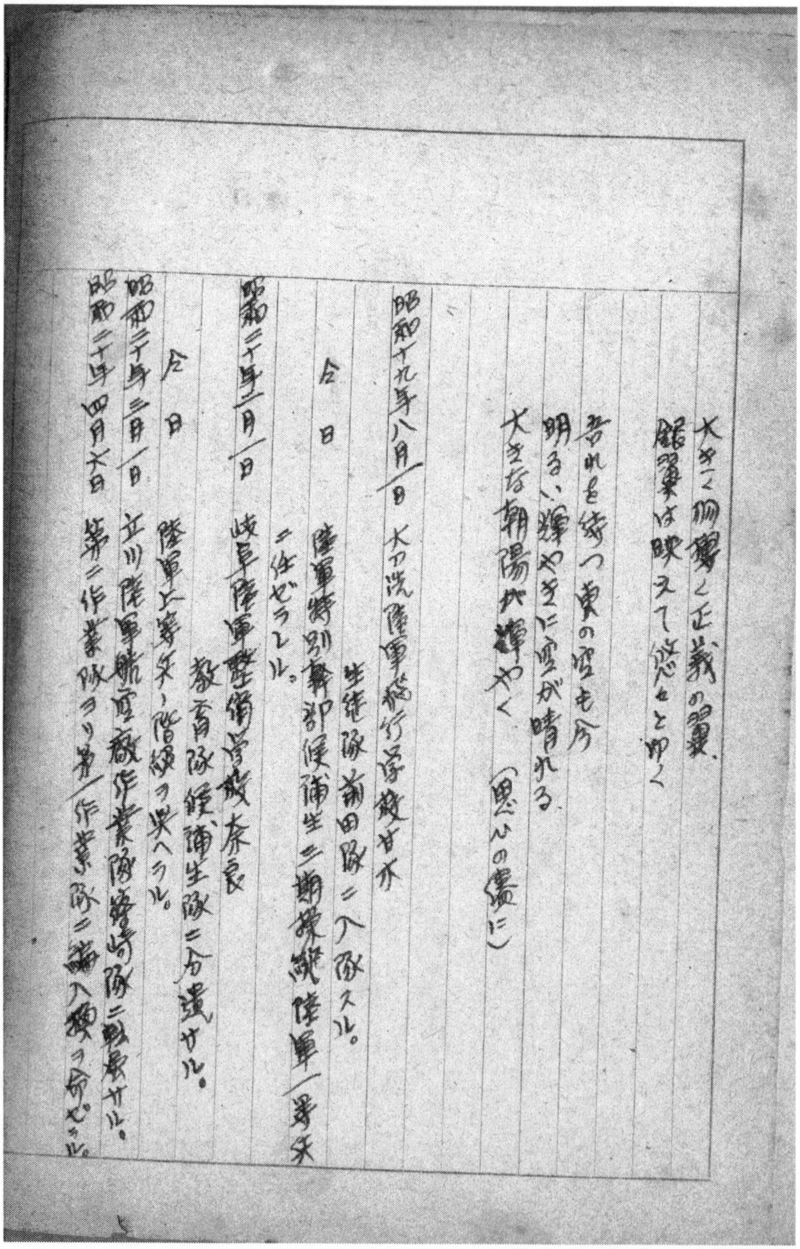

大きく羽撃く正義の翼、
銀翼は映えて悠々と行く
晴れを待つ東の空も今
明るい輝やきに空が晴れる
大きな朝陽が輝やく　（思ひ出の儘に）

昭和十九年八月一日　大刀洗陸軍飛行学校甘木
生徒隊前田隊ニ入隊ス。
今　日　陸軍特別幹部候補生二期操縦陸軍一等兵
ニ任ゼラレル。
昭和二十年二月一日　岐阜陸軍整備学校奈良
教育隊候補生隊ニ分遣サル。
今　日　陸軍上等兵ノ階級ヲ与ヘラル。
昭和二十年三月一日　立川陸軍航空廠作業隊鈴崎隊ニ転属サル。
昭和二十年四月六日　第二作業隊ヨリ第一作業隊ニ編入替ヲ命ゼラル。

大きく羽搏く正義の翼
銀翼は映えて悠々とゆく

吾れを待つ東の空も今
明るい輝やきに空が晴れる
大きな朝陽が輝やく　（思ひの儘に）

昭和十九年八月一日　大刀洗陸軍飛行学校甘木
生徒隊前田隊ニ入隊スル。
全日　陸軍特別幹部候補生三期操縦陸軍一等兵
ニ任ゼラレル。
昭和二十年二月一日　岐阜陸軍整備学校奈良
教育隊候補生隊ニ分遣サル。
全日　陸軍上等兵ノ階級ヲ與ヘラル。
昭和二十年三月一日　立川陸軍航空廠作業隊篠崎隊ニ転属サル。
昭和二十年四月六日　第二作業隊ヨリ第一作業隊ニ編入換ヲ命ゼラル。

日出火子叢書

第 8 號

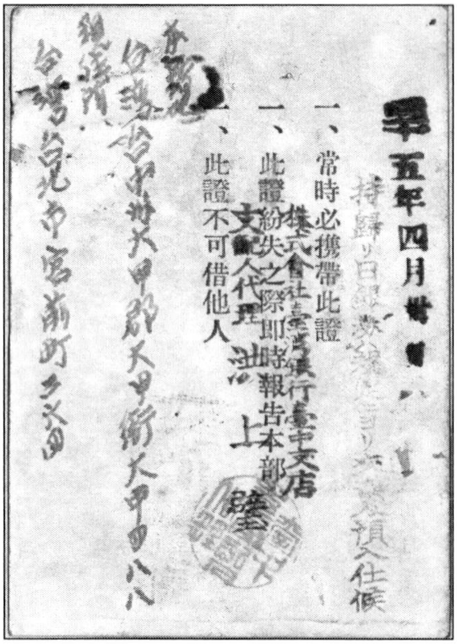
一、常時必攜帶此證
一、此證紛失之際即時報告本部
一、此證不可借他人

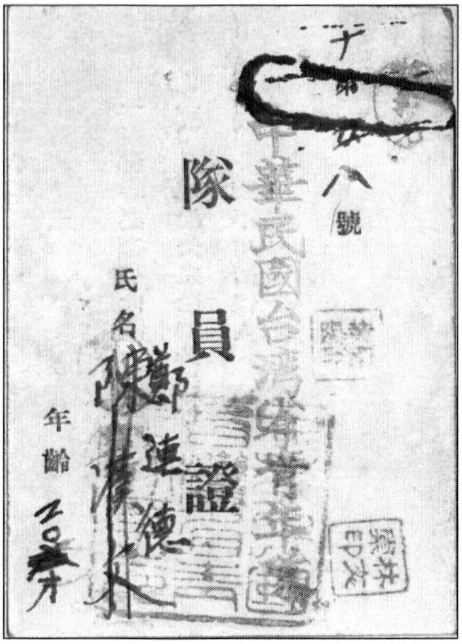
隊員證
氏名 鄭連德
年齡

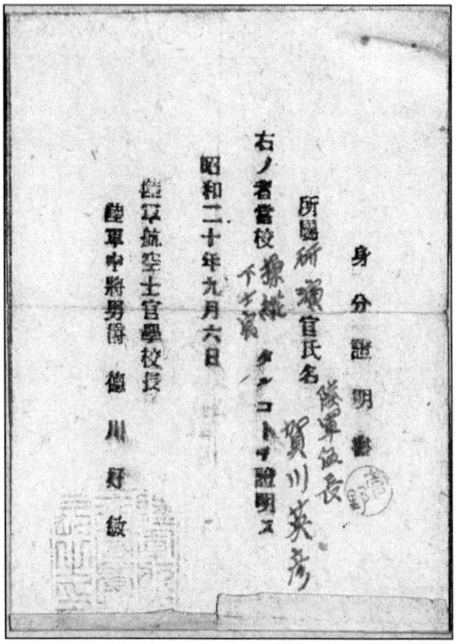
身分證明書
所屬所 職官氏名 陸軍伍長 賀川英彥
右ノ者當校ニ操縱下士官タルコトヲ證明ス
昭和二十年九月六日
陸軍航空士官學校長
陸軍中將男爵 德川好敏

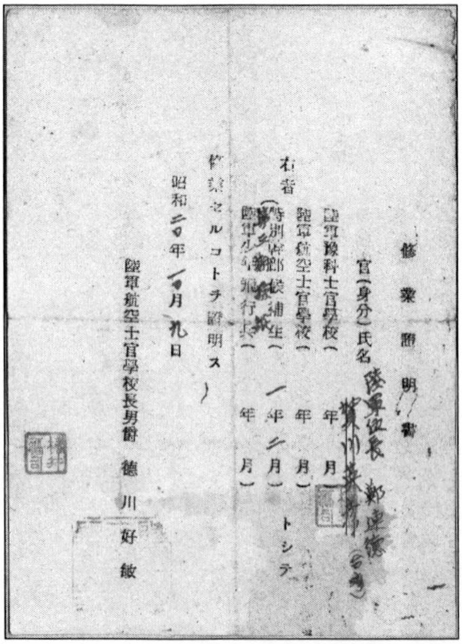
修業證明書
官(身分)氏名 陸軍伍長 鄭連德 賀川英彥
右者
陸軍豫科士官學校(年 月)
陸軍航空士官學校(年 月)
特別幹部候補生(年 月)トシテ
陸軍少年飛行兵(年 月)
修業セルコトヲ證明ス
昭和二〇年一〇月九日
陸軍航空士官學校長男爵 德川好敏

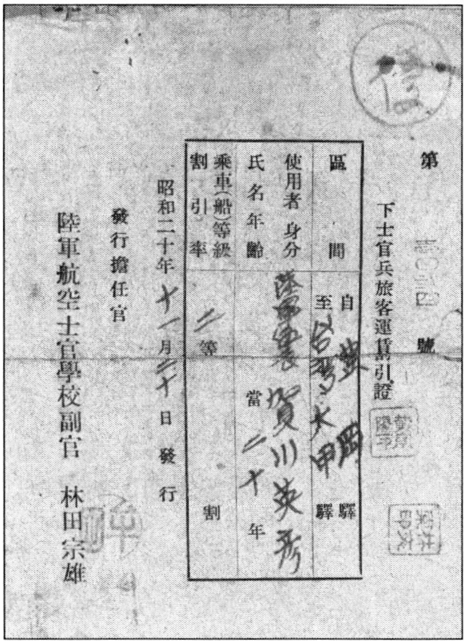
第[illegible]號

下士官兵旅客運賃割引證

區間	自 [illegible] 驛　至 台湾大甲 驛
使用者身分	陸軍兵長
氏名年齡	賀川英彥　當二十年
乘車(船)等級	二等
割引率	割

昭和二十年十一月二十日發行

發行擔任官

陸軍航空士官學校副官　林田宗雄

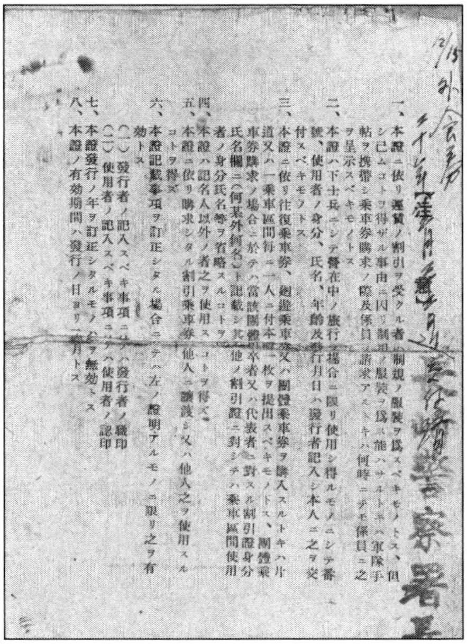
一、本證ニ依リ運賃ノ割引ヲ受クル者ハ制規ノ服裝ヲ爲スベキモノトス、但シ已ムコトヲ得ザル事由ニ因リ制規ノ服裝ヲ爲ス能ハザルトキハ軍隊手帖ヲ携帶シ乘車券購求ノ際及係員ノ請求アルトキハ何時ニテモ係員ニ之ヲ呈示スベキモノトス

二、本證ハ下士兵ニシテ營在中ノ旅行ノ場合ニ限リ使用シ得ルモノニシテ番號、使用者ノ身分、氏名、年齡及發行月日ハ發行者記入シ本人ニ之ヲ交付スベキモノトス

三、本證ニ依リ往復乘車券、廻遊乘車券又ハ團體乘車券ヲ購入スルトキハ片道又ハ一乘車區間毎ニ一人ニ付本證一枚ヲ提出スベキモノトス、團體乘車券購求ノ場合ニ於テハ當該團體引率者又ハ代表者ニ對スル割引證身分氏名欄ニ(何某外何名)ト記載シ其ノ他ノ割引證ニ對シテハ乘車區間使用者ノ身分氏名等ヲ省略スルコトヲ得

四、本證ハ記名人以外ノ者之ヲ使用スルコトヲ得ズ

五、本證ニ依リ購求シタル割引乘車券ハ他人ニ讓渡シ又ハ他人之ヲ使用スルコトヲ得ズ

六、本證記載事項ヲ訂正シタル場合ニテハ左ノ證明アルモノニ限リ之ヲ有效トス

(一)發行者ノ記入スベキ事項ニ在リテハ發行者ノ職印

(二)使用者ノ記入スベキ事項ニテハ使用者ノ認印

七、本證發行ノ年ヲ訂正シタルモノハ之ヲ無效トス

八、本證ノ有效期間ハ發行ノ日ヨリ二箇月トス

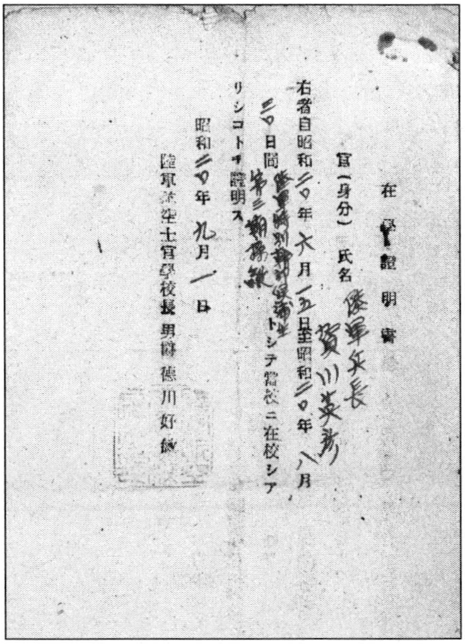
在學證明書

官(身分)氏名　陸軍兵長　賀川英彥

右者自昭和二〇年六月一五日至昭和二〇年八月二〇日間　[illegible]　トシテ當校ニ在校シアリシコトヲ證明ス

昭和二〇年九月一日

陸軍航空士官學校長　男爵　德川好敏

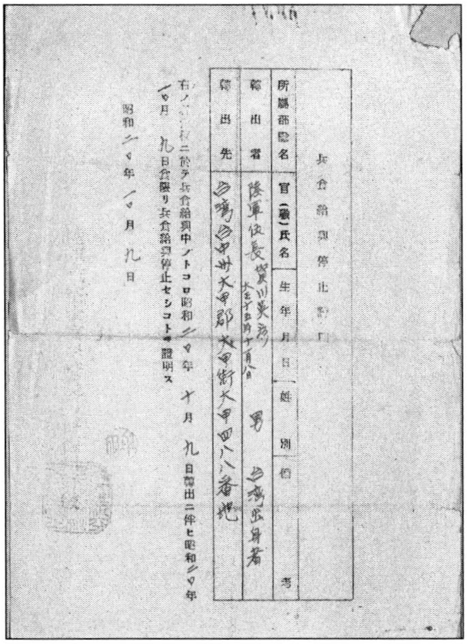
兵食給與停止證[illegible]

所屬部隊名			
	官(職)氏名	生年月日	性別	備考
[illegible]出者	陸軍伍長 賀川英彥		男	
[illegible]出先	台湾台中州大甲郡大甲街大甲四八八番地			

右ノ[illegible]ニ於テ兵食給與中ノトコロ昭和二〇年十月九日[illegible]出ニ伴ヒ昭和二〇年一〇月九日限リ兵食給與停止セシコトヲ證明ス

昭和二〇年一〇月九日

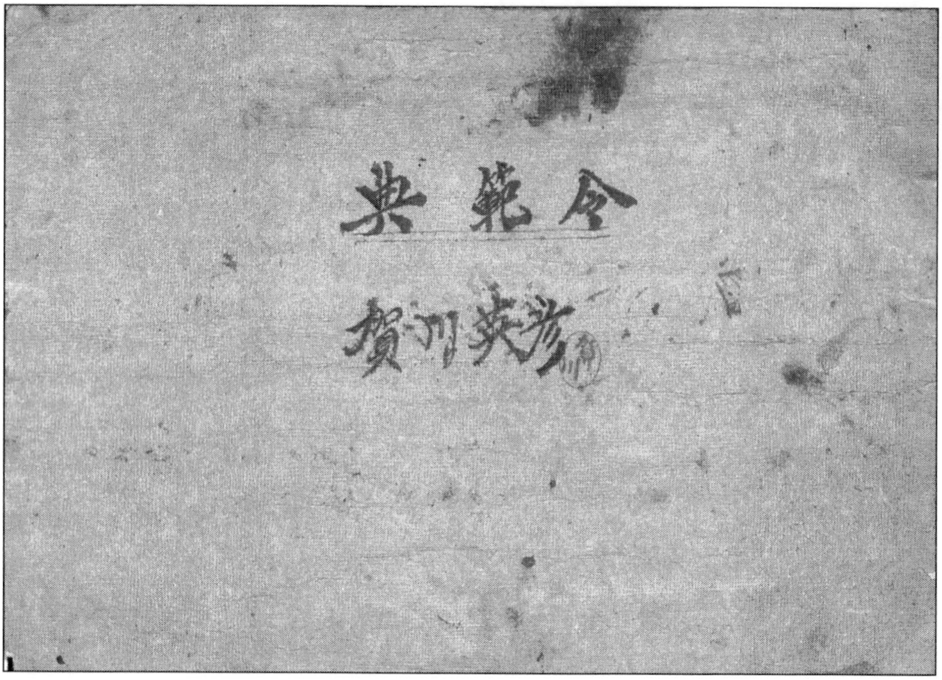

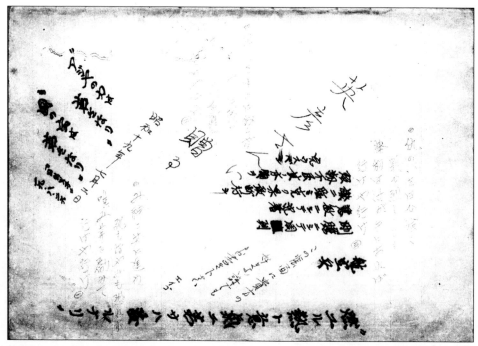

典　範　令

賀　川　英　彦

亜細亜の児　詩歌集

○太平洋の波

ザァー　ザァー　ザァー
今日も太平洋の波は荒く
潮風と共に進む
かつては返す波にさへに
陽がくまなく映えて高く低くとその時、
白さと見せる、
はるか遠く波を越して幾千里
水平線が天と地を合せてゐる
青空にゆらゆらする白雲
[illegible]
見渡す限りは空と海だ。
男が此の島を旅立ちて
[illegible]
今日は[illegible]も見えなかった、
かすかに吹く風が身を[illegible]
[illegible]大気が身を包んでしまふ
た、
日本男子（ヤマトヲノコ）の血を受けて
[illegible]の島に育つ男子我
今は遠く萬波越えて
北へ北へと進んでくる。
ふるさとのあの山あの川
あの森、あの野、

永久に旅立ち再び歸らず。　賀川日出夫子
いつか男子は遠く父母の國に走り
走馬燈の如くに眼前を往く。
船が一層揺れ出した
昔元弘が戦の跡
玄海灘に船は進んでゐた
大きく寄せて白波が
南へ南へと流れてゐる
さうだ……
この波ははるか父母の國に
あのふるさとの海に
遠く流れてゐるのだらう
ふるさとの同胞も皆も
今は同じくこの波の音に
静かに静かに耳を寄せてゐるだらう。
ザァー　ザァー　ザァー
今日も太平洋の波は荒く
潮風と共に進む
かつては返す波にさへに
陽がくまなく映えて高く低く白さと見せる。
[illegible]　一九・七・二七

亜細亜ノ児　詩歌集　　賀川日出火子

○太平洋の波

ザァーザァーザァー
今日も太平洋の波は荒く
潮風と摩き進む
打っては返す冷たさに
陽がくまなく映えて高く低く
白々と見せる．
はるか遠く波を越して幾千里
水平線が天と地を分けてゐる
青空にちらほらする白雲
一人ぬきでて入道の凄み
見渡す限りは空と海だ。

思ひ出の島を旅立ちて
既に五日の日を送り
今日は壹岐の島も見え出した．
かすかに内地風が身を揺り
本土の大気が身を包ンでしまふ
た．
ヤマトヲノコ
日本男子の血を受けて
思ひ出の島に育つ事十九年
今は遠く荒浪越えて
北へ〳〵と進んでくる。

ふるさとのあの山．あの川
あの原．あの野．
一九．七．二
永久に旅立ち再び歸らず。
いつしか思ひは遠く父母の國に走り
走馬燈の如くに眼前を往く。

とその時．
船が一層揺れ出した
昔元弘の戰の跡
玄海灘に船は進んでゐた
大きく寄せて白波が
南へ〳〵と流れてゐる
さうだ！
この波ははるか父母の國に
あのふるさとの海に
遠く続いてゐる事だらう．
ふるさとの同胞も鳥も
今は同じくこの波の音に
静かに〳〵耳を寄せてゐるだ
らう。

ザァーザァーザァー
今日も太平洋の波は荒く
潮風と摩き進む
打っては返す冷たさに
陽がくまなく映えて高く低く白
々と見せる。　十九．七．一七
門司に向ふ小船内にて

○私の花園

すべてが緑／色に包まれた私の花
園だ、
松が松がすくすくのびのび／と育ち
張りつめた根を／枝に伸ばし
一本々々がたくましく
一本々々がやはらかく
私の花園をかざり
私の緑の野を[illegible]と見せる、

真夏は既に来てゐた
おのすく／育った樹の陰に
蟬は真夏の花園の為に
一[illegible]めの音楽をつゞけ
小鳥は小さい口を揃へ
歓喜の歌を謳ふてゐた。
その時だった、
悠然と花園を眺めてゐた私
は、
はるか遠くに可愛い坊主が
嬉々として走ってくるのを見つけ
たのは、
右手にすてきのかざい／旗を
ふりかざして喉／本の細道を
一気に私の方に進んでくるやう[illegible]へ／と

だった、
学校帰りの／[illegible]だらう
無邪気に列車を追っ掛ける
だが、それは無駄だった
あまりにも坊やの足は遅かった
列車は知らぬ振りして走りつづける。
坊やはやがて諦めた、
そして、はるか／遠方を
列車を睨んでゐるかに見えた
私は済まないと言ってやりたかった。
だが、断って祈った、
"坊やも日本の男の子なら
きっと／偉い子になって
東亜、いや／世界の為
一所懸命やって来い
坊や、大きくなるのだ
他人に負けずに強い子になる
のだ

私の乗った長い列車は
相も変らず走ってゐた
そよ風が靡いて花園に
新しい大気がかゞめいてゐた。

○私の花園

すべてが緑一色に包まれた私の花
園だ．
松が杉がすゝきがのび〳〵と育ち
張りつめた枝を一杯に伸ばし
一本々々がたくましく
一本々々がやはらかく
私の花園をかさり
私の緑の野を溌剌と見せる

眞夏は既に來てゐた
あのすく〳〵育った樹の陰に
蟬は夏の花園の為に
　キワ
一極慰めの音楽をつゞけ
小鳥は小さい口を揃へ
歡喜の踊を狂ふてゐた。

とその時だった
窓越しに花園を眺めてゐた私
は
はるか遠く可愛い坊主が
嬉々として走ってくるの見つけ
たのは。
右手にすゝきの小さい一枝を
ふりかざして唯一本の細道を
一気に私の方に進んでくるやう
だった。
学校歸りの一年生だらう．
無邪気に列車を追つ掛ける
だがそれは無駄だった
あまりにも坊やの足は少さかった
列車は知らぬ振りして走りつゞける。

坊やはやがてあきらめた．
そしてはるか〳〵遠方で
列車を睨んでゐるかに見えた
私は済まないと言ってやりたかった。
だが．斯う祈った．
〝坊やも日本の男の子なら
きっと〳〵偉い子になって
東亜．いや〳〵世界の為
一所懸命やって呉れ
坊や．大きくなるのだ
他人に負けずに強い子になる
のだ
〟

私の乗った長い列車は
相も変らず走ってゐた．
そよ風が摩いて花園に
新しい大気がウゴめいてゐた。

大刀洗へ〳〵と

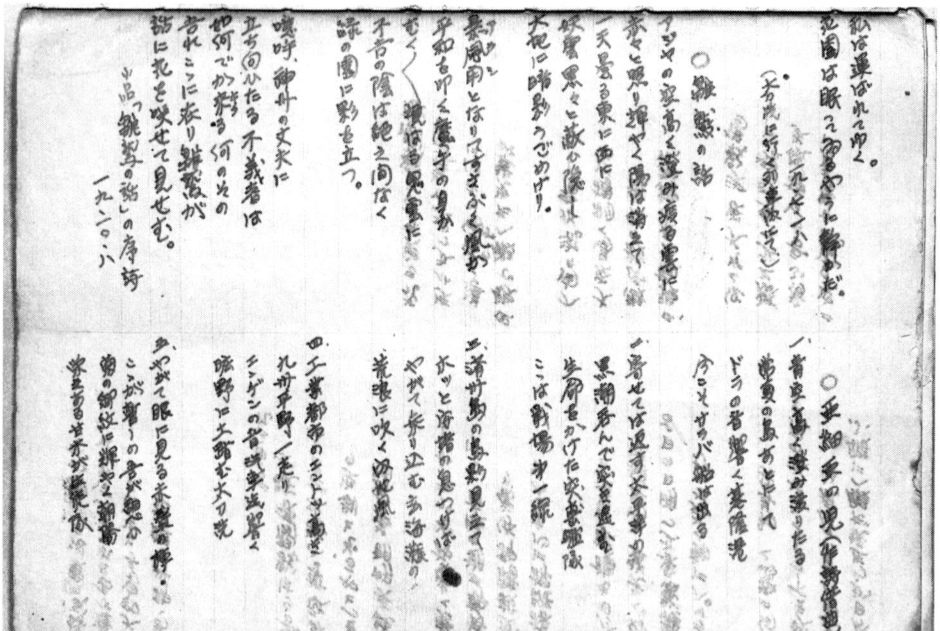
○雛鷲の詩
大地に暗影うごめけり。
緑の園に影を立つ。
嗚呼、神州の丈夫に
立ち向ひたる不義者は
吾れここに在り雛鷲が
誠に花を咲せて見せむ。
ドラの音響く基隆港
こは戦場第一線

私は運ばれてゆく。
花園は眠ってゐるやうに静かだ。
一九．七．一八
（大刀洗に行く列車内にて．）

○雛鷲の語
アジヤの空高く澄み渡る雲に
赤々と照り輝やく陽は消えて
一天曇る東に西に
妖雲黒々ヒ蔽ひ隠し
大地に暗影うごめけり。

アラシ
暴風雨となりてすさぶく風か
平和を叩く魔手の身か
むく〱現はる鬼雲に
不吉の陰は絶え間なく
緑の園に影を立つ。

噫呼．神州の丈夫に
立ち向ひたる不義者は
キタ
如何でか來る何のその來
吾れこゝに在り雛鷲が
語に花を咲せて見せむ。
小品「雛鷲の語」の敘詩
一九．一〇．八

○亜細亜の兒（作詩借曲）
一．青空高く澄み渡りたる
常夏の島あとにして
ドラの音響く基隆港
今こそサラバ船は出る

二．寄せては返す太平洋の
黒潮呑んで突き進む
生命をかけた突擊艦隊
こゝは戰場第一線

三．済州島の島影見えて
ホッと安堵の息つけば
やがて乗り込む玄海灘の
荒浪に吹く內地颪

四．工業都市のエントツ高き
九州平野一走り
エンヂンの音汽車迄響く
曠野に土踏む太刀洗

五．やがて眼に見る赤壁の榫
こゝが暫しの吾が憩ひ
菊の御紋に輝やく朝陽
栄えある甘木が生徒隊

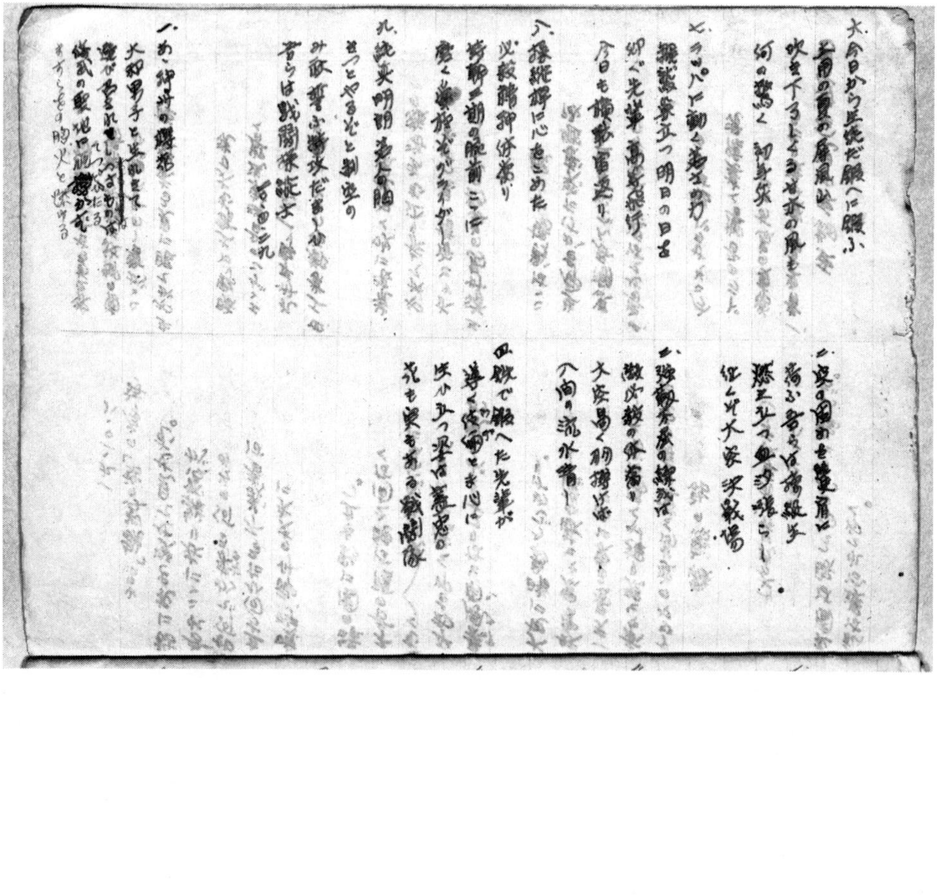

六. 今日から生徒だ錬へに錬ふ
土用の夏の屏風山
吹き下ろしくる甘木の風も
何の驚く　初年兵

七. ラッパに動く若さの力
雛鷲巣立つ明日の日を
仰ぐ先輩　高等飛行
今日も横転宙返り

八. 操縦桿に心をこめた
必殺精神体當り
特幹三期の腕前こゝに
磨く愛機ぞグライダー

九. 純眞明朗若人の胸
きっとやるぞと制空の
み社誓ふ特攻だましひ
吾らは戦闘操縦士
二〇. 四. 二九

一. あゝ神州の櫻花
大和男子と生れきて
選び召さ■れてつはものは
てつどひたる
修武の聖地に羽搏かむ
ますらをの胸火と燃ゆる

二. 空の固めを雙肩に
荷ふ吾らは操縦生
燃え立つ血汐漲らし
征くぞ大空決戰場

三. 強靭不屈の練成は
敵必殺の体當り
大空高く羽搏けば
入間の流水清し

四. 鉄で錬へた先輩が
導く伎倆（ウで）とま心に
生ひ立つ姿は盡忠の
花も実もある戦闘隊

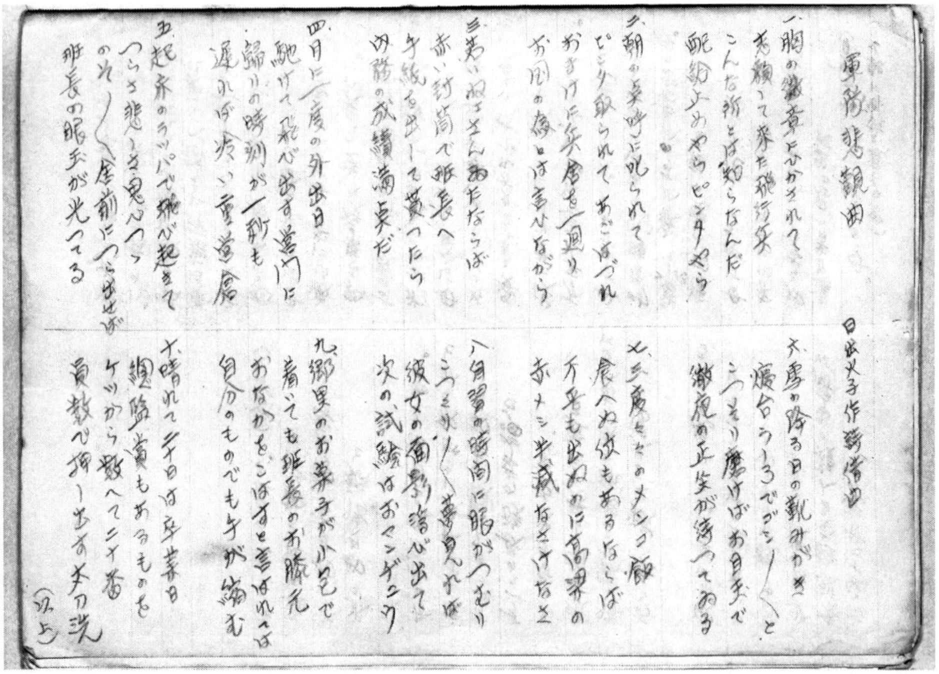
軍務悲観曲

日出夫子作詩作曲

一、胸の徽章にひかされて
志願して来た飛行兵
こんな所とは知らなんだ
配給ふめやらピンタやら

二、朝の点呼に叱られて
ビンタ取られてあごはづれ
おまけに兵舎を一回り
お国の為とは言ひながら

三、若い娘さんあたならば
赤い封筒で班長へ
手紙を出して貰つたら
内務の成績満点だ

四、月に一度の外出日
馳けて飛び出す営門に
帰りの時刻が一秒も
遅れりや恐い重営倉

五、起床のラッパで飛び起きて
つらさ悲しさ忍びつつ
のそのそ食前につらせせば
班長の眼玉が光つてる

六、雨の降る日の靴みがき
塩台ういろでゴシゴシと
こつそり磨けばお目玉で
衛兵の正坐が待つておる

七、三度々々のメンコ飯
食へぬ奴もあるならば
汁番も出ぬのに高梁の
赤メシ米蔵なさけなさ

八、自習の時間に眼がつむり
こつそりこつそり夢見れば
彼女の面影浮び出て
次の試験はおヤンゲニウ

九、郷里のお菓子が小包で
着いても班長のお膝元
おなかをこはすと言はれては
自分のものでも手が縮む

十、晴れて二十日は卒業日
週番賞もあるものを
ケツから数へて二十番
員数で押し出す大刀洗

（以上）

軍隊悲觀曲子

一．胸の徽章にひかされて
志願して來た飛行兵
こんな所とは知らなんだ
配給止めやらピンタやら

二．朝の点呼に叱られて
ピンタ取られてあごはづれ
おまけに兵舎を一廻り
お国の為には言ひながら

三．若いねェさんゐたならば
赤い封筒で班長へ
手紙を出して貰ったら
內務の成績満点だ

四．月に一度の外出日
馳けて飛び出す営門に
歸りの時刻が一秒も
遲れば冷い重営倉

五．起床のラッパで飛び起きて
つらさ悲しさ思ひつゝ
のそ〳〵舍前につら出せば
班長の眼玉が光ってる

日出火子作詩借曲

六．雪の降る日の靴みがき
寢台うしろでゴシ〳〵と
こっそり磨けばお目玉で
徹夜の正坐が待ってゐる

七．三度々々のメンコ飯
食へぬ位もあるならば
不平も出ぬのに高粱の
赤メシ半減なさけなさ

八．自習の時間に眼がつむり
こっそり〳〵夢見れば
彼女の面影浮び出て
次の試験はおマンヂュウ

九．郷里のお菓子が小包で
着いても班長のお膝元
おなかをこはすと言はれては
自分のものでも手が縮む

十．晴れて二十日は卒業日
總監賞もあるものを
ケツから数へて二十番
員数で押し出す太刀洗
（以上）

案：「重営倉」：重營倉指的是日本軍的「懲罰房」，類似於軍隊中的關禁閉之處。

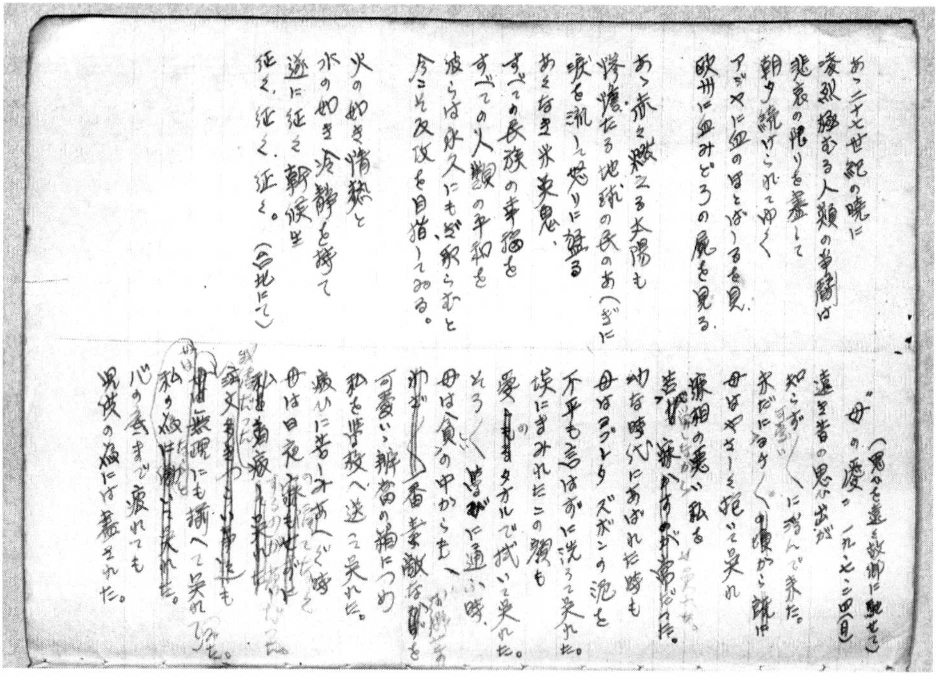

あゝ二十七世紀の暁に
凄烈極むる人類の争闘は
悲哀の限りを尽して
朝夕続けられてゆく
アジヤに血の雨ぞ降るを見、
欧州に血みどろの屍を見る。

あゝ赤々燃ゆる太陽も
惨憺たる地球の民のあはれに
涙を流して怒りに燃ゆる
あくなき米英鬼、
すべての民族の幸福を
すべての人類の平和を
彼らは永久にも破らむと
今こそ反攻を目指してゐる。

火の如き情熱と
水の如き冷静を持て
遂に征く幹候生
征く、征く、征く。（台北にて）

"母の愛"　一九・七・二四（月）（思ひを遠き故郷に馳せて）
遠き昔の思ひ出が
知らず知らずに浮んで来た。
未だに幼き頃から
母はやさしく抱いて呉れ
[illegible]相の悪い私を
[illegible]がった。
幼な時代にあばれた時も
母はコブトリ ズボンの泡を
不平も言はずに洗って呉れた。
埃にまみれたこの顔も
愛のタオルで拭いて呉れた。
そろそろ学校に通ふ時、
母は貧乏の中から、
[illegible]番素敵な[illegible]を
可愛い、弁当の箱につめ
私を学校へ送って呉れた。
病ひに苦しみあえぐ時
母は日夜[illegible]
[illegible]
[illegible]
[illegible]にも[illegible]へて呉れて[illegible]た。
私の[illegible]呉れた。
心の奥まで疲れても
呪咀の悩には[illegible]された。

あゝ二十七世紀の曉に
凌烈極むる人類の爭闘は
悲哀の限りを盡して
朝夕続けられてゆく
アジヤに血のほとばしるを見
欧州に血みどろの屍を見る

あゝ赤々燃える太陽も
慘憺たる地球の民のあへぎに
涙を流して怒りに猛る
あくなき米英鬼
すべての民族の幸福を
すべての人類の平和を
彼らは永久にもぎ取らむと
今こそ反攻を目指してゐる・

火の如き情熱と
水の如き冷静を持て
遂に征く幹候生
征く、征く、征く。　　（台北にて）

（思ひを遠く故郷に馳せて）
〝母の愛〟一九、七、二四月
遠き昔の思ひ出が
知らずくに浮んで來た。
未だに可愛いヨチくの頃から既に
母はやさしく抱いて呉れ
寐相の悪い私を
　苦労しながら　　寐せくれた。
苦心して、寐かすのが常だった。
幼な時代にあばれた時も
母はヨゴレタ　ズボンの泥を
不平も言はずに洗うて呉れた。
埃にまみれたこの顔も
　の
愛こもるタオルで拭いて呉れた。
そろく学びに通ふ時
母親は貪しいの中からも
わざく一番素敵なおかずお野菜を
可愛いゝ辨當の箱につめ
私を学校へ送って呉れた。
病ひに苦しみあへぐ時
　　の隔てなく
母は日夜寐もせずに
　　するのが常だった。
私を看病して呉れた
我儘だった
注文多きつらい事迄も
母は無理にも揃へて呉れてゐた。
　　ならと
母は私の為に働いて呉れた
心の底まで疲れても
児供の為には盡された。

案：「少年航空兵の唄」：少年航空兵の歌，1937年發行，由古橋　才次郎作曲。（参：https://dl.ndl.go.jp/info:ndljp/pid/1323874）

あゝ男僕の奴ならば
自分の命を縮めても
どうか偉らい立派な者に
なって呉れよと祈られる
母の愛は深かった。
もう再びと母のやうな
のべびりーた月見にも
私は必ず帰す事はないのだ。
すべてが過去と飛び立って
私の半生は過ぎ往った。
母の事を思ふ時、
まぶたは涙にぬれるのだ。
母の膝に生きる時
私は常に奮張るのだ。
やるぞ!
私は生きねばならないのだ。
母の為、東亜の為に、
それは肉体の生命になく
霊の生命に勝ち抜くのだ。
たとひ玉と砕ける所ありとも
何の悔いがあるものか。
国に生きん玉となり
母のおん為に戦ふのだ。
九州太刀洗にて

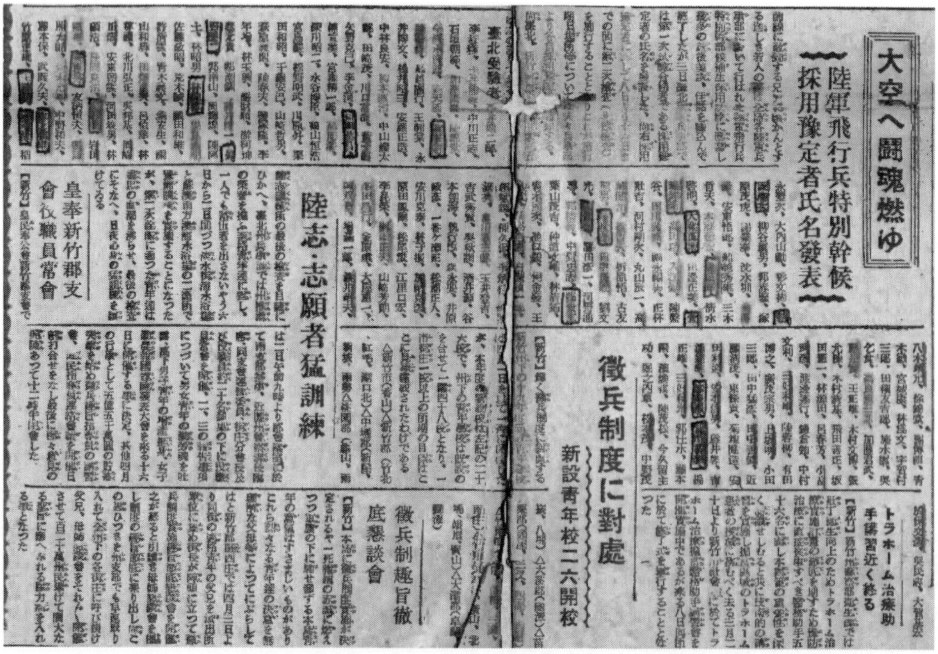

大空へ闘魂燃ゆ

陸軍飛行兵特別幹候採用豫定者氏名發表

臺北受驗者

陸志・志願者猛訓練

皇奉新竹郡支會役職員常會

徴兵制度に對處 新設青年校二六開校

トラホーム治療助手講習近く終る

徴兵制趣旨徹底懇談會

あゝ児供の為ならば
自分の命を縮めても
どうか急らい立派な者に
なって呉れよと祈られる
母の愛は強かった。
もう再びとあのやろな
のんびりとした月見にも
私は出喰はす事はないのだ。
すべてが過去と飛び立って
私の半生は過ぎ往った。
母の愛を思ふ時
まぶたは涙にぬれるのだ.
母の愛に生きる時
私は強く奮張るのだ。
やるぞ！
私は生きねばなくないのだ。
母の愛の為に東亜の為に
それは肉体の生命になく
霊の生命に勝ち抜くのだ。
たとひ玉と砕ける体當りとも
何の悔いがあるものか。

国■に生きん玉となり.
母のなん為に戦ふのだ。

(完)

九州大刀洗にて

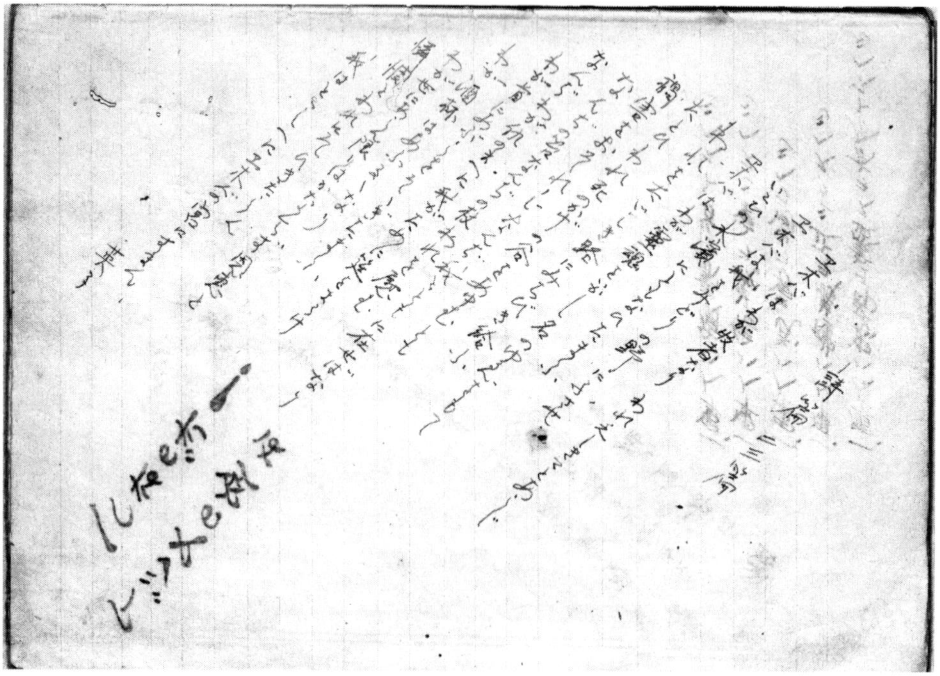

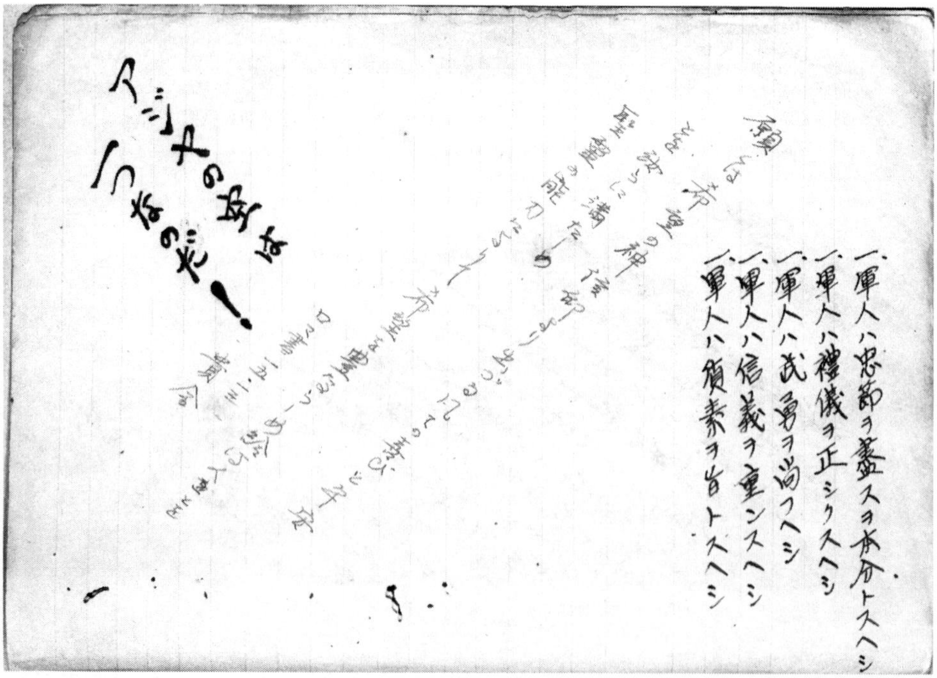
一、軍人ハ忠節ヲ盡スヲ本分トスヘシ
一、軍人ハ禮儀ヲ正シクスヘシ
一、軍人ハ武勇ヲ尚フヘシ
一、軍人ハ信義ヲ重ンスヘシ
一、軍人ハ質素ヲ旨トスヘシ

——詩篇二三篇

ヱホバはわが牧者なり　われ乏しきことあらじ
ヱホバは我をみどりの野にふさせ
いこひの水濱にともなひたまふ
ヱホバはわが霊魂をいかし　名のゆえんをもて
われをたゞしき路にみちびき給ふ
たとひわれ死のかげの谷をあゆむとも
禍害をおそれじ　なんぢ我と共にいませばなり
なんぢの笞、なんぢの杖われを慰む
なんぢわが仇のまへに　我がために筵をもうけ
わが首にあぶらをそそぎたまふ
わが酒杯はあふるゝなり
わが世にあらん限りはかならず恵恩と
憐憫とわれにそひきたらん
我はとこしへにヱホバの宮にすまん

英子

一．軍人ハ忠節ヲ盡スヲ本分トスヘシ
一．軍人ハ禮儀ヲ正シクスヘシ
一．軍人ハ武勇ヲ尚フヘシ
一．軍人ハ信義ヲ重ンスヘシ
一．軍人ハ質素ヲ旨トスヘシ

願くは希望の神　信仰より出づる凡ての喜びと平安とを　汝らに満たしめ
聖霊の能力によりて希望を豊ならしめ給は人ことを
ロマ書一五一三

貴舍

アジヤの空は
一つなのだ！

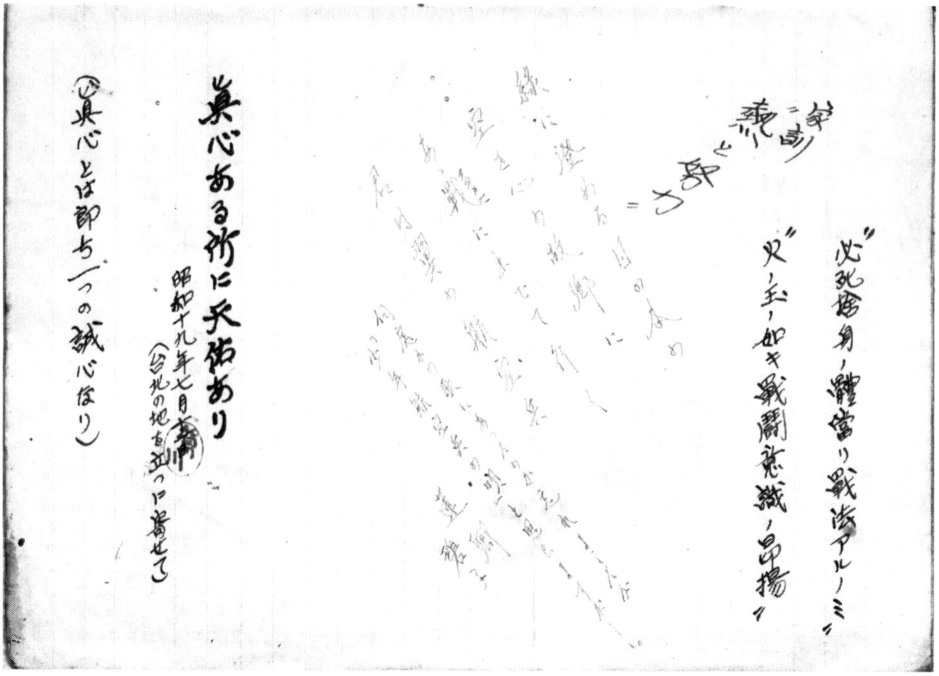

"必死捨身ノ體當リ戰法アルノミ"

"火ノ玉ノ如キ戰闘意識ノ昂揚"

真心ある所に天佑あり

昭和十九年七月

（台北の地を立つに寄せて）

（真心とは即ち一つの誠心なり）

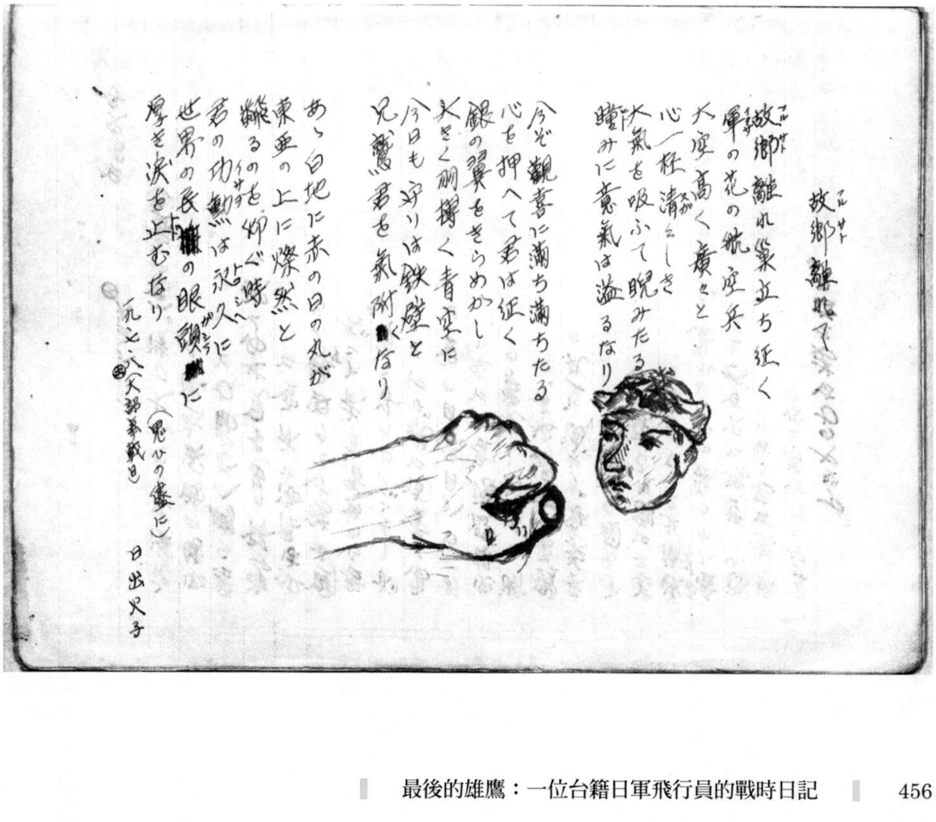

故郷離れて

故郷離れ巣立ち征く
軍の花の航空兵
大空高く廣々と
心一杯清々しさ
大氣を吸ふて睨みたる
瞳みに意氣は溢るなり

今ぞ觀音に滿ち滿ちたる
心を押へて君は征く
銀の翼をきらめかし
大きく羽搏く青空に
今日も守りは鉄壁と
兄鷲君も氣附くなり

あゝ白地に赤の日の丸が
東亞の上に燦然と
飜るのを仰ぐ時
君の功勲は永久に
世界の民衆の眼頭に
厚き涙を止むなり

一九、七、八（大詔奉戴日）（兄ひの壯途に）

日出子

〃必死捨身ノ體當リ戰法アルノミ〃
〃火ノ玉ノ如キ戰闘意識ノ昂揚〃

家訓
〃熱と努力〃

緑に澄める日の本の
空を心の故郷に
たたかヒ
あゝ戰に出でて行く
君は翼の航空兵

何處かの歌にあったのか忘れましたか
「少年航空兵の唄」と思ひますか！。
蓮卿
碧子

真心ある所に天佑あり
昭和十九年七月十一日
（台北の地を立つに
寄せて
（眞心とは即ち一つの誠心なり）

故郷（フルサト）離れて

故郷（フルサト）離れ巣立ち征く
軍（イクサ）の花の航空兵
大空高く廣々と
心一杯清々（スガ）しき
大気を吸ふて睨みたる
瞳（ヒト）みに意気は溢るなり

今ぞ歓喜に満ち満ちたる
心を押へて君は征く
銀の翼をきらめかし
大きく羽搏く青空に
今日も守りは鉄壁と
兄鷲君を氣附くなり

あゝ白地に赤の日の丸が
東亜の上に燦然と
飜るのを仰ぐ時
君の功勲（イサヲ）は永久（トコシヘ）に
世界の民の眼頭（ガシラ）に
厚き涙を止（トド）むなり
（思ひの儘に）
一九七八（大詔奉戴日）
㊏ 日出火子

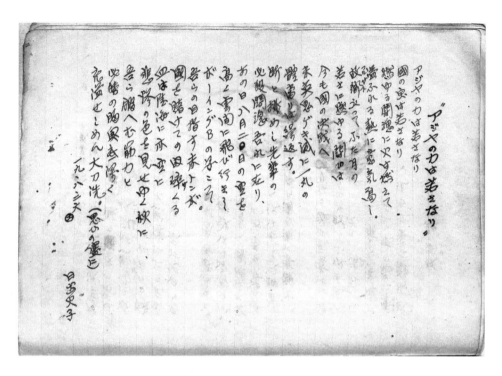

"アジヤの力は若さなり"

アジヤの力は若さなり
國の寶は若さなり
燃ゆる闘魂に火を燃えて
溢ふれる熱に意氣高し。
故郷立って ふた月の
若さに燃ゆる闘ひは
今も國の決戰へ
米英撃ゲキ滅に一丸の
體當りは繰返す。
斯と挑めし先輩の
必殺闘魂吾れに在り、
あの日八月二日の空を
高く雲間に飛び行きし
ボーイングBの姿こそ。
吾らの目指す赤トンボ。
國を賭けての因縁くる
血は陸海に赤空に
悲惨の色を見せゆく秋に、
吾ら備へむ筋力と
必勝の腕與へ深く
充溢せしめん大刀洗。(思ひの儘に)
一九、八、三〇 (日)
日出丈夫

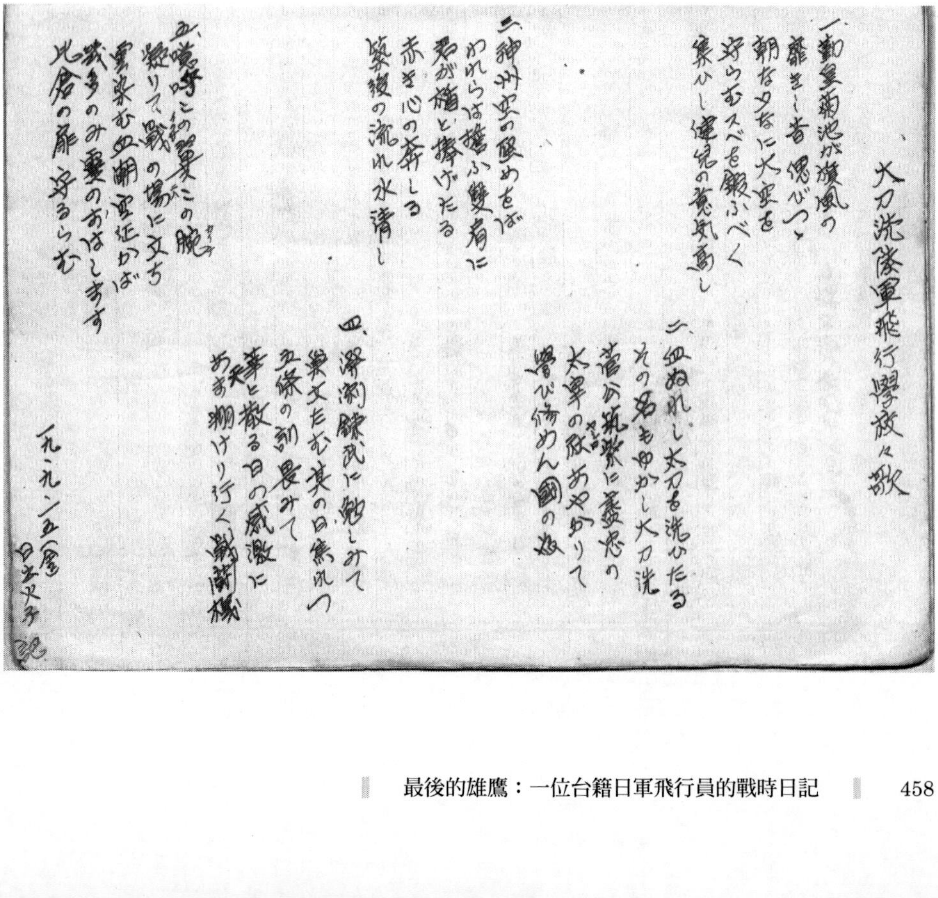

大刀洗陸軍飛行學校々歌

一、勤皇菊池が旗風の
靡きし昔偲びつゝ
朝な夕なに大空を
守らむスベを鍛ふべく
集ひし健児の意氣高し

二、血ぬれし太刀を洗ひたる
その名もゆかし大刀洗
菅公筑紫に盡忠の
太宰の府あやかりて
學び修めん國の為

三、神州空の護めをば
われらは擔ふ雙肩に
君が楯と捧げたる
赤き心の奔しる
筑後の流れ水清し

四、溌溂錬武に勤しみて
巣立たむ其の日焦れつ
五條の訓畏みて
天華と散る日の感激に
あま翔けり行く戦闘機

五、嗚呼この若葉この腕
凝りて戦の場に立ち
雲染む血潮空征かば
戦友のみ霊のおはします
光倉の扉守らむ

一九、九、一五(金)
日出丈夫記

"アジヤの力は若さなり"

アジヤの力は若さなり
國の宝は若さなり
燃ゆる闘魂に火は燃えて
溢ふれる熱に意気高し。
フルサト
故郷立ってふた月の
若さに燃ゆる闘ひは
今も國の決戰へ
米英鬼げき滅に一丸の
體當りは繰返す。
断と挑めし先輩の
必殺闘魂吾れに在り．
あの日は八月二〇日の空を
高く雲間に飛び行きて
ボーイングＢの姿こそ
吾らの目指す赤トンボ。
國を賭けての肉砕(サ)くる
血は陸海に亦空に
悲惨の色を見せゆく秋に
吾ら鍛へむ筋力と
必勝の胸奥底深く
充溢せしめん大刀洗（思ひの儘に）
一九．八．二六　㊏　日出火子

大刀洗陸軍飛行學校々歌

一．勤王菊池が旗風の
靡きし昔偲びつゝ
朝な夕なに大空を
守らむスベを鍛ふべく
集いし健児の意気高シ

二．血ぬれシ太刀を洗いたる
その名もゆかし太刀洗
菅公筑紫に尽忠の
大宰の社(ヤシロ)にあやかりて
學び修めん國のため

三．神州空の堅めをば
われらは擔ふ雙肩に
君が楯と捧げたる
赤き心の奔しる
築後の流れ水清し

四．涜溂錬武に勉しみて
巣立たむ其の日焦れつ
五條の訓畏みて
華と散る日の感激に
天
あま翔けり行く戦闘機

五．嗚呼この翼この腕(カイナ)
凝りて戦(イクサ)の場(ニハ)に立ち
雲染む血潮空征かば
幾多のみ霊のおはします
比倉の扉守るらん

十九九一五（金）
日出火子　記

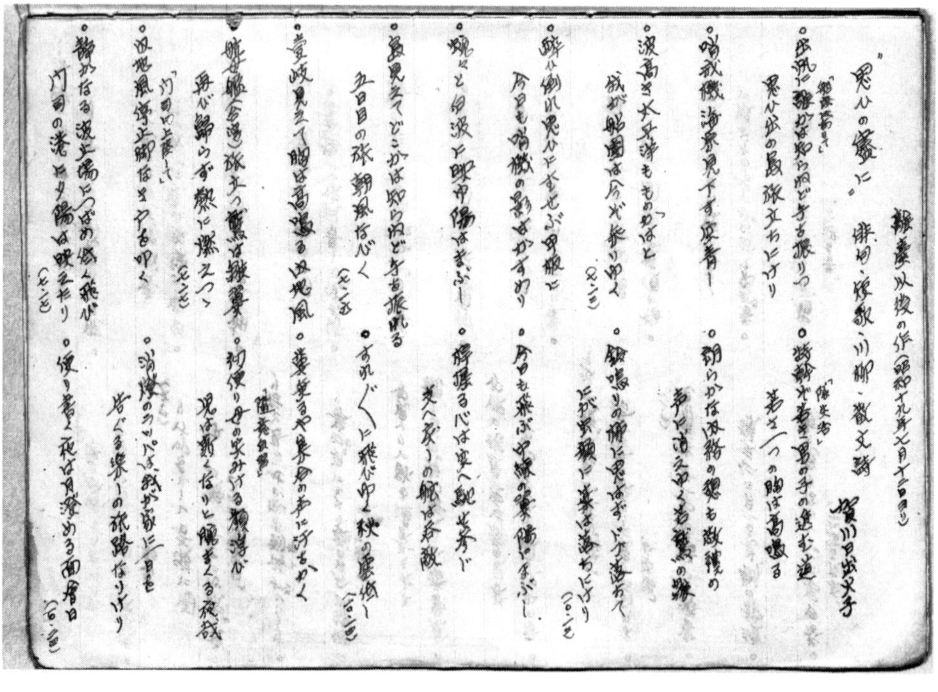

離台以後の作（昭和十九年七月十二日より）

"思ひの儘に。" 俳句、短歌、川柳、徵文詩

離臺以後の作（昭和十九年七月十二日ヨリ）

〝思ひの儘に〟　俳句、短歌、川柳、散文詩

賀川日出火子

「船内にありて」

○出帆に誰かは知らぬど手を振りつ
　思ひ出の島旅立ちにけり

○哨戒機海原見下す青空―

○波高き太平洋もものかはと
　我が船團は今ぞ乗りゆく
（七・一二）

○酔ひ倒れ思ひにむせぶ甲板に
　今日も哨機の影はかすめり

○蜿々と白波に映ゆ陽はまぶし

○島見えてどこかは知らぬど手を振れる
　五日目の旅朝風なびく
（七・一六）

○壹岐見えて胸は高鳴る内地風

○航母艦（台湾）旅立つ鷲は雛翼
　再び歸らず熱に燃えつゝ
（七・十七）

「門司に上陸して」

○内地風停止脚なき戸を叩く

○静かなる波止場につばめ低く飛び
　門司の港に夕陽は映えたり
（七・一七）

「隊生活」

○特幹ぞ若き男の子の進む道
　若さ一つの胸は高鳴る

○朗らかな内務の憩も敬禮の
　声に消えゆく若鷲の雛

○鈴鳴りの柿に思はずドブ落ちて
　にが虫顔に葉は落ちにけり
（一〇・一二）

○今日も飛ぶ中練の翼陽にまぶし

○桿握る心は空へ馳せ参じ
　支へ戻しの舵は呑敵

○すれぐに飛びゆく秋の雲低し
（一〇・一四）

○糞垂るや集合の声に汗をかく

「随意自習」

○初便り母の笑みける顔浮び
　児は斯くなりと腕まくる夜哉

○消燈のラッパは我が家に一日を
　告ぐる楽しの旅路なりけり

○便り書く夜は月澄める面會日
（一〇・二四）

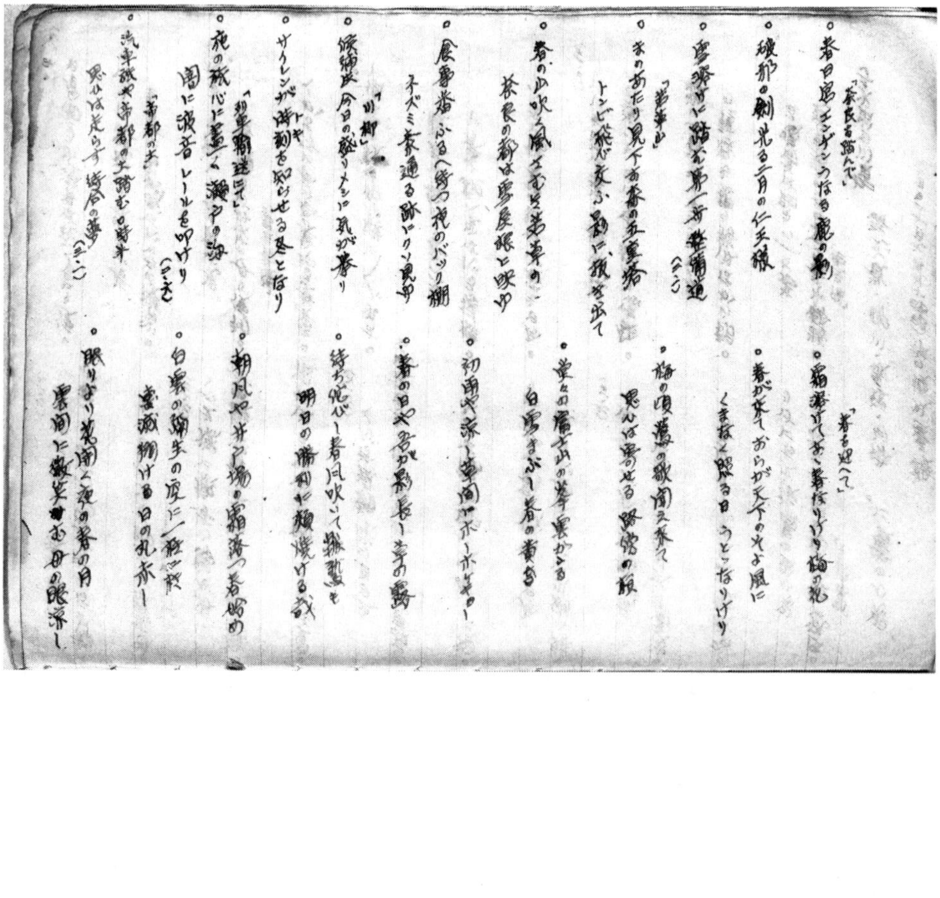

「奈良を踏んで」
○春日宮エンヂンうなる鹿の影
○破邪の剣光る二月の仁王様
○雪溶けに踏む第一歩整備道
（二、一）

「若草山」
○まのあたり見下お森の五重塔
　トンビ飛び交ふ影に抜き出て
○春の山吹く風さむき若草の
　奈良の都は雪屋根に映る
○食事番ふるへ待つ夜のバック棚
　ネズミ素通る跡にクン見ゆ

「川柳」
○候補生今日の盛メシに気が挙り
○サイレンが時刻(トキ)を知らせる冬となり

「列車輸送にて」
○夜の旅心に書く瀬戸の海
　闇に波音レールを叩けり
（三、六）

「帝都の土」
○汽車旅や帝都の土踏む○時半
　思ヒは走らす待合の夢
（三、一）

「春を迎へて」
○霜溶けてあゝ春なりけり梅の花
○春が來ておらが天下のそよ風に
　くまなく照る日うとゝなりけり
○梅の頃鶯の歌聞え來て
　思ひは寄せる路傍の桓
○堂々の富士山の峯雲かゝる
　白雪まぶし春の黄昏
○初雨や涼し草間にホーホケキョー
○春の日や吾が影長し草の露
○待ち侘び春風吹いて雛鷲も
　明日の勝利に頰焼ける哉
○朝風や井戸場の霜落つ春始め
○白雲の彌生の空に一機二機
　撃滅翔ける日の丸赤し
○眠りより花開く夜の春の月
　雲間に微笑■む母の眼涼し

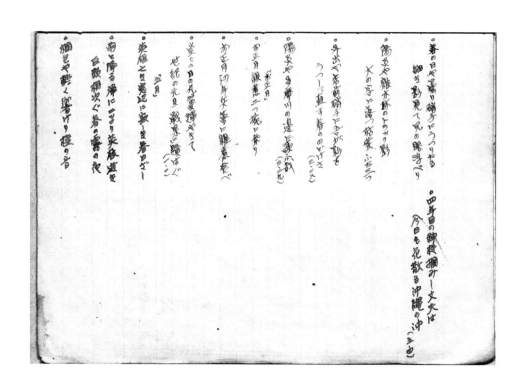

○春の日や窓り硝子にうつりたる
細き影見て兄の眼浮べり

○四年目の御役掴みし丈夫は
(今日も花散る沖縄の沖 (三.四)

○陽炎や雑木林の上ゆらり影
大の字に寝つ旅愁ふたたび

○外出や店前硝子におのが影を
うつして直す春ののどけさ (三.二八)

○陽炎や身辺りの遠に来ぶ哉 (三.二九)

○お正月雑煮二つ腕に余り
「お正月」

○お正月初年兵達に雑煮食べ

○兵との日の丸翼輝やきて
世紀の元旦戦果を聞ばぐ (一.一)

○英雄之生還迎に寝し春日ざし
「五月」

○雨と降る弾に二ツリ英雄道を
巨敵相次ぐ春の霧の夜

○畑ともや静く響けり権の音

○春の日や曇り硝子にうつりたる
　細き影見て兄の眼浮べり

○陽炎や雑木林のトラック影
　大きの字に落つ枯葉ふた三つ

○外出や店前硝子に吾が影を
　うつして直す春ののどけさ
（三．二八）

○陽炎や多摩川の邊に歌ふ哉
（三．二九）

「お正月」

○お正月雑煮二つ捥に乗り

○お正月初年兵夢に雑煮食べ

○堂々の日の丸翼輝やきて
　世紀の元旦戰果に賑ばぐ
（一．二）

「五月」

○英雄亡き窓辺に寂しき春日ざー

○雨と降る彈にニッコリ英雄逝き
　巨頭相次ぐ春の霧の夜

○捆包や軽く響けり樋の音

○四年目の神機掴みし丈夫は
　今日も花散る沖縄の沖
（五．四）

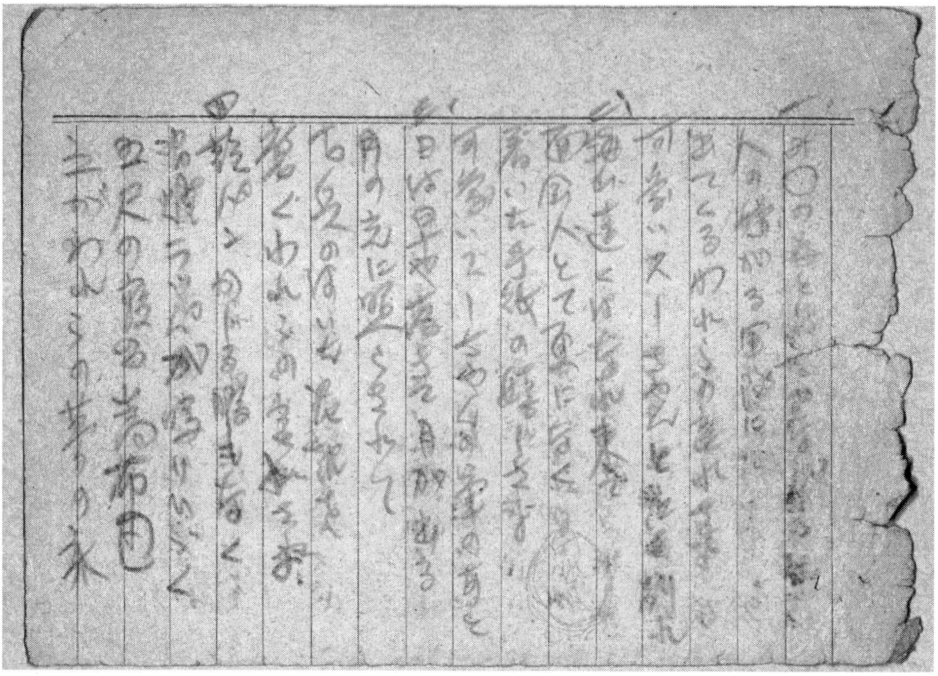

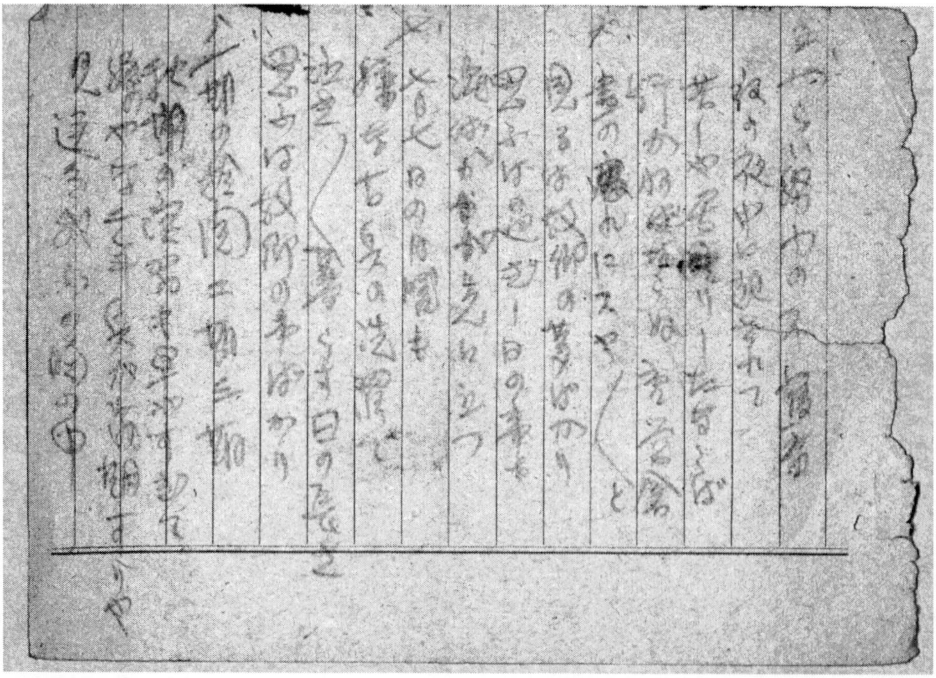

一．み国の為と言ひながら
人の嫌がる軍隊に
出てくるわれらの哀れさよ
可愛いスーちゃんと泣き別れ

二．海山遠くはなれ東で
面會人とて更になく
着いた手紙の嬉しさよ
可愛いスーちゃんの筆のあと

三．日は早や落ちて月が出る
月の光に照らされて
古兵のはいた泥靴を
磨ぐわれらの哀れさよ

四．乾パンかじる暇もなく
消燈ラッパが鳴りひゞく
五尺の寝台藁布団
之がわれらの夢の床

五．つらい努力の不寝番
夜の夜中に起されて
苦しや居眠りしたならば
行かねばならぬ重營倉

六．晝の疲れにスヤ〲と
見るは故郷の夢ばかり
思ふは過ぎし日の事を
涙ばかりが先に立っ

七．七月七日の日曜も
嫌な古兵の洗濯で
泣き〲暮らす日の長さ
思ふは故郷の事ばかり

八．一期の検閲二期三期
秋期の演習も早すぎて
嫌やな二年兵が満期すりャ
見送る我らの胸の中

案：「不寢番」：即「站夜哨」。

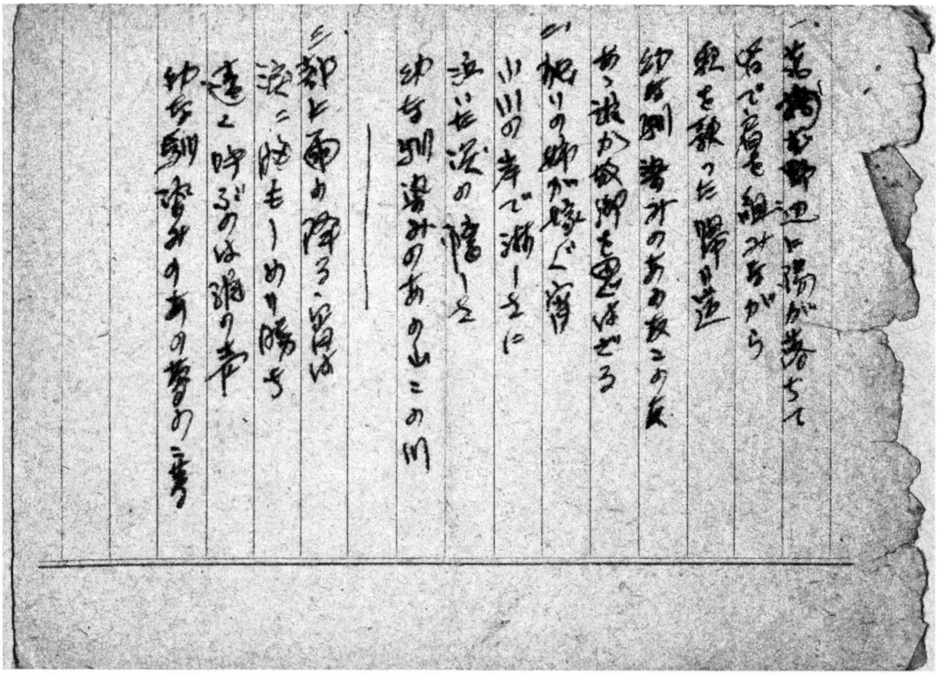

一、花摘む野辺に陽が落ちて
皆で肩を組みながら
唄を歌った帰り道
幼な馴染みのあの友この友
あゝ誰か故郷を思はざる
二、独りの姉が嫁ぐ夜
小川の岸で淋しさに
泣いた涙の懐しさ
幼な馴染みのあの山この川
三、都に雨の降る夜は
涙に胸もしめり勝ち
遠く呼ぶのは誰の声
幼な馴染みのあの夢この夢

一.花摘む野辺に陽が落ちて
皆で肩を組みながら
歌を歌った帰り道
幼な馴染みのあの友この友
あゝ誰か故郷を思はざる

二.独りの姉が嫁ぐ霄
小川の岸で淋しさに
泣いた泣の懐しさ
幼な馴染みのあの山この川

三.都に雨の降る宵は
涙ニ胸もしめり勝ち
遠く呼ぶのは誰の声
幼な馴染みのあの夢のこ夢

日出火子叢書

第 10 號

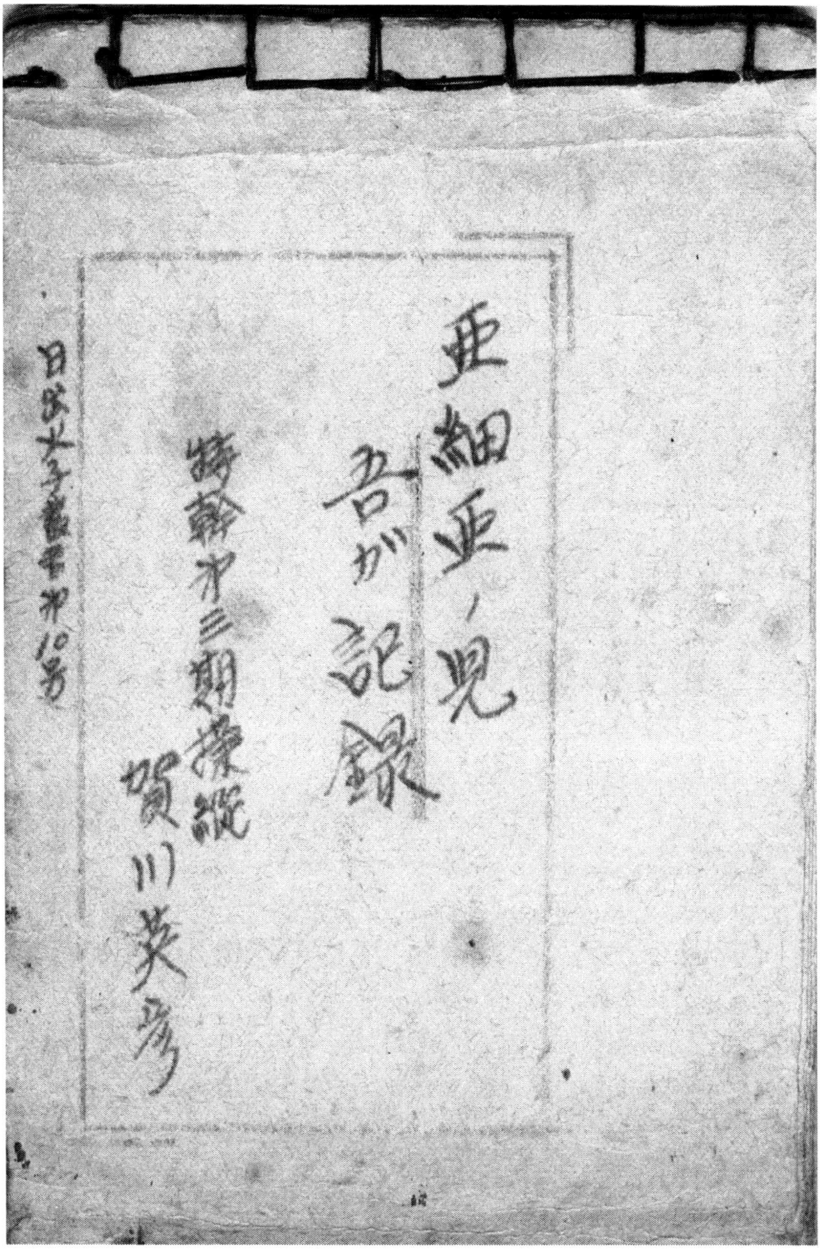
亜細亜ノ児
吾が記録
特幹第三期操縦
賀川英彦
日出丈夫叢書第10号

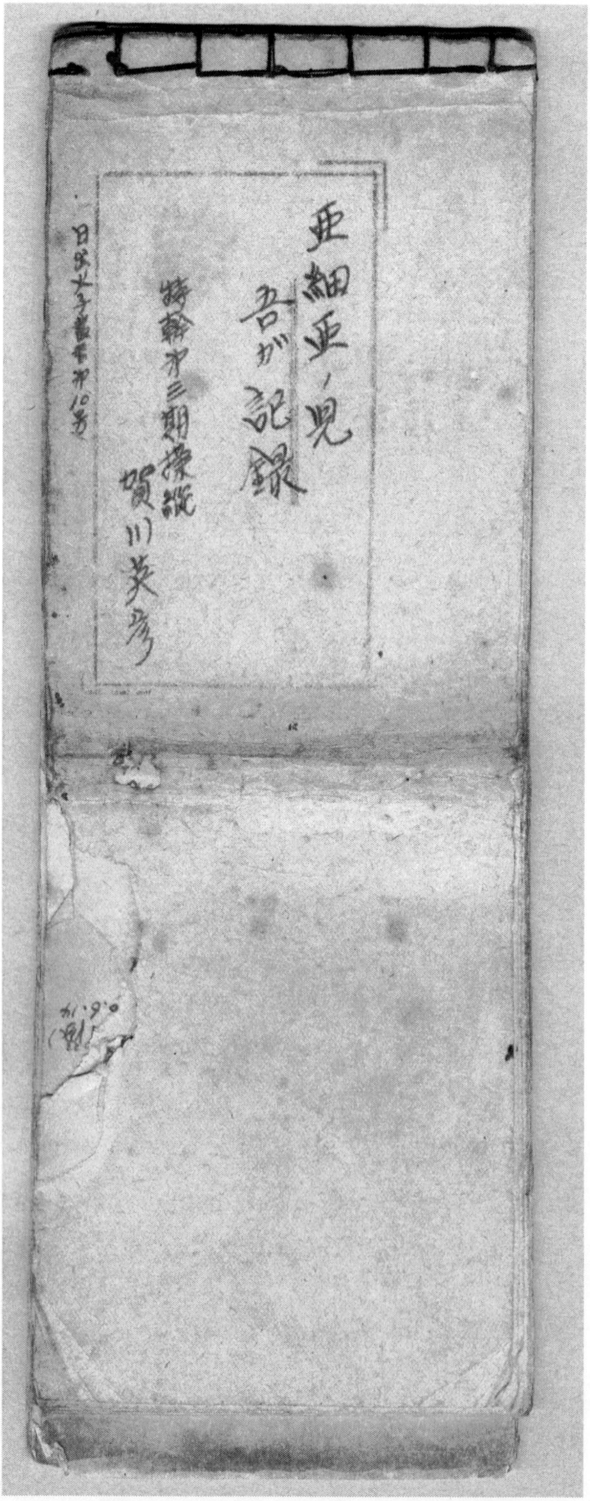
亜細亜ノ見
吾ガ記録
特幹第三期操縦
賀川英彦

亜細亜ノ児

吾が記録

特幹第三期操縦

賀川英彦

日出火子叢書第十号

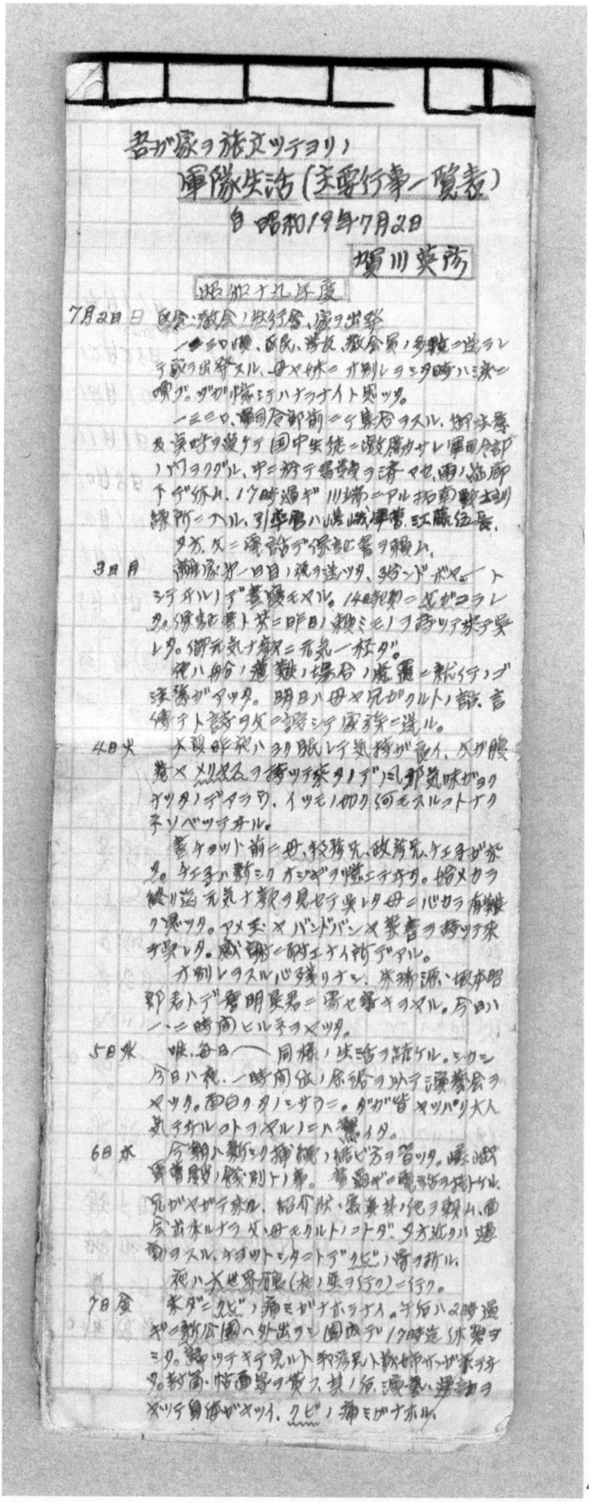

案：「軍司令部」：指台灣軍司令部。

「拓南戰士訓練所」：指拓南工業戰士訓練所，其目標為訓練南方建設必要的土木、建築、機械、自動車技術之人才。並且位置在於台北市馬場町一二三。（參：台灣日日新報，〈拓南皇民錬成機構〉，1942年6月12日）

吾ガ家ヲ旅文ッテヨリノ
軍隊生活（主要行事一覧表）
自昭和19年7月2日

賀川英彦

昭和十九年度

7月2日　日　区会、教会ノ壮行会、家を出発
一二三〇頃、区民、学友、教会員ノ多数ニ送ラレテ家ヲ出発スル、母や妹ニオ別レヲシタ時ハ涙ニ喚ブ。ダガ憶シテハナラナイト思ッタ。
一三三〇、軍司令部ニテ集合ヲスル。御注意及点呼を受ケテ国中生徒ニ激勵サレ軍司令部ノ内ヲクグル、中ニ於テ書類を済マセ。雨ノ為廊下デ休ム。17時過ぎ川端ニアル拓南戰士訓練所ニ入ル、引率官ハ嵯峨軍曹、江藤伍長
夕方。父ニ電話デ保証書を頼ム。

3日　月　離家第一日目ノ夜ヲ送ッタ。殆ンドボヤッートシテヰルノデ晝寝モヤル。14時頃ニ父がコラレタ。保証書ト共ニ昨日ノ頼ミモノヲ持ッテ來テ呉レタ。御元気ナ顔ニ元気一杯ダ。
夜ハ船ノ遭難ノ場合ノ處置ニ就イテノゴ注意ガアッタ。明日ハ母ヤ兄ガクルトノ話。言傳テト詩ヲ父ニ託シテ家族ニ送ル。

4日　火　大変昨夜ハヨク眠レテ気持チガ良イ。父が腹巻ヤメリヤスヲ持ッテ来ダノデ風邪気味ガヨクナッタノデアラウ。イツモノ如ク何モスルコトナクネソベツテヰル。
晝チョット前ニ母、邦彦兄、政彦兄、チェ子ガ来タ。チェ子ハ新シクオジキヲ憶エテキタ。始メカラ終リ迄元気ナ顔ヲ見セテ呉レタ母ニ心カラ有難ク思ッタ。アメ玉ヤバンドバンヤ葉書ヲ持ッテ来テ呉レタ。感謝ニ耐ェナイ所デアル。
オ別レヲスル心残リナシ。朱瑞源、坂本昭郎君トデ詹明昊君ニ寄セ書キヲヤル。今日ハ一、二時間ヒルネヲやッタ。

5日　水　唯.毎日〜〜同様ノ生活ヲ続ケル。シカシ今日ハ夜、一時間位ノ餘裕ヲ以て演藝会ヲヤッタ。面白クタノシサウニ。ダガ皆ヤッパリ大人気デヰルコトヲヤルノニは驚イタ。

6日　木　今朝ハ新シク捕縄ノ結ビ方ヲ習ッタ。嵯峨軍曹殿ノ餞別トノ事。晝過ぎニ電話ヲ掛ケル。兄ガヤがテ来ル。紹介状、寫真其ノ他ヲ頼ム、面会出来ルナラ。父、母モクルトノコトダ。夕方近クハ運動ヲスル。チョットシタコトデクビノ骨ヲ折ル。
夜ハ大世界館（夜ノ空ヲ行ク）ニ行ク。

7日　金　未ダニクビノ痛ミガナホラナイ。午后ハ2時過ギニ新公園へ外出ヲシ園内デ17時迄休憩ヲシタ。歸ッテキテ見ルト邦彦兄ト義姉サンガ來テヰタ。封筒.帖面等ヲ貰フ。其ノ后演藝、運動ヲヤッテ身体ガキツイ。クビノ痛ミガナホル。

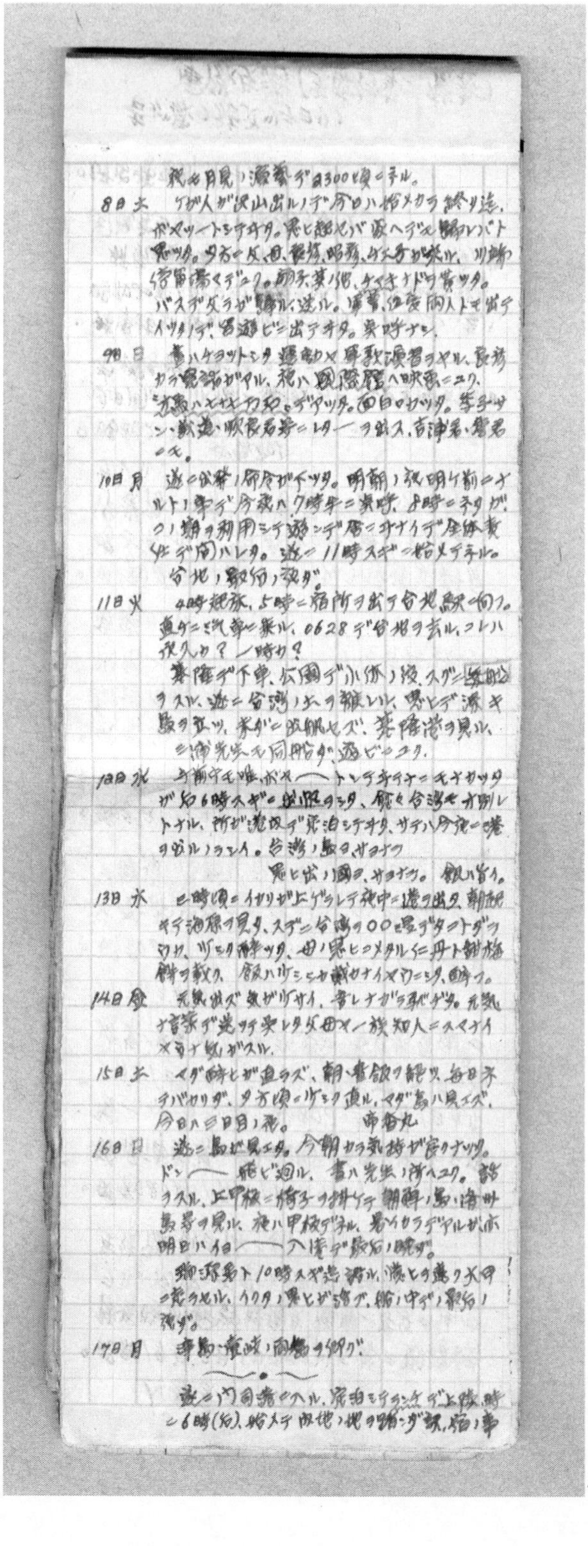
夜ハ月見ノ瀬戸デ2300頃ニ寝ル。
8日木　ケガ人ガ沢山出ルノデ今日ハ始メカラ終リ迄、ボヤツートシテヰタ。思ヒ起セバ家ヘデモ帰レバト思ツタ。夕方ニ父、母、姉妹、昭男、学チャンガ来ル。川端ノ停留場マデユク。明太、菓ノ他、ケーキナドヲ貰ツタ。バスデ父ラガ帰ルノヲ送ル。軍人、伍長、同人トモ出テイツタノデ、昭男ト遊ビニ出テヰタ。点呼ナシ。
9日日　昼ハチヨツトシタ運動ト算数演習ヲヤル、夜ハ國際館ヘ映画ニユク。「武蔵ハモセキ方知」デアツタ。面白ロカツタ。学チャン、敏造、昭良君等ニレター ヲ出ス、吉津君、慶君ニモ。
10日月　遂ニ出発ノ命令ガ下ツタ。明朝ノ夜明ケ前ニナルトノ事デ今夜ハ7時半ニ点呼、8時ニ寝タガ、コノ期ヲ利用シテ遊ンデ居ニオナイデ全体責任デ問ハレタ。遂ニ11時スギニ始メテ寝ル。
台北ノ最後ノ夜ダ。
11日火　4時起床、5時ニ宿所ヲ出テ台北駅ニ向フ。直グニ汽車ニ乗ル、0628デ台北ヲ去ル。コレハ永久カ？一時カ？
基隆デ下車、公園デ小休ノ後、スグニ乗船ヲスル。遂ニ台湾ノ土ヲ離レル。男ヒデ涙キ顔ヲ覆ツ、未ダニ出帆セズ、基隆港ヲ見ル。
三浦先生モ同船ガ遊ビニユク。
12日水　午前中モ唯ボヤ———トシテヰテナニモナカツタガ、約6時スギニ出帆ヲシタ、愈々台湾トモオ別レトナル、所ガ港外デ碇泊シテヰタ、サテハ今夜ニ港ヲ出ルノデアラウ。台湾ノ島ヨサヨナラ
思ヒ出ノ国ヨ、サヨナラ。飯ハ旨イ。
13日木　三時頃ニイカリガ上ゲラレテ夜中ニ港ヲ出タ。朝起キテ海原ヲ見タ、スデニ台湾ヲ00ヒ渡デタニトダツタカ、少シク酔ツタ、母ノ思ヒコメタル仁丹ト鎮痛剤ヲ飲ク。飯ハ少シシカ食ベナイママニシタ、酔フ。
14日金　元気出ズ気ガ小サイ。寝レナガラ暮ベダタ。元気ナ言葉デ送ツテ呉レタ父母ヤ一族知人ニスマナイ様ナ気ガスル。
15日土　イマダ酔ヒガ直ラズ、朝ノ昼飯ヲ食ヒ、毎日寝テバカリダ、夕方頃ニ少シク直ル。マダ島ハ見エズ。今日ハ三日目ノ夜。　帝香丸
16日日　遂ニ島ガ見エタ。今朝カラ気持ガ良クナツタ。ドン——飛ビ廻ル。昼ハ先生ノ所ヘユク。話ヲスル。上甲板ニ椅子ヲ掛ケテ朝鮮ノ島ノ済州島等ヲ見ル。夜ハ甲板デ寝ル。暑イカラデアルガ亦明日ハイヨ——入港デ最後ノ晩ダ。
柳沢曹長10時スギ迄語ル。満ヒ々遠ク内地ニ来タセル、ワクタノ思ヒガ強イ、船ノ中デノ最後ノ夜ダ。
17日月　対馬・壱岐ノ両島ヲ仰グ。
〜・〜
遂ニ門司港ニ入ル。碇泊シテヰタノデ上陸時ニ6時(約)、始メテ内地ノ地ヲ踏ンダ歓、宿ノ事

夜モ月見ノ演藝デ2300頃ニネル。

8日　土　ケガ人が沢山出ルノデ今日ハ始メカラ終リ迄。ボヤッートシテヰタ。思ヒ起セバ家ヘデモ歸レバト思ッタ。夕方ニ父、母、良彥、昭彥、チェ子ガ来ル。川端停留場マデユク。扇子。其ノ他。チマキナドヲ貰ッタ。バスで父ラガ帰ル。送ル。軍曹、伍長両人トモ出テイッタノデ。皆遊ビニ出テヰた。点呼ナシ。

9日　日　晝ハチョットシタ運動ヤ軍歌演習ヲヤル。良彥カラ電話ガアル。夜ハ國際館ヘ映画ニユく。〝オ馬ハ七十七万石〟デアッタ。面白ロカッタ。季子サン、義道、順良君等ニレター――ヲ出ス。吉浦、詹君ニモ。

10日　月　遂に出発ノ命令ガ下ッタ。明朝ノ夜明ケ前ニナルトノ事デ今夜ハ7時半ニ点呼。8時ニネタガ。コノ期ヲ利用シテ遊ンデ舎ニヰナイデ全体責任デ問ハレタ。遂ニ11時スギニ始メテネル。

台北ノ最後ノ夜ダ。

11日　火　4時起床。5時ニ宿所ヲ出テ台北駅ニ向フ。直チニ汽車ニ乗ル。0628デ台北ヲ去ル。コレハ永久か？一時か？

基隆デ下車。公園デ小休ノ後。スグニ乗船ヲスル。遂ニ台湾ノ土ヲ離レル。思ヒデ深キ島ヲ立ツ。未ダニ出航セズ。基隆港ヲ見ル。

三浦先生モ同船ダ。遊ビニユク。

12日　水　午前中モ唯、ボ亦ヤ︵︵トシテヰテナニモカッタガ后6時スギニ出帆ヲシタ。愈々台湾モオ別レトナル。所が港内デ定泊シテヰタ。サテハ今夜ニ港ヲ出ルノラシイ。台湾ノ島ヨ、サヨナラ

思ヒ出ノ国ヨ、サヨナラ。飯ハ旨イ

13日　木　三時頃ニイカリガ上ゲラレテ夜中ニ港ヲ出タ。朝起キテ海原ヲ見タ。スデニ台湾ヲ○○浬デタコトダラウか。少シク酔ッタ。母ノ思ヒコメタル仁丹ト甜梅餅ヲ載ク。飯ハ少シシカ戴カナイヤウニシタ。酔フ。

14日　金　元気出ズ気ガ少サイ。吾レナガラ恥ヂタ。元気ナ言葉デ送ッテ呉レタ父母ヤ一族知人ニスマナイヤウナ気ガスル。

15日　土　マダ酔ヒガ直ラズ、朝・晝飯ヲ絶ツ。毎日ネテバカリダ。夕方頃ニ少シク直ル。マダ島ハ見エズ。今日ハ三日目ノ夜。　　帝香丸

16日　日　遂ニ島ガ見エタ。今朝カラ気持ガ良クナッタ。ドン〜〜飛ビ廻ル。　晝ハ先生ノ所ヘユク。話ヲスル。上甲板ニ椅子ヲ掛ケテ朝鮮ノ島、済州島等ヲ見ル。夜ハ甲板デネル。暑イカラデアルガ、亦明日ハイヨ〜〜入港デ最后ノ晩ダ。

瑞源君ト10時スギ迄語ル。憶ヒヲ遠ク大甲ニ走ラセル。イクタノ思ヒガ浮ブ。船ノ中デノ最後ノ夜ダ。

17日　月　津島（正：対馬）、壹岐ノ両島ヲ仰グ。

〜〜〜。〜〜〜

遂ニ門司港ニ入ル。定泊シテランチデ上陸。時ニ6時（后）。始メテ内地ノ地ヲ踏ンダ訳。宿ノ事

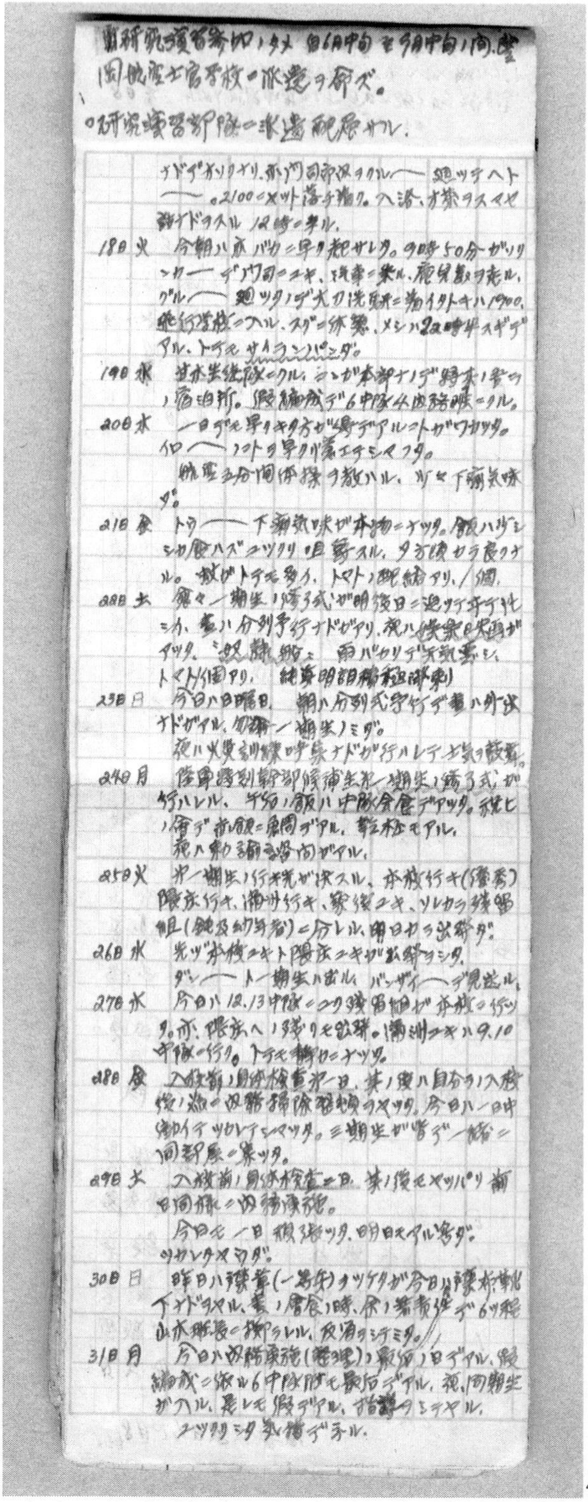

前研究演習参加ノタメ 自6月中旬至9月中旬ノ間、豊岡航空士官学校ニ派遣ヲ命ズ。
○研究演習部隊ニ派遣編成サル。

ナドデオソクナリ、赤門司令部ヲクル——廻ツテヘト——。2100ニヤット落チ着ク。入浴、オ茶ヲスマセ [illegible]ナドヲスル 12時ニ寝ル。
18日 火 今朝ハ又バカニ早ク起サレタ。9時50分ガソリンカー——デ[illegible]ニ着キ、汽車ニ乗ル。[illegible]ヲ走ル。グル——廻ツタノデ大刀洗飛行場ニ着イタトキハ1900。飛行学校ニ入ル、スグニ休憩、メシハ22時半スギデアル。トテモサイランバンダ。
19日 水 生徒隊ニクル。ココガ本部ナノデ将来ノ我々ノ宿泊所。仮編成デ6中隊ノ内務班ニクル。
20日 木 一日デモ早クキタ方ガ得デアルコトガワカッタ。イロ——ナコトヲ早クリ覚エテシマフタ。
航空五分間体操ヲ教ハル。少々下痢気味ダ。
21日 金 トウ——下痢気味ガ本物ニナッタ。飯ハ少シシカ食ハズニ[illegible]スル。夕方頃カラ良クナル。蚊ガトテモ多イ。トマトノ配給アリ。1個。
22日 土 我々ノ期生ノ修了式ガ明後日ニ迫ッテ来テ[illegible]。昼ハ分列予行ナドガアリ、夜ハ[illegible]ガアッタ。「奴隷船」。雨バカリデ天気悪シ。トマト1個アリ。[illegible]
23日 日 今日ハ日曜日。朝ハ分列式予行デ昼ハ外出ナドガアル。勿論一期生ノミダ。
夜ハ火災訓練呼集ナドガ行ハレテ[illegible]。
24日 月 陸軍特別幹部候補生第一期生ノ修了式ガ行ハレル。午後ノ飯ハ中隊会食デアッタ。祝ヒノ為デ赤飯ニ魚肉デアル。酒モアル。
夜ハ[illegible]デアル。
25日 火 第一期生ノ行先ガ決スル。本校行キ(優秀)隈庄行キ、満州行キ、[illegible]ユキ、ソレカラ残留組(教育助手)ニ分レル。明日カラ出発ダ。
26日 水 先ヅ本校ユキト隈庄ユキガ出発ヲシタ。
ダン——ト一期生ハ出ル。バンザイ——デ見送ル。
27日 木 今日ハ12.13中隊ニコノ残留組ガ本校ニ行ッタ。亦、隈庄ヘノ残リモ出発。満洲ユキハ9.10中隊ニ行ク。トテモ静カニナッタ。
28日 金 入校前ノ身体検査第一日。其ノ実ハ自分ラノ入校後ノ為ニ内務掃除[illegible]ヲヤッタ。今日ハ一日中働イテツカレテシマッタ。三期生ガ皆デ一緒ニ同部屋ニ集ッタ。
29日 土 入校前ノ身体検査二日。其ノ後モヤッパリ前日同様ニ内務演習。
今日モ一日頑張ッタ。明日モアル事ダ。ツカレタメマダ。
30日 日 昨日ハ[illegible](一等兵)ナッテタガ今日ハ[illegible]下ナドヲヤル。[illegible]ノ昼食ノ時、[illegible]デ6ツ程山水班長ニ[illegible]レル。夜酒ヲシテミタ。
31日 月 今日ハ内務演習(整理)ノ最後ノ日デアル。仮編成ニ依ル6中隊モ最后デアル。夜、同期生ガ入ル。是レモ仮デアル。指導ヲシテヤル。
ナツカシタ気持デアル。

案：「奴隷船」：Slave Ship，1937年由Tay Garnett執導的電影。

		ナドデオソクナリ、亦門司市内ヲクル〜〜廻ッテヘト〜〜。2100ニヤット落チ着ク。入浴．オ茶ヲスマセ話ナドヲスル。12時ニネル。
18日	火	今朝ハ亦バカニ早ク起サレタ。9時50分ガソリンカーデ門司ニユキ。汽車ニ乗ル。鹿児島ヲ走ル。グル〜〜〜廻ッタノデ太刀洗駅ニ着イタトキハ1900。飛行学校ニ入ル。スグニ休憩。メシハ22時半スギデアル。トテモサイランバンダ。
19日	水	甘木生徒隊ニクル。コヽが本部ナノデ将来ノ吾ラノ宿泊所。假編成デ6中隊4内務班ニクル。
20日	木	一日デモ早クキタ方ガ得デアルコトガワカッタ。イロ〜〜〜ノコトヲ早ク憶エテシマフタ。航空五分間体操ヲ教ハル。少々下痢気味ダ。
21日	金	トウ〜〜〜下痢気味ガ本物ニナッタ。飯ハ少シシカ食ハズユックリ咀爵スル。夕方頃カラ良クナル。蚊ガトテモ多イ。トマトノ配給アリ·1個。
22日	土	愈々一期生ノ修了式ガ明後日ニ迫ッテヰテ忙シイ。晝ハ分列予行ナドがアリ。夜ハ娯樂映画ガアッタ。〝奴隷船〟雨バカリデ天気悪シトマト1個アリ。　純真明郎積極溌剌
23日	日	今日ハ日曜日。朝ハ分列式予行デ晝ハ外出ナドガアル。勿論一期生ノミダ。 夜ハ火災訓練呼集ナドガ行ハレテ士氣ヲ鼓舞。
24日	月	陸軍特別幹部候補生第一期生ノ修了式ガ行ハレル。　午后ノ飯ハ中隊会食デアッタ。祝ヒノ會デ赤飯ニ鯛デアル。　乾杯モアル。夜ハ勅諭諮問ガアル。
25日	火	第一期生ノ行き先ガ決スル。本校行キ（優秀）隈庄行キ．満州行キ、筑後ユキ、ソレカラ残留組（鈍及幼年者）ニ分レル。明日カラ出発ダ。
26日	水	先ヅ本校ユキト隈庄ユキガ出発ヲシタ。 ダン〜〜〜ト一期生ハ出ル。バンザイ〜〜〜デ見送ル。
27日	木	今日ハ12.13中隊ニユク残留組ガ本校ニ行ッタ。亦.隈庄ヘノ残リモ出発。満州ユキハ9.10中隊ニ行ク。トテモ静カニナッタ。
28日	金	入校前ノ身体檢査第一日。其ノ後ハ自分ラノ入校後ノ為ニ内務掃除整頓ヲヤッタ。今日ハ一日中働イテ　ツカレテシマッタ。三期生ガ皆デ一緒ニ同部屋ニ集ッタ。
29日	土	入校前ノ身体檢査二日。其ノ後モヤッパリ前日同様ニ内務実施。 今日モ一日頑張ッタ。明日モアル筈ダ。 ツカレタヤウダ。
30日	日	昨日ハ襟章（一等兵）ヲツケタガ今日ハ襟布靴下ナドヲヤル。晝ノ會時ノ時。余ノ無責任デ6ツ程山木班長ニ擲ラレル。反省ヲシテミタ。
31日	月	今日ハ内務実施（整理）ノ最後ノ日デアル。假編成ニ依ル6中隊附モ最后デアル。夜。同期生ガ入ル。是レモ假デアル。指導ヲシテアル。 ユックリシタ気持デネル。

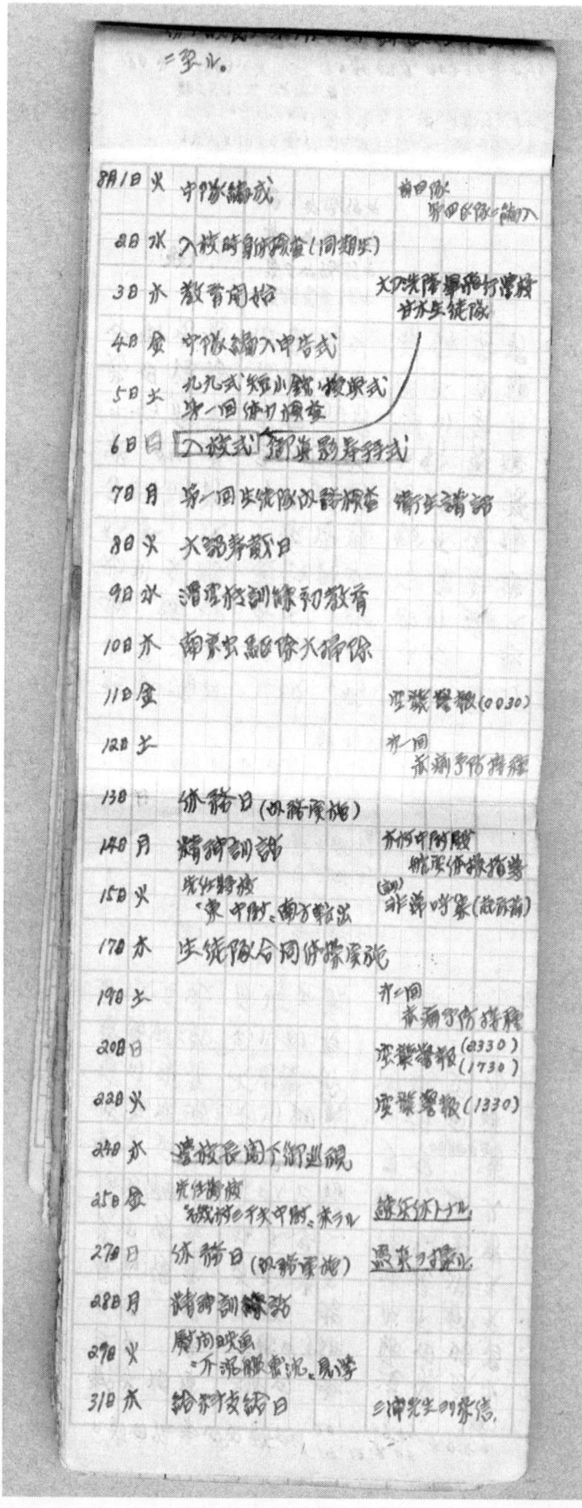

ニ至ル。

8月1日	火	中隊編成	前田隊 第四区隊ニ編入
2日	水	入校時身体検査(同期生)	
3日	木	教育開始	大阪陸軍飛行学校 甘木生徒隊
4日	金	中隊編入申告式	
5日	土	九九式短小銃授与式 第一回体力検査	
6日	日	入校式 御真影奉拝式	
7日	月	第一回生徒隊服装検査	衛生講話
8日	火	大詔奉戴日	
9日	水	滑空機訓練初教育	
10日	木	南京虫駆除大掃除	
11日	金		空襲警報(0030)
12日	土		第一回 薬剤予防接種
13日	日	休務日(外出実施)	
14日	月	精神訓話	木村中隊長 航空体操指導
15日	火	先任将校 東中尉 南方転出	(夜) 非常呼集(敵前)
17日	木	生徒隊合同体操実施	
19日	土		第二回 薬剤予防接種
20日	日		空襲警報(0330)(1730)
22日	火		空襲警報(1330)
24日	木	学校長閣下御巡視	
25日	金	先任将校 千葉中尉ニ来ラル	誰休トナル
27日	日	休務日(外出実施)	退京ヲ待スル
28日	月	精神訓話	
29日	火	慰問映画 ニ介艦況ヲ見学	
31日	木	給料支給日	三沖先生ヨリ来信

8月1日	火	中隊編成	前田隊
			第四区隊ニ編入
2日	水	入校時身體檢查（同期生）	
3日	木	教育開始	大刀洗陸軍飛行學校
			甘木生徒隊
4日	金	中隊編入申告式	
5日	土	九九式短小銃ノ授予式	
		第一回體力檢查	
6日	日	入校式御真影奉拜式	
7日	月	第一回生徒內務檢查	衛生講話
8日	火	大詔奉戴日	
9日	水	滑空機訓練初教育	
10日	木	南京虫駆除大掃除	
11日	金		空襲警報（0030）
12日	土		第一回
			赤痢予防接種
13日	日	休務日（內務實施）	
14日	月	精神訓話	木村中尉殿
			航空體操指導
15日	火	先任將校	（訓）
		〝東中尉〟南方転出	非常呼集（起床前）
17日	木	生徒隊和合同体操実施	
19日	土		第二回
			赤痢予防接種
20日	日		空襲警報（2330）（1730）
22日	火		空襲警報（1330）
24日	木	學校長殿下御巡視	
25日	金	先任將校	
		〝磯村三千夫中尉〟来ラル	★★★★★
27日	日	休務日（內務実施）	写真ヲ撮ル
28日	月	精神訓練話	
29日	火	慰問映画	
		〝不沉般撃沉〟見學	
31日	木	給料支給日	三浦先生ヨリ來信

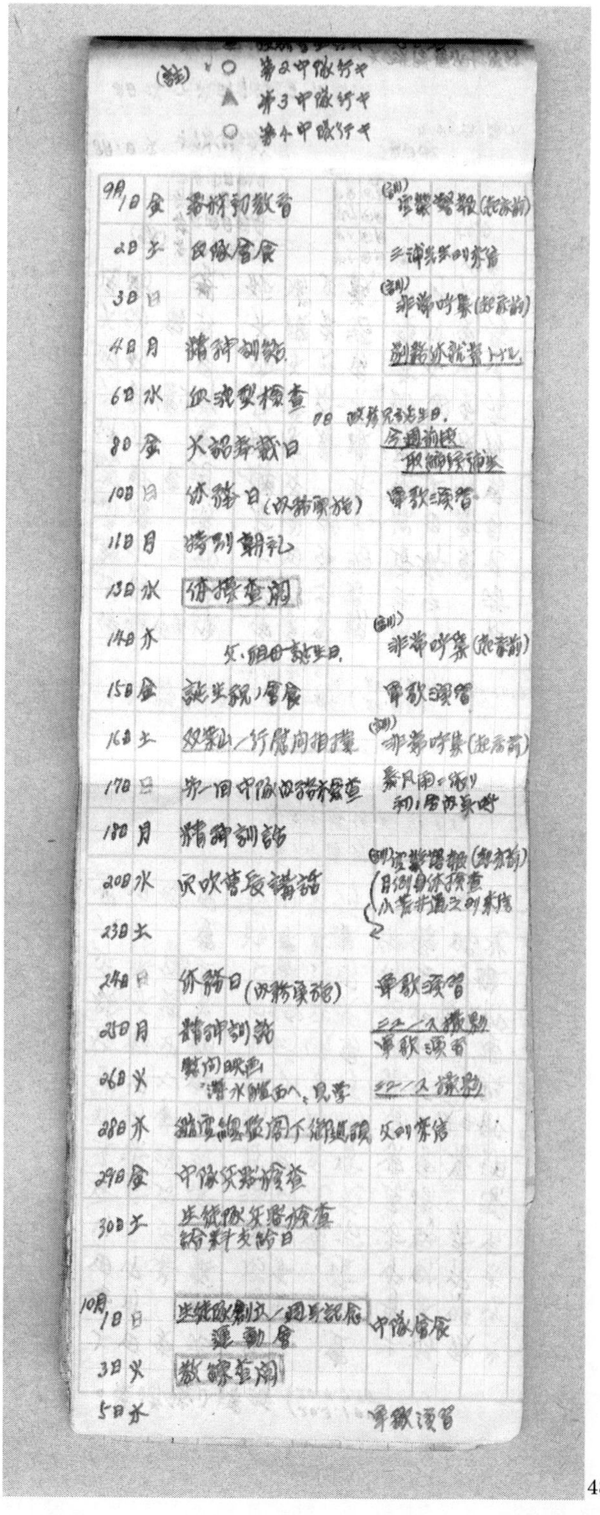

案：「潛水艦西へ」：納粹德國戰時拍攝的電影，原文為u-boote westwärts，1941年上映，由Günther Rittau導演。「ニュース撮影」：鄭連德牧師後來回憶，當時拍攝此電影後，雖僅有短短數分鐘，但其母親後來卻去電影院看了十次。

	（註）	○第2中隊行キ	
		▲第3中隊行キ	
		○第4中隊行キ	
9月1日	金		（訓）
		器材初教育	空襲警報（起床前）
2日	土	区隊會食	三浦先生ヨリ来診
3日	日		（訓）
			非常呼集中（起床前）
4日	月	精神訓話	劇務休就業トナル
6日	水	血液型検査	
		7日　政彦兄誕生日	
8日	金	大詔奉戴日	今週前段
			取締候補生
10日	日	休務日（内務実施）	軍歌演習
11日	月	特別朝礼	
13日	水	体操査閲	
14日	木		（訓）
		父、祖母誕生日	非常呼集（起床前）
15日	金	誕生祝ノ會食	軍歌演習
16日	土		（訓）
		双葉山一行慰問相撲	非常呼集（起床前）
17日	日	第一回中隊内務検査	暴風雨ニ依リ
			初ノ舎内点呼
18日	月	精神訓話	
20日	水		（訓）
		穴吹曹長講話	空襲警報（起床前）
			日例身體検査
			小荒井通之ヨリ來信
23日	土		
24日	日	休務日（内務実施）	軍歌演習
25日	月	精神訓話	ニュース撮影
			軍歌演習
26日	火	慰問映画	
		〝潜水艦西へ〟見学	ニュース撮影
28日	木	航空總監閣下御巡視	父ヨリ来信
29日	金	中隊兵器検査	
30日	土	生徒隊兵器検査	
		給料支給日	
10月1日	日	生徒隊創立／週年記念	中隊會食
		運動會	
3日	火	教練査閲	
5日	木		軍歌演習

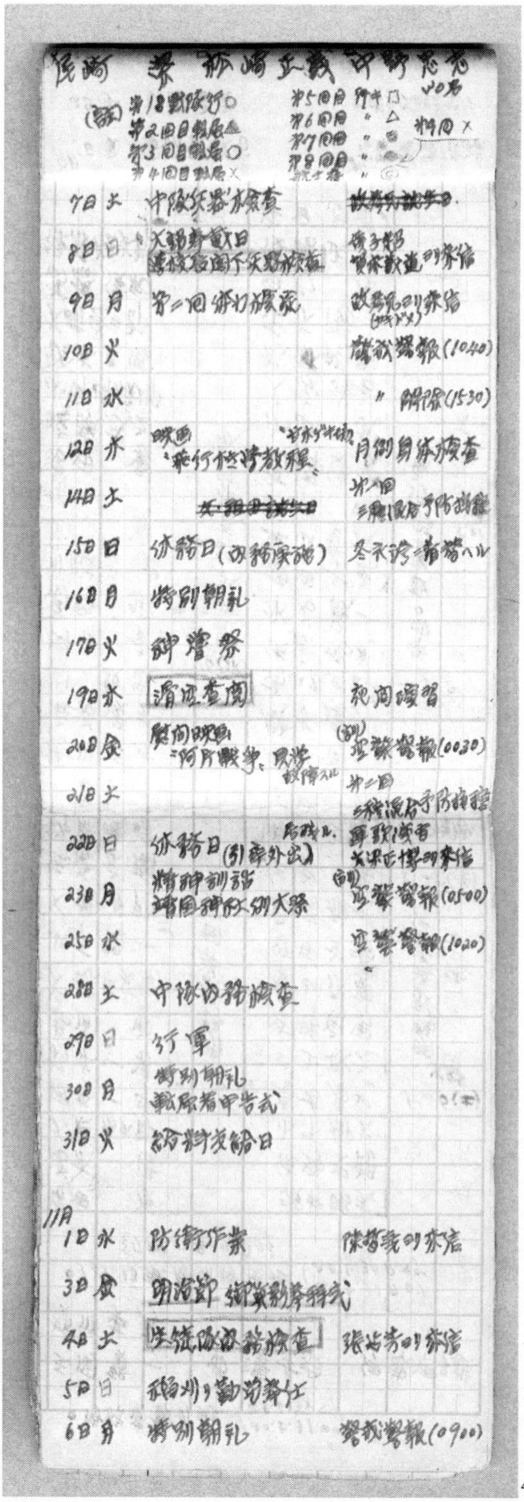

案：「神嘗祭」：日本傳統宮中祭祀，天皇將當年的初穗獻給天照大神，表達感謝之意。
「靖国神社例大祭」：10月23日。
「明治節　御眞影奉拜式」：11月2日。

7日	土	中隊兵器檢查	~~政彦兄誕生日~~
8日	日	大詔奉戴日	黃子超
		學校長閣下兵器檢查	賀來義道ヨリ来信
9日	月	第二回体力檢查	政彦兄ヨリ来信
			（カキドメ）
10日	火		警戒警報（1040）
11日	水		〃 解除（1530）
12日	木	缺文	
14日	土	~~父．祖母誕生日~~	第一回
			三種混合予防接種
15日	日	休務日（內務實施）	冬衣袴ニ着替ヘル
16日	月	特別朝礼	
17日	火	神嘗祭	
19日	木	滑空檢閱	夜間演習
20日	金	慰問映画	（訓）
		〝阿片戰爭〟見學故障スル	空襲警報（0030）
21日	土		第二回
			三種混合予防接種
22日	日	居残る	軍歌演習
		休務日（引率外出）	大梁正博ヨリ來信
23日	月	精神訓話	（訓）
		靖国神社例大祭	空襲警報（0500）
25日	水		空襲警報（1020）
28日	土	中隊內務検查	
29日	日	行軍	
30日	月	特別朝礼	
		転職者申告式	
31日	火	給料友給日	
11月1日	水	防衛作業	陳哲堯ヨリ來信
2日	金	明治節　御眞影奉拜式	
4日	土	生徒隊內務検査	張延芳ヨリ來信
5日	日	稲刈リ勤労奉仕	
6日	月	特別朝礼	警戒警報（0900）

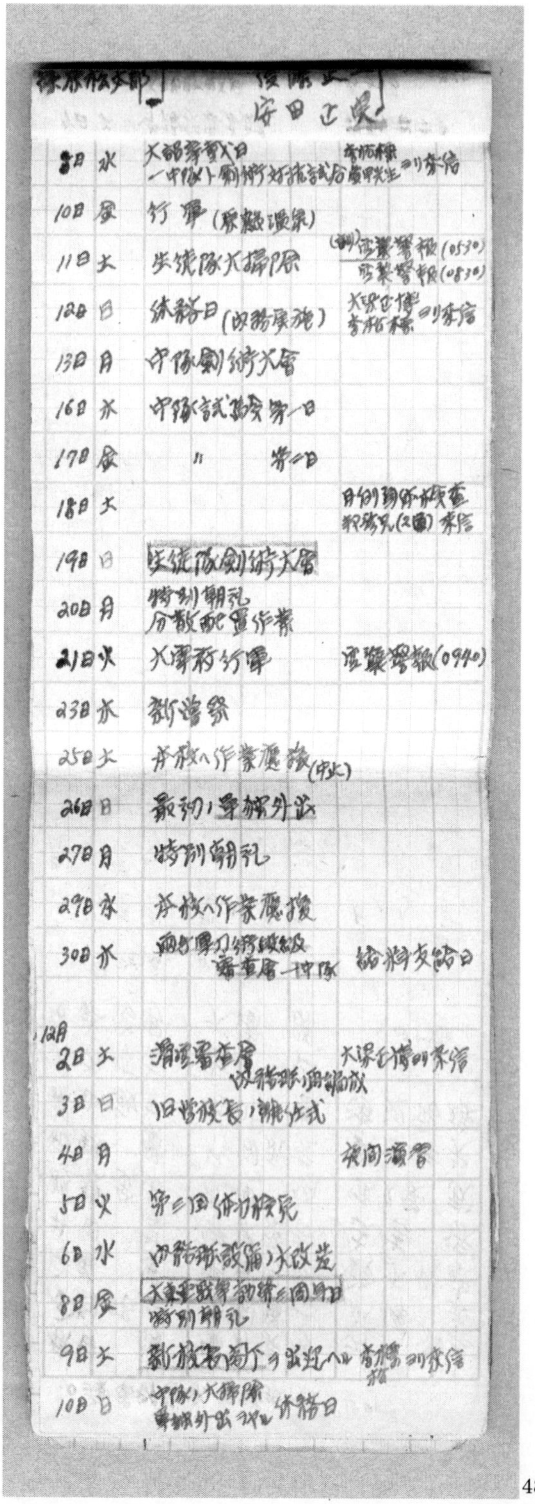

10日 金 行軍(原鶴温泉)
11日 土 生徒隊大掃除 空襲警報(0530) 空襲警報(0830)
12日 日 休務日(内務実施)
13日 月 中隊剣術大会
16日 木 中隊試験第一日
17日 金 〃 第二日
18日 土
19日 日 生徒隊剣術大会
20日 月 特別朝礼 分散配置作業
21日 火 大宰府行軍 空襲警報(0940)
23日 木 新嘗祭
25日 土
26日 日 最初ノ単独外出
27日 月 特別朝礼
29日 水
30日 木 給料支給日
12月
2日 土
3日 日
4日 月 夜間演習
5日 火 第三回体力検定
8日 金 大東亜戦争勃発三周年日 特別朝礼
9日 土
10日 日 休務日

案：「大宰府行軍」：應為太宰府。
「大東亜戦争勃発三周年日」：指的是1941年12月8日算起第三年，1941年12月8日，日本發布《太平洋戦争宣戦の詔書》，同時軍隊也開始對於珍珠港、英屬馬來亞的哥打巴魯、菲律賓等地進行攻擊或是登陸作戰。（參：日置英剛《年表　太平洋戦争全史》頁65-67）

8日	水	大詔奉戴日	李松橡
		一中隊ト剣術対抗試合	愛甲先生ヨリ來信
10日	金	行軍（原鶴温泉）	
11日	土	生徒隊大掃除	（訓）空襲警報（0530）
			空襲警報（0830）
12日	日	休務日（内務實施）	大梁正博
			李松橡ヨリ來信
13日	月	中隊剣術大會	
16日	木	中隊剣術試験第一日	
17日	金	〃　第二日	
18日	土		月例身体検査
			邦彦兄（2通）來信
19日	日	生徒隊剣術大會	
20日	月	特別朝礼	
		分散配置作業	
21日	火	大宰府行軍	空襲警報（0940）
23日	木	新嘗祭	
25日	土	本校へ作業應援（中止）	
26日	日	最初ノ単独外出	
27日	月	特別朝礼	
29日	水	本校へ作業應援	
30日	木	両手軍刀術段級	
		審査會一中隊	給料友給日
12月2日	土	滑空審査會	大梁正博ヨリ來信
		内務班ノ再編成	
3日	日	旧学校長ノ離任式	
4日	月		夜間演習
5日	火	第三回体力検定	
6日	水	内務班設備ノ大改造	
8日	金	大東亜戦争勃発三周年日	
		特別朝礼	
9日	土	新校長閣下ヲ出迎ヘル	李標松ヨリ來信
10日	日	中隊ノ大掃除　休務日	
		単独外出ヲヤル	

案：「かくて神風は吹く」：原作為菊池寬（日本著名小說家、編劇家）所編，後由丸根贊太郎進行腳本撰寫，於1944年上映。

「三浦清一」：社會事業家、日本聖公會司祭，1895年生於熊本縣，卒於1962年。同時受洗後是阿蘇、大牟田、長崎、直方、熊本等地的司牧，並同時在福岡神學校進行聖書的講解。也受到賀川豐彥的影響，因此對於社會福祉關事業有相當的關心。1938年曾因「危險思想」遭到拘留，釋放後寄身於賀川之下，戰後1951年加入日本社會黨並當選縣議員。（參：鈴木範久著，《日本キリスト教歷史人名事典》，東京：教文館，2020，頁765）

「大晦日」：每年的12月31日。

11日	月	特別朝礼、臨時★呼	
12日	火	遙拜式	
15日	金	誕生祝	軍陣衛生学
16日	土		月例身体検査
17日	日	体育錬成會	
19日	~~月~~火		空襲警報（0900）
			父上・英語姉・大梁正博ヨリ來信
20日	~~火~~水	慰問映画	防衛査閲
		〝かくて神風は吹く〟見学.	
21日	木	中隊軍歌演唱	今村　寛先生
			林傳壁ヨリ來信
22日	金	中隊内務検査	
23日	土	生徒隊内務検査	
24日	日	休務日（内務実施）	
25日	月	特別朝礼	
27日	水	中隊軍歌演習	三浦清一先生
			大梁正博　ヨリ來信
29日	金	年末大掃除	
		給料友給日	中隊軍歌演習
30日	土	学校長閣下内務検査	（訓）非常呼集（1430）（2200）
31日	日	大晦日	非常呼集（1000）
		大大演習ヲ実施	父上（航便）ヨリ來信（1600）

		昭和二十年度	
1月1日	月	元旦　御眞影奉拜式	休務日　外出セズ
2日	土	〝劍術錬成始〟	
3日	水	元始祭	
4日	木	勅諭奉読式	
		5日　昭彦ノ誕生日	
6日	土		空襲警報（0900）
8日	月	大詔奉戴日．陸軍始	
9日	火		政彦兄、志津子姉、良、昭彦 ヨリ來信 3通
10日	水	徴兵令公布日	
11日	木		駈足ノ間憩古

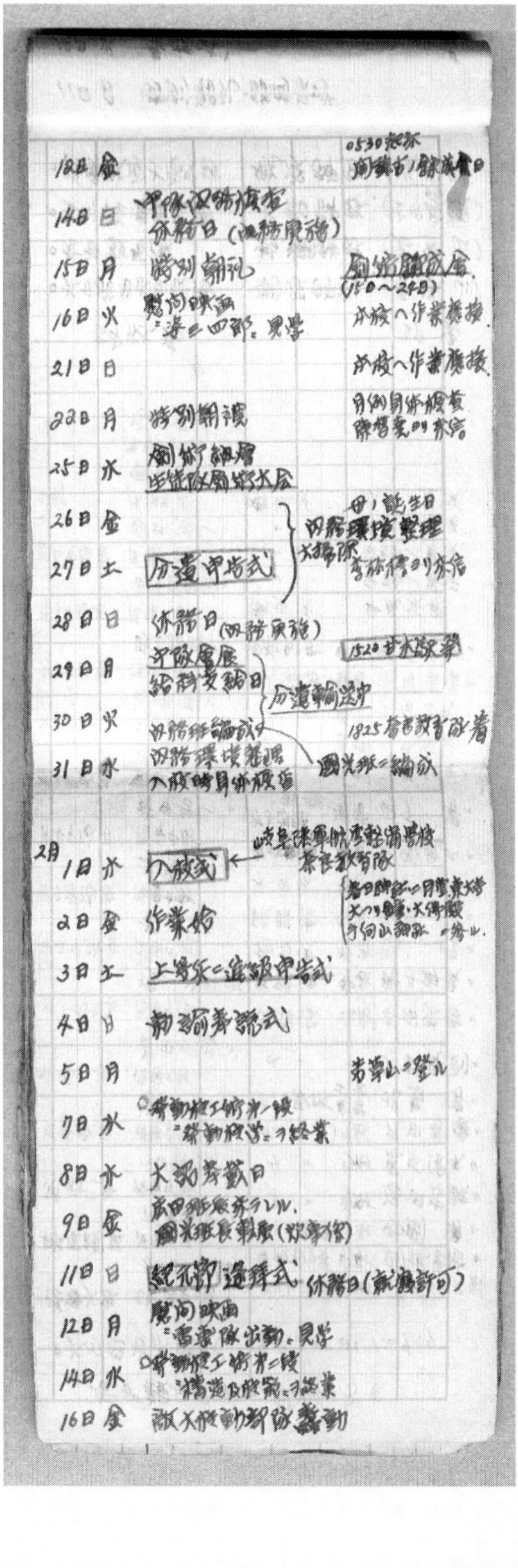

案：「姿三四郎」：1943年上映的電影，改編自當時著名作家富田常雄的作品，由後來著名的黑澤明監督。
「雷擊隊出動」：山本嘉次郎製作的電影，為開戰三周年的紀念電影，於1944年12月7日上映。

12日	金		0530起床
			間憩古ノ鍊成[redacted]日
14日	日	中隊内務検査	
		休務日（内務実施）	
15日	月	特別朝礼	剣術鍊成會.
			（15～24日）
16日	火	慰問映画	本校へ作業應援
		〝姿三四郎〟見学	
21日	日		本校へ作業應援
22日	月	特別朝禮	月例身体検査
			陳哲堯ヨリ來信
25日	木	剣術納會	
		生徒隊剣術大會	
26日	金		母ノ誕生日
			内務環境整理
27日	土	分遣申告式	大掃除　李松標ヨリ來信
28日	日	休務日（内務実施）	
29日	月	中隊會食	1520甘木駅発
		給料支給日	
		分遣輸送中	
30日	火	内務班編成	1825奈良教育對着
31日	水	内務環境整理	國光班ニ編成
		入校身体検査	
2月1日	木	岐阜陸軍航空整備学校	
		入校式← 奈良教育隊	
2日	金	作業始	春日神社．二月堂．東大寺
			大つり鐘．大佛殿
			手向山神社　ニ参ル.
3日	土	上等兵進級申告式	
4日	日	勅諭奉読式	
5日	月		若草山ニ登ル
7日	水	○発動機工術第一段	
		〝発動機学〟ヲ終業	
8日	木	大詔奉戴日	
9日	金	広田班長來ラレル	
		國光班長転属（炊事係）	
11日	日	紀元節遙拝式　休務日（就寝許可）	
12日	月	慰問映画	
		〝雷撃隊出動〟見学	
14日	水	○発動機工術第二段	
		〝構造及機能〟ヲ終業	
16日	金	敵大激動部隊蠢動	

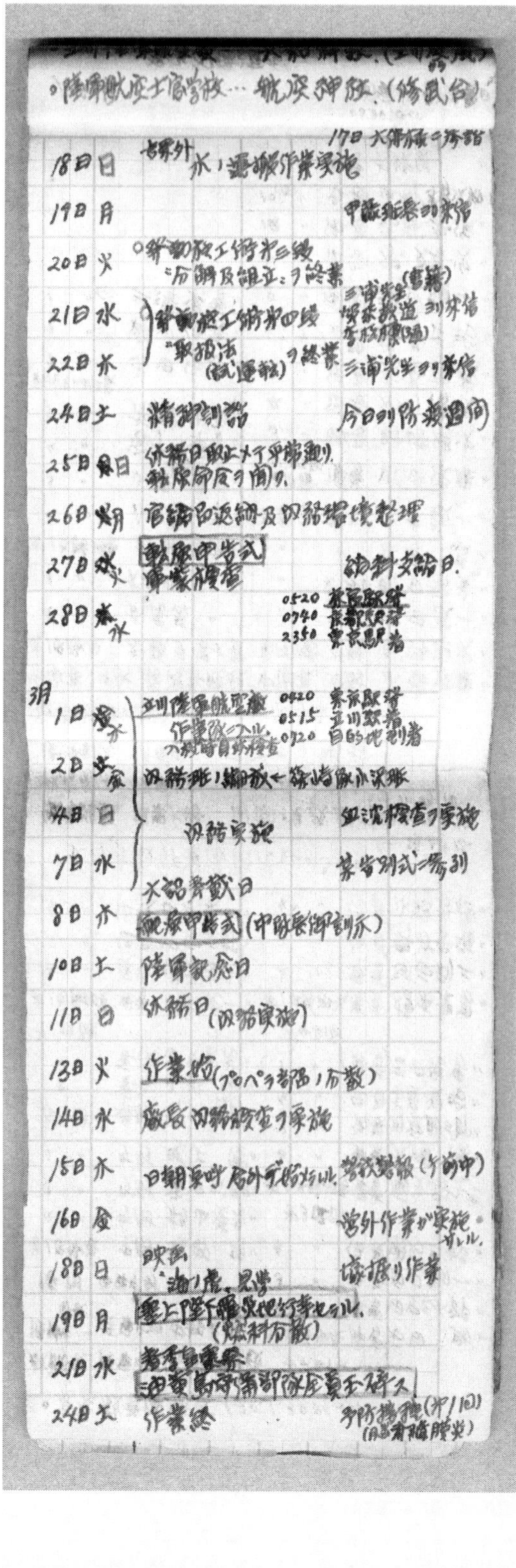
○陸軍航空士官学校…航空神社.(修武台)
18日 日
氷ノ運搬作業実施
19日 月
20日 火
21日 水
22日 木
三浦先生ヨリ来信
24日 土
精神訓話
今日ヨリ防疫週間
25日 日
26日 月
27日 火
28日 水
0520
0740
2350
東京駅着
3月
1日
0420 東京駅発
0515 立川駅着
0920 目的地到着
2日
4日 日
7日 水
8日 木
10日 土
陸軍記念日
11日 日
13日 火
作業始(プロペラ部品ノ分散)
14日 水
15日 木
警戒警報(午前中)
16日 金
18日 日
19日 月
21日 水
24日 土
作業終

			17日大佛様ニ参詣
18日	日	課外 木ノ運搬作業実施	
19日	月		甲藤班長ヨリ來信
20日	火	○発動機工術第三段 〝分解及組立〟ヲ終業	
21日	水	○発動機工術第四段	三浦先生（書籍） 賀來義道　ヨリ來信 李松標（3通）
22日	木	〝取扱法〟　ヲ終業 （試運転）	三浦先生ヨリ來信
24日	土	精神訓話	今日ヨリ防疫週間
25日	~~月~~日	休務日取止メテ通リ 転属命令ヲ聞ク.	
26日	~~火~~月	官給品返納及内務環境整理	
27日	~~水~~火	転属申告式 軍装検査	給料支給日
28日	~~木~~水		0520　奈良駅発 0740　京都駅発 2350　東京駅着
3月1日	~~金~~水	立川陸軍航空廠 作業隊ニ入ル 入校時身体検査	0420　東京駅発 0515　立川駅着 0720　目的地到着
2日	~~土~~金	内務班ノ編成←篠崎隊小沢班	
4日	日	 内務実施	血沈検査ヲ実施
7日	水		某告別式ニ参列
8日	日	大詔奉戴日 配属申告式（中隊長御訓示）	
10日	土	陸軍紀念日	
11日	日	休務日（内務実施）	
13日	火	作業始（プロペラ部品ノ分散）	
14日	水	廠長内務検査ヲ実施	
15日	木	日朝点呼舎外デ始メラレル.	警戒警報（午前中）
16日	金		営外作業ガ実施サレル
18日	日	映画 〝海ノ虎〟見学	 壕堀り作業
19日	月	聖上陛下罹災地行幸セラル. （燃料分散）	
21日	水	春季皇霊祭 油黄島守備部隊全員玉砕ス.	
24日	土	作業終	予防接種（第一回） （脳脊髄膜炎）

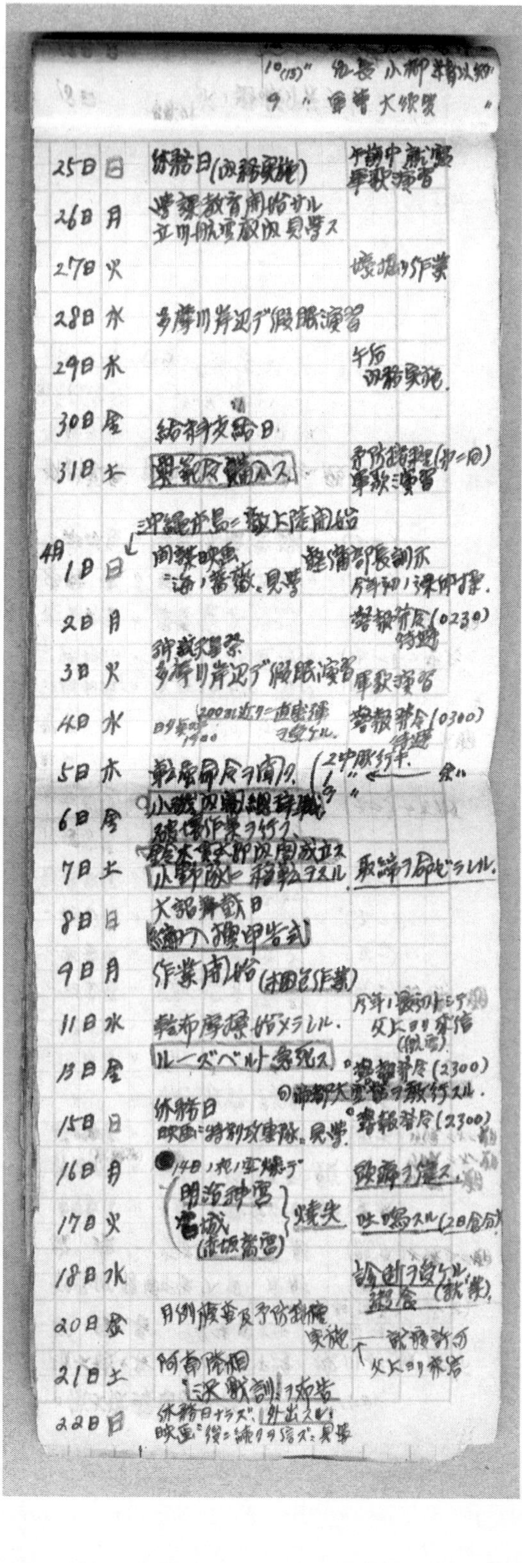

案：「帝都大空襲」：1945年4月13日，B29共計352機隊東京進行夜間的燒夷彈無差別宮及，主要目標為赤羽的造兵廠，並投下了4124噸的炸彈，並造成20萬277戶受災、受災者66萬6986名，此次也讓明治神宮的本殿、拜殿燒毀。（參：日置英剛著，《年表　太平洋戦争全史》，618）

「後ニ続クヲ信ズ」：1945年3月8日上映的電影，導演為渡辺邦男。

25日	日	休務日（内務実施）	午前中就寝 軍歌演習
26日	月	学課教育開始サル 立川航空廠内見学ス	
27日	火		壕堀リ作業
28日	水	多摩川岸辺デ假眠演習	
29日	木		午后 内務実施.
30日	金	給料支給日	
31日	土	典範令購入ス.	予防接種（第二回） 軍歌演習
		沖縄本島敵上陸開始	
4月 1日	日	↙ 間諜映画 〝海ノ薔薇〟見学	整備部長訓示 今年初1課体操
2日	月		警報発令（0230） 待避
3日	火	神武天皇祭 多摩川岸辺デ假眠演習	軍歌演習
4日	水	200機近クニ直撃彈 日夕点呼 ヲ受ケル. 1900	警報発令（0300） 待避
5日	木	転属命令ヲ聞ク.	2中隊行キ. 1 〃 ←余ハ 9 〃
6日	金	◯小磯内閣総辞職 破壞作業ヲ行フ.	
7日	土	鈴木貫太郎内閣成立ス 小野隊ニ移転ヲスル.	取締ヲ命ゼラレル.
8日	日	大詔奉戴日 編入換申告式	
9日	月	作業開始（捆包作業）	
11日	水	乾布摩擦始メラレル.	今年ノ最初トシテ 父上ヨリ來信（航空）
13日	金	ルーズベルト急死ス ◎帝都大空襲.	◯警報発令（2300）
15日	日	休務日 映画〝特別攻擊隊〟見学	◯警報発令（2300）
16日	月	◎14日ノ夜ノ空爆デ	頭痛ヲ催ス
17日	火	明治神宮 宮城 焼失. （赤坂斎宮）	吐瀉スル（20食分）.
18日	水		診断ヲ受ケル 粥食（就業）
20日	金	月例検査及予防接種 実施——就寝許可	
21日	土	阿南陸相 〝決戰訓〟ヲ布告	↑父上ヨリ來信
22日	日	休務日ナラズ 外出スル 映画〝後ニ続クヲ信ズ〟見学	

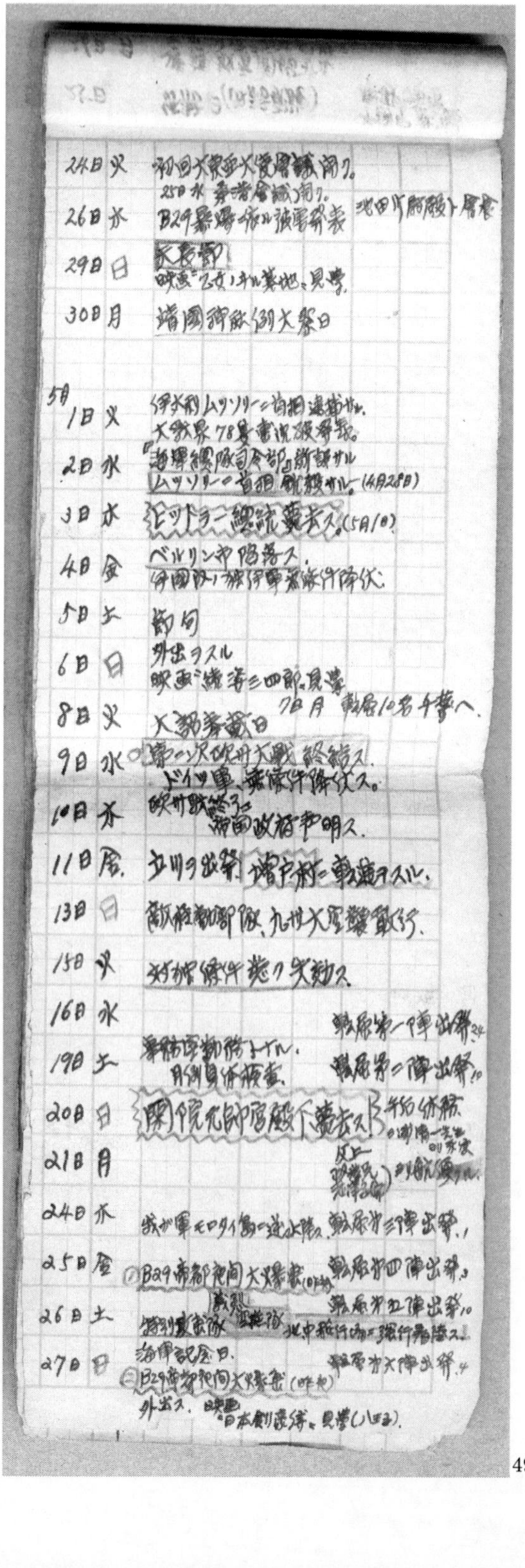

案：「ベルリン市陥落ス」：1945年5月2日，蘇聯軍攻入柏林，市區內的德軍投降。（參：日置英剛著，《年表太平洋戦争全史》，636）

「続姿三四郎」：黑澤明負責腳本與監督的電影，是〈姿三四郎〉的續篇，1945年5月上映。

「閑院元帥宮殿下薨去ス」：閑院宮元帥指的是載仁親王，卒於1945年5月20日。（參：參謀本部著，《敗戦の記録》，頁474）

「日本剣豪傳」：1945年5月上映的動畫，由三村伸太郎進行腳本編劇。

24日	火	初回大東亜大使會議開ク。
		25日　水　桑港會議開ク。
26日	木	B291暴爆ニ依ル被害発表　　池田少尉殿ト會食
29日	日	天長節
		映画〝乙女ノヰル基地〟見学
30日	月	靖國神社例大祭日
5月1日	火	伊太利ムッソリーニ首相逮捕サル.
		大戰果78隻撃沈発表。
2日	水	『海軍総隊司令部』新設サル
		ムッソリーニ首相銃殺サル。（4月28日）
3日	木	ヒットラー總統薨去ス。（5月1日）
4日	金	ベルリン市陥落ス.
		伊國内ノ独伊軍無条件降伏
5日	土	節句
6日	日	外出ヲスル
		映画〝続姿三四郎〟見学
		7日　月　転属10名千葉へ
8日	火	大詔奉戴日
9日	水	○第二次欧州大戰終結ス.
		ドイツ軍、無条件降伏ス。
10日	木	欧州戰終了ニ
		帝國政府声明ス.
11日	金	立川ヲ出発　増戸村　ニ転進ヲスル
13日	日	敵機動部隊.九州大空襲敢行.
15日	火	対独条件悉ク失効ス.
16日	水	転属第一陣出発.24
19日	土	事務室勤務トナル.　　転属第二陣出発.19
		月例身体検査.
20日	日	閑院元帥宮殿下薨去ス.　　午后休務
		三浦清一先生
		ヨリ來便
21日	月	父上
		政兄兄　　ヨリ航便クル
		志津子姉
24日	木	我ガ軍モロタイ島ニ逆上陸ス.　　転属第三陣出発.1
25日	金	①B29帝都夜間大爆撃（昨夜）.　　転属第四陣出発.3
26日	土	義烈　　転属第五陣出発.10
		特別攻撃隊　空挺隊　北.中飛行場ニ強行着陸ス.
27日	日	海軍記念日　　転属第六陣出発.4
		②B29帝都夜間大爆撃（昨夜）
		外出ス.映画
		〝日本剣豪傳〟見学（八王子）.

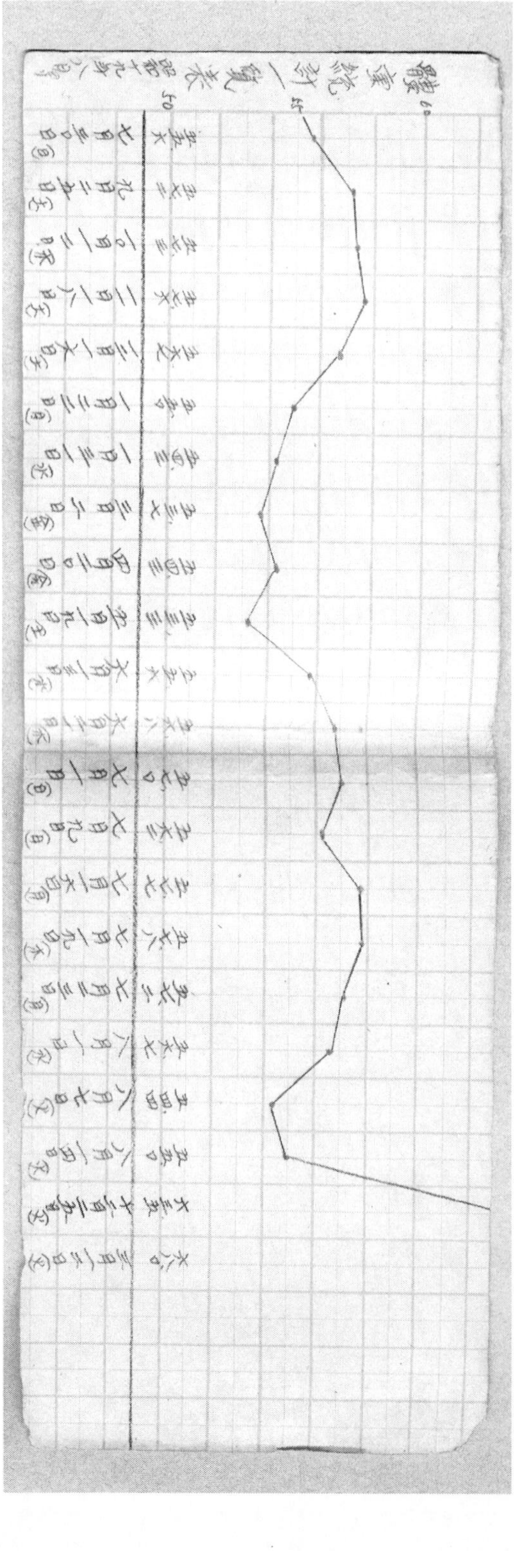

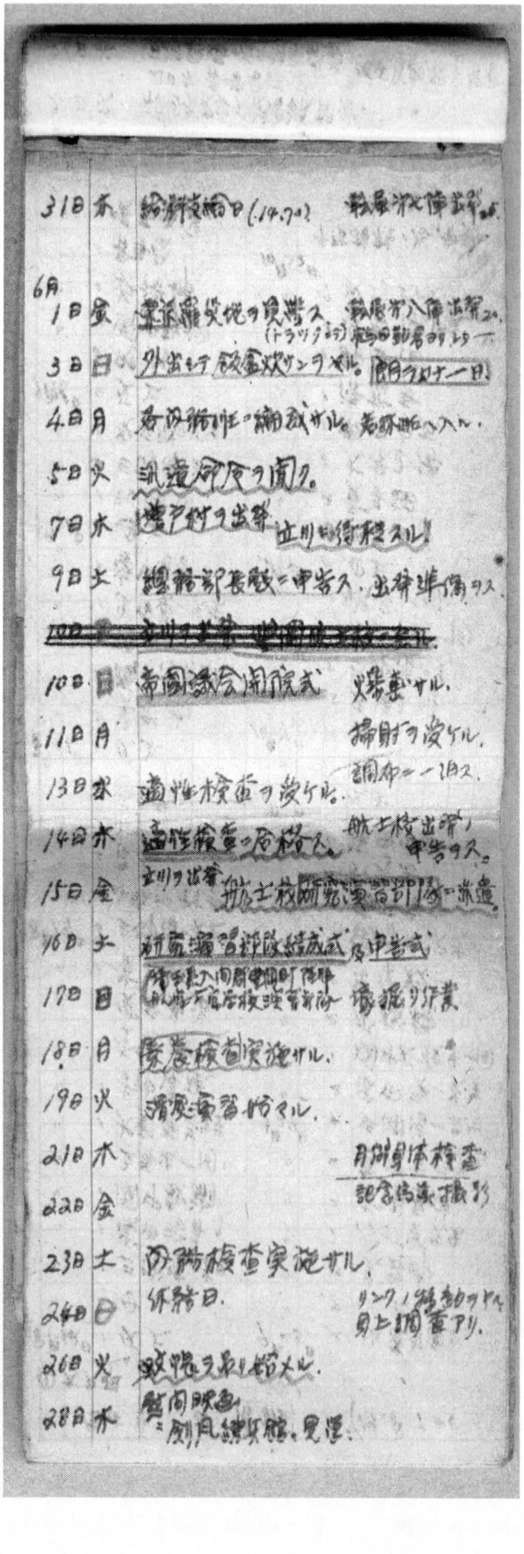
31日 水
6月
1日 金
3日 日
4日 月
5日 火
7日 水
9日 土 部長殿ニ申告ス、出発準備ヲス
10日 日 帝國議会開院式 爆撃サル。
11日 月
13日 水 適性検査ヲ受ケル。 調布ニ一泊ス。
14日 木 適性検査ニ合格ス。 航士校出発ノ申告ヲス。
15日 金
16日 土
17日 日
18日 月 検査実施サル。
19日 火 始マル。
21日 木 月例身体検査
22日 金 記念写真撮影
23日 土 検査実施サル。
24日 日
26日 火
28日 木

31日	木	給料支給日（14.70）	転属第七陣出発.25
6月1日	金	東京罹災地ヲ見学ス. （トラック ニテ）	転属第八陣出発.20 鶴田勤君ヨク.レター
3日	日	外出シテ飯盒炊サンヲヤル。	朗ラカナ一日
4日	月	各内務班ニ編成サル。	若林班ヘ入ル.
5日	火	派遣命令ヲ聞ク。	
7日	木	増戸村ヲ出発. 立川ニ待機スル.	
9日	土	總務部長殿ニ申告ス.	出発準備ヲス.
~~10日~~	~~日~~	~~立川ヲ出発　豊岡航空校ニ至ル.~~	
10日	日	帝國議會開院式	爆撃サル.
11日	月		掃射ヲ受ケル. 調布ニ一泊ス
13日	水	適性検査ヲ受ケル。	
14日	木	適性検査ニ合格ス。	航士校出発ノ 申告ヲス。
15日	金	立川ヲ出発 航士校研究研究演習部隊ニ派遣。	
16日	土	研究演習部隊結成式及申告式	
17日	日	崎玉県入間郡豊岡町陸軍 航空士官學校演習部隊	壕掘リ作業
18日	月	素養検査実施サル.	
19日	火	滑空演習始マル	
21日	木		月例身体検査
22日	金		記念寫真撮影
23日	土	内務検査実施サル.	
24日	日	休務日	リンクノ移動ヲヤル 身上調査アリ.
26日	火	蚊帳ヲ吊リ始メル.	
28日	木	慰問映画 〝剣風練兵館〟見学	

案：「帝國議會開院式」：1945年6月9日第87回臨時帝國議會開院式。

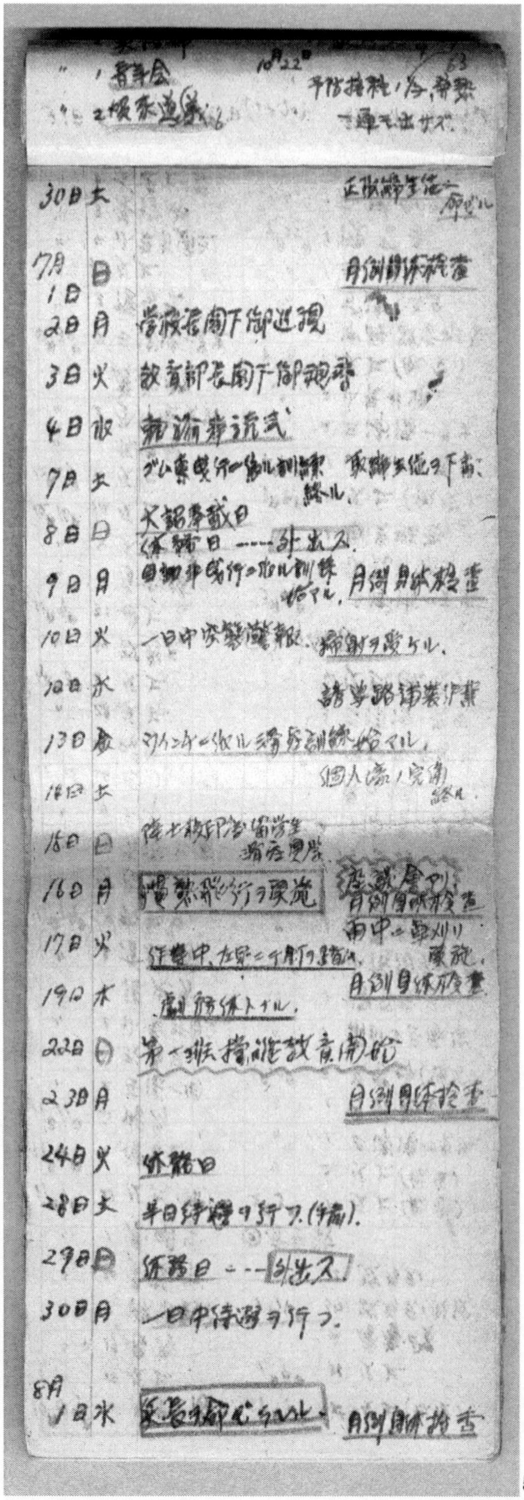

〃 1 青年会 10月22日
〃 2 [illegible]
[illegible]

30日 土 [illegible]
7月 1日 日 月例身体検査
2日 月 学校長閣下御巡視
3日 火 教育部長閣下御視察
4日 水 [illegible]
7日 土 [illegible]訓練 [illegible] 終ル。
8日 日 大詔奉戴日 休務日……外出ス。
9日 月 [illegible]訓練始マル。 月例身体検査
10日 火 一日中空襲警報。[illegible]
12日 木 [illegible]
13日 金 [illegible]訓練始マル。
14日 土 [illegible]終ル。
15日 日 [illegible]
16日 月 [illegible]飛行ヲ展覧 [illegible] 月例身体検査
17日 火 [illegible] 雨中[illegible]
19日 木 [illegible] 月例身体検査
22日 日 第一班[illegible]
23日 月 月例身体検査
24日 火 休務日
28日 土 半日[illegible]ヲ行フ。(午前)。
29日 日 休務日……外出ス。
30日 月 一日中[illegible]ヲ行フ。
8月 1日 水 [illegible] 月例身体検査

30日	土		正取締生徒ニ命ゼル
7月1日	日		月例身体検査
2日	月	学校長閣下御巡視	
3日	火	教育部長閣下御視察	
4日	水	勅諭奉読式	
7日	土	ゴム索曳ニ依ル行訓練終ル	取締生徒ヲ下番。
8日	日	大詔奉戴日 休務日……外出ス.	
9日	月	自動車曳行ニ依ル訓練始マル.	月例身体検査
10日	火	一日中空襲警報.	掃射ヲ受ケル.
12日	木		誘導路補装作業
13日	金	ウインチニ依ル滑空訓練始マル. 個人壕ノ完備終ル.	
15日	日	陸士校印度留學生滑空見学	
16日	月	慣熟飛行ヲ実施	座談會アリ 月例身体検査 雨中ニ草刈リ実施
17日		作業中.左足ニテ釘ヲ踏ム.	
19日	木	劇務休トナル	月例身体検査
22日	日	第一班操縦教育開始	
23日	月		月例身体検査
24日	火	休務日	
28日	土	半日待避ヲ行フ.（午前）.	
29日	日	休務日——外出ス.	
30日	月	一日中待避ヲ行フ.	
8月1日	水	兵長ヲ命ゼラレル.	月例身体検査

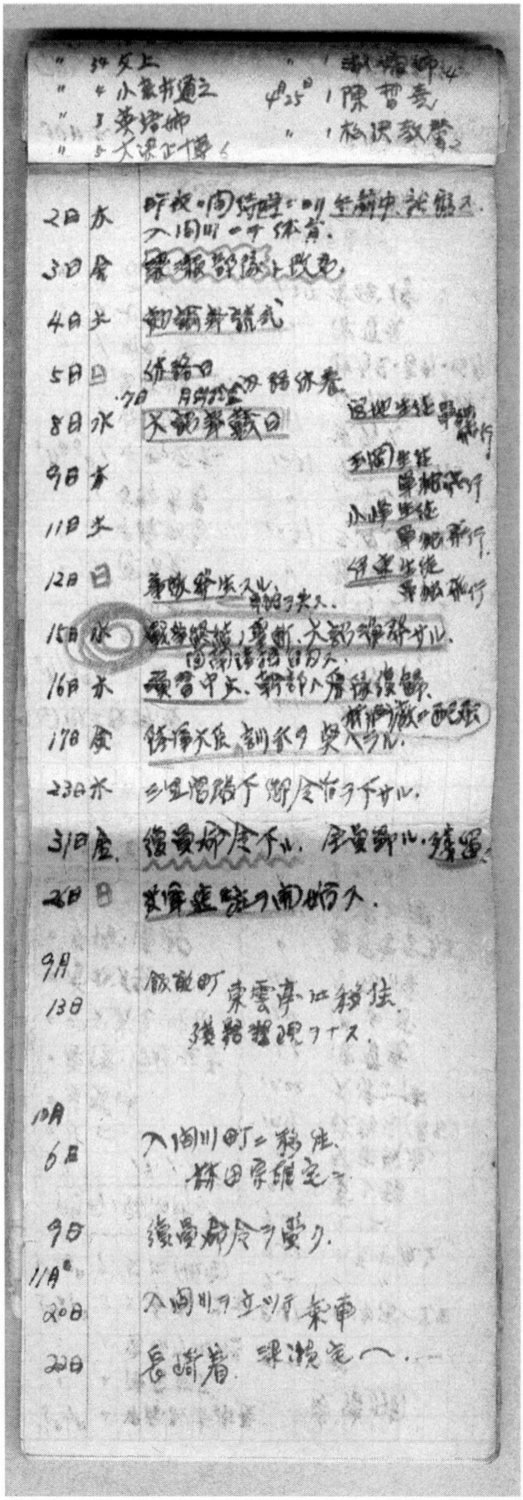

〃 5 [illegible]上 〃 1 [illegible]
〃 4 小[illegible]道之 4.25 1 陳[illegible]
〃 3 [illegible] 〃 1 [illegible]
〃 5 [illegible]

2日 木 昨夜ハ[illegible]ニ[illegible]空襲中起キル。入間川ニテ休[illegible]。
3日 金 [illegible]部隊ト別レ。
4日 土 [illegible]式
5日 日 休養日
7日 月 [illegible] 休養。
8日 水 大詔奉戴日 [illegible]生徒 単独旅行
9日 木 [illegible]生徒 単独旅行
11日 土 小[illegible]生徒 単独旅行
12日 日 [illegible]入ル。[illegible]ヲ失ス。 [illegible]生徒 単独旅行
15日 水 [illegible]、大詔渙発サル。[illegible]
16日 木 [illegible]中止、幹部ハ原隊復帰。
17日 金 [illegible]ヲ[illegible]ル。 [illegible]
23日 木 [illegible]命令ヲ下サル。
31日 金 復員命令下ル。全員[illegible]ル。残留。
2日 日 [illegible]ヲ開始ス。

9月13日 飯能町 [illegible]ニ移住。残務整理ヲナス。

10月6日 入間川町ニ移住、[illegible]宅ニ。
9日 復員命令ヲ受ク。

11月20日 入間川ヲ立ツ 乗車
22日 長崎着 [illegible]宅ヘ。

2日	木	昨夜々間待避ニヨリ 入間川ニテ体育.	午前中就寝ス
3日	金	梁瀬部隊ト改名.	
4日	土	勅諭奉読式	
5日	日	休務日	
7日		月例御盆内務休養	
8日		大詔奉戴日	宮地生徒 単独飛行.
9日	木		玉岡生徒 単独飛行.
11日	土		小峰生徒 単独飛行.
12日	日	事故発生スル 単独ヲ失ス.	伊東生徒 単独飛行.
15日	水	◎戰争終結ノ聖断.大詔渙発サル. 阿南陸相自刃ス.	
16日	木	演習中止.幹部ヘ原隊復歸.	材料廠ニ配属.
17日	金	陸軍大臣訓示ヲ與ヘラル.	
23日	木	三笠宮殿令旨ヲ下サル.	
31日	金	復員命令下ル.　全員歸ル.残留.	
26日	日	米軍進駐ヲ開始ス.	
9月13日		飯能町 東雲町ニ移住 残留整理ヲナス.	
10月6日		入間川町ニ移住. 林田宗雄宅ニ.	
9日		復員命令ヲ受ク.	
11月20日		入間川ヲ立ッテ乗車	
22日		長崎着　　梁瀬宅～～	

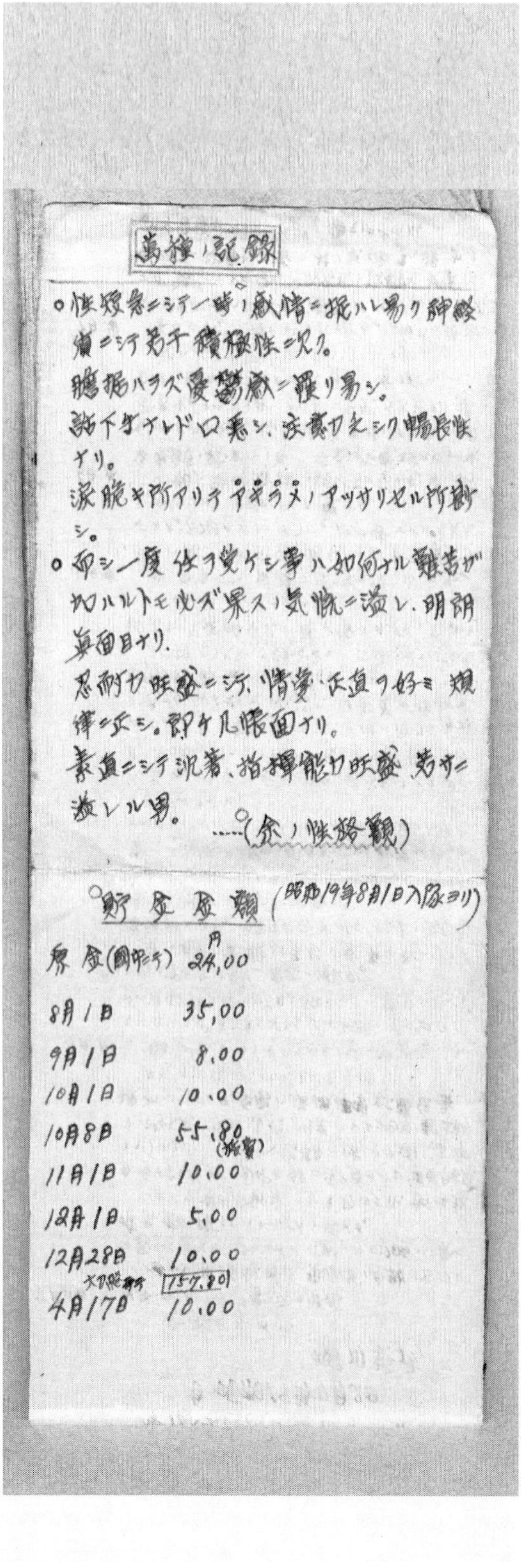

萬様ノ記録

○性短急ニシテ一時ノ感情ニ捉ハレ易ク神経質ニシテ若干積極性ニ欠ク。
腹据ハラズ憂鬱感ニ罹リ易シ。
話下手ナレド口悪シ、決意力乏シク暢長性ナリ。
涙脆キ所アリテアキラメノアッサリセル所欲シ。
○併シ一度依ヲ受ケシ事ハ如何ナル難苦ガ加ハルトモ必ズ果スノ気慨ニ溢レ、明朗真面目ナリ。
忍耐力旺盛ニシテ、情愛・正直ヲ好ミ規律ニ正シ。即チ几帳面ナリ。
素直ニシテ沈着、指揮能力旺盛、若サニ溢レル男。
……(余ノ性格観)

○貯金金額（昭和19年8月1日入隊ヨリ）

原金(國中ニテ)	円 24,00
8月1日	35,00
9月1日	8.00
10月1日	10.00
10月8日	55,80 (旅費)
11月1日	10.00
12月1日	5.00
12月28日	10.00
大阪総額	157,80
4月17日	10.00

萬種ノ記錄

◦性短急ニシテ一時ノ感情ニ捉ハレ易ク神経質ニシテ若干積極性ニ欠ク。
膽据ハラズ憂鬱感ニ罹リ易シ。
話下手ナレド口悪シ。注意力乏シク暢長性ナリ。
涙脆キ所アリテアキラメノアッサリセル所尠シ。
◦而シ一度任ヲ受ケシ事ハ如何ナル難苦ガ加ハルトモ必ズ果ス気慨ニ溢レ。明朗眞面目ナリ。
忍耐力旺盛ニシテ。情愛、正直ヲ好ミ規律ニ正シ。即チ几帳面ナリ。
素直ニシテ沈着.指揮能力旺盛。若サニ溢レル男。

……○（余ノ性格觀）

○貯金金額（昭和19年8月入隊ヨリ）

	円
原金（國中ニテ）	24.00
8月1日	35.00
9月2日	8.00
10月1日	10.00
10月8日	55.80 （旅費）
11月1日	10.00
12月1日	5.00
12月28日	10.00
大刀飛行	157.80
4月17日	10.00

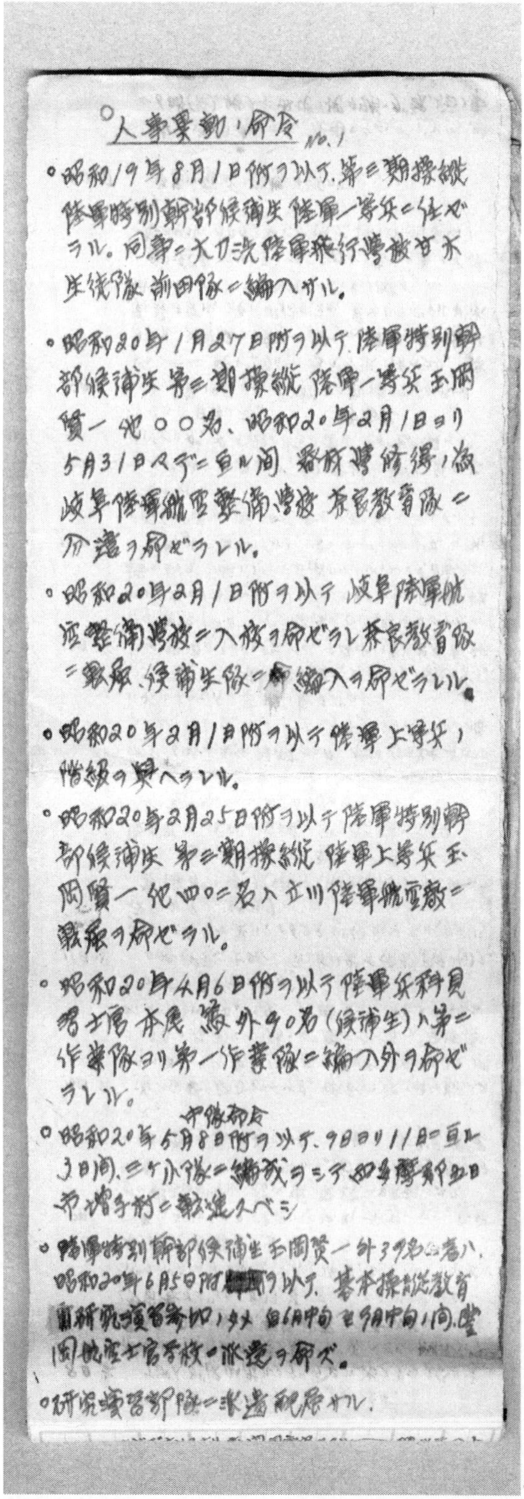

○人事異動ノ命令 No.1

○昭和19年8月1日附ヲ以テ、第二期操縦陸軍特別幹部候補生陸軍一等兵ニ任ゼラル。同時ニ大刀洗陸軍飛行学校甘木生徒隊前田隊ニ編入サル。

○昭和20年1月27日附ヲ以テ陸軍特別幹部候補生第二期操縦陸軍一等兵玉岡賢一他〇〇名、昭和20年2月1日ヨリ5月31日マデニ亘ル間、整備学修得ノ為岐阜陸軍航空整備学校奈良教育隊ニ分遣ヲ命ゼラレル。

○昭和20年2月1日附ヲ以テ岐阜陸軍航空整備学校ニ入校ヲ命ゼラレ奈良教育隊ニ転属、候補生隊ニ編入ヲ命ゼラレル。

○昭和20年2月1日附ヲ以テ陸軍上等兵ノ階級ヲ与ヘラレル。

○昭和20年2月25日附ヲ以テ陸軍特別幹部候補生第二期操縦陸軍上等兵玉岡賢一他四〇二名ハ立川陸軍航空廠ニ転属ヲ命ゼラル。

○昭和20年4月6日附ヲ以テ陸軍兵科見習士官 赤尾 [illegible]外90名(候補生)ハ第二作業隊ヨリ第一作業隊ニ編入方ヲ命ゼラレル。

中隊命令

○昭和20年5月8日附ヲ以テ、9日ヨリ11日ニ亘ル3日間、三ケ小隊ニ編成ヲシテ西多摩郡五日市増戸村ニ転進スベシ

○陸軍特別幹部候補生玉岡賢一外37名ノ者ハ、昭和20年6月5日附[redacted]ヲ以テ、基本操縦教育研究演習参加ノタメ自6月中旬至9月中旬ノ間、豊岡航空士官学校ニ派遣ヲ命ズ。

○研究演習部隊ニ派遣配属サル。

○<u>人事異動ノ命令</u>　NO.1

◦昭和19年8月1日附ヲ以テ。第三期操縦陸軍特別幹部候補生陸軍一等兵ニ任ゼラル。同事ニ大刀洗陸軍飛行學校甘木生徒隊前田隊ニ編入サル。

◦昭和20年1月27日附ヲ以テ。陸軍特別幹部候補生第三期操縦陸軍一等兵　玉岡賢一他○○名。　昭和20年2月1日ヨリ5月31日マデニ亘ル間。　器材學修得ノ為岐阜陸軍航空整備學校　奈良教育隊ニ分遣ヲ命ゼラレル。

◦昭和20年2月1日附ヲ以テ 岐阜陸軍航空整備學校ニ入校ヲ命ゼラレ奈良教育隊ニ転属候補生隊ニ~~命~~編入ヲ命ゼラレル。

◦昭和20年2月1日附ヲ以テ陸軍上等兵ノ階級ヲ與ヘラレル。

◦昭和20年2月25日附ヲ以テ 陸軍特別幹部候補生　第三期操縦　陸軍上等兵玉岡賢一他四○二名ハ立川陸軍航空廠ニ転属ヲ命ゼラル。

◦昭和20年4月6日附ヲ以テ　陸軍兵科見習士官　本尾　篤　外90名（候補生）ハ第二作業隊ヨリ第一作業隊ニ編入外ヲ命ゼラレル。

中隊命令

◦昭和20年5月8日附ヲ以テ。9日ヨリ11日ニ亘ル3日間。三ケ小隊ニ編成ヲシテ西多摩郡五日市増子村ニ転進スベシ

◦陸軍特別幹部候補生玉岡賢一外39名者ハ昭和20年6月5日附[redacted]ヲ以テ 基本操縦教育[redacted]研究演習参加ノタメ　自6月中旬至9月中旬ノ間豊岡航空士官學校ニ派遣ヲ命ズ。

◦研究演習部隊ニ派遣配属サル。

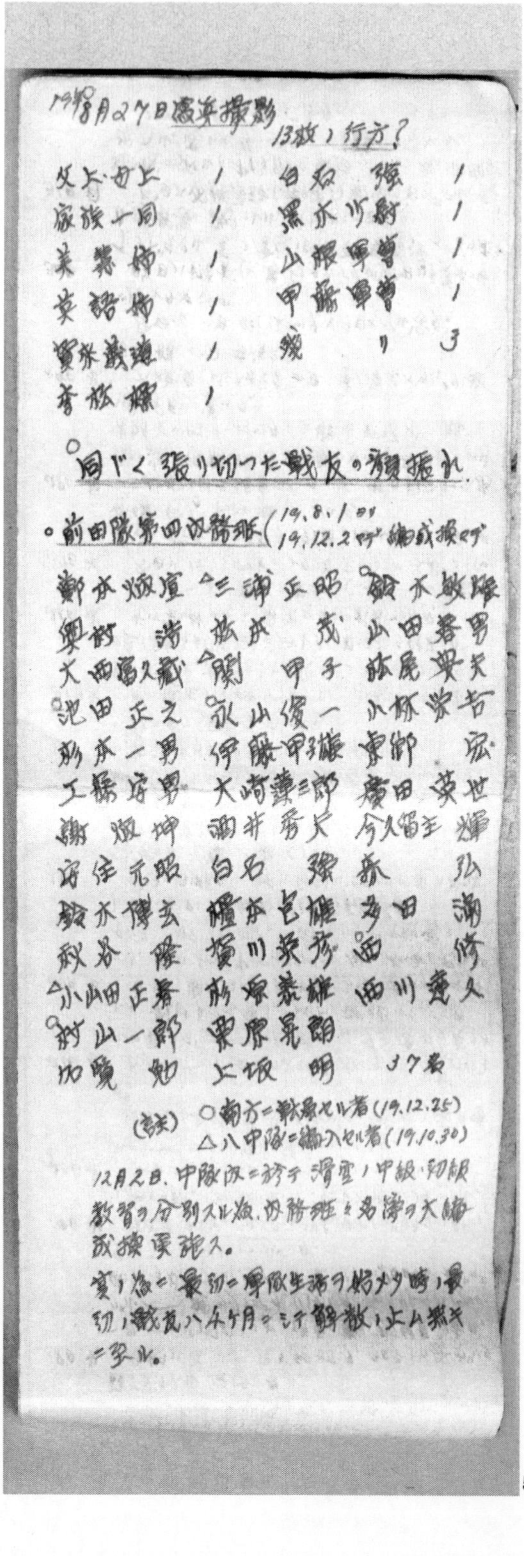
1948 8月27日遺影撮影
13枚ノ行方?

父上・母上　1　白石 強　1
家族一同　1　黒木少尉　1
美紫姉　1　山根軍曹　1
英語姉　1　甲藤軍曹　1
實松義雄　1　殘リ　3
寺林様　1

○同じく張り切った戰友の顔振れ

○前田隊第四教務班（19.8.1ヨリ／19.12.2マデ編成換マデ）

鄭木燦宣　△三浦正昭　○鈴木敏雄
奥村 清　藤本 茂　山田善男
大西富久藏　△関 甲子　妹尾要夫
○池田正之　○永山俊一　小林常吉
杉本一男　伊藤甲子雄　東郷 宏
工藤安男　大崎謙三郎　廣田英世
謝燦坤　酒井秀夫　今久留主 輝
安住元明　白石 強　森 弘
鈴木博玄　榎本邑雄　多田 潤
秋谷 隆　横川英彦　○西 修
△小山田正春　飯塚泰雄　西川達夫
○村山一郎　栗原晃朗
加覧 勉　上坂 明　37名

（註）○南方ニ戰死セル者（19.12.25）
△八中隊ニ編入セル者（19.10.30）

12月2日、中隊内ニ於テ滑空ノ中級・初級教習ヲ分別スル為、教務班ヲ多少ノ大編成換ヲ實施ス。

實ノ為ニ最初ニ軍隊生活ヲ始メタ時ノ最初ノ戰友ハ四ケ月ニシテ解散ノ止ム無キニ至ル。

19年8月27日寫眞撮影

13枚ノ行方？

父上.母上	1	白石強	1
家族一同	1	黑木少尉	1
美惠姉	1	山根軍曹	1
英語姉	1	甲藤軍曹	1
賀來義道姉	1	残リ	3
李松標	1		

○同じく張り切った戰友の顔振れ.

。前田隊第四內務班（19.8.1ヨリ／19.12.2マデ編成換マデ）

鄭本炳宣	△三浦正昭	○鈴木敏雄
奥村浩	松本茂	山田春男
大西富久藏	△関甲子	松尾典夫
○池田正之	○永山俊一	小林栄吉
杉本一男	伊藤甲子雄	東郷宏
工藤安男	大崎蓮三郎	廣田英世
謝炳坤	酒井秀夫	今久留主輝
安住元昭	白石強	森弘
鈴木博玄	櫃本包雄	多田満
秋谷隆	賀川英彥	○西修
△小山田正春	杉原泰雄	西川達久
○村山一郎	栗原晃朗	
加覽勉	上坂明	37名

（註）○南方ニ転属セル者（19.12.25）
△八中隊ニ編入セル者（19.10.30）

12月2日.中隊ニ於テ滑空ノ中級初級教育ヲ分別スル為內務班々名簿ヲ大編成換実施ス。
其ノ為ニ最初ニ軍隊生活ヲ始メタ時ノ最初ノ戰友ハ4ヶ月ニシテ解散ノ止ム無キニ至ル。

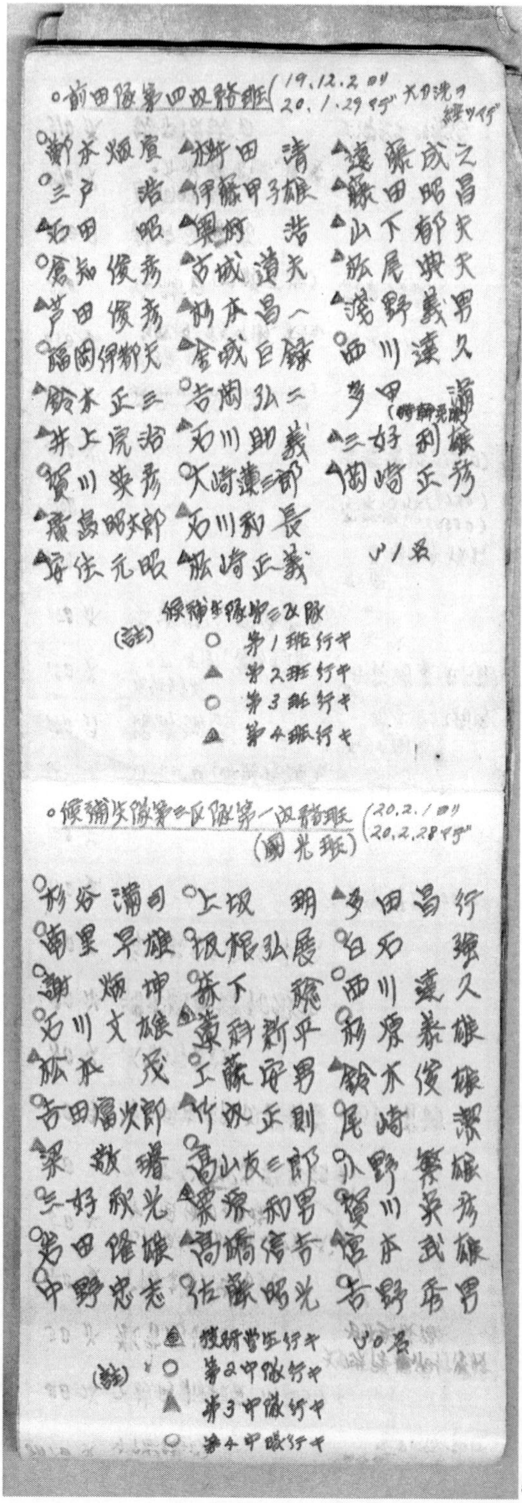

○前田隊第四次幹部班（19.12.2ヨリ 20.1.29マデ 大刀洗ヲ経ツイデ）

○鄭林炳寅	▲柳田清	▲遠藤成之
○三戸浩	▲伊藤甲子雄	▲藤田昭昌
▲石田昭	▲栗野浩	▲山下郁夫
○倉知俊秀	▲古城道夫	▲松尾興夫
▲芦田俊秀	▲松本昌一	▲滝野義男
○福岡伊都夫	▲金城巨録	○西川達久
▲鈴木正三	○吉岡弘二	多田満（特操見習）
▲井上虎治	▲石川助義	▲三好利雄
○賀川英秀	○大崎謙三郎	▲岡崎正秀
▲飯島昭太郎	▲石川和長	
▲安佐元昭	▲松崎正義	32名

候補生隊第三区隊
（註） ○ 第1班行キ
▲ 第2班行キ
○ 第3班行キ
▲ 第4班行キ

○候補生隊第三区隊第一次幹部班（國光班）（20.2.1ヨリ 20.2.28マデ）

○杉谷満司	○上坂朔	▲多田昌行
○南里昇雄	○坂根弘展	○白石強
○謝炳坤	○森下聡	○西川達久
○石川文雄	▲遠藤新平	○杉原義雄
▲松本茂	○工藤安男	▲鈴木俊雄
○吉田富次郎	▲竹林正則	○尾崎潔
▲梁毅璿	○高山友三郎	○久野義雄
○三好秋光	▲栗原和男	○賀川英秀
○岩田隆雄	▲高橋信吉	▲宮本武雄
○中野忠志	○佐藤昭光	○吉野秀男

▲ 技術学生行キ　30名
（註） ○ 第2中隊行キ
▲ 第3中隊行キ
○ 第4中隊行キ

◦<u>前田隊第四內務班</u>（19.12.2ヨリ　大刀洗ヲ
20.1.29マデ　經ツマデ

○鄭本炳宣	△桝田清	△遠藤成之
○三戸浩	△伊藤甲子雄	△遠藤昭昌
△石田昭	△奥村浩	△山下郁夫
○倉知俊彥	△古城道夫	△松尾典夫
△芦田俊彥	△杉本昌一	△淺野義男
○福岡伊都夫	△金城巨録	○西川達久
△鈴木正三	○吉岡弘二	多田満（特幹免除）
△井上完治	△石川助義	△三好利雄
○賀川英彥	○大崎蓮三郎	△岡崎正彥
△廣島昭太郎	△石川和長	
△安住元昭	△松崎正義	31名

候補生第三区隊

（註）　○第一班行キ
△第二班行キ
○第三班行キ
△第四班行キ

◦<u>候補生隊第三区隊第一內務班</u>（20.2.1ヨリ
（國光班）20.2.28マデ

○杉谷満司	○上坂明	△多田昌行
○南里早雄	○坂根弘展	○白石強
○謝炳坤	○森下稔	○西川達久
○石川文雄	△藁科新平	○杉原泰雄
△松本茂	○工藤安男	△鈴木俊雄
○吉田富次郎	△竹內正則	○尾崎潔
△梁敬璿	○高山友三郎	○小野繁雄
○三好秋光	△栗原和男	○賀川英彥
○岩田隆雄	△高橋信吉	△宮本武雄
○中野忠志	○佐藤昭光	○吉野秀男
		30名

（註）　△第1中隊行キ
○第2中隊行キ
△第3中隊行キ
○第4中隊行キ

●篠崎隊名簿 (20.3.1 現)
(20.4.7現)

光次志男 漂朗
戴照恩秀 節腹強節
好青水野崎原晃 友二次雄
三音中芳民光栗山下白 光
豊和隆俊 男治宮高橋山野達原 氏實圖物賢彦
甲乒貨 山崎儀男
田賣治 川勝盛藏 田中善大 谷守芳 久添祥芳 村栄洲郎 武田七史朗 佐野 鈴木達実 正木 栗田好男

向川原好夫
工藤守男
賀川英彦

18名

(註) ○ 第1中隊行キ 20.4.7
△ 第2中隊行キ 20.4.5
◎ 第9中隊行キ 20.4.7
☐ 兜関学生行キ 20.4.10

●小野隊第七次名簿 (20.4.8現)
(待機第一班)

民治己司男
奥章悅彦秀
光照英先忠
次芳光

千戸部田文君功嗜
竹下郎秋田史君功賀野中

朗菩治
景弓治
栗脇辰雄
上田黄載
家城敲
榔松物
原新啓光
澤啓沿
赤貴治
崎正義

甲子娘敲二郎涉長道薫懷大郎昌男
薛崎新木満笑神大大浦民崎
伊張

(註) 第1戦隊行 第5回目
第2回目報原 第6回目
第3回目報原 第7回目
第4回目報原 第8回目

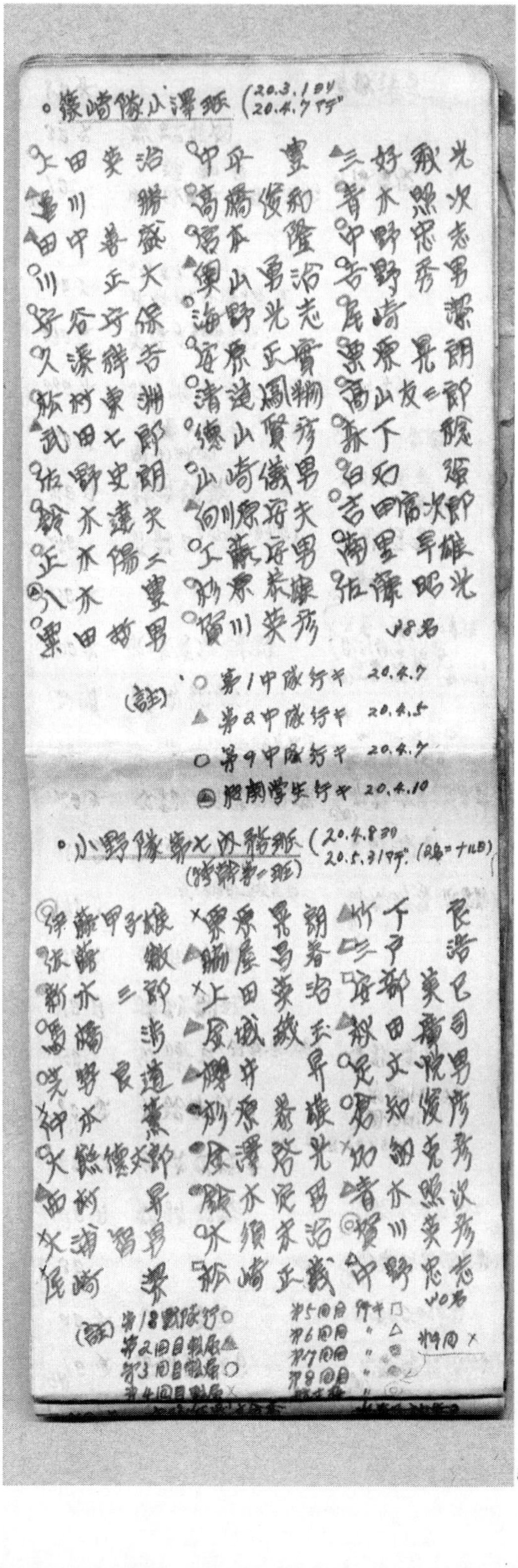

。篠崎隊小澤班（20.3.1ヨリ 20.4.7マデ）

○上田英志	○中平豊	△三好秋光
△亀川勝	○高橋俊和	○青木照次
△田中善盛	○宮本隆	○中野忠志
○川正大	△奥山勇治	○吉野秀男
○守谷守保	○海野光志	○尾崎潔
○久湊祥吉	○安原正實	○栗原晃朗
○松村東淵	○清道鳳翔	○高山友三郎
△武田七郎	○徳山賢彦	○森下稔
○佐野史朗	○山崎儀男	○白石強
○鈴木達夫	△向川原安夫	○吉田富次郎
○正木陽二	○工藤安男	○南里早雄
△八木 豊	○杉原恭雄	○佐藤昭光
○栗田哲男	○賀川英彦	38名

（註）
○第1中隊行キ　20.4.7
△第2中隊行キ　20.4.5
○第3中隊行キ　20.4.7
△機関学生行キ　20.4.10

。小野隊第七内務班（特幹第二班）（20.3.1ヨリ 20.4.7マデ.（2名ニ十二日）

◎伊藤甲子雄	×栗原晃朗	▲竹下良
●佐藤徹	▲脇屋昌春	□三戸浩
●新木三郎	×上田英治	□安部美巳
○馬橋涉	▲金城璣玉	△秋田廣司
○芝勢良道	▲櫻井昇	○足立悦男
×仲本薫	●杉原泰雄	○倉知俊彦
○大熊德太郎	●金澤啟光	×加納克彦
▲西村昇	●鈴木定男	△青木照次
×大浦智男	○木須末治	◎賀川英彦
×尾崎潔	□松崎正義	△中野村志
		30名

（註）
第18戰隊行○　第5回目　行キ□
第2回目転属▲　第6回目　〃　△
第3回目転属○　第7回目　〃　●　第九回×
第4回目転属×　第8回目　〃　●
航士校　〃　◎

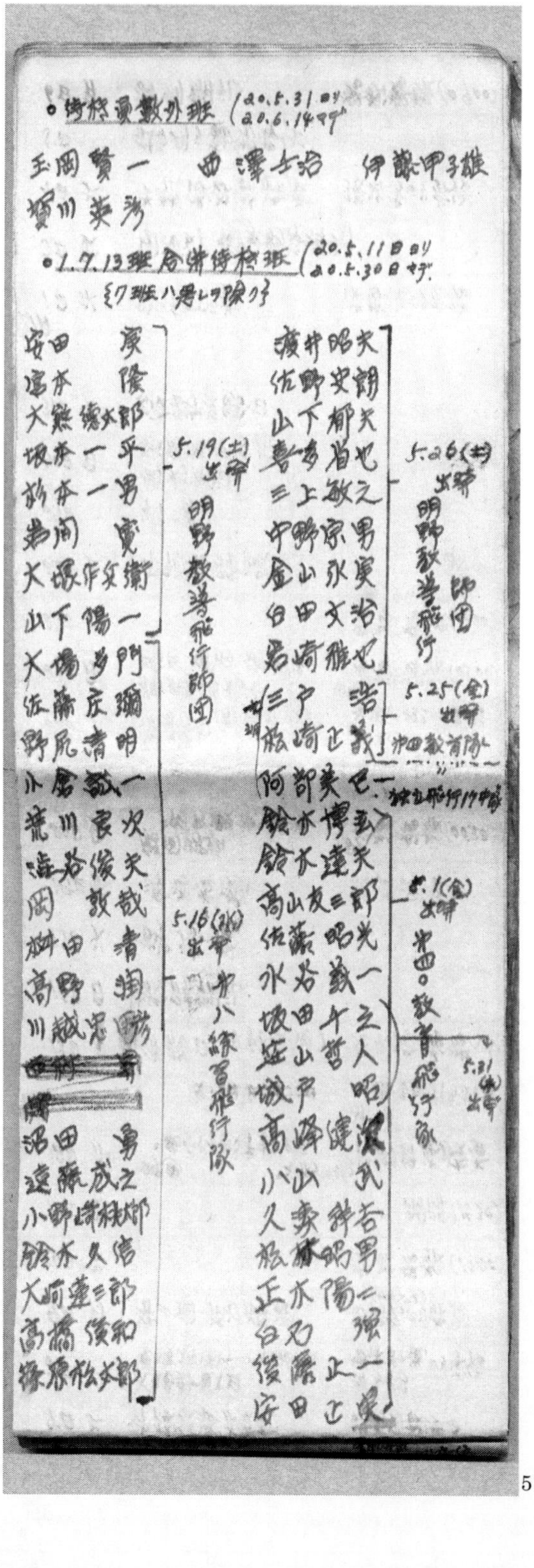

○特操員數外班 (20.5.31ヨリ 20.6.14マデ)

玉岡賢一　西澤文治　伊藤甲子雄
賀川英移

○1.7.13班合併特操班 (20.5.11日ヨリ 20.5.30日マデ)
{7班ハ居レツ除ク}

安田豪
富本隆
大熊德太郎
坂本一平
杉本一男
岩間寛
大塚作兵衛
山下陽一
(5.19(土) 出帝 明野教導飛行師団)

大場多門
佐藤庄彌
野尻清明
小倉誠一
荒川良次
滝谷俊夫
岡敦哉
桝田清
高野潤
川越宏勝
[illegible]
[illegible]
沼田勇
遠藤成之
小野崎秋郎
鈴木久信
大崎達三郎
高橋俊和
篠原松太郎
(5.16(水) 出帝 第八練習飛行隊)

渡井昭夫
佐野安朗
山下都夫
喜多省也
三上敏之
中野宗男
金山永實
白田文治
岩崎雅也
(5.26(土) 出帝 明野教導飛行師団)

三戸浩
松崎正義
(5.25(金) 出帝 池田教育隊)

阿部秀巳 ― 独立飛行17中隊

鈴木博之
鈴木達夫
高山友三郎
佐藤昭光
水谷義一
坂田千之
遠山哲人
城戸昭
高峰達深
小山武
久乘耕吉
松林昭男
正木陽二
白石彌
後藤正一
安田正泉
(6.1(金) 出帝 常田教育飛行隊)
(5.31(木) 出帝)

◦ <u>待機隊員數外班</u>（20.5.31ヨリ / 20.6.14マデ）

玉岡賢一　　西澤壬治　　伊藤甲子雄
賀川英彦

◦ <u>1.7.13班合併待機</u>（20.5.11ヨリ / 20.5.30マデ）

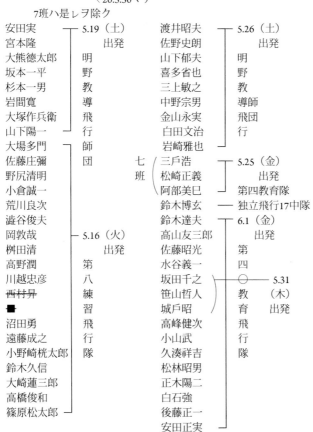

7班ハ是レヲ除ク

安田実	5.19（土）出発 明野教導飛行師団	渡井昭夫	5.26（土）出発 明野教導飛行師団
宮本隆		佐野史朗	
大熊德太郎		山下郁夫	
坂本一平		喜多省也	
杉本一男		三上敏之	
岩間寛		中野宗男	
大塚作兵衛		金山永実	
山下陽一		白田文治	
大場多門	5.16（火）出発 第八練習飛行隊	岩崎雅也	
佐藤庄彌		七班 三戸浩	5.25（金）出発 第四教育隊
野尻清明		七班 松崎正義	
小倉誠一		七班 阿部美巳	
荒川良次		鈴木博玄	独立飛行17中隊
澁谷俊夫		鈴木達夫	6.1（金）出発 第四教育飛行隊
岡敦哉		高山友三郎	
桝田清		佐藤昭光	
高野潤		水谷義一	
川越忠彦		坂田千之	○ 5.31（木）出発
~~西村昇~~		笹山哲人	○ 5.31（木）出発
[redacted]		城戸昭	○ 5.31（木）出発
沼田勇		高峰健次	
遠藤成之		小山武	
小野崎桃太郎		久湊祥吉	
鈴木久信		松林昭男	
大崎蓮三郎		正木陽二	
高橋俊和		白石強	
篠原松太郎		後藤正一	
		安田正実	

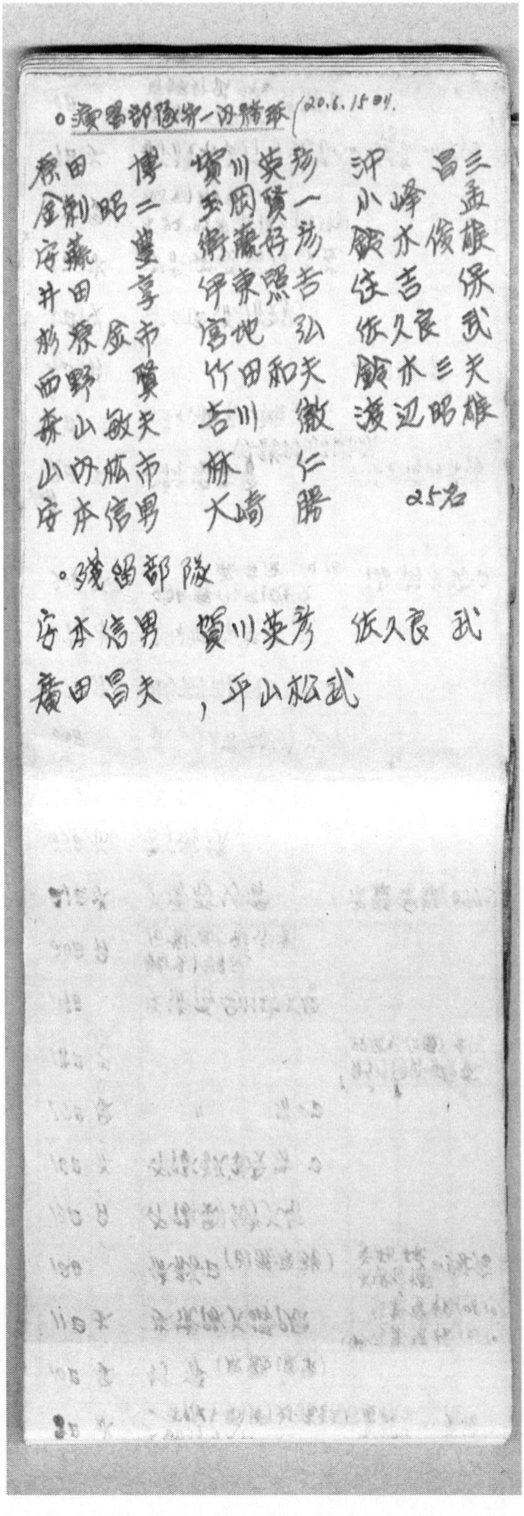

○演習部隊第一次勝班（20.6.15日）

藤田　博　　賀川英彦　　沖　昌三
金刺昭二　　手塚賢一　　小峰　孟
安藤　豊　　衛藤好彦　　鈴木俊雄
井田　亨　　伊東照吉　　住吉　保
形藤金市　　宮地　弘　　佐久良　武
西野　賢　　竹田和夫　　鈴木三夫
森山敏夫　　吉川　徹　　渡辺昭雄
山形紘市　　林　仁
安本信男　　大崎　勝　　25名

○残留部隊

安本信男　賀川英彦　佐久良　武
廣田昌夫，平山松武

。<u>演習部隊第一内務班</u>（20.6.15ヨリ

原田博	賀川英彦	沖昌三
金刺昭二	玉岡賢一	小峰孟
安藤豊	衛藤好彦	鈴木俊雄
井田享	伊東照吉	住吉保
杉原金市	宮地弘	佐久間武
西野賢	竹田和夫	鈴木三夫
森山敏夫	吉川徹	渡辺昭雄
山内松市	林仁	
安本信男	大崎勝	25名

。残留部隊

安本信男	賀川英彦	佐久間武
廣田昌夫	平山松武	

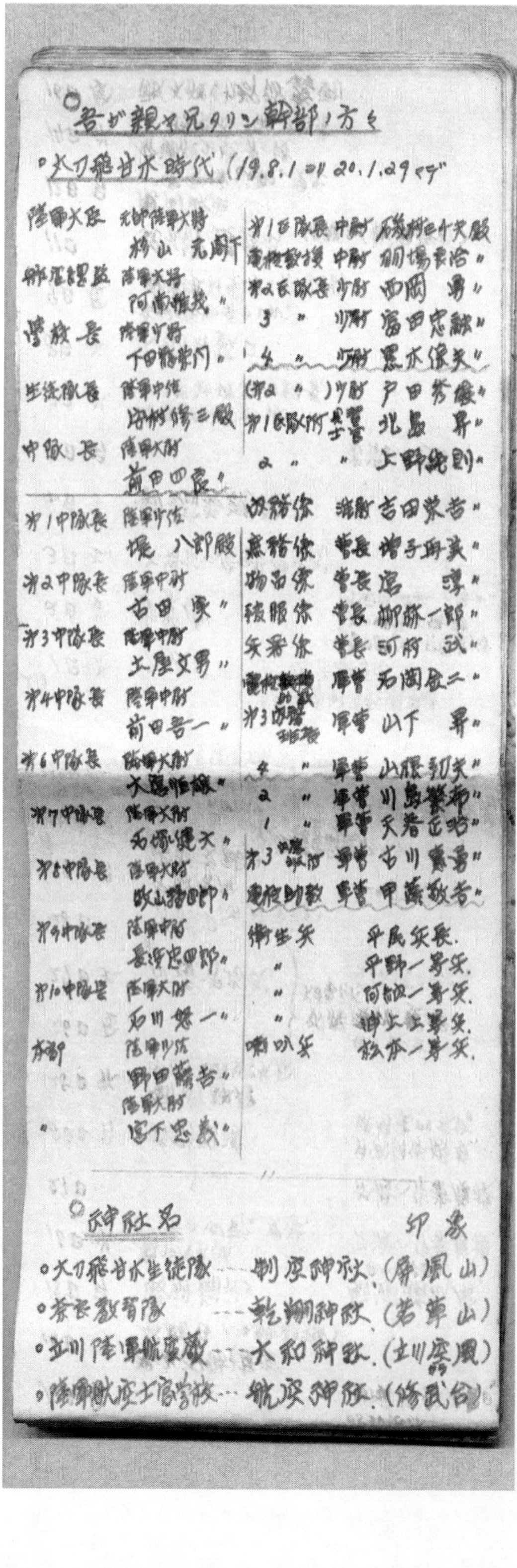
○吾ガ親ト兄タリシ幹部ノ方々
○大刀洗甘木時代（19.8.1ヨリ20.1.29マデ）
陸軍大臣 元帥陸軍大将 杉山元閣下
教育総監 陸軍大将 阿南惟幾〃
学校長 陸軍少将 下田継衛門〃
生徒隊長 陸軍中佐 安藤修三殿
中隊長 陸軍大尉 前田四良〃
第1中隊長 陸軍少佐 堀八郎殿
第2中隊長 陸軍中尉 古田実〃
第3中隊長 陸軍中尉 土屋文男〃
第4中隊長 陸軍中尉 前田善一〃
第6中隊長 陸軍大尉 大島惟雄〃
第7中隊長 陸軍大尉 石塚健夫〃
第8中隊長 陸軍大尉 東山猪四郎〃
第9中隊長 陸軍中尉 長沢忠四郎〃
第10中隊長 陸軍大尉 石川勝一〃
本部 陸軍少佐 野田藤吉〃
〃 陸軍大尉 宮下忠義〃
第1区隊長 中尉 磯村十大殿
電信教官 中尉 桐場貞治〃
第2区隊長 少尉 西岡勇〃
3 〃 少尉 富田忠雄〃
4 〃 少尉 黒木保夫〃
（第2 〃）少尉 戸田秀雄〃
第1区隊付 見習士官 北島昇〃
2 〃 〃 上野晃則〃
炊事係 准尉 吉田栄吉〃
兵器係 曹長 増子勇美〃
物品係 曹長 宮 淳〃
被服係 曹長 柳林一郎〃
兵事係 曹長 河村 武〃
電信教官助教 軍曹 石岡金二〃
第3区隊班長 軍曹 山下昇〃
4 〃 軍曹 山根勇夫〃
2 〃 軍曹 川島繁郁〃
1 〃 軍曹 天谷正昭〃
第3区隊付 軍曹 古川義男〃
電信助教 軍曹 甲斐敏吉〃
衛生兵 平尾兵長.
〃 平野一等兵.
〃 阿部一等兵.
〃 神上上等兵.
喇叭兵 松本一等兵.
○神社名 印象
○大刀洗甘木生徒隊……刺冥神社（屏風山）
○奈良教育隊……乾瑚神社（若草山）
○立川陸軍航空廠……大和神社（立川空風）
○陸軍航空士官学校……航空神社（修武台）

◦吾ガ親ヤ兄タリシ幹部ノ方々

◦太刀洗甘木時代（19.8.1ヨリ20.1.29マデ

陸軍大臣	元帥陸軍大將	第1区隊長	中尉	磯村三千夫殿
	杉山元閣下	電機教授	中尉	羽場雲洽 〃
航空總監	陸軍大將	第2区隊長	少尉	西岡勇 〃
	阿南惟幾〃	3 〃	少尉	富田忠融 〃
学校長	陸軍少將	4 〃	少尉	黒木保夫 〃
	下田龍栄門〃	（第2 〃）	少尉	戸田秀雄 〃
生徒隊長	陸軍中佐	第1区隊附	見習士官	北島昇 〃
	安村修三殿	2 〃	〃	上野純則 〃
中隊長	陸軍大尉			
	前田四良〃			
第1中隊長	陸軍少佐	內務係	準尉	内田栄吉〃
	堤八郎殿	庶務係	曹長	增子再美〃
第2中隊長	陸軍中尉	物品係	曹長	宮　淳〃
	古田実〃	被服係	曹長	柳林一郎〃
第3中隊長	陸軍中尉	兵器係	曹長	河村　武〃
	土屋文男〃	電機~~教授~~助教	軍曹	石岡金二〃
第4中隊長	陸軍中尉			
	前田吾一〃	第3內務班長	軍曹	山下　昇〃
第6中隊長	陸軍大尉	4 〃	軍曹	山根初夫〃
	大宮恒雄〃	2 〃	軍曹	川島繁市〃
第7中隊長	陸軍大尉	1 〃	軍曹	天春正治〃
	石塚健大〃	第3內務班附	軍曹	古川惠勇〃
第8中隊長	陸軍大尉	電機助教	軍曹	甲藤敬吉〃
	牧山源四郎〃			
第9中隊長	陸軍中尉	衛生兵		平尾兵長.
	長浜忠四郎〃	〃		平野一等兵.
第10中隊長	陸軍大尉	〃		阿納一等兵.
	石川怒一〃	〃		浦上一等兵.
本部	陸軍紹佐	喇叭兵		松本一等兵.
	野田藤吉〃			
	陸軍大尉			
	宮下忠義〃			

◦神社名		印象
◦大刀飛甘木生徒隊	——制空神社.	（屏風山）
◦奈良教育隊	——乾翔神社.	（若草山）
◦立川陸軍航空廠	——大和神社.	（立川空風）
◦陸軍航空士官学校	——航空神社.	（修武台（カラ））

・奈良教育隊時代（20.1.30より20.2.28マデ）

教育隊長　陸軍中佐　島田仁市郎殿　第2区隊
候補生隊長　陸軍少佐　中越幸秋〃　第1内務班長　軍曹　石田　助〃
2〃　軍曹　田中正次郎〃
隊附　陸軍中尉　中川健一〃　3〃　伍長　西口駒一〃
第1区隊長　中尉　渡部　明〃　4〃　伍長　明石三郎〃
2〃　少尉　杉山英男〃　第3区隊
3〃　少尉　藤田武雄〃　第1内務班長　軍曹　国光守之〃
4〃　少尉　池上　清〃　2〃　軍曹　大澤　陽〃
隊附　准尉　竹口為郎〃　3〃　伍長　川原助三郎〃
〃　曹長　小司　猛〃　4〃　伍長　吉良貞治〃
〃　曹長　西田末信〃　（1〃）軍曹　広田信男〃

第1区隊　第4区隊
第1内務班長　軍曹　小林定一〃　第1内務班長　軍曹　榎本幸男〃
2〃　軍曹　津志幸人〃　2〃　軍曹　河西利二〃
3〃　伍長　中西三郎〃　3〃　伍長　野村秀雄〃
4〃　伍長　山本英一〃　4〃　伍長　小松若松〃

・立川航廠作業隊時代（20.3.1より20.4.7マデ……篠崎隊
20.6.12マデ……小野隊）

総監部長　陸軍大将　阿南惟幾閣下
航空廠長　陸軍大佐　田辺収四郎殿
警備部長　陸軍中佐　中本三子雄殿

篠崎隊（第○兵舎）
中隊長　中尉　篠崎善暁殿
第1区隊長　斉藤見習士官
2〃　本尾襄〃
3〃　大和田勇雄〃
第1内務班長　石川伍長殿
2〃　小田原伍長〃
3〃　小澤軍曹〃
4〃　宮下軍曹〃
5〃　高橋伍長〃
3〃　吉田伍長〃
4〃　舟田伍長〃
1〃　三澤軍曹〃

小野隊
中隊長　中尉　小野忠雄〃
隊附将校　少尉　正野源次〃
〃　少尉　池田武一〃
〃　見習士官　町田富美〃
〃　〃　本尾　襄〃
内務係　曹長　正木敬一〃
第1内務（1）班長　軍曹　町田保雄〃
3（7）〃　伍長　時崎健次〃
4〃　伍長　石川清次〃
5〃　伍長　大谷茂藏〃
6〃　衛生下士　根岸正治〃
8〃　軍曹　渡辺頼一〃
11〃　伍長　森多喜次〃
12〃　伍長　若林孝作〃
10（13）〃　伍長　小柳精以知〃
9〃　軍曹　大坂実〃

◦ 奈良教育隊時代（20.1.30ヨリ20.2.28マデ

教育隊長	陸軍中佐	島田仁市郎殿	
候補生隊長	陸軍少佐	中瀬幸雄	〃
隊附	陸軍中尉	中川健一	〃
第1区隊長	中尉	渡部明	〃
2 〃	少尉	杉山英彦	〃
3 〃	少尉	富田武融	〃
4 〃	少尉	池上清	〃
隊附	准衛	竹口安郎	〃
〃	曹長	小司統（トホル）	〃
〃	曹長	西田末信	〃
第1区隊			
第1内務班長	軍曹	小林定一	〃
2 〃	軍曹	浦志幸仁	〃
3 〃	伍長	中西三郎	〃
4 〃	伍長	山本英一	〃

第2区隊			
第1内務班長	軍曹	石田助	〃
2 〃	軍曹	田中正太郎	〃
3 〃	伍長	西口駒一	〃
4 〃	伍長	明石三郎	〃
第三区隊			
第1内務班長	軍曹	國光守之	〃
2 〃	軍曹	大澤陽	〃
3 〃	伍長	川原助三郎	〃
4 〃	伍長	古屋貞治	〃
（1 〃 ）	軍曹	広田信男	〃
第4区隊			
第1内務班長	軍曹	榎本兼男	〃
2 〃	軍曹	河西利二	〃
3 〃	伍長	野村秀雄	〃
4 〃	伍長	小松春松	〃

◦ 立川航廠作業隊時代（20.3.1ヨリ20.4.7マデ

航空總監	陸軍大將	阿南惟幾閣下
航空廠長	陸軍大佐	田辺收四郎殿
整備部長	陸軍中佐	浦本三子雄殿

…篠崎隊
20.6.12マデ
…小野隊

篠崎隊（第二舎）

中隊長	中尉	篠崎善曉殿	
第1区隊長		斉藤見習士官	
2 〃		本尾篤	〃
3 〃		大和田芳雄	〃
第1内務班長		石川伍長殿	〃
2 〃		小田原伍長	〃
3 〃		小澤幸雄軍曹	〃
4 〃		宮下軍曹	〃
5 〃		高橋伍長	〃
転属セル班長			
3 〃		古田伍長	〃
4 〃		角田伍長	〃
1 〃		三澤軍曹	〃

小野隊

中隊長	中尉	小野忠雄	〃
隊附將校	少尉	正野源次	〃
〃	少尉	池田武一	〃
〃	見習士官	町田富美	〃
〃	〃	本尾　篤	〃
内務係	曹長	正本敬一	〃
第2内務（1）班長	軍曹	町田保雄	〃
3（7）〃	伍長	時崎健次	〃
4 〃	伍長	石川清次	〃
5 〃	伍長	大谷鹿藏	〃
6 〃	下士	椎名正治	〃
8 〃	軍曹	渡辺禎一	〃
11 〃	伍長	原多喜次	〃
12 〃	伍長	若林吾作	〃
10（13）〃	伍長	小林精以知	〃
9 〃	軍曹	大須賀	〃

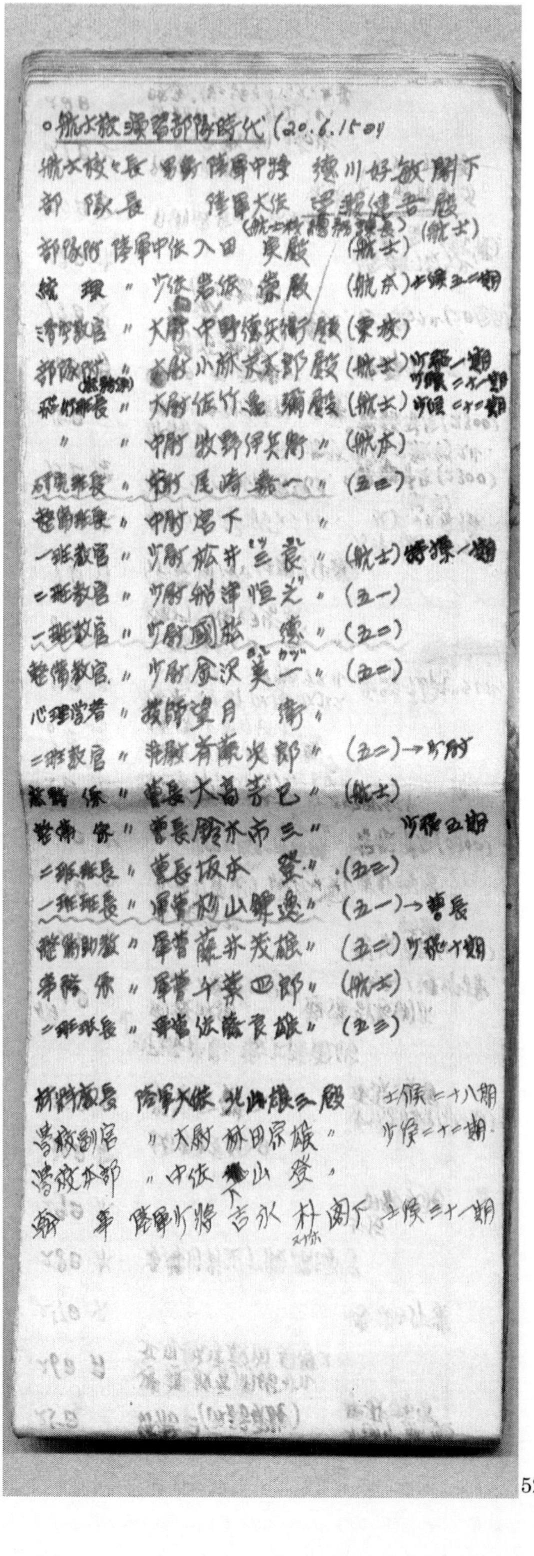
○航士校滑空部隊時代（20.6.15〜）

航士校々長 陸軍中将 徳川好敏閣下

部隊長 陸軍大佐 [illegible]健吉殿（航士校[illegible]部長）（航士）

部隊附 陸軍中佐入田 [illegible]殿（航士）

総理 〃 少佐 岩佐 [illegible]殿（航士）士候五二期

滑空教官 〃 大尉 中野[illegible]殿（乗校）

部隊附 〃 [illegible] 小林[illegible]郎殿（航士）少候一期 少候二十二期

飛行班長 〃 大尉 佐竹[illegible]殿（航士）少候[illegible]期

〃 〃 中尉 牧野伊兵衛 〃（航士）

研究班長 〃 少尉 尾崎[illegible]一 〃（五二）

整備班長 〃 中尉 [illegible]下 〃

一班教官 〃 少尉 松井三良 〃（航士）特操一期

二班教官 〃 少尉 船津恒光 〃（五一）

一班教官 〃 少尉 國松 [illegible] 〃（五二）

整備教官 〃 少尉 金沢美一 〃（五二）

心理学者 〃 技師 望月 衛 〃

二班教官 〃 准尉 斉藤次郎 〃（五二）→少尉

[illegible]係 〃 曹長 大高[illegible] 〃（航士）

整備係 〃 曹長 鈴木市三 〃 少候五期

二班班長 〃 曹長 坂本 登 〃（五二）

一班班長 〃 軍曹 [illegible]山[illegible] 〃（五一）→曹長

整備助教 〃 軍曹 藤井茂雄 〃（五二）少候十期

事務係 〃 軍曹 千葉四郎 〃（航士）

二班班長 〃 軍曹 佐藤良雄 〃（五三）

部隊長 陸軍大佐 [illegible]殿 士候二十八期

学校副官 〃 大尉 林田宗雄 〃 少候二十二期

学校本部 〃 中佐 大山 登 〃

幹事 陸軍少将 吉永 朴（スナホ）閣下 士候二十一期

◦ 航士校演習部隊時代（20.6.15ヨリ

航士校々長	男爵	陸軍中將	徳川好敏閣下	
部隊長		陸軍大佐	梁瀬健吾殿	
		（航士校總務課長）	（航士）	
部隊附	陸軍中佐	入田実殿	（航士）	
統理	〃　少佐	岩佐崇殿	（航士）	
滑空教官	〃　大尉	中野德兵衛殿	（東校）	
部隊附（庶務課）	〃　大尉	小林末太郎殿	（航士）	少飛一期 少侯二十一期
飛行班長	〃　大尉	佐竹亀彌　殿	（航士）	少侯二十二期
〃	〃　中尉	牧野伊兵衛〃	（航本）	
研究班長	〃　中尉	尾崎嘉一　〃	（五三）	
整備班長	〃　中尉	宮下　〃		
一班教官	〃　少尉	松井三良(ミツヨシ)　〃	（航士）	特操一期
二班教官	〃　少尉	船津恒之(ノリ)　〃	（五一）	
一班教官	〃　少尉	國松德　〃	（五二）	
整備教官	〃　少尉	金沢美一(ヨシカツ)　〃	（五二）	
心理学者	〃　技師	望月衛　〃		
二班教官	〃　準尉	斉藤次郎　〃	（五二）	→少尉
庶務係	〃　曹長	大高芳巳　〃	（航士）	
整備係	〃　曹長	鈴木市三　〃		少飛五期
二班班長	〃　曹長	坂本登　〃	（五三）	
一班班長	〃　軍曹	杉山錬逸　〃	（五一）	→曹長
整備助教	〃　軍曹	藤井茂雄　〃	（五二）	少飛十期
事務係	〃　軍曹	千葉四郎　〃	（航士）	
二班班長	〃　軍曹	佐藤良雄　〃	（五三）	
材料廠長	陸軍大佐	北山雄三殿	士候二十八期	
学校副官	〃　大尉	林田宗雄〃	少侯二十二期	
学校本部	〃　中佐	下山登　〃		
幹事	陸軍少將	吉永朴(スナホ)閣下	士候三十一期	

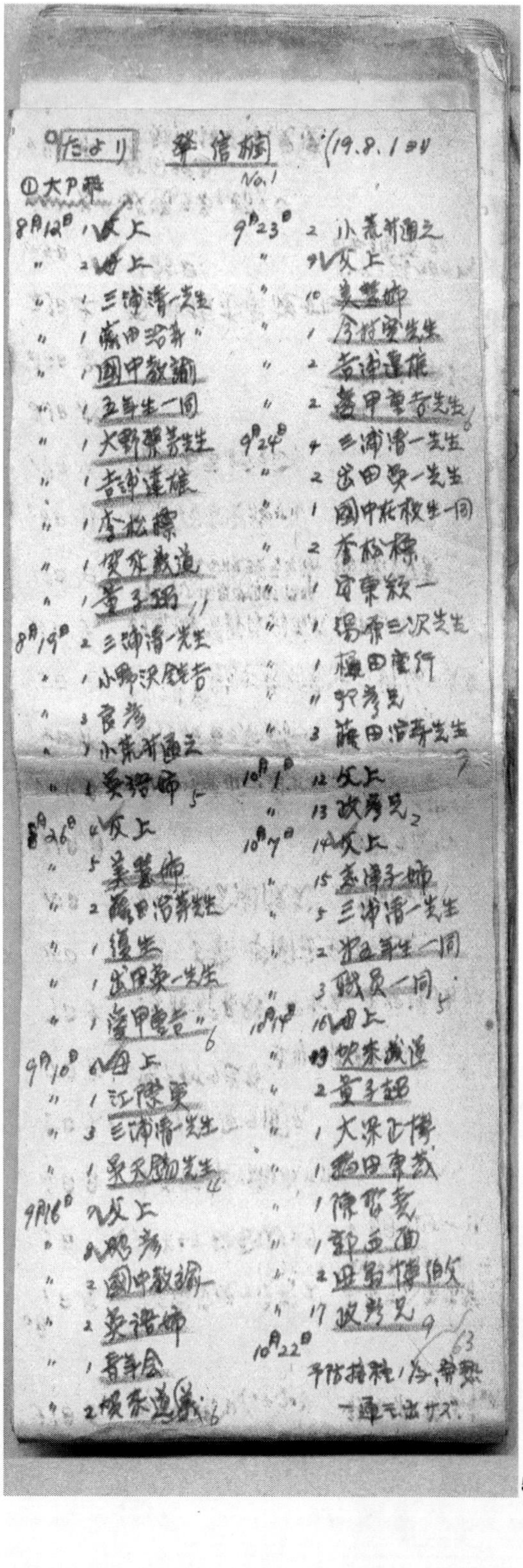

案：「藤田 治芽」：牧師，生於1899年，卒於1994年，日本山口縣人。1915年日本基督教會洛中教會受洗，1916年東京神學社入學，同時受到高倉德太郎指導，1941年宗教團體法時反對「教派合同」，著有《植村正久の福音理解》（1981）。（參：鈴木範久著，《日本キリスト教歷史人名事典》，頁661）

「吳天錫」：前楠梓教會長老、台南神學院總務主任，育有3女2男，於1984年7月10日去世，享年85歲。（參：陳中潔撰，〈天堂、陽傘——敬悼祖父吳天錫長老〉，收錄於賴永祥長老史料庫，《海外台灣基督徒聯合通訊》，132期，1984，頁9）

○たより　　　発信欄　　（19.8.1 ヨリ

No.1

①太刀飛

8月12日　1 ✓　父上
〃　2 ✓　母上
〃　1　三浦清一先生
〃　1　藤田治芽〃
〃　1　國中教諭
〃　1　五年生一同
〃　1　大野繁芳先生
〃　1　吉浦達雄
〃　1　李松標
〃　1　賀來義道
〃　1　黄子超　11
8月19日　2　三浦清一先生
〃　1　小野沢銑吉
〃　3　良彦
〃　1　小荒井通之
〃　1　英語姉　5
8月26日　4 ✓　父上
〃　5　美慧姉
〃　2　藤田 治芽先生
〃　1　復生
〃　1　出田英一先生
〃　1　愛甲重吉〃　6
9月10日　6 ✓　母上
〃　1　江際実
〃　3　三浦清一先生
〃　1　呉天錫先生　4
9月16日　7 ✓　父上
〃　3 ✓　昭彦
〃　2　國中教諭
〃　2　英語姉
〃　1　青年会
〃　2　賀來道義　6
9月23日　2　小荒井通之
〃　9 ✓　父上
〃　10　美慧姉
〃　1　今村寛先生
〃　2　吉浦達雄
〃　2　愛甲重吉先生　6
9月24日　4　三浦清一先生
〃　2　出田英一先
〃　1　國中在校生一同
〃　2　李松標
〃　1　安東穎一
〃　1　湯原三次先生
〃　1　樋田重行
〃　1　邦彦兄
〃　3　藤田治芽先生　9
10月1日　12　父上
〃　13　政彦兄　2
〃　14 ✓　父上
〃　15　志津子姉
〃　5　三浦清一先生
〃　2　第五年生一同
〃　3　職員一同
10月14日　16 ✓　母上
〃　13　賀來義道
〃　2　黄子超
〃　1　大梁正博
〃　1　稲田東哉
〃　1　陳哲堯
〃　1　郭西面
〃　2　田島博 伯父
〃　17　政彦兄
10月22日　9／63
予防接種植ノ為、発熱
一通モ出サズ.

10月29日	2	大東建博	1月1日	36 父上(航空)
〃	1	父上	1月9日	36 父上
〃	19	哀參		2 廖參鏡
〃		(陳筍數(宋)	1月14日	37 我參兄(航便)
〃	20	美瑩姉		38 我參兄 2
〃	1	詹明星 6	②詹言教	105
11月3日	21	父上(卿)	2月3日	1 父上(航空)
			〃	2 父上(航空)
11月4日	2	陳雪雲	〃	1 三浦清一先生
11月11日	22	唱參	〃	1 甲斐敬吉先生
〃	2	生紙一回	2月10日	1 美瑩姉(航空) 4
〃	23	我參兄	〃	1 前田四郎隊長
〃	3	小荒井通之	〃	1 陳哲義兄
〃	1	張兆芳	〃	1 山根功夫班長
〃	3	李松標 6	〃	1 小荒井通之
11月19日	24	我參兄	〃	1 大梁上博
〃	25	哀參兄	〃	1 廖管踐 7
〃	1	大梁上博	〃	2 三浦清一先生
〃	1	三浦清一先生	2月17日	
				2 廖乙輝 2
11月25日	26	田上 4		
〃	1	唱參	2月24日	2 甲斐敬吉班長
〃	28	父上 3		3 三浦清一先生
12月3日	29	父上		4 父上(航空) 3
〃	30	汲參兄	③立川航教	16
12月9日	31	田上	3月4日	1 三浦清一先生
〃		李松標	〃	1 小荒井通之
〃	4	大梁上博	〃	1 團裳班長 3
12月16日	32	父上	3月8日	34 父上(航空)
12月23日	33	父上	4月10日	1 山根班長
〃	1	孤德壁	〃	2 三浦清一先生
〃	2	今井愛先生	〃	2 小荒井通之 3
〃		廖管踐 4	4月□日	36 父上(航空)
12月30日	7	三浦清一先生	〃	1 甲斐敬吉班長
〃	3	陳哲義	〃	1 台湾青年会
〃	34	父上	〃	1 美瑩姉 4
〃	4	小荒井通之	4月25日	1 陳哲義
〃	3	美瑩姉		1 松沢教養

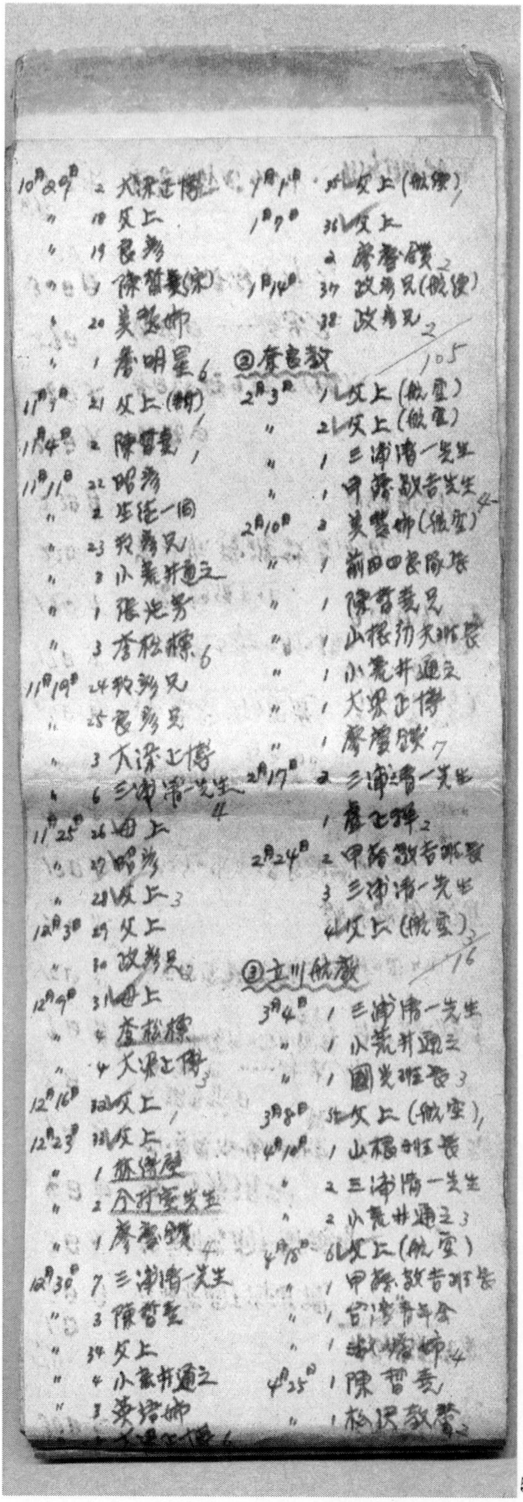

10月29日	2		大梁正博	
〃	18		父上	
〃	19		良彦	
〃	1		陳哲堯（宗）	
〃	20		美慧姉	
〃	1		詹明星	6
11月1日	21		父上（新）	1
11月4日	2		陳哲堯	1
11月11日	22		昭彦	
〃	2		生徒一同	
〃	23		邦彦兄	
〃	3		小荒井通之	
〃	1		張延芳	
〃	3		李松標	6
11月19日	24		邦彦兄	
〃	24		良彦兄	
〃	3		大梁正博	
〃	6		三浦清一先生	4
11月25日	26	✓	母上	
〃	27	✓	昭彦	
〃	28	✓	父上	
12月3日	29		父上	
〃	30		政彦兄	
12月9日	31	✓	母上	
〃	4		李松標	
〃	11		大梁正博	
12月16日	32	✓	父上	
12月23日	33	✓	父上	
〃	1		林傳壁	
〃	2		今村寛先生	
〃	1		廖慶鑽	
12月30日	7		三浦清一先生	
〃	3		陳哲堯	
〃	34		父上	
〃	4		小荒井通之	
〃	3		英語姉	
〃	5		大梁正博	6

1月1日	35	✓	父上（航便）	1
1月7日	36	✓	父上	
〃	2		廖慶鑽	2
1月14日	37		政彦兄（航便）	
〃	38		政彦兄	
②奈良教				2／105
2月3日	1	✓	父上（航空）	
〃	2	✓	父上（航空）	
〃	1		三浦清一先生	
〃	1		甲藤敬吉先生	4
2月10日	3		美慧姉（航空）	
〃	1		前田四良隊長	
〃	1		陳哲堯兄	
〃	1		山根初夫班長	
〃	1		小荒井通之	
〃	1		大梁正博	
〃	1		廖慶鑽	7
2月17日	2		三浦清一先生	
〃	1		盧正祥	
2月24日	2		甲藤敬吉班長	
〃	3		三浦清一先生	
〃	4	✓	父上（航空）	
③立川航廠				3／16
3月4日	1		三浦清一先生	
〃	1		小荒井通之	
〃	1		國光班長	3
3月8日	5	✓	父上（航空）	1
4月10日	1		山根班長	
〃	2		三浦清一先生	
〃	2		小荒井通之	3
4月18日	6	✓	父上（航空）	
〃	1		甲藤敬吉班長	
〃	1		台湾青年会	
〃	1		淑嬌姉	4
4月25日	1		陳哲堯	
〃	1		松沢教會	2

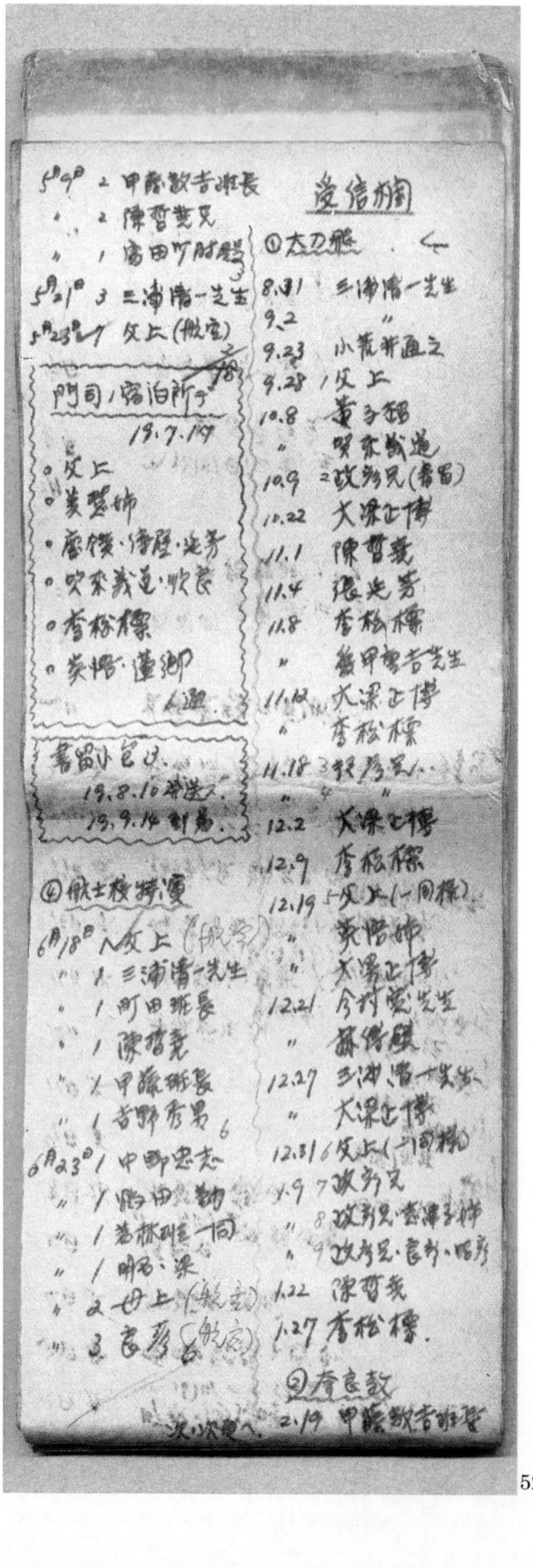
5月9日 2 甲藤數吉班長
〃 2 陳哲堯兄
〃 1 富田竹次郎
5月21日 3 三浦清一先生
5月23日 7 父上（航空）
門司ノ宿泊所ヲ
19.7.19
○父上
○美慧姉
○應鐘・清歷・張先芳
○吳家義道・班長
○李松標
○美惜・蓮卿
書留小包以
19.8.10 発送
19.9.14 到着
④航士校特操
6月18日 1 父上（航空）
〃 1 三浦清一先生
〃 1 町田班長
〃 1 陳哲堯
〃 1 甲藤班長
〃 1 吉野秀男 6
6月23日 1 中野忠夫
〃 1 鶴田勤
〃 1 若林班長一同
〃 1 明石・梁
〃 2 母上（航空）
〃 3 良彥（航空）
次ノ次頁へ
受信欄
①大刀洗
8.31 三浦清一先生
9.2 〃
9.23 小荒井直之
9.28 1 父上
10.8 黃子超
〃 吳家義道
10.9 2 政彥兄（書留）
10.22 大梁正博
11.1 陳哲堯
11.4 張先芳
11.8 李松標
〃 甲藤數吉先生
11.12 大梁正博
〃 李松標
11.18 3 政彥兄
〃 4 〃
12.2 大梁正博
12.9 李松標
12.19 5 父上（一同様）
〃 美惜姉
〃 大梁正博
12.21 今村榮先生
〃 孫傳麟
12.27 三浦清一先生
〃 大梁正博
12.31 6 父上（一同様）
1.9 7 政彥兄
〃 8 政彥兄・美津子姉
〃 9 政彥兄・良彥・昭彥
1.22 陳哲堯
1.27 李松標
②香良教
2.19 甲藤數吉班長

5月9日	2	甲藤敬吉班長
〃	2	陳哲堯兄
〃	1	富田少尉殿
5月21日	3	三浦清一先生
5月23日	7 ✓	父上（航空）

2／18

門司ノ宿泊所デ
19.7.17
◦父上
◦美慧姉
◦慶鑽．傳壁．延芳
◦吹來義道　順良
◦李松標
◦英悟蓮郷
6通．

書留小包　3
19.8.10　発送ス
19.9.14　到着

④航士校特演

6月18日	1 ✓	父上（航空）
〃	1	三浦清一先生
〃	1	町田班長
〃	1	陳哲堯
〃	1	甲藤班長
〃	1	吉野秀男
6月23日	1	中野忠志　6
〃	1	鶴田勤
〃	1	若林班一同
〃	1	明名、梁
〃	2	母上（航空）
〃	3	良彦（航空）　6

次、次頁へ

受信欄　35 ✓ 父上（航便）　1

①大刀飛

8.31		三浦清一先生
9.2		〃
9.23		小荒井通之
9.28	1	父上
10.8		黄子超
〃		賀來義道
10.9	2	政彦兄（書留）
10.22		大梁正博
11.1		陳哲堯
11.4		張延芳
11.8		李松標
〃		愛甲重吉先生
11.12		大梁正博
〃		李松標
11.18	3	邦彦兄
〃	4	〃
12.2		大梁正博
12.9		李松標
12.19 5		父上（一同樣）
〃		英悟姉
〃		大梁正博
12.21		今村寛先生
〃		林傳壁
12.27		三浦清一先生
〃		大梁正博
12.31	6	父上（一同樣）
1.9	7	政彦兄
〃	8	政彦兄志津子姉
〃	9	政彦兄良彦昭彦
1.22		陳哲堯
1.27		李松標

②奈良教

2.19		甲藤敬吉班長

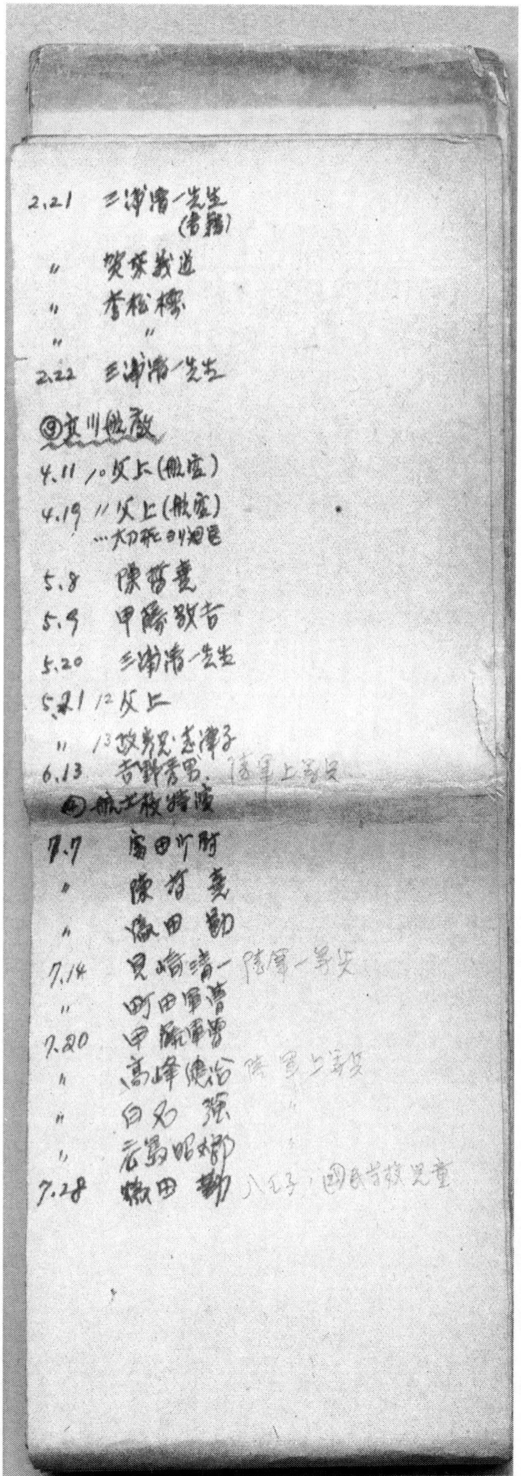
2.21 三浦清一先生
2.22 三浦清一先生
4.11 10 父上(航空)
4.19 11 父上(航空)
5.8 陳哲堯
5.20 三浦清一先生
5.21 12 父上
6.13 吉野秀男 陸軍上等兵
7.7 富田少尉
〃 陳哲堯
〃 織田勤
7.14 見崎清一 陸軍一等兵
〃 町田軍曹
7.20 甲藤軍曹
〃 高峰徳治 陸軍上等兵
〃 白石強
〃 広島昭太郎
7.28 織田勤 八王子国民学校児童
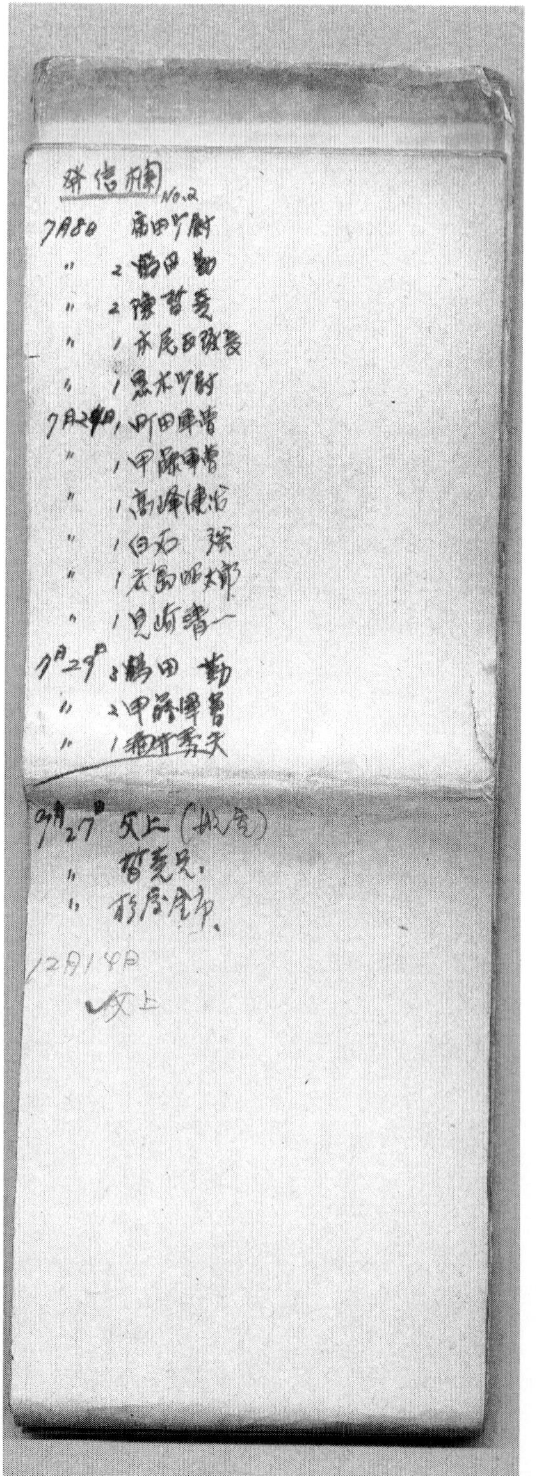
発信控 No.2
7月8日 富田少尉
〃 2 織田勤
〃 2 陳哲堯
7月24日 1 町田軍曹
〃 1 甲藤軍曹
〃 1 高峰徳治
〃 1 白石強
〃 1 広島昭太郎
〃 1 見崎清一
7月27日 3 織田勤
〃 2 甲藤軍曹
9月27日 父上(航空)
12月14日
父上

2.21		三浦清一先生 （書籍）
〃		賀來義道
〃		李松標
〃		〃
2.22		三浦清一先生
⑨立川航廠		
4.11	10	父上（航空）
4.19	11	父上（航空） …大刀飛ヨリ迴送
5.8		陳哲堯
5.9		甲藤敬吉
5.20		三浦清一先生
5.21	12	父上
〃	13	政彦兄、志津子
6.13		吉野秀男．陸軍上等兵
④航士校特演		
7.7		富田少尉
〃		陳哲堯
〃		鶴田　勤
7.14		見崎清一　陸軍一等兵
〃		町田軍曹
7.20		甲藤軍曹
〃		高峰健治　陸軍上等兵
〃		白石強　　〃
〃		広島昭太郎〃
5.20		三浦清一先生
7.28		鶴田勤　八王子ノ國民学校児童

発信欄　No.2

7月8日		富田少尉
〃	2	稲田勤
〃	2	陳哲堯
〃	1	本尾区隊長
〃	1	黑木少尉
7月24日	1	町田軍曹
〃	1	甲藤軍曹
〃	1	高峰健治
〃	1	白石強
〃	1	広島昭太郎
〃	1	見崎清一
7月29日	3	鶴田勤
〃	2	甲藤均曹
〃	1	酒井秀夫
9月27日		父上（航空）
〃		哲堯兄
〃		杉原金市
12月14日		
		父上

○人事異動ノ命令 NO.2

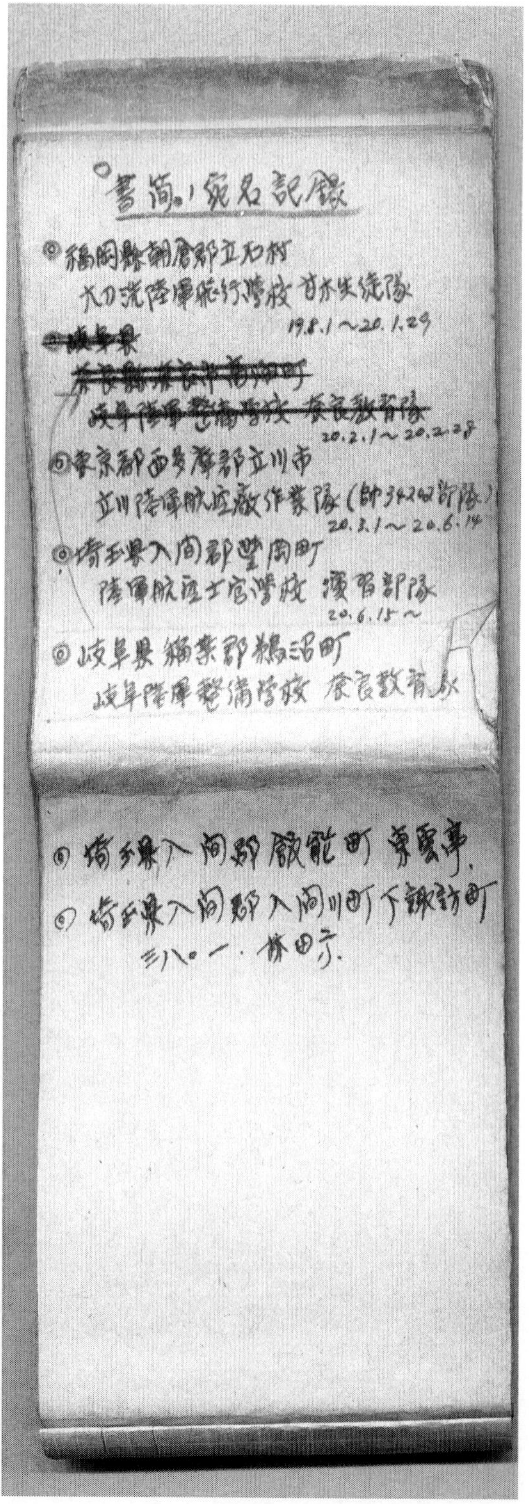
○書簡ノ宛名記錄
◎福岡縣朝倉郡立石村
大刀洗陸軍飛行學校 甘木生徒隊
19.8.1～20.1.29
岐阜縣
岐阜陸軍整備學校 奉仕教育隊
20.2.1～20.2.28
◎東京都西多摩郡立川市
立川陸軍航空廠作業隊（師34240部隊）
20.3.1～20.6.14
◎埼玉縣入間郡豊岡町
陸軍航空士官學校 演習部隊
20.6.15～
◎岐阜県 稲葉郡鵜沼町
岐阜陸軍整備學校 奉仕教育隊
◎埼玉県入間郡飯能町 第要事
◎埼玉県入間郡入間川町下諏訪町
三八〇一・勝田亨

○人事異動ノ命令　No.2

○書簡ノ宛名記録

◎福岡縣朝倉郡立石村
大刀洗陸軍飛行學校甘木生徒隊

~~◎岐阜県~~　19.8.1~20.1.29
~~奈良県奈良市高畑町~~
~~岐阜陸軍整備学校　奈良教育隊~~
20.2.1~20.2.28

◎東京都西多摩郡立川市
立川陸軍航空廠作業隊（帥34202部隊）
20.3.1~20.6.14

◎崎玉県入間郡豊岡町
陸軍航空士官学校　演習部隊
20.6.15~

◎岐阜県稲業鶉沼町
岐阜陸軍航空整備学校　奈良教育隊

○崎玉県入間郡飯能町東雲亭
○埼玉県入間郡入間川町下諏訪町
三八〇一　林田示

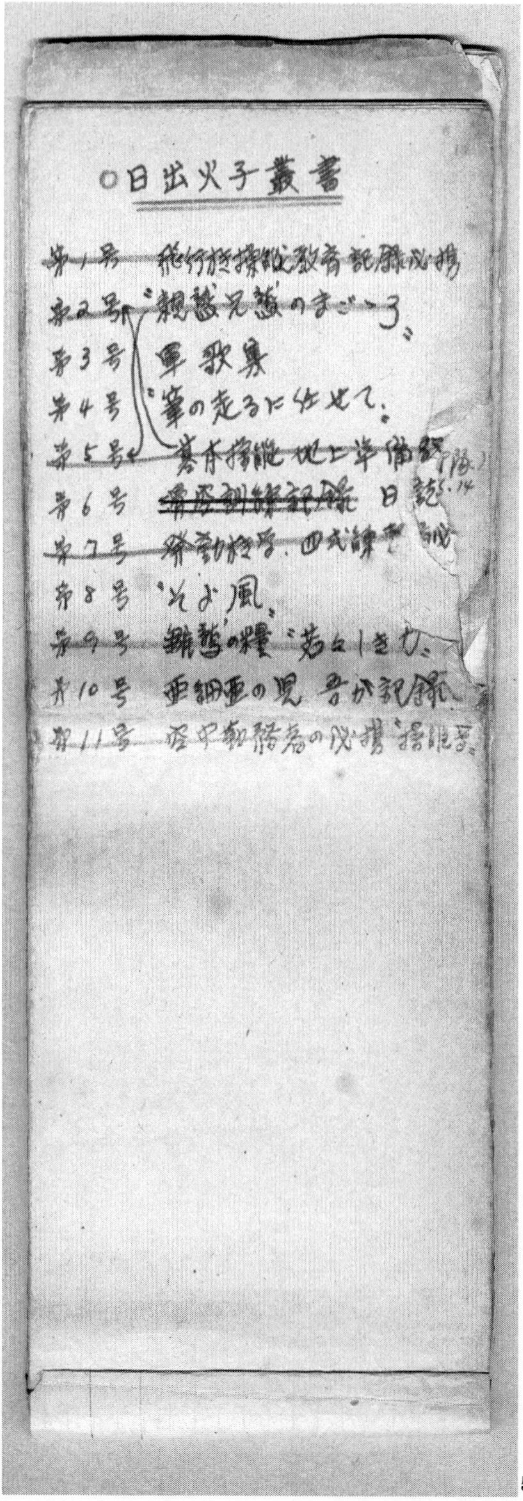
○日出火子叢書
第3号 軍歌集
第4号 筆の走るに任せて
第8号 そよ風

○日出火子叢書

~~第一號　　飛行機操縦教育紀錄必攜~~

~~第二號　　親鷲兒鷲のまごゝろ~~

第三號　　軍歌集

第四號　　筆の走るに任せて

~~第五號　　基本操縦地上準備~~

第六號　　~~滑空訓練紀錄~~　日誌

~~第七號　　發動機學　四式練整備~~

第八號　　そよ風

~~第九號　　雛鷲の糧　若々しき力~~

第十號　　亞細亞的兒 吾が記録

~~第十一號　空中勤務者の必攜　操縦號~~

鄭連德的重要經歷

年	月日	大事
一九二六	十一月八日	出生於台中州大甲郡下山腳四〇一一，午前三時誕生。
	十二月五日	大甲教會受洗。
一九三一	四月一日	大甲幼稚園入園。
一九三三	三月二十四日	大甲幼稚園修了。
	四月一日	大甲尋常小學校入校。
一九三九	三月十七日	大甲尋常小學校畢業。
	四月八日	台北末廣高等小學校第一學年入學（高等科）。
一九四〇	三月二十四日	台北末廣高等小學校第一學年修了。
	四月十一日	台北國民中學校第一年入學。
一九四二	三日	改名為「賀川英彥」，並且在學中參加劍道與文藝部。
一九四三	十月三日	台北雙連教會接受聖餐。
一九四四	三月十日	四年級學期末，全校三百名學生參加陸軍飛行兵特別幹部候補生試驗。
	四月一日	中學第五年進學。
	四月三日	陸軍飛行兵特別幹部候補生第一次試驗通過發布（隔日台灣新報刊載）。

	四月二十六日	學校推薦五十名學生不用參加第二次學科測驗，再由台灣軍司令部選出四人，而鄭連德為其中一員。
	五月一日	台灣軍司令部正式發出通知。
	七月二日	區會、教會進行歡送，從家中出發至台灣軍司令部。
	七月十一日	自台灣軍司令部出發前往基隆，並且得知與三浦清一一同搭船。
	七月十三日	凌晨自台灣出發離港。
	七月十七日	抵達門司港。
	七月十八日	大刀洗陸軍飛行學校抵達。
	八月六日	進入大刀洗陸軍飛行學校甘木生徒隊。
一九四五	一月二十五日	轉入至岐阜陸軍航空整備學校奈良教育隊。
	二月一日	進入岐阜陸軍航空整備學校奈良教育隊。
	三月一日	轉入立川陸軍航空廠作業隊第一中隊編入。
	五月十一日	五日市分校編入。
	六月十三日	參加「空中勤務者操用試驗」，獲得「合格乙的操縱適」。
	六月十四日	獲得合格資格，共計特幹生二十四名、少年飛行兵二十六名，共計五十名。
	六月十五日	派遣至豐岡陸軍航空士官學校。
	七月十六日	首次搭乘四式練習機，搭乘之感覺「像是在搭電梯的感覺」。
	八月十五日	**終戰**。
	八月三十一日	陸軍航空士官學校研究演習部隊解散。
	九月十三日	殘務整理移轉，移轉飯能東雲亭。

	十月六日	入間川林田留守
	十月九日	復員。
	十一月二十日	離開入間川町。
	十一月二十二	長崎市梁瀨之家短期寄宿。
	十二月十二日	入中華民國台灣省青年隊的長崎小隊。
	十二月三十一日	博多港的日昌丸乘船。
一九四六	一月九日	佐世保港搭船向台灣。
一九四六	一月十一日	入基隆港，隔日到大甲，與父母再次相會。
		最終經歷：陸軍特別幹部候補生　第三期操縱陸軍伍長。

戰　後

一九四七	三月二十日	延平學院被迫停校。
	九月九日	入學台灣神學院四年制本科入學。
一九五一	六月二十六日	台灣神學院第二十一屆畢業。
	七月七日	派至墩仔腳教會。
一九五三	一月二日	與陳淑文女士結婚。
一九五四	七月一日	轉至台北中會新店教會。
一九五九	九月十六日	飛往美國緬因州曼歌神學院進修一年。
一九六〇	四月二十三日	賀川豐彥牧師過世，最初因賀川豐彥的感召下而改名。
	七月十八日	由美國經日本返台。
一九六一	六月三十日	轉任台北城中教會駐堂牧師。
一九六二	一月一日	就任首任牧師。
一九六四	五月十五日	與黃華昌、賴泰安相隔十八年再會。

一九六九　九月二十五日　●訪問舊隊長梁瀨健吾大佐（於長崎）。

一九七五　四月十五日　●恩師山中貞則大臣訪問自宅。

一九七八　一月一日　●協助台北東門教會牧會工作。

五月二日　●民族晚報副刊「生命線專欄」開始執筆，共計六年。

九月四日　●中國廣播公司「家庭漫談」開始，每週一上午八點至八點十分，共計十二年。

一九八四　六月十二日　●獲得台灣神學院榮譽神學士。

一九八九　八月十一日　●第四次訪問恩師吉永朴第四次見面。

一九九一　六月三十日　●傳到滿四十周年退任東門教會牧師，聘為名譽牧師。

二〇〇二　四月二十九日　●舊隊長小林末二郎大尉過世，享年八十六歲（於日本所澤）。

二〇〇四　五月二十四日　●訪問恩師山中貞則大臣夫人（東京）。

二〇〇七　五月二十三日　●回台定居。

二〇一〇　八月六日　●戰友黃華昌過世，享年八十二歲（竹南）。

二〇一二　一月三十一日　●戰友賴泰安過世，享年八十四歲。

BOD Books on Demand
史地傳記類　PC0998　讀歷史134

最後的雄鷹：
一位台籍日軍飛行員的戰時日記

作　　者 / 鄭連德
編校釋文 / 黃彥傑
責任編輯 / 鄭伊庭
圖文排版 / 楊家齊
封面設計 / 王嵩賀

發 行 人 / 宋政坤
法律顧問 / 毛國樑　律師
出版發行 / 秀威資訊科技股份有限公司
114台北市內湖區瑞光路76巷65號1樓
電話：+886-2-2796-3638　傳真：+886-2-2796-1377
http://www.showwe.com.tw
劃撥帳號 / 19563868　戶名：秀威資訊科技股份有限公司
讀者服務信箱：service@showwe.com.tw
展售門市 / 國家書店（松江門市）
104台北市中山區松江路209號1樓
電話：+886-2-2518-0207　傳真：+886-2-2518-0778
網路訂購 / 秀威網路書店：https://store.showwe.tw
國家網路書店：https://www.govbooks.com.tw

2021年5月　BOD一版
定價：850元

國家圖書館出版品預行編目

最後的雄鷹：一位台籍日軍飛行員的戰時日記 / 鄭連德著；
黃彥傑編校. 釋文. -- 一版. -- 臺北市：秀威資訊科技股份
有限公司,2021.05
面； 公分. -- (史地傳記類)
BOD版
ISBN 978-986-326-909-0(平裝)

1. 鄭連德 2. 飛行員 3. 臺灣傳記

783.3886 110007003

讀者回函卡

感謝您購買本書，為提升服務品質，請填妥以下資料，將讀者回函卡直接寄回或傳真本公司，收到您的寶貴意見後，我們會收藏記錄及檢討，謝謝！

如您需要了解本公司最新出版書目、購書優惠或企劃活動，歡迎您上網查詢或下載相關資料：http:// www.showwe.com.tw

您購買的書名：________________________________

出生日期：________年________月________日

學歷：□高中（含）以下　□大專　□研究所（含）以上

職業：□製造業　□金融業　□資訊業　□軍警　□傳播業　□自由業

□服務業　□公務員　□教職　□學生　□家管　□其它_____

購書地點：□網路書店　□實體書店　□書展　□郵購　□贈閱　□其他

您從何得知本書的消息？

□網路書店　□實體書店　□網路搜尋　□電子報　□書訊　□雜誌

□傳播媒體　□親友推薦　□網站推薦　□部落格　□其他__________

您對本書的評價：（請填代號　1.非常滿意　2.滿意　3.尚可　4.再改進）

封面設計____　版面編排____　內容____　文／譯筆____　價格____

讀完書後您覺得：

□很有收穫　□有收穫　□收穫不多　□沒收穫

對我們的建議：________________________________

____

____

____

請貼
郵票

11466
台北市內湖區瑞光路 76 巷 65 號 1 樓
秀威資訊科技股份有限公司 收
BOD 數位出版事業部

....

（請沿線對折寄回，謝謝！）

姓　　名：＿＿＿＿＿＿＿＿＿ 年齡：＿＿＿＿ 性別：□女　□男

郵遞區號：□□□□□

地　　址：＿＿＿＿＿＿＿＿＿＿＿＿＿＿＿＿＿＿＿＿＿＿＿＿＿

聯絡電話：(日)＿＿＿＿＿＿＿＿＿＿＿＿ (夜)＿＿＿＿＿＿＿＿＿＿＿＿

E-mail：＿＿＿＿＿＿＿＿＿＿＿＿＿＿＿＿＿＿＿＿＿＿＿＿＿